KB215173

마포삼열 자료집 제3권

마포삼열 자료집 제3권

옥성득 책임편역 | 숭실대학교 가치와윤리연구소 간행

마포삼열, 1899년 [MOF]

Samuel Austin Moffett, 1899

마포삼열 부인, 1902년 [MOF]

Mrs. Alice Fish Moffett, 1902

평양 장대현교회, 1901년 [OAK]

Central Presbyterian Church, Pyongyang, 1901

1900년에 개교한 평양 예수교 중학교 정면, 1901년 [OAK]

Soongsil Academy, Pyongyang, 1901

장대현교회 직원, 1903년 [OAK]
뒷줄 중앙이 마포삼열 목사, 중간 줄 중앙이 길선주 장로와 김종섭 장로

The Staff of the Central Presbyterian Church, Pyongyang, 1903

평양 예수교 중학교 측면, 1902년 [MOF]
북감리회와 함께 운영하면서 숭실합성학교로 명칭 변경

Soongsil Union School, Pyongyang, 1902

북장로회 평양 선교지부 선교사들, 1901년 [MOF]
Missionaries of Pyongyang Station, 1901

숭의여학교, 1901년 [OAK]
Sungŭi Girls' School, 1901

평양 전경, 1902년, 장대현교회가 언덕 위에 보인다. [MOF]
Pyongyang, 1902

대구에서 전도하는 애덤스 목사, 1903년 [OAK]
Mr. Adams preaching at the Market, Taegu, 1903

간행사

이 땅에 장로교 신앙을 전하고 근대 대학교육의 문을 연 마포삼열 선교사의 자료집이 드디어 빛을 보게 되었습니다. 마포삼열 선교사는 1890년 1월 20일, 자신의 26세 생일에 인천에 도착했고, 이후 한반도의 북한 지역 선교에 헌신했습니다. 또한 윌리엄 베어드를 통해 한국 최초의 대학인 숭실대학이 평양에 설립될 수 있도록 돕고, 평양신학교를 직접 만들어 개신교 신학교육의 토양을 마련했습니다.

마포삼열 선교사는 저술이나 일기를 남기지 않고 대신 엄청난 양의 편지를 남겨놓습니다. 이는 선교보고서와 몇 편의 잡지 기고문과 함께 그의 사역을 연구하기 위한 중요한 자료가 됩니다. 우리는 마포삼열 선교사의 선교 열정뿐만 아니라 부인 앨리스 피시와의 아름다운 사랑과 그녀의 이른 죽음에 대한 안타까움, 그리고 재혼한 루시아 피시와 그 자녀들에 대한 사랑의 마음도 잘 읽을 수 있습니다. 이 편지들은 위대한 신앙인의 스토리만이 아니라 따뜻한 한 인간의 이야기를 우리에게 전달해줍니다.

마포삼열 선교사는 일제의 교육정책에 맞서 기독교 교육을 지키기 위해 전력을 다했고, 또 1918년부터 10여 년간 숭실대학 학장으로 지내면서 대학교육의 발전을 위해 많은 노력을 기울였습니다. 1934년 1월에 한국선교 44주년이자 선교사로서의 정년을 맞았는데, 이는 그의 헌신의 마침점이 아니라 마지막 고난의 시작이었습니다. 이때 일제의 신사참배 요구가 본격적으로 시작되었기 때문입니다. 그는 대학이 신사참배를 하지 않고 존속할 수 있도록 필사의 노력을 기울이지만 결실을 보지 못한 채 1936년 여름에 몸의 일부가 마비되는 병을 얻어 치료차 미국으로 갑니다. 몸이 회복되자 그는 한국으로 돌아오려고 노력했지만 한국은 그를 다시 불러오지 못했습니다. 그 와중에 평양에 남아 있던 부인마저 급작스런 병으로 아들과 함께 미국으로 급히 귀국한 탓에 마포삼열 선교사는 자신의 '진짜 고향'인 한국으로 다시 돌아오지 못하고 몇 년 후 캘리포니아에서 쓸쓸히 별세하게 됩니다. 이즈음의 편지들은 눈물과 탄식 없이 읽기가 어렵습니다. 한참의 시간이 지난 뒤 장로회신학대학은 그 유해를 모셔와 학교 캠퍼스 가운데 안장했습니다.

이 자료집은 숭실대학교 가치와윤리연구소와 강북제일교회의 협력으로 만들어졌습니다. 수년간의 작업 끝에 총 10권으로 기획된 이 자료집 가운데 처음 네 권이 숭실대학교 창립 120주년을 맞는 해에 이렇게 출간이 됩니다. 이를 위해 강북제일교회는 재정지원을 하고 가치와윤리연구소는 원문 편지의 편집과 번역을 UCLA에 있는 옥성득 교수에게 의뢰하는 등 자료집 발간과 관련된 일체의 작업을 수행했습니다. 옥성득 교수는 제1권으로 발간이 중단된 『마포삼열 서한집』의 편역자이기도 합니다. 가치와윤리연구소는 그 책을 출간한 두란노아카데미로부터 편집 및 제작권을 모두 인수하여 이 사업을 진행했습니다. 나머지도 서둘러 준비하겠습니다.

이 일을 위해 많은 도움을 주신 숭실대학교 한헌수 총장님과 직원 선생님들, 어려운 여건 가운데에서도 재정적 지원을 감내해주신 강북제일교회의 황형택 목사님과 당회원 및 성도 여러분, 편역으로 수고해주신 옥성득 교수님, 영문으로 된 서문 번역에 도움을 주신 박신순 박사님, 이 책의 편집 및 제작권을 기꺼이 넘겨준 두란노아카데미, 그리고 어려운 출판계 사정에도 불구하고 흔쾌히 출판을 담당해주신 새물결플러스 대표 김요한 목사님, 선구매 방식으로 지원해주신 많은 분께 진심으로 감사드립니다. 아울러 이 책을 준비하는 과정에 많은 자문과 도움을 주신 곽신환 교수님과 김인섭 교수님께도 깊은 감사를 드립니다.

이 책을 통해 마포삼열 선교사의 선교 열정과 한민족에 대한 사랑, 특히 오늘날 북녘의 민중에 대한 사랑이 이 땅의 신앙인들 마음에 다시 샘솟기를 간절히 바랍니다.

2017년 1월

숭실대학교 가치와윤리연구소 소장

김선욱

기념사

한 사람의 인생 이야기가 그 사람 개인의 역사로 그치지 않고, 한 국가나 어느 시대의 역사의 흐름을 주도하는 거대한 물줄기가 되는 경우가 있습니다. 마포삼열 선교사의 인생이 그러했습니다. 그의 인생은 한 개인의 역사로 끝나버린 것이 아니라, 한국 초기 기독교 역사와 근대 교육을 용솟음치게 만드는 거대한 소용돌이가 되었습니다.

역사는 명징하고 엄정한 기록으로 남아 있을 때, 그리고 기록된 역사를 되새김질하는 맑은 역사의식에 근거한 탁월한 해석이 있을 때 그 가치가 더욱 빛이 납니다. 이번에 숭실대학교 가치와윤리연구소의 뜨거움으로 마포삼열 선교사를 작금의 역사 속으로 불러오게 된 것은 참으로 소중한 발걸음이었습니다. 강북제일교회가 그 발걸음에 맞춰 함께 걸어갈 수 있게 된 것을 영광이라 생각하며 감사합니다. 함께 협력해주신 당회와 교인들에게도 감사의 마음 남기고 싶습니다.

2017년 1월

강북제일교회 담임목사

황형택

Editor's Remarks

The Duranno Academy gave up publishing the Letters of Samuel Austin Moffett series after the publication of its first volume in October 2011 and the decease of its chair Rev. Yongjo Ha. Now I am grateful for the publication of the first two volumes of the new series by the Holy Wave Plus Press in January, 2017 and volumes 3 and 4 in the summer of 2017. These volumes are the results of multiple cooperation–Mrs. Eileen F. Moffett's transcription of the English texts, my translation and editorial works, financial support of the Kangbuk Leading Church (senior pastor Hyung-Taek Hwang), planning of the project by the Institute of Values and Ethics of Soongsil University (chair Prof. Seon-Wook Kim), and the publication by the Holy Wave Plus Press (chair Rev. John Kim).

The Korean title of the new series adopted "Sources" of Samuel Austin Moffett instead of "Letters." Even though most primary materials are letters, the volumes have many reports and articles of newspapers and magazines. As the new series need to be edited in a unified format, the first volume was revised and redesigned.

My special thanks should go to Rev. Hyung-Taek Hwang who has been leading the church notwithstanding its painful events; Prof. Seon-Wook Kim whose valuable service made the project possible; Rev. John Kim who volunteered to take up the publication despite the expecting loss. They put the yoke of this costly project for the reformation of the Korean churches, who would recover the sacrificial and missional spirit and deeds by remembering the early missionary couple. I am specially grateful for the readers who supported the publication by ordering the volumes in advance.

July 1, 2017

Sung-Deuk Oak

편역자 글

2011년 10월 두란노아카데미(대표 하용조 목사)에서 『마포삼열 서한집 제1권』을 출판한 후, 두란노아카데미가 여러 가지 사정으로 제2권 이후의 출간을 포기했다. 이제 새 기획과 편집으로 2017년 1월에 개정판 1권과 함께 2권을 출판하고, 2017년 여름에 제3-4권을 출판하게 되어 기쁘다. 이 책은 아일린 마페트 여사의 영어 원문 작업, 필자의 편역 작업, 강북제일교회(담임 황형택 목사)의 재정 후원, 숭실대학교 가치와윤리연구소(소장 김선욱 교수)의 기획, 그리고 새물결플러스(대표 김요한 목사)의 출판이 협력하여 이루어졌다.

새 시리즈는 제목에서 "서한집" 대신 "자료집"을 사용하여 『마포삼열 자료집 제0권』 등으로 출판한다. 대부분의 원사료가 서신이지만, 편지 외에도 보고서나 신문 잡지의 기사들이 있기 때문에 자료집이라는 더 적절한 용어를 사용한다. 새물결플러스가 시리즈를 맡아 발간하면서 전집을 통일적으로 편집하기 위해서 제1권 개정판을 발간한다. 숭실대학교 가치와윤리연구소가 두란노아카데미로부터 출판권을 이양받았을 때 1권의 판권과 재고도 넘겨받았다. 그러나 새물결플러스에서는 재고 초판본을 모두 파기하고 2-4권과 동일한 편집 형태로 만들기 위해 새로 1권을 편집하고 인쇄했다.

교회의 어려움 속에서도 묵묵히 목회자의 길을 걸어가는 황형택 목사님과, 책을 만들기 위해 봉사를 아끼지 않은 김선욱 교수님, 악화되는 출판 환경 속에서 적자가 예상되는 자료집이지만 출판을 떠맡은 김요한 목사님은, 헌신한 선교사들에 대한 바른 기억과 계승을 통해 한국 교회가 역사의식을 회복하고 개혁될 수 있도록 충성스럽게 수고했다. 선주문으로 출판을 격려해준 여러 독자들께도 고마움을 표한다.

2017년 7월 1일

옥성득

Foreword 1

"The true leader can be recognized because somehow his people consistently turn in superior performances. ··· Moffett ··· was a leader from the time he set foot on Korean soil," wrote Martha Huntley in her impressive book on the early Korea missionaries, To Start a Work (Korea edition, 1987).

That is very true, but I want to add a few words from an even closer perspective. Samuel Austin Moffett was my father. I am Samuel Hugh Moffett, the third of his five sons. And to me he was the best father a son could ever have. Father married twice. His first wife, Alice Fish bore him two sons, James and Charles. She died in 1912 and in 1915 he married Lucia Hester Fish and three more sons were born; Samuel H., Howard, and Thomas. The five boys always considered themselves three-quarter brothers because their mothers were first cousins.

As one by one of us five boys left Korea for college, father told us among other sound advice, "Don't be a minister unless you have to be." It sounds negative. But it was wise. He knew that a call to the ministry was not to be taken lightly. It must be such a certain call from God that one could not resist it. Father himself majored in chemistry in college and was strongly urged to pursue a promising career as a scientist, but the call of God in his life to prepare for the ministry was so unmistakable that he surrendered to it. I am sure he was pleased and thankful when four of his five sons did feel a strong call to the ordained ministry. Only one had a different call, and that surely would please his father, also. Howard became a medical missionary and his brothers good-naturedly teased him, calling him a "heathen" because he was not an ordained clergyman.

서언과 감사 1

"자신을 따르는 사람들이 지속적으로 뛰어난 역할을 수행하도록 만드는 사람이 바로 진정한 지도자다.…마포삼열 목사는…한국 땅에 첫발을 디딜 때부터 그런 지도자였다"라고 마르다 헌틀리는 초기 내한 선교사들에 대한 저서 『사역의 시작: 한국 개신교 선교의 기초, 1884-1919』(서울: 대한예수교장로회, 1987)에서 썼다.

그녀의 말은 정말 사실인데, 나는 좀 더 가까이에서 살펴본 입장에서 몇 마디 추가하고 싶다. 마포삼열(馬布三悅) 선교사는 내 부친으로, 나는 그분의 다섯 아들 중 셋째인 새뮤얼 휴 마페트(馬三樂)다. 나에게 그분은 최고의 아버지셨다. 아버지는 두 번 결혼하셨다. 아버지의 첫 아내 앨리스 피시는 두 아들 제임스와 찰스를 낳고 1912년에 돌아가셨다. 1915년 아버지와 결혼한 루시아 헤스터 피시는 세 아들, 나와 하워드와 토머스를 낳으셨다. 우리 다섯 형제는 서로를 3/4 형제라고 했는데 이는 어머니들이 사촌 간이었기 때문이다.

한 명씩 차례로 아들들이 대학을 다니기 위해 한국을 떠날 때, 아버지는 유익한 충고와 함께 "반드시 되어야 할 경우가 아니면 목사가 되지 말라"라고 말씀해주셨다. 이는 부정적으로 들리나, 실은 현명한 조언이었다. 아버지는 목회자라는 소명을 가볍게 여겨서는 안 된다는 것을 아셨다. 결코 거부할 수 없도록 반드시, 그리고 분명히 그 소명은 하나님께로부터 오는 것이어야 했다. 아버지는 대학에서 화학을 전공하셨는데, 주변에서 과학자의 길을 가라고 강하게 권면할 만큼 촉망받는 인재셨다. 그러나 일생을 목회자로 살기 위해 준비하라는 하나님의 소명은 확실했고 그래서 그 부르심에 순종하셨다. 아버지의 다섯 아들 중 4명이 강한 소명을 느끼고 안수 목사가 되었을 때 아버지가 기뻐하며 감사하셨으리라 확신한다. 다른 소명을 받은 한 명에 대해서도 아버지가 기뻐하셨음은 분명하다. 하워드는 의료 선교사가 되었는

His second son, Charles, was the only one Dr. Moffett saw leave for missionary service. The year was 1938 and Charlie, Marion, and little Alice, named for Charlie's mother, said Goodbye to their father and embarked for India. Dr. Moffett had been forced out of Korea in 1936 by the Japanese over the Shinto Shrine controversy, and was living in retirement in California. He had become so identified with his life in Korea that it was said he went to the post office in Monrovia, California and asked for stamps, using the Korean language.

I was in my first year at Princeton Theological Seminary when my father died in 1939 and my younger brother, Howard, was just beginning medical school. Jim, the oldest son, had just finished his theological education at the Biblical Seminary in New York City. Our youngest brother, Tom, was still in High School.

There are many incidents in our family life with father which are clearly etched in my memory. One day some of us boys were playing soccer in our yard in Pyeng Yang with friends. Father was sitting in a committee meeting on our porch. Suddenly my brother Charlie, going after the ball, crashed into one of father's favorite flowering bushes and broke several branches. We looked toward the porch to see what kind of punishment might be forthcoming. But when one of his colleagues asked, "Dr. Moffett, aren't you going to punish your son for damaging that beautiful bush?" Father, knowing it was an accident, gently said, "I am even more interested in growing boys than in growing bushes and in time I will know where to place the bushes so I can have both."

Father never brought the business of controversial church and mission affairs into discussions at home. He was often away, of course, but when he was home we enjoyed delightful conversations at mealtime, frequently with guests present. I never heard him speak unkindly about any colleague. If he had serious disagreements with missionary or Korean colleagues on policy issues, we boys never knew about it.

Visitors came to our home in droves. How well I remember many

데, 안수 목사가 아닌 그를 우리는 "이교도"라고 부르며 놀려대곤 했다.

아버지는 1938년에 둘째 아들 찰스가 선교사로 출발하는 모습만을 직접 보실 수 있었다. 그해에 찰리, 마리온, 그리고 찰리의 어머니의 이름을 받은 어린 앨리스가 아버지에게 작별 인사를 고하고 인도를 향해 떠났다. 아버지는 1936년 신사참배 논쟁 때문에 일본인에 의해 한국을 떠나실 수밖에 없었고, 은퇴한 후에는 캘리포니아에서 사셨다. 한국 문화에 너무 오랫동안 적응하셨기 때문에, 아버지는 캘리포니아 몬로비아 우체국에 가서 우표를 살 때 한국어로 말씀하셨다고 한다.

아버지가 1939년에 돌아가셨을 때 나는 프린스턴 신학교 1학년에 재학 중이었고, 동생 하워드는 의대를 다니기 시작했다. 큰형 짐은 뉴욕 시에 있는 성경신학교에서 신학 교육을 막 마쳤고, 막내 동생 톰은 아직 고등학생이었다.

아버지에 대한 여러 가지 기억이 내 마음에 새겨져 있다. 하루는 우리 형제들이 평양 사택의 마당에서 친구들과 축구를 하고 있었다. 아버지는 마루에서 위원들과 회의를 하고 계셨다. 갑자기 형 찰리가 공을 따라가다가 아버지가 가장 아끼는 꽃나무에 부딪히며 가지들을 부러뜨렸다. 우리는 어떤 벌이 내려질지 알 수 없어 마루를 쳐다보았다. 그때 동료 선교사가 "마페트 박사, 아름다운 나무들을 망가뜨렸다고 아들을 벌하지는 않겠지요?"라고 물었고, 아버지는 그것이 어쩔 수 없이 벌어진 일인 것을 아시기에 부드럽게 말씀하셨다. "꽃나무 키우는 것보다 아들 키우는 데 더 관심이 많지요. 꽃나무를 어디에 옮겨 심어야 할지는 곧 알 수 있을 것이고, 그래서 둘 다 잘 키울 수 있을 것입니다."

아버지는 교회에서 벌어지는 논쟁이나 선교회 사업 문제를 집으로 가져와서 논의하신 적이 없다. 물론 자주 집을 비우셨으나, 집에 계실 때면 손님들과 함께 유쾌한 대화를 즐기며 식사할 때가 많았다. 나는 아버지가 동료들에 대해 안 좋게 말씀하시는 것을 들은 적이 없다. 다른 선교사나 한국인 동료와 정책 문제로 심각한 의견 차이가 있었겠지만, 우리는 이런 것을 전혀 알 수 없었다.

of them. Famous names in Korean Church history were simply good friends to us boys. I was fascinated by the big thick glasses of Rev. Kil Sŏn-ju. He had spent many months in prison following the Independence Movement of 1919. After his release and undoubtedly before that, also, he was a frequent visitor in our home consulting with my father. I used to climb up on his lap when I was four or five years old, look up into his face and ask him in Korean to recite a certain verse or passage of the New Testament. I knew he had memorized huge portions of the Bible, especially from the Book of Revelation, while in prison. He would always quote whatever chapter and verse I might ask of him.

A Korean friend in Taegu once told us a story which had become dear to his family. He said that when his father was a student at Soongsil College in P'yŏngyang, Dr. Moffett, who at that time was the president of Soongsil, asked this young man to take care of his home while he and his family were away for a week or two. He said, "I am making you the Master of my home while I am away." One day Dr. Moffett returned unexpectedly for a short time. This young man had climbed up into the apricot tree in the yard and picked some of the ripe fruit. He was startled and greatly embarrassed by what he had done. But when he began to apologize, Dr. Moffett said to him, "You have absolutely nothing for which to apologize. Didn't I tell you that while I am away you are the master(주인) of this house? As master you have a perfect right to do what you have done." Our friend said that story had become a family treasure.

Prayer was a natural part of our family life. In the evenings, usually after dinner, we listened to father read a brief passage of Scripture and then we would kneel by a chair or a bed and hear him pray. His prayers were simple but profound. He prayed as though he personally knew the Father to whom he was praying. What a deep impact that had on all our lives! On summer vacations when we had a thatched-roof house built on a Korean boat and spent several weeks traveling up the Taedong river while father visited churches in villages along the river, we boys had

우리 집에는 방문객이 끊이지 않았다. 나는 그들 가운데 많은 사람을 생생히 기억한다. 그들은 한국 교회 역사에서는 유명한 사람들이었지만 우리에게는 단지 좋은 친구들이었다. 나는 길선주 목사의 크고 두꺼운 안경에 반했다. 그는 1919년 3·1운동 후 감옥에서 여러 달을 보냈고 석방된 후에는, 의심할 여지없이 그전에도, 아버지와 상의하기 위해 자주 우리 집을 방문했다. 네다섯 살 때 나는 늘 그의 무릎에 올라가서 그의 얼굴을 바라보며 한국어로 신약성경의 특정 구절이나 문단을 암송해달라고 부탁하곤 했다. 나는 그가 성경의 수많은 부분을 암기하고, 특히 감옥에서 요한계시록을 암기했다는 것을 알고 있었다. 내가 어떤 장, 어떤 절을 부탁하든지 그는 항상 척척 암송했다.

대구에 살던 한국인 친구가 한번은 자신의 가족이 소중히 간직하는 한 이야기를 들려주었다. 그의 부친이 평양 숭실대학 학생일 때의 일이다. 당시 숭실대 학장이던 아버지는 가족과 함께 한두 주일 집을 비우게 되었다. 그러자 내 친구의 부친에게 집을 잘 돌봐줄 것을 부탁하면서 다음과 같이 말씀하셨다고 한다. "내가 없을 때는 자네가 이 집의 주인이네." 어느 날 아버지가 일정보다 빨리 잠깐 집에 들르셨다. 그때 이 청년은 마당에 있는 살구나무에 올라가서 익은 살구를 몇 개 따고 있었다. 그는 놀랐고 자신의 행동으로 인해 크게 당황했다. 그러나 그가 사과하려고 했을 때 아버지는 그에게 말씀하셨다. "자네는 사과할 것이 전혀 없다네. 내가 없을 때는 자네가 이 집의 주인이라고 말하지 않았던가? 주인은 그런 일을 할 충분한 권리가 있는 거야." 내 친구는 그 이야기가 자신들의 가보(家寶)가 되었다고 말했다.

기도는 우리 가족에게 자연스러운 생활의 일부였다. 저녁마다 아버지는, 대개는 식사 후에 간단히 성경 구절을 읽으신 후 의자 옆이나 침대 옆에서 무릎 꿇고 기도하셨다. 아버지의 기도는 단순하고 심오했다. 아버지는, 기도를 드리는 아버지 하나님과 개인적으로 알고 있는 사이인 것처럼 기도하셨다. 그 기도가 우리 모두의 삶에 얼마나 깊은 영향을 주었던가! 여름 휴가철에는 한국식 배 위에 지은 초가집에 살면서 여러 주 동안 대동강을 따라 올라갔다. 아버지가 강 주변의 교회들을 방문하시는 동안 우리 형제는 수영하

great fun swimming and playing on the sand banks where we parked. But each morning before we were allowed to play, we had to memorize two or three of the questions from the Presbyterian shorter catechism. Although we sometimes grumbled about that, it gave us a solid theological and biblical world view which we recognized as a great gift later in our lives.

Just a year before he died my father wrote the following note to me. I had graduated from Wheaton College earlier that year and was spending several months in three small rural churches in North Dakota which my brother Charles had been serving when he was called to India. At the urging of Charlie to give temporary pastoral care to these churches, even though I had not yet had any formal theological education, I was writing and preaching some of the first sermons I had ever prepared. I was careful to send copies of them to my father. This is the letter he wrote to me: "··· I want to hear from you as to whether you are holding the Gospel door open for new decisions. Your sermons are fine and are holding to the Gospel message but are you giving an appeal from time to time for decision on the part of those who hear you that they may decide to follow Christ?"

And, finally, I want to emphasize how important to my father was the principle which the early Presbyterian missionaries in Korea had adopted as their guide for planting a solid, indigenous Christian church in Korea. A few months after father arrived in Seoul in 1890, Dr. John L. Nevius, a seasoned Presbyterian missionary in China visited Korea. After unsuccessfully trying to persuade his fellow missionary colleagues in China to adopt the three-self plan of missions, his arguments in favor of it did take root in the minds of these young pioneers in Korea. Self-support, self-propagation, and self-government proved to be a solid foundation on which the fledgling Korean Presbyterian Church came to life in Christ and has grown into a tree whose branches spread nourishment throughout the world.

고 모래사장에서 놀기도 하며 재미있게 보냈다. 그러나 이렇게 놀기 전, 매일 아침마다 장로회 소요리문답에서 두세 가지 질문을 외워야 했다. 비록 당시에는 가끔 불평하기도 했지만, 뒷날 우리는 마음 깊은 곳에 튼튼한 신학적·성경적 세계관을 심어주었던 이 일이 우리 삶에 주어진 위대한 선물인 것을 깨달았다.

아버지는 돌아가시기 1년 전쯤 내게 짧은 편지를 보내주셨다. 그해 초 내가 휘튼 대학을 졸업하고 형 찰리가 사역하다가 인도로 가면서 목회자가 부재하던 노스다코타 주의 작은 시골 교회 세 곳에서 여러 달을 보내고 있을 때였다. 비록 그때까지 공식적인 신학 교육을 받은 적은 없지만, 형이 내게 임시로 이 교회들에서 목회해줄 것을 강권했기 때문에 나는 생애 처음으로 설교문을 써서 설교하고 있었다. 나는 조심스럽게 그 사본들을 아버지에게 보내고 있었는데, 아버지는 다음과 같은 답장을 써서 보내주셨다. "…나는 네가 사람들이 새로운 결단을 하도록 복음의 문을 열고 있는지 듣고 싶었는데, 너는 복음의 메시지를 붙잡는 좋은 설교를 하고 있구나. 그러나 설교를 듣는 사람들이 그리스도를 따르기로 결정할 수 있도록 때때로 결단의 시간을 요청하고 있는지 궁금하다."

끝으로 나는 초기 한국 장로교회 선교사들이 탄탄하고 토착적인 한국 교회를 설립하기 위한 지침으로 채택한 원리가 아버지에게 얼마나 중요했는지 강조하고 싶다. 아버지가 1890년 서울에 도착하고 몇 개월이 지난 후, 중국에서 오랫동안 선교한 존 네비우스 박사가 방한했다. 그는 선교를 위한 삼자(三自) 계획을 세워 중국에 있는 동료 선교사들이 채택하도록 설득하다가 실패했는데, 그 후 그 계획은 한국에 있는 젊은 선교사들의 마음에 뿌리를 내렸다. 자급, 자전, 자치는 신생 한국 장로교회가 그리스도 안에서 생명을 얻고 큰 나무로 자라 그 가지가 전 세계에 양식을 전하게 하는 튼튼한 기초가 되었다.

"오, 주님! 당신의 나라가 임하시며 당신의 뜻이 하늘에서 이루어진 것처럼 땅에서도 이루어지이다."

"Thy Kingdom come, O Lord, Thy will be done on earth as it is in Heaven."

July 25, 2011
Princeton, New Jersey
Samuel Hugh Moffett

프린스턴에서

2011년 7월 25일

새뮤얼 휴 마페트(馬三樂)

●

새뮤얼 휴 마페트(馬三樂)

이 글을 쓴 후 2015년 2월 9일에 별세했다.

Foreword 2

I never met Samuel Austin Moffett, my husband's father. He died in 1939. But when I arrived in Korea in 1956 to marry his third son, Samuel Hugh Moffett, shortly after the hostilities of the Korean War had ended, I quickly discovered that I was marrying into a family that was greatly beloved, especially by the thousands of refugees who had fled the Communist–controlled northern half of the country. It seemed to me that they all knew Ma Moksa(마 목사) and had tears in their eyes when they spoke of him. It also seemed to me that they were almost all Christians. And living and serving among those Christians of Korea for the next twenty-five years had an immeasurably positive impact on my own life as a Christian.

It was after we left Korea in 1981 when Sam was sixty-five years old, the retirement age for Presbyterian missionaries in Korea, and was called to the faculty of a new "mission field," as President James McCord of Princeton Theological Seminary called it, that I began asking the Lord to show me a new mission for myself.

When we began unpacking boxes of papers which we had brought from Korea and boxes which had been in storage here in the United States, I realized that there was a treasure trove of material which, as an historian, Sam had collected on the history of the Korean Church and on the missionary families who had served there, including a vast number of letters and writings of his own father, one of the pioneers. I became more and more convinced that since we were almost next door to the great Princeton Theological Seminary library and within an hour's drive of the Presbyterian Historical Society archives in Philadelphia, I was in a unique location to do something with all this primary source material.

서언과 감사 2

나는 남편의 부친인 마포삼열 선교사를 만난 적이 없다. 그분은 1939년에 사망하셨다. 그러나 내가 1956년에 새뮤얼 휴 마페트와 결혼하기 위해 동족상잔의 전쟁이 끝난 지 얼마 되지 않은 한국에 도착했을 때, 곧 한국인, 특히 공산주의자들이 지배하는 북한에서 내려온 수만 명의 피난민들이 무척이나 사랑하는 가족에게 시집온 것을 깨닫게 되었다. 그들 모두가 '마 목사'를 알고 있는 것처럼 보였고, 그에 대해 말할 때 그들의 눈에는 눈물이 고여 있었다. 또한 피난민들은 거의 모두 기독교인인 것처럼 보였다. 이후 25년간 한국의 기독교인들과 함께 살면서 섬긴 시간은 기독교인으로서의 내 삶에 측량할 수 없는 긍정적인 영향을 미쳤다.

남편 샘이 한국에서 장로회 선교사가 은퇴하는 나이인 65세가 된 1981년에 한국을 떠나 프린스턴 신학교의 총장 제임스 맥코드가 지칭한 대로 새로운 '선교지'의 교수로 부름을 받았을 때, 나는 내게도 새로운 선교지를 보여달라고 주님께 간구하기 시작했다.

우리 부부가 한국에서 가져온 서류 박스와 미국의 창고에 넣어두었던 박스를 정리하기 시작했을 때, 역사가인 샘이 한국 교회 역사와 한국에서 봉사한 선교사 가족들에 대해 수집해둔 보물 같은 자료를 발견했다. 거기에는 개척 선교사로 활동하던 마포삼열 선교사의 수많은 편지와 글도 있었다. 우리가 프린스턴 신학교의 큰 도서관 근처에 살았고, 한 시간만 차를 타고 가면 필라델피아에 장로회역사협회 고문서실이 있었기에 이 모든 일차 사료를 가지고 무엇인가를 할 수 있는 독특한 위치에 내가 있음을 점점 더 확신하게 되었다.

우리가 미국으로 돌아온 1981년은 교수진과 학생들이 개인 컴퓨터를 학문적인 작업에 사용하기 시작하던 때였다. 나는 지체하지 않고 바로 컴퓨터에 손을 대기 시작했고 사용법을 배웠다. 이 일은 재미있었고 나는 하나님

We had returned to the United States in 1981 and this was just the time when personal computers were beginning to be used by faculty and a few students for academic work. I could hardly wait to get my hands on one and learn how to use it. For me that was fun. And I soon discovered what became a real calling of God.

Many hours were spent in the Speer library at the microfilm machines transcribing all the hand-written letters of S. A. Moffett and a few other of his missionary colleagues, whose correspondence with the Board of Foreign Missions extended over fifty years. The technology available when the letters were microfilmed was not up to today's standards but for the most part they were readable with squinting and pondering at times. I am thankful that S. A. Moffett's handwriting was quite legible. In later years some of the letters were typewritten, which is not surprising since the Underwood typewriter was showing up more and more frequently in Korea. The great pioneer Presbyterian missionary, Horace G. Underwood was a brother of Mr. John Underwood, founder of the Underwood Typewriter Company.

One of our great disappointments was the fact that all of Samuel A. Moffett's personal letters to his family in Madison, Indiana from his earliest days in Korea through the next forty-six years were destroyed when his brother Howard S. Moffett's home burned to the ground in 1944. Those precious letters had all been kept by S. A. Moffett's mother until she died in 1912 and then by his brother Howard in his home. Shortly before the tragic fire, Aunt Susie, who was living at that time with Uncle Howard had gathered those letters together and was preparing to send them all to my husband, Samuel Hugh Moffett, who was even then becoming the family historian.

Fortunately, in spite of that great loss, we did have many other letters, as you will see in this collection. Pulling together and transcribing these letters from the files of the Presbyterian Historical Society, from our own rather vast collection and from a few other

이 내게 주신 진정한 소명을 곧 발견했다.

나는 스피어 도서관에서 마이크로필름 판독기로 마포삼열 선교사와 그의 동료들이 50년 넘게 북장로회 선교본부에 보낸 편지들을 보면서 컴퓨터로 타이핑하는 작업에 많은 시간을 보냈다. 마이크로필름을 만들 당시의 기술은 오늘날의 수준에는 미치지 못했지만, 대부분의 편지는 눈을 가늘게 뜨고 보거나 한참 생각하면 어느 정도 읽을 수 있었다. 나는 마포삼열 선교사의 필적이 상당히 또렷해서 감사했다. 후대에 가면 일부 편지는 타자기로 친 것도 있었다. 이것은 놀라운 일이 아닌데, 한국에서 언더우드 타자기가 점점 더 빈번하게 사용되고 있었기 때문이다. 사실 위대한 개척 선교사 언더우드[元杜尤] 목사의 형 존 언더우드는 언더우드 타자기회사의 설립자였다.

가장 아쉬운 점은 마포삼열 선교사가 한국에 도착한 이후 46년간 인디애나 주 매디슨에 있는 가족에게 보낸 개인 편지가 1944년 마포삼열 선교사의 형 하워드의 집이 화재로 전소될 때 모두 사라진 것이다. 그 소중한 편지들은 모두 마포삼열 선교사의 어머니가 1912년에 돌아가실 때까지 간직해 둔 것인데, 이어서 하워드 삼촌이 보관하게 되었다. 그 불행한 화재가 발생하기 직전, 당시 하워드 삼촌과 함께 살던 수시 고모가 모든 편지를 모아 그때 벌써 가족사를 담당하고 있던 남편에게 보내려고 준비하고 있었다.

큰 손실에도 불구하고, 다행히 이 시리즈에서 보듯이 다른 많은 편지가 남아 있었다. 미국 장로회역사협회의 파일, 더 많은 우리의 수집 자료철, 그리고 다른 자료에서 이 편지들을 다 찾아내어 컴퓨터에 타이핑하는 일은 많은 시간과 날과 해가 걸렸다. 그러나 이 작업은 개인적으로 내게 커다란 복이었다. 그리고 이제 나는 다른 많은 사람들도 진실로 위대한 한 인물의 개인적인 글을 읽고 복을 누리기를 희망한다. 왜냐하면 그분이 내 시아버님이기 때문이 아니라, 직접 펜으로 쓴 글과 정신과 마음을 통해 그분이 얼마나 온전히 주 예수 그리스도께 복종했고 얼마나 진지하고 지혜롭고 일관되게 그 놀라운 자유의 복음을 그분이 무척이나 사랑한 한국인들에게 전하려고 했는지를 배웠기 때문이다.

마포삼열 선교사는 1889년 말 한국을 향해 출발할 때 다음과 같이 썼

sources has taken hours, days and many years of work. But it has been a great blessing to me personally and I now hope it may be a blessing to many others who will benefit from the personal writings of a truly great man. I can say that, not because he was my father-in-law, but because I have learned from his own pen and his own mind and heart how fully he had surrendered himself to the Lord Jesus Christ and how earnestly, wisely and unfailingly he sought to present that wonderful liberating good news to the much-beloved Korean people.

As he was leaving for Korea he wrote, "I am resolved to know Jesus Christ, and Him alone." He knew that he was not going to Korea to civilize its people. He realized that they were a people of an ancient cultural heritage far more civilized than his own. But he also knew that they were a people who desperately needed the liberating power of the Lord Jesus Christ to deliver them from fear, from hopelessness and from bondage to sin and evil. It was to that purpose that he sailed for Korea in the last month of 1889, arriving at the dawn of a new year, a new decade and the early years of a new life for the people of Korea.

I hope you will come to know something of the character of this young man who stepped on the soil of Korea on his 26th birthday. He was purposeful and serious, yet he had a great sense of humor. He could forcefully argue a point when he thought an important principle was at stake. But he respected colleagues with whom he sometimes differed and knew they were Brothers and Sisters in Christ.

Some of his Korean colleagues labeled him "the Looking Up the Road Man." He was always looking ahead and planning ahead and his plans were directed to planting a church of disciplined, educated, mature and witnessing believers. He was a strong proponent of Christian Education at all levels and sought when planting a church to plant a school beside it. Samuel A. Moffett was a mission strategist. A careful reading of the published material in these books will give abundant illustration to this claim. But when a visitor at the fiftieth anniversary

다. “나는 예수 그리스도 그분만 알기로 결심했습니다.” 시아버님은 한국인을 문명화하기 위해 한국에 가는 것이 아님을 아셨다. 시아버님은 한국인들이 고대 문명의 유산을 가진 민족이며 미국인보다 더 문명화된 민족인 것을 아셨다. 그러나 동시에 한국인들에게 불안, 절망, 죄와 악의 굴레로부터 자유롭게 하는 주 예수 그리스도의 능력이 간절히 필요한 것도 아셨다. 그분이 1889년 12월 한국을 향해 떠난 것은 바로 그 목적 때문이었다. 1890년대는 한국 민족에게 새로운 10년이었고 새 생명이 주어진 초창기였다.

나는 독자들이 26세 되던 생일날 한국 땅을 밟은 이 청년의 인격이 어떠했는지를 알기 원한다. 그는 목적이 분명하고 진지하면서도 유머 감각이 뛰어났다. 그는 중요한 원칙이 걸려 있는 문제라고 생각하면 핵심을 강력하게 논증할 수 있었다. 그러나 때로 의견이 다를지라도 동료들을 존중했고, 그들이 그리스도 안에서 형제자매임을 기억했다.

그의 동료들은 그를 ‘길 앞을 내다보는 사람’이라고 불렀다. 그는 항상 앞을 바라보며 미리 계획했는데 그 계획은 훈련된, 교육받은, 성숙한, 전도하는 교인으로 이루어진 교회를 설립하는 방향으로 나아갔다. 그는 모든 수준의 기독교 교육을 강하게 옹호했으며, 교회를 설립할 때 바로 옆에 학교를 설립하려고 노력했다. 그는 선교 전략가였다. 이 시리즈들을 주의 깊게 읽어보면 이 주장에 대한 사례들을 넘치도록 찾을 수 있을 것이다. 그러나 한국 장로회 선교 희년 때 방문한 어떤 사람이 한국 교회의 성장을 어떻게 설명할 수 있는지 질문했을 때, 그는 단순히 이렇게 대답했다. “50년간 우리는 이 사람들에게 하나님의 말씀을 제시했고 성령께서 그 나머지를 행하셨습니다.”

1904년 미국의 젊은 작가 잭 런던이 러일전쟁을 취재하기 위해 신문사 종군기자로 한국에 파견되었을 때, 그는 마페트 선교사의 한국어 이름이 길에서 만난 사람들에게 마술처럼 효력을 발휘하는 것을 보았다. 잭 런던은 전쟁 지역까지 가기 위해 북쪽으로 먼 길을 여행하지 않을 수 없었다. 온갖 손짓 몸짓을 다 하면서 의사소통을 여러 번 시도한 후, 그는 호주머니에 있는 종이 한 장을 기억했다. 그것은 새 친구 마페트의 한국어 이름이 쓰여 있는 종이였다. 그는 천천히 “마-목-사”라고 발음했다. 그러면 기적처럼 사람들의

celebration of the Korea Presbyterian Mission asked him how to account for the growth of the Korean Church, he answered simply, "For fifty years we have held up the Word of God to these people and the Holy Spirit has done the rest."

As early as 1904 when a young American writer, Jack London, was sent to Korea to cover the Russo-Japanese War as a Correspondent for his newspaper, he found that Moffett's Korean name worked like magic among people he met on the road. London had to travel long distances through the north on his way up to the war zone. After many attempts to be understood, by wildly waving his arms or trying other agonizing contortions, he remembered a piece of paper he carried in his pocket. It was the Korean name of his new friend, Moffett. Slowly he pronounced that name, "Ma Mōk sa." Miraculously, he watched faces light up with joy and infinite comprehension. Almost immediately doors swung open to this young stranger eager to meet any need he might have. Jack London was later to become a well-known author in America, who wrote a story about his friend, Dr. Moffett, in Korea.

Samuel Austin Moffett has left behind a memorable legacy in Korea. Among the fruit of his work are the great Presbyterian theological seminaries which claim him as their founder. He would be intensely saddened by the divisions in the Church and in the nation, but very thankful to know how the Korean churches have shouldered the responsibility of World Mission outreach. It is our hope and prayer that the written records left by our father, Samuel Austin Moffett, will turn the eyes of the reader not primarily to the Moffett legacy but that they will serve as an extended witness of his life to the Great Light of the World, the Lord Jesus Christ.

Addendum:

When Dr. Oak Sung-Deuk contacted me to ask whether I might be interested in working with him on the publication of the letters and

얼굴이 기쁨과 무한한 이해로 밝아지는 것을 보았다. 바로 즉시 사람들은 이 낯선 이방인에게 문을 활짝 열고 그가 필요한 것이라면 무엇이든지 열심히 도와주려고 했다. 잭 런던은 뒷날 미국에서 유명한 작가가 되었는데 그는 한국에서 사귄 친구인 마페트, 즉 마포삼열 선교사에 대한 이야기도 썼다.

마포삼열 선교사는 한국에 기념할 만한 유산을 남겼다. 그 열매 가운데 하나는 그가 설립한 여러 장로회신학교다. 그는 교회와 나라가 분열된 것에 크게 상심할 것이지만 동시에 한국 교회들이 세계 선교의 책임을 어깨에 메고 나아가고 있는 것으로 인해 깊이 감사할 것이다. 우리는 마포삼열 선교사가 남긴 기록을 통해 독자들이 그의 유산에만 눈을 고정하지 말고, 세계의 위대한 빛이신 주 예수 그리스도를 섬긴 그의 생애를 통해 더 폭넓은 그분의 증인으로 섬기기를 바라고 기도한다.

감사의 글

옥성득 교수가 내게 마포삼열 선교사의 편지와 기사를 출판하기 위해 함께 일하는 데 관심이 있는지 문의했을 때 나는 지체하지 않고 긍정적으로 대답했다. 남편과 나는 그가 만든 양질의 책들과 그의 성실한 인격을 알고 있었다. 그는 이미 『언더우드 자료집』 5권의 편집을 책임졌고 다른 번역과 출판 프로젝트를 완성했기 때문에 우리는 그의 관심에 기뻤다. 우리는 이 프로젝트를 착수해준 그에게 감사의 빚을 졌기에 이 자리를 빌려서 고마움을 표한다.

마포삼열 선교사 가족은 윌리엄 베어드 박사가 숭실대학을 설립할 때부터 그 대학의 운명과 함께했다. 베어드 목사는 마포삼열 선교사와 인디애나의 하노버 대학과 맥코믹 신학교 시절부터 친한 친구였다. 그들은 나중에 평양에서 장로회 선교사로서 동역자와 동료가 되었다. 마포삼열은 모든 수준의 교육을 옹호하는 사람이었고 베어드의 노력을 강력하게 지원했다. 베어드가 숭실대학 학장직을 사임하고 몇 년 후인 1918년부터 마포삼열은 10년간 학장으로 봉직했다. 당시 평양에서 성장한 남편 샘은 지금도 간혹 숭실대학 교가를 부르곤 한다. 1925년 동아시아 축구 시합에서 숭실대학 축구팀

articles of Samuel Austin Moffett, I had no hesitation in giving him a positive answer. My husband and I knew the quality of his work and the integrity of his character. He had already presided over the publication of the Underwood Papers in several volumes, among a number of other translation and publishing projects, and we were pleased that he was interested. We wish to acknowledge our debt of gratitude to him for undertaking this project.

The Moffett family has followed the fortunes of Soongsil College (now University) from the time of its founding by Dr. William Baird. Baird was a close friend and companion of Samuel A. Moffett while they were both students at Hanover College in Indiana and at McCormick Theological Seminary. They were later partners and colleagues as Presbyterian missionaries in Pyeng Yang, Korea. Moffett was a great advocate for education at all levels for Korea and strongly supported Dr. Baird's efforts. A few years after his friend Baird resigned as president of Soongsil, Moffett stepped in as president for about ten years in the 1920s. His son, young Sam Moffett, growing up in Pyeng Yang during those years still breaks out singing the Soongsil song once in a while. He remembers how proud all the Soongsil fans were in 1925 when the college soccer team took first place in the major East Asia tournament that year. Another thing our family cannot forget was the time in 1919 when the Japanese occupying government demanded that the Korean flag be removed from the Soongsil flag pole. Dr. Moffett, who was president at the time, with a downcast heart asked his fourteen year-old son, James, to climb up the flagpole and take it down. Moffett then sent it to America by James when he went to school in the U.S. a short time later. More than fifty years later, in 1974, that young boy, now 65 years old, following his late father's instructions, brought the flag back to Korea and proudly presented it to Soongsil. It was widely reported in local newspapers.

We are pleased that the Institute for Values and Ethics of Soongsil

이 1등을 차지했을 때 그가 모든 숭실 팬들과 함께 얼마나 자랑스러워했는지 지금도 기억한다. 우리 가족이 잊을 수 없는 또 다른 일은 1919년 한국을 다스리던 일본 총독부가 태극기를 숭실 게양대에서 제거하라고 요구했던 때다. 당시 학장이던 마포삼열 선교사는 무거운 마음으로 14세 된 아들 제임스에게 게양대에 올라가 태극기를 내리라고 부탁했다. 곧 제임스가 미국에 있는 학교에 진학하게 되자 마포삼열은 그 국기를 미국으로 보냈다. 50년 후인 1974년 65세가 된 그 소년은 돌아가신 부친의 지시를 따라 그 태극기를 한국으로 가져가서 자랑스럽게 숭실대학교에 기증했다. 한국의 여러 신문이 이를 대대적으로 보도했다.

우리는 『마포삼열 자료집』을 숭실대학교 가치와윤리연구소가 간행하게 되어 기쁘게 생각하며 소장인 김선욱 교수께 특별히 감사드린다. 또한 이 프로젝트를 후원하는 강북제일교회와, 숭실대학교를 졸업한 황형택 담임목사께 깊이 감사드린다.

나는 필라델피아에 있는 장로회역사협회의 프레드릭 하우저 박사와 직원들께 감사한다. 그들은 마이크로필름에 담긴 문서들에서 마포삼열의 편지를 출판하도록 허락하고 도와주었다. 또한 나는 프린스턴 신학교 루스 도서관의 직원들과 특별자료실의 클리퍼드 앤더슨 박사와 케네스 헨크 고문서 사서께 감사한다. 그리고 지난 여러 해 동안 우리의 한국 자료를 정리하는 일을 도와준 내 여동생 조앤 플라워 해케트에게 마음으로부터 깊이 고마움을 표한다.

무엇보다 고마운 사람은 나를 지속적으로 격려하고 사랑으로 도와준 남편이자 동반자이고 마포삼열의 아들인 새뮤얼 휴 마페트다. 그는 오랫동안 아버지의 수많은 편지를 수집하고 보관해온 장본인이다. 한국에서 어릴 때부터, 그리고 아시아 선교사로서 아버지의 삶을 뒤따르기 위해 프린스턴 신학교에서 목회 훈련을 받고 있던 당시 아버지가 돌아가시기까지 그분을 알았던 사람이 결국 그였다. 아들이 아버지에게 할 수 있는 이보다 더 큰 헌사가 어디 있겠는가?

University facilitated the publication of the series and specially grateful for the service of Prof. Seon-Wook Kim, chair of the institute. We would like to express our deep gratitude for the financial support for the series from the Kangbuk Leading Church and its senior pastor Hyung-Taek Hwang, an alumnus of Soongsil University.

I wish to acknowledge and thank Dr Frederick J. Heuser and the staff of the Presbyterian Historical Society of Philadelphia also for their cooperation and helpfulness in allowing us to publish the Moffett letters from their microfilmed document collection. My gratitude also goes to the staff members of Princeton Theological Seminary's Luce Library, Dr. Clifford Anderson, Director of Special Collections and Mr. Kenneth Henke, Archivist. And to my own sister, Joanne Flower Hackett, who has given hours, days, weeks and years to helping me with our Korea collection I owe heartfelt thanks.

Most of all, it is to my husband, Samuel Hugh Moffett, my dearest life companion and son of Samuel Austin Moffett, that I am most grateful for his constant encouragement and loving assistance. He was the one who collected and kept so many of his father's letters through the years. After all, he knew this man from his youngest days as a babe in Korea until the death of his father while Sam was training for the ministry himself at Princeton Theological Seminary to follow in his father's footsteps as a missionary in Asia. What greater tribute can a son give to his father.

December 3, 2016
Princeton, New Jersey
Eileen Flower Moffett

2016년 12월 3일

프린스턴에서

아일린 플라워 마페트(馬愛隣)

차례 CONTENTS

간행사 Preface

김선욱 Prof. Seon-Wook Kim *011*

기념사 Commemoration

황형택 Rev. Hyung-Taek Hwang *013*

편역자 글 Editor's Remarks

옥성득 Dr. Sung-Deuk Oak *014*

서언과 감사 1 Foreword 1

사무엘 휴 마페트 Dr. Samuel Hugh Moffett *016*

서언과 감사 2 Foreword 2

아일린 플라워 마페트 Mrs. Eileen Flower Moffett *026*

서문 Introduction

옥성득 Dr. Sung-Deuk Oak *040*

일러두기 Explanatory Remarks *066*

약어표 Abbreviations *067*

서신 Letters

1901 *069*

1902 *267*

1903 *713*

보고서 Reports *835*

기사 Articles *883*

가계도 Family Trees *932*

연대표 Chronology *934*

색인 Index *936*

Introduction

This volume(1901-1903) consists of personal letters between Mr. and Mrs. Moffett, their letters to the Board of Foreign Missions of the PCUSA, their reports for Korea Mission's annual meeting, and some articles published in magazines. Of note: this book has many personal love letters between Mr. Moffett in Pyongyang and Mrs. Moffett while she was in San Rafael, California during a five-month furlough for her health from November, 1901 to April, 1902.

Historical Background: Church Growth and Organization

The first years of the new century were a great transition period for the Presbyterian Church and Missions in Korea as well as for the Korean nation. The rapid expansion of the Protestant Church was in sharp contrast to the decay of the Taehan Empire that was quickly losing the opportunity to reform into a modern independent nation state. Great famines(1901-03), the Russo-Japanese War(1904-05), prevalent cholera epidemics, corrupted government officials and the Tonghak followers, and the enforced Protectorate Treaty in 1905 crushed this aspiration and effort. Meanwhile, the growing Presbyterian Church moved from a preparatory stage to an organizational stage. Its constituency grew from 13,700(4,800 baptized members) in 1901 to 22,500(6,500 baptized members) in 1903. In the Pyongyang station of Southern P'yŏng'an province, seen in the table, 10 churches were newly built from 1893 to 1895, 69 from 1896 to 1900, and 17 from 1901 to 1903. From 1907 Korean churches expanded into Cheju Island, Manchuria, and Siberia. There were 105 churches in the city of Pyongyang and surrounding counties. The total number of the Presbyterian churches exceeded 1,200 in 1911, which

서문

1901-1903년을 다루는 제3권은 마포삼열 부부가 뉴욕에 있는 미국 북장로회 해외선교부에 보낸 서신 및 받은 서신, 한국선교회 연례 회의에 제출한 개인 연례 보고서, 잡지에 발표한 기사로 구성되어 있다. 특히 이 책은 마포삼열 부부가 주고받은 두 사람만의 사랑의 편지가 절반 정도를 차지한다. 평양의 마포삼열은 질병으로 아내가 1901년 11월부터 1902년 4월까지 5개월간 캘리포니아 샌라파엘의 부모 집에서 휴가를 보낼 때 거의 매일 편지를 보냈다.

역사적 배경: 장로교회의 성장과 조직

20세기의 첫 몇 해는 대한제국뿐만 아니라 장로교회와 선교회들에게도 대전환기였다. 급성장하던 예수교는, 근대 독립국가로 재조직하는 기회를 상실하면서 몰락하던 조선 정부와 큰 대조를 이루고 있었다. 1901-1903년에 발생한 대기근과 이어진 1904-1905년의 러일전쟁, 역병의 유행, 동학도와 관리들의 부패, 강요된 을사조약은 대한제국의 열망과 노력을 수포로 만들었다. 그러나 장로교회는 준비기를 지나 조직기로 접어들었다. 전체 교인은 1901년 13,700명(세례교인 4,800명)에서 1903년 22,500명(세례교인 6,500명)으로 증가했다. 다음 표에서 보듯이 평안남도를 담당했던 평양 선교지부에는 1893-1895년 10개의 교회가 설립되었으나, 1896-1900년에는 69개가 설립되었고, 1901-1903년에는 17개가 신설되면서 기존 교회들이 자리를 잡고 조직되어나갔다. 1907년부터 제주도, 서간도, 북간도, 시베리아로 교회가 확산되었다. 마침내 1911년 전국의 장로교회는 1,200개를 넘어섰는데, 이는 장로교회에 분할된 지역의 모든 시와 읍이나 군에 교회가 세워졌음을 의미했다.

meant there was a church in every county or town in the Presbyterian territories.

Presbyterian Churches established in each province, 1888-1911

	NP	SP	Hw	NH	SH	SeK	NC	SC	NCh	SCh	Che	NK	SK	Total
1888	1		1											2
1889														0
1890						1								1
1891	1													1
1892														0
1893		4	**14**		1								1	20
1894		3	4			5								12
1895	1	4	11			1							1	18
1896	1	9	2	2	**8**	1			2			1	1	27
1897	3	14	9		1	3								33
1898	6	12	5		2					1			1	27
1899	4	13	2							1			1	21
1900	8	**21**	10		3				2	1		2		47
1901	10	8	5	3	2	4	2			3		10	5	52
1902	4	8	1			2			1	4		4	2	26
1903	2	9	1	1	**7**	3	1		5	4		3	1	37
1904	7	10	5	1	1	10	3	1	2	5		10	2	57
1905	**25**	18	3		1	5		**3**	10	12		20	**24**	111
1906	18	11	11		1	**17**	**5**	1	8	9		21	21	123
1907	19	**20**	**16**	4	1	**21**	**5**		**18**	15		18	14	**151**
1908	**22**	11	14	13		6	0		**12**	**19**	1	**26**	19	**143**
1909	19	13	1	**17**		6	2		9	**22**	1	**29**	**22**	141
1910	17	6	1	**18**		6	1		4	6	1	16	6	82
1911	22	7	1	13		6	1		1	12	1	16	12	92
Total	**190**	**191**	**117**	**72**	**28**	**97**	**20**	**5**	**74**	**114**	**4**	**176**	**133**	**1,231**

* N=Northern, S=Southern, P=P'yonga'n, Hw=Hwanghae, H=Hamgyong, SeK=Seoul/Kyonggi, C=Ch'ungch'ong, Ch=Cholla, Che=Cheju, K=Kyongsang.

* NP includes churches in West Kando in Manchuria from 1907, namely 1(1907), 1(1908), 1(1909), 2(1910), and 4(1911); NH includes churches in Northern Kando, namely 1(1907), 1(1908), 4(1909), 4(1910), and 12(1911) and a church in Siberia in 1909.

The pattern of local church development followed three stages: 1) a "group" where believers attended Sunday meetings and an itinerating Korean helper guided them, usually in a small village, 2) an "unorganized church" where a local "leader" [unordained elder] preached and cared for the members, and finally, 3) an "organized church" with a session, composed of Korean elder(s) and a missionary pastor in cities and large towns.

The first organized churches emerged from 1901 to 1903 when Korean elders began to be ordained. Sŏ Kyŏng-jo was ordained as the

[표] 도별 장로교회 설립 통계, 1888-1911 (자료: 총회록)[1]

	평북	평남	황해	함북	함남	경기	충북	충남	전북	전남	제주	경북	경남	계
1888	1		1											2
1889														0
1890						1								1
1891	1													1
1892														0
1893		4	**14**		1								1	20
1894		3	4			5								12
1895	1	4	11			1							1	18
1896	1	9	2	2	**8**	1			2			1	1	27
1897	3	14	9		1	3								33
1898	6	12	5		2					1			1	27
1899	4	13	2							1			1	21
1900	8	**21**	10		3				2	1		2		47
1901	10	8	5	3	2	4	2			3		10	5	52
1902	4	8	1			2			1	4		4	2	26
1903	2	9	1	1	**7**	3	1		5	4		3	1	37
1904	7	10	5	1	1	10	3	1	2	5		10	2	57
1905	**25**	18	3		1	5		**3**	10	12		20	**24**	111
1906	18	11	11		1	**17**	**5**	1	8	9		21	21	123
1907	19	**20**	**16**	4	1	**21**	**5**		**18**	15		18	14	**151**
1908	**22**	11	14	13		6	0		**12**	**19**	1	**26**	19	**143**
1909	19	13	1	**17**		6	2		9	**22**	1	**29**	**22**	141
1910	17	6	1	**18**		6	1		4	6	1	16	6	82
1911	22	7	1	13		6	1		1	12	1	16	12	92
계	**190**	**191**	**117**	**72**	**28**	**97**	**20**	**5**	**74**	**114**	**4**	**176**	**133**	**1,231**

한 지역교회가 발전하는 순서는 다음 세 단계를 밟았다. 첫째, 예배처소(group)는 대개 작은 시골 마을에서 소수의 신자들이 가정집이나 작은 예배당에서 주일 예배로 모이고, 순회하는 조사가 돌보면서 설교했다. 둘째, 미조직교회(unorganized church)는 신자 가운데 지도자로서 아직 안수를 받지 않은 장로라고 할 수 있는 영수(leader)가 매주 설교하면서 집사들의 도움을 받아 목회하는 교회였다. 셋째, 주로 도시나 읍에서 안수받은 장로와 선교사 목사가 당회를 조직하여 교회를 다스리고 목회하는 조직 교회(organized church)였다.

1900년에 한국인 장로가 안수를 받기 시작하면서, 1901년부터 조직교회가 등장하기 시작했다. 1900년에 서경조가 소래교회의 장로로 장립되었으나, 소래교회에는 지역에 거주하는 목사가 없었기 때문에 정식으로 조직

---

1 1907년 이후 평북에는 서간도에 설립된 교회(1907년 1개, 1908년 1개, 1910년 2개, 1911년 4개)가 포함되어 있고, 함북에는 북간도에 설립된 교회(1907년 1개, 1908년 1개, 1910년 4개, 1911년 12개)와 시베리아에 설립된 교회(1909년 1개)가 포함되어 있다.

first elder of Sorae Presbyterian Church in 1900. However, as the church had no pastor in residence, it could not become a fully organized church. When Kim Chong-sŏp was ordained as the first elder of the Central Presbyterian Church in Pyongyang in June, 1900, it became the first organized church in Northern Korea. Pang Ki-ch'ang was elected as elder in 1901 and Kil Sŏn-ju in 1902; They were ordained by Rev. Dr. Arthur J. Brown, a secretary of the Board of Foreign Missions of the PCUSA, on May 12, 1902 when he visited Pyongyang.

Mr. Moffett founded the Presbyterian Theological Seminary in Pyongyang for future Korean ministers in May, 1901. On Feb. 6, 1901, elder Kim Chong-sŏp and elected elder Pang Ki-ch'ang were examined and accepted as the first candidates for theological training which would span five years. Mr. Moffett started a course of theological study with these students sat his home in May, 1901. The Council of the Presbyterian Missions in Korea granted a charter to the seminary for all Presbyterians on Sept. 8, 1903. Mr. Moffett and other missionary teachers from four missions trained the first seven Korean students–Kim Chong-sŏp, Pang Ki-ch'ang, Kil Sŏn-ju, Sŏ Kyŏng-jo, Song In-sŏ, Yi Ki-p'ung–until their graduation in June, 1907. Mr. Moffett served the seminary as president from 1902 to 1924. He also founded a small girls' school on October 31, 1903. Miss Margaret Best was its first teacher. Later the school developed into Sung'ŭi Girls' Academy and became one of three Presbyterian girls' academies in Northern Korea.

In the spring of 1901, Dr. Brown visited China, Japan, and Korea to survey the political conditions and anti-Christian sentiment after the Boxer Uprising in China and Manchuria. Pro-Russian politicians in Korea attempted to kill all Christians and missionaries in the fall of 1900. Fortunately, the forged edict was reported to Rev. H. G. Underwood who was itinerating in Hwanghae province. He sent an express telegraph written in Latin to Dr. O. R. Avison in Seoul. American Minister Dr. H. N. Allen entreatied the Emperor Kojong to nip the conspiracy at the bud.

된 교회가 되지는 못했다. 1900년 6월에 평양 장대현장로교회는 김종섭을 첫 장로로 안수했다. 이어서 1901년에 방기창이, 1902년에 길선주가 장로로 피택되었다. 1902년 5월 12일 주일 예배 때 평양을 방문한 북장로회 해외선교부 총무 브라운 박사는 방기창과 길선주를 장로로 안수했다.

마포삼열 목사는 미래의 한국인 목회자를 양성하기 위해 1901년 5월 평양에 장로회신학교를 설립했다. 1901년 2월 6일에는 김종섭 장립장로와 방기창 피택장로가 심사를 거쳐 5년 과정의 신학 교육을 위한 첫 후보생으로 입학했다. 1901년 5월 마포삼열은 자신의 집에서 신학 교육 과정을 시작했다. 한국에서 사역하던 4개의 장로회 선교회로 구성된 장로회공의회는 1903년 9월 8일 평양신학교를 선교회들의 "연합 장로회신학교"로 인가했다. 마포삼열과 다른 선교회에서 파송한 선교사 교수들은 7명의 첫 신학생인 김종섭, 방기창, 길선주, 서경조, 송인서, 이기풍을 비롯해 수십 명의 학생을 가르쳐, 첫 7명을 1907년 6월에 졸업시키고 9월에 목사로 안수했다. 마포삼열 목사는 1902년부터 1924년까지 신학교의 초대 교장으로서 봉사했다. 또한 그는 1903년 10월 31일에 자신의 집에서 작은 여학당을 시작했는데, 첫 교사는 마거릿 베스트 양이었다. 이 학교는 숭의(崇義)여자중학교로 발전했는데, 선천의 보성여학교와 함흥의 영생여학교와 더불어 북한 지역에 있는 세 개의 장로회 여자중학교 중 하나였다.

1901년 봄 브라운 총무는 중국과 만주에서 발생한 의화단사건 이후 정치적 상황과 반기독교 정서를 파악하기 위해 일본, 한국, 중국을 방문했다. 1900년 가을 국내의 보수 친러파 인사들은 고종의 칙서를 위조하여 모든 기독교인과 선교사를 살해하라는 명령을 각 지방 관아에 발송했다. 다행히 황해도에서 전도활동을 하던 언더우드 목사에게 이 위조 칙령이 알려졌다. 그는 이 사실을 서울에 있는 에비슨 의사에게 라틴어 전보로 급히 알렸다. 미국공사 알렌 의사는 고종 황제에게 이 사실을 보고했고, 음모를 사전에 방지할 수 있었다.

1902년에는 또 다른 심각한 위기가 발생했다. 황해도에서 교도를 늘려가던 천주교와 개신교의 경쟁은 해서교안(海西教案)으로 악화되었다. 여러

Another serous crisis happened in 1902. The competition between Roman Catholics and Protestants in Hwanghae province deteriorated into "Haesŏ Kyoan" [The Church Case in Hwanghae Province]. French priests and Korean Catholics taxed Presbyterians and villagers to fund their own church buildings. If they were not cooperative, Roman Catholics imprisoned Protestants and flogged them. Korean Roman Catholics claimed that they were under the extraterritoriality of French priests therefore under French law, and not within Korean jurisdiction.

Messrs. Underwood and Moffett went to the area to help their own people and tried to win the legal cases at the Governor's court for several months. Their victory spurred the growth of the Protestant churches in the Northwestern region. Underwood and Moffett worked in cooperation or independently on other important and tough projects—the completion of the translation of the New Testament into Korean, the withdrawal of the Korea Mission of PCUSA from the Pusan station and giving it to the Australian mission, as well as the erection of the Severance Hospital in Seoul. Readers will discover how the Korean Presbyterian Church and missions were formed by revising its policies while embroiled in controversies over these issues.

Personal Life

The love letters of a genuinely loving couple occupies about a half of this volume. Mrs. Moffett became ill and had to return to California in November, 1901. Mr. Moffett went to Yokohama with his wife. She left for her parents' home in San Francisco to receive medical treatment for "insomnia and nervous symptoms." During the five months of separation from December, 1901 to April, 1902, Mr. Moffett wrote her a letter almost every day. By reading these intimate letters, we can see how he wholeheartedly loved his wife, his devotion to his work in Pyongyang, and the vital development of the churches in Pyongyang station. At the same time, we can see that a missionary's life was filled

마을에서 프랑스 신부와 천주교인들은 성당 자금을 마련하기 위해 주민과 개신교인에게 일종의 교회 세금을 부과했다. 비협조적인 자들은 천주교인들이 붙잡아 자체로 만든 옥에 넣고 곤장을 치기도 했다. 한국인 천주교인들은 프랑스 신부의 치외법권에 의지해 한국 법이 아니라 프랑스 법의 지배를 받는다고 주장했다.

언더우드 목사와 마포삼열 목사는 해주로 내려가 여러 달 동안 사건을 조사하고 재판에 참석했다. 개신교의 승리로 서북 지역에서 개신교 성장은 가속도가 붙었다. 언더우드와 마포삼열은 이후 한글 신약전서의 번역, 부산 선교지부에서 북장로회가 철수하고 호주장로회에 관할권을 넘겨주는 문제, 서울에 대형 세브란스병원 설립 건 등 여러 중요하고 힘든 사역에서 협조하거나 경쟁했다. 독자들은 이 책을 통해 한국 장로교회와 선교회들이 이런 논쟁점을 토론하는 과정에서 정책을 수정하면서 어떻게 현지 상황에 맞게 형성되어나갔는지 확인할 수 있을 것이다.

개인사: 부부 간의 사랑의 편지

이 책의 절반은 사랑하는 부부 간의 사랑의 편지로 이루어져 있다. 보기 드문 개인 서신이다. 마포삼열 부인이 병에 걸려서 1901년 11월 캘리포니아로 돌아가서 쉬어야 했다. 마포삼열 목사는 아내를 데리고 요코하마까지 동행했다. 그녀는 샌라파엘의 친정집에서 신경과민과 불면증을 치료하며 휴식했다. 1901년 12월부터 1902년 4월까지 두 사람이 헤어져 있던 5개월 동안, 마포삼열은 아내에게 거의 매일 편지를 썼다. 이 편지를 읽어보면 우리는 그가 아내를 얼마나 진심으로 사랑했는지, 평양 사역을 얼마나 헌신적으로 돌봤는지, 평양의 교회가 얼마나 역동적으로 발전했는지 알 수 있다. 동시에 우리는 한 선교사의 삶이 외국 땅에서 얼마나 많은 슬픔과 외로움으로 가득 차 있는지, 온갖 어려움에도 불구하고 마포삼열이 한국인들을 얼마나 신실하게 섬겼는지 볼 수 있다. 무엇보다 이 손으로 쓴 사적인 편지를 통해 우리는 마포삼열의 진솔하고 솔직한 목소리를 들을 수 있다. 이 책의 편역자요 역사가로서 이 소중한 가족 서신을 한국 교회를 위해 공개하기로 결정한 후

with sorrow and loneliness in a foreign land, and the ways he served the Korean people faithfully despite all kinds of hardship. Above all, we can hear Mr. Moffett's candid and honest voice through these personal hand-written letters. As an editor and a historian, I appreciate their descendants' decision to give the public access to this valuable set of private correspondences.

On April 19, 1902, Mr. Moffett left Pyongyang to join his wife in California for a few months. His alma mater Hanover College, Hanover, Indiana bestowed an honorary doctor of divinity degree to him in absentia in June, 1901. On August 9, 1902, Dr. and Mrs. Moffett left for Korea on the steamer Coptic from San Francisco to Nagasaki, and on Sept. 5 from Nagasaki on Nippon Yusen Koishato Chemulpo.

It is interesting enough to mention here that a Swedish American Baptist revivalist Fredrik Franson, who founded the TEAM Mission (Scandinavian Alliance Mission) in Chicago in 1890, stayed in Moffett's house in Pyongyang for three weeks in October, 1903. Mr. Franson learned the Presbyterian missionaries' carefully-regulated approaches to evangelistic outreach in Pyongyang and studied the way these missionaries were applying the Nevius Method to the Northern Korean context. Mr. Franson taught this revival method to Rev. Robert Hardie who ignited the Wonsan Revival in 1903.

A Major Controversy: Hospital Question and Institutionalism

The "Hospital Question" proceeded together with the "Newspaper Question" under similar sociocultural and institutional changes in Seoul. Chejungwŏn, a new modern royal hospital, was established near the main palace in April, 1885. The hospital soon relocated to Kurigae, at the center of the city, to provide greater accessibility to ordinary people. In 1894 its identity was transformed from being a government institution to a practically mission hospital, with Dr. Avison at the helm of personnel, finance, and management.

손에게 깊이 감사드린다.

1902년 4월 19일 마포삼열 목사는 평양을 떠나 몇 달간 캘리포니아에 가서 아내와 함께 시간을 보냈다. 모교인 하노버 대학은 1901년 6월 졸업식에서 그가 불참한 가운데 한국 선교에 기여한 공을 기려 그에게 명예 신학박사 학위를 수여했다. 1902년 8월 9일 마포삼열 부부는 샌프란시스코항에서 태평양 횡단기선인 콥틱호를 타고 미국을 떠났으며, 9월 5일 나가사키에서 일본우편기선을 타고 제물포를 향해 떠났다.

여기서 스웨덴 출신 미국 부흥사로 1890년 시카고에서 스칸디나비아연맹선교회인 TEAM을 창설한 프레드릭 프란손이 1903년 10월 평양 마포삼열 사택에서 3주간 머문 사실을 언급하는 것이 좋겠다. 프란손은 평양에서 선교사들이 조심스럽게 관리한 전도 활동을 배우면서 서북 지역에 네비우스 방법을 어떻게 적용했는지 공부했다. 그는 1903년 여름 원산 부흥을 시작한 하디 목사에게 부흥의 방법을 가르쳐준 장본인이었다.

병원 논쟁: 서울 대 평양의 대립

제2권의 "신문 논쟁"이 발생한 서울의 사회적·기구적 변화 상황에서 1900-1905년에 "병원 논쟁"이 발생했다. 1885년 4월 첫 근대 정부병원인 제중원이 경복궁 부근에 설립되었으나 곧 일반인이 쉽게 접근할 수 있는 도시 중앙의 구리개로 이전했다. 1894년에는 신임 원장인 에비슨 의사의 노력으로 병원의 인사권과 운영권과 재정 책임이 북장로회 선교회로 이월되면서 실제적인 선교병원으로 운영되었다.

1904년 남대문 밖에 세브란스 씨가 기부한 선교부 자금으로 근대식 대형 선교병원인 세브란스병원이 세워졌을 때 기존 이름인 "제중원"(濟衆院)까지 승계되었다.[2] 그러나 반(半)선교병원에서 완전한 대형 선교병원으로 전환되는 과정에서 선교회 내부에서는 "병원 문제"를 놓고 논쟁했다. 병원 확장을 선호하던 서울 선교사들은 그때까지 시행되던 선교회의 네비우스-로스

---

2 즉 "남대문세브란스병원" 혹은 "남대문제중원"으로 불렸다.

When they established the Severance Hospital outside of the South Gate with donations from Mr. Louis Severance in 1904, the title of "Chejungwon" was transferred to the new mission hospital. In the second transition from semi-mission hospital to full-scale large mission hospital, however, the "hospital question" was in debate among missionaries. The missionaries in Seoul in favor of the hospital expansion argued that it had outgrown the Nevius-Ross method which emphasized self-support and evangelism. They contended that one-man dispensary had to close its door when he went for a furlough, yet a larger hospital with two doctors could operate even when a doctor went for a furlough or became sick. The Pyongyang party contended that the medical mission was a means for evangelism; that one-man-hospital was enough for a station; and that the mission should allocate the minimum force and budget to the institutional work. The evangelistic-spiritualist Pyongyang camp warned against the potential danger of institutionalism in such a large hospital.

When Dr. O. R. Avison arrived in 1893, he found that the government had neither administered the hospital properly, nor provided it with promised financial support. After prolonged negotiations with high officials and presenting his plan to the king, Dr. Avison could change it into a mission hospital in which the mission assumed the personnel, financial, and administrative responsibilities, whereas the government owned the property. The American Legation supported this plan to check the incoming Japanese power in Korea. Since the Kabo Reform in 1894, many modern institutions rushed into Seoul. Japanese doctors began to build hospitals for Japanese residents in Seoul and the Hansŏng Hospital became the largest modern hospital in 1899. The Taehan Empire established the government Medical School and began to train 50 students from 1899.

Dr. Avison had to compete with Japanese doctors to maintain the hegemonic dominate of modern Western medical science. He felt the

방법을 수정해야 할 때가 되었다고 주장했다. 그들은 1인 의사 진료소는 의사가 안식년 휴가를 가면 문을 닫아야 하지만, 2인 의사가 있는 대형 병원은 한 명이 휴가를 가거나 질병에 걸려도 병원을 정상적으로 운영할 수 있다고 주장했다. 대형 병원의 설립을 반대한 평양파는 의료 선교는 전도의 도구이며, 따라서 한 선교지부에 1인 의사로 운영되는 작은 병원으로 충분하고, 기관 사역에는 최소한의 인력과 예산을 배정해야 한다고 주장했다. 전도와 영성을 중시한 평양파는 대형 병원에 숨겨진 기구주의의 위험을 경계했다.

1893년 서울에 부임한 에비슨 의사는 정부가 병원 건물을 관리하지도 않고, 약속한 재정 지원도 제공하지 않고 있다는 사실을 발견했다. 장기간 고위 관리들과 협상하고 자신의 계획을 고종에게 제안한 후, 에비슨 의사는 제중원을 선교병원으로 변경할 수 있었다. 정부가 부지와 건물을 소유하지만, 모든 병원의 인력, 재정, 행정 책임을 선교회가 맡는 조건이었다. 미국공사관은 한국에서 세력을 증대하는 일본을 저지하기 위해 에비슨의 안을 지지했다. 1894년 갑오개혁 이후 많은 근대 기관이 서울에 등장했다. 일본인 의사들은 서울 거주 일본인을 대상으로 병원을 설립했으며, 1899년 한성병원은 서울에서 가장 큰 병원이 되었다. 대한제국은 정부 의학교를 설립하고 1899년부터 50명의 한국인 의학생을 훈련하기 시작했다.

에비슨 의사는 근대 서양 의료에서 지배적 우위를 유지하기 위해 일본인 의사들과 경쟁하지 않을 수 없었다. 그는 대형 병원과 의학교의 필요성을 절감했다. 1899년 안식년 휴가를 얻어 본국으로 돌아갔을 때, 그는 그 청사진을 그렸다. 1900년 4월 뉴욕 에큐메니컬 선교대회에서 연합 선교병원에 대한 논문을 발표했을 때, 그는 그 꿈을 구체적인 제안으로 만들었다. 그는 논문에서 교파 선교회의 1인 의사가 운영하는 작은 병원이 지방에 흩어져 있는 것보다 서울에 대형 "연합" 병원을 설립하는 것이 필요하고 효과적이라고 주장했다. 연합 병원은 의료 선교 사역의 네 가지 목적—1) 선교사와 그 가족 치료, 2) 본토인 기독교인의 치료, 3) 일반 본토인 치료, 4) 본토인 의사와 간호원 양성—을 달성할 수 있다고 보았다. 에비슨은 "최선의 의료 서비스는 현재 산재하여 존재하는 많은 연약한 시설보다 강력한 통합 기관에서

need for a large modern hospital and a medical school. When he went home on furlough in 1899, he drew its blueprint. This dream became a concrete proposal when he made a speech at the Ecumenical Mission Conference in New York on April, 1900. His topic was the effectiveness and need for a larger union hospital in Seoul instead of working at many separate small denominational dispensaries. It could accomplish four goals of medical mission work—to treat missionaries and their families, to treat native Christians, to treat the native people in general, and to train native physicians and nurses. He insisted that "The best medical service can be provided in strong, consolidated institutions, rather than in the many scattered weak establishments now in existence."[1] His talk was heard by Mr. Louis H. Severance, who donated $10,000 for the building of an ecumenical hospital in Seoul.

The plan to establish the Severance Hospital faced strong opposition from missionaries in Pyongyang. The Presbyterian mission debated the plan at the annual meeting held in Pyongyang in September, 1900. The Pyongyang camp was the majority. Their sentiment was well expressed by William B. Hunt, who declared that "Missionaries are not here to make them [Koreans] take up with Western civilization."[2] Dr. J. Hunter Wells of the Caroline A. Ladd Hospital in Pyongyang wrote to Dr. Ellinwood, "it seems that the idea is to saddle on the mission and Board an institution that will require a yearly appropriation of from 5,000 to 6,000 yen or more."[3] The Avison plan was a direct challenge to the Nevius-Ross method, which emphasized a simple, small, self-supporting hospital as a means for evangelism since 1891. Mr. William B. Hunt in Pyongyang wrote, "I believe the Hospital work on such a scale is a

1 O. R. Avison, "Comity in Medical Mission," *Ecumenical Missionary Conference, New York, 1900.* Volume 1 (New York: American Tract Society, 1900), 245.

2 Hunt to Ellinwood, June 12, 1900.

3 H. J. Wells to Ellinwood, September 28, 1900.

제공될 수 있다"고 주장했다.[3] 이 연설을 들은 북장로회선교부 이사 루이스 세브란스 씨는 에비슨의 계획에 공감하고 서울에 연합 병원을 설립하는 비용으로 10,000달러를 기부했다.

세브란스병원 건립 계획은 평양 선교사들의 강한 반대에 직면했다. 1900년 9월 평양에서 모인 북장로회 선교회 연례 회의에서는 그 안을 토론했다. 평양파가 다수였다. 그들의 견해는 헌트 목사의 발언에 잘 표현되어 있다. 그는 "선교사들은 한국인들이 서구 문명을 수용하도록 만들기 위해 있는 것이 아니다"라고 선언했다. 평양 제중원의 웰즈 의사는 엘린우드 총무에게 다음과 같이 편지를 썼다. "그 안은 선교회와 선교부에 매년 예산 5,000-6,000엔 이상을 부담시키는 것으로 보입니다." 에비슨 안은 네비우스-로스 방법에 대한 정면 도전이었다. 선교회가 1891년 이후 공식 정책으로 유지해 온 그 방법은 전도의 도구로서 자급하는 단순하고 작은 병원을 강조했다. 평양의 헌트 목사는 총무에게 보낸 서신에서 "나는 그런 대형 규모의 병원 사역은 죄요 신성모독이라고 믿습니다"라고 항의했다. 마포삼열은 엘린우드 총무에게 보낸 서신에서 그런 병원이 "우리의 주된 사역인 한국의 복음화"에 진정한 도움이 되는 대신 방해가 될 것이다. 그 병원은 "본국 교회와 선교회의 인력뿐만 아니라 한국 교회의 돈과 힘과 시간과 관심을 흡수할 것이기" 때문이다. 그 결과 한국인들에게 "기독교는 인류 구원을 위한 예수 그리스도의 교회가 아니라, 자선 기관으로 소개되고 의료 사업은 기독교의 가장 뚜렷한 특징으로 제시될 것"이라고 주장했다. 마포삼열은 전도 사역의 부수물로 있는 한 의료 사역의 가치를 믿었으며, 병원 논쟁은 "근본적이고 본질적으로 중요한 원리에 관한 관건"이라고 생각했다. 그는 만일 세브란스병원이 선교회 안(의사 한 명과 간호원 한 명)을 초월해서 건립된다면, 선교 사역이 확장되기 시작한 남부 지역에서 전도 사역이 방해를 받을 것이며, 따라서 북부에서 거둔 성과를 얻을 수 없을 것이라고 주장했다. 그의 확고한 신념은 10년간 평

---

3 O. R. Avison, "Comity in Medical Mission," *Ecumenical Missionary Conference, New York, 1900*. Volume 1 (New York: American Tract Society, 1900), 245.

sin and sacrilege."[4] Moffett argued that it would become an obstacle, instead of a real help, to "our main work, the evangelization of Korea, for it would "absorb the money, energy, time and interest not only of the home church and the mission force but that of the Korean church."[5] Consequently, to the Koreans, "Christianity will be presented rather as a philanthropic institution, the medical work being its most prominent feature, and not as the Church of Jesus Christ for the salvation of men. Moffett believed in the medical work as far as it was adjunct to the evangelistic work, and felt that the hospital question was "a fundamental and essentially important principle which is at stake.[6] If the Severance Hospital were to be built beyond the mission plan (with a missionary doctor and a missionary nurse), he argued it would prevent the evangelistic work in the South where the mission work began to be expanded and thus could not get what the North had harvested. Moffett's firm conviction, based on his experience in Pyongyang for ten years, was as follows:

> We have avoided the presentation of any other appeal based upon material, educational or philanthropic advantages and have concentrated our efforts upon bringing to bear upon the heathen people the supreme claims of the gospel which we believe to contain what God has ordained for the salvation of men. No institution has been allowed to stand before the people as an exponent of Christianity but Christianity itself (Christ & his truth) has been presented to them, so that this people have been made to feel that the Church is the institution which stands forth as the evident center and aim of the Western religion. Medical and educational works have been made secondary–as they should be.[7]

4 W. B. Hunt to Ellinwood, October 15, 1900.

5 Samuel A. Moffett to F. F. Ellinwood, October 22, 1900. See also April 6, 1901.

6 S. A. Moffett to F. F. Ellinwood, October 22, 1900.

7 Ibid.

양에서의 다음과 같은 경험에 기초한 것이었다.

> 우리는 이 이방 민족에게 복음의 지고한 주장에 관심을 가지도록 모든 노력을 쏟아부었으며, 물질적·교육적·자선적 유익에 근거한 어떤 다른 매력을 제시하는 것을 피했습니다. 그 복음 안에 하나님께서 인간을 구원하기 위해 정해 놓으신 모든 것이 들어 있다고 믿기 때문입니다. 우리는 기독교 자체(그리스도와 그의 진리) 외에 기독교를 설명하는 어떤 기구를 사람들 앞에 내세우는 것을 허락하지 않았습니다. 그래서 이곳 주민들은 교회가 서양 종교의 중심이자 목표라고 생각하게 되었습니다. 의료 사업과 교육 사업은 이차적인 것으로 만들었는데, 그것이 마땅합니다. 저는 의료 사업과 교육 사업의 가치를 철저히 믿으며, 그 사역들이 최고 수준으로 완벽하게 발전될 때가 되면 그렇게 되리라고 믿으며, 최고 수준의 의료 사업과 교육 사업을 선교회에서 가장 앞장서서 옹호했습니다. 그러나 이런 발전은 교회의 설립을 뒤따라가야지 앞서가면 안 됩니다(이것은 선교의 문을 여는 데 필요한 예비적인 의료 사업을 배제하는 것이 아니라, 이미 발전된 기관 사업에 적용되는 것입니다).

마포삼열은 선교 초기 단계에서는 의료와 교육보다 전도의 우선권을 믿었다. 복음 자체가 아닌 병원과 학교와 사회사업 단체 같은 기구가 기독교를 대변해서는 안 된다는 원칙이었다. 그는 이 정책을 서북지역뿐만 아니라 서울 이남에서도 초기 단계에서 시행해야 한다고 주장했다.

1901년 1월 미국 공사 알렌이 고종에게 새 병원을 위해 루이스 세브란스 씨가 10,000달러를 기부했다는 말을 보고하자, 고종은 "미국인이 그렇게 많은 일을 하고 있는데, 나도 스스로 무슨 일이든 해야겠다며, 병원 부지를 주겠다"고 약속했다. 그 이후 장로회 선교회는 두 파로 분열되어 세브란스 병원을 놓고 격론을 벌였다. 뉴욕 선교부의 세브란스 이사와 엘린우드 총무의 지지를 받고 대형 병원을 지지한 서울파(에비슨과 언더우드)는 의료 선교를 복음 전도를 위한 도구로 바라보던 평양파(웰즈와 마포삼열)와 싸웠다. 후자는 대구의 애덤스와 청주, 군산, 목포, 부산, 원산 선교지부의 다른 선교사들이

Moffett had a clear principle of the priority of the evangelistic work over the medical, educational, and philanthropic works in early period of the mission. He argued that hospitals and schools should not become the representative institutes of Christianity. He believed that such a policy should be practiced not just in Northwestern regions, but in Seoul and Southern provinces.

In January, 1901, when American Minister H. N. Allen told the Emperor of Mr. Louise Severance's offer and donation of $10,000 for a new hospital, Kojong said that "When American is doing so much, he must certainly do something himself and promised to give the site."[8] Since then the debate over the Severance Hospital developed into a heated controversy between two camps in the Presbyterian mission. The Seoul camp(Avison and Underwood), supported by Mr. Severance and Dr. Ellinwood of the Board in New York, supported the large hospital and fought against the Pyongyang camp(Wells and Moffett) who had the instrumental view of the medical mission for evangelism, supported by Adams in Taegu and others in Chŏngju, Kunsan, Mokpo, Pusan, and Wonsan.

It was a conflict between the Christian civilization theory for the Christianization of the nation through larger union institutions centering in Seoul and the NRM focusing on the speedy evangelism through the territorial division among missions with smaller institutions(mainly primary schools and one-doctor-hospitals). The former was an ecumenical, national, and institutional enterprise, thus supported by the Board in New York, yet the latter was a denominational, local, and ecclesiastical project. In other words, it was the struggle between institutionalism of the civilization theory and spiritualism of the church planting theory (NRM). Dr. Wells criticized the Avison-Gordon plan of one building hospital that would cost $14,000 and was too "elaborate even for

8 Seoul Station to Ellinwood, April, 1901.

지지했다.

이것은 기독교 문명론과 네비우스-로스 방법의 대결이었다. 전자는 서울에 본부를 둔 거대한 연합 기관들을 통해 한국의 기독교화를 추진했다. 후자는 선교회들이 서로 선교지를 분할하고 작은 기관들(초등학교와 1인 의사 병원)의 도움을 받아 신속한 복음화에 치중했다. 전자는 교파연합적이고 전국적인 기관 사업을 추진했기 때문에, 뉴욕 선교부의 지원을 받았다. 그러나 후자는 교파적이고 지역적인 교회 사업을 추진했다. 다시 말하면 이는 문명론의 기구주의와 토착교회 설립론의 영성주의 간의 갈등이었다. 웰즈 의사는 에비슨-고든이 구상한 병원은 14,000달러의 비용이 들고, 서울의 명동성당과 동일하게 "미국인에게도 너무 고급스러운" 건물이라고 비판했다. 그는 미국 일부 도시에서 채택한 25개의 병상에 최신 시설을 갖춘 두 개의 병동을 가진 모델을 선호했는데, 그 비용은 5,000달러에 불과하다고 대안으로 제시했다.

1901년 4월 브라운 박사가 한국을 방문했을 때, 서울 주재 선교사들은 게일을 제외하고 모두 대형 병원을 지지했다. 모든 여성 선교사—수전 도티, 메리 기퍼드 부인, 에스더 쉴즈, 에바 필드, 엘렌 스트롱, A. 밀러 부인, 언더우드 부인, 에비슨 부인, 캐서린 웜볼드, 로즈 무어 부인, 빌로니아 스누크—와 서울 선교지부의 남성 선교사—F. S. 밀러, 언더우드, 에비슨, 무어—는 만장일치로 세브란스병원 설립을 지지했다. 언더우드는 평양 선교사들의 태도는 선교회의 "발전에 대한 반역"이라고 보고, "입으로 복음의 말씀을 선포하는 것만 우리가 해야 하는 유일한 사역"이라고 생각한다고 비판했다. 언더우드와 에비슨은 의료 사업이 선교의 문을 여는 수단이라는 견해에 반대했다. 1901년 5월 평양에서 선교사들을 만난 브라운 박사는 다음과 같이 설득하려고 노력했다.

> 한국의 의료 선교는 기독교의 사랑에 대한 한 예시였으며, 선교의 일반 목적에 큰 도움이 될 수 있다. 의료 사업은 즉각적으로 고통을 경감시키고, 궁극적으로 영적 영향력을 확대시키는 데 도움을 준다. 다른 의료 수단이 없는 나라에서 의

America" just like the Roman Catholic cathedral in Seoul. Instead Wells preferred a two-winged model adopted by some city hospitals in America with 25 beds and all recent improvement, which could cost only $5,000.[9]

When Dr. Brown visited Korea in April 1901, missionaries of the Seoul station, except J. S. Gale, expressed their support for a large hospital. All female missionaries—Susan Doty, Mrs. Mary Gifford, Esther Shields, Eva Field, Ellen Strong, Mrs. A. R. Miller, Mrs. L. H. Underwood, Mrs. M. Avison, Katherine Wambold, Mrs. Rose Moore, and Vilonia Snook—and male missionaries of the Seoul station—F. S. Miller, H. G. Underwood, O. R. Avison, and S. F. Moore—supported unanimously the erection of the Severance Hospital. Mr. Underwood and even Mr. Moore accepted the holistic kingdom model. Underwood wrote that the attitude of the missionaries in Pyongyang was "a revolt against the development" of the mission and criticized their idea was "that the proclamation of the Gospel of word by mouth is the only work we have to do."[10] Underwood and Avison were against the opinion that the medical work was just a means to open the doors of the mission. At a meeting with missionaries in Pyongyang in May, 1901, Brown tried to persuade them.

> The medical mission in Korea was an illustration of Christian love and can be made a great help to general objects of missions. Medical work immediately helps to relieve suffering and ultimately to enlarge spiritual influence. It has a legitimate place as a part of missions in lands where no other medical aid available. It is a means to an end, though the end being supreme, but a wise means even in Korea where evangelical opportunities are so abundant.[11]

---

9 Wells to Ellinwood, April 5, 1901.

10 Underwood to Ellinwood, January 17, 1901.

11 A. J. Brown Diary, May 13, 1901.

료 사업은 선교의 일부로 정당한 지위를 지닌다. 그것은 목적을 위한 수단이다. 비록 목적이 최상위에 있지만, 전도의 기회가 풍성한 한국과 같은 나라에서도 현명한 수단이다.[4]

언더우드-에비슨 노선을 지지하는 브라운의 입장을 평양파는 수용하지 않았다. 대신 평양파는 선교부가 에비슨 의사의 야망이 추진하는 프로젝트를 중단해야 한다는 결의안을 채택했다. 한국에 있는 대다수 장로회 선교사들이 강력하게 장기간에 걸쳐 반대했음에도 불구하고, 에비슨-세브란스 안이 진행된 것은 1901년 브라운 총무의 입장 변화가 중요한 변수로 작용했다. 내한하기 전 브라운은 선교부 안에서 그 안을 반대하는 자 중 한 명이었다. 그러나 언더우드와 에비슨과 함께 서울에서 평양으로 가는 길에 있는 마을과 읍과 도시들을 여행한 후, 그는 세브란스병원의 지지자로 입장을 바꾸었다. 에비슨은 1901년 5월에 다음과 같이 썼다. "우리는 본국과 선교지에 있는 모든 파가 이제 병원 문제에서 연합하여 기쁩니다. 브라운 박사님은 한국의 의료 사역이라는 주제에 많은 주의를 기울였고, 이제 우리의 입장을 따뜻하게 지지하시며, 선교회를 조화시키기 위해 많은 일을 하셨습니다."

자급의 개념에 대해 서울 선교지부는 전도 사역에서의 자급과 의료 사역에서의 자급을 분리했다. 그들은 한국 교회가 영아기에 있으므로 병원 건물뿐만 아니라 운영비도 지원되어야 한다고 주장했다. 동시에 그들은 "우리 병원은 말과 행동이라는 두 가지 방법으로 복음 전파를 위해 존재한다. 행동이란 이교도들에게 기독교의 결과, 곧 기독교를 고백하는 자들의 가슴속에 이루어진 사랑과 자비를 보여주는 것을 의미한다." 이제 의료 선교는 불신자에게 "사랑과 자비"를 보여줌으로써 복음을 전하는 수단으로 이해되었다. 세브란스병원 논쟁 결과 의료 사역 이론에서 새로운 개념이 등장하기 시작했다.

이어 세브란스 씨가 자신의 주치의였던 허스트 의사를 병원을 위한 두

---

4 A. J. Brown Diary, May 13, 1901. 브라운 총무는 북한 지역에서는 의료나 교육 사업 없이도 전도가 잘 되었기 때문에 소형 병원도 무방하나, 다른 지역에서는 대형 병원이 필요하다는 입장이었다.

Brown's support for the Underwood-Avison line was not accepted by the Pyongyang camp. They adopted a resolution that the Board should halt the project propelled by the ambition of Dr. Avison. The swing vote of Arthur J. Brown in 1901 was critical in pushing the Avison-Severance plan forward despite the strong and prolonged opposition of the majority Presbyterian missionaries in Korea. Before his visit to Korea, he was one of the strong opponents to the plan in the board. But after some travels in the interior towns and cities in Korea accompanied by Underwood and Avison, Brown changed his opinion and became a supporter of the Severance Hospital. Avison wrote in May, 1901: "We rejoice greatly that all parties both at home and on the field are now united in the matter of the hospital. Dr. Brown has given a great deal of attention to the subject of medical work in Korea and now cordially supports our position and has done a great deal to harmonize the Mission."[12]

Regarding the concept of self-supporting, the Seoul station separated self-support in evangelistic work and medical work. They argued that as the Korean church was in its infant stage, not only the buildings for the hospitals, but the cost of maintenance should be supported.[13] At the same time they insisted, "Our hospitals exist for the preaching of the gospel in two ways–by word and by practice. By the latter it meant, that they illuminate to the heathen what Christianity is in its results, i.e., is the love and charity it has begotten in the hearts of those who profess it."[14] Now the medical mission was understood as a means to preach the gospel by showing "the love and charity" to non-believers. It was a new development in the theory of medical work resulted from the controversy of the Severance Hospital.

Then Mr. Severance offered to support Dr. Jesse W. Hirst as the second physician for the hospital. Nevertheless, at the annual meeting

12 Avison to Ellinwood, May 24, 1901.

13 Seoul Station to Ellinwood, April. 1901.

14 Ibid.

번째 의사로 지원하기로 제안했다. 하지만 1901년 9월에 개최된 한국선교회 연례 회의에서 참석자들 대부분이 거대한 건축물로 된 병원을 지지하지 않았고, 서울 병원에는 한 명의 의사만 필요하다는 결의안을 통과시켰다. 1902년 5월 에비슨 의사는 선교회의 허락 없이 두 명의 일본인 간호원을 고용했는데, 곧 언어 장벽 때문에 일본으로 돌아갔다. 이 사건으로 서울과 평양의 관계는 더 악화되었다. 헌트 목사는 추가 의사 임명 안에 대한 평양 선교지부의 항의서를 보내면서, "만일 우리가 미국의 부(富)를 막을 수 없다면, 이 선교지는 곧 다른 선교국들의 전철을 밟게 될 것이다"라고 경고했다. 선천의 선교사들도 비슷한 항의서를 선교부에 발송했다. 마포삼열은 선교부가 두 번째 의사를 파송하기로 한 것은 "한국 선교회에 대한 신뢰의 부족"에서 유래했으며, 선교회의 결정을 뒤집은 것은 사소한 문제가 아니라 "세속적 수단을 위해 영적 수단을 포기하는 정책"의 도입이라고 주장했다.[5] 그러나 세브란스 씨의 기부와 브라운 총무의 지원으로, 1902년 11월 언더우드 목사와 에비슨 의사는 서울 남대문 밖에서 세브란스병원의 주춧돌을 놓을 수 있었다. 서울과 평양의 골은 이 정초식 이후 깊어졌다.

1907년 세브란스 씨가 서울을 방문했을 때, 그는 이런 사태를 파악하고 한국에는 "서울과 평양에 각각 두 개의 선교회가 절대적으로 필요하다고 믿었다." 서울파와 평양파의 갈등은 1910년부터 1916년에 야기된 더 심각한 "대학 논쟁"으로 충돌하게 된다. 한국에 하나의 연합 기독교 대학을 설립할 경우, 그 장소로 서울이 적합한가 아니면 평양이 적합한가에 대한 "대학 논쟁"은 서울과 평양 간의 신학 및 선교 정책의 대결이었다. 병원 논쟁이 북장로회 선교사들만의 논쟁이었다면, 대학 논쟁은 한국 내 모든 선교회가 관계되었던 점에서 달랐지만, 서울파가 미국 선교부의 재정적·행정적 지원을 받아 평양파에 승리를 거두었다는 점에서 동일했다. 20세기 초 한국선교회와 교회는 변화된 상황에 어떻게 대응하고 적응하느냐의 문제로 본격적인 논쟁

---

5 S. A. Moffett to F. F. Ellinwood, July 3, 1902. 바로 이때 평양의 베어드 목사는 선교부에 미국에 유학 가기를 원하는 한국인 학생들을 단념시켜달라고 부탁했다. 그는 숭실학당의 일부 학생들이 "미국 열병"(America craze)에 걸렸다고 말했다(W. M. Baird to F. F. Ellinwood, May 27, 1902).

of the mission in September, 1901, most did not believe in large and imposing structures and took a resolution that only one physician needed in Seoul Hospital. In May, 1902, Dr. Avison hired two Japanese nurses without the permission of the mission, and soon the nurses returned to Japan owing to the language gap. This case worsened the relationship between Seoul and Pyongyang. Mr. Hunt sent the protest of the Pyongyang station against appointing an additional physician, warning that "if we have no protection against American wealth, this mission field will soon be following in the wake of some other mission countries."[15] Missionaries in Syen Chyen sent a similar protest to the Board. Moffett insisted that the Board's sending of the second physician came from the "lack of confidence in the Korea Mission" and the overruling of the policy of the mission was not a small matter, but an introduction of "a policy which would discard spiritual means for worldly means."[16] However, with Mr. Severance's donation and Secretary Dr. Brown's support, Mr. Underwood and Dr. Avison could lay down the cornerstone of the Severance Hospital outside of the South Gate in Seoul in November, 1902. The chasm between Seoul and Pyongyang was deepened since the ceremony.

When Mr. Severance visited Seoul in 1907, he saw the state of affairs and "believed that it was absolutely necessary to have two Missions in Korea, Seoul and Pyongyang."[17] Conflict between the two camps became serious from 1910 to 1916 as they debated the "College Question" about the location of the union Christian college, Seoul or Pyongyang. The "Hospital Question" was a debate among Northern Presbyterian missionaries, but the "College Question" involved all the

15 W. B. Hunt to F. F. Ellinwood, May 22, 1902.

16 S. A. Moffett to F. F. Ellinwood, July 3, 1902. At this time William Baird in Pyongyang asked the Board to discourage Korean students who wished to go to American to study. He said some of the students of the Soongsil Academy had contracted the "America craze"(W. M. Baird to F. F. Ellinwood, May 27, 1902).

17 H. G. Underwood to Dr. Halsey, April 23, 1914.

기에 접어들었다. 그것은 "한국" 기독교 성장과 형성을 위한 산고였다.

2017년 7월 2일

옥성득

missionaries in Korea. The Seoul camp defeated the Pyongyang camp in both controversies with financial and administrative support from the Boards in America. In the first years of the new century in Korea, the Protestant churches and missions entered a period of controversies over how to respond to the rapidly changing socio-political context. These were labor pains for the emergence and growth of "Korean" Christianity.

July 2, 2017

Sung-Deuk Oak

일러두기 Explanatory Remarks

1. 맞춤법 및 부호 사용 원칙

- 맞춤법의 경우, 기본적으로 국립국어원의 원칙을 따랐다.
- 성경 인용의 경우, 개역개정을 기본으로 하고 그 외에는 인용 출처를 밝혔다.
- 국내 단행본에는『 』, 정기간행물에는「 」, 외서의 경우에는 이탤릭체, 논문에는 " "(큰따옴표)로 표시했다.
- 라틴어의 경우, 이탤릭체로 표시했다.

2. 구성

- 이 책에서는 마포삼열 선교사와 그 가족, 동료의 서신, 보고서, 신문과 잡지 기사 등을 연대순으로 배열했다.
- 각 자료마다 첫 부분에 그 출처를 밝혔다. 제일 위에는 자료의 출처를, 그다음 위쪽 왼편에는 글쓴이를, 오른편에는 글이 기록된 장소와 시간을 표시했다.
- 약자, 판독이 불확실한 단어, 생략된 부분의 경우, [ ]로 표시했다.
- 선교 편지의 대부분을, 장로회역사연구소(the Presbyterian Historical Society)가 발행한 마이크로필름에서 입력하고 번역했다. *The Correspondence and Reports of the Board of Foreign Missions of the Presbyterian Church of the USA, 1833-1911, Korea Missions* (Philadelphia: Presbyterian Historical Society, 1957).
- 가족 편지는 프린스턴 신학교의 '마포삼열 자료'에서 선별했다.
- 각주의 경우, 원본의 각주 외에 편역자가 추가한 각주가 있기에 한글 번역본의 각주가 영문 원본의 각주와 동일하지 않은 경우가 대부분이다.

3. 용어 통일

- 중국의 지명은 당시 통용하던 한자 지명을, 일본 지명은 발음대로 한 것이 많다.

예. 만주의 봉천[심양], 산동의 지푸, 일본의 요코하마

- 다음의 지명은 현재 사용하는 용어로 통일한다.
- Korea: '조선'이나 '대한제국' 대신 '한국'으로 번역했다.
- Seoul: '한성'이나 '경성' 대신 '서울'로 번역했다.
- 북한: 오늘날의 북한이 아니라 서울 이북의 지리적인 북한을 말한다.
  북부 지방, 북한 지방으로 번역하기도 했다.
- 선교부, 선교회, 선교지부, 선교지회

각 교단의 해외선교 이사회 'Board'는 '선교부'로,
그 산하에 있는 한국 전체 'Mission'은 '선교회'로,
선교사가 거주하는 여러 도시의 'station'은 '선교지부'로
선교지부 내의 'sub-station'은 '선교지회'로 번역했다.

- 각 도의 감영(현재의 도청)이 있던 도시(capital)는 '주도'(主都)로 번역한다.

예. 황해도의 주도인 해주

약어표 Abbreviations

BFBS	The British and Foreign Bible Society
Church at H & A	*The Church at Home and Abroad* (New York: PCUSA)
MEC	The Methodist Episcopal Church
MECS	The Methodist Episcopal Church South
PCUS	The Presbyterian Church of the United States
PCUSA	The Presbyterian Church in the United States of America
PHS	The Presbyterian Historical Society, Philadelphia, PA
PTS	The Princeton Theological Seminary
SHMC	The Samuel Hugh Moffett Collection
SPG	The Society for the Propagation of the Gospel
SVM	The Student Volunteer Movement for Foreign Missions
YMCA	The Young Men's Christian Association

사진 및 그림 제공 IMAGE COURTESY

[MOF]	Image courtesy of Samuel Austin Moffett Collection, Special Collections of Princeton Theological Seminary Library, Princeton, New Jersey
[OAK]	Sung-Deuk Oak's Collection

서신 LETTERS
1901

Samuel A. Moffett

Pyeng Yang, Korea

January 12, 1901

Dear Dr. Allen:

You certainly have the sincere gratitude and congratulations of us all for the way in which you have dealt with serious questions the past two months. The fact that there has been no trouble and that everything has been so very quiet and peaceable might lead us to think that there had been no danger, but I certainly believe we should have seen serious trouble in Korea had you not dealt with matters promptly and firmly.

I thank you also for your letter of Dec. 12th. While it is perfectly clear that the Korean reports which I sent on to you greatly misrepresented the Northern Governor on many matters, I am not at all sure that our suspicions of him were altogether unfounded. I am hoping that your letter to him, a copy of which you kindly sent me, may help to make him more friendly.

With reference to the Pak Chun Church and the case of the Widow Han, Mr. Whittemore will attempt nothing at present. I should be glad to hear from you as to the tone of the reply to your letter which the governor may send you. Should it be such as to indicate that Mr. Whittemore would be politely received he will probably call upon the governor the next time he is in that section. The officials here are on quite friendly terms with us and we all exchanged presents on New Year.

The magistrates called in person while the governor and general in command of the troops sent cards. Everything is as usual and our winter classes now in session number some three hundred men from all over the three provinces.

Thanking you once again for all your kindness, courtesy and co-operation,

Very sincerely yours,

Samuel A. Moffett

마포삼열

한국, 평양

1901년 1월 12일

알렌 의사 귀하,

귀하께서 지난 두 달 동안 심각한 문제들을 잘 다루어주셔서 우리 모두는 진심으로 감사드립니다.[1] 아무런 곤경 없이 모든 일이 조용하고 평화롭게 진행되었다는 사실이 우리로 하여금 전혀 위험하지 않았다고 생각하도록 만들었을 수도 있습니다. 하지만 귀하께서 그 문제들을 즉각 조처해주지 않았더라면 저는 우리가 한국에서 심각한 곤경에 처했을 것이라고 확신합니다.

또한 저는 귀하의 12월 12일 자 서신에 감사드립니다. 제가 많은 사안에서 평안북도 관찰사에 대해 잘못 묘사한 "한국 보고서"를 귀하께 보낸 것이 명백하지만, 그에 대한 우리의 의혹이 완전히 근거가 없다고 할 수는 없습니다. 귀하가 관찰사에게 보낸 서신으로 인해 그가 우리에게 더 우호적인 태도를 가질 수 있기를 바라며, 그 사본을 제게 보내주셔서 감사드립니다.

박천교회와 과부 한 씨의 일을 말씀드리겠습니다. 위트모어 목사는 현재로서는 어떤 후속 조치도 취하지 않을 것입니다. 저는 귀하의 서신에 대해 관찰사가 보낸 답장의 어조를 알려주시면 기쁘겠습니다. 만일 그 어조가 위트모어 목사를 정중하게 영접할 것을 암시한다면, 그는 다음에 그 지역을 방문할 때 십중팔구 관찰사를 방문할 것입니다. 평양의 관리들은 우리와 대단히 우호적인 관계에 있으며, 우리 모두는 설날에 서로 선물을 교환했습니다.

현감들은 직접 우리를 찾아왔으며, 관찰사와 병마절도사는 짧은 인사를 담은 편지를 보내왔습니다. 모든 것이 평상시와 같으며, 겨울 사경회는 평안남북도와 황해도에서 온 약 300명의 남성이 참석한 가운데 현재 진행 중입니다.

귀하의 친절과 예의와 협조에 다시 한번 감사드립니다.　마포삼열 올림

1　친러 보수파가 기독교인을 살해하려던 칙령 위조 사건과 대구 선교 부지 매입 사건과 관련된 논란을 말한다.

Emma B. Thompson

Seymour, Indiana

January 14, 1901

My Dear Mr. Moffett:

I have received at different times reports that you have sent me, and I thank you so much, and am so pleased to know of the increased interest and the advancement of Christ's work in Korea. The growth there is wonderful. May it still continue until all are brought to Christ.

We did enjoy having Mrs. Baird with us. And I hope ere long you and your wife will come to Indiana for a visit and we have the pleasure of seeing you. Your brother, Will, told me of your meeting Miss Fish, your courtship and marriage. I happened to be in Madison shortly after your marriage—and met your brother whom I had not seen for years.

Our foreign missionary collection was taken up yesterday, and I asked that 15^{oo} from me might be sent to you. I know you have some place for it to do some good.

May this New Year and this new century bring a great increase in the field for Christ, and may you and yours be blest in His work.

I am Very Sincerely,

Emma B. Thompson

엠마 B. 톰슨

인디애나, 세이모어

1901년 1월 14일

마포삼열 목사에게,

저는 귀하가 몇 차례 보낸 보고서들을 볼 수 있었습니다. 대단히 감사드립니다. 한국에서 그리스도의 사역에 진전이 있고, 복음에 대한 관심이 늘어난다는 사실을 알게 되어 매우 기쁩니다. 그곳에서의 성장은 놀랍습니다. 모든 사람이 그리스도께로 인도될 때까지 그 사역이 지속되기를 빕니다.

우리는 베어드 부인이 있어서 즐겁게 지낼 수 있었습니다. 제 희망은 곧 귀하 내외가 인디애나를 방문해 우리가 함께 만났으면 하는 것입니다. 저는 귀하의 형인 윌로부터 귀하가 피시 양을 만나 교제하고 결혼한 이야기를 들었습니다. 저는 여러 해 동안 만나지 못했던 귀하의 형을 방문하기 위해 매디슨에 왔는데 그때가 바로 귀하가 결혼한 직후였습니다.

우리는 어제 해외 선교 헌금을 모았는데, 저는 제가 헌금한 15달러를 귀하에게 보내줄 것을 요청했습니다. 귀하가 그것을 좋은 일을 위해 적절한 곳에 사용해주기 바랍니다.

새해와 새로운 세기에는 그리스도를 위한 선교지들이 크게 확장되기를, 귀하와 귀하의 선교지가 주님의 사역 안에서 복을 누리기를 기도합니다.

엠마 B. 톰슨 드림

Pyeng Yang Station

Pyeng Yang, Korea

January 14, 1901

Dear Dr. Ellinwood:

The Board's communication of October 23, necessitating, as it did, on our part, a plain statement of facts with regard to the "Christian News," (see our communication of Jan. 5,) opens up the way as never before for the realization of the object expressed in the accompanying actions of our station. Briefly, the Christian journalistic situation in Korea is as follows:—Four years ago, Dr. Underwood, without any notification of his intention, began to issue the "Christian News." Had the paper really represented the spirit and ideals of the Mission, even in a small degree, we might have been willing to accept it as the Mission organ, notwithstanding natural objections to the unauthorized manner of its inception. Perhaps it is enough to repeat that it does not represent the Mission, and has never been accepted by it.

Two years ago the rapid growth of the work in our own station, rendering it impossible with the number of available workers, to keep in close personal touch with it, forced upon us the necessity for a paper of our own. Plans were perfected for a monthly paper containing Sabbath school lessons, prayer meeting topics, daily memory verse, etc. They were laid before the Mission at its last annual meeting, and were duly authorized. About two months later, and about six weeks before the time at which we had announced our intention to issue our paper, Dr. Underwood again appeared in the field, without any notification to the Mission, with a paper called the "Sunday School Monthly," containing all the essential features of the paper which we had proposed at the annual meeting, and for which we had received Mission sanction. We all felt very sorry about this occurrence.

This monthly paper, like the "Christian News," is not likely to be

평양 선교지부

한국, 평양

1901년 1월 14일

엘린우드 박사님께,

우리는 선교부가 보낸 10월 23일 자 서신을 보고 나서 「그리스도신문」에 관한 정확한 진술을 보내드렸습니다(1월 5일 자 우리의 서신 참고). 이는 첨부해 보내드렸던 대로 우리 선교지부의 결정을 실현하기 위해 지금까지는 가지 않았던 길로 나아가게 했습니다.[1] 간단히 말하면, 한국에서 기독교 신문의 상황은 다음과 같습니다. 언더우드 박사가 4년 전 자신의 의도를 전혀 알리지 않고 「그리스도신문」을 발행하기 시작했습니다. 만일 그 신문이 선교회의 정신과 이상을 조금이라도 진실로 대변했다면, 비록 공인되지 않은 상태에서 창간되었기에 우리가 반대하는 것이 자연스러웠을지라도, 그 신문을 선교회의 기관지로 기꺼이 수용했을 것입니다. 그런데 그 신문이 선교회를 대변하지 않았기에 선교회가 그것을 결코 수용한 적이 없음을 다시 말씀드리는 것으로 충분할 것입니다.

2년 전 우리 선교지부의 사업이 급속하게 성장하면서 현장에서 일하는 사역자들이 늘어나게 되었고, 그러다 보니 개인적으로 만나 소식을 나누는 일이 불가능하게 되었습니다. 그래서 우리는 신문이 필요해졌고, 그것을 만드는 일은 불가피하다고 할 수 있습니다. 마침내 우리는 월간지를 발행하기로 최종적으로 결정하고 계획을 세웠는데 주일학교 공과, 기도회 주제, 매일 성경 암송 구절 등을 신기로 했습니다. 계획안은 선교회 연례 회의에 상정되었고 승인을 받았습니다. 우리가 신문을 발행하겠다고 선언한 시점으로부터 2개월 후, 곧 6주 전에 언더우드 박사가 선교회에 어떤 통보도 없이 평양에

1 언더우드가 편집 발행한 「그리스도신문」에 담배 농사와 같은 세속적인 내용이나 정치 기사가 자주 실렸는데, 평양 선교지부 선교사들은 이에 대한 거부감이 있었다. 그런데 1901년 1월에 공식적으로 이를 반대하면서 대안으로 평양 선교사들과 의견을 같이하던 서울의 게일 목사를 편집장으로 추천했다. 결국 언더우드가 물러나고 게일이 편집장을 맡으면서 「그리스도신문」은 민족주의적인 한국인들의 기사를 검열하지 않았고 비정치화 되었다.

acceptable to more than a small percent of the missionary body. For one reason, not to mention others, it has, evidently, as part of its mission, the introduction of a term for God other than the one in general use. This we cannot conscientiously sanction, as tending to factions and disputes.

These two papers, both published by Dr. Underwood on his own authority, comprise the list of regular publications available for missionary use.

Our station has felt very much the importance of clearing the field of the "Christian News" in its present form, and of securing if possible, Dr. Underwood's cooperation, for the sake of unity, in the proposed Mission paper. So much do we feel this that we have assumed Dr. Sharrocks' expenses in a mid-winter trip of three weeks' duration, to Seoul, to act as our agent in the matter. He started this morning at daybreak, and our prayers shall go with him during every day of his absence, that he may be successful in his undertaking. What we very much prefer to do, is to start this Mission paper with Dr. Underwood's cooperation, if it can possibly be secured, but if that is not possible, then we propose, with the consent of the Board, to start it with as united action otherwise, as can be obtained.

Not only Mr. Gale's peculiar literary gifts, but the fact that he has no large pastoral work on his hands, render him particularly suitable for the position of editor-in-chief, which is offered him in the accompanying scheme for a Mission paper. If he will accept the position, we believe that we will have an organ, in the support of which, not only our Mission, but the whole Presbyterian body in Korea, can heartily join. The unifying force of such a paper can hardly be over-estimated.

We earnestly hope that the Board may be led to sanction our effort to secure a representative Mission organ.

Yours faithfully,

J. Hunter Wells

다시 왔는데, 우리가 연례 회의 때 제안했고 선교회의 재가를 받았던 신문의 주요 내용을 담은 「월간 주일학교」를 들고 있었습니다. 우리 모두는 이 사태가 대단히 유감스러웠습니다.

이 월간지는 「그리스도신문」과 마찬가지로 일부 선교회 회원을 제외하고는 수용되지 않을 듯합니다. 여러 이유가 있지만 한 가지만 전해드리면, 그 월간지는 일반적으로 사용되는 신명[하ᄂᆞ님] 대신 다른 용어[텬쥬]를 소개하고 있습니다. 이것은 분파와 갈등을 조장하는 것으로서 우리는 양심상 이를 재가할 수 없습니다.

이 두 가지가 언더우드 박사 개인의 권위로 발행되었음에도, 선교 용도로 이용 가능한 출판물 목록에 들어 있습니다.

우리 선교지부는 선교지에서 현재 형태의 「그리스도신문」을 폐간하는 것과, 연합을 위해 제안된 선교회 신문에 가능하다면 언더우드 박사의 협조를 얻는 것이 중요하다고 느낍니다. 우리는 이 문제를 처리하기 위해 우리의 대표자로서 샤록스 의사가 3주간 서울에 가서 지낼 겨울 여행비를 부담해야 한다고 생각합니다. 그는 오늘 새벽에 출발했습니다. 우리는 이곳에 없는 동안 그가 맡은 일을 성공적으로 수행하도록 그를 위해 매일 기도할 것입니다. 우리가 정말로 선호하는 것은, 가능하다면 언더우드 박사의 협조를 받는 것이며, 만일 이것이 불가능하다면 선교부의 승인을 받아 선교회의 공동 결의로 선교회 신문을 시작하는 것입니다.

게일 목사의 특별한 문학적 재능뿐만 아니라 현재 그가 맡고 있는 목회 사역이 크지 않기 때문에, 그가 편집장 자리를 맡는 것이 특별히 적절합니다. 또한 그 신문을 선교회 신문으로 하려는 계획에 따라 그에게 그 자리가 제안된 것입니다. 만일 그가 그 자리를 수락하면, 우리 선교회뿐만 아니라 한국에 있는 전 장로회 선교회들이 진심으로 지원에 동참할 그런 기관지를 가지게 될 것입니다. 그런 신문의 연합하는 힘은 과소평가될 수 없습니다.

선교회를 대변하는 기관지를 확보하려는 우리의 노력을 선교부가 승인해줄 것을 진심으로 바랍니다.

J. 헌터 웰즈 올림

(Excepting promise of attitude in case, the unifying scheme or effort is unsuccessful.)

JHW

Norman C. Whittemore

William B. Hunt

Graham Lee

Samuel A. Moffett

Margaret Best

A. M. Sharrocks

W. M. Baird

(약속하는 태도 외에 언더우드와의 연합 계획이나 노력은 성공하지 못했음)

노르만 C. 위트모어

윌리엄 B. 헌트

그레이엄 리

마포삼열

마거릿 베스트

A. M. 샤록스

W. M. 베어드 올림

J. Emil Jensen

Port Arthur, China

January 24, 1901

Dear Mr. and Mrs. Moffett:

I am quite ashamed in coming to you any more even in a letter, but what is to be done. I must come not only to relieve my own conscience but also to meet a deep desire of my heart and now here I am praying you to forgive me this time. I can not write English at every time and even when it is at its best it is bad enough and therefore I do not like it at all, and this is the reason why I have not come before. I hope you will understand and pardon me.

And now I thank you very much for the books received, read with great interest and reproduced long ago. Yes, I can not do without thanking you and Mrs. Moffett once more for all your kindness to me during my stay in Corea, also at Chemulpo. The unity and the all-including Christlike love of the children of God is for me something of the best found in this dark world of sin, and that I am glad to say I found in Corea with foreigners and native Christians.

But now I shall try to tell something what has happened since I left Corea the 23 of August. Having reached Chefoo we stopped for some few days with Mrs. Price after which we succeeded in getting some rooms in a house close by belonging to S. P. G. All my bride's things which had been sent from Denmark before the trouble commenced had come, and I was promised if a telegram did not come before the 3 of September she would be here in the last part of October. But the telegram having been delayed somewhere did not come before the 14 of September. Though I quite understand my board in not sending her it was of course no little disappointment for me as I in the meantime had nearly prepared our new home. A little later I left it all for Mr. Balwig and his family, who were also staying with Mrs. Price, and went

J. 에밀 젠슨

중국, 여순항

1901년 1월 24일

마포삼열 목사 부부에게,

저는 편지로 두 분께 연락을 드리게 되어 죄송스럽지만 그래도 반드시 보내야겠다고 생각했습니다. 양심의 가책을 덜기 위해서뿐만 아니라 마음 깊은 곳에 있는 소원을 이루기 위해서라도 두 분을 만나봐야 함에도 그렇게 하지 못하는 저를 용서해주시길 빕니다. 저는 영어로 편지를 매번 쓸 수도 없고, 가장 잘 쓸 때라도 형편없기 때문에 영어로 편지 쓰는 것을 전혀 좋아하지 않습니다.[1] 이것이 바로 제가 이전에 편지를 드리지 않은 이유입니다. 두 분이 저를 이해하고 용서해주시기를 바랍니다.

보내주신 책에 대해서도 두 분께 깊이 감사드립니다. 저는 무척 흥미 있게 읽었으며, 이미 복사해두었습니다. 그렇습니다. 한국에서 그리고 제물포에서 제가 머무는 동안 제게 친절히 대해주셔서 다시 한번 귀하와 부인께 감사드리지 않을 수 없습니다.[2] 하나님의 자녀들의 연합과 모든 것을 포용하는 그리스도 같은 사랑은 이 어두운 죄악의 세상에서 제가 발견할 수 있는 최상의 것이었습니다. 한국에서 외국인과 한국인 기독교인 가운데 이를 발견했다고 말하게 되어 기쁩니다.

저는 이제부터 8월 23일에 한국을 떠난 이후 일어난 일을 말씀드리고자 합니다. 지푸에 도착한 후 우리는 영국성공회 해외복음전파회에 속한 사택 근처에 있는 방 몇 개를 잡을 수 있었고, 프라이스 부인과 함께 며칠간 머물렀습니다. 제 신부 앞으로 덴마크에서 보낸 물건들이 도착하고 나서 문제가 발생했습니다. 전보가 9월 3일 이전에 오지 않으면 그녀는 10월 말에 여기에 도착할 것이라고 알고 있었습니다. 하지만 그 전보가 어디선가 지연되

---

1 젠슨은 덴마크 루터교회의 선교사였기 때문에 영어가 서툴렀다.

2 아마도 지푸에 있던 젠슨은 의화단운동 때문에 평양으로 피신한 듯하다.

to Port Arthur where I have been since. Some few days ago I had the information from my board that she will be here in the beginning of April, and I need not say I am glad for that information. I am studying Chinese in good earnest and having been in China only for 14 months I will have plenty to do in doing so for a long while, and I hope I will be allowed to stay here or at Chefoo for the present.

Mr. and Mrs. Lykkegaard are still at Chefoo and getting on all right. They were blest with a little son the 6th of October, Mr. Lykkegaard's birthday, and also that little one is pretty well.

Mrs. Balwig with her two children intends to go to Denmark in the month of April, while Mr. Balwig hopes to go back to Takushan immediately after Chinese New Year and so do the Missionaries from Hsinyen. If it will be possible the future will prove. The worse hinderance will be the many robbers and the uncertain state of affairs especially in Manchuria where we do not know if we are Russians or Chinese. We also hear the missionaries at Chefoo prepare to start at that time and the Province of Shantung seems to be safe already.

When I left Corea I promised to send you a good many informations from China but after I have come here I do not hear anything at all, save what I have from *North China Herald* and that will not be news for you, as a letter between here and Corea use to spend more than a month in travelling. We have heard here some time ago that the Russians had occupied Wiju, but is it true? I do not hope so. How are the friends there getting on and our dear old brother opposite Lahatse?

Our heavenly father alone knows what will be the end of all this trouble, but we do not doubt it will all turn out to his glory and to salvation for the people now in darkness, and that is enough for us to know at present.

He who governs the nations upon the earth, The Lord of hosts, he mustereth the host of the battle, but the end will be peace–peace without end.

어 9월 14일이 되어서야 전달되었습니다. 선교부에서 그녀를 보내지 않은 것에 대해서는 이해하지만, 그동안 새집이 거의 준비되었기 때문에, 당연히 저는 크게 실망했습니다. 얼마 후 저는 프라이스 부인과 함께 머무르던 발비크 목사와 그의 가족을 위해 모든 것을 남겨두고 여순항으로 왔으며, 그 이후 이곳에서 머무르고 있습니다. 며칠 전 선교부로부터 4월 초에 그녀가 도착할 것이라는 소식을 들었는데, 그때 제가 그 소식에 기뻐했음은 두말할 필요가 없습니다. 저는 열심히 중국어를 공부하고 있습니다. 중국에 온 지 겨우 14개월밖에 되지 않았으므로 오랫동안 해야 할 일이 많을 것입니다. 저는 당분간 이곳이나 지푸에 머무를 수 있기를 바랍니다.

리케고드 부부는 여전히 지푸에 있으며 잘 지내고 있습니다. 리케고드 목사는 자신의 생일인 10월 6일에 아들이 태어나는 축복을 받았는데, 그 아이는 매우 건강합니다.

발비크 부인은 두 아이와 함께 4월에 덴마크로 가려고 하며, 발비크 목사는 구정 직후에 타쿠샨에 돌아가기를 희망하고, 신옌에서 온 선교사들도 그것을 원합니다. 이런 계획이 가능할지는 좀 더 시간을 두고 지켜보아야 할 것입니다. 심각한 방해물은 많은 도적과 특히 만주의 불안정한 상황입니다.[3] 만주는 러시아인이나 중국인도 잘 알 수 없는 곳입니다. 또한 우리는 지푸의 선교사들이 그때에 사업을 시작할 준비를 하고 있다고 들었는데, 산동은 이미 안전한 것 같습니다.

제가 한국을 떠날 때 귀하께 중국에서 좋은 정보를 많이 보내겠다고 약속했지만, 여기에 온 이후 「노스 차이나 헤럴드」에서 얻는 것을 제외하면 다른 어떤 정보도 들을 수 없었습니다. 그 내용은 귀하께 새로운 소식이 되지 않을 것입니다. 이곳에서 한국으로 편지를 보내면 도착하는 데 한 달 이상 소요되기 때문입니다. 우리는 얼마 전 이곳에서 러시아인들이 의주를 점령했다고 들었는데 그것이 사실입니까? 그렇지 않기를 바랍니다. 그곳 평양에

---

3 1899년 11월부터 1901년 9월까지 산동과 화북 지역에서 의화단(義和團)이 일으킨 외세 배척 운동으로 정세가 불안했다. 특히 의화단은 1901년 만주 지역에서 많은 기독교인을 살해했다.

Please remember me to all the friends at Pängyang [Pyeng Yang] also the native Christians, but my best greeting is due to you and Mrs. Moffet. Yours in the love of Christ,

J. Emil Jensen

Danish Lutheran Mission

있는 친구들은 어떻게 지내며, 라핫세 반대편인 선천에 있는 우리의 사랑하는 형님은 어떻게 지내십니까?

하늘에 계신 우리 아버지만이 홀로 이 모든 고난의 끝이 어떻게 될지 아시지만, 우리는 그것이 당신의 영광과 지금 흑암 속에 있는 자들의 구원으로 귀결되리라는 것을 의심하지 않습니다. 현재로서는 우리가 이 사실을 아는 것만으로 충분합니다.

이 세상의 나라를 다스리시는 만군의 주 여호와께서 싸움을 위해 군대를 검열하심이로다.[4] 그러나 그 끝은 평화, 무궁한 평화일 것입니다.

평양에 있는 모든 친구와 한국인 신자들에게 안부를 전해주십시오. 그러나 제 최상의 안부는 귀하와 귀하의 부인께 전하는 바입니다.

그리스도의 사랑 안에서,

J. 에밀 젠슨 올림

덴마크 루터교 선교회

4 이사야 37:16과 13:4을 합성한 말이다.

Samuel A. Moffett

Pyeng Yang, Korea

January 31, 1901

Dear Dr. Ellinwood:

I write to explain the request of the station for permission to sell the East Gate property in Pyeng Yang.

The property is in the city and is that which I bought when we first began permanent work here in 1893, where I lived before and at the time of the war of 1894, and which subsequently became the Korean Church building, when we bought our present residence property outside the city wall. Now that this year we have built the new church building in the center of the city the old property has served its purpose. It is also now rapidly being surrounded by Japanese who are moving into that section of the city, so that we do not wish to keep it even for a subsidiary plant.

As subsidiary to our main church plant we do want within the city walls a building for work among men and for a boys' day school in the south eastern section and a building for women's work and a girls' day school in the northern section. The property which we wish to sell has cost the Board yen 44.62, all alterations, repairs, etc. having been made with either Korean or private funds. We are asking that the amount realized from the sale be allowed us for use in providing a Center for women's work in the city, the plant at present so used being a temporary makeshift with leaning buildings and no walls around the compound.

Of course we will realize from the sale as much as possible, and as the incoming of Japanese & Chinese in the spring will probably give us opportunity to sell to advantage, we shall be glad to receive permission from the Board just as soon as possible.

Very Sincerely,

Samuel A. Moffett

마포삼열

한국, 평양

1901년 1월 31일

엘린우드 박사님께,

저는 평양 선교지부의 요청, 곧 평양 동대문 부지를 팔도록 허락을 바라는 요청을 설명하기 위해 이 편지를 씁니다.

부지는 시내에 있으며, 이곳에서 처음 영구적 사역을 시작하던 1893년에 제가 구매했습니다. 여기서 저는 1894년 전쟁 때까지 살았으며, 그 후 이 집은 한국인 교회 예배당이 되었는데[1] 그때 성벽 밖에 있는, 우리가 현재 거주하는 땅을 샀습니다. 올해 도시 중앙에 새 교회를 지었으므로[2] 구 부지는 목적을 다했을 뿐 아니라 이주해 들어오는 일본인들이 그 지역에 넘쳐나고 있습니다. 그래서 우리는 그곳을 부속 건물로도 사용하고 싶지 않습니다.

우리의 본 교회 건물에 대한 부속 건물로서 남동부 지역에 남성 사역과 소년 매일 학교를 위한 건물 하나와 북부 지역에 여성 사역과 소녀 매일 학교를 위한 건물 하나를 도시 성벽 안에 두기를 원합니다. 우리가 팔기 원하는 이 부지를 위해 선교부는 44.62엔의 비용을 부담했으며, 모든 개조와 수리 등은 한국인 자금이나 개인 자금으로 이루어졌습니다. 이 부지의 판매로 들어오는 금액은 도시의 여성 사역 센터를 제공하는 데 사용하도록 허락해 주시기를 부탁드립니다. 현재 그 용도로 사용하고 있는 건물은 임시로 마련한 것으로서 이미 기울어지고 주변에 담도 없습니다.

물론 우리는 최고가로 팔 것입니다. 봄에 일본인과 중국인이 들어오므로 좋은 가격에 팔 기회가 틀림없이 있을 것이며, 우리는 될 수 있는 대로 빨리 선교부의 허락을 받을 수 있으면 기쁘겠습니다.

마포삼열 올림

1 널다리교회, 곧 판동교회다.

2 장대현교회다.

Samuel A. Moffett

Pyeng Yang, Korea

February 6, 1901

Dear Dr. Ellinwood:

Your letter of Dec. 21st and the letters to Mission and Station were received a few days ago. We were surprised to learn that the Pyeng Yang estimates had not reached the Board. As we had kept a copy of them as they were passed by the Mission, Miss Best set to work at once to prepare another copy on Board blanks, which copy has been sent to you.

With reference to the appropriations for the new year, we earnestly hope that all the new work planned may be provided for. Aside from the houses, by far the most important is what we have asked for the Academy, which is developing steadily, naturally and solidly along the lines of all our work—support by the Koreans to the full extent of their present ability with assistance from us judiciously given so as to develop the church toward further support. In two weeks from now, on the last Sabbath of the Korean year, all the churches or groups of the whole Station have been asked to make an offering for the Academy and we have hopes of receiving sufficient to make quite a large proportion of the amount used in assisting pupils. The amounts asked this year for land and buildings are particularly essential to the gradual development of our plans. The 30 or more pupils are now taught in a little old building which is to become Mr. Baird's coal & wood bins and [they] are tossed about from this room and that for chapel exercises & classrooms as other features of the work necessitate. The land we wish to purchase can now be bought for probably a third or a half as much as we will have to pay for it in a few years from now when the plant is more fully developed. Until all this land is needed for buildings, etc., it can be cultivated by the students who are earning their own education by work.

We are gratified that the Board clearly realizes the danger of an

마포삼열

한국, 평양

1901년 2월 6일

엘린우드 박사님께,

귀하의 12월 21일 자 서신과 선교회와 선교지부에 보내신 서신을 며칠 전에 받았습니다. 우리는 평양 지부의 예산서가 선교부에 도착하지 않은 것을 알고 놀랐습니다. 선교회에서 통과된 그 사본들을 우리가 보관해왔으므로,[1] 베스트 양이 즉시 선교부에 보낼 다른 사본을 마련했으며, 그 사본을 귀하께 발송했습니다.

새해 예산 배정에 대해 말씀드리겠습니다. 우리는 계획된 모든 신규 사역을 위한 자금이 제공되기를 진심으로 희망합니다. 사택 비용을 제외하고 가장 중요한 것은 중학교를 위한 금액입니다. 한국인들은 더 많이 후원하는 교회로 발전하기 위해 현행 규칙과 그들의 능력 범위 안에서 최선을 다해 지원하고 있기에, 학당은 우리의 모든 사역 노선을 따라 꾸준히 문제없이 탄탄하게 발전하고 있습니다. 2주 후 음력으로 마지막 주일에 지부의 모든 교회와 미조직교회더러 숭실학당을 위한 헌금을 하도록 요청했으며, 우리는 학생들을 지원하는 데 많은 금액을 사용할 수 있을 만큼 충분히 모을 수 있기를 희망합니다. 선교부에 요청한 비용으로 우리의 계획을 점진적으로 발전시키는 데 특별히 필수적인 학교 부지와 건물을 올해 구입할 것입니다. 현재 30명 이상의 학생이 낡고 작은 건물에서 배우고 있는데, 이곳은 베어드 목사의 석탄 목재 창고가 될 곳이었습니다. 이곳의 용도를 바꾸기로 하고 물건들을 들어내서 예배실과 교실을 만들었습니다. 우리가 구매하기를 바라는 대지를 몇 년 뒤 학교 시설이 더 발전하게 될 때 주지 않으면 안 될 가격의 1/3이나 1/2 가격으로 지금 살 수 있을 것입니다. 건물 등 시설을 위해 부지 전

---

1 선교회나 선교지부의 모든 회의는 회의록으로 남겼다. 선교사들은 뉴욕 선교부에 보내는 개인 서신이나 보고서, 특히 선교회나 선교지부의 예산 결산 보고서와 월례, 연례 보고서의 사본을 별도로 보관하고 있었다.

undue development of the medical work, out of proportion to the needs of the field and to the detriment of even more important evangelistic and educational work. I trust the Mission is now in position to make plans for the medical work which will yet give us a first class medical plant in Seoul on such a scale as will be satisfactory to the medical force and yet not be unduly proportioned to the Korean Church. I should not like to see us go to either extreme—that of planning too elaborately or on the other hand that of failing to give adequate equipment for really first class work on a moderate scale.

Our need for new workers continues although we have appointed no committee to present the urgency of our need. We are asking for 15 new missionaries: 9 men and 6 women. The first 6 are certainly urgently needed. The strategic importance of Taiku as the center of the most largely populated province and free from the drawbacks of a port make it imperative that we provide men for it.

The need for an educational man for Seoul I have been urging for four years and the urgency increases each year. With the loss of Dr. Whiting (now Mrs. Owen) & Miss Nourse and with Miss Strong's condition of health preventing her from undertaking country work, Seoul needs another lady for that work. Seoul may seem to have too many ladies but Miss Wambold is the only one available for country work.

I will not say that the 4th on the list is the one most urgently needed altho I personally feel that need most. The Pyeng Yang Eastern Circuit is under my care—a part of my country work. I have 16 counties with from 50 to 60 groups to be visited and calls to go to other places. Give all the time I can possibly spare from the city church with its 700 or 800 people and even then I cannot possibly visit these groups oftener than once a year. Mr. Whittemore & I have fields differing from those of the others in the station in that they are more mountainous, cover a larger territory and are more sparsely inhabited. Mr. Whittemore has 21 counties, I have 16, the others have 4 and 5 each with work enough however to

체가 필요할 때까지, 그 밭은 일을 해서 학비를 충당해야 하는 학생들이 경작할 수 있을 것입니다.

우리는 선교부가 현지의 필요에 대해, 그리고 전도와 교육에 손실을 미칠 정도로 의료 선교가 지체되는 문제에 대해 분명히 인식하고 있어서 감사드립니다. 저는 선교회에서 지금 의료 사업에 대한 계획, 곧 서울의 의료진에게는 만족스럽지만 한국 교회에는 불균형적인 규모가 아닌 최상의 의료 시설을 설립할 계획을 세우고 있다고 믿습니다. 저는 우리가 양극단의 방향으로 가서는 안 된다고 생각합니다. 즉 너무 면밀한 계획을 세워도 안 되겠지만, 최상으로 사역할 적정 규모의 시설을 제공하지 못해서도 안 될 것입니다.

비록 우리의 긴급한 필요를 대변할 위원회를 임명하지는 않았지만 신임 사역자가 계속 필요합니다. 우리는 15명의 신임 선교사, 곧 9명의 남성 선교사와 6명의 여성 선교사를 요청하는 바입니다. 6명은 속히 투입되어야 합니다. 가장 많은 인구를 가진 도의 중심이자 항구가 가진 결점[2]에서 자유로운 대구의 전략적 중요성은 그곳에 인원을 반드시 배치하도록 요구합니다.

서울을 위한 교육 담당 남성 선교사의 필요성은 제가 4년 동안 주장해온 바이며, 그 긴급성은 매년 커지고 있습니다. 화이팅 의사(지금은 오웬 목사 부인)와 누스 양을 잃었고 스트롱 양의 건강 상태가 시골 사역을 맡아 할 수 없는 상태이므로 서울에는 그 사역을 담당할 다른 여성 선교사가 필요합니다. 서울에 많은 여성 선교사가 있는 것처럼 보이지만, 시골 사역을 할 수 있는 사람은 웜볼드 양뿐입니다.

비록 개인적으로 보기에 선교사 목록의 네 번째 사람이 가장 긴급하지만 저는 그것을 말하지 않겠습니다. 평양 동부 시찰은 제가 관리하고 있으며 제 시골 사역의 일부입니다. 저는 16개 군의 50-60개 미조직교회와 다른 지역들을 심방해야 합니다. 700-800명이 출석하는 도시 교회에 쓸 시간을 몽

2 개항장은 한인의 인구 이동이 심하고, 세속적인 외국인과 일본인 자본가나 이주자들이 몰려들어 풍속이 급변하고 주일 성수가 쉽지 않았으므로 교인 관리가 어려웠다.

fully occupy them. My country work is sadly neglected but no one can come to my relief. If the work did not grow so much we would not call for new men—but it keeps on growing beyond the ability to look after it properly—hence our continual cry for more men.

More and more, the training of helpers, instruction of classes and provision for more advanced instruction of the city church demands time and the country work is neglected. We need this man this year and I earnestly urge the sending of 3 ordained men this year—one for Taiku—one for Pyeng Yang and one for Seoul—with two ladies—one for Seoul and one for Pyeng Yang. Now is our time to provide for Korea, for just as soon as China's affairs are settled the energies of the Church will rightly be absorbed in work there.

All promises well for the opening of the new station at Sun Chun. Mr. Whittemore and Mr. Leck have just left for there. Dr. Sharrocks has just returned from Seoul where he had a conference with Dr. Allen and the way is clear for them to go ahead with building—so that in confident anticipation of the appropriation for Dr. Sharrocks' house they will make arrangements for building this year.

Two months ago affairs in Korea looked somewhat threatening when the secret false edict was sent out for the destruction of all foreigners and Christians, but since then all has been as quiet as ever and no one is at all alarmed either foreigners or Koreans and our work suffers no diminution. The extreme conservative Confucianists in this region are meeting once a month with a view to the revival of Confucianism, talking of adopting the Christian practice of "preaching" the doctrine.

Our Training Classes this year were larger than ever—some 360 people being in attendance from all over the country. The Southern Presbyterians and our own Fusan station sent men to the class. So far as we can see, our people expect even greater progress in our work and our chief difficulty seems to be our inability to provide sufficient instruction and oversight either by foreigners or native helpers. We acknowledge

땅 빼서 바친다 해도, 저는 1년에 1회 이상 이 미조직교회들을 방문할 수 없습니다. 위트모어 목사와 제가 맡은 지역과 달리, 선교지부의 다른 선교사들의 선교지는 더 산이 많고 사람들이 넓은 지역에 흩어져 살고 있습니다. 위트모어 목사는 21개 군을, 저는 16개 군을 맡고 있으며, 다른 선교사들은 4개와 5개를 각각 맡고 있으나 그들의 시간 전부를 들이고 있습니다. 제 시골 사역은 슬프게도 무시되고 있으나 와서 저를 도와줄 자가 없습니다. 만일 사역이 그렇게 많이 성장하지 않았으면 새로운 사람을 요청하지 않았겠지만, 적절하게 돌볼 수 있는 능력을 초과했으므로 더 많은 사람을 보내 달라고 지속적으로 울부짖게 됩니다.

조사의 훈련, 사경회의 가르침, 도시 교회에 대한 더 높은 수준의 가르침 등은 더욱더 많은 시간을 요구하고, 그래서 시골 사역은 무시됩니다. 이 남성 선교사는 올해 필요하며, 저는 3명의 안수받은 남자를 보내줄 것을 진심으로 간청합니다. 대구에 한 명, 평양에 한 명, 서울에 한 명 등입니다. 그리고 2명의 여성 선교사, 곧 서울에 한 명, 평양에 한 명을 보내주십시오. 이제는 한국을 위해 인원을 보강해야 할 때입니다. 왜냐하면 중국 사태가 해결되는 대로 교회의 에너지가 그곳 사역에 바로 흡수될 것이기 때문입니다.

선천에 선교지부를 새로 개설하는 것은 모든 면에서 전망이 밝습니다. 위트모어 목사와 렉 목사는 방금 전에 그곳으로 떠났습니다. 샤록스 의사는 서울에서 방금 돌아왔는데, 그곳에서 알렌 의사와 상의하여 그들이 선천에 건물을 짓는 일에 아무런 장애가 없게 되었습니다.[3] 그래서 그들은 샤록스

3 선천은 조계지(개항장)가 아니므로 외국인이 건물을 사거나 지을 수 없었다. 따라서 선교사들은 알렌 공사와 상의했다. 선천 군수는 미국인 선교사 위트모어와 샤록스가 불법적으로 토지를 매입하고 집을 짓는다고 외부에 보고했고, 외부대신은 광무 5년(1902) 5월 6일 자 알렌 공사에게 이를 철회해줄 것을 요구하는 공문을 보냈다. 그러나 알렌 공사는 "(1) 미국인이 토지를 소유하고 있지 않으며 1898년 이래 한국인의 이름으로 소유된 집에 임시 거주하면서 여행하는 것뿐이며 집 개조는 필요에 의해 하는 것이다. (2) 지금까지 군수나 관리가 직접 선교사에게 그 토지 매입에 대해 이의를 제기한 적이 없다. (3) 어떤 관리도 집 개조에 이의를 제기한 적이 없다"는 이유를 들어, 대구 부동산 문제는 당시 조약에 따라 조계지를 제외한 지역에서 부동산을 미국인의 이름으로 매입하지 않는다는 입장을 재확인했다. 또한 위트모어가 교사이므로 준법을 강조할 것이며, 샤록스는 의사로서 고가의 비용을 받지 않고 거의 무료로 치료하므로 백성도 환영할 것이라고 변호했다("宣川邑 美國人 買地設室 撤回要求," 『舊韓國外交文書』, 제12권 美案 3, 고려대학교 아세아문제연구소, 1967, 120; "宣川邑 美國人 買地設室 撤回要求에 對한 抗議," 같은 책, 127-129).

with deep gratitude the Lord's own care for His church and it is our great encouragement that the Holy Spirit does such great things for this people through the use of what agencies are available.

The last meeting of our Pyeng Yang Committee of Council was an especially interesting one as we then examined two of our Helpers, Kim Chong-sŏp, helper and Elder in the city church and Pang Ki-ch'ang, helper on [the] western circuit and elder elect in the city church. The examination was with a view to receiving them under our care as candidates for the ministry. Mr. Baird & I are now preparing for them a 5-year's course of study and when the time comes that we think them ready for ordination we shall ask the Council to sanction such a step. Very gradually yet steadily we are moving forward in the establishment of the Korean Church.

I have one other subject of which I wish to write you at this time. At the last Annual Meeting Mrs. Moffett and I asked the Mission if there were any reasons why we should not make our plans for a four-months absence from the field in the summer of 1902. No one saw any objections to the plan so we stated our intention of making request at the coming Annual Meeting next September for permission from the Mission and the Board to be gone at our own expense for 4 months, May–September, 1902 on a short visit to our parents. We want very much to visit our homes once while Mrs. Moffett's parents and my mother are still living and it appeals to us in this way. We would need to take but two months of the time which can be profitably spent in work–July and August not counting for very much.

We would thus secure a relief and change and a most advantageous health trip which both of us are beginning to feel the need of–after 4 years of continuous service with practically no rest. We will in the end accomplish more for the work, by reason of the increased strength and vigor with which we will return to the fall and winter work. As we plan to go at our own expense, we trust there may be no reasons to prevent

의사의 사택을 위한 예산이 배정될 것을 확실히 예견하면서 올해 그 집을 건축하기 위해 준비할 것입니다.

두 달 전에 한국 사태는 다소 위협적이었습니다. 모든 외국인과 기독교인을 살해하라는 가짜 비밀 칙령이 내려졌으나, 그 이후 모든 것이 이전처럼 조용해졌고, 외국인이나 한국인 어느 누구도 경고를 받지 않고 있으며, 우리의 사역은 전혀 위축되지 않았습니다. 이 지역의 극히 보수적인 유학자들은 유교의 부흥을 위해 한 달에 한 번 모이고 있는데, 기독교처럼 교리를 "설교하는" 방안을 채택하려고 논의하고 있습니다.

올해 사경회에는 어느 해보다 많은 사람이 참석하고 있습니다. 어떤 경우에는 각 시골에서 온 360명이 참석했습니다. 남장로회와 우리의 부산 선교지부에서 이곳 사경회에 교인들을 보냈습니다. 우리는 지금까지 있었던 일로 볼 때, 우리의 사역에서 더 큰 진전이 있을 것으로 기대합니다. 또한 우리의 주된 어려움은 외국인이나 한국인 조사들에 의한 가르침 및 감독을 충분히 제공할 수 없는 우리의 무능력이라고 생각합니다. 우리는 주께서 당신의 교회를 돌보아주심을 인식하면서 깊이 감사합니다. 성령께서 여러 기관을 사용하셔서 이 민족을 위해 그런 위대한 일을 하고 있는 것이 우리에게는 가장 큰 격려가 됩니다.

공의회 평양위원회의 지난번 회의는 특별히 흥미로운 모임이었는데, 그때 우리는 우리의 조사 2명을 문답했습니다. 곧 조사요 장로인 김종섭과 서부 시찰 조사요 도시 교회의 선출 장로인 방기창입니다. 문답은 그들을 우리 관리하에 목회자 후보생으로 받아들이기 위해 실시되었습니다. 베어드 목사와 저는 그들을 위해 5년의 공부 과정을 준비하고 있으며, 그들이 안수받을 준비가 되었다고 우리가 생각할 때 공의회에 그런 조치를 승인해줄 것을 요청할 것입니다. 우리는 점진적으로 그러나 꾸준히 한국 교회 설립을 향해 나아갈 것입니다.

저는 이번 기회에 귀하께 쓰고 싶은 한 가지 다른 주제가 있습니다. 지난 연례 회의 때 아내와 저는 선교회에 1902년 여름에 4개월간 선교지를 떠나 있는 계획을 세워도 되는지 문의했습니다. 이 계획을 반대하는 사람이 없었

the carrying out of the plan.

I mention it now in anticipation of our making request at the next Annual Meeting. Mr. Whittemore's trip did both him and the work great good—and he has been able to accomplish much more because of it.

We are eagerly looking forward to Dr. Brown's [Arthur Judson Brown] visit confidently anticipating helpful conferences with him.

Mrs. Moffett joins me in expressions of sincerest regard and in the hope and prayer that you may be continued in health and strength.

Very Sincerely,

Samuel A. Moffett

기 때문에, 우리는 오는 9월에 열릴 연례 회의 때 선교회와 선교부가 이를 허락해줄 것을 요청할 것이며, 5월부터 9월까지 4개월간 자비로 부모님을 단기 방문할 것입니다. 우리는 아내의 부모님과 제 어머니 생전에 함께 본국을 방문할 수 있기를 간절히 바라면서 이렇게 계획했습니다. 우리는 사역에서 다른 때보다 그나마 시간을 낼 수 있는 7월과 8월을 유익하게 사용할 수 있을 것입니다.

우리는 잠시 쉬면서 기분 전환을 하는 유익한 여행을 하려고 합니다. 우리 두 사람은 지난 4년 동안 쉬지 않고 계속 일했으므로 휴식의 필요를 느끼기 시작했습니다. 우리는 이 휴가를 통해 힘과 활력을 더 얻어서 가을과 겨울 사역에 맞춰 돌아올 것이므로 결과적으로 사역에서 더 많은 것을 성취할 것입니다. 또한 우리는 자비로 다녀올 계획이므로 이번 휴가를 방해할 요소가 없다고 믿습니다.

저는 차기 선교회 연례 회의 때 요청할 것을 예상하면서 이것을 말씀드리겠습니다. 위트모어 목사의 여행은 그 자신과 사역에 크게 유익했습니다. 그 여행 때문에 그는 더 많은 것을 성취할 수 있었습니다.

우리는 아서 브라운 박사의 방문을 열렬히 고대하며, 총무님이 오면 그와 도움이 되는 협의를 할 것으로 확실히 기대합니다.

저는 제 아내와 함께 박사님께 안부를 전하며, 강건하시기를 바라며 기도합니다.

마포삼열 올림

Samuel A. Moffett

Pyeng Yang, Korea

April 4, 1901

Rev. William I. Haven:

Corresponding Secretary, American Bible Society, New York City

Dear Dr. Haven:

I thank you for your letter of December 13th in response to my letter communicating to you the action of the Presbyterian Mission (North) upon the proposed Constitution for the Bible Committee in Korea.

I have written to Mr. Loomis in reply to a letter from him and will now write to you along very much the same line in the hope that what I write may facilitate the preparation of an eventual arrangement which will work for the best interests of the Church of Christ in Korea.

In the development of our work here certain ideas relating to self support, to the employment of many native agents with foreign funds, and to the kind of men employed have received very careful attention and a policy has been followed differing somewhat from most (not all) mission fields, and we have seen our work develop most successfully so far, so that we are quite desirous of conserving this policy upon which the work has been developed with such signal marks of blessing. Not only has our policy received the approval of the Boards, but it has won the approval and hearty cooperation of our very best men in the Korean Church, those who soon will be the authoritative leaders of the Church here.

We have desired to secure the cooperation and sympathy of the Bible Societies in following the same ideas and we became considerably alarmed lest under methods of work which were proposed our very successful program in the work should be checked and a policy inaugurated which we believe would be greatly to the detriment of the work.

마포삼열

한국, 평양

1901년 4월 4일

윌리엄 I. 헤이븐 목사
뉴욕시 미국 성서공회 총무
헤이븐 박사님께,
저는 제안된 한국성서위원회의 정관에 대한 북장로회 선교회의 결정을 귀하께 알려드린 제 편지에 대해 귀하께서 12월 13일 자로 보내주신 답장에 감사드립니다.

저는 루미스 목사가 보낸 편지에 답장을 보냈습니다. 이제 그것과 거의 동일한 노선에서 쓰는 이 편지가 한국에 있는 그리스도의 교회에 궁극적으로 최선의 이익이 되는 조치를 준비하는 데 도움이 되기를 희망합니다.

우리가 이곳에서 사역을 발전시키면서 자급 문제, 외국 자금을 활용한 많은 토착인 사역자들의 고용 문제 및 고용할 자를 선별하는 문제에 대해 어떤 견해를 가질 것인지 신중하게 주의를 기울였고, 전부는 아니지만 대부분의 선교지와는 다소 다른 정책을 따랐습니다. 우리는 지금까지 우리의 사역이 성공적으로 발전한 것을 보았으므로, 그런 축복의 지표와 함께 발전해온 이 정책을 유지하기를 간절히 바라고 있습니다. 우리의 정책은 선교부들의 승인을 받았을 뿐만 아니라, 한국 교회의 권위 있는 지도자가 될 최상의 교인들의 승인과 진심 어린 협력도 얻었습니다.

우리는 성서공회들이 동일한 견해를 따르는 가운데 협력하고 공감해주기를 원했습니다. 우리는 제안된 사역 방법하에서 성공적으로 진행 중인 우리의 사역 프로그램이 방해를 받지 않을까, 그리고 우리가 믿기에 사역을 크게 위협할 정책이 실시되지 않을까 상당히 우려하고 있습니다.

우리는 성서 사업과 관련하여 그동안 우리 사역의 기초가 되어온 정책과 방식에 큰 영향을 주는 문제들을 결정할 때 선교회가 아무런 목소리도 내

We have been unwilling that the missions should have no voice in the decision of questions relating to Bible work which vitally affect the policy and method upon which our work is being established. It does not seem right to us that the power to overturn our policy or to thwart our efforts should rest with the agent or agents of the Bible Societies who might or might not be in sympathy with the methods of the missions or who might in fact be opposed to or even aggressively antagonistic to those methods.

Equally with the Bible Societies we desire the extensive circulation of the Scriptures with a view to the up-building of the Church of Christ and we deeply appreciate the assistance which the Bible Society renders in this work, but as to the policy and methods in Bible work best adopted in Korea to establish and develop the Church we have felt that not the agent nor the Bible Society alone, but the Committee representing the Missions and the Bible Societies should have the right to determine.

As we understand it, the Bible Societies are an agency of the Churches, receiving their funds from the churches, their prime object on the mission field being to work in cooperation and sympathy with the missions of the Churches in the specific work of Translation, Publication and Distribution of the Scriptures.

Our feeling is that the Missions which furnish the Translators, which are most vitally interested in the circulation of the Scriptures as an essential part of their work, which are most in touch with the field and its needs, which believe in securing the widest possible circulation of the Scriptures among both Christians and heathen—that these Missions should not be eliminated in the decisions of the policy to be pursued in Bible work.

It is not our idea that the Committee should take upon itself the executive work of Publication and Circulation nor the oversight and direction of the Bible Society work, all of which belongs to the agent of the Bible Society. To secure harmonious working it seems to me

지 못하는 데 대해 마음이 걸렸습니다.[1] 우리의 정책을 뒤집거나 우리의 노력을 위협할 권한을, 선교회의 방식에 동조하지 않거나 사실상 반대하거나 심지어 공격적이고 적대적인 성서공회의 총무(들)에게 부여하는 것이 우리에게는 옳은 일로 보이지 않습니다.

우리는 성서공회와 동일하게 그리스도의 교회를 세워나갈 생각으로 성경이 광범위하게 반포되기를 바랍니다. 우리는 이 사역에서 성서공회가 제공하는 도움에 깊이 감사하고 있습니다. 그러나 우리는 교회를 세우고 발전시키기 위해 한국에서 채택해야 할 성서 사업에 관한 최선의 정책과 방식에 대해, 총무나 성서공회 단독이 아니라 선교회와 성서공회를 대표하는 위원회가 결정권을 가져야 한다고 생각해왔습니다.

우리가 이해하듯이, 성서공회는 교회로부터 자금을 받는 교회의 대리 기관이며, 선교지에서 그들의 주된 목적은 성서의 번역, 출판, 반포라는 특정한 사역에서 교회의 선교회들과 협력하고 조화롭게 일하는 것입니다.

우리는 번역자를 연결할 수 있고, 그들 사역의 절대적인 부분인 성경 반포에 관심이 있으며, 선교지와 그 필요에 가장 가까이에 있고, 기독교인과 이교도에게 최대한 광범위하게 성경을 반포하는 선교회가 성서 사업에서 추구하는 정책을 결정할 때 배제되어서는 안 된다고 생각합니다.

우리는 성서위원회가 성서공회 대리인에게 속하는 출판과 반포에 대한 행정 사역이나 성서공회 사역의 감독과 지시를 담당해야 한다고는 보지 않습니다. 우리는 다만 조화로운 사역을 확보하기 위해 선교회의 권한을 유지하고, 동시에 성서공회가 성서 사업을 관리할 때 그들의 이익에 필수적이라고 생각하는 근본적인 원칙이 무엇이든 그것을 유지해야 할 필요가 있다고 생각합니다. 그런 원칙을 정관에 넣음으로써 위원회는 그 원칙을 훼손할 수 없고, 성서공회와 선교회 모두를 대표하는 위원회가 모든 사역이 최선의 방향으로 나아갈 수 있는 정책을 유도할 수 있어야 합니다.

우리는 논란을 일으키고 싶지 않으며, 모두를 만족시키고 우리 모두의

1 북장로회 선교회의 자급 정책과 성서공회의 판매 부수를 올리기 위한 저가 성경 공급 정책은 서로 상충했다.

we only need to conserve the rights of the Missions and at the same time conserve whatever underlying principles the Bible Societies deem essential to their interests in the management of Bible work. By incorporating such in the Constitution so that the Committee could not infringe upon those principles, a Committee representing both the Bible Societies and the Missions ought to be able to direct a policy which would be for the best interests of all the work.

We do not wish to introduce controversy but are hoping that a working basis may be secured which will satisfy all and establish such harmony as will be for the welfare of the cause which is dearest to the hearts of us all.

When we again consider the constitution of the Committee I hope we shall have before us the views and wishes of the American Bible Society. I trust that the expression of our views as given above may receive your careful consideration when you formulate your wishes with reference to the work in Korea.

Wishing you every blessing in the great work of the Society,

Very sincerely yours,

Samuel A. Moffett

마음에 소중한 대의가 번창하도록 조화를 이루는 사역의 기초를 확보할 수 있기를 희망합니다.

우리가 성서위원회의 정관을 다시 고려할 때, 저는 우리가 미국 성서공회의 견해와 요구를 알 수 있기를 희망합니다. 저는 귀하께서 한국 사업에 대한 귀하의 요구를 공식화할 때, 위에서 언급한 우리의 관점에 대한 설명에 대해 주의 깊은 고려를 해주실 것을 믿습니다.

성서공회의 위대한 사역에 만복이 깃들기를 기원하며,

마포삼열 올림

Samuel A. Moffett

Pyeng Yang, Korea

April 4, 1901

Dear Friends:

The Property—the sale of which you are requested to approve is part of the "old church" building inside the East Gate, Pyeng Yang—purchased in 1893 as "quarters" for Mr. Moffett in the opening of the Station. Board money to the amount of yen 44 has been expended on the same. It has served its purpose and now that we have the new church building we think it best to sell the old and apply the proceeds to making what is now the "Center for Woman's Work" in the city an adequate equipment for that work where Mrs. Swallen, Mrs. Baird & Miss Best carry on their work for women in the city.

It is proposed to sell for the amount which the Board has invested in the same or for as much more as can be obtained.

Very Sincerely,

Samuel A. Moffett Chairman

Attachment 1. [Request with regard to East Gate church property, Pyeng Yang] Action of Pyeng Yang station at meeting held Jan. 28th, 1901 "Moved and carried that we ask permission of the Board to sell the East Gate Property"

In favor: Samuel A. Moffett, N. C. Whittemore, Graham Lee, A. M. Sharrocks, Wm. B. Hunt, J. Hunter Wells, W.M. Baird, Margaret Best, James S. Gale, Katherine Wambold, H. G. Underwood, S. F. Moore, O. R. Avison, Eva H. Field, Ellen Strong, Susan A. Doty, C. C. Vinton, Esther L. Shields

Opposed:

Attachment 2. [Request with regard to disposal of the proceeds of the sale of East Gate Property, Pyeng Yang] Action of Pyeng Yang Station at meeting held Jan. 28th, 1901 "Moved also and carried that we ask the Board for permission

마포삼열

한국, 평양

1901년 4월 4일

친구들에게,

많은 사람이 그 판매를 승인해달라고 요청한 자산은 평양 동대문 안에 있는 "옛날 교회" 건물의 일부입니다. 이 자산은 1893년 선교지부를 개척할 때 마포삼열 목사를 위한 "거처"로 매입한 것입니다. 선교부의 자금 44엔이 그 매입에 사용되었습니다. 우리가 새 교회 건물을 가지고 있으므로, 우리는 그동안 용도에 맞게 사용된 그 건물을 팔아 도시의 "여성 사역 센터" 사업에 필요한 시설을 구비하는 데 이용하는 것이 최선이라고 생각합니다. 스왈른 부인, 베어드 부인, 베스트 양이 도시 여성을 위한 사역을 수행합니다.

그 건물은 선교부가 투자한 액수로 팔도록 제안되었으며, 동일 액수나 더 높은 가격으로 팔 수 있을 것입니다.

위원장 마포삼열 올림

첨부 1: 1901년 1월 28일 평양 선교지부 회의에서 결정된 사항 "동대문 자산의 판매에 대해 선교부의 허락을 요청하기로 동의하고 결정한다."

찬성: 마포삼열, N. C. 위트모어, 그레이엄 리, A. M. 샤록스, 윌리엄 B. 헌트, J. 헌터 웰즈, W. M. 베어드, 마거릿 베스트, 제임스 S. 게일, 캐서린 웜볼드, H. G. 언더우드, S. F. 무어, O. R. 에비슨, 에바 H. 필드, 엘렌 스트롱, 수전 A. 도티, C. C. 빈턴, 에스더 L. 쉴즈

반대: 없음

첨부 2: 1901년 1월 28일 평양 선교지부 회의에서 결정된 사항 "이 판매 대금을 여성 사업을 위한 사창골 센터나 그 이웃에 세울 센터의 발전을 위해 사용하도록 선교부에 허락을 구하기로 동의하고 결정한다."

찬성: 마포삼열, 그레이엄 리, 윌리엄 B. 헌트, J. 헌터 웰즈, W. M. 베어드, 마

to use the proceeds of this sale for the development of a center at Sa Chang Kol or in that neighborhood for Woman's Work"

In favor: Samuel A. Moffett, Graham Lee, Wm. B. Hunt, J. Hunter Wells, W. M. Baird, Margaret Best, James S. Gale, Katherine Wambold, H. G. Underwood, O. R. Avison, Eva H. Field, Ellen Strong, Susan A. Doty, C. C. Vinton, Esther Shields

Opposed: N. C. Whittemore, A. M. Sharrocks

Attachment 3. [Request with regard to East Gate Church Property, Pyeng Yang] Action of Pyeng Yang station at meeting held Jan. 28th, 1901 "Moved and carried that we ask permission of the Board to sell the East Gate Property.

In favor: Cyril Ross, Richard H. Sidebotham, Charles H. Irvin, M. Louise Chase

Opposed:

Attachment 4. [Action with regard to disposal of proceeds of sale of East Gate Property, Pyeng Yang] Action of Pyeng Yang Station at meeting held Jan. 28th, 1901 "Moved and carried that we ask the Board for permission to use the proceeds of this sale for the development of a center at Sa Chang Kol or in that neighborhood for woman's work."

In favor: Cyril Ross, M. Louise Chase

Opposed: Richard H. Sidebotham, Charles H. Irvin

Attachment 5. [Request with regard to East Gate Church Property, Pyeng Yang] Action of Pyeng Yang Station at meeting held Jan. 28th, 1901 "Moved and carried that we ask permission of the Board to sell the East Gate Property"

In favor: W. O. Johnson, James E. Adams, Sadie H. Nourse, Henry M. Bruen

Opposed:

Attachment 6. [Request with regard to East Gate Church Property, Pyeng Yang] Action of Pyeng Yang Station at meeting held Jan. 28th, 1901 "Moved and carried that we ask the Board for permission to use the proceeds of this sale for the development of a center at Sa Chang Kol or in that neighborhood for

거릿 베스트, 제임스 S. 게일, 캐서린 웜볼드, H. G. 언더우드, S. F. 무어, O. R. 에비슨, 에바 H. 필드, 엘렌 스트롱, 수전 A. 도티, C. C. 빈턴, 에스더 L. 쉴즈

반대: N. C. 위트모어, A. M. 샤록스

첨부 3: 1901년 1월 28일 평양 선교지부 회의에서 결정된 사항 "동대문 자산의 판매를 위해 선교부에 허락을 요청하기로 동의하고 결정한다."

찬성: 시릴 로스, 리처드 H. 사이드보텀, 찰스 H. 어빈, M. 루이스 체이스

반대: 없음

첨부 4: 1901년 1월 28일 평양 선교지부 회의에서 결정된 사항 "이 판매 대금을 여성 사업을 위한 사창골 센터나 그 이웃에 세울 센터의 발전을 위해 사용하도록 선교부에 허락을 구하기로 동의하고 결정한다."

찬성: 시릴 로스, M. 루이스 체이스

반대: 리처드 H. 사이드보텀, 찰스 H. 어빈

첨부 5: 1901년 1월 28일 평양 선교지부 회의에서 결정된 사항 "동대문 자산의 판매를 위해 선교부에 허락을 요청하기로 동의하고 결정한다."

찬성: W. O. 존슨, 제임스 E. 애덤스, 새디 H. 누스, 헨리 M. 브루엔

반대: 없음

첨부 6: 1901년 1월 28일 평양 선교지부 회의에서 결정된 사항 "이 판매 대금을 여성 사업을 위한 사창골 센터나 그 이웃에 세울 센터의 발전을 위해 사용하도록 선교부에 허락을 구하기로 동의하고 결정한다."

찬성: W. O. 존슨, 제임스 E. 애덤스, 새디 H. 누스

반대: 없음

woman's work."

In favor: W. O. Johnson, Jas. E. Adams, Sadie H. Nourse

Opposed:

Samuel A. Moffett

Pyeng Yang, Korea

April 6, 1901

Dear Dr. Ellinwood:

I have just returned from Seoul where I had the very unpleasant duty to perform of standing strenuously for my convictions on the Hospital question against four other members of the Committee who are strongly on the other side. I write to explain the action of the Mission Building Committee, as I represented the minority of the Committee but as I believe the majority of the Mission.

I voted to approve as a preliminary plan the plans for the main building and the two isolated wards which were presented by Dr. Avison, but in doing so stated clearly that they were to be considered only preliminary plans and that I reserved the right to vote against them when the more definite & full plans including the whole plant–kitchens, laundry, assistants quarters, gate quarters, wall and all else that must constitute a part of the complete plant, is prepared by Drs. Avison & Field & presented to the Committee as a final plan with accurate estimates on the cost of the same. I also gave my vote with very great misgivings, (and had it so recorded) in favor of asking the Board to allow the use of the whole $10,000 in establishing & equipping the complete hospital plant exclusive of the residence for the physicians & nurse.

I am surprised to find that the rest of the Committee (Mr. Adams was not present) think this sum is not sufficient to provide what they want in the way of a hospital plant in Seoul and I am more than sorry to find that it is the determination to press for more money & for a larger medical force.

I am perfectly willing to see the $10,000 so used if that amount is necessary in order to secure a first class moderate-sized hospital which can be managed by the present medical force–but I want at this point to

마포삼열

한국, 평양

1901년 4월 6일

엘린우드 박사님께,

저는 조금 전 서울에서 돌아왔습니다. 저는 그곳에서 병원 문제에 대해 제 반대편에 강하게 서 있는 위원회의 다른 위원 4명에 대항하여 제 확신을 강력하게 견지하는 힘겨운 의무를 수행했습니다. 저는 선교회 건물위원회의 결정을 설명하기 위해 편지를 드립니다. 저는 위원회의 소수 의견을 대변했지만, 선교회의 다수 의견을 대변한다고 믿습니다.

저는 에비슨 의사가 제시한 본관과 두 개의 격리된 병동을 위한 예비 설계도에 찬성하는 투표를 했습니다. 그러나 그렇게 하면서 저는 그것이 단지 예비 설계도로 간주되어야 하며, 또 에비슨 의사와 필드 의사가 전체 시설, 곧 식당, 세탁실, 조수실, 대문 부분, 벽, 그리고 시설 전체를 구성하게 될 다른 모든 부분을 포함하는 더 구체화된 최종 설계도를 준비했을 때, 그리고 위원회 앞에 비용에 대한 정확한 예산과 함께 최종 설계도를 제출했을 때, 그 도면에 반대하는 투표를 할 권리가 있음을 분명하게 진술했습니다. 또한 저는 의사와 간호원들의 사택을 제외한 병원 전체 시설의 설립과 장비에 총 10,000달러를 사용하도록 선교부가 허락해줄 것을 요청하는 안에 (만일 그렇게 기록되어 있다면) 대단히 불안한 마음으로 찬성했습니다.[1]

저는 위원회의 다른 위원들이(애덤스 목사는 참석하지 않았습니다) 이 금액이 서울의 병원 시설로서 그들이 원하는 것을 제공하는 데 충분하지 않다고 생각하고 있어서 놀랐습니다. 저는 그들이 더 많은 돈과 더 많은 의료진을 단호히 촉구하는 것을 알고 더욱 유감이었습니다.

1 1899년 4월 21일부터 5월 1일까지 뉴욕에서 개최된 에큐메니컬선교대회에 에비슨 의사가 참석하여 "의료 선교와 연합의 이점"에 대해 발표했다. 이때 의료에서 교파 간 연합을 통한 근대적인 대형 병원을 설립해야 한다는 에비슨의 의견에 공감한 루이스 세브란스(Louis H . Severance)가 서울에 그런 병원을 짓도록 10,000달러를 기부했다. 세브란스는 당시 록펠러의 스탠더드 석유회사의 재정 이사로 일하면서 북장로회 선교부의 이사로서 해외 선교 사업에 많은 기부를 했다.

ask you to re-read my letter on this question sent to you last fall.

Dr. Vinton brought a copy of the letter with him and I was glad to have the opportunity of reading it to the Committee as expressing my deep convictions on the subject. The Committee took strong exception to the opinions expressed in my letter but I wish to again emphasize every word of it as my deliberately, prayerfully formed convictions, which read in our station here has received the endorsement of all. (Dr. Sharrocks who was not present would possibly dissent from some of the views) (see copy of the letter).

Dr. Avison states that he is not satisfied with the $10,000 U.S. gold as the amount to be expended on the hospital and that he fully expects to secure another physician and another nurse. I do not believe that $10,000 will do what he wants done and no one knows how much will be required–for as yet the plans have not been definitely or fully or in a business-like way brought before the Committee or the mission, nor have we any adequate estimate as to the amount required to build what has been approved as a preliminary plan. Because the plans placed before the Committee were so crude and indefinite, I stated in the Committee that I could not vote for them as final plans.

I want to call attention to the fact that the Methodists in Korea have grasped the situation. They have given up all their medical work for men in Seoul, are asking Dr. Lilian Harris to give most of her time to evangelistic rather than medical work and are asking Dr. Folwell in Pyeng Yang to devote himself to evangelistic work and that in Seoul and vicinity they are forging ahead along evangelistic lines.

Strongly as I believe in having medical work and earnestly as I advocate a first class moderate sized hospital in Seoul that will not overtax the energies of the present medical force, I would rather see us abandon medical work altogether than to carry out the large plans now made and proposed.

We take the same position with reference to our work in Pyeng Yang.

만일 현재의 의료진에 의해 운영될 수 있는 적절한 규모의 최상급 병원을 확보하기 위해 10,000달러가 필요하다면, 저는 기꺼이 그 용도로 지출되는 것을 찬성합니다. 그러나 현시점에서 저는 귀하께 이 문제에 대해 제가 지난가을에 보낸 편지를 다시 읽어주시기를 부탁드리고 싶습니다.

빈턴 의사가 편지 사본 한 통을 가지고 왔고, 저는 이 주제에 관한 제 깊은 확신의 표현으로서 이것을 위원회 앞에서 읽는 기회를 가지게 되어 기뻤습니다. 위원회는 제 편지에 표현된 견해에 강경하게 이의를 제기했으나, 저는 그 편지의 모든 낱말이 의도적으로 기도하면서 이루어진 제 확신임을 재삼 강조하고 싶습니다. 제가 그것을 우리의 선교지부에서 낭독했을 때 모두로부터 배서를 받았습니다(참석하지 않았던 샤록스 의사는 일부 견해에 대해 이견을 가지고 있는 듯합니다). (첨부한 편지 사본을 참고하십시오.)

에비슨 의사는 병원에 사용할 금액으로 금화 10,000달러에 만족하지 않으며, 다른 의사 한 명과 다른 간호원 한 명을 확보하기를 충분히 기대한다고 진술했습니다. 저는 10,000달러로는 그가 원하는 것을 이룰 수 있다고 믿지 않으며, 구체적인 계획이나 사업적인 방법이 위원회나 선교회 앞으로 아직 제출되지 않았기 때문에 얼마나 많은 금액이 필요할지 아무도 모릅니다. 또한 우리는 예비 계획으로 승인된 것을 진행하기 위해 필요한 금액에 대해 어떤 적절한 예산도 가지고 있지 않습니다. 위원회 앞에 제출된 계획은 너무 엉성하고 불확실하므로, 저는 위원회에서 그것을 최종안으로 투표할 수 없다고 진술했습니다.

저는 한국에 있는 감리교인들이 상황을 제대로 파악했다는 사실에 대해 주의를 환기하고 싶습니다. 그들은 서울에서 남성을 위한 모든 의료 사업을 포기했고, 릴리언 해리스 의사에게 그녀의 모든 시간을 의료 사업보다 전도 사업에 보내도록 부탁하고 있으며, 평양의 폴웰 의사에게도 전도 사업에 헌신할 것을 부탁하고 있습니다. 그들은 서울과 인근에서 전도 사업 방향으로 신속히 나아가고 있습니다.

저는 의료 사업을 강하게 믿고 있고, 현 의료진의 힘에 부치지 않는 선에서 서울에 적당한 규모의 최고 병원을 가지는 것을 간절히 옹호하지만, 현재

We are concentrating most of our energy and time upon evangelistic and educational work here and have the very best results. The Methodists are doing the same in Seoul and are reaping a harvest. Why should not the Seoul station of the mission & other stations do the same? Medical work is not the prime object of missions. The question is one of underlying principles and policy of the very greatest importance.

Under the action of the Mission, the Committee can go ahead with the hospital if the Board gives the money. While I am willing to ask for the use of the $10,000 for the entire hospital plant & equipment (exclusive of residences) I should like to see the Mission consider the question at its next Annual Meeting and direct the expenditure of it upon plans approved by the Mission.

We are at a critical stage in the history of our work in Korea and I believe we are in the gravest danger. We eagerly anticipate Dr. Brown's visit and his participation in our conferences.

With kindest regards and with prayer for guidance in the decision of these important questions.

Very Sincerely

Samuel A. Moffett

제안되고 구체화되는 대규모 계획을 실행하는 것보다는 차라리 의료 사업을 포기하는 것을 보고 싶습니다.

우리는 평양에서 우리의 사역과 관련하여 동일한 입장을 취합니다. 우리는 이곳에서 우리의 힘과 시간의 대부분을 전도와 교육 사업에 집중하고 있으며, 최상의 결과를 얻고 있습니다. 감리교인들도 서울에서 동일하게 하고 있으며 좋은 추수를 하고 있습니다. 우리 선교회의 서울 선교지부나 다른 선교지부들이 동일하게 하지 않을 이유가 있습니까? 의료 선교는 선교회의 주된 목적이 아닙니다. 문제는 가장 중요한 기초적인 원리와 정책에 관한 것입니다.

선교회의 결정에 따라 만일 선교부가 돈을 주면 위원회는 병원을 추진할 수 있습니다. 저는 전체 병원 시설과 장비(주거지 제외)를 위해 10,000달러를 기꺼이 요청하겠지만, 선교회가 차기 연례 회의에서 그 문제를 고려하고 병원 계획에 대한 비용을 선교회에서 승인받도록 지시하시기 바랍니다.

우리는 한국에서 우리 사역의 역사에 있어 결정적인 단계에 있습니다. 또한 저는 우리가 중대한 위험에 처해 있다고 믿습니다.[2] 우리는 브라운 박사님이 방문해 우리의 토론회에 참석해주실 것을 간절히 고대합니다.

박사님께 안부를 전하며, 이 중요한 문제들에 대한 결정에 주님의 인도하심을 기도합니다.

마포삼열 올림

2 마포삼열은 북장로회 한국선교회가 대형 병원을 가지게 되면서 발생할 위험을 염두에 두었다. 이 세브란스 병원 논쟁은 1910년대에 대학 논쟁으로 재현되었다.

Samuel A. Moffett

Pyeng Yang, Korea

April 15, 1901

Dear Dr. Ellinwood:

I write just a few words to explain the request of station & Mission with reference to the Pyeng Yang hospital—referred to in the Board letters just received. I thought Dr. Wells had written explicitly in his letter last January.

The situation is this—Last summer the station approved the building of a surgical room & ward as an addition to the hospital and I received from my Mother for that purpose $400 U.S. gold or 800 yen. Then Dr. Wells received the promise of some money from friends (connected with the Mining Co., I believe) and in bringing his request before the Mission it was for permission to "enlarge the hospital at Pyeng Yang with funds already promised, to an amount not over yen 2,000." This was approved by the Mission as the Minutes show. The 2,000 yen is inclusive of the amount given by my mother and by other friends.

Dr. Wells is, I believe, in accord with the views of our station as to the relative position of the medical and evangelistic and educational work. Proportionately to the development of our evangelistic work, we might plan for a larger development of the medical work—that is larger than that of any other station in Korea—but on the contrary we have asked and still ask for a smaller amount of money than that asked for any other station. Our medical plant here has cost 3,000 yen and we all approve the expenditure of another 2,000 yen upon it although not all of that will be expended this year. We expect Doctor Brown [Arthur Judson Brown from New York Board] in a few weeks as word has come that he was to leave Kobe, Japan for Korea on a steamer sailing yesterday.

With kindest regards,

Very Sincerely,

마포삼열

한국, 평양

1901년 4월 15일

엘린우드 박사님께,

조금 전에 도착한 선교부의 서신에 언급된 평양 병원에 대한 선교지부와 선교회의 요청을 설명하기 위해 간단히 편지 올립니다. 저는 웰즈 의사가 지난 1월에 그의 편지에서 분명하게 썼다고 생각합니다.

상황은 다음과 같습니다. 지난여름에 평양 선교지부는 병원에 추가로 수술실과 입원실을 건축하도록 승인했으며, 저는 그 목적을 위해 제 어머니로부터 금화 400달러, 곧 800엔을 받았습니다. 그리고 웰즈 의사는 (제 생각에 광산 회사와 관련된) 친구들로부터 약간의 금액을 약속받았으며, 선교회 앞에 그의 요청을 제출했을 때 "2,000엔을 초과하지 않는 금액 안에서 이미 약속된 자금을 가지고 평양 병원을 확장"하도록 허락을 받았습니다. 선교회는 회의록에서 보듯이 이를 승인했습니다. 2,000엔은 제 어머니와 다른 친구들이 주는 금액을 포함한 액수입니다.

제가 믿기로, 웰즈 의사는 의료 및 전도와 교육 사업의 상대적 지위에 대해 우리 선교지부의 견해에 보조를 맞추고 있습니다.[1] 우리의 전도 사업의 발전에 따라 우리는 비율적으로 의료 사업의 대규모 발전을 계획해야 할 것입니다. 우리가 한국에서 어떤 다른 선교지부보다 더 큰 전도 사업을 하고 있지만, 의료 선교에 대해서는 다른 선교지부가 요청한 금액보다 더 적은 금액을 요청했고 또 요청하고 있습니다. 이곳 의료 시설에 3,000엔이 쓰였고, 우리 모두는 추가로 2,000엔의 지출을 승인했는데, 그것도 올해 모두 지출되지는 않습니다. 브라운 박사가 어제 일본 고베를 떠나 기선으로 한국을 향해 출발했다는 말을 들었으므로, 우리는 그가 2-3주 안에 이곳에 도착할 것

---

1 평양 지부는 의료 사업이 전도 사업의 발전에 부속되어야 한다고 믿었으므로, 서울에 대규모 세브란스병원을 설립하는 데 반대했다.

Samuel A. Moffett

으로 예상합니다.

안부를 전합니다.

마포삼열 올림

정동제일교회(1)와 켄뮤어 총무의 사택(5), 1900년 [OAK]

The First Methodist Church (1) and Mr. A. Kenmure's House (5), 1900

James S. Gale

Seoul, Korea

April 29, 1901

My dear Moffett:

I sent a telegram to…the other day saying that Dr. Brown would be in Eulyul about Tuesday next. He and Mrs. Brown have greatly cheered and delighted us all. The doctor is a big-hearted man who is able to grasp a situation in a very short time and give the wisest kind of advice on it. Regarding school work we have had a very satisfactory talk and it looks now as though it might be launched within a reasonable time. The Kenmure [agent of the British & Foreign Bible Society] property is not yet secured but another piece has been purchased by my man Yi for Miss Doty. The hill just across the valley from the chapel is a most magnificent site and that matter is now before his Majesty for settlement. I think she'll get it all right. Dr. Brown was apparently well satisfied with the whole plant. He is not however enthusiastic about the piece of land outside the "New Gate." It is too low, in his mind and so the matter stands. That property is not yet secured.

About hospital we had a rather nervous meeting on Saturday evening. I made some discoveries. The question came up as to the 10,000 gold and I ventured to say that when Dr. Brown asked if we were unanimous in sanctioning the use of it I thought on consideration that it included everything in connection with the hospital but land and physician residences. I understood it to include special separated wards …everything in fact. Underwood then undertook to squeeze some other interpretation into the letter we had sent the Board. Dr. Brown said however that after reading our letter he understood it to mean that 10,000°° gold was to include even walls and grading. However there the matter hung. He asked how we thought the matter stood in the stations. I said I was under the impression that you regarded the 10,000 gold

제임스 S. 게일

한국, 서울

1901년 4월 29일

마포삼열 목사에게,[1]

나는 며칠 전에 브라운 박사가 다음 화요일에 은율에 갈 것이라고 알리는 전보를 보냈습니다.[2] 우리는 브라운 목사 부부를 통해 크게 격려를 받았고 기뻤습니다. 박사님은 도량이 큰 분으로 짧은 시간 안에 상황을 이해하고 그에 대해 가장 현명한 조언을 해주셨습니다. 우리는 학교 사역[3]에 관해 대단히 만족스러운 대화를 나누었고 그 사역은 이제 적절한 시점에 시작할 수 있을 것으로 보입니다. 영국 성서공회의 총무인 켄뮤어의 부동산은 아직 확보되지 않았지만,[4] 도티 양을 위해 내 조사인 이 씨가 다른 부동산을 매입하려고 하고 있습니다. 그곳은 [정동] 예배당에서 계곡을 지나 건너편에 있는 언덕은 참으로 아름다운 부지입니다. 그 결정은 이제 고종 황제의 손에 달려 있습니다. 나는 도티 양이 그 부지를 무사히 가질 것이라고 생각합니다. 브라운 박사는 그 부지 전체에 대해 분명히 만족스러워했습니다. 그러나 그는 "새문" 밖에 있는 부지에 대해서는 별로 달가워하지 않았습니다. 왜냐하면 그의 생각에는 그곳이 너무 저지대에 있기 때문입니다. 따라서 부지는 미정 상태로 그 부동산은 아직 확보되지 않은 상태입니다.

병원과 관련해 우려되는 문제를 놓고 토요일 저녁에 회의가 열렸습니다. 나는 몇 가지 사실을 발견했습니다. 금화 10,000달러에 대해 질문이 제기되었고, 브라운 박사께서 우리가 그 돈의 사용에 만장일치로 찬성하는지 질문했을 때, 나는 그것이 부지와 의사 사택을 제외한 병원과 관련된 모든

1 선교회의 건물위원회 위원장인 마포삼열에게 보고하는 편지로, 게일은 대규모 세브란스병원 건축에 강하게 반대하는 입장을 전하고 있다.

2 북장로회 선교부 총무로 임명된 브라운 목사는 1901년 한국을 처음 방문했다. 그는 1909년에 두 번째 한국을 방문했으며, 1929년까지 선교부 총무로 봉직했다.

3 서울 선교지부의 남자 중고등학교, 곧 경신학교 문제다.

4 켄뮤어의 사택은 정동제일교회 옆에 있었다.

as the maximum limit that you were willing to see go into a hospital plant. Miss Doty rose and said you had not said so. I still said I thought you thought so—that I did so myself and now oppose another dollar at present or in future as far as I could see and of course that's all we can talk of. Moore got up and gave us a rich speech: "We never lack··· a man but we all love Dr. Avison, we have implicit confidence in his judgment, I think he ought to have another doctor. Yes a lot of them—make a sort of school of doctors, have one for every missionary. They could do a lot of good and I don't know where the harm would come, etc. etc. etc" It was Moore in the superlative degree and brought the house down. Avison was then asked if he had his plans all matured for a second doctor & if he had any reasonable plan mapped out on which he thought they could work safely. The only plan he has is that some one else come out and work as his assistant for two years and then go to another station & to keep up a running band of assistants. I learned this: more money than the $10,000 as he says if needed is to be asked, also that he wants more doctors without having any digested plan for their working together. The principle reason that I write is that I told Dr. Brown that you and others in Pyeng Yang were opposed to more than 10,000 gold going into a plant—but Miss Doty and others seemed to think I was wrong. I myself am most decidedly opposed to any more and trust that Pyeng Yang is too— that 10,000 is to cover everything in the way of building and that any more than that will put a white elephant on our hands that will take dollars to run and barrels of Dr. Ellinwood's peace restorers to keep down friction. I don't want to see Avison hampered in any way but he has no plans and so the Mission must plan for him.

The question of dispute between Dr. Field & Dr. Avison is postponed till annual meeting.

Had a good note from Whittemore with which I agree most heartily.

Regards to Mrs. Moffett Very sincerely yours, James S. Gale

것을 포함하는 비용임을 감안해야 한다고 감히 말했습니다. 나는 그것이 사실 특별 격리 병동 등 모든 것을 포함한다고 이해했습니다. 그때 언더우드가 말을 이어받아 우리가 선교부에 보냈던 편지에 대해 어떤 다른 해석을 쥐어짜 내려고 시도했습니다. 하지만 브라운 박사는 우리의 편지를 읽은 후 금화 10,000달러는 병원의 담장과 대지 정지 작업까지도 포함하는 것을 의미한다고 말했습니다. 그러나 그 문제는 결정이 나지 않았습니다. 그는 그 문제가 선교지회들에게 달려 있다는 점을 우리가 어떻게 생각하는지 물었습니다. 나는 귀하가 금화 10,000달러를 병원 시설에 기꺼이 투자하기를 원하는 최대 금액으로 간주한다는 인상을 받았다고 말했습니다. 도티 양이 일어나서 귀하가 그렇게 말하지 않았다고 말했습니다. 나는 계속해서 내 생각에는 귀하가 그렇게 생각한다고 말했습니다. 나 자신은 정말 그렇게 생각했고, 지금도 내가 보는 한에서는 현재나 미래에 1달러도 더 사용하는 데 반대하며, 물론 그것이 우리가 말할 수 있는 전부입니다. 무어가 일어나서 다음과 같이 재미있게 말했습니다. "우리는 한 사람의 예외도 없이 모두 에비슨 의사를 사랑하고, 그의 판단을 절대적으로 신뢰합니다. 나는 그에게 반드시 의사가 한 명 더 있어야 한다고 생각합니다. 많은 의사로 구성된 일종의 의사 팀이 있어서 의료 선교사마다 한 명씩 짝이 있게 만드는 것입니다. 그들이 좋은 일을 많이 할 수 있을 텐데 그들이 많다고 해서 무슨 해로운 일이 생기는지 나는 모르겠군요." 이 말로 인해 참석자들은 집이 떠나갈 듯이 웃었습니다. 이어서 에비슨은 두 번째 의사가 필요할 만큼 계획을 충분히 안정적이고 합리적으로 발전시켰는지 질문을 받았습니다. 그가 가지고 있는 유일한 계획은 한 사람이 와서 2년 동안 그의 조력자로 사역하게 한 후에 다른 선교지부로 보내는 것입니다. 그는 이런 식으로 조력자를 계속 충원하려고 했습니다. 내가 알게 된 것은 다음과 같습니다. 즉 그가 말하듯이 필요하면 10,000달러보다 더 많은 금액을 요청할 것이며, 또한 그는 공동 사역에 대한 어떤 정리된 계획도 없이 더 많은 의사를 원한다는 것입니다. 내가 이 편지를 쓰는 주된 이유는, 내가 브라운 박사에게 귀하와 평양에 있는 다른 사람들이 그 시설에 금화 10,000달러 이상을 투자하는 데 반대한다고 말했지만 도티 양과

●

한국을 방문한 브라운 총무 부부, 1901년 [MOF]

Dr. & Mrs. Brown in Korea, 1901

●

1901년 4월 브라운 박사가 평양 모란봉을 방문했을 때 퇴락한 사찰의 일부 앞에서 촬영한 한국인 세 장로 [OAK]
장대현교회 장로로 김종섭에 이어 길선주와 방기창을 장립했다.

Three Elders of the Central Presbyterian Church in Pyeng Yang
Dr. Brown ordained Pang Ki-Ch'ang and Kil Sŏn-ju.

다른 사람들은 내가 틀렸다고 생각하는 것으로 보였기 때문입니다. 나 자신은 추가 금액에 단호하게 반대하며, 평양도 그렇다고 믿습니다. 10,000달러 정도면 건축 과정에 필요한 모든 경비를 감당할 것입니다. 그 이상은 애물단지와 같은 흰 코끼리를 우리 손 위에 놓는 격이 되는데, 엘린우드 박사는 그것을 운영하면서, 달러 지출로 인한 마찰을 줄이고 안정을 유지하기 위해 재정을 써야 할 것입니다. 나는 에비슨이 어떤 식으로든 방해받는 것을 원하지 않지만, 그는 아무런 계획도 없으므로 선교회가 그를 위해 반드시 계획을 수립해야 합니다.

필드 의사와 에비슨 의사 사이에 야기된 논쟁은 연례 회의까지 연기되었습니다.[5]

위트모어로부터 만족할 만한 내용을 담은 간단한 편지를 받았는데, 나는 그 내용에 대해 진심으로 동의합니다.

부인에게 안부를 전해주십시오.

제임스 S. 게일 올림

---

5 에비슨은 병원에 여자 의사가 필요 없으며 필드 의사는 전도 사업에 투입되어야 한다고 주장했다. 결국 필드 의사는 전도 사업을 병행하다가 피터즈 목사와 결혼하고 서울을 떠나게 된다.

Horace N. Allen

Seoul, Korea

May 8, 1901

Legation of the United States

Rev. S. A. Moffett,

Pyeng Yang

Dear Sir:

I am in receipt of a despatch from the Acting Minister for Foreign Affairs of the Korean Government from which I quote the following:

"I have received a letter from the magistrate of Sun Chyen district of North Pengyang [Pyengan] Province, saying that two Americans, Messrs. Whittemore and Sharrocks, were buying land and building houses there; that he tried to stop them from doing so, but they refused to listen to him, and he asked me to bring the matter before you and ask you to stop them."

Then follows a citation from the treaties against the ownership of land, by foreigners, away from the treaty ports.

Will you kindly send me a report on this matter? Tell me if this land is owned outright or if it is held in the name of a Korean?

Are the Americans mentioned [Whittemore and Sharrocks] actually erecting houses or merely repairing Korean buildings?

Give me any facts you can in regard to the matter, and in the meantime, please remember that the native go-between in this matter will probably have more or less trouble. I may not be able fully to protect him.

I am,

Yours very truly,

[unsigned, but undoubtedly from Horace N. Allen]

1 이 편지는 알렌이 엘린우드 박사에게 보낸 1901년 5월 21일 자 편지에 첨부되어 있다.

호러스 N. 알렌, 미국 공사관

한국, 서울

1901년 5월 8일

마포삼열 목사,

평양

귀하께,

나는 한국 정부의 임시 외무대신으로부터 공문을 받았으며, 그 일부를 인용합니다.

"나는 평안북도 선천 지역의 군수로부터 서신을 받았는데, 2명의 미국인 곧 위트모어와 샤록스 씨가 그곳에서 땅과 집을 사고 있으며, 그가 그들이 그렇게 하는 것을 막으려고 했으나, 그들은 그의 말을 청종하기를 거절했다고 합니다. 그래서 그가 내게 귀하께 이 사실을 알리고 그들의 행동을 중지하도록 해달라고 부탁했습니다."

그리고 외국인은 개항장을 벗어나서 땅을 소유할 수 없다는 조약 문구를 인용했습니다.

귀하께서 이 문제에 대해 보고서를 제게 보내주시겠습니까? 이 땅을 그들이 직접 소유한 것인지 아니면 한국인의 이름으로 가지고 있는지도 알려주십시오.

앞서 언급된 미국인들이 실제로 집을 짓고 있습니까? 아니면 단순히 한옥을 수리하고 있습니까?

이 문제에 대해 어떤 사실이든 알려주시기 바랍니다. 그리고 이 문제에 개입된 한국인 거래인이 곤란을 겪게 될 것임을 기억하시기 바랍니다. 아마도 나는 그를 충분히 보호할 수 없을 것입니다.[1]

호러스 N. 알렌 올림

---

1 알렌 공사는 미국인이 한국인의 이름으로 땅을 사거나 기존 한옥을 수리해서 사용하면 보호할 수 있지만, 중간에서 거래를 도와준 한국인은 자신의 소관 밖이므로 보호할 수 없다는 입장이다.

Pyeng Yang Station

Pyeng Yang, Korea

May, 1901

Resolved–that it be the opinion of Pyeng Yang Station that under the following conditions 10,000 yen would be not small for the establishment of a medical plant in Seoul. We are also strongly and unanimously of the opinion that anything more than a moderate-sized, well-equipped plant to meet the needs of the present staff of physicians is not called for and would if granted be injurious to our work as a whole. Therefore–it is further

Resolved–that we do not approve of any plan looking toward the enlargement of the plant beyond this sum;

That we do not favor an annual outlay of Board money for running expenses of more than 1,500 yen;

That we do not favor the appointment of another physician to the plant.

By the term "Medical plant" in the above, we mean the entire medical work of Seoul, whether in one or more centers, and that such plant or local centers is, or are, to be complete in and of itself or themselves, including all such items as walls, drainage, outbuildings, furniture, dispensary and operating room, equipment and the stocking of the drug room.

[The original copy of the above was signed by all the voting members of the Pyeng Yang Station and given to Dr. A. J. Brown.

Samuel A. Moffett, Chairman]

평양 선교지부

한국, 평양

1901년 5월

결정 - 평양 선교지부는 다음 조건하에서 서울에 의료 시설을 설립하는 데 10,000달러가 적은 금액이 아니라고 본다. 또한 우리는 현재의 의료진의 필요를 충족시키는, 적정 규모의 잘 구비된 장비 이상은 필요하지 않다. 만일 이런 과도한 요구가 승인된다면 전체 선교 사업에 해가 될 것이라고 우리는 강하게 또 만장일치로 의견을 모았다. 따라서 다음 사항을 추가로 결정한다.

결정 - 우리는 이 금액을 초과하는 시설 확장을 위한 어떤 계획도 허락하지 않는다.

우리는 선교부 예산에서 [병원의] 1년 경상비를 1,500엔 이상 배정하는 데 찬성하지 않는다.

위에서 "의료 시설"은 서울의 모든 의료 사역을 의미하는 것으로, 시설의 숫자와 상관없이 담장, 하수구, 본관 건물, 가구, 진료소, 수술실, 장비, 약제실의 약품 등 모든 것을 포함한 병원이나 지역 센터 전체 시설을 말한다.

[이 문서는 평양 선교지부의 모든 선교사가 서명한 후 브라운 박사에게 제출했다.

위원장 마포삼열]

Alice Fish Moffett

Pyeng Yang, Korea

May 16, 1901

[Dear Fatherdy and Little Mother,]

Dr. and Mrs. Arthur [Judson] Brown have been with us four full days leaving us again yesterday afternoon. It is impossible to tell all that their visit has meant to us of pleasure, refreshment, and helpfulness, and yet I believe it has meant even more to the Korean Christians. Dr. Brown addressed the people on Sabbath and at Wednesday evening prayer-meeting, and also met with the officers of the church and the "leaders" and "helpers" in conference. His presence among them and messages to them have done them great good, One of the elders of the church in responding on Wednesday evening said, in substance, "God has been very gracious to us in sending this pastor to us all the way from America, to cheer our hearts and speak to us His messages. He tells us of those in America who are praying for us and who have sent him out to see what God is doing for our people. This makes us feel that we are one with the Christian people of America, and now since they are doing so much for the people in many nations who know not God, we in this land who know and love Him should work with new energy and do all we can to preach His word throughout this land, at the same time that we pray for His work in other lands." There were two elders in the church ordained on Sabbath and the service was a very solemn one. Dr. Brown's words to them were specially beautiful.

We have word from New York that Dr. and Mrs. Sharrocks' house for Syen Chyen has been granted which means that a new station is soon to be opened 300 li [about 100 miles] north of here. Mr. Whittemore has fitted up a Korean house and expects to move up now. Dr. and Mrs. Sharrocks go up for a month returning here for the summer, and Miss Best goes with them to hold a class for women and return. The party

앨리스 피시 마페트

한국, 평양

1901년 5월 16일

[사랑하는 아버지 그리고 어머니께,]

아서 브라운 박사 부부가 우리와 함께 나흘을 보내고 어제 오후에 떠났습니다. 그들의 방문이 우리에게 얼마나 많은 즐거움과 원기 회복과 도움을 주었는지 말하는 것은 불가능하지만, 저는 우리보다 한국인 기독교인에게 더 큰 의미가 있었다고 믿습니다. 브라운 박사는 주일과 수요일 기도회에서 설교했고, 교회 제직들을 만났으며, 영수 및 조사들과는 토론회를 가졌습니다. 그의 존재와 메시지는 그들에게 큰 유익을 주었습니다. 수요일 저녁 장로 한 명은 답사에서 다음과 같이 말했습니다. "하나님께서 이 목사님을 먼 미국에서 이곳까지 보내셔서 우리 마음을 즐겁게 하고 하나님의 말씀을 전하게 하시니 얼마나 감사한지 모릅니다. 미국에서 우리를 위해 기도하는 분들은 하나님이 우리 백성 가운데서 어떤 일을 행하고 계신지 보라고 그를 파송했다고 합니다. 이것을 보면 우리는 미국에 있는 기독교인들과 하나인 것을 느낍니다. 그들이 하나님을 모르는 많은 나라에서 많은 일을 하고 있으므로, 우리도 하나님을 알고 사랑하는 이 나라에서 새 힘을 가지고 일하고, 하나님의 말씀을 전국 방방곡곡에 전하는 데 온 힘을 다할 뿐만 아니라, 동시에 다른 나라에서 이루어지는 하나님의 사역을 위해서도 기도해야 할 것입니다." 주일에는 2명의 장로가 교회에서 안수를 받았는데, 예배는 엄숙하게 진행되었습니다.[1] 브라운 박사의 권면의 말씀은 특별히 아름다웠습니다.

뉴욕 선교부로부터 샤록스 의사 부부의 선천 사택 구입에 대한 승인을 받았는데, 이는 이곳에서 300리(약 100마일) 떨어진 곳에 새로운 선교지부가 곧 개설될 것을 의미합니다. 위트모어 목사는 한옥 한 채를 수리했고 이제 이사하려고 올라갈 예정입니다. 샤록스 의사 부부는 올라가서 한 달간 있

1 방기창과 길선주의 장로 안수식이었다.

starts on Monday. This is a great event–the first off-shoot from Pyeng Yang station. We feel as if some of our children were leaving home for the first time. But with all the sadness it is still blessed to be able to open a new center of light up in the north. There are forty groups of believers. Eventually Mr. and Mrs. Leck also will probably form a part of the new station.

[With a heartful of love,]

[Alice]

다가 여름에 이곳으로 내려올 것이며, 베스트 양이 함께 가서 여자 사경회를 열고 돌아올 것입니다. 이들은 월요일에 출발합니다. 이는 대단한 사건으로, 평양 선교지부로부터 처음으로 지부가 떨어져 나가는 것입니다. 우리는 우리의 자녀가 처음으로 집을 떠나는 기분입니다. 그러나 모든 슬픔에도 불구하고 북부에 새로운 빛의 센터를 열 수 있다는 것은 복입니다. 그곳에는 40개의 미조직교회가 있습니다. 십중팔구 렉 목사 부부도 새 선교지부의 일원이 될 것입니다.

[가슴 가득 사랑을 담아,]

[앨리스 드림]

Norman C. Whittemore

Syen Chyen, Korea

June 3, 1901

My dear Mrs. Moffett,

I am going to return by Miss Best tomorrow the coffee grinder you so kindly lent me last fall. I am greatly obliged for the use of it and hope that it isn't damaged at all by its long trip.

I had hoped to get off tomorrow for a two weeks trip but the non-arrival of the boat is leaving us very short of provisions and I may not be able to get off as planned.

Work on Doctor's house is progressing well but the tiles are still upso [Korean word meaning "there aren't any"]. He will probably have to get them from Eui Ju. But Miss Best can tell you more about the house so I won't repeat.

Tell Mr. Moffett that everything in the political line is very quiet and that a man was around this morning trying to sell us a small lot, so apparently the people are not very much disturbed by the magistrate's proceedings. But I must stop.

With kind regards to Mr. Moffett and the Lecks. I remain

Yours very sincerely,

Norman C. Whittemore

노먼 C. 위트모어

한국, 선천

1901년 6월 3일

마포삼열 부인께,

저는 지난가을 당신이 제게 친절하게 빌려주었던 커피 분쇄기를 내일 베스트 양 편으로 돌려주려고 합니다. 그동안 그것을 사용할 수 있어서 대단히 고맙게 생각하며, 물건이 먼 길을 따라 운반되는 동안 손상되지 않기를 바랍니다.[1]

저는 내일 2주일 일정의 순회 여행을 떠나려고 했지만, 배가 도착하지 않아서 식량이 부족하므로 계획대로 출발할 수 없을 듯합니다.

[샤록스] 의사의 사택 공사는 잘 진행되고 있지만 여전히 기와가 "없소." 그는 의주에서 기와를 구하지 않으면 안 될 것입니다. 베스트 양이 그 주택에 대해 당신에게 더 많은 것을 말해줄 수 있으므로 저는 반복하지 않겠습니다.

정치적으로 모든 것이 조용하며, 오늘 아침 무렵에 어떤 남자가 와서 작은 부지를 우리에게 팔려고 한 것으로 보아 분명히 사람들은 군수의 조치로 인해 크게 동요하고 있지 않다고 마포삼열 목사에게 전해주십시오. 그럼 이만 줄입니다.

마포삼열 목사와 렉 목사 부부에게 안부를 전해주십시오.

노먼 C. 위트모어 올림

1 평양의 베스트 양은 선천에 와서 5월 말부터 열흘간 샤록스 부인과 함께 여자 사경회를 인도했다. 참석자는 123명이었다. 이때 의주에서 16명이 참석했고, 여러 명은 300리 떨어진 삭주와 창성 지방에서 오는 중에 "혹 쌀을 머리에 니고 온 이도 잇고 혹 돈을 가져다가 밥을 샤먹는 이도 잇ᄉᆞ이 그동ᄂᆡ 사ᄅᆞᆷ이 보고 이샹히 녁여와셔 무ᄅᆞᄃᆡ 우리가 보니 명절도 아닌ᄃᆡ 먼ᄃᆡ 사ᄅᆞᆷ과 갓가온ᄃᆡ 사ᄅᆞᆷ이 날마도 모히니 이거시 무ᄉᆞᆷ 뜻시뇨" 하거늘 여러 자매들이 예수의 도리를 전하였다("교회통신," 「그리스도신문」, 1901년 8월 1일).

Samuel A. Moffett

Pyeng Yang, Korea

June 12, 1901

To Mr. & Mrs. Charles H. Fish, San Rafael, California

Dear Father and Mother Fish:

Alice and I have just finished two of as happy years as I think it is ever given to mortals to enjoy. Certainly our hearts are full of gratitude for our many, many blessings as we enter upon our third year of life together in the confident expectation of being able before this year is finished of sharing some of our happiness and joy with you in the "sunshine home."

Our daily prayer is that this blessing may be granted us and we become more and more eager each day for its fulfillment.

How thankful I have been for the pleasure and joy it has been to you to know of our great happiness for not even you can fully know what a blessing you gave me in giving me Alice. I do want you to know something of the depth and strength of my love for her. What I cannot tell you in letters I hope to talk to you about next year.

It has been a pleasure to us to prepare this "picture letter" of our surroundings in the hope that it may give you a better idea of our environment.

With much love,

Your affectionate Son,

Samuel A. Moffett

마포삼열

한국, 평양

1901년 6월 12일[1]

찰스 H. 피시 부부
캘리포니아, 샌라파엘
장인 장모님께,

앨리스와 저는 유한한 인생에게 즐기도록 주어진 세월 중 가장 행복한 2년을 보냈습니다. 결혼 3년째를 맞이하면서 우리의 마음은 수많은 축복에 대한 감사로 가득 차 있으며, 올해가 가기 전에 "햇살 가득한 집"에 계신 두 분과 함께 우리의 행복과 기쁨의 일부를 나눌 수 있다는 확신에 찬 기대를 가지고 있습니다.

우리는 이 축복이 우리에게 내려지기를 매일 기도하며, 그것이 매일 실현되기를 더욱더 갈망합니다.

두 분이 제게 앨리스를 주셨을 때 얼마나 놀라운 축복을 베푸셨는지 두 분은 모르실 것입니다. 이런 즐거움과 기쁨에 대해 제가 그동안 얼마나 감사하게 여겨왔는지요. 저는 우리의 커다란 행복에 대해 두 분이 아시면 얼마나 좋을까 생각해왔습니다. 또한 저는 두 분께서 제가 그녀를 얼마나 깊이 강렬하게 사랑하고 있는지 아시기를 원합니다. 제가 편지에서 두 분께 말씀드릴 수 없는 것을 내년에 말씀드릴 수 있기를 바랍니다.

두 분이 우리가 사는 주변 환경을 더 잘 이해하실 수 있도록 이 "그림 편지"를 준비하는 일이 우리에게는 기쁨이었습니다.

많은 사랑을 담아서,

사랑받는 사위,
마포삼열 올림

1 다음 편지와 함께 캘리포니아에 있는 아내의 부모님께 보낸 편지다.

●

정동제일감리교회에서 바라본 프랑스 공사관, 1901년 [OAK]

The French Legation from the First Methodist Church in Chŏngdong, 1901

ARTICLE V.—Course of Study:—

FIRST YEAR.

1. Daily practice in talking Korean.
2. Mrs. Baird's *Fifty Helps*.
3. Study all the exercises in Scott's *Manual*.
4. Read carefully Underwood's *Grammatical Notes*.
5. Study sentences of first four chapters in Part II of Underwood's *Introduction*, noting especially the divisions of each chapter.
6. Read and analyze the first sixteen Korean exercises in the *Grammaire Coréenne*.
7. Frequent practice in writing Korean with a view to both proper writing and spelling.
8. Learn the specific classifiers given on pages 56 to 59 of Underwood's *Introduction*.
9. Study forms of address to the Deity.
10. Study carefully, with a view to thorough mastery, twenty-five verbal endings as explained in Gale's *Grammatical Forms*.
11. Read and translate the first chapter of the Gospel of Mark.
12. Read a Christian tract.
13. Learn the various forms of introduction and salutation.
14. Commit ten conversations.
15. Commit the Lord's Prayer.

Nevius' Methods of Mission Work.

Read Griffis's *Korea—the Hermit Nation*.

Optional.—Learn 200 Chinese characters.

The details of this course to be furnished to each individual by the Examination Committee on a separate printed sheet.

●

북장로회 한국선교회 규칙과 부칙, 1901: 제5조 어학공부 과정, 첫 해 [OAK]

Standing Rules and By-Laws of the Korea Mission, PCUSA, 1901
"V. Study Program: First Year"

Alice Fish Moffett

Pyeng Yang, Korea

June 12, 1901

Dear Fatherdy and Little Mother,

Tomorrow we expect to say Goodbye to Mr. and Mrs. Lee, Mrs. Webb and the children. I have been putting odd moments on work on the album and must send now as it is, leaving spaces and pages for the photos we hope to send in the future.

In just the few moments I have this morning I sit down with the album to turn its pages and write a few of the little things about the photos that I should say if I were looking over your shoulder.

"Nam Han" (Southern Fortress) is a mountain where the Seoul Missionaries often used to go for relief from the summer heat. This path thro the woods runs between the buildings shown in 16 & 17. The photo of Mr. Gale and Sam was taken in 1891.

The Eastern Palace, Seoul, is unused and deserted, but there are some very beautiful spots in the guarded enclosure, both in the way of architectural and of natural beauty. A large party of us went through the grounds at Annual Meeting time in '99 when Mrs. Fischer was here.

18. The Independence Arch was erected in '97. It stands on the highway leading out of the city on the North, between the city gate and the Peking Pass over which Chinese ambassadors came to Korea's capital.

20. The Temple of Heaven stands on a small hill in Seoul just back or South of Rev. S. F. Moore's residence.

21. You will notice the top of the pagoda stands on the ground beside it! Many years ago the people at one time decided to remove it—then changed their minds.

44-48. In the mourner's dress—the long baggy "pocket" sleeves are to be noticed—the cap and hat which only mourners wear and the brown

앨리스 피시 마페트

한국, 평양

1901년 6월 12일

부모님께,

내일 우리는 리 목사 부부와 웹 부인과 아이들에게 작별인사를 할 예정입니다.[1] 저는 가끔 시간이 나면 앨범 작업을 했는데, 이제 우리가 미래에 보낼 사진을 위한 공간과 페이지는 비워둔 채 지금 있는 그대로 보내야겠습니다.[2]

저는 오늘 아침에 잠시 동안 앨범을 가지고 앉아 페이지를 넘기면서, 제가 두 분과 함께 앉아 어깨 너머로 그 사진을 보고 있다면 설명해야 할 사소한 내용을 간단히 적어보았습니다.

"남한" 산성은 서울에 있는 선교사들이 여름 더위로부터 벗어나기 위해 자주 찾는 산입니다. 숲속으로 난 이 길은 16번과 17번에 보이는 건물들 사이를 지나갑니다. 게일 목사와 샘의 사진은 1891년에 찍은 것입니다.[3]

서울의 동궁(東宮)은 사용되지 않고 버려진 곳이지만,[4] 보초가 지키는 경내에는 건축미와 자연미를 갖춘 아름다운 곳들이 있습니다. 피셔 부인이 이곳에 있었던 1899년 연례 회의가 열렸을 때, 우리는 큰 무리를 지어서 이 경내를 둘러보았습니다.

18번. 독립문은 1897년에 세워졌습니다. 그것은 서울 북쪽에서 도시를 나가는 도로에 세워져 있는데, 중국 사신들이 한국의 수도로 올 때 지나는 북경로(北京路)와 도성의 대문 사이에 있습니다.

20번. 하늘에 제사를 지내는 환구단(圜丘壇)은 무어 목사의 숙소 바로 뒤 또는 남쪽에 있는 작은 언덕 위에 있습니다.[5]

1 리 목사 부부가 안식년 휴가로 미국을 향해 출발하기 때문이다.

2 아마도 리 부부 편으로 앨범을 보내는 듯하다.

3 남한산성 길을 오르는 게일과 마포삼열의 사진은 제1권에 수록되어 있다.

4 경희궁이다. 선교사들은 경내에 왕실의 뽕나무가 있었으므로 "Mulberry Palace"라고 불렀다.

5 환구단(혹은 원구단)은 1897년 고종의 황제 즉위식을 위해 만든 천제단으로, 화강암으로 된 삼층 원형의 단이며 금색으로 칠한 원추형 지붕이 덮고 있다. 1899년 환구단 북쪽에 하늘과 땅, 별과 천지 만물에 깃든

linen screen supported on two bamboo sticks with which he screens his face from the world shutting himself in to his sorrow. The suit is entirely of loosely woven brown linen and the hat of finely woven straw of the same color.

52. I am sending you also an outer garment worn by a sorceress such as this one. Will write elsewhere about the garments. These drums, gongs and cymbals make the weird, monotonous, dreary, awful sounds we hear in dead of night when the "spirits" are being driven from some neighborhood or house or poor sick body.

53. Was the Christian woman who served as nurse in Mrs. Dr. Brown's family several years ago.

55. Mr. Complacency Jr.!

57. I am not sure of this group–it may be a Methodist class.

58. Taken to show how boys' winter clothes are made, and cotton padded from neck to toe

77. Notice the wayside idol carved in wood! The man is sitting on his "jicky" and gives you a good view of his top-knot, head band and the crown in his hat.

21번. 두 분은 파고다 탑 꼭대기가 그 옆의 땅에 떨어져 있는 것을 보실 수 있습니다! 오래전에 사람들은 그것을 제거하기로 결정했으나, 그 후 마음을 바꾸었습니다.

44-48번. 상복으로, 길게 늘어진 자루 모양의 "주머니" 소매, 상주만이 쓰는 모자인 방갓, 그리고 상주를 세상으로부터 격리시켜 슬픔에 잠기도록 얼굴을 가려주는 가리개가 보입니다. 얼굴 가리개는 갈색 삼베로 만들었고 두 개의 대 막대기로 지지하며, 상복은 엉성하게 짠 갈색 삼베로 만들었고, 방갓은 갈색 짚으로 잘 짜서 만들었습니다.[6]

52번. 또한 저는 두 분께 사진에 있는 것과 동일한 무당이 입던 겉옷을 보내려고 합니다. 그 옷에 대해서는 다른 곳에서 쓰겠습니다. 이 북[소고와 장구], 징[징과 꽹과리], 바라[심벌즈] 등은 이상하고 단조로우며 음울하고 무서운 소리를 내는데, 한밤중에 어떤 이웃집이나 병자의 몸에서 "귀신"을 쫓아내기 위해 사용합니다.

53번. 이 사진은 몇 년 전에 브라운 의사 부부 가정에서 유모로 일했던 기독교인 여자입니다.

55번. 천하태평![7]

57번. 어떤 모임인지 확실하지는 않지만 아마도 감리교 사경회 모습인 듯합니다.

58번. 남자 아이의 겨울옷을 어떻게 만드는지 보여드리기 위해 찍은 것으로, 솜이 목에서 발가락 부분까지 채워집니다.

77번. 나무로 깎아 만든, 길가의 우상을 보십시오! "지게"에 앉아 있는 남자의 상투와 머리띠와 탕건을 잘 볼 수 있습니다.

두 분이 편지를 보내실 때 번호만 적시하여 물어보시면, 제가 답할 수 있

신의 신위(神位)를 모시는 3층 목조 건물인 황궁우(皇穹宇)를 짓고, 동지나 새해 첫날에 제천의식을 거행했다. 황궁우 앞에는 1902년에 고종 즉위 40년을 기념하기 위해 돌로 만든 북[石鼓] 세 개를 세웠는데, 이 북은 제천을 위한 악기를 상징하는 것으로서 몸체에는 화려하게 조각된 용무늬가 있다. 그러나 1912년(융희 4년) 일본 총독부는 환구단을 헐고 총독부 철도호텔을 세우면서 환구단 자리에 분수를 만들었다.

6 19세기 후반 가톨릭 신부들은 박해를 피해 상주 차림으로 다니면서 사람의 눈길을 피했다.

7 아마도 지게꾼이 힘든 일을 한 후 자고 있는 모습인 듯하다.

I am keeping a duplicate catalogue of the photos pasted in, hoping I can answer any questions you want to ask when you write and refer to number.

The extra photos were taken by Mr. Leck who has all the plates here. I send as they are, thinking we may be able to forward some clearer ones at another time. If not, these can be trimmed and pasted in or not just as you wish.

This album is one of my very first gifts from Sam, given to me with the pictures he had then with the thought that together we might gather photos and arrange them for you.

Your loving daughter,

Alice

도록 보내드리는 사진과 동일한 목록의 사진을 보관하고 있습니다.

나머지 사진은 렉 목사가 찍었는데, 그가 모든 원판을 가지고 있습니다. 다음에 좀 더 깨끗한 사진을 보내드릴 수 있다고 생각하면서 일단 현 상태로 보냅니다. 더 깨끗한 것을 보내지 못할 경우, 이것들을 잘라서 붙이든지 하시기 바랍니다. 두 분이 원하시는 대로 안 될지 모르겠습니다.

이 앨범은 샘이 제게 준 첫 번째 선물 중 하나입니다. 그 외에도 두 분께 드리기 위해 우리 두 사람이 수집해서 정리할 생각으로 가지고 있던 사진도 함께 보냅니다.

사랑하는 딸,

앨리스 올림

"Letter," Journal of Hanover College Vol. 8: 3 (October 1901); 121-122.[1]

Samuel A. Moffett

Pyeng Yang, Korea

July 30, 1901

*Letter from Rev. Dr. S. A. Moffett: The following letter in answer to one announcing that the Doctorate of Divinity had been conferred upon the writer, was not intended for publication, but we are sure our readers will be pleased to see it.

Rev. D.W. Fisher, D.D., LL.D.
President Hanover College, Hanover, Indiana
Dear Dr. Fisher:
Your letter of 12th June, informing me of the great honor which the Faculty and the Board of Trustees of my Alma Mater have conferred upon me, reached me by the last mail. I confess to considerable embarrassment in replying. I very deeply appreciate the good will and esteem of yourself and the Faculty in proposing and the respect and confidence of the Board in conferring the honor, but it is so completely a surprise and so far beyond the measure of what I have been able to accomplish, that I feel somewhat like a Korean who has had "lightning rank" bestowed on him. Without his solicitation, knowledge or consent he suddenly finds himself transformed from a plain country man into one of the nobility from whom is expected a considerable contribution to the national exchequer, one too often beyond his ability to meet.

In somewhat the same way to my amazement and dismay I find myself transformed from a plain plodding missionary, very happily and contentedly laboring away in my little corner of the world, into one of the honored, with a title which makes it incumbent upon me to respond with a contribution to the world's work, which I greatly fear is beyond

1 "마포삼열 박사의 편지: 다음 편지는 필자에게 신학박사 학위를 수여한다는 광고에 대한 그의 답장이다. 이것은 출판할 의도로 쓴 것은 아니지만 독자들이 보면 유익할 것이므로 게재한다."

마포삼열

한국, 평양

1901년 7월 30일

목사 D. W. 피셔, 신학박사, 문학박사

인디애나, 하노버, 하노버 대학 총장

피셔 박사 귀하,

모교의 교수회와 이사회가 제게 커다란 명예를 부여한다는 소식을 담은 귀하의 6월 12일 자 서신을 최근 우편으로 받았습니다. 저는 답장을 쓰면서 상당히 쑥스럽다고 고백합니다. 저는 이를 제안한 귀하와 교수 회의의 선의와 평가에 깊이 감사드리며 명예 [박사] 학위를 수여하기로 결정한 이사회의 존경과 확신에 깊이 감사드립니다. 하지만 이것은 깜짝 놀랄 만한 일이고 제가 성취할 수 있는 것을 넘어서는 것이므로 마치 "벼락감투"를 쓴 어떤 한국인과 같은 기분입니다. 이는 간청하지도 않았고 알지도 못하며 동의하지도 않았는데, 갑자기 어떤 시골뜨기가 자신의 능력으로는 도저히 감당할 수 없는 상당한 금액을 국가에 기부해야 하는 양반으로 바뀐 경우와 같다고 하겠습니다.

이와 비슷한 상황이라 저는 가슴이 철렁 내려앉는 기분입니다. 세상의 한쪽 멀리 떨어진 작은 구석에서 행복하고 만족스럽게 일하면서 터벅터벅 걸어 다니는 한 평범한 선교사가 그 능력을 벗어나는, 세상의 사역에 공헌할 의무를 지닌 명예 학위자로 바뀌어서 크게 우려됩니다.

만일 수여된 명예 학위가 열심히 사역하고 그 목적이 신실한 것에 대한 인정이라면 저는 크게 감사드리지만, 한국 선교 사역의 성공 때문이라면 그것은 제 몫이 아닙니다.

우리가 이곳의 사역에서 크게 복을 받았고 주님께서 한국에 교회를 세우는 일에 우리 모두를 사용하신 것은 분명하며, 이는 우리에게 기쁨과 감사의 원인이 되고 모든 교회에 영감이 됩니다. 그러나 이것은 하나님의 영이 어떻게 일하시며 하나님 당신의 막강한 사역을 성취하기 위해 세상의 연약

my ability.

In so far as the honor conferred is a recognition of hard work and sincerity of purpose, I greatly appreciate it, but in so far as the success of the missionary work in Korea has prompted the bestowal of the honor, it is not for me to claim it.

We have certainly been greatly blessed in our work here and the Lord has been pleased to make use of us all for the establishment of a church in Korea, which is a cause of joy and thanksgiving to us and an inspiration to the whole church; but this is but another illustration of how the Spirit of God works where and how He pleases and uses the weak things of the world for the accomplishment of His own mighty works.

I hesitate to thank you for the honor and yet I can do no less than express my gratification that I have in such a measure your esteem and confidence and the respect and esteem of the honored Board of Trustees.

Very sincerely Yours,

Samuel A. Moffett

한 것을 어디서 어떻게 기쁘게 사용하시는가에 대한 한 예화에 불과합니다.

저는 명예에 대해서는 귀하께 감사드리기를 주저하지만, 제가 귀하의 그런 평가와 신뢰를 받고 또 존경하는 이사회의 인정과 평가를 받은 점에 대해서는 심심한 감사를 표하고자 합니다.

마포삼열 올림

C. C. Vinton

Seoul, Korea

August 9, 1901

[postcard mailed from Seoul to Rev. S. A. Moffett, Pyeng Yang, Korea]

Dear Mr. Moffett;
$5^{00} order received and will follow instructions. I had a letter something like a month ago from Mr. Hand [the New York Mission Board treasurer] apparently to same effect as yours respecting the "Walder," and Seoul station took action upon it. As the use of buildings is a station and not a mission matter, it did not seem necessary for it to go to the other stations.

Apparently your house boat excursion has terminated short of the promised month. Weather very trying here but we are all well.

Very sincerely,
C. C. Vinton

[Dr. Vinton was a medical doctor who was also serving as treasurer of the Mission]

C. C. 빈턴[1]

한국, 서울

1901년 8월 9일

마포삼열 목사에게,

5달러 우편환을 받았으며, 지시한 대로 하겠습니다. 나는 [뉴욕 선교부 회계인] 핸드 씨로부터 한 달 전쯤 서신을 받았는데, "왈더"에 대한 귀하의 편지와 동일한 효과를 준 것이 분명하며, 서울 선교지회는 그에 대한 조치를 취했습니다. 건물의 사용은 선교회가 아니라 선교지회의 문제이므로, 이를 다른 지회에 가져가는 것은 필요하지 않아 보였습니다.

귀하의 선박 피서 여행은 기약보다 일찍 끝난 것이 분명합니다.[2] 이곳은 무더운 날씨지만 우리 모두 건강하게 지내고 있습니다.

C. C. 빈턴 올림

1 선교회 회계로 봉사하던 빈턴 의사가 보낸 엽서다.

2 여름휴가 때 선교사들은 피서를 위해 배 위에 집처럼 거처를 마련하고 대동강을 오르내리며 한두 달간 지냈다.

Alice Fish Moffett

Pyeng Yang, Korea

August 25, 1901

Dear Cousin Emma,

This morning brought your letter from San Rafael with one of Mother's, and the check for $20 enclosed. I am ashamed and very sorry that I did not reply promptly to the other two. The receipt for the first one was sent to Mrs. Farwell. The second check was at once passed over to Mr. Baird for use in his press work. A few days later I went over to see the press and its work that I might write to you of them, and I remember writing the letter Oct. 3rd. Even after that I must have failed or I should have record or further memory of the letter. May the lesson do me good!

I have made myself greatly the loser by allowing work to interfere with my correspondence. I am going to begin again. Your dear letters are very precious to me, Cousin Emma, and I mean to try to let you know how I appreciate them.

You know, I feel sure, dear cousin, that even though I was silent my heart went out to you in love and sympathy when I heard of Aunt Carrie's going home. The sadness and the trial were yours even though you could rejoice for her sake.

I am more glad and thankful than I can tell you for your visit in San Rafael this summer. I hope the entire trip was a restful and pleasant one to you, and I know that your stay in the home has meant a great deal to Father and Mother.

About two weeks ago Sam and I returned from our summer rest on the river. At this time of year we, as a Station, all have our hands full with Annual Reports. At a meeting last week the personal reports were read and we took a general survey of the work of the year. The growth of the Church and the progress in almost every line of work show to us more than ever before that this work is not ours but has

앨리스 피시 마페트

한국, 평양

1901년 8월 25일

사촌 엠마에게,

오늘 아침 샌라파엘에서 보낸 네 편지를 받았단다. 어머니의 편지와 20달러 수표가 동봉되어 있더구나. 지난 두 번의 편지에 답장을 보내지 않아 부끄럽고 미안하다. 처음 보낸 수표에 대한 영수증은 파웰 부인에게 보냈단다. 두 번째 수표는 즉시 베어드 목사에게 전달해서 그의 인쇄 업무에 사용하도록 했다.[1] 며칠 후 나는 인쇄기와 작업 모습을 보려고 갔는데, 그것에 대해서는 따로 편지를 쓰마. 내가 작년 10월 3일에 편지를 쓴 기억이 나는구나. 그 이후에는 틀림없이 편지를 쓰지 못했을 거야. 그렇지 않다면 편지를 썼던 기록이 있거나 기억이 났을 텐데. 이것이 내게 좋은 교훈이 되길!

사역 때문에 편지를 쓰지 못하고 있으니 내가 실패자라고 할 수 있지만 곧 다시 시작할 거란다. 사촌 엠마, 네 사랑이 담긴 편지는 내게 매우 소중하다. 내가 얼마나 네 편지를 고마워하는지 네가 알 수 있도록 노력하마.

사랑하는 사촌 엠마, 너도 알겠지만 내가 아무런 소식을 전하지 않았다고 하더라도, 캐리 아주머니가 천국 본향으로 가셨다는 것을 들었을 때, 내 마음은 사랑과 연민으로 너와 함께 있었단다. 아주머니 자신을 위해 네가 기뻐할 수도 있었다고 하더라도, 슬픔과 시련은 네 몫이었을거야.

나는 네가 이번 여름에 샌라파엘을 방문해주어서 말할 수 없이 기쁘고 고맙구나. 그 여행 전체가 네게 평온하고 즐거운 여행이었기를 바란다. 네가 그 집에서 머문 일이 부모님께 많은 의미가 있었을 거야.

대략 2주 전에 샘과 나는 강에서 여름휴가를 지내고 돌아왔단다. 매년 이맘 때 선교지회는 연례 보고서 준비로 분주하거든. 우리는 지난주에 열린 회의에서 개인 보고서를 보고했고, 올해 사역에 대해 종합적인 개관을 했단

1 평양에서 자체 인쇄기로 간단한 출판 업무를 했는데 베어드 목사가 책임진 것을 알 수 있다.

been accomplished by the Spirit of God. To Him we give praise and thanksgiving and to Him we pray that the blessings may yet be more abundant and the harvest yet richer.

My little Bible woman, who also assists me in the dispensary, has spent the last month out in the country in company with another earnest woman from the church here, traveling among the villages, preaching and teaching. She comes after each trip to tell me all her experiences, the difficulties and the joys. But even while telling of the people who turn away and will not listen, or of some one who apparently began the Christian life and has gone back, her face cannot help shining with her joy in the work. She is a most consecrated and faithful little woman,— and very conscientious and consistent. From all that I know of her daily and inner life, I believe that ever smallest matter is weighed in the light of all she can know and learn of God's will and of what he would have her do. Her life and words both carry the Gospel message to many hearts.

It has seemed right thus far to plan for our visit to the homeland next summer. I look forward to a good visit with you somewhere—we do not yet know what our routes may be. Please give very much love to Uncle James for me and to Cousin Howe, to Mabeth and Jamie. And for yourself accept a heart full of love. Sam would send his messages if he were here to know I am writing.

Your loving cousin,
Alice Fish Moffett

다. 교회의 성장과 거의 모든 분야에서의 발전은 이 사역이 우리의 것이 아니라 성령에 의해 성취되었다는 사실을 어느 때보다 잘 보여주고 있다. 우리는 주님께 찬양과 감사를 드리고, 더욱 넘치는 축복과 풍성한 수확을 위해 주님께 기도드린다.

진료소에서 나를 돕고 있는 몸집이 작은 전도부인은 이곳 교회의 다른 신실한 여성과 함께 지난 한 달간 시골에 가서 지냈는데, 마을을 순회하면서 설교하고 가르쳤단다. 그녀는 순회 여행이 끝날 때마다 돌아와서 내게 자신의 경험과 어려움과 즐거움을 이야기했어. 그런데 전도할 때 돌아서서 듣지 않거나 혹은 기독교인의 삶을 분명히 시작했지만 다시 옛날의 삶으로 되돌아간 사람들에 대해 이야기하는 동안에도, 그녀의 얼굴은 그 사역에서 맛보는 기쁨으로 환하게 빛나고 있었단다. 그녀는 헌신적이고 신실한 여성으로서 양심적이고 한결같단다. 그녀의 일상적인 삶과 내적인 삶에 대해 내가 아는 한에서 말하자면, 그녀는 사소한 일조차 최대한 자신이 알 수 있는 하나님의 뜻의 관점에서, 그리고 주님이 자신에게 무엇을 하도록 원하시는가라는 관점에서 판단한단다. 그녀는 자신의 삶과 말로 많은 영혼에게 복음을 전하고 있다.

지금까지는 우리가 모국 방문을 내년 여름으로 계획한 것이 잘한 것으로 보인다. 나는 어딘가에서 너를 방문하기를 고대한단다. 우리는 아직 여행 일정을 모른단다. 제임스 아저씨와 사촌 호위와 맥베스와 제이미에게 내 사랑을 전해주렴. 그리고 내 가슴에 가득 있는 너를 위한 내 사랑을 받아주길 바란다. 샘이 이곳에 있어서 내가 편지를 쓰는 것을 알았다면 안부를 전했을 거야.

사랑하는 사촌,

앨리스 피시 마페트

Samuel A. Moffett

Pyeng Yang, Korea

September 28, 1901

Dear Dr. Ellinwood:

Our Annual Meeting is now in session with every prospect of a profitable consideration of all the interests of the work. The note of thanksgiving and praise for blessings received is most marked.

I write just at present on a personal matter and will write on the work of the Mission at close of Annual Meeting. In my personal report to the Mission one clause reads as follows:

"Mrs. Moffett and I desire the sanction of the Mission and the Board for a longer vacation than usual next summer that we may at our own expense spend two months at our homes in America, the furlough to be but for 4 or 5 months."

I also before the Mission referred to your letter of April 29th in which you said the Council would doubtless grant the request a little later on—and after formal action by the Mission.

The Mission at its session yesterday took action unanimously approving the request and asking the Board to grant the same. I will see that the Secretary sends notice of the action. Now may I ask for formal permission from the Board in order that with no uncertainty we may perfect our plans and especially in order that we may let our aged parents at home know that their great longing to see us will be gratified. You know we have neither of us been in the home of the other—our marriage having taken place on the field. One plan is to arrange to leave Korea about the first of May next—according to schedule of steamers and to return the first of September in time for the meeting of the Presbyterian Council which precedes our Annual Meeting of the Mission. The request reads for a furlough of 4 or 5 months because the steamer schedule may be such as to make it a few days over the contemplated 4 months.

마포삼열

한국, 평양

1901년 9월 28일

엘린우드 박사님께,

우리는 지금 사역에서의 모든 관심사를 유익하게 고려하면서 연례 회의를 진행하고 있는데 사역 전망은 대단히 밝습니다.

이 편지는 개인적인 문제에 대한 것으로, 선교회 사역에 대해서는 연례 회의가 끝나면 쓰겠습니다. 선교회에 제출한 제 개인 보고서에 다음과 같은 구절이 있습니다.

"아내와 저는 내년 여름에 일상적인 휴가보다 더 긴 휴가를 얻어서 자비로 미국에 있는 우리의 고향에서 두 달간 보낼 수 있도록 선교회와 선교부가 승인해주시기를 원합니다. 휴가 기간은 4개월이나 5개월이 될 것입니다."

또한 저는 귀하의 4월 29일 자 서신을 선교회에 제출했습니다. 귀하께서는 그 서신에서 선교회가 공식적인 결정을 내리면 공의회는 이어서 그 청원을 허락할 것이 분명하다고 말씀했습니다.

선교회는 어제 회의에서 그 청원을 만장일치로 허락했으며, 선교부가 동일하게 승인해줄 것을 요청했습니다. 저는 서기가 선교부에 그 결정을 통고하는 것을 지켜볼 것입니다. 우리의 계획을 완벽하게 하고 불확실성을 없애기 위해 제가 선교부의 공식적인 허락을 요청해도 되겠습니까? 특히 고향에 계신 연로하신 양가 부모님께서 저희를 무척이나 보고 싶어 하시므로 허락해주시면 감사하겠습니다. 귀하도 아시다시피 우리는 선교지에서 결혼했기 때문에 양가를 함께 방문한 적이 없습니다. 우리는 기선 운항 스케줄에 따라 오는 5월 1일 한국을 떠나서 선교회 연례 회의 직전에 열리는 장로회공의회 연례 회의에 참석할 수 있도록 9월 1일에 돌아올 계획입니다. 4-5개월로 휴가를 요청한 것은 기선의 운항 시간표로 인해 처음에 고려했던 4개월보다 며칠 더 걸리기 때문입니다.

이 요청을 받고 바로 처리해주셔서 되도록 빨리 결정을 알려주시면 감

I shall be grateful if you will have action taken upon the request and let me hear as soon as convenient. Mrs. Moffett has not been very well and was not able to accompany me to Annual Meeting, but she is now better. The furlough we ask is not primarily for health reasons but incidentally we shall both of us be greatly benefitted along that line, also.

With kindest regards

Very Sincerely Yours,

Samuel A. Moffett

Pyeng Yang, Korea

사하겠습니다. 아내의 건강이 좋지 않았으며, 그래서 이번 연례 회의에도 함께 오지 못했습니다. 그러나 지금은 좋아졌습니다. 우리가 요청한 휴가는 일차적으로 건강상의 이유가 아니지만, 두 사람 모두의 건강 회복에도 크게 도움이 될 것입니다.

안부를 전합니다.

마포삼열 올림

한국, 평양에서

Samuel A. Moffett

Pyeng Yang, Korea

October 15, 1901

Rev. W. O. Haven, Corresponding Secretary, American Bible Society, New York

Dear Dr. Haven:

Your letter of July 26 with its enclosure of proposed Constitution was received some time ago. I am glad to note that the American Bible Society appreciated the request of our Mission for a voice in the decision of questions affecting Bible work in Korea in their bearing upon Mission policy.

I enclose you a copy of the report of our representatives on the Bible Committee as made to our Mission at its Annual Meeting just closed.

As yet we know nothing as to the propositions made by the British and Foreign Bible Society, as their proposals were made to their agent in Korea and have not yet been laid before the Bible Committee for consideration.

Concerning your own proposals may I make this comment–viz. that Article VI places upon the Committee a great many details of the Executive work which it seems to us can be better and more properly attended to by the agent or agents. It is unnecessary for us to spend time in discussing the details of editions and styles, color of binding, etc. What we have wished to secure and conserve is the decision of questions of policy, those vitally affecting the success of the work.

Concerning Article II, I would say that while I see no special objection to your proposal as to the formation of the Committee, it seems to us that the proposition in Article III membership of the proposed Constitution as sent [to] you, will be much more satisfactory to all the Missions represented on the field. Would it not be satisfactory to the Bible Societies also, if their interest in trust funds is safe-guarded

마포삼열

한국, 평양

1901년 10월 15일

뉴욕
미국 성서공회
헤이븐 박사님께,

제안 단계의 [한국성서위원회] 정관이 동봉된 귀하의 7월 26일 자 서신을 얼마 전에 받았습니다. 저는 선교회의 정책과 연관되고 한국의 성서 사업에 영향을 주는 문제에 의견을 제시하고자 하는 우리 선교회의 요청을 인정해 주셔서 기쁩니다.

저는 방금 끝난 연례 회의에서 우리 선교회에 제출된 성서위원회의 우리 측 대표들이 작성한 보고서의 사본을 귀하께 보내는 편지에 동봉합니다.

우리는 영국 성서공회가 제출한 발의안에 대해서는 아직 아는 것이 없습니다. 그 발의안이 한국에 있는 총무에게 보내졌으나, 심의를 받도록 성서위원회에 제출되지는 않았기 때문입니다.

귀하의 제안과 관련해서 저는 다음과 같은 의견을 개진합니다. 즉 6조는 위원회에게 실행 업무의 많은 세부 사항을 맡기고 있는데, 우리는 공회의 총무나 총무들이 적절한 주의를 더 잘 기울일 수 있다고 봅니다. 우리가 판본, 양식, 표지 등의 세부 사항 논의에 시간을 할애하는 것은 불필요합니다. 우리가 확보하고 유지하고 싶었던 것은 사역의 성공에 중대한 영향을 미치는 정책 관련 문제들에 대한 결정입니다.

2조와 관련해서 말씀드리면, 저는 위원회의 구성에 대한 귀하의 제안에 특별한 반론은 없지만, 제안된 정관 3조에 있는 회원 자격에 대한 발의안이 선교지를 대변하는 모든 선교회에게 훨씬 더 만족스러울 것으로 보입니다. 만일 신탁 자금에 대한 성서공회의 관심이 동봉한 보고서에 포함되어 있는, 우리 선교회가 올해 채택한 추천서에 제안된 조항들에 의해 보호된다면 성서공회에게 더 만족스럽지 않겠습니까? 또한 이것은 한국에 두 개의 위원회

by some such clause as proposed in the recommendation adopted by our Mission this year, included in the enclosed report. This would also obviate the necessity of having two Committees in Korea.

Trusting that your correspondence with the British and Foreign Bible Society may lead to an agreement satisfactory to all.

Very sincerely yours,

Samuel A. Moffett

를 둘 필요성을 배제할 것입니다.

귀하께서 영국 성서공회와 연락을 취하셔서 모두가 만족하는 합의가 이루어지리라고 믿습니다.

마포삼열 올림

Moffett, Miller & Sidebotham

Fusan, Korea

October 17, 1901

Dear Dr. Ellinwood:

The Council of Presbyterian Churches in Korea, composed of all the male missionaries of the four Presbyterian bodies operating in Korea, at its recent meeting, was overtured by the Australian Presbyterian Mission, who asked that one-half of the province of South Kyung Sang be assigned to them as their own. The Council after discussing the overture thoroughly, by a vote of 13 to 7, recommended that one of the two Missions now stationed in Fusan, and operating throughout the province, withdraw from the province.

Our Mission, which opened its sessions immediately afterwards, spent several hours of several days in the discussion of the problems involved, and was unable to decide that it was clearly the duty of the American church to withdraw either from the whole province or from Fusan.

By a vote of 19 to 0, the following resolution was adopted:

"Resolved, that a committee of three be appointed to consider the recommendation of the Council concerning the withdrawal of one of the parties now at work in South Kyung Sang Do, to open correspondence with the respective Boards relative to the matter, and to suggest terms and conditions of withdrawal, provided it seems to the Committee and the Boards that we are the party who should withdraw."

The committee appointed consists of Rev. S. A. Moffett, D.D., of Pyeng Yang, Korea, Chairman; Rev. R. H. Sidebotham of Fusan, Korea, Secretary; and Rev. F.S. Miller of Seoul, Korea.

This committee believes it is expressing the conviction of the American Presbyterian Mission in saying that:

Considering the past history and present conditions of the two

마포삼열, 밀러, 사이드보텀

한국, 부산

1901년 10월 17일

엘린우드 박사님께,

한국에서 활동하는 네 개의 장로회 선교회로 구성된 한국 장로회공의회는 최근 회의에서 호주장로회 선교회와 예비 교섭을 했는데, 그들은 경상남도의 절반을 그들의 선교지로 배정해줄 것을 요청했습니다. 공의회는 이 초안을 철저히 토론한 후 투표한 결과, 13대 7로 부산에 선교지부를 설치하고 경상남도 전역에서 활동하고 있는 두 선교회 가운데 하나는 철수하기로 결정했습니다.

그 직후에 우리 선교회는 회의를 열고 여러 날 동안 시간을 들여 이 문제에 대해 토론했으나, 경상남도 전체나 부산에서 철수하는 것이 미국 교회의 의무가 분명한지 결정할 수 없었습니다.

투표 결과 19대 0으로 다음 결정이 채택되었습니다.

"결정: 현재 경상남도에서 사역 중인 선교회 중 한 선교회가 철수한다는 공의회의 제안을 고려하며, 이 문제와 연관된 각 선교부에 연락을 하고, 위원회와 선교부에서 볼 때 만일 우리가 철수해야 할 단체라면 철수할 조건을 제안할 3인 위원회를 임명한다."

임명된 위원회는 위원장에 한국 평양의 목사 겸 신학박사 마포삼열, 서기에 부산의 목사 사이드보텀, 그리고 서울의 목사 밀러로 구성되었습니다.

본 위원회는 다음 내용이 미국 장로회 선교회의 확신을 표현하는 말이라고 믿습니다.

현재 부산에서 활동 중인 두 선교회의 과거 역사와 현재 상황, 그들의 내적 관계, 그들의 상호 관계, 그들이 해왔고 또 추구하는 사역, 분할할 수 있는 영토의 제한성 등을 고려해볼 때, 우리는 두 선교회가 부산에서 사역을 계속하는 것은 바람직하지 않다고 믿습니다.

한 선교회가 철수하는 것이 바람직하다고 믿으면서 본 위원회는 이를

Mission bodies now operating in Fusan, their internal relations, their mutual relations, the work they have done and are seeking to do, the limited territory which could be divided, we believe it inadvisable for the two Missions to continue in Fusan.

The Committee, believing the withdrawal of one Mission advisable, hope it may so appeal to the Boards, and we wish to raise the question, which one of the Missions could withdraw the better? We also beg leave to express the hope that the two Boards concerned will at once enter into correspondence with each other and with their representatives on the field concerning the questions involved.

This letter is sent both to the American Board and the Australian Board.

The Committee respectfully asks that all communications to us concerning the matter of an official character be sent to each of the members of this committee.

Praying that God may richly bless us all, and His work in this and other lands, we remain,

In behalf of the Korea Mission of the Presbyterian Church in the United States of America, (I, as Secretary being authorized to sign our names to this letter)

Very Sincerely Yours,
Committee: S. A. Moffett
F. S. Miller
R. H. Sidebotham, Sec'y

양 선교부에 청원하기를 바라며, 우리는 어느 선교회가 철수하는 것이 더 좋은지에 대한 문제를 제기하고자 합니다. 또한 관련된 두 선교부가 즉시 상호 서신 교환에 들어가고 관련된 문제에 대해 선교지에 그들의 대표자를 파송해줄 것을 간절히 희망합니다.

이 편지는 미국 선교부와 호주 선교부에 함께 보냅니다.

본 위원회는 이 문제와 관련하여 우리에게 보내는 공식 서신은 본 위원회의 위원 각자에게 보내주시기를 정중히 부탁드립니다.

하나님께서 우리 모두와 이 나라와 다른 나라에 있는 당신의 사역에 풍성하게 복을 내려주시기를 기도합니다.

미국 북장로회 한국 선교회를 대표하여, (위원들의 위임을 받아 서기가 서명함)

위원회: 마포삼열

밀러

서기 사이드보텀

Samuel A. Moffett

Nagasaki, Japan

November 30, 1901

Dear Dr. Ellinwood:

Mrs. Moffett & I had planned to leave next Spring for our visit home, but as unexpectedly Mrs. Moffett was taken quite sick in Sept.-Oct., and grew not only no better but worse with insomnia and nervous symptoms caused by a condition necessitating treatment which the doctors cannot give here, and as all the doctors in Pyeng Yang stated it as their opinion that it would be far better for her to go at once, I secured station approval to my accompanying her as far as Nagasaki in order to see her safely on the steamer for America. We are now here in Nagasaki. Mrs. Moffett will leave for San Francisco on Dec. 4th and I will return to Pyeng Yang for the winter and spring work, expecting to leave for America in the late spring, carrying out our original plan for a visit home in the summer. We make no request for an appropriation for expenses involved. I shall be away from Pyeng Yang only 3 weeks now, getting back in plenty of time for our Winter Training Class.

Since the Annual Meeting I have wanted to write you concerning the actions taken then but too great a pressure of urgent work, two trips to the country and Mrs. Moffett's sickness have prevented. We certainly had a good meeting this year and one which I think has told strongly in upholding the conservative policy of the Mission. The "medical" question and the "Fusan" question were the two most prominent and most troublesome problems. I believe the actions taken on the medical questions will prove to have been most wise and timely. The assignment of Dr. Field to work outside of the Hospital and the adoption of the policy of having but one physician for the Hospital will save us great trouble and many vexatious problems, while the provision for a first class equipment for the new Severance Hospital and the request for

마포삼열

일본, 나가사키

1901년 11월 30일

엘린우드 박사님께,

아내와 저는 고향을 방문하기 위해 내년 봄에 출발하려고 계획했습니다. 그러나 예상치 않게 아내가 9-10월에 심하게 아팠고, 차도를 보이지 않다가 오히려 악화되면서 불면증과 신경쇠약 증세까지 보였습니다. 이곳 의사가 제공할 수 없는 치료가 필요하게 되었습니다. 평양에 있는 모든 의사가 그녀가 즉시 떠나는 것이 훨씬 좋다는 의견을 개진했기 때문에, 저는 선교지부의 승인을 받아 미국으로 가는 기선까지 그녀를 안전하게 전송하기 위해 나가사키까지 동행하게 되었습니다. 지금 우리는 나가사키에 있습니다. 아내는 12월 4일 자 샌프란시스코행 기선을 타고 떠날 것이며, 저는 겨울과 봄 사역을 위해 평양으로 돌아갈 것입니다. 이어서 늦봄에 미국으로 떠날 예정이며, 원래 계획했던 대로 여름에 고향을 방문할 예정입니다. 여행에 소요될 경비는 전혀 청구하지 않습니다. 현재 3주간 평양을 떠나 있지만 돌아가면 겨울 사경회를 준비할 시간은 충분히 있습니다.

저는 연례 회의 이후 결정 사항에 대해 귀하께 편지를 쓰려고 했으나, 긴급한 일이 많이 일어났고, 두 번에 걸쳐 시골 여행을 했으며, 또 아내가 아파서 쓸 수 없었습니다. 올해 회의는 아주 좋았으며, 선교회의 보수적인 정책을 강하게 피력한 회의였다고 생각합니다. "의료" 문제와 "부산" 문제가 가장 중요하고 어려운 두 가지 문제였습니다. 의료 문제에 대한 결정은 지혜롭고 시기적절했다고 증명될 것을 믿습니다. 필드 의사를 병원 외부 사역에 배정한 것과 병원에는 한 명의 의사만 있을 수 있다는 정책의 채택은 곤란하고 성가신 수많은 문제를 막아줄 것입니다. 반면 새 세브란스병원에 최고 수준의 장비 제공과 추가 간호원의 요청은 좋은 의료 시설을 위해 충분한 지원입니다. 에비슨 의사는 병원 부속 의학교의 설계도와 추가 의사 신청이 승인되지 않아서 심히 실망하고 있지만, 그의 설계도에 찬성한 자는 4

another nurse makes ample provision for a fine medical plant. Dr. Avison is deeply disappointed that his plans for a Medical School and for another physician in the Hospital were not approved, but with but four votes in favor of it, (those of Dr. Avison, Dr. Field, Mr. Moore, & Mr. Miller,) the attitude of the Mission on the question when fairly faced and freely & fully discussed was made very clear. I was quite sure that my letter written last year on the subject defined the conviction of the Mission.

In thus limiting or postponing the development of the medical work and still laying the emphasis upon evangelistic work and the now more urgent development of the educational work, I believe we have done immense service to the whole work of the Mission. I believe, also, that notwithstanding Dr. Avison's keen disappointment, when he finally gets his new building and its equipment, the new nurse and the improved conditions which we all approve and long to see inaugurated, he will find himself much better satisfied than he now expects to be.

The other problem, that of the Fusan Station (which is more than one problem) was not settled, although a great deal of time was given to its discussion. I think the most unwelcome task & duty the Mission has put upon me is that of serving upon the "Fusan" Committee. To use a favorite expression of Mr. Lee, the whole situation is "as clear as mud" and as yet I see no satisfactory solution of the various problems involved. I have wanted to write you on the subject, but really do not know what to write. I had long talks with Mr. Engel of the Australian Mission and with Dr. Irvin, Miss Chase, Mr. Ross & Mr. Sidebotham, but after them all do not yet see my way clear to advocate any proposed solution.

I am sorry that I have to deal with the involved situation, with its long history of quarrels and bickerings both in the Australian Mission and in our Mission. On our way here we stopped at Fusan for several hours and I had another talk with Mr. Sidebotham. He read to me his personal letter on the subject which he had sent to you and I am quite

명(에비슨 의사, 필드 의사, 무어 목사, 밀러 목사)뿐입니다. 그 문제에 대해 공정하게 대면하고 자유로이 충분한 토론을 했을 때 선교회의 태도는 분명하게 정해졌습니다. 저는 작년에 그 주제에 대해 쓴 제 편지에서 선교회의 확신을 충분히 표현했다고 생각합니다.

따라서 의료 사업의 발전을 제한하거나 연기하고, 계속해서 전도 사업에 강조점을 두며, 이제 교육 사업의 긴급한 발전을 강조함으로써 저는 우리가 선교회의 전체 사역에 엄청난 의미를 부여해왔다고 믿습니다. 또한 에비슨 의사의 통렬한 실망에도 불구하고, 최종적으로 그가 새 건물과 그곳의 장비와 새 간호원, 그리고 우리 모두가 승인하고 출범하기를 바라는 개선된 환경을 가지게 될 때, 저는 그가 현재 자신이 예상하는 것보다 훨씬 더 만족스러운 상태에 있음을 발견하게 되리라고 믿습니다.

다른 문제인 부산 선교지부 문제는(문제가 한 가지 이상인데) 비록 많은 시간을 들여서 토론했으나 정리되지 않았습니다. 선교회가 제게 맡긴 일과 의무 가운데 가장 내키지 않는 것은 "부산"위원회에 봉사하는 것입니다. 리 목사가 좋아하는 표현을 빌리자면, 전체 상황은 "진흙탕같이 깨끗해서" 저는 아직 연관된 여러 문제에 대해 만족할 만한 해결책을 찾을 수 없습니다. 저는 이 주제에 대해 귀하께 편지를 쓰려고 했으나, 정말 무엇을 써야 할지 모르겠습니다. 저는 호주 선교회의 엥겔 목사, 어빈 의사, 체이스 양, 사이드보텀 목사와 길게 이야기했지만, 그 모든 대화를 길게 한 후에도 어떤 해결책을 제안할 분명한 방안을 찾지 못하고 있습니다.

제가 이 복잡한 상황을 다루지 않으면 안 된다는 것이 유감입니다. 호주 선교회와 우리 선교회는 각각 이곳에서 오랜 분쟁과 갈등의 역사를 가지고 있습니다. 이곳 일본에 오는 길에 우리는 부산에 들러서 여러 시간 동안 사이드보텀 목사와 다시 대화를 나누었습니다. 그는 이 문제에 대해 그가 귀하께 보낸 개인 서신을 제게 읽어주었습니다. 귀하께서 그의 편지를 읽으셨으므로, 저는 귀하께서 이곳의 "뒤죽박죽인" 사정과 심각한 개인적인 문제들이 얽힌 상황을 잘 이해하시리라고 확신합니다. 저는 현재 연관된 여러 문제에 대해 충분히 쓸 수 있는 준비가 되어 있지도 않고, 또 관련자 중 어느 누구의

sure that after you have read that letter you will understand what a "muddled" state things are in and you will see that some pretty serious personal questions are involved. At present I am not prepared to write fully on many of the questions involved nor am I in a position to formulate any charges against the character of any one concerned, however clear may be my conviction that very serious mistakes have been made and the situation very unnecessarily made a complicated one.

Upon the general questions involved I am prepared to state my conviction on three points:

1st–That it is not best for the work, that two Presbyterian Missions occupy the same point.

2nd–That Taiku is the strategic point of the South and is the station which should be most fully developed, even though we remain in Fusan also.

3rd–Should we withdraw from Fusan, that we should not withdraw from the whole province but should retain as our territory that portion of South Kyeng Sang Province which is directly tributary to Taiku.

Since Annual Meeting I have had two good trips to my country work, baptizing some, receiving catechumens and more efficiently organizing the work. From two places where several groups assembled I brought back with me $120 for Helpers' Salaries and if other groups do proportionally well I shall be able to put on another Helper this year.

The work is still growing and our continued inability to follow up all the opportunities makes us rejoice over the re-enforcements received and causes us to ask for more. The time has arrived in our northern work when the single ladies are imperatively needed hence we rejoice that the way was clear to send to us Miss Snook and Miss Henry and to send Miss Chase to Syen Chyen where she will find a large work already waiting for her. She has had a trying time of it in Fusan. We shall greatly enjoy having her in our northern field. I sincerely hope you can send us a lady to join her there next fall.

잘잘못을 진술할 위치에 있지도 않습니다. 하지만 심각한 실수가 있었고, 불필요하게 상황이 복잡하게 전개된 것만은 분명하다고 확신하는 바입니다.

관련된 일반적인 문제에 대해 저는 확신을 가지고 다음 세 가지 점을 진술할 준비가 되어 있습니다.

첫째, 두 장로회 선교회가 동일 지역을 차지하는 것은 사역을 위해 최선이 아닙니다.

둘째, 대구가 남부 지역의 전략적 요충지이며, 비록 우리가 부산에 남아 있더라도 충분히 발전시켜야 할 선교지부는 대구입니다.

셋째, 우리가 부산에서 철수할 경우 그 전체 도에서 철수할 것이 아니라 대구에 직접 공물을 바치고 있는 경상남도 지역을 우리의 영토로 유지해야 합니다.

연례 회의 이후 저는 담당하고 있는 시골 지역에 두 번에 걸쳐 순회 여행을 했는데, 세례를 주고 학습교인을 등록시키면서 사역을 더 효율적으로 조직했습니다. 또한 저는 여러 미조직교회가 모인 두 마을에서 조사의 월급을 위해 헌금한 120달러를 받아 돌아왔습니다. 만일 다른 미조직교회들이 비율대로 잘 헌금한다면, 저는 올해에 조사 한 명을 추가로 둘 수 있을 것입니다.

사역은 성장하고 있는 반면 모든 주어지는 기회를 뒤따라가지 못하는 인원 부족 문제가 계속되고 있기 때문에 우리는 더 많은 선교사를 요청하며, 선교사가 보강되어 오면 크게 기뻐할 것입니다. 우리 북부 지역에 독신 여성 선교사들이 절대적으로 필요한 시점이 되었습니다. 따라서 우리는 스누크 양과 헨리 양을 우리에게 보내는 길이 분명하게 열리고 체이스 양을 선천에 파송하게 되어 기쁩니다. 체이스 양은 이미 많은 일이 그녀를 기다리고 있음을 보게 될 것입니다. 그녀는 부산에서 시련의 시간을 보냈습니다. 우리는 그녀가 북부 지역에 와서 대단히 기쁩니다. 귀하께서 내년 가을에 그녀와 동역할 여성 선교사를 파송해줄 수 있기를 희망합니다.

교육 사업에 대해 말씀드리겠습니다. 저는 교육 사업이 강력하고 만족스럽게 발전하는 것을 보면서, 광범위한 전도 사업을 먼저 해서 많은 기독교인 회중을 확보하고 이 기초 위에 교육 사업을 세운다는 우리의 정책이 한국을

Concerning educational work I am more & more convinced as I see it developing so strongly and so satisfactorily that our policy of first doing a wide evangelistic work, of first securing a large Christian constituency and then upon this foundation building the educational work, has been the right one for Korea. Our Academy students and almost all of our day-school pupils are Christians or from Christian homes coming because they want a Christian education. There is great evangelizing power in such a situation.

Schools for girls will develop in the same way. The wife of one of my country helpers has just started the first country day school for girls and I hope soon to see others established.

A Christian church necessarily develops Christian schools. Educational work does not necessarily develop a Christian Church. I hope and pray that we may maintain our policy of wide evangelistic work preliminary to the development of institutional work. I long to see the same policy followed carefully in South Korea.A Christian church necessarily develops Christian schools. Educational work does not necessarily develop a Christian Church. I hope and pray that we may maintain our policy of wide evangelistic work preliminary to the development of institutional work. I long to see the same policy followed carefully in South Korea.

Rejoicing in the measure of good health which has been granted you and with kindest greetings from Mrs. Moffett & myself

Sincerely yours,
Samuel A. Moffett

위해 올바른 것이었다고 점점 더 확신하게 됩니다. 우리의 중학교 학생들과 거의 모든 초등학교 학생들은 기독교인이거나 기독교 가정에서 왔는데, 그들이 기독교 교육을 원하기 때문입니다. 이런 상황 가운데 학교는 복음을 알리는 일에 큰 동력이 되고 있습니다.[1]

여학교도 동일한 방법으로 발전할 것입니다. 제 시골 조사 가운데 한 명의 아내가 첫 시골 매일 여자초등학교를 방금 시작했습니다. 저는 다른 학교들도 곧 설립되기를 희망합니다.

기독교 교회는 반드시 기독교 학교를 발전시킵니다. 그러나 교육 사업이 반드시 기독교 교회를 발전시키는 것은 아닙니다. 저는 기관 사업의 발전보다 광범위한 전도 사업을 우선적으로 하는 정책을 우리가 유지하기를 희망하고 기도합니다. 또한 저는 한국의 남부 지역에서 동일한 정책을 조심스럽게 따르기를 간절히 바랍니다.

귀하께 허락된 양호한 건강 상태를 기뻐하며 아내와 함께 안부를 전합니다.

마포삼열 올림

1 숭실중학교는 이때 "평양 예수교 중학교"로 불렸다. 1900년 9월 25일에 개학하여 1901년 6월 30일까지 첫 해에 50명이 1학년과 2학년으로 공부했으며, 1901년 9월 11일에 개학할 때 3학년이 신설되었다. 학과는 성경, 지리, 산수, 역사 등이었다("평양 즁학교," 「그리스도신문」, 1901년 9월 5일).

Samuel A. Moffett

Nagasaki, Japan

December 3, 1901

My Dearest:

This will be my first message to you after you have arrived at home and it is one of a heartful of love. Just imagine the welcome I would give you were I there to see you land and if your heart is hungry for a little more love than all the quantities of it you get there just know that here it is sent on to meet you and greet you. Oh, dearest, I know we shall realize anew just how deep is the love which has been given us and there will be hours and days when we will be very impatient for each other. Don't let us forget our agreement–to just keep right on being happy and looking forward to May–to keep in mind all the great cause for gratitude which is ours.

I shall look for your letters as I never waited for anything before and will have a chance to find out what "our house is like when you are not there." The more of you, you can send me the better.

Other letters will follow this by each steamer–but this must go along with you as my first greeting of love.

With all my heart's love,

Your own,

Sam

마포삼열

일본, 나가사키

1901년 12월 3일

사랑하는 당신에게,
이 편지는 당신이 고향에 도착한 후 받아볼 내 첫 번째 소식이자 당신을 향한 진심 어린 내 사랑의 표현이라오. 만일 당신의 마음이 그곳에서 당신이 받은 모든 사랑보다 사랑을 조금 더 갈망한다면, 내가 그곳에 있어서 당신이 배에서 내리는 것을 바라보고 있다가 당신을 반가이 맞이하는 것을 상상해 보고, 이 편지가 당신을 만나고 반기기 위해 보낸 것임을 알아주기 바라오. 사랑하는 당신, 나는 우리가 우리에게 주어진 사랑이 얼마나 깊은지 새삼 실감하고 우리가 서로를 몹시 보고 싶어 할 나날이 있을 것임을 알고 있소. 우리의 약속, 곧 행복한 상태를 유지하고 다시 만날 5월을 고대하면서, 모든 감사의 이유를 마음에 간직하자던 약속을 잊지 맙시다.

나는 이전에 기다렸던 그 어떤 것보다 당신의 편지를 기다린다오. 그리고 "당신이 집에 없으면 우리 집이 어떻게 되는지" 알게 될 기회를 가질 것이오. 당신에 대한 소식을 많이 알려줄수록 당신이 더 좋은 소식을 내게 보내는 것이라오.

매번 기선 편으로 편지를 이어서 보내겠소. 그러나 이 편지는 내 사랑의 첫 인사로서 당신과 함께 배를 타고 가야 하오.

내 모든 사랑을 담아서,

당신의,

샘

Samuel A. Moffett

Nagasaki, Japan

December 5, 1901

My Dearest:

Do not know whether this will reach you or not–but if it does–another loving message of greeting to you–hoping that the voyage has been a good one, that you are sleeping well and that you are stronger & better. I believe you are happy and in good spirits because that is as it should be. I expect you will find letters for you in Honolulu from home as they will know the steamer stops there. If so, you are having a treat and will be all the more eager to get home. Only 7 more days after you get this and you will be safely ensconsed in your own nook and corner in the San Rafael home.

In Honolulu buy a bunch of bananas and give to the Moore boys [one of the Moore families from Korea was on the ship with her] for a Christmas gift from me; and for yourself [part of page missing], take all I have to give for a Christmas gift. Why didn't I get you something and slip it in your trunk to be opened on Christmas! Well! You know me dearest–I can think of lots of things after it is too late!

Greetings once again to the Moores. Messages of love to father & mother and all my love to you.

Your own,

Sam

마포삼열

일본, 나가사키

1901년 12월 5일

사랑하는 당신에게,

이 편지가 당신 손에 들어가게 될지 모르겠소. 그러나 당신에게 전달된다면, 이 편지는 당신이 즐거운 항해를 하고 숙면을 취하며 더 강건하게 회복되었기를 바라면서 당신을 환영하는 또 다른 내 사랑의 메시지라오. 당신이 행복하고 유쾌하리라고 믿소. 왜냐하면 그렇게 되어야 하기 때문이오. 나는 당신에게 보낸 편지를 당신이 호놀룰루에 도착하면 받게 되리라 예상하는데, 기선이 그곳에 정박하는 것을 알고 있기 때문이오. 만일 그렇다면, 당신은 특별한 선물을 받게 되는 것이고 더욱 고향에 가고 싶을 것이오. 이 편지를 받은 후 7일만 더 지나면 당신은 샌라파엘에 있는 집의 안온한 처소에서 안전하고 편안하게 쉬게 될 것이오.

호놀룰루에서 바나나 한 꾸러미를 사서 무어 목사 아들들에게 내가 보내는 성탄절 선물로 주시오.[1] 그리고 당신을 위해서는 [페이지 일부가 유실되어 내용을 알 수 없음] 내가 성탄절 선물로 주어야 하는 모든 것을 가지시오. 내가 왜 당신에게 무언가를 주지 않고, 성탄절에 열어보도록 당신 짐 가방에 그것을 넣었겠소! 글쎄! 당신이 나를 잘 알지 않소. 나는 너무 늦은 뒤에야 많은 일을 생각해낼 수 있는 위인이라오.

무어 목사 가족에게 다시 인사를 전하오. 부모님께 사랑을 전하며, 당신에게 내 모든 사랑을 전하오.

당신의,

샘

1 서울에서 활동하던 무어 목사의 가족[아내와 아들들]이 그녀와 배에 함께 있었다. 무어 목사의 부인은 폐결핵에 걸려 안식년 휴가를 가는 중이었다.

나가사키항 [OAK]
Port of Nagasaki

●
일본의 피터즈(A. A. Pieters) 목사 [OAK]
Rev. A. A. Pieters in Japan

Samuel A. Moffett

Nagasaki, Japan

December 6, 1901

Alice My Dearest:

I shall be glad to get away from here today—for it is decidedly lonesome without you. I want to get back and be immersed in work so that these months will pass quickly.

The Shicoku-gawa is delayed, so I shall take the Nippon Yusen Kaisha steamer to Fusan, which goes today at 5 p.m. and thus have a little more time in Fusan, taking the Shicoku-gawa from there on.

I made a call yesterday on Mr. Walne, the Southern Baptist out in Japanese town, and learned several things from him—among others that evangelists here receive 25 yen a month and pastors 50 yen a month. Then I called on Miss Russell & the ladies at M. E. School and incidentally learned that all of their girls come from the Samurai class corresponding to our literary semi-yangban class in Korea. They have hardly begun to touch the lower class of people here as yet. I was surprised to learn that very many of their girls who graduate do not marry and that most of their Bible Women are single women. Conditions are so different here.

In the evening I took supper at the Pieters' house, meeting Mr. Oltmans and Mr. Peeke who are here for a mission meeting. Had a spirited but short talk with them all and put in some words for evangelistic work and self-support. They are changing their method here very rapidly now and I believe the reason for the change on the part of the Japanese is that for a year or two the missionaries have been laying stress on evangelistic work. Mr. Pieters is glad to go into that work. He talks of coming over to Korea and I gave him a pressing invitation to come over at time of Annual Meeting next year. I do hope he can come. He will do us good and we will do him good.

일본, 나가사키
1901년 12월 6일

사랑하는 내 앨리스,

나는 오늘 이곳을 벗어난다면 기쁘겠소. 왜냐하면 당신이 없어 너무 외롭기 때문이오. 나는 평양으로 돌아가서 일에 파묻혀 지내고 싶소. 그러면 몇 달이 금방 지나갈 테니 말이오.

기선 시코쿠가와호가 연착이 되어 나는 부산으로 가는 일본 우편회사의 기선을 탈 거라오. 그 배가 오늘 오후 5시에 출발하므로 부산에서 조금 머무를 시간이 있고, 그곳에서 시코쿠가와호를 탈 것이오.

나는 어제 일본 시골에 파송되어 있는 남침례교회의 월른 목사를 방문하고 그로부터 몇 가지를 알게 됐소. 무엇보다 이곳에서 전도사는 한 달에 25엔을 받고 목사는 50엔을 받는다고 하오. 이어서 나는 감리회 학교에서 사역하는 러셀 양과 여성 선교사들을 방문했는데, 그들의 모든 여학생이 한국의 유식한 준양반 계층에 해당하는 사무라이 계급 출신이라는 것을 우연히 알게 되었소. 그들은 이곳에서 아직까지 하층 계급의 사람들과는 접촉하려는 시도조차 하지 않았소. 나는 이 학교를 졸업한 많은 여학생이 결혼하지 않으며, 또한 대부분의 전도부인이 독신이라는 것을 알고 깜짝 놀랐소. 이곳 상황은 정말 다르오.

저녁에 나는 피터즈 목사[1] 집에서 저녁을 먹었는데, 선교회 모임을 위해 이곳에 온 올트만즈 목사와 피크 목사를 만났소. 나는 그들과 짧은 시간 동안이나마 활발하게 대화를 나누었고, 전도 사역과 자급에 대해 몇 마디 말을 했소. 지금 그들은 이곳에서 그들의 선교 방법을 빠르게 바꾸고 있소. 나는

1 1895년 미국 성서공회 일본 지부 루미스 총무가 한국 권서로 파송한 유대인 청년에게 1895년 4월 19일에 세례를 준 화란개혁교회 선교사 피터즈(Albertus Pieters) 목사다. 그는 세례를 주면서 세례명으로 자신의 이름과 같은 이름을 주었다. 피터즈(Alexander Albert Pieters, 1871-1958)는 한국에서 활동하면서 1898년 『시편촬요』를 번역, 출간했으며, 맥코믹 신학교에 진학하여 최우등생으로 졸업했고, 1902년 필리핀으로 파송되었다가 1905년 한국으로 전임되었다.

Our Training Class work is the feature I want to emphasize–believing it is the one most needed here. It certainly has been one of our strongest factors. I hope to have a talk with Mr. Engel in Fusan. How I wish we might find a satisfactory solution of Fusan matters–one that will work out for the best interests of the church in Korea. Pray for us, dearest, as we try to do what is right & best in the matter. I should like to help out in securing a settlement of that question this year.

I enclose the "Second" of Exchange for $150.00 on Hong Kong Shanghai Bank in San Francisco. Will mail this so that it goes on steamer following yours. Yesterday while out, I bought 4 Japanese lanterns which I will take home. Will hang up one of them and leave the others until you come back. Do not think they are quite as pretty as those we saw in Chemulpo [Inchon] but they were the most dainty ones I could find. Think they will answer all right.

I [send a] message of love to you for this day also–longing to see you as always. Add another message of love to father & mother. I shall daily grow more impatient to get among you all and join in all the joy which is yours and ours.

With all my love, dearest

Your own,

Sam

일본인 측에서 일어난 변화의 원인이 한두 해 동안 선교사들이 전도 사역을 강조했기 때문이라고 믿소. 피터즈 목사는 기쁘게 전도 사역에 참여하고 있소. 그는 한국 방문에 대해 말했고, 나는 내년 연례 회의 때 오라고 강력하게 초청했소. 나는 그가 올 수 있기를 바라오. 그는 우리에게 도움이 되고 우리는 그에게 도움이 될 것이오.

우리의 사경회 사역은 내가 강조하고 싶은 특징적 사역인데, 나는 그 일이 이곳[일본]에 가장 필요하다고 믿소. 그것은 우리의 사역에서 가장 강력한 요인의 하나임이 틀림없소. 나는 부산에서 엥겔 목사와 대화를 나눌 수 있기를 바라고 있소. 우리가 부산 문제에 대해 한국 교회에 최선의 이익이 될 만족스러운 해결책을 찾을 수 있기를 갈망하오. 사랑하는 당신, 우리가 이 문제에서 최선이자 올바른 일을 하려고 노력하고 있으니 우리를 위해 기도해주시오. 나는 올해 그 문제의 해결책을 확보하는 데 도움이 되고 싶소.

샌프란시스코에 있는 홍콩 상하이 은행에서 환전할 수 있는 "두 번째" 150달러 환어음을 동봉하오. 나는 이것을 당신이 탄 기선 다음 배편에 우편으로 보내겠소. 내가 어제 외출하여 일본에서 만든 등 4개를 구입했는데, 집으로 가져가겠소. 그중 한 개만 걸어두고 나머지는 당신이 돌아올 때까지 그냥 두겠소. 그 등이 우리가 제물포에서 봤던 것만큼 예쁘다고 생각하지 않지만, 내가 찾을 수 있는 가장 멋진 물건이었소. 괜찮은 물건이라고 생각하구려.

오늘도 여느 때처럼 당신을 볼 수 있기를 고대하며 당신에게 사랑의 편지를 보내오. 부모님께 드리는 사랑의 편지를 덧붙이겠소. 당신과 부모님과 함께하고 싶은 마음, 그리고 당신과 우리가 나눌 모든 기쁨에 함께하고 싶은 마음이 매일 더 간절해지고 있소.

내 모든 사랑을 담아,

당신의,

샘

Alice Fish Moffett

Kobe, Japan

Friday, December 6, 1901

My own Dearest,

Our first station, Kobe, is brilliant in the sunshine this morning, and for me all is brightness without and within. In between are headaches, etc. but they cannot affect the brightness within any more than they can the weather.

Yesterday the Inland Sea was under deep cloud shadows, with high lights only here and there, so that we lost much of the brilliant coloring, but cloud-land has a beauty of its own. The air is so mild one can very comfortably stay on deck till dark. Surely those who have come down the Yellow Sea best appreciate the steady riding of a great vessel like this. Part of the time yesterday there was scarcely a motion to be felt on this middle deck—only the sounds telling one that we were going. After visiting my room, Mrs. Moore says there is much more jarring in their cabins. The vessel is certainly a fine one and the service excellent.

Yesterday I had to call on the doctor for relief from the stomach trouble such as I had before starting, and in consequence, as one of his patients, had to be "inspected" at ten o'clock last night by the Japanese physicians as we entered Kobe. They bowed a few times, said "Good evening" and retired—when they saw I didn't have the smallpox. All goes well with us with the one exception that Mr. Moore cannot find a companion at chess! It is to be hoped Yokohama will send one.

Since you and I must be separated, Dearest, I do not know what other circumstances we could wish to have altered. All is well and our blessings are very many. This trip across will be full of interest and pleasure when we return together. Three weeks from today is not so very far ahead, and I am as happy as it is possible to be without you.

Give kind regards to Mr. and Mrs. Blair and always my love and

앨리스 피시 마페트

일본, 고베

1901년 12월 6일, 금요일

사랑하는 당신에게,

첫 번째 기항지인 고베는 오늘 아침 햇빛으로 눈부시게 빛나고, 내 마음은 안팎으로 모든 것이 밝아요. 중간에 몇 차례 두통이 있었지만, 그것이 날씨에 영향을 줄 수 없듯이 내 밝은 마음에 더 이상 영향을 줄 수 없답니다.

어제 섬 사이 바다에 짙은 먹구름이 그림자를 드리워 구름 위 햇살을 간간이 비춰줄 뿐이라 찬란한 색조를 즐길 수 없었지만, 구름이 덮인 땅도 나름대로 아름다웠어요. 공기가 따뜻해서 어두워질 때까지 사람들은 갑판에서 편안하게 머무를 수 있었어요. 황해(黃海)를 따라 내려왔던 사람이라면 이처럼 큰 선박에서 느끼는 안정된 승선감을 분명 제대로 인식하겠지요. 어제 얼마 동안 갑판 중앙에서는 배가 흔들리는 것을 전혀 느끼지 못했답니다. 오직 소리를 통해서만 우리가 가고 있음을 알 수 있었어요. 내 방을 방문한 후 무어 부인은 그들의 선실이 훨씬 더 많이 흔들린다고 말했어요. 이 배는 확실히 좋은 배이고 서비스도 탁월합니다.

어제 나는 출발하기 전에 겪었던 것과 유사한 복통을 겪어서 의사를 찾아가야 했어요. 나는 결국 배가 고베에 정박하자 환자로서 밤 10시에 일본인 의사들의 "검진을" 받았어요. 그들은 내가 천연두에 걸리지 않았음을 확인하고 나서 "굿 이브닝"이라고 말하면서 여러 번 목례를 하고 물러갔어요. 무어 부인이 체스를 함께 둘 친구를 찾지 못했다는 것만 제외하면 지금은 만사가 순조롭게 지나갑니다. 요코하마에서 그런 친구 한 명을 찾을 수 있기를 기대해봅니다.

사랑하는 당신과 내가 떨어져 있어야 하기 때문에 나는 우리가 이보다 더 바꾸고 싶어 할 다른 상황은 없을 것 같아요. 하지만 모든 것이 괜찮고 우리에게 주어진 복이 많답니다. 우리가 함께 한국으로 귀국할 때 이 태평양 횡단 여행은 흥미와 기쁨으로 가득 차겠지요. 오늘부터 3주 후면 그렇게 멀

greetings to all who enquire.

With all my heart of love for you,

Your loving,

Alice

지 않은 시간이므로 당신이 제 곁에 없어도 그런대로 행복하답니다.

블레어 목사 부부에게 안부를 전해주시고, 안부를 묻는 모든 이에게 항상 내 사랑과 인사를 전해주세요.

내 마음속 가득 당신을 향한 사랑을 담아서,

사랑하는 당신의,

앨리스

Samuel A. Moffett

Chemulpo, Korea

December 10, 1901

Alice my dearest:

Arrived here one day late having taken another steamer to Fusan, the Shicoku-gawa being detained. Had a day in Fusan, taking supper with the Engels, calling on Miss Menzies & Miss Moore—staying over night with Ross and taking breakfast there—preaching to the Koreans at Sunday morning service—taking dinner with the Sidebothams and leaving at 3 o'clock. Had the smoothest kind of a voyage to Mokpo, where I met Dr. Owen & a number of the Christians for a good talk—took dinner with Miss Straeffer and Miss Shields (who is looking much better) and with whom I had a good talk.

Here I picked up two men for the P. Y. class as Dr. Owen wants them to go up and stay awhile—also a little girl for Miss Doty's school. Landed here at 12 o'clock. Took the little girl to Mrs. Jones—got the calico & wrote Mrs. Gifford about monument. Will leave for Chinnampo in about half an hour and for some reason will go without Henry Nak as he has not turned up. He was here yesterday & this morning—but—well—no use to say more—he cannot be depended upon. He will probably come on—on another steamer leaving tomorrow.

마포삼열

한국, 제물포

1901년 12월 10일

사랑하는 앨리스에게,

시코쿠가와호가 지체되어 부산으로 가는 다른 기선을 타고 하루 늦게 부산에 도착했소. 부산에서 하루를 보내며 엥겔 목사 부부와 저녁 식사를 하고, 멘지스 양과 무어 양을 방문하고, 로스 목사 집에서 밤을 지내고 그곳에서 아침을 먹었소. 주일 아침 예배에서 한국인들에게 설교를 하고 사이드보텀 목사 부부와 식사한 후 오후 3시에 출발했소. 목포까지의 항해 길은 편안했소. 그곳에서 오웬 의사를 만났고,[1] 많은 기독교인을 만나 유익한 대화를 나누었소. 스트래퍼 양과 (훨씬 더 건강해진) 쉴즈 양과 저녁 식사를 하고 유익한 대화를 나누었다오.[2]

이곳에서 나는 평양 사경회에 참석할 2명의 남성을 선발했는데, 오웬 의사는 그들이 올라가서 한동안 머무르기를 원하오.[3] 또한 도티 양의 학교에 들어갈 한 소녀도 데리고 왔소. 이곳 제물포에는 12시에 배에서 내려 상륙했고 나는 그 소녀를 존스 부인에게 데려갔다오. 그리고 편지지를 얻어 기퍼드 부인에게 묘비에 관해 편지를 썼소.[4] 이제 약 30분 후면 진남포로 출항할 것인데, 어떤 이유에서인지 홍낙이가 나타나지 않아서 그 사람 없이 갈 예정이오.[5] 그는 어제와 오늘 아침까지 이곳에 있었지만, 글쎄, 더 말해봐야 쓸 데 없지만, 그는 믿을 수 없는 사람이오. 그는 십중팔구 내일 출항하는 다른 기선을 타고 올 듯하오.

---

1 남장로회의 의사 오웬(C. C. Owen) 목사다. 그는 1900년 북장로회 선교회의 조지아나 화이팅 의사와 결혼했다.

2 제중원 간호원으로 일하던 쉴즈 양은 건강이 악화되어 이때 목포에서 휴식을 취하고 있었다. 그녀는 선천으로 파송되어 전도 사역을 하다가, 1904년 세브란스병원 개원과 함께 서울로 돌아와 간호원으로 일했다.

3 목포 신자들의 평양 사경회 참석이 이때 시작되었다.

4 1901년에 사망한 기퍼드 목사 부부의 묘비에 대해 그 모친인 기퍼드 부인에게 쓴 편지다.

5 홍낙은 한국인 청년으로 마포삼열의 하인이다.

Well, dearest, this is the strangest home-going I have had. Wish I could telegraph you from here to P[yeng] Y[ang] that I am coming, but you are not there—and what is P.Y. without you. Oh yes! I am "happy" dearest—but there is a great big void nevertheless. I suppose this absence is just to teach me how much I love you. Love to father & mother.

Your own,

Sam

사랑하는 당신, 이것은 내가 경험했던 가장 생소한 귀갓길이라오. 당신이 평양에 있다면 이곳 제물포에서 당신에게 전보를 칠 수 있으련만. 그러나 당신은 그곳에 없으니. 당신이 없는 평양이 무슨 의미가 있단 말이오. 오, 정말 사랑하는 여보, 나는 "행복하오." 하지만 그럼에도 불구하고 허전한 마음은 어쩔 수 없다오. 이런 당신의 부재를 통해 내가 얼마나 당신을 사랑하는지 배우게 되겠지요. 부모님께 사랑을 전해주시오.

당신의,

샘

Samuel A. Moffett

Pyeng Yang, Korea

December 12, 1901

Alice my dearest:

Have been home about 3 hours—just long enough to get a bath, read my letters & eat dinner. I want this to catch the outgoing steamer if it can make it, probably the last one.

I had a good journey up from Chinnampo—came 65 li yesterday—had a good supper & breakfast—cocoa with a lunch put up by Mrs. Owen at Mokpo—slept on a hot floor with my steamer rug over me, was eaten by ------and------- all night but rested fairly well and was off at daylight—a little before seven reaching here a little before ten. All are well but Miss Ogilvey, who has gripped again. Last Friday another boy arrived at the Baird house—"Blessed is the man that hath his quiver full of them."

Miss Chase, Miss Best & Miss Snook leave for the North tomorrow. Glad I am here to see them before they go. Woman's class closed yesterday—the biggest one yet. The Koreans have heard I am home and began pouring in while I was yet in the tub. Same old story—what a joy it is.

All is right in the home except that there is a great big void. Oh! you are even with me all right for all the times I went off to the country or to Seoul and left you in this big house all alone—Yes, dearest, I know how it feels now. I am happy all right, but then!!! Well—there is a good time coming.

I find a number of letters awaiting me & your dear mother will be delighted to find that I anticipated her letter and that by the time it reached me you were already within two weeks of San Francisco. Will write her on next mail. Your father's letters I opened in order to see if there were any business matters to be attended to. I send them all

마포삼열

한국, 평양

1901년 12월 12일

사랑하는 앨리스,

집에 온 지 약 3시간이 지났소. 목욕을 한 다음 편지를 읽고 저녁 식사를 할 만큼 충분한 시간이었소. 나는 가능하다면 이 편지를 출항하는 마지막 배편으로 보낼 수 있기를 바라오.

나는 진남포에서 이곳까지 편안한 여행을 했는데, 어제 65리를 온 셈이오. 저녁과 아침을 잘 먹었고, 목포에 있는 오웬 부인이 마련해준 점심을 먹고 코코아를 마시고 모포를 덮고 뜨거운 바닥에서 잠을 자면서 밤새 이런저런 벌레에 물렸지만 푹 쉬었다오. 날이 밝은 아침 7시 무렵에 출발하여 밤 10시가 되기 직전에 이곳에 도착했소. 다시 독감에 걸린 오길비 양을 제외하면 모두 잘 지내고 있소. 지난 금요일에는 베어드 부부가 아들을 낳았소.[1] "화살이 그 전통(箭筒)에 가득한 자는 복되도다."[2]

체이스 양과 베스트 양과 스누크 양은 내일 북쪽 지역으로 떠날 것이오. 나는 그들이 가기 전에 이곳에 와서 보게 되어 반가웠소. 여성 사경회는 어제 끝났는데, 지금까지 있었던 사경회 중 가장 큰 규모였소. 한국인들은 내가 집에 왔다는 말을 듣고 내가 아직 목욕통 안에 있는데 몰려오기 시작했소. 예전과 똑같은 옛날이야기를 듣는 일이 얼마나 기쁜지 모르오.

집이 텅 빈 사실을 제외하면 모든 것이 괜찮소. 오! 우리는 정확하게 공평하오. 왜냐하면 내가 시골이나 서울로 갔을 때 이 큰 집에 당신만 홀로 남겨두었으니 말이오. 그렇소, 사랑하는 당신, 나는 이제야 그게 어떤 기분인지 알겠소. 지금 나는 행복하고 괜찮다오. 그러나 그때는!! 좋은 시간이 오고 있소.

많은 편지가 나를 기다리고 있었소. 사랑하는 당신의 어머니께서 내가

---

1 베어드의 둘째 아들인 리처드(Richard Hamilton Baird)다.

2 "젊은 자의 자식은 장사의 수중의 화살 같으니 이것이 그 전통에 가득한 자는 복되도다"(시 127:5).

herewith. The item of $1.60 of Parke Davis & Co. I will deduct from the Medical fund balance still in my hands. You can pay your father. Lots more to write you—but this must go now with the first message of love after getting home.

Oh, dearest—all my love is yours and I long for you—and yet I am so thankful you are gone. Now for a good long rest and real recovery. How I shall wait for your first letter telling me of your condition on the way. Another week and you will be in Honolulu and then only one more to home and loved ones.

A good letter from Mother Moffett has done me good. Precious Mother—the one great burden of her life has been hers this year but the Lord has sustained her. She will probably go to Arizona this winter to be with Tom for a while—when Howard & family go out.

My love to your own dear mother & father and Whiligers a thousand times to you. The Koreans have been so delighted to learn that you were some better in Japan.

Lovingly yours,

Sam

그녀의 편지를 기대하고 있었음을 아시면 기뻐하실 거요. 그 편지가 내게 도착했을 때 당신은 이미 샌프란시스코에서 2주일을 보냈겠지요. 다음 우편물로 장모님께 편지를 보내리다. 내가 처리해야 할 어떤 업무상의 문제가 있는지 확인하려고 장인어른이 당신에게 보낸 편지를 열어보았소. 이 편지와 함께 다른 모든 편지를 보내리다. 파크데이비스 주식회사의 1달러 60센트 약품 값은 내가 직접 의료비 잔고에서 공제하겠소. 당신이 장인어른께 금액을 드리면 되오. 당신에게 쓸 내용이 더 많이 있지만, 이제 [배 출항 시간 때문에] 이 편지를 집에 도착한 후 사랑의 첫 편지로 보내야 하오.

오, 여보, 내 모든 사랑은 당신의 것이며 나는 당신이 무척 보고 싶소. 그러나 당신이 떠난 데 대해 감사하오. 당신이 이제 긴 안식을 취하면서 정말로 회복될 수 있기 때문이오. 여행 중에 있는 당신의 건강 상태를 알려줄 당신의 첫 편지를 내가 얼마나 기다리는지. 일주일만 더 있으면 당신은 호놀룰루에 도착하고, 그다음 일주일만 더 지나면 고향과 사랑하는 사람들을 만날 수 있을 것이오.

내 어머니께서 보내신 편지가 내게 도움이 되었소. 소중한 어머니, 올해 당신께서 직접 당신 삶의 어려운 짐을 지게 되었지만, 주님께서 어머니를 지탱해주셨소. 올겨울에 하워드와 가족이 떠나가면 어머니께서는 톰과 함께 지내기 위해 틀림없이 애리조나로 가실 것이오.

사랑하는 당신의 부모님께 내 사랑을 전해주시오. 사랑이여! 당신에게는 천 배의 사랑을 전하오. 한국인들은 당신이 일본에서 어느 정도 호전되었다는 말을 듣고 무척 기뻐했소.

당신의 사랑하는,

샘

Samuel A. Moffett

Pyeng Yang, Korea

December 13, 1901

My dearest:

Love & greetings to you again today. Well! What do you want to know about today's doings. It is now 5 p.m. and I am closing up work. Preparation for & teaching of two classes in Academy took up the morning and correspondence, with the usual quota of interruptions of all kinds filled up the afternoon.

Miss Best, Miss Snook & Miss Chase got off this morning for the Suk Chun class & for a Sabbath at An Ju for Miss Chase on her way North. Swallen, Hunt & Bernheisel are all out and all reports are good. At the women's class just closed there were over 100 from the country. The house women especially, but all the Koreans have expressed real delight that you were better when you left Nagasaki and that you had the company of the Moores.

Mrs. Blair is greatly pleased with the servants so far. Miss Henry likes Chan Ik for a teacher and I am arranging to let her have him 3 hours each day in the morning. Think I will take on another man and train him as secretary, etc. and possibly turn Chan Ik over to her as teacher when we come back. Shall I?

Miss Snook & Miss Henry do not seem to think they have enough work for 원씨 [Won-ssi] to do. Have not decided yet but I think they want to give her up. Will find something else for her to do in that case—or all else failing—will keep her myself and use in work among the women. Miss Ogilvey is sick again with grippe but is better.

Well, dearest, this is the queerest kind of a house and life without you. Am decidedly lost and don't know where to find myself. Perhaps I'll come around all right in time and learn how to work again. Am happy, tho—all the same. Who wouldn't be happy with all your love even tho

마포삼열

한국, 평양

1901년 12월 13일

사랑하는 당신에게,

오늘 다시 당신에게 사랑과 인사를 보내오. 자! 오늘 일에 대해 무엇을 알고 싶소? 지금은 오후 5시이고, 나는 일을 마무리하고 있소. 중학교에서 두 수업을 준비하고 가르치면서 오전 시간을 보냈고, 편지를 쓰고 늘 있는 사소한 일을 하면서 오후를 보냈소.

베스트 양, 스누크 양, 체이스 양은 숙천(肅川)의 사경회를 인도하기 위해 오늘 아침에 떠났는데, 체이스 양은 북쪽으로 더 올라가 안주(安州)에서 주일을 보낼 것이오. 스왈른, 헌트, 번하이젤은 모두 시골에 나가 있는데, 모든 보고가 만족스럽소. 이제 막 끝난 여성 사경회는 시골에서 100명 이상이 참석했소. 모든 한국인, 특히 부인들은 당신이 나가사키를 떠날 때 몸이 많이 좋아졌고 무어 가족과 함께 간 것을 알고 정말 기뻐했다오.

블레어 부인은 지금까지 하인들에 대해 대단히 만족하고 있소. 헨리 양은 어학 교사로 찬익을 좋아하오. 나는 그녀가 매일 오전에 3시간씩 그와 함께 공부할 수 있도록 배려하고 있소. 나는 다른 한 사람을 받아서 그를 비서로 훈련시키고, 찬익이는 우리가 다시 돌아올 때 헨리 양에게 어학 교사로 넘겨줄 생각이오. 그렇게 해도 괜찮겠소?

스누크 양과 헨리 양은 원씨 부인에게 맡겨도 될 만한 일이 있다고 생각하지 않는 듯하오. 아직 결정하지 않았지만 내가 보기에 그들은 그녀를 포기할 것 같소. 그럴 경우 나는 그녀가 할 수 있는 다른 일을 찾아보겠소. 만일 적당한 일이 없으면 내가 그녀를 데리고 있으면서 여성 사역에 활용하리다. 오길비 양은 다시 독감으로 아프지만 호전되었소.

사랑하는 당신, 당신이 없는 이런 집과 생활이 나는 가장 낯설다오. 나는 분명히 길을 잃었고 내 자신을 어디에서 찾아야 할지 모르겠소. 아마도 시간이 지나면 괜찮아지고 다시 어떻게 사역해야 할지 알게 되겠지요. 그럼에도

you are ten thousand li away.

Another letter from your mother came. I have not read it, for I don't think I ought to read your mother's letters until after you do. Send them to me again if you want to or tell me what she says. Don't forget all my messages to her. What a joy it will be to get among you all next May.

Love to father & mother and all to you. You will be half way to Honolulu tomorrow. Wonder if my letter mailed to you there–going by same steamer will reach you. I shall look for a letter from you in another ten days.

All goes well,

Lovingly,
Sam

Seoul station wants us to take all of Dr. Underwood's Whang Hai work. Will discuss it in Station Meeting. By the way, I shall ask the Board to bear the expenses of your journey home as I find I will receive but salary of a single man now. It is right they should pay it.

불구하고 나는 행복하오. 당신이 이역만리 멀리 떨어져 있어도 당신의 모든 사랑과 함께 있으니 어찌 행복하지 않겠소.

장모님께서 당신에게 보낸 또 다른 편지를 받았소. 나는 그것을 아직 읽지 않았는데, 당신이 읽기 전에 내가 먼저 읽어서는 안 된다고 생각하기 때문이오. 당신이 원하면 다시 그 편지를 내게 보내주시오. 아니면 어머니께서 무슨 말을 했는지 내게 알려주시오. 장모님께 전하는 내 모든 소식을 잊지 마시오. 내년 5월에 당신의 가족 모두와 함께 있을 거라 생각하니 얼마나 기쁜지!

부모님께 사랑을 전하오. 그리고 당신에게 모든 사랑을 전하오. 당신은 내일이면 호놀룰루까지 절반은 갔겠지요. 같은 기선으로 가는 당신에게 보내는 내 편지를 당신이 받을지 궁금하오. 앞으로 열흘간 당신이 보낸 편지를 기다리겠소.

만사가 잘 진행되고 있다오.

사랑하는,

샘

서울 선교지부는 언더우드 박사가 맡았던 황해도 사역 전체를 우리가 해주기를 원하고 있소. 선교지부 회의에서 그 문제를 논의할 것이오. 한편 내가 독신 남성 선교사의 봉급만 받게 된다는 사실을 알게 되었으므로, 나는 선교부에 당신이 고향까지 가는 여비를 지불해줄 것을 요청하리다. 그들이 지불하는 것이 당연하오.

●

장로회공의회 선교사들, 서울 구리개 제중원, 1901년 9월 [OAK]
1열: 전킨, 푸트, 애덤슨, 밀러, 게일, 샤프, 배럿
2열: 로스, 사이드보텀, 롭, 번하이즐, 밀러, 블레어
3열: 마포삼열, 맥래, 빈튼, 불, 브루엔, 헌트, 베어드
4열: 테이트, 애덤스, 해리슨, 위트모어, 웰본, 스왈른, 엥겔

Members of the Presbyterian Council in Korea, Chejungwon, Seoul, 1901

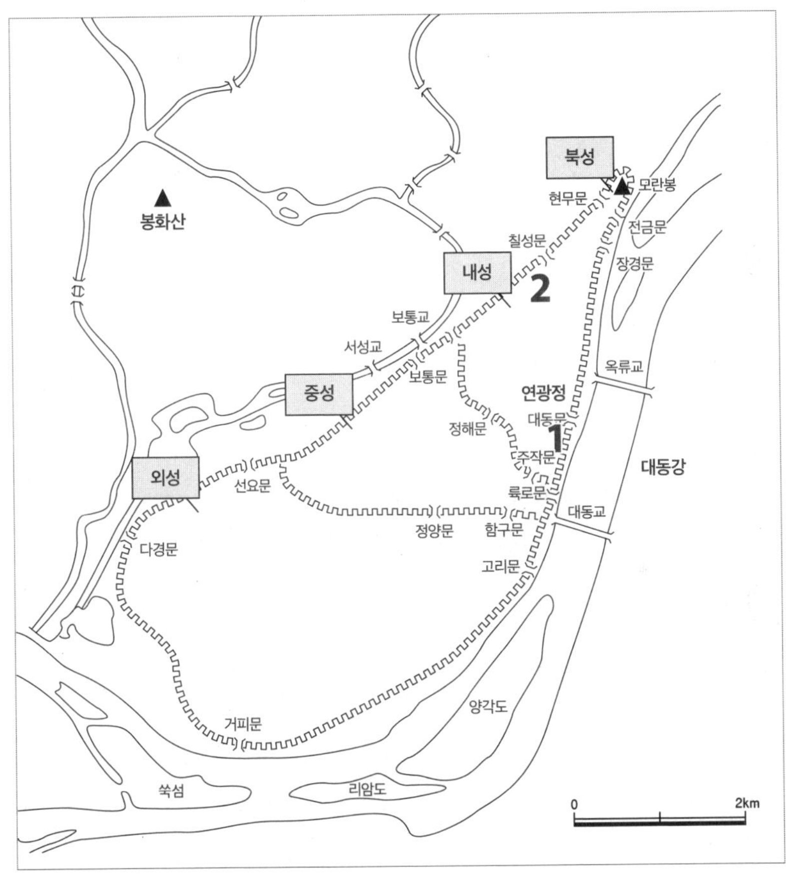

고구려 시대에 완성된 평양의 4개 성 체제 [OAK]
내성 북쪽 언덕에 장대현교회가 있었고, 가장 아래쪽이 외성이다.
1 대동문(East Gate) 2 장대현교회(Central Presbyterian Church)

Four-Castles System of Pyeng Yang City

Samuel A. Moffett

Pyeng Yang, Korea

Saturday Night, December 14, 1901

Alice my dearest:

The day is over and I have not yet written you my little budget of news and message of love. Have been busy all day writing letters and attending to visitors.

How many people there are who love us and are interested in us. Poul Moi Kol Yi-Si was in eager to know all about you. Yon Hi's mother also (Had a good talk with her about Yon Hi's marriage. Many offers have been made but she is in no hurry and will wait until rightly led).

Kim reported a gift of 100 nyang [five U. S. dollars] for the church building from a woman who has just become a believer. Chun was telling me of the interest in the 외성 ["Weh-Sung," an area outside the present city wall known as the "outer city," built 3,000 years ago by Kija, Korea's first legendary king]. Swallen & I arranged before I left, for Chun to go there one night each week to teach. While Miss Best is away Chou has gone to hold a class for me in a Soon An church. Best of all Mr. Bernheisel comes back enthusiastically delighted with his two trips–having received 45 catechumens on one trip & 34 on the other–started several new groups, selected site for a new church–fallen in love with the man I sent with him as helper & colporteur and declaring that the new church at Cha San is the finest one he has seen anywhere in the country except the one at Sorai in Whang Hai. I am delighted, as you know. He got a lot of people to decide to come in to the class. Oh what a joy this work is and what rich blessings!

Called on Mrs. Swallen for a few minutes just before supper. She says Mr. Swallen is too busy with too much work and that she has more than she can do–that this is the busiest place she ever heard of and that the women's class was the best one she ever had anything to do with.

마포삼열

한국, 평양

1901년 12월 14일, 토요일 밤

사랑하는 앨리스에게,

하루가 끝났지만, 당신에게 얼마 되지 않는 내 소식과 사랑의 말을 아직 쓰지 못했소. 편지를 쓰고 방문객을 만나느라 하루 종일 바빴다오.

우리를 사랑하고 우리에게 관심이 있는 사람들이 얼마나 많은지. 풀무골 이씨 부인은 당신에 대한 모든 것을 알고 싶어 했소. 연희의 어머니 또한 그러했소. (나는 연희의 결혼에 대해 그녀와 충분한 대화를 나누었소. 많은 중매가 들어왔지만 그녀는 서두르지 않고 올바르게 인도될 때까지 기다릴 것이오.)

김 씨는 이제 막 신자가 된 한 여인이 교회 건축을 위해 100냥(미화 5달러)을 헌금했다고 보고했소. 전 씨는 내게 외성(外城)에서 일어난 흥미 있는 이야기를 들려주었소.[1] 스왈른과 나는 내가 미국으로 떠나기 전에 그곳을 한 번 방문할 계획을 세웠고, 지금은 전 씨가 매주 한 번씩 밤에 그곳에 가서 가르치고 있소. 베스트 양이 없는 동안 조 씨가 순안(順安)에 있는 어떤 교회에 내 대신 사경회를 인도하러 갔소. 무엇보다도 번하이젤 목사가 두 차례 순회 여행을 마치고 흥분한 채 기뻐하며 돌아왔는데, 한 순회 여행에서는 45명의 학습교인을, 다른 순회 여행에서는 34명의 학습교인을 받았고, 여러 개의 새로운 미조직교회를 시작했으며, 새로운 예배당 부지 한 곳을 선정했고, 내가 그의 조사 겸 권서로 파송한 남자를 좋아하게 되었소. 그는 자산(慈山)에 세워진 새 교회는 황해도의 소래교회를 제외하고 시골에서 본 교회 중 가장 좋은 교회라고 자랑했소. 당신도 알다시피 나는 기쁘오. 그는 많은 사람으로 하여금 사경회에 오도록 결심시켰소. 오, 이 사역은 얼마나 기쁘고 또 얼마나 풍성한 축복인지!

1 외성은 평양의 "외곽 도시"로서 당시 평양의 내성과 중성 아래 있던 지역을 지칭했다. 이곳에 교인들이 늘면서 성경공부반이 생겼다.

She found old "halmonie" [grandmother] the other day and was glad to hear her story from me. Old halmonie is still shut up–just the same, so Kil-lai says.

The Vice Magistrate has been arresting many of the Christians, all of whom steadfastly refuse to pay money for heathen worship and so he lets them out after a day or two of trial. Today a Methodist was severely beaten, however–unknown to the Magistrate. The military officer here has a case on his hands, having beaten a man to death a few days ago–not a Christian.

Choi Ryong Hoa may become Military Surgeon as Dr. says they are talking of giving him the position. Mr. Collyer & Mr. Hugh Miller were here while I was gone. Mr. Jones & Dr. McGill also were here–helping in Methodist class. Dr. McGill is still here. I saw him yesterday the first time in nine years. Noble is trying to get him to come here. The Southern M. E. ladies have bought his Gensan house and will open a girls school there.

Now! Haven't I told you a lot of news in a short while? How much I want to say to you and what a joy it is to just let my pen run on getting a little vent for my feelings for Oh–dearest–I do long for a talk with you. I dream about you all night–start a dozen times a day to run to you, catch myself looking up to see you, etc., etc., etc. You don't know what this house is like without you. Whiligers! Whiligers!–Yes I do–I love you more than I ever did and more than you can ever know. At any rate I love you well enough to be glad I got you to go home and get well and get a rest even if this place does seem like a desert in comparison with what it was. Am longing for your first letter altho it will just make me all the more hungry for you.

저녁 식사 직전에 스왈른 부인을 잠깐 방문했소. 그녀는 스왈른 목사가 많은 업무로 바쁘고 자신은 할 수 있는 것보다 더 많은 업무를 맡고 있다고 말했소. 또한 이곳은 그녀가 이때까지 들어본 곳 중 가장 바쁜 곳이고, 여성 사경회반이 자신과 관련이 있는 모임 중에 최고 좋다고 말했소. 그녀는 며칠 전 한 "할머니"를 알게 되었는데, 내게 그녀에 대한 이야기를 듣고 기뻐했소. 길례(吉禮)가 말한 것과 똑같이 할머니는 여전히 마음을 굳게 닫고 있소.

평양 부사(副使)는 이방 종교 숭배에 돈 내는 것을 단호하게 거부한 많은 기독교인을 체포해왔는데, 그들을 하루나 이틀 동안 재판한 후 모두 석방했소. 그러나 오늘 한 감리교인이 심하게 구타를 당한 일을 감사는 모르고 있소. 이곳의 포도대장은 며칠 전에 한 남자가 구타를 당해 숨진 사건을 조사하게 되었는데 죽은 남자가 기독교인은 아니라고 하오.

최영화는 군의관이 될지도 모르오. 의사들이 최영화에게 그 자리를 주는 문제를 이야기하고 있소. 콜리어 목사와 휴 밀러 씨가 내가 없는 동안 이곳에 왔었소. 존스 목사와 맥길 의사 또한 감리교 사경회를 도와주며 이곳에 있었소. 맥길 의사는 아직 이곳에 있고, 나는 9년 만에 처음으로 어제 그를 만나보았소. 노블 목사는 맥길 의사를 이곳에 오게 하려고 노력하고 있소. 남감리회의 여성 선교사들은 원산에 있는 그의 집을 구입했고, 그곳에서 여학교를 개설할 것이오.

자! 내가 이렇게 잠깐 동안 많은 소식을 당신에게 말한 적이 없었던 것 같소. 내가 당신에게 얼마나 말하고 싶은지. 사랑하는 당신에 대한 내 감정의 작은 출구를 얻자마자 내 펜이 저절로 굴러가서 얼마나 기쁜지 모르오. 나는 당신과 정말로 이야기를 나누고 싶소. 나는 매일 밤 당신 꿈을 꾼다오. 하루에도 열두 번씩 당신에게 달려가, 당신을 올려다보는 나 자신을 발견하오. 당신이 없는 이 집이 어떤지 당신은 모를 것이오. 사랑이여! 사랑이여![2] 그렇

2 마포삼열이 아내에게 보낸 이 편지 이후로 자주 등장하는 "Whiliger" 혹은 "Whiligers"란 단어는 아마도 감탄사인 "Gee-Willikers"의 변형인 듯하다. 여기서 "Gee"는 "Jesus"를 의미한다. "Willikers"의 뜻은 불분명하며 "예루살렘"이라는 설도 있다. 아무튼 "Whiligers"는 한국어의 "아이고!"나 "세상에!"와 비슷한 감탄사인데 마포삼열은 아내에 대한 열렬한 사랑의 표현으로 이것을 사용했다. 이 책에서는 "사랑이여!"로 번역했다.

My love to father & mother. I just wish they had some faint idea of how we love each other that they might sympathize with me in my present fix. I know they do—even as I rejoice with them in their joy over having you with them.

All my love again my dearest, to you.

Your own,

Sam

소. 나는 이제까지 당신을 사랑했던 것보다 지금 더 사랑하고, 내가 알 수 있는 것보다 더 사랑하오. 아무튼 나는 기꺼이 당신이 본국으로 돌아가서 몸이 좋아지고 휴식을 취하도록 할 만큼 당신을 사랑하오. 비록 이곳이 이전과 비교하면 사막과 같을지라도 말이오. 나는 당신의 첫 편지가 당신을 더욱 보고 싶도록 만든다고 할지라도 그것을 고대하고 있소.

부모님께 내 사랑을 전하오. 우리가 얼마나 서로 사랑하는지 두 분이 조금이나마 아신다면, 내가 겪는 현재의 곤경을 측은히 여기실 것이오. 비록 당신이 부모님과 함께 있어서 두 분이 즐거워하듯이 나도 함께 기뻐하지만, 나는 두 분이 나를 가엾게 여기신다는 것을 알고 있소.

내 모든 사랑을 다시 당신에게 전하며,

당신의,

샘

Samuel A. Moffett

Pyeng Yang, Korea

December 16, 1901

Good Morning, dearest:

We had a fine Sabbath yesterday—with a crowded church and the people gave me a most delightful welcome. How these people do love us. The prayers of several thousand Koreans will certainly be a great source of strength to you. Yesterday the offering for Mission Board was taken up. I remarked to Mr. Blair in the pulpit that we must have 100 nyang and that I would be satisfied with 200... My faith was too small—they contributed 395 nyang—almost 400—or twice my highest figure. I shall be eager to hear the returns from all the churches. At that rate we may have enough to put on three men this next year.

Yesterday brought another mail. Enclosed you will find your father's & mother's letters. Have not read your mother's letter but it was good to read your father's and get that much in touch with you.

I had another letter from Mother Moffett in which she speaks of probably going to Arizona with Howard & family. They will probably be in Arizona 4 months so I expect they will be there by the time you reach home. Tom's address is Bisbee, Arizona or was, the last I knew.

I had also a good letter from Dr. Ellinwood in which he says "At the meeting of the Board held on Monday, the following action was unanimously and very cordially taken: 'Referring to a request of the Korea Mission that Rev. & Mrs. S. A. Moffett be allowed to return home for a special furlough in the summer of 1902 for a period of from four to five months, without traveling expense to the Board coming or returning, it was voted that the request be granted.' I think you both need and both deserve a rest, and I hope that the anticipation may light up the remaining months of your stay in Korea and add an element of happiness to your work.", etc., etc. Now that is all right, is it not? The mail also

마포삼열

한국, 평양

1901년 12월 16일

굿모닝, 사랑하는 당신에게,

어제 주일에 우리는 교인으로 가득 찬 교회에서 즐겁게 보낼 수 있었소. 사람들은 나를 기쁜 마음으로 환영했소. 이들은 정말 우리를 사랑한다오. 수천 명의 한국인이 드리는 기도는 분명히 당신에게 큰 힘의 원천이 될 것이오. 어제 선교부를 위한 헌금을 했소. 나는 설교단에서 블레어 목사에게 우리는 100냥이 있어야 하고 200냥이면 만족할 것이라고 말했소. 내 믿음이 정말 적었소. 그들이 395냥을 헌금했으니 말이오. 거의 400냥이니 내가 가장 높게 예상한 액수보다 두 배를 헌금했소. 나는 다른 모든 교회에서 들어올 헌금 보고를 듣기 원하오. 그 비율대로라면 우리는 내년에 이곳에 세 사람을 더 임용할 수 있는 충분한 자금을 가질 수도 있소.

어제 또 다른 우편물을 받았소. 이 편지에 당신 부모님의 편지를 동봉하오. 장모님의 편지는 내가 읽지 않았지만 장인어른의 편지를 읽고 나서 지금 당신에 대한 소식을 많이 알게 되어 좋았소.

나는 내 어머니로부터도 편지를 받았는데, 아마도 하워드 가족과 함께 애리조나로 갈 것 같다고 말씀하셨소. 그들이 애리조나에 4개월간 머물 것 같소. 따라서 나는 당신이 집에 도착할 때까지 그들이 그곳에 있을 것으로 예상하오. 톰의 주소는 애리조나의 비스비일 것이오. 그것이 내가 아는 최근 주소라오.

또한 나는 엘린우드 박사로부터 좋은 편지를 받았는데 그는 다음과 같이 말했소. "월요일에 열린 선교부 회의에서, 다음 조치가 만장일치로 호의적으로 결정되었습니다. '왕복 여행비를 선교부가 부담하지 않는 조건으로 마포삼열 목사 부부가 1902년 여름에 4개월이나 5개월 동안 특별 휴가로 귀국하게 해달라는 한국 선교회의 요청을 승인하기로 결의하다.' 나는 두 사람이 휴식이 필요하고 누릴 자격이 있다고 생각합니다. 나는 귀하가 한국에 머

brought some five photographs from Mr. Hallock. Will send them to you for mother's album a little later. Will also send another batch of letters which came for you from a Mission Band, Lakeport, Calif.—after I have sent them an answer & a few little things. Am getting photos ready for Dr. Griffis now and trying to catch up in some necessary correspondence before settling down to preparation for the class.

Once again, all my love to you, my dearest. What a joy it is to have you always in mind and heart.

Lovingly yours,

Sam

Am sending 황's (Hwang-si's) letter separately. This envelope is full!

무는 몇 개월 동안 밝게 지내고 귀하의 사역에 행복을 주는 일들이 더해지기를 바라며 기대하고 있습니다" 등등. 좋은 내용이오, 그렇지 않소? 그 우편물로 홀록 씨가 보내는 사진 5장 정도를 함께 받았소. 며칠 후 어머니의 앨범에 넣도록 당신에게 그 사진을 보내겠소. 또한 캘리포니아 레이크포트의 선교부원들이 당신에게 보낸 한 묶음의 편지를 보내겠소. 나는 그들에게 답장을 보내면서 작은 물건들을 보냈소. 지금은 그리피스 박사에게 보낼 사진을 준비하고 있으며,[1] 수업 준비를 하기 전에 일부 필요한 편지를 쓰려고 하오.

다시 한번 내 모든 사랑을 사랑하는 당신에게 보내오. 늘 당신을 내 가슴과 마음속에 담고 있어서 정말 기쁘오.

당신의 사랑하는,

샘

황씨 부인의 편지는 별도로 보내겠소. 봉투가 꽉 찼소.

1 윌리엄 그리피스 목사는 1882년 *Korea, the Hermit Kingdom*을 출간한 이후 그 책을 계속 증보판으로 내고 있었다.

Samuel A. Moffett

Pyeng Yang, Korea

December 17, 1901

Well, my dearest:

The days are full & more than full of the usual round of joys and duties. Am catching up a little in correspondence–having written Dr. Griffis & sent him photos and gotten off letters & photos to Howard & Mother.

Enclosed you will find the "Lakeport Mission Band" letter. I wrote Mrs. Stipp & sent her reports. What a touching letter hers is and how cute the children's letter. She deserves sympathy & encouragement. I also enclose two good letters from Mother Moffett. Please send them back. Yesterday had a ride in a dog cart with Miss Ogilvy. Mr. Noble & Mr. Morris have each gotten a little dog cart from Montgomery Ward and Morris had his Chinese pony hitched up yesterday, giving all of us a drive. Rode from our pear tree out the gate to the bridge and back. Quite an experience out here. They expect to use them in itinerating. Hope they will be found to be satisfactory & successful, but am not sure.

Am getting more coal & good coal. That [which] doctor got was 3/4 dust and cost over 10 yen–the worst swindle we have yet had. Am paying 8 yen for this–mostly lump coal.

Kim Si from 외성[an area outside the city] has just come in to inquire about you and to express her sorrow that both you & Mrs. Lee were away. She is rejoicing over the good work at 외성 and says the people are getting humble-minded, that already the 소문[rumor] has arisen that out there the people are giving up the use of half talk. How is that for another evidence of the power of the gospel (This is the first time I have heard of that effect). There are now from 60 to 80 believers there.

Am arranging a programme for Christmas with hymns from boys, from girls, from the young women, from Mr. & Mrs. Blair with guitar accompaniment, etc., etc.

마포삼열

한국, 평양

1901년 12월 17일

사랑하는 당신에게,

일상의 기쁨과 의무가 가득 차고 넘치는 날이 계속되고 있소. 지금은 밀린 편지를 조금 쓰고 있소. 그리피스 박사에게 편지를 썼고, 그에게 사진을 보냈으며, 하워드와 어머니께도 편지와 사진을 보냈소.

레이크포트 선교단원들이 보낸 편지를 동봉하오. 스텁 부인에게 편지를 썼고 그녀에게 보고서를 보냈소. 그녀의 편지는 정말 감동적이고, 아이들의 편지는 얼마나 깜찍했는지. 그녀는 지지와 격려를 받을 만한 분이오. 내 어머니께서 보낸 반가운 편지 두 통도 동봉하오. 읽은 뒤 다시 보내주시오. 어제 오길비 양과 함께 이륜 수레를 탔소. 노블 목사와 모리스 목사는 몽고메리워드사를 통해 각자 작은 이륜 수레를 샀고, 모리스는 어제 그의 중국산 조랑말로 수레를 끌게 해 우리 모두를 태워주었소.[1] 대문 밖에 있는 우리 배나무에서 출발하여 다리까지 타고 갔다가 돌아왔소. 꽤 새로운 경험이었소. 그들은 순회 여행에 수레를 사용하려고 하오. 그들은 수레가 만족스럽고 성공적으로 사용되기를 바라지만, 내가 보기에는 확실하지 않소.

더 좋은 석탄을 많이 구입하고 있는 중이오. [웰즈] 의사가 구한 것은 3/4이 흙이고 가격이 10엔이 넘었소. 우리가 최악의 사기를 당한 셈이오. 나는 대부분이 석탄 덩어리인 것에 8엔을 지불하고 있소.

외성에 있는 김씨 부인이 조금 전 당신의 안부를 물어보려고 왔는데, 당신과 리 목사 부인이 없어서 슬프다고 했소. 그녀는 외성에서 사역이 잘 진행됨으로 인해 기뻐하면서, 교인들의 마음이 겸손해졌고, 반말을 하지 않는다는 소문이 벌써 퍼졌다고 말했소. 그것은 복음의 권능에 대한 또 다른 증거가 아닐 수 없소(이것은 바로 내가 복음의 능력에 대해 듣게 된 첫 번째 경우라오).

---

1 몽고메리워드는 우편 주문 판매회사였다.

A letter from the Board tells of the granting of the 1800 yen for Academy. At last that is settled. 'Tis well.

A Christmas package for the Syen Chyen people leaves Thursday. Will try to get something in it, for some of them. Prospects for training class are fine. In fact I fear we will be more than swamped this year. Am just telegraphing Mr. Foote "Class January second. Come if possible. Greatly needed." How I do hope he will come. It will do him & us all good.

Your Yokohama letter has not yet come but I think it must be drawing near. I am eager for it. How I do miss you. It will take pretty urgent need here to keep me from taking the April steamer. Love to father & mother and as always all my love to you.

Your own Sam

그곳에는 지금 60-80명의 신자가 있소.

소년, 소녀, 젊은 여성들이 블레어 목사 부부의 기타 반주로 부르는 찬송으로 성탄절 축하회를 계획하는 중이오.

선교부가 보낸 편지에는 중학교를 위한 1,800엔을 승인한다고 적혀 있소. 마침내 중학교 문제가 해결되었소. 좋은 일이오.

선천에 있는 사람들을 위한 성탄절 선물은 목요일에 떠나오. 그중 몇 사람에게 줄 선물을 찾고 있소. 사경회 전망은 밝소. 사실 올해엔 눈코 뜰 새 없이 바쁠까 걱정이라오. [원산에 있는] 푸트 목사에게 "사경회 1월 2일. 가능하면 오시오. 매우 필요"라는 전보를 방금 보냈소. 나는 그가 오기를 정말 바라오. 그가 오면 그와 우리에게 모두 유익할 것이오.

당신이 요코하마에서 보낸 편지는 아직 받지 못했지만 거의 받을 때가 되었다고 생각하오. 그 편지를 간절히 고대하오. 내가 얼마나 당신을 보고 싶어 하는지. 이곳에 긴급한 일이 발생하지 않는 한, 나는 4월에 떠나는 기선을 탈 수 있을 것이오. 부모님께 사랑을 전하며, 언제나 그랬듯이 당신에게 내 모든 사랑을 전하오.

당신의 샘

Samuel A. Moffett

Pyeng Yang, Korea

December 18, 1901

My Dearest:

Am just back from a glorious prayer meeting–shouting hallelujah! It was an inspiration. More than 800 people tonight and a fine meeting. Mr. & Mrs. Blair led for 15 minutes a service of song and are to do so each Wednesday night with a view to improving them in singing. It was capital and will be a great help to the people and does the Blairs good spiritually and also in the language. Mr. Swallen was down for the first time since he came back and was carried away with the inspiration of the meeting. I went down oh! so tired, for I have been working too steadily since I came back–but I feel a hundred percent better for having gone. Am going to rest up a little now & get more exercise each day. New inquirers come almost every day and the increase in the work is greater & greater.

Am looking at your photo as I write and oh! dearest how I long to take you in my arms and just love you once again and have a real good heart talk with you. How it would rest me tonight to do so. I love you more than ever and am happier than ever even tho you are away–and am in fine spirits–but I want to see you all the same.

Enclosed you will find a good letter from Mrs. Owen written before we left home but waiting for me here when I got back.

Love to father & mother. You are pretty near to Honolulu tonight–if all has gone well. Hope the letter you send from there brings me good news.

Lovingly,
Sam

마포삼열

한국, 평양

1901년 12월 18일

사랑하는 당신에게,

할렐루야를 외치며 영광스러운 [수요] 기도회에서 방금 돌아왔소.[1] 기도회는 영감이 넘쳤다오. 오늘 밤 모임은 800명 이상의 사람이 모인 좋은 모임이었소. 블레어 부부가 15분 동안 찬송을 인도했는데, 교인들이 찬송을 더 잘 부를 수 있도록 수요일 밤마다 그렇게 할 생각이오. 찬송 인도는 훌륭했고, 사람들에게 큰 도움이 되고 블레어 목사 부부에게도 영적으로나 언어 훈련에 도움이 될 것이오. 스왈른 목사는 돌아온 이후 처음으로 지쳤으나 기도회의 영감을 통해 피곤을 날려 보냈소. 나 또한 너무 지쳤다오. 오! 돌아온 이후 끊임없이 사역을 했기 때문이오. 그러나 기도회에 다녀오니 100퍼센트 회복된 느낌이오. 이제 조금 휴식을 취하고 매일 조금 더 운동을 해야겠소. 새로운 구도자들이 거의 매일 찾아오고 있고, 업무도 점점 더 늘어나고 있소.

나는 편지를 쓰면서 당신의 사진을 보고 있소. 오! 사랑하는 당신, 당신을 내 품에 안고, 다시 한번 당신을 사랑하고, 당신과 정말로 진솔한 가슴속 이야기를 너무나도 나누고 싶소. 그러면 오늘 밤은 정말 편히 쉴 수 있을 것이오. 그 어느 때보다 당신을 사랑하오. 비록 당신과 떨어져 있지만 어느 때보다 행복하고 건강하오. 그렇지만 당신이 보고 싶다오.

우리가 집을 떠나기 전에 도착한 오웬 부인이 보낸 반가운 편지를 동봉하오. 내가 집에 돌아와 보니 그 편지가 이미 와 있었소.

부모님께 사랑을 전해주시오. 모든 일이 순조로웠다면 당신은 호놀룰루에 꽤 가까이 가 있을 것 같소. 그곳에서 당신이 보낸 편지에 좋은 소식이 담

---

1 1901년 12월 18일 자 수요 기도회 자료는 「그리스도신문」 11월 21일 자에 실려 있는데, "열심으로 힝함"이란 제목으로, "성경 본문은 시 42:1-2, 롬 10:2, 계 3:15-17이며, 상고할 질문은 1. 엇더ᄒᆞᆫ 사ᄅᆞᆷ이던지 열심만 잇ᄉᆞ면 되겟ᄂᆞ뇨 (빌 3:6). 2. 열심으로 더브러 합ᄒᆞ여야 ᄒᆞᆯ 거시 잇ᄉᆞ니 이거시 무어시뇨 (롬 1:4). 3. 셩경에 데일 열심 만ᄒᆞᆫ 쟈가 누구뇨. 4. 셩경에 열심 업ᄂᆞᆫ 쟈가 더러 잇ᄂᆞ뇨. 5. 열심 업ᄂᆞᆫ 교회가 누구뇨" 등을 게재했다("긔도회," 「그리스도신문」, 1901년 11월 21일).

겨 있기를 기대하오.

사랑하는,

샘

Samuel A. Moffett

Pyeng Yang, Korea

December 19, 1901

Alice My Dearest:

I imagine you tonight drawing in to Honolulu and in another 8 days you will be home. We woke up here this morning finding a heavy fall of the purest white snow and it has snowed a good deal today. This afternoon & tonight the wind has been whistling about piling up snow drifts. It has turned bitter cold. There will be a good deal of suffering this year, no doubt, and already we hear of bands of robbers and of the various evil makeshifts of people, to get enough to live on this year.

Today has been a hard day for me. I am tired out–and have a tired out headache with another boil in my nose like the summer ones. Am now going to take care of myself and do less, hoping to get in shape again. Whang-Si wanted to know today if it would be cold on the ocean where you are today and what you would do in such a wind. They all think of you and always remember you in morning prayers.

Took a walk with Dr. Folwell today. His little boy has been very sick with pneumonia but he thinks the crisis was passed last night.

Am going to bed early tonight to get a real rest. Good night, dearest, with all my love

Lovingly yours,

Sam

What shall I do with the compressed tablets from Parke Davis & Co. marked Rheumatic Rx2 which came by mail?

마포삼열

한국, 평양

1901년 12월 19일

사랑하는 앨리스에게,

나는 오늘 밤 당신이 호놀룰루에 정박하고 다시 8일이 지나면 고향에 도착하리라고 생각하오. 이곳은 아침에 일어나보니 순백의 눈이 엄청 쌓였소. 오늘도 폭설이 내렸소. 오후와 밤에 바람이 강하게 불어 쌓인 눈이 몰려다니고 있소. 그리고 매서운 추위가 닥쳤소. 올해는 많은 사람이 고통을 당할 것이오. 먹고 살기에 족한 것을 갖고자 화적단(火賊團)이 출현했고, 사람들은 임시변통으로 갖은 악행을 저지르고 있다는 소문을 들었소.[1]

오늘 하루는 힘들었소. 나는 완전히 지쳤고, 여름에나 날 법한 종기가 코 안에 생겼고 심한 두통으로 힘들다오. 이제 나 자신을 돌보고 일을 적게 하면서 다시 건강해지기를 바라겠소. 황씨 부인은 오늘 당신이 가고 있는 태평양은 추운지, 또 그런 강한 바람 속에서 무엇을 하는지 궁금해했소. 그들 모두는 당신을 생각하고 있고, 아침마다 당신을 기억하며 기도하고 있소.

오늘 폴웰 의사와 함께 산책을 했소. 그의 어린 아들은 폐렴으로 몹시 아팠지만, 어젯밤에 고비는 넘겼소.

진정한 휴식을 취하려면 오늘 밤은 일찍 자야겠소. 사랑하는 당신도 잘 자오. 모든 사랑을 담아,

사랑하는 당신의,

샘

파크데이비스사가 우편으로 보낸 류머티즘 표시가 있는 알약은 내가 어떻게 처리해야 하는 거요?

---

1 1901-1903년 중부 지방의 대기근으로 인해 떼강도(화적단)와 각설이패가 등장했고 많은 사람이 세금을 피해 집을 버리고 산에 들어가 화전민이 되었다.

Samuel A. Moffett

Pyeng Yang, Korea

December 20, 1901

Good morning again, dearest–on this bright but cold morning–snow & sunshine all around but cold everywhere even on top of the stove.

Our thoughts & prayers this morning are all with Mr. & Mrs. Leck. Late last night a telegram came to Dr. Wells saying "Leck has small pox Chitabalbie pray." It being unsigned, it came from some one at the mines–and doubtless the word has reached us before it has the Syen Chyen people. Mr. Leck you know took a long trip expecting to go as far as Kang Kyei. He was not due at the mines until Christmas–but evidently was taken sick and so pressed on. Dr. has re-telegraphed to Syen Chyen via Eui Ju. While we shall hope that it may not prove a serious attack yet at best the situation will be a most trying one. Mrs. Leck will not be able to go to him and both will worry, I fear. Our refuge is in the Lord and to Him we go in full assurance. Oh! how we hope Mr. Leck may be spared to us and to the work.

Of course by the time this reaches you he will be over it or there will be news at home by cable–so you will know in either event.

I enclose a letter from "Chimo," the Lee's amah. Mrs. Blair has her here doing sewing just at present. Nothing new in the community. From Miss Howell's there goes today a community Christmas load for the Syen Chyen people. I sent a box of candy to Miss Chase–a bottle of grape juice to Whittemore, a box of stick candy to the Lecks and a jumping jack and some dominoes to the Sharrocks. It will be a clouded Christmas to them however with the news from Mr. Leck.

Am thinking of you as in Honolulu today comfortable & warm while we shiver over the stoves. What a long time it will be before I get any news of your arrival home. Not before some time in February will your first home letter come–and the Honolulu letter will not reach me

마포삼열

한국, 평양

1901년 12월 20일

사랑하는 당신에게, 다시 아침 인사를 전하오. 맑은 날씨이지만 매섭게 추운 아침이오. 눈뿐 아니라 햇빛이 사방에 있지만 너무 추워서 심지어 난로 위까지도 차갑소.

오늘 아침 우리의 생각과 기도는 모두 렉 목사 부부에게 집중되었소. 지난밤 늦게 웰즈 의사 앞으로 "렉 천연두 감염. 지리발비.[1] 기도 바람"이라는 전보가 도착했소. 서명이 없었지만 틀림없이 광산에 있는 누군가가 보낸 것이었소. 그 소식이 선천 사람들에게 전달되기 전에 우리에게 먼저 도착했소. 당신도 알다시피 렉 목사는 강계까지 갈 계획으로 장기 순회 여행을 떠났소.[2] 그는 성탄절까지 광산으로 돌아올 예정은 아니었소. 그러나 분명 병에 걸렸고 서둘러 돌아오지 않으면 안 되었던 모양이오. 웰즈 의사는 의주를 경유해 선천으로 다시 전보를 보냈소. 우리는 그것이 심각한 감염이 아니기를 바라지만, 최선의 경우에도 아주 힘든 상태일 것이오. 렉 목사 부인은 그에게 갈 수 없을 것이므로, 두 사람 모두 서로 걱정하겠지요. 우리의 피난처는 주님

---

1 지리발비(泥踏 Chittabalbie)는 1897년부터 미국인이 운영하던 평안북도의 운산광산, 곧 운산의 국산동과 매봉에 있던 금광으로, 한국에 개설된 최초의 근대 금광이었다. 참고 J. Hunter Wells, "American Enterprise in Korea," *Korea Review*, Vol. VI (January 1906): 24; "The Oriental Consolidated Mining Company, Korea," *Engineering and Mining Journal*, Vol. 83 (March 23, 1907): 573; Edwin W. Mills, "Gold Mining in Korea," *Transactions of the Korea Branch of the Royal Asiatic Society*, Vol. VII (1916).

2 렉(George Leck, 1870-1901) 목사는 노바스코샤에서 출생했으며 그곳에서 고등학교를 졸업하고 1897년 미네소타 세인트폴에 있는 맥칼리스터 대학을 우등으로 졸업했다. 그는 오번 신학교를 1900년 봄에 졸업하고 6월에 목사 안수를 받았으며 이때 중국 선교사로 지원했다. 7월에 미네소타 버펄로에 살던 오클리(Frances B. Oakley) 양과 결혼한 후 9월에 함께 한국에 임명되어 출발했다. 평양에서 어학 공부를 한 후 1901년 10월 선천 지부에 임명되었다. 1901년 12월 강계까지 순회 전도 여행을 한 후 운산광산으로 가는 길에 천연두에 감염되어 광산의 팔머(Franklin Palmer) 의사와 간호사의 치료를 받았으나 1901년 12월 25일 성탄절에 광산 병원에서 사망했다. 1902년 그를 추모하는 소책자 *In Memory of George Leck*(49쪽)이 출판되었는데, 그의 생애와 한국 파송 후 첫 여행기, 설교, 마지막 여행 기간의 일기, 추도문 등이 간단하게 수록되었다. 그의 일기는 *Korea Field*에도 실렸다. 참고로 맥칼리스터 대학 출신(1899년 졸업)인 시카고의 클라크(Allen D. Clark) 목사가 얼마 후 내한했다. 참고 *Fifteen Annual Catalogue of Macalester College and Classical Academy, 1900-1901* (Saint Paul, MN: Webb Publishing Co., 1900): 87-88.

before some time after 20th January—a month from now. Will look for Yokohama letter about 1st Jan'y. Overland mail delays things quite a good deal. I lay awake last night with my "boil" figuring out when your letter would come. The answer to this will not reach me before about the middle of March—only a month before I shall be getting ready to join you.

It's such "fun" to write you a few lines every day and to feel that I can still have a little chat with you about things in general. Thank your mother again for me for that little round framed photo of you which is on my chiffonier and on which my eyes rest a hundred times a day. "Yes I do," dearest. It is "Whiligers" a good many times a day.

Love to father & mother and to you,

Your own Sam

안에 있으니 우리는 완전한 확신 속에 주님께 나아갑니다. 오! 우리는 렉 목사가 목숨을 구해 함께 사역할 수 있기를 간절히 바라오!

물론 당신이 이 편지를 받을 때에는 그가 병에서 회복되었거나 아니면 본국에 전보로 소식이 전해졌을 것이오. 그러면 당신은 어느 쪽으로든 알게 될 것이오.

리 목사 집의 유모인 "침모"가 보내는 편지를 동봉하오. 블레어 부인은 그녀가 바느질을 하면서 이곳에서 지내도록 했소. 선교사 공동체에 새 소식은 없소. 오늘 하웰 양의 집에서 선천 사람들에게 보내는 공동체용 성탄절 선물 짐이 출발하오. 나는 체이스 양에게 캔디 한 상자, 위트모어 목사에게 포도 주스 한 병, 렉 목사 부부에게 막대 캔디 한 상자, 그리고 샤록스 의사 부부에게 꼭두각시 인형과 약간의 도미노를 보냈소. 그러나 렉 목사 소식 때문에 그들은 침울한 성탄절을 보낼 것이오.

우리가 난로 옆에서 떨고 있는 사이에 나는 오늘 편안하고 따뜻한 호놀룰루에 있을 당신에 대해 생각하고 있소. 당신이 집에 도착했다는 소식을 들으려면 오랜 시간이 흘러야 되겠지요. 당신이 집에서 보내는 첫 편지는 2월 중순이 지나야 올 것이오. 호놀룰루에서 보낸 편지도 지금으로부터 한 달이 지난 1월 20일 이후에야 도착할 것이오. 당신이 요코하마에서 보낸 편지는 1월 1일쯤 받으리라고 기대하오. 내륙으로 오는 육로 우편물은 상당히 지체되기 때문이오. 나는 어젯밤 "종기" 때문에 잠을 이루지 못할 때 당신의 편지가 언제쯤 오게 될까 계산했소. 이 편지에 대한 답장은 내가 당신을 만날 준비를 마치기 한 달 전인 3월 중순 이후에야 받을 수 있을 것이오.

매일 당신에게 몇 줄의 편지를 쓰며 이런저런 일에 대해 여전히 당신과 약간의 대화를 할 수 있어서 정말 즐겁소. 장모님께서 보내주신 작고 동그란 당신의 사진 액자에 대해 나를 대신해 감사의 말씀을 전해주시오. 나는 그 액자를 서랍장에 올려놓고 하루에도 백 번씩 바라본다오. "정말 내가 그렇게 하고 있소." 사랑하는 당신. 그 일은 하루에도 여러 번 하는 "사랑이여!"라오.

부모님과 당신께 사랑을 전하오.

당신의 샘

Samuel A. Moffett

Pyeng Yang, Korea

December 21, 1901

Alice My dearest:

I find it is going to be a long time between now and next May. How many times I find my mind turning to you with the thought of going in to see you and then suddenly the eager anticipation of joy give way to the realization that you are not here. I knew I was going to feel it but that is considerably different from feeling it. It is all right tho. I shall feel better when I hear from you and once know that you have gotten home safely. I almost wish I had told you to cable me—but I am going to act on the assumption that if you do not cable by the end of the month, that you are home safely and all is going well.

Mr. Hunt came back yesterday and Miss Best & Miss Snook today so that now we are all here and yet it seems to me that this is the most lonesome spot I have seen for a long time.

I am to preach tomorrow both in Korean & in English—a Christmas sermon—so of course I am not equal to very much today except to wander about somewhat distracted. My texts are "Thou shalt call his name Jesus for he shall save his people from their sins" and "the name which is above every name, that at the name of Jesus every knee shall bow"; or Jesus the name of His humiliation and Jesus now the name of His exaltation & glory. So it has been in Korea & is becoming. First a term of reproach & scorn—but now to thousands the name above all other names.

Am feeling so much better today than for the past week. My boils have gone, my headache is over. I rested up yesterday and had a good walk today. The Blairs, Miss Henry & Mr. Bernheisel & others were out skating on Po Tong river today—having swept the snow off. It has been most dreadfully cold. A poor drunken fellow froze to death just over the

마포삼열

한국, 평양

1901년 12월 21일

사랑하는 앨리스에게,

나는 지금부터 내년 5월까지가 긴 시간이 되리라 생각하오. 내가 얼마나 여러 번 당신을 만나고 싶어서 내 마음이 당신에게로 향하고 있는지 모르오. 당신이 이곳에 없다는 것을 깨닫는 순간 기쁨에 겨운 열정적인 기대가 갑자기 사라져버린다오. 나는 내가 그렇게 느끼게 되리라는 사실을 알았소. 하지만 막상 실제로 느끼고 나면 상당히 다르오. 그렇지만 괜찮소. 당신으로부터 소식이 와서 고향에 안전하게 도착했다는 것을 알게 되면 기분이 괜찮아질 것이오. 내가 당신에게 전보를 보내라고 말했으면 좋았을 텐데 말이오. 하지만 이 달 말까지 전보를 받지 못한다 해도 나는 당신이 안전하게 고향에 도착했고 모든 일이 순조롭게 진행되고 있다고 믿고 행동할 것이오.

헌트 목사는 어제 돌아왔고 베스트 양과 스누크 양은 오늘 돌아왔소. 그래서 이제 우리 모두가 여기에 있지만, 이곳은 내가 오랫동안 보아온 곳임에도 가장 외로운 장소인 것 같소.

내일 한국어와 영어로 성탄절 설교를 할 예정이오. 오늘 나는 이리저리 조금 돌아다닌 것 외에는 별다른 일이 없었소. 내 본문은 다음 두 개요. "이름을 예수라 하라. 이는 그가 자기 백성을 저희 죄에서 구원할 자이심이라 하니라."[1] "모든 이름 위에 뛰어난 이름을 주사 모든 무릎을 예수의 이름에 꿇게 하시고."[2] 즉 과거에 굴욕스런 이름이었던 예수라는 이름이 변하여 이제는 경배와 영광의 이름이 되었다는 내용이오. 한국에서도 그 이름은 과거에 그랬고, 이제 그렇게 변하고 있소. 예전에는 비난과 경멸의 이름이었으나, 지금은 수천 명의 사람들에게 모든 다른 이름 위에 뛰어난 이름이 되었소.

---

1 마태복음 1:26.

2 빌립보서 2:9-10.

little rim last night and I judge there is a good deal of suffering now.

In a letter from Mr. Miller which I found here when I got back he says: "ask Mrs. Moffett to convey our regards to her father & mother who have been exceedingly kind to us and all our missionaries." Give my love to them too, dearest, and my thanks for the Christmas present of grape juice. The bottle I have been taking yesterday & today has been good for me. The Blairs have not "livers" which have to be dieted and so I shall fall back upon several expedients to keep myself in trim. Thanks to you I know considerably more as to how to take care of myself than I did in my former bachelor days.

I imagine you tonight on your way from Honolulu on the last stage of the journey. Oh, if you are only well how eagerly you will be looking forward to next Friday. Think I shall have to celebrate that day here and try to warm my own heart with some of the love by which you will be surrounded at home.

I sent you a lot of photographs for mother's album. Let me know that they reach you all right.

No more news from Mr. Leck. How we long to hear good news.

Good night—my own—with all the love that your husband is capable of exercising. Oh, my precious girlie how I long to see you.

Lovingly yours,

Sam

오늘은 지난주보다 훨씬 기분이 좋소. 내 종기는 사라졌고 두통도 더 이상 없소. 어제는 푹 쉬었고 오늘은 꽤 많이 걸었소. 블레어 목사 부부, 헨리 양, 번하이젤 목사와 다른 사람들은 오늘 눈을 치운 뒤 보통강에 스케이트를 타러 갔소. 혹독하게 추웠다오. 한 가난한 주정뱅이가 어젯밤 강둑 위에서 얼어 죽었소. 지금 사람들이 많은 고통을 겪고 있다고 판단되오.

내가 집에 돌아왔을 때 밀러 목사가 보낸 편지가 이곳에 배달되었소. 그는 다음과 같이 썼소. "우리 부부와 모든 선교사에게 많은 친절을 베풀어주신 부인의 부모님께 안부를 전해주기를 마포삼열 부인에게 부탁합니다." 사랑하는 당신, 내 사랑과, 성탄절 선물로 보내주신 포도 주스에 대한 감사의 말씀을 부모님께 전해주시오. 어제와 오늘에 걸쳐 내가 마신 주스는 효험이 있소. 블레어 목사 집에 먹지 않으면 안 되는 "간"[3]이 없어서 나는 내 몸을 유지하기 위해 여러 가지 처방에 의존할 것이오. 당신께 감사하오. 나 자신을 어떻게 돌봐야 할지 총각 시절보다 더 많이 알게 되었으니 말이오.

당신은 오늘 밤 호놀룰루를 떠나 여행의 마지막 단계에 있겠지요. 오, 당신이 건강하기만 하다면 당신은 정말 다음 주 금요일을 고대할 것이오. 나는 이곳에서 그날을 축하하고 고향에서 당신이 받게 될 사랑으로 내 마음을 따뜻하게 할 작정이오.

어머니의 앨범에 사용하도록 당신에게 많은 사진을 보냈소. 잘 받았는지 알려주시오.

렉 목사로부터는 아무 소식이 없소. 우리는 정말 희소식이 오기를 고대하고 있소.

남편으로서 줄 수 있는 모든 사랑을 보내니 잘 자시오. 오, 내 소중한 여인, 정말로 당신이 보고 싶소.

당신의 사랑하는,

샘

3 "먹지 않으면 안 되는 간"이란 아마도 닭이나 오리의 간, 혹은 소의 간을 말하는 듯하다.

Samuel A. Moffett

Pyeng Yang, Korea

December 23, 1901

Girlie dearest:

Each day makes me realize more & more how wonderfully precious to me is your love and what a joy it is to have such a love for you. How full it makes one's life. Miss you! Well! indeed I miss you and yet– how near you are to me every day and how your constant presence makes my heart sing with joy all day long. I just wish I had a chance to tell you once again how much I love you. I just can't help writing you about it dearest–for you & your love are pre-eminently the great fact in all my life & thought and I am just as happy and joyful in your love as can be. Oh! dearest, if I am able in any way to give you a taste of the same happiness & fullness of life you have given me, I shall be grateful indeed. Now that you are away for a while and I have not the chance of doing something for you I just wish I had filled your life more full of joy and sunshine when I had the chance. Oh! how I long to hear from you. If only the mail would come on Christmas bringing your Yokohama letter saying you were getting along all right–my Christmas would be a joyful one. The community is to take Christmas Eve supper with the Hunts tomorrow from 4 to 6:30.

Yesterday was a good day–church was crowded–singing was good–I enjoyed preaching and all went well. Enjoyed preaching in English also and as several thanked me for the sermon my prayer that it might be helpful was answered–altho as usual–I felt 근심 [nervous] afterwards. We had a good service with a Christmas solo from Miss Howell and a Christmas quartette from Mr. & Mrs. Blair, Miss Howell & Mr. Bernheisel. We are all greatly concerned over Mr. Leck. Today a telegram came saying he has "confluent smallpox outlook bad". We are in constant prayer and still hope he may be spared. How our hearts do

마포삼열

한국, 평양

1901년 12월 23일

사랑하는 여인에게,

매일 당신의 사랑이 내게 얼마나 소중한지, 그리고 당신에 대한 그런 사랑을 가지고 있는 것이 얼마나 기쁜지 더욱더 실감하고 있소. 그 사랑이 한 사람의 삶을 얼마나 충만하게 만들어주는지. 당신이 그립소! 그렇다오. 나는 정말 당신이 그립지만, 매일 당신이 나와 얼마나 가까이 있는지, 그리고 당신이 늘 나와 함께 있는 것이 얼마나 내 마음에 하루 종일 기쁨의 노래를 부르게 하는지! 내가 당신을 얼마나 많이 사랑하는지 당신에게 다시 말할 수 있는 기회가 있으면 좋겠소. 여보, 나는 이 사실에 대해 당신에게 쓰지 않을 수 없소. 왜냐하면 당신과 당신의 사랑이 내 모든 삶과 생각 속에서 현저하게 가장 위대한 사실이기 때문이오. 나는 당신의 사랑 안에서 가장 행복하고 즐겁소. 오! 사랑하는 당신, 내가 어떤 식으로든 당신이 내게 준 것과 동일한 삶의 행복과 충만함을 당신으로 하여금 맛보게 할 수 있다면 나는 정말 감사할 것이오. 당신과 한동안 떨어져 있어서 내가 당신을 위해 무언가를 해줄 기회가 없기 때문에, 나는 그런 기회가 있었을 때 당신의 삶을 기쁨과 햇빛으로 더욱 가득 차게 했더라면 얼마나 좋았을까 생각하오. 오! 나는 정말 당신의 소식을 고대하고 있소. 당신이 잘 지내고 있다고 쓴 요코하마에서 보낸 편지가 성탄절에 도착한다면, 내 성탄절은 기쁜 날이 될 것이오. 선교사 공동체는 내일 4시에서 6시 30분까지 헌트 부부 집에서 성탄절 전야 저녁 식사를 할 예정이오.

어제는 즐거운 하루였소. 교회는 차고 넘쳤고 찬송도 훌륭했소. 나는 설교하면서 즐거웠고 모든 것이 잘 진행되었소. 또한 영어로 설교하는 것도 즐거웠소. 비록 평소처럼 설교 후에 "근심"했지만, 여러 사람이 설교에 대해 감사를 표했기 때문에 설교가 도움이 되게 해달라는 내 기도는 응답을 받았소. 하웰 양이 성탄절 솔로를, 그리고 블레어 목사 부부, 하웰 양, 번하이젤 목사

go out to poor little Mrs. Leck. The Lord knows best and will do what is best. How grateful we will be if He spares us the great sorrow which seems impending.

Miss Best & Miss Snook report a fine class at Suk Chun–30 women in regular attendance. Miss Best's helper went on with Miss Chase to An Ju where Miss Chase met 90 women on that Sabbath day there. Two of the .... women went back with Miss Best's helper to Suk Chun for the class there.

Chou 션생 [teacher] is just in from a class at a Soon An church and reports a good one. Good news continues to come in from all quarters. In the 외셩 [an area outside the city wall] there were 60 men gathered last Sabbath. Near Mi Rim another community has become interested and at Mi Rim over 70 people gathered yesterday. One of the men there came in today bringing 60 nyang for helper's salary that year and to get some sheet tracts for use on Christmas when they all go to two sections not far away where as yet there are no believers. They say it is still "dark" there so they are going to take in the light. Just as long as this spirit keeps up there will be a blessing. Mi Rim is being blessed and is developing.

Have had a spiritual victory and blessing myself, dearest, the last few days and of course am feeling happier and in better spirits. My, how I do long to talk over everything with you. My heart just goes out to you every hour and every minute of each day. Whiligers! Whiligers! Yes I do–and I can't help telling you so.

Just tell that dear mother of yours that she does not know how much this fellow over here loves her daughter and that one good sized proof of it is that he is glad you are to be at home with her in a few more days and to stay there for several months–even if this home here is an "aching void". Quen-si came in this morning and said all she was waiting for now was for the 부인 [wife] to come back–that it was terribly 불편 [uncomfortable] without her–and I joined in "so say we all of us" and so Won-si & I compared notes and came to the conclusion that life was

가 성탄절 사중창을 하면서 우리는 기쁨으로 함께 예배를 드렸소. 우리는 렉 목사에 대해 모두 심히 염려하고 있소. 오늘 그가 "전망이 어두운 악성 발진성 천연두"에 걸렸다는 전보를 받았소. 우리는 쉬지 않고 기도하고 있으며 그가 회복되기를 끊임없이 바라오. 우리의 마음은 가련하고 작은 렉 목사 부인에게로 향하고 있소. 주님께서 가장 잘 아시고, 가장 좋은 일을 행하시겠지요. 주께서 임박한 큰 슬픔에서 우리를 구해주신다면 우리는 정말 감사할 것이오.

베스트 양과 스누크 양은 숙천(肅川)에서 열린 훌륭한 사경회에 30명의 여성이 정기적으로 출석했다고 보고했소. 베스트 양의 조사(助事)와 체이스 양은 주일에 안주(安州)로 갔는데, 그곳에서 체이스 양은 주일에 90명의 여성을 만났소. 이 여성들 중 두 사람은 사경회에 참석하기 위해 베스트 양의 조사와 함께 숙천으로 왔소.

주(朱) 선생은 순안교회의 사경회에서 방금 돌아와 만족할 만한 보고서를 제출했소. 모든 곳에서 희소식이 계속 들어오고 있소. 외성(外城)에서는 지난 주일에 60명의 사람이 모였소. 미림 근처에서 또 다른 공동체가 관심을 가지게 되었는데, 미림에서는 어제 70명 이상이 모였소. 오늘 그곳 사람 중 하나가 조사 한 명의 한 해 봉급을 위해 60냥을 가지고 왔소. 또한 그는 성탄절에 사용할 전도지를 구하려고 왔는데, 아직까지 신자가 없고 그리 멀지 않은 두 마을에 가서 전도할 때 사용하길 원하오. 그곳은 아직 "어둡고" 그래서 그들은 빛을 가지고 들어갈 예정이라고 말했소. 이 정신이 계속되는 한 복이 임할 것이오. 미림은 축복받으며 발전하고 있소.

사랑하는 당신, 지난 며칠 동안 나는 영적인 승리와 축복을 맛보았소. 물론 그래서 더 행복하고 더 강건하오. 당신과 함께 모든 일에 대해 무척이나 이야기하고 싶소. 내 마음은 매일 매시간 매분 당신에게로 간다오. 사랑이여! 사랑이여! 그래요, 나는 당신에게 그렇게 말하지 않을 수 없소.

당신의 사랑하는 어머니께 이곳에 있는 이 사위가 얼마나 장모님의 딸을 사랑하는지 알려주시오. 그 사랑에 대한 큰 증거 하나는 며칠 후에 당신이 어머니와 함께 집에 있게 되고 몇 달 동안 그곳에 머무르는 일을 내가 기

worth living since we had the hope of having the 부인 back here again some day.

Chan-Ik asked today about sending a letter to you. He wants to write to you. In fact, this is a "bankrupt" community without you and I am glad you don't have to live here when you are not here–to use an Irish bull expression.

Good night, my girlie–I must be off to something else just now. Love to father & mother.

Your loving husband,

Sam

빼하는 것임을 말씀드려주시오. 비록 이곳의 집이 "가슴 아프게 공허"할지라도 말이오. 권씨 부인이 오늘 아침에 와서 지금 그녀가 고대하는 유일한 것은 "부인"[마포삼열 부인]이 돌아오는 일이며, 당신이 없어서 너무 "불편"하다고 말했소. 나는 "우리 모두가 그렇게 말한다"라고 동의했소. 그래서 권 씨와 나는 서로의 처지를 비교하면서 우리가 "부인"이 다시 이곳에 돌아올 희망을 갖고 있으므로 살 가치가 있다는 결론에 도달했소.

찬익이는 오늘 당신에게 편지를 보내는 일에 대해 물었소. 그는 당신에게 편지를 쓰고 싶어 하오. 사실 이곳은 당신 없이는 "파산된" 공동체요. "아일랜드 황소" 식으로 표현하자면 "당신이 이곳에 없을 때 당신이 여기에 살아야 할 필요가 없어서 나는 기쁘다오".[1]

잘 자오, 내 여인. 나는 지금 바로 다른 일을 해야 하니 이만 줄이겠소. 부모님께 내 사랑을 전해주시오.

당신의 사랑하는 남편,

샘

---

1 "아일랜드 황소"(Irish bull)는 "우스운 모순"이라는 뜻이다. 그럴듯하지만 앞뒤가 맞지 않는 표현을 말한다. 예를 들면 "이 편지를 받지 못하면 돌려주시오"와 같은 문장이다.

Samuel A. Moffett

Pyeng Yang, Korea

December 24, 1901

Alice My Dearest:

I have had my Christmas gift and I am happy. The mail came today bringing your three letters and oh! how good it was to get them. I am so thankful for them and for their message of good cheer. I do not like those headaches which stay with you and I long to hear that you have been relieved of them—but I am thankful for all the encouraging things you were able to write.

[December 25, 1901]

A Merry Christmas—dearest—on this beautiful white Christmas morning. Am just up and my first act is to write this greeting—with a heart full of love and longing for you. Am called to breakfast—but will get a chance to write you more today.

Later—How I wish you could see the compound this morning—especially our pine tree—it is perfectly magnificent in the sunlight. It snowed steadily almost all day yesterday and last night was clear & cold as is this morning. The trees are all covered with snow and hoar frost on every twig, while the ground has more than a foot of snow on it. Some of the branches of the pine tree are borne down clear to the ground—and the air is glittering with its millions of diamonds floating from every tree & bush. It is a perfect day.

Pyung Hoa fulfilled his trust and while at breakfast this morning your precious reminder of your own precious self was handed to me. Oh dearest, how I love to see your handwriting on a letter to me and what a

마포삼열

한국, 평양

1901년 12월 24일

사랑하는 앨리스에게,

나는 성탄절 선물을 받았고 행복하오. 당신이 우편으로 보낸 세 통의 편지를 오늘 받았소. 오! 그 편지를 받아서 정말 좋소. 그 편지와 거기에 담겨 있는 좋은 격려의 소식에 무척 고맙소. 나는 당신의 두통이 걱정이오. 나는 당신에게 통증이 사라졌다는 말을 듣고 싶소. 그러나 당신이 쓸 수 있었던 모든 격려 이야기에 고마워하고 있소.

1901년 12월 25일

메리 크리스마스! 사랑하는 당신, 아름다운 눈이 내린 성탄절 아침이오. 내가 일어나자마자 처음 한 일은 바로 당신에 대한 사랑과 그리움으로 가득 찬 마음으로 이 인사말을 쓰는 것이오.

당신이 오늘 아침에 집 마당을 봤다면 좋았을 텐데. 특히 이 소나무 말이오. 그것은 햇빛 속에서 완벽하게 아름답소. 어제는 거의 하루 종일 계속해서 눈이 왔소. 어젯밤은 오늘 아침처럼 맑고 추웠다오. 나뭇가지마다 눈과 서리로 덮였고 땅에는 눈이 한 자 이상 쌓였소. 어떤 소나무 가지들은 휘어져 땅에 닿을 듯하오. 대기는 모든 나무와 덤불에서 흩어져 떠도는 수백만 개의 다이아몬드로 반짝반짝 빛나고 있소. 완벽한 날이오.

기선 평화호가 신뢰를 저버리지 않았소. 오늘 아침 식사 때 소중한 당신을 떠올리게 하는 당신의 귀중한 편지가 내게 도착했소. 오, 사랑하는 여보, 내게 쓴 편지에 있는 당신의 필체를 보는 일이 얼마나 좋은지. 사랑이 담긴 당신의 소식은 정말 특별한 선물이오. 나는 이제 교회로 가야 하오.

자, 우리는 오늘 아침 교회에서 좋은 시간을 보냈소. 아래쪽 연단이 많은

treat your messages of love are. I must be off to church now.

Well, we had a fine time at the church this morning–not jammed but filled with many of the children on the lower platform. Singing of hymns by different schools, by the congregation & a duet from Mr. & Mrs. Blair with guitar accompaniment was the chief part of the programme–and short talks from Mr. Swallen & Elder Kil 길장노 with prayer & scripture reading was the other. Flowers for women & children & packages of candy, nuts, etc. for the children made a gay appearance. It was certainly a happy looking audience. The offering was not quite as large as I had expected but was good considering that only ten days ago they gave 60 yen for the Mission Board. Today we got over 80 yen.

After the service a number of the men led by the officers took calendars to distribute at each of the city gates to people coming from or returning to the country–hoping thus to send the gospel into villages & homes not yet touched.

Have not yet told you about the gathering yesterday for supper & for a time with the foreign children at Mr. & Mrs. Hunts–but I must be off for prayer meeting now.

Back again from prayer-meeting refreshed and re-encouraged as usual. No less than 800 people there and as many eager to take part! I talked to them tonight on the subject "It is more blessed to give than to receive" and appealed to them if they had not proven the truth of the statement. This brought out a number of interesting testimonies.

Now about yesterday. We were all invited to the Hunts from 4:30 to 6:30–a thoroughly sensible idea–and had some recitations & songs from the children and a few from the older folks–a poem from Mr. Morris and a Santa Claus by Mr. Blair who had just one present for each child–the rest to be given on his second visit when they were all asleep that night. We had supper–served as we sat in the front room & dining room.

It was all simple and nice and thoroughly enjoyable and left us a

아이로 채워졌지만 예배당이 붐빌 정도는 아니었소. 여러 교회학교의 찬송, 회중의 찬송, 기타 반주로 부르는 블레어 부부의 이중창 등이 주요 프로그램이었소. 기도와 성경 봉독에 이어 스왈른 목사와 길[선주] 장로가 짧은 설교를 했소. 여성과 아이들을 위한 꽃, 아이들을 위한 사탕과 견과류 꾸러미 등으로 인해 모두 즐거워했소. 그들은 분명히 행복해 보이는 회중이었소. 헌금은 내가 기대했던 만큼 많이 드려지지 않았지만, 불과 10일 전에 선교부를 위해 60엔을 헌금했던 사실을 고려하면 괜찮은 편이었소. 오늘, 80엔 이상이 걷혔으니 말이오.[1]

예배 후 교회 직원들의 주도하에 많은 사람이 도시의 각 성문으로 나가서 시골에서 오거나 시골로 가는 사람들에게 달력을 배포했소.[2] 아직 전도하러 가지 못한 마을과 집에 복음이 전해지기를 바라는 마음으로 나누어주었소.

어제 저녁 헌트 목사 부부 집에서 열린 식사 모임과 잠시 외국인 아이들과 보낸 시간에 대해서는 아직 이야기를 못했소. 그러나 나는 지금 기도회에 가야 하오.

평소처럼 기도회에서 새로운 활력을 얻고 다시 고무되어 돌아왔소. 800명이나 되는 사람들이 있었소. 그렇게 많은 사람이 열심히 참석하다니! 나는 오늘 밤 "주는 것이 받는 것보다 더 복되다"라는 제목으로 설교를 했소.[3] 그 말씀의 진리를 아직 체험하지 못한 이들에게 호소하면서, 많은 흥미로운 증거를 제시했소.

이제 어제의 모임에 대해 말하리다. 우리 모두는 4시 30분에서 6시 30분까지 헌트 목사 집에 초대를 받았는데, 분별 있는 좋은 생각이었소. 아이들과 몇 명의 어른이 성경 암송과 노래를 했소. 모리스 목사의 시 낭송에 이어, 블레어 목사가 산타클로스가 되어 아이마다 한 개씩 선물을 주었는데, 나머지 선물은 밤에 아이들이 모두 잠들었을 때 다시 찾아가서 줄 것이오. 우리

1 "예수 탄일에 가난ᄒᆞᆫ 사람 구제ᄒᆞ기ᄅᆞᆯ 위ᄒᆞ야 별연보ᄅᆞᆯ ᄒᆞ엿ᄂᆞᆫᄃᆡ 엽전 륙ᄇᆡᆨ량을 거두엇더라"(마 목사, "교회통신: 평양," 「그리스도신문」, 1902년 1월 13일). 당시 백미 한 되에 8냥이었다.

2 예수교서회가 전도용으로 제작한 한 장으로 된 기독교 달력을 말한다.

3 사도행전 20:35.

couple of hours at home afterwards. Today at Christmas dinner here we had Miss Snook & Miss Henry & Mr. Bernheisel. It has been a pretty good Christmas—in fact as good as it could be with you away. I have been telling all the women who inquired for you that you would get home today and they were perfectly delighted. Dearest, these women love you—of course they do—but it just does me good to see how they love you for they sympathize with me in my loneliness. Little 권두애미 [Quen-too's mother] nearly cried with joy when I told about your letters & that you would probably get home today. You ought to be pretty near San Francisco by this time for it is now nearly daylight in San Francisco Christmas morning. Am taking all the satisfaction I can in believing that you get home today. Had lovely letters yesterday from Mrs. Sharrocks & Miss Chase—written before they heard of Mr. Leck's illness. We are praying constantly for him. Word today says the outlook is not good. Tomorrow & Friday will be the critical days. Will send you Mrs. Sharrocks' & Miss Chase's letters after I have read them again.

I must off to bed—It is cold & clear tonight—full moon—a perfect night but oh—so cold. I need a "hot water bag." Love to father & mother. Whiligers to you,

Lovingly,
Sam

는 저녁 식사를 했는데 거실과 식당에 앉아서 제공되는 음식을 받아먹었소.

모임은 소박하고 완전히 즐거웠기 때문에, 우리는 그 집에서 2시간가량 더 남아 있었소. 오늘 이곳에서 열린 성탄절 저녁 식사에는 스누크 양과 헨리 양과 번하이젤 목사가 왔소. 꽤 만족스러운 성탄절이었소. 사실 당신과 함께했더라면 더 좋았을 텐데 말이오. 당신의 안부를 물어본 모든 여성에게 당신이 오늘 고향에 도착했을 거라고 말했더니 모두 기뻐했다오. 여보, 이 여성들은 당신을 사랑하오. 물론 그들은 그렇소. 그런데 그들이 당신을 무척 사랑하는 것을 보는 일은 내게도 도움이 되오. 왜냐하면 그들은 내가 외롭게 지내는 것을 가엾게 여기기 때문이오. 작은 권두 어미는 내가 당신의 편지를 이야기하면서 아마도 당신이 오늘 집에 도착했을 것이라고 말하자 기쁨에 겨워 거의 울었다오. 이 시간 샌프란시스코는 성탄절 새벽이므로 지금쯤이면 당신은 샌프란시스코에 상당히 가까이 갔음이 틀림없소. 나는 당신이 오늘 집에 도착한다고 믿으면서 최대한 만족감을 느끼오. 샤록스 부인과 체이스 양이 보낸 사랑스러운 편지를 어제 받았는데, 그 편지는 그들이 렉 목사의 병에 대해 듣기 전에 쓴 거라오. 우리는 그를 위해 끊임없이 기도하고 있소. 오늘 들은 말로는 전망이 밝지 않다고 하오. 내일과 금요일이 중대 고비가 될 것이오. 샤록스 부인과 체이스 양의 편지를 다시 읽고 난 후 그것을 당신에게 보내리다.

이제 침대에 들어가야겠소. 오늘 밤은 춥고 맑소. 보름달이 환하게 뜬 완벽한 밤이지만 아, 정말로 춥소. 나는 "뜨거운 물 가방"이 필요하오. 부모님께 사랑을 전해주시오. 당신에게 "사랑이여!"를 보내오.

사랑하는,

샘

Samuel A. Moffett

Pyeng Yang, Korea

December 26, 1901

My own Dearest:

Am thinking of you this morning as being with father & mother—just as happy as can be to get back into the home and in the midst of all their lives. What a happy day for them is this day—as they get you back. They will never want to give you up again I am afraid.

The enclosed card came with a pair of mitts which arrived the day before Christmas. The mitts I will leave here for you on your return. Doubtless you recognize the initials as those of your former teacher, Miss Chase. Her name was on one of the papers.

Another beautiful morning and all goes well. Do not expect your Honolulu letters before Jan'y 15th or so—that means a long wait longing to know that you continued to improve. With all my love,

Your own,

Sam

마포삼열

한국, 평양

1901년 12월 26일

사랑하는 당신에게,

오늘 아침 부모님과 함께 있을 당신을 생각하오. 집에 돌아가서 두 분과 모든 생활을 함께하는 당신의 가장 행복한 모습을 상상하오. 당신을 다시 보게 되었으니 두 분은 오늘 얼마나 행복하실지. 두 분이 다시는 당신을 포기하지 않으려고 할까 봐 걱정되오.

성탄절 전날 장갑 한 켤레와 함께 온 카드를 받았는데 이 편지에 그 카드를 동봉하오. 장갑은 당신이 돌아와서 쓰도록 이곳에 남겨두겠소. 당신은 카드에 있는 이름의 첫 글자들이 당신의 옛날 선생님이었던 체이스 양의 것이라고 분명히 알아볼 것이오. 그녀의 이름이 편지 중 한 페이지에 적혀 있소.

또 다른 아름다운 아침이오. 모든 것이 잘 진행되고 있소. 당신이 호놀룰루에서 보낸 편지는 1월 15일이 지나야 받을 것이라고 기대하오. 당신이 계속 호전되고 있다는 소식을 고대하면서 그때까지 오래 기다려야 하겠지요.

내 모든 사랑을 담아,

당신의,

샘

Samuel A. Moffett

Pyeng Yang, Korea

December 26, 1901

Alice my dearest:

Our hearts are sad tonight for the telegram came this afternoon from Mr. Whittemore say[ing] "Leck died Christmas evening"—and now all our thought & prayer is for Mrs. Leck that grace may be given her. It is a great mystery and we cannot and do not understand it but our Loving Father makes no mistakes and all is for the best—but oh! how differently we would plan. How little we know as to what is best for the Master's work.

My thought tonight has been—what a pleasant memory Mr. Leck has left with us all. How glad we will always be that we had them in our home last winter. We are to send a special courier tomorrow with messages to Mrs. Leck. Will you write, dearest, to her mother, Mrs. Oakley, Buffalo, Minn. as soon as you receive this—for our letters will reach there before any from Syen Chyen and will relieve their suspense—for they will have heard through the Board of his death. We do not know the address of his parents. He had just had such a good trip to the north and was coming back rejoicing and enthusiastic and it seemed to us that he was so greatly needed now. He was ready for higher & better service and the Lord had a place for him there and so he is now in glory—rejoicing with the many Koreans who are already in the Master's presence.

How I hope & pray that Mrs. Leck may lay hold on the Lord and appropriate the comfort which He has provided in His Spirit. Many of us were vaccinated today—Dr. Folwell having some fresh virus. I hope mine will take this time.

Mail came today—bringing a letter from your mother and I was just so hungry for a message from her that I started in to read intending to

마포삼열

한국, 평양

1901년 12월 26일

사랑하는 앨리스에게,

오늘 밤 우리는 슬픔에 잠겼소. "렉 성탄절 저녁 사망"이라고 적힌, 위트모어 목사가 보낸 전보를 오늘 오후에 받았기 때문이오. 이제 우리는 렉 목사의 부인을 염려하며 그녀에게 주님의 은총이 임하기를 간절히 기도하고 있소. 그 일은 큰 신비요. 우리가 이해할 수 없고 이해되지도 않지만, 우리의 사랑하는 하나님 아버지께서는 실수하지 않으시니, 결국엔 다 잘 될 거요. 그러나 우리는 얼마나 다르게 계획하는지. 우리가 주님의 사역을 위해 최선이 무엇인지 얼마나 모르고 있는지.

오늘 밤 나는 렉 목사가 우리 모두에게 얼마나 즐거운 추억을 남겨주었는지 생각했소. 지난겨울처럼 우리 집에 그들 부부가 있다면 얼마나 좋을까. 우리는 내일 렉 목사 부인에게 이 소식을 전할 특별 전령을 보낼 예정이오. 사랑하는 당신, 이 편지를 받자마자 미네소타 버펄로에 있는 그녀의 어머니인 오클리 부인에게 편지를 써주겠소? 왜냐하면 우리의 편지가 선천에서 보내는 어떤 편지보다 먼저 그곳에 도착해서 마음 졸이며 기다리는 그들의 긴장감을 덜어줄 것이기 때문이오. 혹 그들이 그의 죽음을 선교부를 통해 이미 들었을 수도 있기 때문이오. 우리는 그의 부모님의 주소를 모르오. 그는 얼마 전 북쪽으로 만족스러운 순회 여행을 했고 기쁨과 열정 가운데 돌아왔으며, 우리는 이제 그가 대단히 필요한 사람이라고 생각했소. 그러나 그는 좀 더 높고 더 좋은 예배를 위한 준비가 되었고, 주님은 그곳에 그를 위한 자리를 마련하셨소. 그래서 그는 이제 이미 주님의 임재 안에 있는 많은 한국인과 함께 기뻐하면서 영광 가운데 있소.

나는 렉 목사 부인이 주님을 붙잡고 주께서 그의 성령 안에서 주시는 위로를 얻게 되기를 간절히 바라며 기도하오. 우리 중 다수가 오늘 예방접종을 받았소. 폴웰 의사가 접종할 새로운 바이러스를 가지고 있기 때문이오. 이번

stop if I ran across any indication of confidential topics—and so as you will see I read it all and got great good from it. The next mail which will have left San F[rancisco] Dec. 3rd ought to bring a letter written after they knew our plans for your return home. Now I am quite sure your dear mother will have quite joyfully approved my decision that you ought to go home and will think I am "level headed" for having decided just as she had. Judging from the time it took this letter to reach here I cannot expect a San F[rancisco] letter from you earlier than Feb'y 1st, but I shall look for them from that time on.

Our great sorrow here has brought us all much nearer together and made us realize anew the strength of the love uniting us. May it work out in us a greater fitness for service while the opportunity lasts.

Your Yokohama letters are my daily feast and will have to keep my spirits up until some come from Honolulu. I know one thing—I am learning anew each day something more of the power of the love which I have for you. I tell you I am going to be good to you when I once get you with me again. Dearest—do you think you miss me half so much as I do you? If you do I am a pretty happy man—and I really believe you do—tho it is pretty hard to see how it is possible.

My heart goes out to poor Mr. Whittemore, not only in his sorrow—but in his great disappointment [in the death of his missionary co-worker, Mr. Leck]. Everything promised so well for the new station and the work was in such great need of another man. May the Lord do for him greater & better things than he had planned and yet give them a rich blessing. We do not look for him for the class as doubtless he will go back to Syen Chyen and even if he came he would have to stay in quarantine for a while.

Give my love again to father & mother, and tell them how much I rejoice in their joy over having you—even if I cannot be present to share in the joy. Not all our plans carry through, do they, dearest—and yet the Lord has been wonderfully good to us.

에 내가 맞은 예방접종이 효과가 있기를 바라오.

오늘 우편이 왔는데 장모님께서 보낸 편지가 왔소. 나는 장모님의 편지를 고대하고 있었기 때문에 사적인 주제에 대한 어떤 암시라도 있으면 멈추려고 자세히 읽기 시작했소. 따라서 당신이 보다시피 나는 편지를 전부 읽고 많은 사실을 알게 되었소. 샌프란시스코에서 12월 3일 출발하는 다음 우편물로, 당신이 집으로 돌아가는 우리의 계획을 부모님께서 아신 후에 쓴 편지가 와야 하오. 당신이 집에 돌아가야 한다는 내 결정에 장모님께서 흔쾌히 동의하셨고, 장모님께서 결정하시는 것처럼 내가 결정했기 때문에, 이제 나는 장모님께서 내가 "신중하다"고 생각하리라고 확신하오. 이 편지가 이곳에 도착하는 데 걸린 시간으로 판단해보면, 당신이 샌프란시스코에서 보낸 편지를 2월 1일 이전에 받기를 기대할 수 없지만, 나는 그날 이후 편지를 받기를 기다리겠소.

이곳에서 겪고 있는 큰 슬픔으로 인해 우리 모두는 훨씬 더 가까워졌고, 우리를 연합시키는 사랑의 힘을 새롭게 실감했소. 전도의 기회가 지속되는 동안 그 힘이 우리 안에서 역사하여 우리가 사역을 더 잘 감당할 수 있기를 기도하오.

당신이 요코하마에서 보낸 편지는 내게 매일의 향연이라오. 당신이 호놀룰루에서 보낸 편지가 올 때까지 나는 이것을 읽으며 밝은 기분을 유지하지 않으면 안 되오. 내가 아는 한 가지는 이것이오. 곧 내가 가진 당신에 대한 사랑의 힘에 대해 매일 새로운 어떤 것을 배우고 있다는 점이오. 내가 당신과 다시 함께 있게 되면 당신에게 잘해주리다. 사랑하는 당신, 내가 당신을 그리워하는 것의 절반만이라도 당신이 나를 그리워한다고 생각하오? 만일 그렇다면, 나는 행복한 남자요. 나는 당신이 그렇다고 정말 믿소. 비록 어떻게 그것이 가능한지 아는 일은 무척 어렵지만 말이오.

내 마음은 슬픔뿐만 아니라 [선교 동역자인 렉 목사를 잃은] 큰 상심에 빠져 있는 불쌍한 위트모어 목사에게로 향하오. 새 선교지부의 전망은 모든 면에서 밝았고 사역이 많아 추가로 다른 한 사람이 꼭 필요했소. 그가 계획했던 것보다 더 위대하고 더 선한 일을 주께서 그에게 행하시고 풍성한 복을

All my love to you—just waiting and longing to know that you are safely home and getting along well.

Your loving husband & lover,

Sam

내려주시기를 기도하오. 의심할 여지 없이 그가 선천으로 갈 것이므로 사경회에는 참석하지 않을 거요. 비록 그가 돌아온다고 할지라도 그는 당분간 검역소에서 머물러 있지 않으면 안 되오.

부모님께 다시 내 사랑을 전해주시오. 당신과 함께해서 즐거워하시는 두 분에 대해 내가 얼마나 기뻐하는지 말씀드려주시오. 비록 내가 그 자리에 있어서 그 즐거움에 동참할 수는 없다고 할지라도 말이오. 사랑하는 당신, 우리의 모든 일이 계획대로 진행되지는 않았소. 그러나 주님은 우리에게 놀랍도록 잘 대해주셨소.

내 모든 사랑을 당신에게 전하오. 나는 당신이 안전하게 집에 도착해서 잘 지내고 있다는 소식을 기다리고 알고 싶을 뿐이오.

당신의 사랑하는 남편이자 연인,

샘

Samuel A. Moffett

Pyeng Yang, Korea

December 28, 1901

My own dearest:

It is the greatest joy I have these days just to sit down and write off letters to you. Enclosed are some Christmas greetings received—also our menu for Christmas dinner—& a letter from some one I do not know. Chan-Ik also brought in a letter. Dearest—they all love you and miss you more than you know. I do not wonder—don't I love you with all my heart and all the power I have and don't I miss you every moment of the day! Oh! but I am thankful for you and for all the love you put into my heart & life every minute. By this time you are certainly home for with you it is now about 7 o'clock p.m. the 27th—and the steamer is certainly in. The one that leaves the 28th will bring a message from you.

Lovingly,

Sam

마포삼열

한국, 평양

1901년 12월 28일

사랑하는 당신에게,

그저 자리에 앉아 당신에게 편지를 쓰는 일이 요즈음 내게 가장 큰 즐거움이라오. 동봉한 것은 그동안 받은 성탄절 카드와 성탄절 저녁 식사 메뉴, 그리고 내가 모르는 사람이 보낸 편지요. 찬익이가 편지를 가지고 왔소. 사랑하는 당신, 그들은 모두 당신을 사랑하고, 내가 아는 것보다 더 당신을 그리워하고 있소. 나는 내가 모든 마음과 힘을 다해 당신을 사랑하지 않고, 매일 순간마다 당신을 그리워하지 않으면 어떨지 조금도 궁금하지 않소. 오! 나는 당신에게, 또한 당신이 내 마음과 인생의 모든 순간을 채워준 사랑에 대해 감사하오. 지금쯤이면 당신은 분명히 집에 도착했을 것이고, 그곳은 27일 7시가 되어가니 기선은 분명 입항해 있겠지요. 28일에 떠날 기선이 당신의 소식을 싣고 올 것이오.

사랑하는,

샘

Samuel A. Moffett

Pyeng Yang, Korea

December 30, 1901

My own Dearest:

I need a chat with you tonight–for I am tired, "disgruntled" and busy with lots of unfinished work pressing on me. We are having the coldest weather I have ever experienced and it continues. At 7 a.m. the thermometer has marked 26 below zero twice and 22 below once while even at 11 a.m. it marked 14 below. We were so cold yesterday both at Korean & foreign services. I was sorry I had arranged for baptism of children at Korean service but I guess no one was hurt by it. There were ten little ones baptized. Mr. Hunt preached a sermon–somewhat in memory of Mr. Leck and then Dr. McGill who is here spoke a few words. It was a bitterly cold day but nevertheless there were about a thousand people there. We had the organ up on the pulpit platform and I think it is an improvement. Miss Snook is quite regular in playing for us and seems ready to take up whatever there is for her to do.

The ladies are giving up Quen-si–so after 1st January I will take her on. Think I shall set her to work first in dusting my study–with particular directions to put everything back in exactly the same place. I will have her also work among the women some.

Dr. McGill wants to rent the Lee house until the Lees come back–as about that time the Folwells leave and he is to take his [Folwell's] place. Do not know what we will do as yet.

Word from Dr. Wells says they buried Mr. Leck on the 27th. There seems to be quite a little fear lest Mr. Whittemore takes the disease. I do not know whether his vaccination was not good or what? Dr. writes that Mr. Whittemore is quite fearful of taking it. We shall hope and pray that there may be no more of it. Dr. Folwell is looking after us all and tomorrow goes the rounds to see if our vaccination is taking. He will

마포삼열

한국, 평양

1901년 12월 30일

사랑하는 당신,

나는 오늘 밤 당신과 이야기를 나눌 필요가 있소. 왜냐하면 나는 끝없이 나를 압박하는 많은 일로 인해 피곤하고 "못마땅하고" 바쁘기 때문이오. 내가 경험한 추위 중 가장 매서운 추위가 계속되고 있소. 오전 7시에 온도계가 영하 26도를 두 번, 영하 22도를 한 번 가리켰고, 심지어 오전 11시에도 영하 14도를 가리켰소. 어제 한국인 예배와 외국인 예배 때는 너무 추웠소. 한국인 예배 시간에 유아세례를 베풀어서 유감이었지만, 아무도 건강을 해치지는 않았을 것이오. 10명의 유아가 세례를 받았소. 헌트 목사가 설교를 했는데, 렉 목사 추도 설교라고 할 수 있었소. 이어서 이곳에 와 있는 맥길 의사가 간단한 권면을 했소. 몹시 추운 날이었음에도 불구하고 약 1,000명이 참석했소. 우리는 설교단이 있는 단상에 풍금(오르간)을 올려놓았소. 나는 그것이 개선이라고 생각하오. 스누크 양이 우리를 위해 정기적으로 반주를 하고 있소. 그녀는 해야 할 일이 있으면 무엇이든지 기꺼이 맡아서 하는 듯하오.

여성 선교사들은 권씨 부인을 포기하는 모양이오. 그래서 나는 1월 1일 이후에 그녀를 고용할 것이오. 모든 것을 정확하게 제자리에 되돌려놓으라는 특별 지시와 함께 그녀에게 먼저 내 서재 청소부터 시킬 생각이오. 또한 일부 여성 사역을 맡길 것이오.

맥길 의사는 리 목사 부부가 돌아올 때까지 그들의 집을 빌리기를 원하오. 왜냐하면 그때쯤 폴웰 의사 부부가 떠나고 그가 폴웰 씨의 집으로 들어갈 예정이기 때문이오. 아직까지 우리가 무엇을 할지 모르겠소.

웰즈 의사가 보낸 소식에 따르면, 그들은 렉 목사를 27일에 매장했소. 위트모어 목사가 혹시 그 병에 걸렸을지 몰라 다들 적잖이 걱정하는 듯하오. 그의 예방접종 효과 여부에 대해서는 모르겠소. 의사는 위트모어 목사가 접종을 꽤 두려워하고 있다고 말했소. 그 병에 걸린 자가 더 없기를 바라고 기

also see that Dr. Wells is properly disinfected when he returns. Wells telegraphed yesterday "All well. leave tomorrow." Mr. Whittemore will go to Syen Chyen first–and afterwards probably come here, altho he will doubtless be too late for the class. The extreme cold will probably give us a smaller attendance upon the class than we had expected altho we never know just how many may come. There are only four of us to teach this year and as all are already pretty tired I fear that we will be pretty well played out before the close. Each one is now under pressure trying to prepare for it. I do not know how long we will stand this strain. I am glad that I have only 4 months more of solid work and can then have a real rest.

Have already been interrupted 4 times since beginning this, so it is no wonder it is decidedly fragmentary and lacking in any consecutive topic or thought. There is a great deal of suffering this winter and doubtless will be more later on. Already we hear of many robberies–of people being frozen to death and of many painful things. I had a special meeting of the officers today to devise means of helping the needy. We shall all of us have to help this year. I have two men making straw rope–offering to buy from them all they will make.

I never was so much interested in the mails as I am these days. Steamer schedules are full of interest and I count up over & over again wondering just what day I shall hear from you. Your Honolulu letters may reach me by 7th Jan'y–9 more days–but probably not before the 10th. What a treat it will be when each mail brings word from you. I am just as hungry for a loving message from you as I well can be. Dearest, does it do you any good to have me write "Whiligers:" that I love you with all my heart? It does me good to tell you so and I want oh so much to hear you say so.

Always give my love to father & mother. Some of these days they will know some things about me that I want them to know.

With all my love, my dearest,

도해야겠소. 폴웰 의사가 우리 모두를 돌보고 있는데, 내일 우리의 예방접종이 효과가 있는지 확인하기 위해 순회할 것이오. 그는 웰즈 의사가 돌아올 때 적절하게 소독했는지도 살펴볼 것이오. 웰즈는 어제 "모두 건강. 내일 출발"이라는 전보를 보냈소. 위트모어 목사는 먼저 선천으로 갔다가 그 후에 십중팔구 이곳으로 올 것이오. 그러면 분명 사경회에는 너무 늦어서 참석할 수 없을 것이오. 얼마나 많은 교인이 사경회에 올지 알 수 없지만 강추위 때문에 아마도 예상보다 적은 수가 참석할 것이오. 올해는 우리 선교사 가운데 네 사람만 가르친다오. 이미 모두 상당히 지쳐 있기 때문에 사경회가 끝나기 전에 완전히 소진하지 않을까 걱정이오. 모두 사경회 준비로 부담을 느끼고 있소. 우리가 얼마 동안 이 긴장을 견딜 수 있을지 모르겠소. 나는 힘들어도 4개월만 더 꾸준히 일하고 나면 진정한 휴식을 취할 수 있어서 기쁘오.

이 편지를 쓰기 시작한 이후 벌써 네 번이나 중단했소. 그래서 당연히 단편적이고, 어떤 일관된 주제나 생각이 없다고 해도 전혀 놀랄 일이 아니오. 올겨울에는 벌써 사람들이 고통을 많이 겪었소. 의심할 여지 없이 앞으로 더 겪을 것이오. 이미 많은 화적단과 동사(凍死)한 자들과 고통스러운 일에 대한 소문을 듣고 있소. 나는 오늘 가난한 사람을 도와줄 방안을 강구하기 위해 교회 직원들을 모아 특별 회의를 했소. 우리 모두 올해에는 도와야 하오. 나는 두 사람에게 짚으로 새끼를 꼬는 일을 시켰는데, 그들이 만드는 새끼줄 전부를 사겠다고 제안했소.

내가 요즘만큼 우편에 주의를 기울였던 적이 없소. 나는 기선 일정에 철저히 주의를 기울이면서 어느 날짜에 당신이 보낸 편지를 받을 수 있을지 반복해서 날짜를 세고 있소. 당신이 호놀룰루에서 보낸 편지는 앞으로 9일이 지난 1월 7일에는 받을 수 있을 것이오. 그러나 1월 10일은 지나지 않겠지요. 우편물이 도착할 때마다 당신이 보낸 편지가 온다면 멋진 선물이 될 텐데 말이오. 나는 당신이 보낸 사랑의 소식을 최대한 갈망하고 있소. 사랑하는 여보, 내가 "사랑이여!"라고 쓰거나 내 모든 마음으로 당신을 사랑한다고 쓰면 당신에게 조금이라도 도움이 되오? 당신에게 그렇게 말하는 것이 내게는 도움이 된다오. 나는 당신이 그렇게 말하는 것을 정말로 듣고 싶소.

Your own,

Sam

부모님께 내 사랑을 항상 전해주시오. 조만간 두 분은 내가 알려드리고 싶은 나에 대한 여러 사실을 알게 되실 것이오.

내 모든 사랑을 담아,

당신의,

샘

Samuel A. Moffett

Pyeng Yang, Korea

December 31, 1901

Alice My dearest:

This is the last letter to you in the year 1901. In less than 4 hours we will have to write 1902. How the years do roll by—faster & faster—and how each year seems to be busier than the preceding one.

Well, the new year I believe has in store for us very much of joy and happiness. Have done very little today it seems to me. Put most of the morning in in studying for the class—having however quite a number of interruptions. This afternoon saw to getting a stove & lamp up in Sarang [room for receiving visitors], made out report for Bible Society, talked with a number of Koreans and had quite a little talk with Mr. Hunt. Then had supper—Miss Ogilvey being here. Miss Snook came this afternoon to see if she could have Quen-si a few more days and if she could use her on Wednesdays. I shall be glad to have her use her all day Wednesdays—for that will relieve me of finding work for her.

Quen-si brought a letter for you again. Said she dreams of you every night and last night jumped up thinking you had come. They all enjoy seeing your photograph on my dressing case. Wish I could look up at you now instead of at your photo.

There is nothing new in the community. Dr. Folwell was over this morning. Decided my vaccination had not taken and vaccinated me again. We shall all be in considerable anxiety over Mr. Whittemore until another two weeks is past, but we will continue to hope that he will come out all right.

The men for the class began to arrive today—me all the way from Sak Ju clear up on the Yalu river. From all directions they are now coming and as the weather moderated a little today more may come. Thermometer marked only 14 below zero today. It was so cold the last

마포삼열

한국, 평양

1901년 12월 31일

사랑하는 앨리스에게,

이것은 1901년에 당신에게 보내는 마지막 편지요. 이제 4시간이 지나면, 편지에 1902년이라고 써야 하오. 세월은 점점 더 빨리 흐르고, 매년 그 전해보다 더 바빠지는 듯하오.

자, 나는 새해에 우리에게 많은 기쁨과 행복이 기다리고 있다고 믿고 있소. 오늘은 거의 일을 못한 것 같소. 대부분의 오전 시간 동안 사경회를 준비하기 위해 공부했지만, 여러 번 중단해야 했소. 오늘 오후에는 사랑방에 난로와 등이 설치되는 것을 지켜보았고, 성서공회에 제출할 보고서를 만들었으며, 많은 한국인과 대화했고 헌트 목사와 이야기를 잠깐 나누었소. 그 후 저녁을 먹었는데, 오길비 양이 이곳에 왔소. 스누크 양이 권씨 부인을 며칠 더 데리고 있을 수 있는지, 그리고 수요일마다 그녀에게 일을 시킬 수 있는지 알아보기 위해 오늘 오후에 찾아왔소. 나는 스누크 양이 권 씨에게 수요일마다 종일 일거리를 주면 좋겠소. 그렇게 되면 내가 그녀를 위해 일거리를 찾는 수고를 덜 수 있기 때문이오.

권 씨가 다시 당신에게 보내는 편지를 가져왔소. 그녀는 매일 밤 당신 꿈을 꾸는데, 어젯밤에는 당신이 왔다고 생각해서 자다가 벌떡 일어났다고 말했소. 그들은 화장대 위에 놓여 있는 당신의 사진을 즐겨 본다오. 내가 당신의 사진을 보는 대신 지금 당신을 바라볼 수 있다면 얼마나 좋을지.

선교사 공동체에 새로운 소식은 전혀 없소. 폴웰 의사가 오늘 아침 이곳으로 왔소. 내 [천연두] 예방접종이 제대로 되지 않았다고 판명되었으므로 다시 내게 접종을 했소. 우리 모두는 앞으로 2주 동안 위트모어 목사에 대해 염려할 것이오. 우리는 그가 건강하게 돌아오기를 계속 바라고 있소.

오늘 사경회 참석자들이 도착하기 시작했소. 그들은 압록강 위쪽 멀리 있는 삭주(朔州)로부터 내게로 왔소. 이제 사방에서 그들이 오고 있는데, 오

few days that about ½ of the Tansan [homeopathic medicine?] in the store room froze. Henry Nak told me today and rescued the unbroken dozen bottles that remained.

The geraniums have had all their leaves frosted and the banana plant froze one leaf, while the vine in the front window has also been frosted. The only way we have kept warm has been by standing over the stove all day. All are well, however, and I hope we shall keep so during the class. This closes our letters for the year. Expect to love you more next year than I have this but this year closes with a heart full of love.

Your own,

Sam

늘 날씨가 조금 풀렸기 때문에 더 많은 사람이 올 듯하오. 온도계는 오늘 영하 14도를 가리키고 있소. 지난 며칠간 너무 추워서 창고에 있던 탄산수가 절반이나 얼었소. 홍낙이는 오늘 깨지지 않고 온전히 남아 있는 12개의 병을 보관하고 있다고 말했소.

제라늄은 모든 잎이 얼었고, 바나나 나무는 잎 하나가 얼었으며, 집 앞 창문 쪽에 있는 덩굴도 얼었소. 우리가 따뜻하게 지내는 유일한 방법은 종일 난로 옆에 서 있는 것이었소. 하지만 모두 건강하오. 나는 우리가 사경회 기간 동안 그렇게 유지되기를 바라오. 이 편지로 올해 우리의 편지를 마감하오. 내년에는 올해 당신을 사랑한 것보다 더 사랑할 것이오. 당신을 향한 넘치는 사랑의 마음으로 올해를 보내오.

당신의,

샘

장대현교회, 1901년 [MOF]

Central Presbyterian Church, Pyongyang, 1901

1897년에 세워진 한국 최초의 근대 금광인 평북 운산 지리발비의 운산광산 [OAK]

20 stamp mill at Chittabalbie (Unsan District):
The first modern mill built in Korea

●
당시 태평양을 오가던 기선들이 정박해 있는 하와이 호놀룰루항 [OAK]

Port of Honolulu for Trans-Pacific Steamships

●
1901년 당시 샌프란시스코 베이 지역, ✱ 표시가 샌라파엘이다. [OAK]
골든게이트 다리로 오른쪽 샌프란시스코와 연결되어 있으며, 다리 지나 샌라파엘 쪽에 에인절 아일랜드, 샌프란시스코 쪽에 작은 트레저 아일랜드가 있다. 트레저 아일랜드 쪽에 항구가 있었다.

Air View of the San Francisco Bay Area, 1901
San Rafael is marked by ✱

서신 LETTERS
1902

Samuel A. Moffett

Pyeng Yang, Korea

January 1, 1902

A Happy New Year, Dearest, with a heart full of love for you. How I love to think about you and how my heart thrills at the thought of you. I think so often, dearest of the first time I was away from you after we knew we loved each other. My heart longs for you just as it did then, only more so, and I find it jumping joyously at the thought of you just as it did then. I'll never get over being your lover, dearest, even if I am also your husband. May the new year bring you all joy, completed, restored health and to us both a joyful visit with loved ones.

This has been such a busy day—with study, calls, station meeting much of the afternoon and prayer meeting tonight. The men for the class poured in today by the score—how many I am sure I know not. Ten came from far off Tek Chun—a dozen or more from the North—and men from everywhere. I think men from nearly every church I have were at prayer meeting tonight. So Ou Moul & Mi Rim are both well represented, Han being in.

Dr. Wells got in this afternoon. Mr. Whittemore has gone to Syen Chyen. The men from the north are nearly heart-broken over the great loss.

Class begins tomorrow and I must be off to bed with only this short message. Heung Nak brought the enclosed letter for you today. Have you any idea how I am longing for your message of love from Honolulu? I am just as impatient as I can be. How glad I will be when the American letters begin to come regularly. Love to father & mother.

Your loving husband,

Sam

마포삼열

한국, 평양

1902년 1월 1일

여보, 당신을 향한 사랑을 가득 담아 복된 새해를 비오. 당신을 생각하는 것을 내가 얼마나 좋아하는지, 당신에 대한 생각으로 내 가슴이 얼마나 황홀한지! 여보, 나는 우리가 서로를 사랑하는 것을 알고 난 후에 내가 처음으로 당신에게서 떨어져 있다는 사실을 자주 생각하오. 과거에 내 마음이 당신을 갈망했듯이 지금도 당신을 갈망하며, 그 마음이 더욱 깊어만 가오. 당신을 생각하면 과거와 마찬가지로 내 마음에 기쁨이 솟아오르오. 내가 비록 당신의 남편이지만, 여보, 나는 늘 당신의 연인으로 남아 있고 싶소. 당신에게 기쁨이 넘치고 건강이 완전히 회복되는 새해가 되기를 빌며, 우리 두 사람이 사랑하는 이들을 기쁘게 방문하기를 바라오.

오늘은 정말 바쁜 하루였소. 사경회 준비, 심방, 선교지부 회의로 오후 시간을 거의 다 보냈고 밤에는 수요 기도회를 열었소. 사경회에 참석하는 남자들이 오늘 수십 명씩 몰려왔는데 얼마나 많이 왔는지는 모르겠소. 10명이 멀리 덕천에서 왔고, 북부 지역에서 12명 이상이 왔으며, 모든 곳에서 남자들이 왔소. 내가 돌보는 거의 모든 교회에서 온 남자들이 오늘 밤 기도회에 참석했소. 소우물과 미림 마을에서 많이 참석했으며, 한석진도 왔소.

오늘 오후에 웰즈 의사가 돌아왔소. 위트모어 목사는 선천으로 갔소. 북부 지방에서 온 남자들은 [렉 목사를 잃은] 상실감으로 인해 모두 가슴이 크게 상해 있었소.

내일 사경회가 시작되므로 오늘은 이렇게 짧은 글만 쓰고 잠자리에 들어야겠소. 오늘 홍낙이가 당신에게 온 편지를 가지고 와서 동봉하오. 내가 당신이 호놀룰루에서 보낼 사랑의 소식을 얼마나 고대하고 있는지 아시오? 나는 애타서 더 이상 참을 수 없을 지경이오. 미국 편지가 정기적으로 도착하기 시작하면 얼마나 기쁠지! 장인 장모님께 사랑을 전하오.

당신의 사랑하는 남편, 샘

Samuel A. Moffett

Pyeng Yang, Korea

January 2, 1902

Alice, My own dearest:

We are in the midst of the class today and from now on we will be busy indeed. The men have swarmed in–I do not know in what numbers. My own country churches have sent in 120 and more to come. Three men came from Gensan [Wonsan] today. More are here this year from Whang Hai and Mr. Swallen is delighted. Everything began favorably today and all points to a rich blessing. Two classes in Sarang and two in the Academy–all rooms being pretty well filled. Elder Kim is kept at home by pretty serious illness of his wife. Am sending Quen-si over tomorrow to help take care of her. Quen-si wants to know when a letter from you will come. She says she wants to hear that your 몸 [body] is all 건강 [healthy]. So do I–so we are all impatiently waiting. If I had known how impatient I would be I should have arranged to have you cable even if [it] did seem like squandering money. It is a long time till Feb'y 1st and I cannot hear from you before then.

Mr. Whittemore has gone to Syen Chyen and Dr. Wells reports that he (Whittemore) is pretty confident he will come down with varioloid or small pox and so he intends to come down here from Syen Chyen–where he can be in the hospital & get better care. Dr. does not think he will take it and we all continue to hope he will not. My second vaccination is not taking–so I will hope I am immune at present. Just found out today for whom those rheumatism tablets were intended. Miss Howell now has them.

Very little news reaches us from the outside world these days and aside from our regular budget of items of successful development of the work all around we hear little from the Koreans. A new governor has come–said to be a Conservative who intends oppressing the people

마포삼열

한국, 평양

1902년 1월 2일

내 사랑 앨리스에게,

우리는 오늘 사경회를 진행 중이며 이제부터 정말 바쁠 것이오. 사람들이 몰려들었는데, 나는 그 수가 얼마나 되는지는 모르오. 내가 돌보는 시골 교회에서 120명이 왔고 더 올 것이오.[1] 오늘 원산에서 3명이 왔소. 올해는 황해도에서 더 많이 참석해서 스왈른 목사가 기뻐하고 있소. 오늘 만사가 순조롭게 시작되었고 모든 것이 풍성한 축복을 기약하오. 두 반은 사랑채에서, 다른 두 반은 중학교에서 진행되었는데, 모든 방이 거의 가득 찼소. 김[종섭] 장로는 아내가 심하게 아파서 집에 붙어 있소. 나는 권씨 부인을 내일 그 집에 보내어 수발을 들도록 할 작정이오. 권 씨는 당신의 편지가 언제 오는지 알고 싶어 하오. 그녀는 당신의 "몸"이 "건강"하다는 말을 듣기 원하오. 나도 그렇다오. 그래서 우리는 모두 애타게 그 소식을 기다리고 있다오. 만일 내가 이렇게 초조하게 될 줄 알았더라면, 비록 돈을 낭비하는 것처럼 보일지라도 당신에게 전보를 치라고 조치를 취했을 텐데 말이오. 2월 1일까지 기다리려면 긴 시간이 될 텐데 나는 그 이전에 당신 소식을 들을 수 없소.

위트모어 목사는 선천으로 돌아갔소. 웰즈 의사가 우리에게 전해주기를, 위트모어 본인은 유사 천연두나 진성 천연두에 걸릴 것이라고 단단히 믿고 있으며 병원에 입원할 수 있고 치료도 더 잘 받을 수 있는 이곳으로 내려올 작정이라고 하오. 웰즈 의사는 그가 그 병에 걸릴 것이라고 생각하지 않는데, 우리 모두 그가 걸리지 않기를 계속 희망하고 있소. 내가 두 번째로 맞은 예방주사는 아직 효력이 없기 때문에, 나는 이미 면역이 형성되어 있기를 바랄 뿐이오. 그리고 류머티즘 알약을 먹어야 할 사람들을 마침 오늘 찾았는데, 지

1 1902년 1월 평양 "사나이 사경회"에는 400여 명이 참석했는데, 평안남북도, 황해도 북부와 장연, 서울, 전라도 무안 목포 등지에서 왔다(마 목사, "교회 통신: 평양", 「그리스도신문」, 1902년 1월 13일).

greatly and who expects to make the Christians contribute for the relief of the poor!! Every moment is occupied these days and it is now late. I'm off to bed.

Wish I could tell you how much I love you tonight but as I cannot you'll have to take it "on faith."

Dearest, send me letters just as often as you can. You don't know how hungry I am for your love and some message from you. Love to father & mother.

Your own,

Sam

I am appointed to write the Board this month.

금 하웰 양이 그 약을 가지고 있다오.

우리는 요즘 외부 세계로부터 거의 소식을 듣지 못하고 있소. 사방에 널린 사역이 성공적으로 발전하기 위해 필요한 곳에 쓸 우리의 정규 예산 소식 외에는 한국인들로부터 듣는 소식이 별로 없다오. 평양에 새 관찰사가 왔는데, 그가 백성을 크게 탄압하려고 생각하는 보수주의자라는 소문이 있소. 또한 그는 기독교인들로 하여금 가난한 자의 구제를 위해 기부하도록 만들 작정이라고 하오! 요즘은 눈코 뜰 새가 없소. 이제 밤이 늦어 이만 잠자리에 들어야겠소.

오늘 밤 당신에게 내가 얼마나 당신을 사랑하는지 말할 수 있다면 얼마나 좋겠소만, 그럴 수 없으니, 당신이 "믿음으로" 그것을 받지 않으면 안 될 것이오.

여보, 최대한 내게 자주 편지를 보내주시오. 당신은 내가 당신의 사랑과 당신의 소식에 얼마나 굶주려 있는지 모를 거요. 부모님께 사랑을 전하오.

당신의,

샘

나는 이번 달 선교부에 보낼 보고서를 쓸 임무를 받았소.

Samuel A. Moffett

Pyeng Yang, Korea

January 4, 1902 [should be January 3]

Well dearest:

Just a few more words today to tell you the same old story of Whiligers.

The class seems to be going on all right. I am teaching the subject of sin and find an hour a day pretty short time in which to do it.

Next week we observe Week of Prayer in Korean Church and also among foreigners. As last year when the church was smaller the men this year overrun their side and during the class we will have to put the Helpers & Leaders on the pulpit platform and some of the boys on the women's side.

I see Yon-hi and Pong-nai coming in just now for an organ lesson. Mrs. Blair expects to begin with them now. More snow has come– I think we have more than I have ever seen in P. Y. before. Weather moderated a little yesterday but it is cold again today–but bright & clear.

Am wondering what you are doing and when you go to the Sanitarium for treatment and how much treatment you will have to undergo? how hard it will be? and a good many other things. You are constantly in my prayers–dearest–as I long to hear that you are better and not in pain. You have been so patient under all your suffering that I hope now you are to be strong & well again.

All my love goes to you with this.

Your own,

"Sambo"

마포삼열

한국, 평양

1902년 1월 4일

사랑하는 당신에게,

오늘도 당신에게 동일한 "사랑이여!"의 옛말을 몇 마디 하리다.

사경회는 제대로 진행되는 듯하오. 나는 "죄"라는 주제를 가르치는데, 하루에 한 시간으로는 턱없이 모자람을 느끼오.

다음 주는 한국 교회가 기도 주간으로 지키고 외국인도 동참하게 되오. 작년에 예배당이 작았을 때 남성이 예배실에 차고 넘쳤기 때문에, 올해는 사경회 기간 동안 조사와 영수는 강단 위에 앉게 하고 일부 소년들은 여자석에 앉도록 하지 않으면 안 되오.

연희와 봉래가 지금 막 풍금 교습을 받기 위해 오고 있소. 이제 블레어 부인이 그들을 가르치기 시작할 예정이오. 더 많은 눈이 내렸소. 내가 지금까지 평양에서 본 것 중 가장 많은 눈이 내린 듯하오. 어제는 날씨가 조금 풀렸지만 오늘은 다시 춥소. 그러나 밝고 깨끗하오.

나는 당신이 지금 무엇을 하고 있을까, 언제 치료하러 요양소로 갈까, 얼마나 많은 치료를 받아야 할까, 얼마나 그것이 힘들까 등등 다른 많은 일이 궁금하오. 여보, 나는 당신이 더 좋아졌고 아프지 않다는 말을 들을 때까지 당신을 위해 쉬지 않고 기도하고 있소. 당신이 모든 고통 속에서도 잘 견뎠기 때문에, 나는 이제 당신이 강건하게 다시 회복되길 바라오.

이 편지와 함께 내 모든 사랑을 당신에게 보내오.

당신의,

"삼보"[1]

1 삼보는 사무엘의 애칭이다. 이 편지부터 마포삼열은 종종 "Sam" 대신 "Sambo"를 쓰기 시작했는데 "sambo"는 스웨덴어로 "남편"이라는 뜻이 있다. "Sam"(샘) 대신 "Sambo"(샘보/삼보)로 말장난을 하여 친근감을 드러낸 표현이기도 하다. 미국에서 "sambo"는 일반적으로 흑인 남자를 지칭하며, 때로는 스페인어인 "zambo"에서 유래하여 혼혈인을 지칭한다.

Samuel A. Moffett

Pyeng Yang, Korea

January 4, 1902

Alice My Dearest:

I dated yesterday's letter the 4th instead of 3rd by mistake–this is today's letter. What a busy day! Saturday when the class had a chance to get at us and how they did come in. The conference this morning showed that the big Sarang [a detached room for entertaining male guests] even is too small–so next Saturday we hold the conference in the big church. What are we coming to?

Today the courier who went to Syen Chyen with letters to Mrs. Leck came back bringing letters from them all. Mrs. Leck is bearing up beautifully and is evidently sustained by the prayers of all. Her mother's address is: Mrs. C. E. Oakley, Buffalo, Minn. and Mr. Leck's mother is Mrs. Henry Leck, Owatonna, Minn. A letter from Mr. Whittemore from 50 li this side of Syen Chyen says he was all right so far and so we can have every hope that he is not infected.

Have been busy all evening writing to Dr. Sharrocks about Mr. Leck's passport, insurance policy, etc. etc. He is talking with Miss Snook about a place for catechumen class (church is too cold–everywhere else is too small) and have concluded to try the inner quarters at the book room in city if it proves large enough, until warmer weather makes the church available. This may be a small letter today–but it carries more love than I ever gave you before for the simple reason that I love you more today than ever before. Only 6 more days and I can expect a Honolulu letter.

Lovingly your own,

Sam

마포삼열

한국, 평양

1902년 1월 4일

내 사랑 앨리스에게,

어제 편지의 날짜를 실수로 3일 대신 4일로 했는데, 이것이 오늘 편지라오. 얼마나 바쁜 하루였는지! 오늘이 토요일이라 사경회 참석자들이 우리 집에 올 기회가 있었는데 어떻게 모두 집 안으로 들어왔는지 모르겠소. 오늘 아침에 토론회를 하는데 큰 사랑방도 너무 좁았소. 그래서 다음 토요일에는 큰 예배당에서 모이기로 했소. 우리가 어떻게 되려고 그러는지?

렉 부인에게 보내는 편지를 가지고 선천으로 간 파발이 오늘 선천에 있는 모든 선교사의 편지를 가지고 돌아왔소. 렉 부인은 아름답게 견디고 있는데, 모든 이의 기도로 버티고 있음이 분명하오. 그녀의 어머니의 주소는 미네소타 버펄로의 C. E. 오클리 부인이며, 렉 목사의 어머니는 미네소타 오와토나의 헨리 렉 부인이오. 선천에서 남쪽으로 50리 떨어진 곳에 있는 위트모어 목사가 보낸 편지에 의하면, 아직까지 그는 괜찮다고 하며, 그래서 우리는 그가 천연두에 걸리지 않았다는 희망을 가질 수 있소.

저녁 내내 렉 목사의 여권과 보험증서 등에 대해 샤록스 의사에게 편지를 쓰느라 바빴소. 그는 교회가 춥고 다른 곳은 너무 좁기 때문에 학습교인 학급을 위한 장소를 찾기 위해 스누크 양과 의논 중이라오. 나는 날씨가 풀려 교회에서 모일 때까지 시내에 있는 서점이 충분히 크다면 그 안에서 모이기로 결론을 내렸소. 오늘은 이 편지가 짧지만 이전에 보낸 사랑보다 더 많은 사랑을 담아 보내오. 왜냐하면 이전보다 당신을 더 많이 사랑한다는 단순한 이유 때문이오. 이제 6일만 지나면 당신이 호놀룰루에서 보낸 편지를 받을 수 있소.

당신의 사랑하는,

샘

Samuel A. Moffett

Pyeng Yang, Korea

January 6, 1902

Alice my own dearest:

Yesterday was a great day in the big church—crowded full, platforms and all—the attendance upon the class making a big addition to the congregation. We had to put the boys on the women's side and even then had a few men on that side. Mr. Bernheisel & Mr. Blair counted the men as they went out of the gates—so we have the first real count of attendance. There were 863 men. There were certainly over 100 boys on the women's side—which will make about 1,000 males and the women we estimate at fully 500—so I think we are safe in saying the building crowded will hold 1,500 and that we had that many this Sabbath.

More men are in for the class—Mr. Moore's helper and some from Underwood's Whang Hai section—so that it is the most representative class yet held.

In foreign church yesterday Dr. McGill preached for us. He & Mr. Noble started for Seoul today [Methodist missionaries] and Dr. McGill will come back here with his family when the river opens—taking the unoccupied part of the Lee house until Lee's return or until we may want it. We retain control of it and charge him nothing.

Yesterday the mail came bringing several letters for you—chief of which you will find to be that of Dr. Phelps ("Josephine"), announcing her engagement. Wedding cards also from Miss Ackles now Mrs. [ ] [ ].

Poor Seoul station—everything goes against it. In order to get Miss Ackles they gave up Miss Snook and now have neither. What a good thing for the work, tho—that Miss Ackles was not appointed to Syen Chyen. With Mrs. Ogilvey's letter came a lace tie as a Christmas present. I am not sending it—but will put it with your gloves, etc. I also enclose the postal from Mrs. Hall. Of course there was no mail from your home

마포삼열

한국, 평양

1902년 1월 6일

내 사랑 앨리스에게,

어제는 큰 교회의 강단까지 가득 찬 대단한 날이었소. 사경회 참석자로 인해 회중이 크게 늘어났기 때문이오. 소년들로 하여금 여자석에 앉게 했지만 그래도 남자석이 모자라 남자 몇 명은 여자석에 앉았소. 번하이젤 목사와 블레어 목사가 문 밖으로 나가 남자 숫자를 세었는데 참석자를 처음으로 제대로 계수한 경우였소. 남자가 863명이었소. 여자석에 간 소년들이 분명 100명이 넘었으므로, 합하면 약 1,000명의 남자와 대략 500명의 여자가 참석했소. 따라서 교회 건물에 사람이 가득 차면 1,500명까지 들어간다고 해도 과언이 아니오. 이번 주일에 그렇게 많은 사람이 참석했소.[1]

사경회에 추가로 남자들이 왔는데, 무어 목사의 조사와 언더우드가 돌보는 황해도 지역에서 몇 사람이 왔기 때문이오. 그래서 지금까지 열린 사경회 중 가장 다양한 지역에서 참석자들이 온 사경회가 되었소.[2]

어제 외국인 예배에서는 맥길 의사가 설교를 했소. 오늘 그와 노블 목사가 서울로 떠났는데, 맥길 의사는 대동강의 얼음이 녹아서 배가 다닐 때가 되면 가족과 함께 이곳으로 돌아올 것이오. 그들은 리 목사가 돌아올 때까지 혹은 우리가 그 방을 원할 때까지 리 목사 집의 빈 방을 사용할 것이오. 우리가 그 방을 관리하지만 그에게 세는 받지 않겠소.

어제 온 우편물에 당신에게 온 여러 통의 편지가 있었소. 그중 중요한 것은 나중에 당신이 알게 되겠지만 조세핀 펠프스 의사의 약혼 소식이오. 애클

1 장대현교회 예배당은 1901년 봄에 완공되어 6월 2일 첫 예배를 드렸는데 그때 1,200명이 참석했고, 6월 9일 예배에도 동일한 수가 참석했다. 길선주 장로는 일주일 동안 사흘은 목사를 도와 전도하고 사흘은 믿는 사람들을 가르쳤다("교회 통신", 「그리스도신문」, 1901년 6월 27일).

2 목포, 서울, 원산, 장연, 의주는 물론 심양에서도 한 명이 왔다("교회 통신", 「그리스도신문」, 1902년 3월 6일).

this time as they were awaiting the cable news as to whether both of us were coming. I hope to get a letter on the next mail—the one leaving San Francisco Dec. 11. Two letters from the Board deal with Annual Meeting questions—and show no disposition to give up Fusan. Dr. Ellinwood writes highly approving the decision to put but one physician in the Seoul Hospital. I enclose also letters from 김씨, from Mrs. Sharrocks & Miss Chase, all of which you will be interested in. You will feel as tho you had a regular Korean mail when you receive this lot of them. When I send you too much mail—just let me know.

I started 원씨 [Won-si] today clearing up my study and she is getting the dust out and putting everything back just where it was. Now are you not glad to know that I have a streak for cleanliness in my study?

Dearest, I want to talk with you & to you and to look into your face and see the answer in your eyes. Letter writing is not half satisfactory enough—especially when I have to write for a full month and get no response. It will be "great" when I begin to get your letters. Am busy as can be and men are often here every moment the class is not in session—many are waiting now—so good bye with all my love—As Ever.

Your own lover,

"Sambo"

즈 양의 결혼 청첩장도 왔는데 [ ]의 부인이 된다오.[3]

불쌍한 서울 선교지부! 그들은 애클즈 양을 얻기 위해 스누크 양을 포기했는데 이제 두 사람을 다 놓쳤소. 애클즈 양이 선천에 임명되지 않은 것이 사역을 위해서는 잘된 일이오. 오길비 부인의 편지는 성탄절 선물로 레이스 장식이 있는 타이와 함께 왔소. 나는 그것을 당신에게 보내지 않고 당신 장갑 등과 함께 이곳에 보관해두겠소. 홀 부인이 보낸 엽서는 동봉하오. 물론 이번에 당신 집에서 온 편지는 없소. 두 분은 우리 두 사람이 오는지에 대한 소식을 담은 전보를 기다리고 계시기 때문이오. 나는 12월 11일 샌프란시스코를 떠난 다음 번 우편물에 편지가 있을 것으로 기대하오. 선교부에서 온 두 통의 편지는 선교회 연례 회의의 문제를 다루고 있는데 그들은 부산을 포기할 뜻이 없소. 엘린우드 박사님은 서울 병원에 한 명의 의사만 배치하기로 한 결정에 대찬성한다는 편지를 보냈소. 샤록스 의사가 보낸 김씨 부인의 편지와 체이스 양의 편지도 동봉하니 재미있게 보시오. 이 많은 편지를 받으면 당신은 빈번히 한국 우편물을 받는 것처럼 느낄 수 있을 것이오. 내가 너무 많은 편지를 보내는 것이라면 그렇다고 알려주시오.

원씨 부인에게 오늘 내 서재 청소를 시키기 시작했소. 그녀는 먼저 먼지를 다 털었고 모든 물건을 원래 자리로 되돌려놓고 있소. 내 서재가 말끔히 청소된다니 당신은 기쁘지 않소?

여보, 나는 당신과 함께, 또 당신에게 이야기하고 싶고, 당신의 얼굴을 가만히 바라보면서 당신의 눈에서 대답을 찾고 싶소. 편지를 쓰는 것은 절반도 성에 차지 않는다오. 특히 한 달 내내 쓰지만 답장은 한 장도 못 받으니 말이오. 내가 당신의 답장을 받기 시작하면 "대단할" 것이오. 나는 더할 나위 없이 바쁘다오. 사경회 수업이 쉬는 순간마다 남자들이 이곳으로 온다오. 지금 많은 사람이 밖에서 기다리고 있소. 그러니 내 모든 사랑을 전하며 이만 작별을 고하오. 늘 변함없는,

당신의 연인, "삼보"

3 펠프스 의사는 미국에 있는 앨리스 마페트의 친구고, 애클즈 양은 한국 임명 후 곧바로 결혼 때문에 선교회를 떠난 듯하다. 스누크(Velma L. Snook) 양은 1900년 10월 18일 한국에 도착하여 부산에서 잠시 체류하다가 바로 선천 지부에 임명되었다.

Samuel A. Moffett

Pyeng Yang, Korea

January 7, 1902

My Dearest:

Another big snow storm today: It has been snowing steadily for hours and is piling it up higher & higher on what was already as deep a snow as I have seen here. The cold weather, too, has kept up pretty steadily altho the extreme cold has moderated.

I am playing off today—am not very well and am trying to get in better shape. I woke up this morning feeling heavy and dull as tho I had been sleeping in a close room. When I started to get up I found myself dizzy and ready to faint—so I laid down again. After several attempts I dressed and went to breakfast—pretty white and decidedly uncomfortable. Concluded I was not well so went back to my room and laid down again. Gave up my class and sent a note to Dr. Wells—who immediately asked me what meat I had eaten and when I told him we had canned mutton for supper last night—he said—I thought so—you probably had "ptomaines" in it. He gave me a couple of tablets and in a couple of hours I sat up—all over the dizzy spell but with an uncomfortable feeling in my head. Now I am trying to do nothing, but it is hard work—as you know. Now you have the history of my indisposition. Expect to be at work tomorrow—all well—and hope to finish up the class without getting down again. Am glad I am to have the rest this summer—for I have about come to the conclusion that I need it.

How much our "house people" think of us. They all came in to see me to see if they could do anything for me and Heung Nak hung around all morning wanting to give me something to eat. I have Quen-si again and she is making herself useful looking up the poor & sick and needy and comforting them. She did not suit Miss Snook & Miss Henry—but she suits me, nevertheless.

마포삼열

한국, 평양

1902년 1월 7일

사랑하는 당신에게,

오늘 또 폭설이 내렸소. 여러 시간 동안 눈이 꾸준히 내렸고, 내가 지금까지 본 것 중 가장 많이 쌓인 눈 위에 다시 더 높이 쌓이고 있다오. 혹독한 추위는 다소 누그러졌지만 추운 날씨는 여전히 계속되고 있소.

나는 오늘 밖에 나가지 않고 집에 있소. 건강이 그리 좋지 않아서 몸을 추스르려고 노력하는 중이라오. 아침에 일어나니 마치 밀폐된 방에서 잔 듯 몸이 무겁고 머리가 멍했소. 잠자리에서 일어나려고 했는데 현기증이 나고 기절할 것 같았소. 그래서 자리에 다시 누웠소. 몇 차례 일어나려고 시도한 후에야 옷을 입고 아침을 먹으러 나갔는데, 얼굴은 창백했고 속이 불편했소. 몸이 안 좋다고 판단하고 다시 방으로 돌아와서 누웠소. 사경회에서 가르치는 것을 포기하고 웰즈 의사에게 기별을 보냈소. 그는 즉시 어떤 고기를 먹었는지 물었고, 내가 어제 저녁에 양고기 통조림을 먹었다고 대답했더니 내게 "아마 식중독에 걸린 것 같다"고 말했소. 나도 그렇게 생각하오. 그는 내게 알약 두 개를 주었소. 그리고 2시간 후에 일어나 앉았는데, 어지러운 증세는 사라졌지만 머리는 여전히 무거웠소. 나는 지금 아무 일도 하지 않으려고 노력하지만, 당신도 알다시피 그렇게 하는 게 어려운 일이요. 당신은 내가 얼마나 참을성이 없는지 그 역사를 꿰차고 있소. 내가 내일은 건강하게 일할 수 있기를 기대하며, 다시 쓰러지지 않고 사경회를 끝내기를 희망하오. 올해 여름에 쉬게 되어서 정말 기쁘오. 왜냐하면 휴식이 필요한 마지막 지점에 거의 도달했기 때문이오.

우리 "집안사람들"이 우리를 얼마나 끔찍이 생각하는지! 그들은 모두 나를 위해 해줄 일이 없는지 알아보려고 문병을 왔소. 홍낙이는 무엇이라도 내게 먹을 것을 주려고 오전 내내 내 곁에 머물러 있었다오. 나는 권씨 부인을 다시 불렀소. 그녀는 가난하고 병들고 곤궁한 자들을 돌보면서 그들을 위로

This is the Week of Prayer. I wonder how you will observe it. How eager I am to know what you are doing and how you are getting along. Isn't it wonderful, dearest, how when we once discovered it—our lives became so united that altho the distance between us is so great—the heart knows no distance and is constantly following, longing for fellowship & communion. The separation is teaching me a good many things—dearest—the chief one being however that the one great longing of my heart is to have and hold & keep and enjoy your precious love and to fill your own heart & life with a love that will satisfy all your longing and make your life one full of joy. Our home life, dearest, has been such a joy & satisfaction and I daily look upon the many reminders of your presence here and this house becomes sacredly holy in its suggestions. I want to get home to the loved ones there and want us to have our visit there—but I think I look forward even more eagerly to the time when we shall get back here again and be in our home. Perhaps I do not long to see you today—but I think I do, anyhow. Love to father and mother. Enclosed are some more letters.

With all my love,
Your own Sam

하는 일을 잘하고 있소. 그녀는 스누크 양과 헨리 양에게는 맞지 않았지만 내게는 잘 맞고 유용하오.

이번 주는 기도 주간이오. 나는 당신이라면 어떻게 지킬지 궁금하오. 당신이 지금 무엇을 하고 어떻게 지내는지 내가 얼마나 간절히 알고 싶은지! 여보, 우리가 비록 서로 멀리 떨어져 있지만 우리의 삶이 얼마나 밀접하게 결합되어 있는지, 또한 마음은 거리를 모르고 얼마나 끊임없이 교제와 연합을 따라가고 바라고 있는지! 이것을 발견했을 때 놀랍지 않소? 우리가 헤어져 있어서 나는 많은 것을 배웠소. 여보, 하지만 그중 가장 큰 교훈은, 당신의 귀중한 사랑을 소유하고 간직하며 지키고 누리는 것, 그리고 당신의 마음과 삶에 당신의 모든 열망을 만족시킬 사랑을 채우고 당신의 삶을 기쁨이 넘치는 삶으로 만드는 것이 나의 큰 열망이라는 사실이오. 여보, 우리의 가정생활은 지금까지 그런 기쁨과 만족이었소. 나는 당신이 이곳에 있었던 때를 떠올리게 하는 많은 물건을 매일 바라보는데, 당신의 존재를 연상시키는 것 속에서 이 집은 신성하고 거룩한 장소가 되고 있소. 나는 그곳에 있는 사랑하는 이들을 방문하기 위해 고향으로 가고 싶소. 하지만 우리가 다시 이곳으로 돌아와서 우리 집에 있게 될 때를 더욱더 간절하게 고대한다오. 어쩌면 내가 오늘 당신을 그리워하지 못할 수도 있겠지만, 나는 어차피 당신을 그리워하게 되리라고 생각하오. 장인, 장모님께 사랑을 보내오. 몇 통의 편지를 더 동봉하오.

내 모든 사랑과 함께,
당신의 샘

Samuel A. Moffett

Pyeng Yang, Korea

January 9, 1902

My Alice Dearest:

I am "tap tap hao" [uneasy] today and do long for you so. I suppose I am tired and not feeling quite as well as I might—as is usual during the class and so a good many things bother me. If I just had you here to talk to me and set me right—all would be well.

Today was my busiest day in the class—morning prayers and two classes in morning—with preparation for two classes tomorrow—in the afternoon & tonight aside from the numerous little items which have come in—also wrote first draft of letter to Dr. Ellinwood. It is a fine class and much is being accomplished—and the work will be the stronger for it.

Was too busy to go to Week of Prayer meeting—tonight have attended one Korean & one foreign service and will try to get to another tomorrow night. I wonder how you are spending the week—just how well or unwell you are and what you are doing. My! how I long for news of you. It is pretty hard to wait in so much uncertainty and not to know at all whether you are sick or well, whether you are under treatment or not—and if you are how much you have to suffer and how you are getting along. It will not be so hard when the letters begin to come but until then I find myself becoming more & more impatient.

The *Korea Review* arrived today and from its news columns I should judge that the famine in middle Korea had brought a good deal of suffering and that there will be need for relief. We hear very little of it here as yet and our offerings this year are better than last year. Will write more tomorrow. Good night, dearest—with all my love,

Yours lovingly,

Sam

마포삼열

한국, 평양

1902년 1월 9일

사랑하는 앨리스에게,

나는 오늘 "답답하오." 또한 당신이 무척 그립소. 사경회 때면 늘 많은 일에 신경을 써야 하기 때문에 지쳤는지 기분도 썩 좋지 않소. 만일 당신이 있어서 이야기라도 해주고 바로잡아주면 모든 것이 좋아질 텐데.

오늘은 사경회에서 가장 바쁜 날이었소. 아침 기도회, 오전 성경공부 2시간, 내일 있을 2시간짜리 수업 준비 등. 오후와 밤에는 여러 가지 자질구레한 일을 하고 엘린우드 박사에게 보낼 편지의 초안을 썼소. 이번 사경회반은 좋고 많은 내용을 배웠으므로 사역도 그만큼 더 강해질 것이오.

그동안 너무 바빠서 기도 주간 모임에 가지 못했는데, 오늘 밤에는 한국인 기도회와 외국인 기도회에 참석했고 내일 밤 또 다른 모임에도 갈 생각이오. 당신은 이번 주간을 어떻게 보내는지 궁금하오. 얼마나 건강한지 혹 건강하지 않은지, 아니면 무엇을 하고 지내는지 말이오. 아! 내가 얼마나 당신의 소식을 고대하는지! 당신이 아픈지 아니면 건강한지, 당신이 치료를 받고 있는지 아니면 안 받고 있는지, 그리고 만일 치료를 받고 있다면 얼마나 많은 고통을 겪어야 하는지, 또 당신이 어떻게 지내는지 등을 모르면서 온통 불확실성 속에서 마냥 기다리는 것은 참으로 어려운 일이오. 편지가 오기 시작하면 그렇게 힘들지는 않겠지만, 그때까지 나는 점점 더 초조하다오.

오늘 「코리아 리뷰」가 도착했는데 그 뉴스 칼럼을 보니, 한국 중부 지방은 가뭄으로 인해 많은 고통을 당하고 있고 구제 사업이 필요하다고 판단되오.[1] 이곳에서는 그 소식을 아직 거의 듣지 못했으며, 올해 헌금은 작년보다

---

1 헐버트 선교사가 편집하던 *Korea Review*는 한국의 정세와 교계 소식을 자세히 전하고 있었다. 당시 중부 지방에는 1901년부터 3년간 대가뭄이 지속되었는데, 첫해 농사 수확량은 예년의 1/10 수준이었다. 한국 정부는 기근을 해소하기 위해 1902년 3월에 베트남에서 안남미를 수입하기 시작했다. 기근이 가장 심한 군은 황해도 연안으로 1902년 봄 보릿고개 때 5,000호 중 2,000호가 집을 버리고 떠났으며, 강화도 교동의 경우 598호가 집을 버리고 떠났다("News Calendar," *Korea Review*, April 1902, 169-170). 이 대기근으

더 많은 편이오. 내일 더 쓰리다. 그럼 여보, 잘 자요. 내 모든 사랑을 보내며,

당신의 사랑하는,

샘

로 인해 1903년 하와이 이민 붐이 일었고, 지방에서는 농민들이 자위 수단으로 보부상이나 천도교에 가입하거나 교회에 들어옴으로써 이익 집단 간의 갈등이 일어나 많은 문제가 발생했다.

Samuel A. Moffett

Pyeng Yang, Korea

January 10, 1902

Just a few words more—dearest—before mailing this letter—to jot down a few items. Have just been over to Dr. & Mrs. Wells for dinner where we had a good chat.

The *Korea Review* announces that permission to build the Seoul Hospital on the present site has been given—so I suppose the building will go up there. Now if we do not succeed in selling the Chung Dong property everything in Seoul will settle back in its old ruts again.

No word as yet from Mr. Whittemore—so apparently he is getting through the quarantine period without infection. He does not expect to come down now, so we understand. We are talking now of having both Mr. Swallen & Mr. Hunt go up to help in their class.

Two reports have been received for you—one of Dr. Caldwell's hospital and one of Dr. Cattell's. Shall I forward them to you or leave them here for you on your return? On second thought—will send them — no harm done—even tho you may not care for them there.

Class work for the week is now over. I am feeling a good deal better than I did and now expect to get through all right. More men have been coming in and I suppose over 400 are enrolled. Just what to do to provide for the teaching of all our people and still look after the evangelistic work as it needs looking after I am sure I know not. That is the problem which we must now face and solve.

How I wish I could have a good talk with you and say some of the many things I cannot write.

Lovingly, Your own,

Sam

마포삼열

한국, 평양

1902년 1월 10일

당신에게,

몇 자 더 보태오. 여보, 편지를 발송하기 전에 몇 가지 내용을 간단히 적겠소. 웰즈 의사 부부 집에서 저녁을 먹고 조금 전에 돌아왔는데 즐거운 대화를 나누었소.

「코리아 리뷰」를 보니 현 [제중원] 위치에 서울병원을 건축해도 좋다는 허가를 받았다는 발표가 있소. 나는 병원이 그 자리에 세워질 것이라고 짐작하오. 그래서 만일 우리가 정동 자산을 팔지 못하면, 서울에 있는 모든 것은 다시 판에 박힌 옛날 상태로 되돌아가게 될 것이오.

위트모어 목사로부터는 전혀 소식이 없소. 그는 분명히 감염되지 않았고 격리 기간은 거의 끝나가고 있을 것이오. 그는 지금 내려올 계획이 없고, 우리도 그렇게 이해하고 있소. 우리는 지금 그곳의 사경회를 도와주기 위해 스왈른 목사와 헌트 목사를 보내는 문제를 의논하는 중이라오.

당신에 대한 두 개의 의사 소견서가 도착했소. 하나는 콜드웰 의사가 있는 병원의 것이고, 다른 하나는 케텔 의사의 소견서라오. 내가 소견서를 당신에게 보내는 것이 낫겠소? 아니면 당신이 돌아왔을 때 보도록 이곳에 두는 것이 낫겠소? 다시 생각해보니 비록 당신이 그곳에서 이 소견서에 대해 관심이 없다고 하더라도 당신에게 보내는 것이 좋겠소. 해가 될 것은 전혀 없으니 말이오.

이번 주의 사경회 수업은 끝났소. 나는 이전보다 훨씬 좋아졌다고 느끼며, 건강하게 사경회를 끝까지 마칠 수 있기를 기대하오. 더 많은 남자가 계속해서 왔고 나는 400명 이상이 등록한 것으로 추측하오. 나는 모든 교인을 가르치기 위해 무엇을 해야 할지, 전도 사업 이후에 필요한 돌봄을 위해 무엇을 할지 도무지 모르겠소. 바로 이것이 지금 우리가 직면하고 있는 문제이자 풀어야 할 문제라오.

당신과 함께 오랫동안 대화를 나누고 내가 편지로 쓸 수 없는 많은 일을 놓고 이야기할 수 있다면 얼마나 좋겠소!

사랑하는 당신의,

샘

Samuel A. Moffett

Pyeng Yang, Korea

January 12, 1902

My Dearest Alice:

It is such a joy to turn to my writing pad and putting aside all other thoughts for a while let my mind run on thoughts of you and what you will want to know of the day's doings. I find however that I often just sit and think—looking at your photograph. Well—dearest—it does me a world of good to think about you and just to love you.

Another full day—men in early in the morning for talk—conference from 10 to 12. Weighing coal & settling accounts until dinner—meeting with leaders from 3 until 4:30—mail & a hurried business letter or two until supper—straightening out of some accounts and an outline of work for Sabbath—announcements for next week—another short attempt on the letter to Dr. Ellinwood and now it is about bed time.

Quen-si came in last night after prayer meeting to tell me of her trips among the women—finding some needy ones, some backslidden ones—a great deal of misery and many glad to receive sympathy & comfort. She enjoys the work. I had her take some custard over to Kim's wife who is better but needs nourishing food.

What a prayer meeting we had again last night—I had 3 men speak—one man to lead in prayer after each short address. Well it was interesting to see the zeal of the people in their desire to pray. Four men rose at once and three started to pray—the loudest-voiced one of course soon being left to go on alone. It was a live prayer meeting certainly and as the subject was foreign missions it was a great thing for me to sit there and hear these people talk about the necessity of sending the news to those in darkness and to pray for the removal of the danger to the lives of missionaries—when only 8 years ago this month I baptized the first 7 men in this city and less than 8 years ago was in danger of my life at

마포삼열

한국, 평양

1902년 1월 12일

사랑하는 앨리스에게,

편지지를 꺼내 다른 모든 생각은 잠시 한쪽으로 밀어놓고 당신만을 생각하며 하루 동안 일어난 일 가운데 어떤 일을 당신에게 알려주면 좋을까 생각하는 것은 기쁜 일이오. 하지만 나는 당신 사진을 물끄러미 바라보며 앉아서 생각에 잠기는 나를 자주 발견한다오. 그래요, 여보, 당신을 생각하고 당신을 사랑하기만 해도 세상에 가득 채울 행복을 느끼오.

오늘도 하루 종일 일이 많았소. 아침 일찍 남자들이 상의하러 왔고, 10시부터 12시까지 토론회를 했소. 이어서 석탄 무게를 달고 회계 장부를 정리한 후 점심을 먹었소. 3시부터 4시 반까지는 영수들과 회의를 했고, 저녁 식사 전까지 우편물 정리와 한두 통의 긴급한 업무 관련 편지를 써서 보냈소. 몇 가지 회계 장부의 문제를 바로잡고, 주일 행사 계획을 세우고, 다음 주 광고 사항을 정리하고, 엘린우드 박사에게 보낼 편지의 간단한 초고를 썼더니 이제 잘 시간이 되었소.

어젯밤 기도회가 끝난 후 권씨 부인이 와서 여성을 대상으로 하는 전도 여행을 간다고 말했소. 곤궁한 자와 낙담한 자와 비참한 지경에 있는 자들을 찾기 위해서라오. 지지와 위로를 받으면 기뻐할 사람들이 많이 있소. 그녀는 그 사역을 즐거워하오. 나는 그녀를 통해 김[종섭] 장로 부인에게 약간의 커스터드 과자를 보냈소. 그녀는 몸이 좋아졌지만 자양분이 많은 음식을 먹어야 할 필요가 있기 때문이오.

어젯밤 기도회는 정말 놀라웠다오. 세 남자가 연설을 했소. 각자 간단하게 간증한 후에 기도를 인도했소. 기도하기를 원하는 자들의 열심을 보는 일은 흥미로웠소. 4명의 남자가 동시에 일어났고 3명이 기도하기 시작했는데, 물론 목소리가 가장 큰 한 사람이 곧 혼자 남아서 계속 기도했소. 그것은 분명 살아 있는 기도 모임이었소. 주제가 해외 선교였으므로, 내가 그곳에 앉아

the hands of many who were in the meeting last night. What hath God wrought!! is certainly the exclamation which comes to our lips.

Yesterday the Board of Missions decided to send out 3 missionaries–one of them to have as part of his work the visiting of the Koreans who have crossed over into China–living in the valleys beyond the Yalu. This is bordering on Foreign Missions, isn't it? At the present rate a few more years will see this movement starting south to take this whole land for Christ and I believe if it comes it will move forward with the irresistible momentum which will carry through the whole country. I want to talk to you about it all but cannot.

Two other items of interest to me. My vaccination is taking–the first two did not–the third one is.

Mr. Blair insists that I can sing–so he makes me sing alone sometimes in training the people before prayer meeting–and he and I sing together on some of the stanzas–just imagine me please as singing solos and in duets. Oh–yes–I am doing lots of things while you are away. Among others I am letting my hair grow and it is nearly long enough to braid now. I forget all about it and anyhow have no time to get it cut.

Well, dearest, with all my love, Good Night. I am

Your own husband

Sam

서 이 사람들이 어두움 속에 있는 사람들에게 복음을 전할 필요가 있다는 이야기와 선교사의 삶에 닥칠 위험을 제거해달라는 기도를 듣는 것은 감동적인 일이었소. 겨우 8년 전[1894년] 1월에 나는 이 도시에서 처음으로 7명에게 세례를 주었는데, 당시에는 지금 이 기도회에 참석한 자들의 손에 내 생명을 잃을 뻔했다오. 하나님께서 하시는 일이 얼마나 놀라운지! 내 입술에서 이런 감탄이 저절로 나온다오.

어제 [장대현교회] 전도회는 3명의 선교사를 파송하기로 결정했소. 그 중 한 명은 압록강 너머 한인촌에 사는 한국인, 곧 중국 영토 쪽으로 건너간 한국인을 방문하는 사역을 하게 될 것이오. 이것은 거의 외국 선교와 같은데, 그렇지 않소?[1] 현재의 증가 추세대로 간다면 2-3년 안에 전국을 복음화하기 위해 남쪽에서 선교 운동이 시작될 것이오. 그리고 만일 그 운동이 일어나면 걷잡을 수 없는 추진력을 가지고 전진하여 전국으로 확산될 것이오.[2] 이 일에 대해 당신에게 말하고 싶지만 할 수가 없소.

흥미 있는 두 가지 다른 주제가 있소. 내가 맞은 [천연두] 예방주사가 효과가 있소. 첫 번째와 두 번째 접종으로는 면역이 생기지 않았는데 세 번째는 생겼소.

블레어 목사는 내가 노래를 할 수 있다고 주장하며, 기도회 전에 사람들에게 찬송을 가르치려고 몇 차례 내게 독창을 시켰다오. 어떤 때는 그와 함께 내가 몇 소절을 부르기도 했는데, 독창이나 이중창을 하면서 즐거워하는 내 모습을 상상해보시오. 오, 그래요, 당신이 없는 동안 나는 여러 가지 일을 하고 있다오. 다른 일 중에서 나는 내 머리가 자라도록 놔두고 있는데, 이제는 머리가 길어서 땋을 수 있을 정도라오. 나는 이 사실을 잊고 지냈는데, 아무튼 이발할 시간이 없소.

여보, 이만 줄이겠소. 내 모든 사랑을 보내며, 잘 자오.

당신의 남편,

샘

---

1 1902년에 벌써 평양 장대현장로교회는 압록강 건너 한인촌에 한인 선교사를 파송했다.

2 이 전망대로 1903년부터 부흥 운동이 일어나 전국적으로 확산되었으며, 1907년 1월에 평양에 대부흥이 일어나 그 절정을 이루었다.

Samuel A. Moffett

Pyeng Yang, Korea

January 13, 1902

Dear Dr. Ellinwood:

It falls to me to write the station letter this month and I shall combine with it a personal letter which I had intended to write at this time. I deeply appreciate your letter to Mrs. Moffett & me about our short furlough this coming summer and thank the Board for the permission and you for your kind words in connection with it. Much to our regret Mrs. Moffett has been compelled to go before the Spring, she having been taken sick very unexpectedly in September so that the physicians advised her going at once. I am glad that I can remain here through the winter and also that I can join her at home in the Spring for I find that I too greatly need a rest. The fact is that our whole force here is overworked for we certainly have an unusual situation to face so that with the ever-increasing opportunities for advancement and the ever-increasing volume of work to be looked after and properly developed we are on a strain all the time, trying to compass more than it is possible for us to do.

Just now we are sorrowfully stricken by the death of Mr. Leck, who had so greatly endeared himself to us all and who had so enthusiastically and successfully entered upon his work in the North. He seemed to be preeminently the man needed there—gifted, consecrated & zealous and a man of unusually fine spirit—cheerful and helpful, so that aside from our own personal sorrow, our disappointment as we think of the work in the North is a very keen one. Just before the news of his sickness I received letters from Syen Chyen telling of his reports from the far North. One writes: "Mr. Leck must write the account himself of his northern trip but notes received from him speak glowingly of his experiences. He and Helper Nyang [Yang] are finding believers scattered and in groups all along the way, 'on every bush and tree,' to quote Mr. Ross. They had

마포삼열

한국, 평양

1902년 1월 13일

엘린우드 박사님께,

이번 달 선교지부에 제출할 보고서는 제가 쓸 차례가 되었습니다. 그래서 이번에 제가 쓰려고 했던 개인적인 편지와 보고서를 함께 쓰려고 합니다. 귀하께서 올여름 아내와 제 짧은 휴가에 대해 우리 두 사람에게 보내주신 서신에 깊이 감사드리며, 휴가를 허가한 선교부와 이와 관련한 귀하의 친절한 말씀에도 감사를 드립니다. 아내가 봄이 되기 전에 떠나서 많이 아쉬웠지만, 그녀는 9월에 갑작스럽게 병에 걸렸고, 의사들은 그녀가 즉시 떠나야 한다고 조언했습니다. 제가 겨울 동안 이곳에 남을 수 있고 봄에 본국에서 아내와 결합할 수 있어서 기쁩니다. 왜냐하면 저 또한 휴식이 정말로 필요하다는 것을 알게 되었기 때문입니다. 사실 이곳의 우리 선교사 인력 모두가 과로하고 있습니다. 우리는 분명히 예외적인 상황에 직면하고 있습니다. 그래서 지속적으로 증가하는 진보의 기회와, 돌보고 적절히 발전시켜야 하는 사역들로 인해 우리는 우리 능력으로 할 수 있는 것보다 더 많은 일을 감당하려고 노력하기 때문에 항상 중압감을 느끼고 있습니다.

지금 우리는 렉 목사의 사망으로 인해 비탄에 잠겨 있습니다. 그는 우리 모두에게 큰 사랑을 받았고, 북부 지역에서 자신의 사역을 열정적이고 성공적으로 착수했으며, 누구보다도 그곳에서 필요한 사람처럼 보였습니다. 그는 재능 있고 헌신적이며 열정적이고, 보기 드물게 훌륭한 정신을 가진 원기왕성하고 유익한 자였습니다. 그래서 우리는 개인적인 슬픔과는 별도로 북쪽 지역의 사역에 대한 생각으로 뼈아픈 실망을 느낍니다. 그가 병에 걸렸다는 소식이 오기 바로 전에, 저는 북단 지역에서의 그의 보고서에 대해 말하는 선천에서 쓴 편지를 받았습니다. 한 편지는 다음과 같이 전했습니다. "렉 목사가 그의 북쪽 지역 여행에 대해 직접 편지를 써야 하겠지만, 그가 보낸 메모에 그의 경험이 생생하게 담겨 있습니다. 그와 양전백 조사는 가는 곳마

received 47 catechumens and find many ready for baptism. Mr. Leck says he is having the experience of his life and we do not wonder at his enthusiasm." Another writes: "Mr. Leck sends back glowing reports of his trip. While he was at Cho San 13 Koreans from over the border in China came over to see him and he received them all as catechumens and says they were all strong men. They belong to a group of forty." He was covering new territory that is territory heretofore visited only by Korean Christians and Helpers.

The Koreans will feel his loss very keenly for he had won a large place in their hearts. He had led our singing here all last year and had given lessons during the Training Classes both here and in Syen Chyen last winter so that even before he had much of the language he had sung the gospel into many of them. When news of his death came many of them came to me with tears in their eyes expressing their great sorrow. Helper Nyang, who is now here attending our class, is almost heart-broken over the great loss to the work which is so promising and so greatly in need of oversight. How we shall provide for the work I know not, but I do most earnestly urge that without delay a strong man be sent to prepare to take Mr. Leck's place.

In our own station the narrative for the past month shows continued progress along all lines. Country trips have been taken by all of the men in the station and by four of the ladies: Mrs. Hunt, Miss Best, Miss Snook & Mrs. Blair. Emphasis has been laid upon Training Class work both for men and women. Both Miss Best and Mrs. Hunt report two good country classes each for the women, while the regular Fall Training Class for the whole station brought together one hundred country women and sixty-six of the city women, giving us the largest class ever held. Mrs. Swallen reports it also as the best class we have had.

Mr. Hunt and Mr. Swallen have been out almost all the time from the middle of October until Christmas. They have been holding classes, preaching, supervising the work and examining candidates. Progress

다, 로스 목사의 말을 인용하자면, '덤불과 나무마다' 기독교 신자들이 흩어져 있거나 미조직교회로 있는 것을 발견했습니다. 그들은 47명의 학습교인을 받아들였고 세례 받을 준비가 된 많은 사람을 보았습니다. 렉 목사는 자신이 일생일대의 경험을 하고 있다고 말하는데, 우리는 그의 열정에 놀라고 있습니다." 또 다른 편지는 다음과 같이 쓰고 있습니다. "렉 목사는 그의 여행에 대해 생생한 보고서를 보냈습니다. 그가 초산(楚山)에 있는 동안 국경 너머 중국에 있는 13명의 한국인이 그를 보기 위해 왔습니다. 렉 목사는 이들 모두를 학습교인으로 받아들였는데, 모두 믿음이 확고한 자라고 말했습니다. 그들은 40명으로 구성된 미조직교회에 속한 자입니다." 그는 이제까지 한국인 기독교인과 조사들만이 방문했던 새로운 지역을 담당하고 있었습니다.

렉 목사가 한국인들의 마음속에 커다란 자리를 차지하고 있었기 때문에 한국인들은 그의 죽음을 가슴 아파할 것입니다. 그는 이곳에서 작년 내내 우리의 찬양을 인도했습니다. 지난겨울 평양과 선천에서 열린 사경회에서는 성경도 가르쳤습니다. 그는 한국어를 많이 배우기도 전에 노래를 통해 수많은 한국인에게 복음을 전했습니다. 그의 죽음이 알려지자 많은 한국인이 눈물을 머금고 찾아와 큰 슬픔을 표현했습니다. 양전백 조사는 지금 이곳 사경회에 참석 중인데, 장래가 밝고 동시에 많은 지도가 필요했던 북부 지역 사역에서 발생한 커다란 상실로 인해 크게 상심하고 있습니다. 우리가 어떻게 그 사역을 도와야 할지 모르겠습니다. 저는 렉 목사의 자리를 대신하도록 준비할 강인한 사람이 지체 없이 파송되어야 한다고 강력하게 촉구하는 바입니다.

우리 선교지부의 지난달 기록은 모든 분야에서 지속적인 진전을 보였습니다. 우리 지부의 모든 남자와, 헌트 부인, 베스트 양, 스누크 양, 블레어 부인 등 4명의 여성이 지방 순회를 다녔습니다. 남녀 신자 모두를 위한 사경회 사역에 강조점이 있었습니다. 베스트 양과 헌트 부인은 여성을 대상으로 한두 개의 지방 사경회가 잘 진행되었다고 보고했습니다. 한편 지부 전체의 정규 가을 부인 사경회에는 100명의 시골 지역 여성과 66명의 도시 지역 여성이 참석하여 이제까지 개최된 것 중 가장 큰 사경회가 되었습니다. 스왈른

in the establishment of day schools is noted and among them Mr. Hunt reports a good school for girls in one of his country churches. This makes the third school for girls outside of the city.

The Academy opened with 30 pupils and is steadily developing in efficiency. More & more it is demanding time and attention. The eagerness of this people for Biblical instruction is a marvel and a delight to us. Women have traveled on foot 35 and 60 miles to attend country classes and over 100 miles for the city class while the men will gather in groups of from 20 to 100 at any point at which we will arrange for a class. Just at present more than 400 of them have gathered from all over the country to attend our regular Winter Training Class now in session.

The narrative also shows an advance over last year in the amounts being raised for the support of Helpers and Evangelists and this notwithstanding the fact that some sections are seriously affected by the famine. Several new groups are reported and many more might be established and enrolled had we the time to follow up the work of the Koreans. The combined reports this month show 78 adults and 10 infants added to the roll of baptized members while 194 have been added to the catechumenate in the country churches.

The new missionaries soon get into the work here, even while learning the language. Mr. Bernheisel in his second year is visiting churches and with a Korean Helper receiving catechumens and enrolling new groups in two counties which no missionary has heretofore been able to visit. In one of the older churches he reports 40 of the enrolled catechumens ready for examination for baptism.

Miss Snook assisted Miss Best in her country class, giving singing lessons. Here in the city she has a weekly class for catechumens and with Miss Henry teaches singing to the boys of the city schools. Mr. & Mrs. Blair have had their first country trips where they too assisted by giving music lessons. Mrs. Blair has a class of girls here while Mr. Blair is very appreciably improving the singing of the city congregation by a

부인은 이것이 지금까지 개최된 것 가운데 여러 모로 가장 좋은 사경회라고 보고했습니다.

헌트 부인과 스왈른 부인은 10월 중순에서 성탄절까지 계속 순회 여행을 했습니다. 그들은 수업을 진행하고 설교하며 사역을 감독하고 세례 지원자들을 문답했습니다. 주간 학교 설립이 눈에 띄게 진전되고 있습니다. 그중 헌트 목사는 자신의 한 시골 교회에 설립된 여학교에 대해 즐겁게 보고했습니다. 이 학교는 서울을 제외한 지방에 설립된 여자초등학교 중 세 번째 학교입니다.

[평양] 중학교는 30명의 학생으로 개교했고 효율적으로 꾸준히 발전하고 있습니다.[1] 이 학교에 점점 더 많은 시간과 관심이 필요합니다. 성경 강의에 대한 교인들의 열정은 경이로우며 우리의 기쁨입니다. 여성들은 100리에서 200리를 걸어서 시골 사경회에 참석합니다. 도시 사경회를 위해서 300리 이상을 걸어오는 자도 있습니다. 남자들의 경우는 우리가 어느 장소에서 사경회를 개최하든지 20명에서 100명이 모였습니다. 지금은 전국 곳곳에서 400명 이상의 남자들이 현재 수업이 진행 중인 정기 겨울 사경회에 참석하고 있습니다.

보고에 의하면 일부 지역에서는 심각한 가뭄에도 불구하고 조사와 전도인을 원조하기 위해 모금한 금액이 작년 한 해 동안 증가했습니다.[2] 새로운 여러 미조직교회가 보고되었는데, 우리가 한국인들의 사역을 관리할 시간이 있었다면 더 많은 미조직교회가 세워졌을 것입니다. 이달의 종합 보고서에 따르면, 시골 교회에서 성인 78명과 유아 10명이 세례교인 명부에 추가되었고, 194명이 학습교인으로 추가되었습니다.

신규 선교사는 한국어를 배우는 중이라도 이곳 사역에 바로 투입됩니다. 2년 차인 번하이젤 목사는 교회들을 방문하고 이제까지 선교사가 방문할 수

---

1 숭실학당은 1897년 10월 10일 초등학교로 개교했으며, 1900년에 평양예수교중학교를 시작했고, 1905년에 대학부가 개설되었다.

2 1901년 중부 지방의 대기근 때 평안도 지역은 큰 피해가 없었기 때문에 헌금이 줄지 않았고 교인 증가에 따라 헌금이 증가했음을 알 수 있다.

service of song before the Wednesday night prayer-meeting. In this way all are being brought into touch with the people and the work and receive an inspiration from [it] as well as becoming a factor in the growth of the church. Miss Chase also gave us assistance as she went through on her way to Syen Chyen. She arrived here just in time to take a class in the Women's Training Class. She also spent a Sabbath on the road with a new group just started in the large city of An Ju—holding three meetings with the women and meeting thus over 90 of them. The fact is there is so much to do here and it is such a busy bee hive that old comers and new comers and visitors, foreigners and Koreans soon find work to do.

Our congregations in the city church this year have been an inspiration. We built our big city church none too soon for the ordinary congregation nearly always fills it and with the class in session it is packed and crowded. Last Sabbath we had to put the boys on the women's side, fill the pulpit platform with men and seat the people just as close as they could get together—all on the floor—so that we were able to crowd into it 1,500 people. Reading in one of the home papers about our prayer-meeting with 1,000 in attendance I was afraid some one had exaggerated slightly-but it is no exaggeration now. There were over 1,000 at the last meeting, and during the week of prayer—notwithstanding the deep snow and the great cold, each night showed an attendance over a thousand.

I write this for two reasons: 1st—it is an inspiration to us and a great encouragement and I think we ought to share with you the joy and the inspiration even though we may seem to be too jubilant and too much inclined to write about the bright things only and thus also seem to exaggerate somewhat the progress of the work. The second reason is to call attention to the peculiar situation we are trying to meet. I am quite sure we do not exaggerate and I am equally sure that one not here cannot get a real insight into the marvelous development of the work here in these few years. We cannot fully report the great volume of work which

없었던 두 개 군에서 한국인 조사와 함께 학습교인을 받고 새로운 미조직교회를 등록하고 있습니다. 그는 오래된 한 교회에 세례 문답을 받을 준비가 된 학습교인이 40명 있다고 보고했습니다.

스누크 양은 찬송가를 가르치면서 베스트 양의 시골 사경회를 도왔습니다. 이 도시에서 그녀는 학습교인을 위해 주 1회 수업을 하고 있고 헨리 양과 함께 이 도시 학교의 남학생들에게 노래를 가르치고 있습니다. 블레어 목사 부부는 처음으로 시골 순회 여행을 했는데 음악을 가르치면서 도왔습니다. 블레어 부인은 이곳에서 여성 성경반을 맡고 있고, 블레어 목사는 수요일 밤 기도회 전에 찬양을 인도함으로써 이 도시 회중의 찬양 실력을 눈에 띄게 향상시키고 있습니다.[3] 이런 방식으로 모두가 이곳 교인들과 사역에 접하고 있고 그들로부터 영감을 얻을 뿐만 아니라 교회 성장의 한 요소가 되고 있습니다. 체이스 양 또한 선천으로 가는 길에 우리에게 도움을 주었습니다. 그녀는 때마침 이곳에 도착해서 부인 사경회의 한 반을 맡았습니다. 또 그녀는 안주라는 큰 도시에서 이제 막 새로 시작한 미조직교회와 함께 주일을 지냈는데, 여성들과 세 차례의 모임을 가지고 90명 이상을 만났습니다. 이곳에는 실로 할 일이 많습니다. 분주한 벌집처럼 오래전에 온 사람, 새로 온 사람, 방문자, 외국인, 한국인 모두가 곧바로 할 일을 찾을 수 있습니다.

이 도시 교회의 회중은 올해 많이 성장했습니다. 우리는 큰 예배당을 때맞게 지었습니다. 일반 회중은 거의 항상 교회를 채웠고, 진행 중인 사경회 참석자들과 더불어 예배당은 붐비고 가득 찼습니다. 지난 주일에 우리는 소년들을 여자석에 배치하고, 강단에는 남자들로 가득 채우고 설교단 바로 앞까지 마루에도 최대한 사람들을 가까이 앉도록 해야 했습니다. 이렇게 해서 우리는 교회에 1,500명의 사람을 수용했습니다.[4] 우리 기도회에 1,000명이 참석했다고 본국의 어떤 신문이 보도했는데, 저는 그것을 읽으면서 약간

---

3 주로 여성 선교사들이 사경회와 수요 기도회 때 오르간 반주에 맞춰 서양 음계로 된 찬송을 가르쳤다. 평양에서는 렉 목사에 이어 블레어 목사 부부가 찬송을 가르쳤으며, 체이스 양은 평양에 이어 선천에서도 가르쳤다.

4 사경회가 진행되던 1901년 1월 첫 주일에 장대현교회에 처음으로 1,500명이 참석했다.

presses upon us as we try to train, develop, instruct and organize the Church so as to lead it on to higher attainments and as we try at the same time to take advantage of our wonderful opportunities for evangelistic work in the more widespread growth of the work.

There are weak spots in the work, necessarily so, but we are striving to overcome them and to establish the Church on a strong basis. To do this we must put a great deal of time and energy into classes for instruction–in fact all our time might be spent in this work and the Church would receive no more instruction than it needs and asks for. But we must not wholly neglect our present opportunity for the establishment of new groups of believers and for the more wide-spread proclamation of the gospel while the people are in a receptive frame of mind. Work as energetically as we possibly can, yet there are many groups that receive but one visit a year, there are already hundreds and hundreds of catechumens awaiting examination for baptism, scores of groups begging for classes for instruction and the whole work needing constant oversight–all the Helper & Leaders needing instruction, advice & training and a whole host of questions demanding time & thought, so that while we enthusiastically rejoice and praise the Lord for it all–yet at times we are appalled at the magnitude of the work and our inability to compass it. We must soon put upon some of the Koreans a part of the responsibility in administering the affairs of the Church. Of course we have done so already in so far as we can commit matters to unordained men. We are now trying to prepare a few men for ordination but at best it will be several years before we shall feel that they are ready for ordination. We cannot expect many more missionaries in this Northern section of Korea and I think that if we can get those we have asked for this year in addition to some one to fill Mr. Leck's place we shall not need to ask for any more but will then be in position to rely upon Koreans to look after the further enlargement of the work, while more & more we give our time to the more thorough instruction in training class

과장되었다고 걱정했지만, 이제 그것은 과장이 아닙니다. 마지막 모임에는 1,000명 이상이 참석했고, 기도 주간에는 높이 쌓인 폭설과 혹독한 추위에도 불구하고 매일 밤 1,000명 이상이 참석했습니다.

저는 이 서신을 두 가지 이유에서 쓰고 있습니다. 첫째, 이곳에서의 사역은 우리에게 영감을 주고 대단히 고무적입니다. 비록 우리가 너무 득의만면하고 희망적인 일에 대해서만 쓰는 경향이 있어서 사역의 진보를 다소 과장하는 것처럼 보일 수 있지만, 저는 우리가 그 기쁨과 영감을 귀하와 함께 나눠야 한다고 생각합니다. 둘째, 우리가 대처하려고 노력하는 특별한 상황에 귀하의 주의를 환기시키고자 하는 것입니다. 저는 우리가 과장하지 않는다고 분명히 확신합니다. 또한 이곳에 있지 않은 사람은 지난 몇 년간 이곳 사역의 놀라운 발전에 대해 실제로 이해할 수 없다고 굳게 믿습니다. 우리는 우리를 압박해오는 이 거대한 양의 사역을 완전하게 보고할 수 없습니다. 우리는 교회를 훈련하고 발전시키며 가르치고 조직해서 좀 더 높은 수준에 도달하도록 인도하려고 애쓰고 있습니다. 우리는 이 사역이 폭넓게 성장할 때 그것을 전도 사역을 위한 훌륭한 기회로 활용하고 싶습니다.

이 사역에서 약한 부분이 있습니다. 필연적으로 그렇겠지만, 우리는 그것을 극복하고 견고한 기초 위에 교회를 세우려고 분투하고 있습니다. 이 일을 하기 위해 우리는 상당한 시간과 에너지를 교육을 위한 사경회에 투자해야 합니다. 사실 우리의 모든 시간을 이 사역에 쓸 수 있지만, 그렇게 해도 교회는 필요하고 요구되는 양보다 더 많은 가르침을 받지는 못할 것입니다. 사람들이 복음을 받아들이려는 마음 자세를 가지고 있는 지금, 우리는 새로운 신자들로 미조직교회들을 설립하고 복음을 보다 널리 선포할 수 있는 기회를 완전히 무시하지 말아야 합니다.[5] 우리가 할 수 있는 한 정열적으로 사역하지만 한 해에 한 번 심방을 받는 많은 미조직교회가 있습니다. 이미 세례문답을 기다리는 수백 명의 학습교인이 있으며, 사경회를 요청하는 수십 개의 미조직교회가 있습니다. 전체 사역은 지속적인 감독을 필요로 하는데, 모

5 영어 본문에 등장하는 "group" 혹은 "group of believers"는 미조직교회로 번역한다.

work and to the supervision of and cooperation with the Korean pastors and evangelists.

Now, however, we do need all the men asked for and I earnestly hope you may see your way clear to send them and also to grant us appropriations for at least two houses here in Pyeng Yang. With the removal of the Syen Chyen people we have not a large station when the volume of the work to be done is taken into consideration. When Mr. Lee returns and is in his house we shall be crowded—being dependent upon his and our guest houses—(which we put up ourselves) for quarters for part of our force—but these we shall need for the new missionaries expected. We need at once a house for Mr. & Mrs. Blair and one for the two single ladies, Miss Snook & Miss Henry.

I do not want to ask for anything at the expense of other stations equally needy and I know that both Syen Chyen and Seoul need men and houses but I do hope that the peculiarly rapidly developing work and the present great opportunities in Korea may lead the Church to provide liberally for us in Korea just now.

We regret the serious loss occasioned by Mr. Moore's enforced return to America and Miss Ackles withdrawal from her appointment. These, with Mr. Leck's death, have weakened the Mission very much. Beside the filling of these vacancies we ask this year for but four men and four single ladies and this year I think all of them are urgently needed.

With kindest regards and continued prayers for your health

Very Sincerely Yours,

Samuel A. Moffett

P.S. If Mr. Lee has not yet been to New York or if you have not yet had a conference with him I most earnestly hope that you will do so before he returns from his furlough.

S. A. M.

든 조사와 영수는 교육과 조언과 훈련이 필요합니다. 시간과 사고를 요구하는 수많은 문제가 있지만 우리는 이 모든 것에 대해 열정적으로 기뻐하고 주님을 찬양합니다. 그러나 때때로 이 사역의 규모와 그것을 감당할 수 없는 우리의 무능력으로 인해 두렵습니다. 우리는 곧 일부 한국인들에게 교회 업무를 관리하는 책임의 일부를 맡겨야 합니다. 물론 우리는 안수받지 않은 자들에게 위임할 수 있는 한도 안에서 이미 그렇게 했습니다. 현재 우리는 두세 사람으로 하여금 목사 안수를 받도록 준비시키려고 노력하고 있지만, 그들이 안수받을 준비가 되었다고 우리가 느끼려면 적어도 몇 년은 걸릴 것입니다. 한국의 이 북쪽 지역에 많은 선교사를 기대할 수는 없습니다. 우리는 더 이상 요청할 수 없지만 렉 목사의 자리를 대신할 사람 외에 추가 인원이 충원되기를 바라면서, 한층 확장된 사역을 돌보기 위해 한국인에게 의지해야 합니다. 우리는 사경회 사역에서 보다 철저히 교육하고, 한국인 목사와 전도인의 감독 및 그들과의 협력에 우리의 시간을 점점 더 많이 쓰게 될 것입니다.

하지만 현재는 우리가 요청했던 모든 인원이 정말 필요합니다. 저는 귀하께서 그들을 우리에게 파송하고, 이곳 평양에 적어도 두 동의 주택에 대한 예산을 승인해주시기를 진심으로 희망합니다. 선천에 선교사를 보낸 후라 해도 우리는 이 지부에서 해야 하는 사역의 규모에 맞는 주택을 가지고 있지 않습니다. 리 목사가 돌아와 그의 사택에 살게 되면 우리의 사택은 붐비게 됩니다. 리 목사의 집과 우리 집에 자비로 사랑채를 마련하여 일부 선교사가 지낼 숙소를 마련했지만, 선교사들이 새로 오면 그곳을 그들의 숙소로 사용해야 할 것입니다. 우리는 당장 블레어 부부를 위한 사택과 2명의 독신 여성 선교사인 스누크 양과 헨리 양을 위한 사택이 필요합니다.

저는 우리처럼 필요한 것이 많을 다른 선교지부에 폐를 끼치면서까지 요청하고 싶지는 않습니다. 저는 선천과 서울에도 인력과 사택이 필요하다는 것을 알고 있습니다. 하지만 저는 한국에서 특별히 빠르게 발전하고 있는 사역과 현재의 커다란 기회를 고려해서, 본국의 교회가 지금 바로 우리에게 아낌없이 지원해주기를 진심으로 희망합니다.

우리는 무어 목사가 어쩔 수 없이 미국으로 귀국하고 액클스 양이 사임하면서 심각한 손실이 일어나 유감입니다. 이 일은 렉 목사의 사망과 함께 선교회를 대단히 약화시켰습니다. 이 공석을 메우는 것에 더해서 우리는 올해 4명의 남성과 4명의 독신 여성을 요청했는데, 이 모든 인원이 시급히 필요합니다.

안부를 전하며 귀하의 건강을 위해 계속 기도하겠습니다.

마포삼열 올림

추신. 리 목사가 뉴욕에 아직 도착하지 않았거나 귀하께서 아직 그와 만나지 않으셨다면, 그가 한국으로 돌아오기 전에 만나주시기를 진심으로 희망합니다.

마포삼열

Samuel A. Moffett

Pyeng Yang, Korea

January 13, 1902

My own Precious Girlie:

My heart just keeps getting fuller & fuller of love for you and an intense longing for another message keeps me counting the days until the Honolulu message comes. A mail is in—the first paper coming by Japanese postman this morning—but it cannot bring the Honolulu letters. The next one, however, will doubtless do it and then I shall be happy—no happier for I am always happy in the consciousness that you love me. How profoundly such a love affects one's life! You do not know all it is doing for me these days nor how much I long to tell you some of the many inner thoughts of my heart & life. I know one thing that comes to me over & over again and that is the wish that in our 3 years together I had been just exactly such an one as you would have wanted me to be and that there had been nothing that we could regret—Well dearest—just wait until I get home to you and you will find me a model husband —yes you will—and you need not laugh over my good resolutions.

My dearest—every day & hour is full of holiest thought of you and most beautiful and happy recollections of your presence in this home and in my life.

Last night we sang some of your favorite hymns and oh! how I did wish you could be here to lead them.

Yesterday was the Sabbath—and oh—such a crowd as there was at church and what an inspiration it was. Mr. Blair is quite appreciably improving their singing. We had to put all the old men on the women's side—then have the men stand up, move forward & sit down again so as to make more room. They wedged in like sardines. Dr. Wells came a little late & in trying to make his way through them could not find any place for his feet—so he said he just stepped on the people in making his

마포삼열

한국, 평양

1902년 1월 13일

내 소중한 여인에게,

내 마음은 당신을 향한 사랑으로 더욱 충만하게 계속해서 채워지고 있소. 당신이 호놀룰루에서 보낸 편지가 언제 도착할지 그 날짜만 손꼽아 기다린다오. 오늘 아침에 우편물을 받았지만 그것은 일본 우편으로 온 신문이었고, 배달부가 호놀룰루에서 온 편지는 가져오지 않았소. 그렇지만 다음 번 우편물에는 분명 당신의 편지를 가지고 올 것이오. 그러면 난 행복할 거요. 나는 당신이 나를 사랑하고 있다는 걸 의식하면서 늘 행복하니 이보다 더 행복할 수는 없소. 그런 사랑이 한 사람의 삶에 얼마나 많은 영향을 주는지! 당신은 그런 사랑이 요즘 내게 어떤 일을 하고 있는지, 그리고 내가 내 마음과 생활에 대한 많은 내면의 생각 중 일부만이라도 얼마나 당신에게 말하고 싶은지 모를 것이오. 내게 반복해서 떠오르는 한 가지 생각과 소원은, 우리가 3년간 함께 지낼 때 내가 당신이 바랐던 바로 그런 사람이 되었더라면, 그리고 우리가 후회할 것이 전혀 없었더라면 얼마나 좋았을까 하는 것이오. 그래요, 여보, 내가 본국에 있는 당신에게 갈 때까지만 기다려주시오. 그러면 당신은 내가 모범적인 남편임을 알게 될 것이오. 당신은 내 선한 결심을 웃어넘길 필요는 없소.

사랑하는 여보, 매일 매 순간이 당신에 대한 가장 거룩한 생각과, 이 집과 내 삶에서 당신의 존재가 가져다준 가장 아름답고 행복한 순간에 대한 회상으로 가득 찬다오.

어젯밤에 우리는 당신이 즐겨 부르던 찬송을 몇 곡 불렀소. 아, 당신이 여기에 있어서 그 곡을 선창했더라면 얼마나 좋았을지!

어제는 주일이었소. 오, 교회에 큰 무리가 모였는데 얼마나 영감을 주었던지! 그들이 부르는 찬송이 크게 개선되었는데, 블레어 목사에게 크게 감사할 일이오. 우리는 모든 남자 노인을 여자석에 앉도록 해야 했고, 이어서 남자

way between their shoulders. It really is getting to be fun to write about our crowds of people.

The weather has moderated & it is more comfortable. The snow still covers the ground, however, and is pretty deep.

In writing letters do not forget that some mail comes out here via Tacoma & Vancouver so do not always wait for the San Francisco steamers.

Once again, dearest, with all my love,

Your own,
Sambo

들을 세워 앞으로 움직이게 해서 뒤에 공간을 더 만들었소. 입추의 여지가 없었소. 웰즈 의사는 좀 늦게 왔는데, 그의 말에 따르면 발 디딜 틈 없이 사람들이 앉다 보니 그들을 밟지 않도록 그들의 어깨 사이를 헤집고 나와야 했다고 했소. 사람들이 많이 모였다는 소식을 전하게 되니 기분이 정말 좋아진다오.

날씨가 풀려서 거동하기가 더 편하오. 하지만 땅은 아직 눈으로 덮여 있고 꽤 깊이 쌓여 있소.

일부 우편물은 타코마와 밴쿠버를 통해 이곳에 온다는 것을 잊지 말고 내게 편지를 쓸 때 샌프란시스코 기선의 시간만 기다리지 마시오.

다시 한번 당신에게 내 모든 사랑을 보내오.

당신의,

삼보

Samuel A. Moffett

Pyeng Yang, Korea

Monday Evening, January 13, 1902

Alice dearest:

Just a little chat with you to tell you that according to G. J. Romanes I have the two most precious things in life–faith and love. Have just read this statement of his and right he is. How thankful I am for the gift of faith in God & His Word–both the incarnate Word and the written Word and how grateful I am for love, both the divine and the human which, of all things human, most nearly approaches the Divine. With faith in God and your love, certainly I have the two most precious things in life.

Good night, my Dearest.

Sam

마포삼열

한국, 평양

1902년 1월 13일, 월요일 저녁

사랑하는 앨리스에게,

간단히 몇 자 적소. 나는 G. J. 로마네스의 말을 빌려 내 생애에서 가장 소중한 두 가지, 곧 믿음과 사랑을 가지고 있다고 당신에게 말하고 싶소. 방금 그가 말한 그 부분을 읽었는데 옳은 말이오. 나는 하나님과 그분의 말씀, 곧 성육신하신 말씀이신 예수 그리스도와 기록된 말씀을 믿는 신앙의 선물을 받은 것에 대해 얼마나 감사하는지! 그리고 내가 하나님의 사랑과 모든 인간적인 것 가운데 가장 하나님의 사랑에 근접한 인간의 사랑에 대해 얼마나 고마워하는지! 하나님에 대한 믿음과 당신에 대한 사랑을 가지고 있으니, 나는 삶에서 가장 소중한 두 가지를 가지고 있음이 분명하오.

잘 자요, 내 사랑,

샘

PHS, microfilm reel #280. Vol. 232 (1902), letter #6

Samuel A. Moffett

Pyeng Yang, Korea

January 14, 1902

Dear Dr. Ellinwood:

I take this occasion to refer to the subject mentioned in your letters to Mr. Baird and me viz; the early conversion of children and their early reception into the Church.

I have for years had very strong convictions that the children of Christian parents ought to grow up never knowing anything other than to love and serve the Lord and that they ought always to be taught to know and accept the fact that in virtue of the Covenant because of which they have been baptized they are already members of the Church and that they ought from earliest years look forward to coming to the Lord's Table just as soon as they have grown into a conception of its true meaning. Certainly Presbyterians are thoroughly inconsistent when they talk about baptized children "joining the Church." They are already members of the Church and their public confession of their faith when they come to partake of the Sacrament of the Lord's Supper should be a very different thing from the Confession of Christ and the baptism of those who are received into the Church.

I was greatly interested in your statements about the early conversion of the young and the great importance of leading the scholars in the day schools to a profession of their faith in Christ. I too came to a conscious personal conviction of sin and acceptance of Christ when I was eleven years of age and was then allowed to make profession and come to the Lord's Table and I have always thought that children of the Covenant should be encouraged so to do.

Our practice here has been to receive the children as catechumens, they being expected from that time on to lead a Christian life and to believe themselves to be accepted in Christ. We have also received a

마포삼열

한국, 평양

1902년 1월 14일

엘린우드 박사님께,

이 기회에 귀하께서 베어드 목사와 제게 보내주신 서신에서 언급했던 주제를 언급하겠습니다. 즉 어린이들의 조기 개종과 조기 교회 등록 문제입니다.

저는 기독교인 부모의 자녀가 주님을 사랑하고 예배하는 것만을 알면서 자라야 하고, 하나님의 언약 때문에 그들이 세례를 받았으므로 자신이 이미 교회의 일원이라는 사실을 알고 이를 받아들이도록 항상 배워야 하며, 성찬식의 진정한 의미를 파악할 수 있을 정도로 자라면 곧바로 주님의 식탁에 나아가기를 최대한 어릴 때부터 고대해야 한다고 오랫동안 확신해왔습니다. 장로교인들이 세례 받은 아이들의 "입교"에 대해 말하는 내용은 모순되는 것이 분명합니다. 아이들은 이미 교회의 일원이므로, 성찬식에 참여하러 나오는 것을 통해 자신의 신앙을 회중 앞에서 고백하는 일은 성인들이 그리스도를 고백하고 세례를 받고 입교하는 일과는 달라야 합니다.

저는 어린이의 개종과 매일 초등학교 학생을 그리스도를 믿는 신앙고백으로 이끄는 일이 대단히 중요하다는 귀하의 진술에 크게 흥미를 느꼈습니다. 저 역시 11살 때 신앙고백을 하고 성찬식에 참여했으며 죄에 대해 의식적이고 개인적인 확신을 하게 되었고 그리스도를 영접했습니다. 저는 항상 하나님의 언약의 자녀들은 그렇게 할 수 있도록 격려되어야 한다고 생각했습니다.

이곳에서 우리가 실천한 내용은 어린이들을 학습교인으로 받아들이고, 그들이 그때부터 기독교인의 삶을 살고 그리스도 안에 받아들여진 것을 스스로 믿기를 기대하는 것이었습니다. 또한 우리는 많은 아이를 교회 안으로 받아들여서, 그들이 회개 및 신앙의 의미와 성만찬의 중요성에 대해 진정한 개념에 이르렀다고 판단되면 그들에게 세례를 주었습니다.

어린이들이 기독교 매일 초등학교에서 교육받고 수년 동안 기독교의 영

great many of these into the Church, baptizing them when they have seemed to reach a true idea of the meaning of repentance and faith and the import of the Lord's Supper.

Where children have been trained in Christian day schools and have been under Christian influences for several years I think we should expect them to accept Christ and make public confession of their faith–just as we do in the case of those who are trained in Christian homes.

The fact that here in Korea our evangelistic work has been made to precede the educational, gives us in all our schools the peculiar condition of having very few scholars who are not professing Christians–i.e.–either members of the Church, catechumens or children of Christians. Every pupil in our Academy is a professing Christian–so that our work in our schools is that of training the scholars in the Christian life, leading them to deeper convictions and higher attainments.

Your letter came just in time to be made use of in one of our conferences with the Training Class and both Mr. Baird & I took the occasion to enforce the points you presented–the subject of the Conference being Schools & Scholars. I hope your letter may bear fruit in many of the Mission fields and be the means of leading teachers to greater efforts for and more faith in the possibility of the early conversion of their scholars.

With kindest greetings & regards,

Very Sincerely Yours,
Samuel A. Moffett

향 아래 있는 상황이라면, 저는 우리가 기독교 가정에서 교육받은 아이들의 경우처럼 이 어린이들이 그리스도를 영접하고 자신의 신앙에 대해 회중 앞에서 고백할 것을 기대해야 한다고 생각합니다.

이곳 한국에서는 우리의 전도 사업이 교육 사업보다 우선적으로 진행되어왔기 때문에, 우리의 모든 학교에는 신앙고백을 한 기독교인이 아닌, 즉 교회의 일원이거나 학습교인이거나 기독교인의 자녀가 아닌 학생이 거의 없는 특별한 상황에 처해 있습니다. 우리 중학교의 모든 학생은 신앙고백을 한 기독교인입니다. 따라서 우리 학교에서의 사역은 학생들을 기독교인의 생활 안에서 훈련하는 사역이며, 그들로 하여금 보다 깊은 확신과 더 높은 수준에 도달하도록 인도하는 사역입니다.

귀하의 서신은 때마침 도착해서 우리 사경회의 토론 시간에 사용되었습니다. 베어드 목사와 저는 그 시간을 활용하여 귀하께서 제시한 요점을 강조했는데, 토론회 주제를 "학교와 학생"으로 정했습니다. 저는 귀하의 서신이 많은 선교지에서 결실을 맺고, 학생들이 어린 나이에 개종할 수 있는 가능성을 위해 교사가 더 많이 노력하고 더 많은 믿음을 가질 수 있도록 인도하는 도구가 되기를 희망합니다.

안부와 인사를 전하며,

마포삼열 올림

Samuel A. Moffett

Pyeng Yang, Korea

January 14, 1902

Alice Dearest:

More than busy today but I have time for the Whiliger message.

News from Syen Chyen says Mr. Whittemore is all well. After his return he had one very sick day with many symptoms of smallpox but was better next day and is now all right. Mrs. Leck thinks some of going home on the first boat leaving Chinnampo but has not decided.

Nothing unusual here. I hear that Mrs. F. S. Miller is sick again and they may have to go to Japan. I do hope not. What is to be done for re-enforcements for Korea?

Love to father & mother.

Lovingly, your husband,

Sam

마포삼열

한국, 평양

1902년 1월 14일

사랑하는 앨리스에게,

오늘도 평소보다 바빴지만 짬을 내서 사랑의 소식을 전하오.

선천에서 온 소식에 의하면 위트모어 목사는 아주 건강하다고 하오. 그가 선천으로 돌아간 이후 천연두로 여겨지는 증세를 보이며 하루 동안 심하게 아팠지만, 그다음 날 나았고, 지금은 괜찮다고 하오. 렉 부인은 진남포를 떠나는 첫 기선 편으로 고국으로 돌아갈 생각도 하지만 아직 결정하지는 않았소.

이곳에 별다른 소식은 없소. 밀러 목사 부인이 다시 아프다고 하오. 그들은 일본으로 가야 할 듯하오. 나는 가지 않기를 바라오. 한국에 선교사 인원을 보강하려면 무엇을 해야 하겠소?

아버지와 어머니께 사랑을 전하며,

사랑하는 당신의 남편,

샘

Samuel A. Moffett

Pyeng Yang, Korea

January 15, 1902

My Dearest:

What news today? Several items of interest. The catechumen class for women now that it is regularly established again is growing in numbers. There were 30 women besides the girls today. Last night the Com. of council met and put Yang Cho-si through a rigid examination and approved his ordination as an elder. Also gave permission to Mr. Swallen to take steps towards the election of a man in the Anak Kyo-Tong church as elder & to Mr. Hunt to do the same in the Pong San Po Ri Too Kei church. We are moving forward slowly 'tis sure but moving.

Today a Korean who has been a colporteur for 20 years in the Korean valleys in Manchuria came in with a letter from Mr. Turley the B. & F.B.S. agent there. He was run out by the Boxers and is now living in North Korea. He is just in in time to get benefit of the class and get acquainted with & in touch with our work & people.

Today we were invited to the Hunts for dinner and had a good social chat with them and got a little relief from the great rush of work.

I finished my work with the 1st class today—continue on with the 2nd and begin work with the 3rd tomorrow. The class is a great success and is telling. Had a conference with my helpers today and have arranged for about 15 classes through the country the next two months. I am to go to three of them—but two will be short ones, although I shall be out most all of the month of March, holding classes and visiting churches.

Finished and sent my letter to Dr. Ellinwood yesterday—one more thing accomplished in the midst of the rush.

Another two weeks will surely bring the Honolulu letter. Impatient for it—is not the word which describes my feelings—I am hungry—

마포삼열

한국, 평양

1902년 1월 15일

당신에게,

오늘은 어떤 소식을 전할까? 흥미 있는 여러 가지 소식이 있소. 이제 다시 정규 과정으로 개설된 여성 학습교인반은 숫자가 늘어나고 있소. 오늘은 소녀를 제외하고 30명이 참석했소. 어젯밤 열린 공의회위원회는 철저한 심사 끝에 양[전백] 초시를 장로로 안수하기로 허락했소. 또한 스왈른 목사에게 안악 교동교회에 한 사람을 장로로 선출하는 조치를 취하도록 했으며, 헌트 목사에게도 봉산 보리 두계교회에 동일한 일을 하도록 허락했소. 우리는 천천히 전진하고 있으나 확실하게 나아가고 있는 중이오.[1]

오늘 만주 한인촌에서 20년간 권서로 활동한 한 한국인이 만주 지역 영국 성서공회 총무인 털리 씨의 편지를 가지고 왔소. 그는 의화단에 의해 쫓겨나 지금은 북한에서 살고 있소.[2] 그는 마침 사경회가 열릴 때 이곳에 왔으므로 참석하여 도움을 받고 있으며, 우리의 사역과 사람들을 알아가고 접촉도 하고 있소.

오늘 우리는 헌트 목사 부부 집에 초대되어 저녁을 먹었고, 그들과 유익한 친교의 대화를 나누었으며, 사역으로 바쁜 일과에서 벗어나 잠깐 쉬는 시간을 가졌소.

나는 오늘 사경회 첫 수업을 마쳤고, 내일 두 번째 수업을 계속하고 세 번째 수업을 시작할 것이오. 사경회는 대성공이며 인상적이오. 오늘 내 조사

1 "평양 소목ᄉᆞ의 편지ᄅᆞᆯ 밧아본즉 쟝로교공의회 위원이 석ᄃᆞᆯ동안 평안도 일을 ᄉᆞᆯ펴본즉 셰례 밧은쟈가 석ᄃᆞᆯ 동안에 이ᄇᆡᆨ ᄉᆞ십오명이오 원입이 륙ᄇᆡᆨ 오십명이라 ᄒᆞ니 우리ᄂᆞᆫ 그 왕셩하야 가ᄂᆞᆫ일을 감샤ᄒᆞ노라"("교회통신: 평양", 「그리스도신문」, 1902년 2월 20일).

2 만주 심양의 경우 예배당과 병원과 성서공회 회관과 목사 사택 등이 모두 불탔고, 의화단은 예수교인들을 붙잡아 배교를 강요했으며, 거부하는 자들은 현장에서 처형했다("만쥬통신", 「그리스도신문」, 1901년 5월 18일). 로스 목사는 압록강 연안 청국 지방에 사는 대한 사람 중에 예수 믿는 자들도 의화단에게 많이 죽었다고 편지로 알렸다("외국 통신", 「그리스도신문」, 1901년 7월 18일).

starved—famished—and I am not what else. Am so glad we arranged a cable code. The mere fact that no cable comes tells me that you are getting along fairly well at any rate and I am trusting that all is well. Am hoping that the mail due this or next week which left San F. Dec. 11 may bring me word that the cable message was received.

Always give my love to father & mother. I long to hear of their joy over your home coming. All my love to you, dearest,

Your own,

Sam

들과 회의를 했는데, 앞으로 두 달 동안 시골에서 약 15회의 사경회를 열기로 계획을 잡았소. 나는 그중 세 곳에 가야 하지만, 두 곳은 짧게 끝날 것이오. 하지만 사경회를 인도하고 교회를 방문하면 3월 한 달은 거의 집을 떠나 있을 듯하오.

엘린우드 박사께 보내는 편지는 다 써서 발송했소. 바쁜 와중에 한 가지 일을 더 처리한 셈이오.

이번 주일이 지나면 호놀룰루에서 보낸 당신의 편지가 분명히 도착할 것이오. 나는 그것을 초조하게 기다리오. 아니, 그 말은 현재의 내 심정을 설명하는 데 적절하지 않소. 나는 당신의 편지에 배고프고 굶주려 죽을 지경으로, 다른 어떤 것도 원치 않소. 우리의 전보 부호가 정해져서 기쁘오.[3] 당신으로부터 전보가 전혀 오지 않는다는 단순한 사실은 아무튼 당신이 건강하게 잘 지내고 있음을 말해주고, 그래서 나는 모든 것이 순조롭다고 믿소. 12월 11일에 샌프란시스코를 떠나 이번 주나 다음 주에 이곳에 도착할 우편물에 내가 보낸 전보를 받았다는 말이 있기를 바라오.

장인어른과 장모님께 늘 내 사랑을 전해주시오. 나는 당신이 집에 와서 두 분이 기뻐한다는 말을 듣기를 고대하오. 당신에게 내 모든 사랑을 전하며,

당신의,

샘

---

3 전보 부호(telegram code)란, 예를 들면 서울의 영국 성서공회 한국지부가 "Bible Korea"로 부호를 정했듯이 자주 전보를 보내고 받는 기관이나 개인은 간단한 단어로 수신처를 표시하는 것이다. 아마도 평양의 마포삼열은 "Moffett Pyeng Yang"이라는 전보 부호를 정했을 것이다.

Samuel A. Moffett

Pyeng Yang, Korea

January 16, 1902

Well–dearest:

Just a few words before going to bed to try to get rid of a headache tonight. The weather is mild–snow is melting, roads are muddy and everyone feels wilted and all things considered it has not been good weather for health so I have been fighting a headache all day. In the midst of class work however I wrote a letter to Mother Moffett, took a walk with Mr. Hunt and beside this did little except talk with a number of Koreans at various times during the day. I had a good talk with Han Syek-Chin, who has been going through a hard spiritual struggle but is seeking and getting grace. How I wish I could give more time to helping many of these people who fall into sin, who have their struggles and who need pastoral advice & sympathy. There is so much to do here and there are so many hearts needing sympathy, love and help. Dearest, your love has made me appreciate–oh so much more what a wonderful influence love & sympathy have over one's life and one's spiritual life, too. My heart just fills with joy and gratitude at the thought of you and the fact that you love me. It is going to be hard to wait until April to start home to you–but I think I can stand it better when I begin to get some messages from you. Send me just lots of them please for I am so hungry I can stand a thousand.

Good night–precious–all my love to you,

Sam

마포삼열

한국, 평양

1902년 1월 16일

당신에게,

오늘 밤 두통을 떨쳐버려야 하니 잠자리에 들기 전에 간단히 쓰겠소. 날씨는 온화하오. 눈이 녹고 있어서 길은 진창이고 모두 몸이 나른한 것을 느끼오. 모든 것을 고려해볼 때 건강에 좋지 않은 날씨인데 나는 온종일 두통에 시달렸소. 하지만 사경회를 하는 도중에 내 어머니께 편지를 썼고, 헌트 목사와 함께 산책을 했으며, 그 외에 많은 한국인과 이야기한 것을 제외하면 한 일은 거의 없소. 한석진과 유익한 대화를 했는데, 그는 힘든 영적 투쟁을 겪어 왔지만, 은혜를 구하고 얻고 있는 중이라오.[1] 죄에 빠져 투쟁하고 있고 목회적 충고와 지지가 필요한 이 많은 사람을 위해 내가 더 많은 시간을 내서 도와줄 수 있다면 얼마나 좋겠소. 여보, 당신의 사랑이 더 고맙게 느껴진다오. 오, 당신의 사랑이 내 삶과 영적 삶에 얼마나 놀라운 영향력과 사랑과 지지를 주고 있는지! 당신을 생각만 해도, 그리고 당신이 나를 사랑한다는 사실만 생각해도 내 가슴은 기쁨과 감사로 차고 넘치오. 당신이 있는 고국으로 출발할 4월까지 기다리는 것은 어려운 일이오. 그러나 당신이 보내주는 편지를 받기 시작하면 좀 더 잘 버틸 수 있으리라 생각하오. 그러니 그저 많은 편지를 보내주시오. 나는 당신 소식에 굶주려 있어서 1,000통의 편지라도 읽어낼 수 있소.

나의 소중한 이여, 잘 자요! 모든 사랑을 전하며,

샘

1 한석진이 어떤 죄를 범했는지, 혹은 어떤 문제가 있었는지는 밝혀져 있지 않다. 그러나 그는 하나님의 은혜로 영적으로 회복되고 있었다.

Samuel A. Moffett

Pyeng Yang, Korea

January 17, 1902

Hello Dearest:

Pretty nearly had a letter from you for have just been enjoying letters from Mother Fish, Father Fish & Mother Moffett–all of them writing about you–which is next best thing to having one from you. I did have one from you, too, for the *Bulletin* has your Summer Tai Tong River letter in it and I have been reading it. I am happy–all right–even if I do long for you more & more. Am hoping you got home on Christmas as a Christmas present to your father & mother as they were hoping & expecting you would. The prospect of your coming made them happy as of course I knew it would but 'tis good to have letters from them showing it. Now–aren't you glad I made up my mind that the thing to do was to get you home and that I didn't give you a chance to delay it. I know you are and so am I even tho I do feel pretty lonely and lost without you. Oh, dearest, you are a treasure that has made my life just as happy–even tho I can't always have you with me. What is the news today? Nothing very striking I think. Class work has gone on all right & I am pretty tired–more than glad tomorrow is Saturday.

Tek-Ryongi (former cook) came in today from An Ju & came over to see me tonight. He asked all about you with great interest. I had a good talk with him and tried to help him to good resolutions.

Enclosed are some more Korean letters. Do you get too many of them? All goes well–that is, as well as can be with you absent. All my love to you in anticipation of Honolulu letters by next mail.

Lovingly,

Sam

마포삼열

한국, 평양

1902년 1월 17일

당신에게,

당신이 보내준 편지를 받은 것과 다름 없는, 장모님과 장인어른과 내 어머니로부터 온 편지를 기쁜 마음으로 방금 읽었소. 모두 당신에 대해 쓴 것이라, 당신으로부터 직접 받을 편지 다음으로 좋았소. 그리고 당신의 글도 하나 받았소. 「회보」 잡지에 실린 것으로서 당신이 대동강 여름휴가에 관해 쓴 글을 나는 여러 번 읽었소. 나는 행복하오. 비록 당신을 더욱더 그리워하지만 괜찮소. 나는 당신이 성탄절에 집에 도착해서, 당신 부모님께서 희망하시고 기대하셨던 대로 당신이 두 분께 성탄절 선물이 되었기를 바라오. 당신이 온다는 기대감으로 두 분이 행복했고, 물론 나는 그럴 줄 알았지만, 두 분이 편지에 그렇게 쓴 것을 보니 좋소. 내가 할 일은 당신을 집으로 보내는 것이라고 작정하고, 내가 당신에게 그 계획을 연기할 기회를 주지 않아서 당신은 기쁘지 않소? 당신이 기뻐한다는 것을 알기에 나도 기쁘오. 비록 당신이 없어서 내가 무척 외롭고 쓸쓸하지만 말이오. 오, 여보, 비록 내가 당신을 늘 옆에 둘 수는 없지만, 당신은 내 삶을 그저 행복하게 만드는 보배요. 오늘 어떤 새로운 소식이 있나? 별로 특별한 것은 없다고 생각하오. 사경회 수업은 지금까지 잘 진행되었고, 나는 피곤하오. 그래도 내일이 토요일이라 기쁘다오.

택용이(전 요리사)가 오늘 안주로부터 돌아왔는데, 오늘 밤에 나를 만나러 왔소. 그는 큰 관심을 가지고 당신에 대해 많이 물었소. 나는 그와 즐거운 대화를 나누었고, 좋은 결심을 하도록 도와주었소.

한국인들이 쓴 편지를 동봉하오. 당신이 그들의 편지를 너무 많이 받는 것은 아니오? 모두 건강하게 지내오. 당신이 없지만 그런대로 지내고 있소. 다음 우편물에 호놀룰루에서 보낸 편지가 있기를 기대하며, 내 사랑을 보내오.

사랑하는,

샘

Samuel A. Moffett

Pyeng Yang, Korea

January 20, 1902

Alice My Dearest:

Busier than ever each day and not feeling very well yesterday and today so I hardly know what I have written and what there is I want to tell you. Yesterday was another great day—fully 1,600 people crowded into the church of whom not less—probably more—than 600 partook of the Lord's Supper. It was a most beautiful service full of solemnity—a hush stealing over the whole great congregation. How I did enjoy preaching to them on the subject of "The Ascended Christ" and how eagerly they took it all in. After that service we had a good sermon in English from Mr. Blair with a fine quartette from Mr. & Mrs. Blair, Mrs. Hunt & Mr. Bernheisel, and a solo from Miss Howell. The strain of the class has been telling—so that last night I was about sick—and did not sleep well—so this morning missed one class and took only two. The day has been full of conferences—making plans for country classes—and outlining country work, advising with this & that helper, leader & colporteur and seeing unofficial visitors in addition. Added to everything else we had a station meeting tonight in which we decided several things, mainly the following: to send both Mr. Swallen & Mr. Hunt to Syen Chyen for the class there; to advise sending Kim the Elder to help in the class in Gensan; to appoint (elect) Mrs. Hunt, Miss Best, Mrs. Swallen and Mrs. Baird the Com. on Spring class for women; to elect Mr. Baird, Mr. Swallen & Mr. Hunt the Com. on Normal class; to appoint Mr. Baird to look after the city church during my absence in the summer; to authorize Property Com. & special com. on Mr. Blair's house to select site and to purchase whatever land or house are necessary for it, etc., etc.

You will see that we have a good deal to think about in addition to the class. I also got permission to use part of the Board's appropriation

마포삼열

한국, 평양

1902년 1월 20일

사랑하는 앨리스에게,

매일 점점 더 바빠지고 있는데, 어제는 몸이 별로 좋지 않았소. 그래서 오늘은 내가 당신에게 지금까지 무엇을 썼는지, 또 당신에게 하고 싶은 말이 무엇인지조차 모를 지경이오. 어제는 또다시 대단한 하루였소. 1,600명이나 되는 사람들이 예배당을 가득 채웠는데, 600명 이상이 성찬식에 참여했소. 그것은 전체 회중 위에 정적이 흐르는 엄숙하고 아름다운 예배였소. 내가 "승천하신 그리스도"라는 주제로 그들에게 설교할 때 얼마나 기뻤고, 그들은 얼마나 열심히 말씀을 받아들이던지! 예배가 끝난 뒤 우리는 영어 예배를 드렸는데, 블레어 목사가 설교를 했고, 블레어 부부와 헌트 부인과 번하이젤 목사가 사중창을 했으며, 하웰 양이 독창을 했소. 사경회로 인한 부담이 내게는 무리가 된 모양이오. 어젯밤에는 아플 것 같은 느낌이 들었소. 제대로 잠도 자지 못하는 바람에 오늘 아침에는 1시간을 결강하고 2시간만 강의했소. 오늘은 하루 종일 회의하면서 지방 사경회를 계획하고, 지방 사역의 윤곽을 잡고, 조사와 영수와 권서들에게 이런저런 일을 권면하고, 비공식적인 방문객들을 만났소. 여기에 더해 오늘 밤에는 선교지부 회의가 열렸고, 우리는 여러 가지 사항을 결정했는데 주요 사항은 다음과 같소. 선천 사경회를 위해 스왈른 목사와 헌트 목사를 파송한다. 원산 사경회를 돕기 위해 김[종섭] 장로를 보내도록 권면한다. 봄에 개최할 부인 사경회를 담당할 위원회에 헌트 부인, 베스트 양, 스왈른 부인, 베어드 부인을 선임한다. 교사사경회위원회에 베어드 목사, 스왈른 목사, 헌트 목사를 선임한다.[1] 여름에 내가 없을 때 도시 교

1 사경회는 구정 때 열린 남자(사나이) 사경회, 봄에 열린 부인 사경회, 그리고 각 교회 주일학교 성경공부반 교사들을 위한 교사 사경회, 그리고 조사, 영수, 권서 등 교회 직분자를 위한 사경회가 따로 열렸으며, 조사 사경회는 1910년에 신학교로 발전했다.

for a helper in making up the amount for two helpers in Pyeng Yang county, Han Syek-Chin to be put on in the Eastern circuits. Two more days and the class will be over and we can start in on other work. Last night Miss Snook, Miss Henry, the Blairs & I sat in the sitting room singing hymns with violin & organ accompaniment. We sing almost every Sabbath night–that is, the Blairs & I do and I always call for your favorite "Blessed Life" and then feel homesick for you. It does me good to feel homesick for you–the more I have you in my thoughts, the better I feel nevertheless.

Well, dearest–only five more days and I think I shall certainly have a letter from you. What a joy it will be. How I have enjoyed reading & re-reading your father's & mother's letters. Hope to get more next Sabbath. It is past bed-time and I must be off to sleep–hoping to wake up better than I have been today.

With all my love, my precious

Your own "Sambo"

회를 돌보도록 베어드 목사를 임명한다.[2] 자산위원회와 특별위원회는 블레어 목사 사택을 위한 부지를 선정하고 필요한 땅이나 집을 매입하도록 허락한다, 등등.

보다시피 우리는 사경회 외에도 추가로 생각할 것이 많소. 나는 평양군에서 일하는 2명의 조사를 위한 봉급을 마련하기 위해 선교부 예산의 일부를 조사 한 명에 대한 월급으로 사용하고, 한석진을 동부 시찰에 배치하도록 허락을 받았소.[3] 이틀만 지나면 사경회는 종료되고, 우리는 다른 일을 시작할 수 있을 것이오. 나는 어젯밤에 스누크 양, 헨리 양, 블레어 부부와 함께 거실에 앉아서 바이올린과 오르간 반주에 맞춰 찬송을 불렀소. 우리, 즉 블레어 부부와 나는 거의 매 주일 밤에 모여 노래하는데, 나는 늘 당신의 애창곡인 "복된 삶"을 부르자고 요청한 다음 당신에 대한 향수에 잠긴다오. 당신에 대한 향수에 젖는 것이 내게 도움이 된다오. 내 생각 속에 당신을 더 많이 떠올리면 웬일인지 기분이 더 좋아진다오.

여보, 앞으로 5일만 지나면 분명히 당신의 편지를 받게 될 것이오, 얼마나 큰 기쁨일지! 내가 장인어른과 장모님의 편지를 얼마나 읽고 또 읽었는지! 다음 주일에는 두 분의 편지를 더 받고 싶소. 잠자리에 들 시간이 지났소. 자고 일어나면 오늘보다 더 나은 상태가 되길 바라면서, 이만 쓰고 자야겠소.

내 소중한 당신에게 모든 사랑을 보내며,

당신의 "삼보"

---

2 평양의 도시 교회란 1900년에 새로운 예배당을 마련한 장대현교회를 말한다.

3 평양은 1912년에 평양부로 재편되고 1914년에 평양시로 재편될 때까지 평양군의 일부로 있었다. 치리를 받은 한석진은 소우물교회에서 목회하다가, 1902년 초부터 평양 동부시찰 조사로 다시 일하게 되었다.

Samuel A. Moffett

Pyeng Yang, Korea

January 21, 1902

My own Dearest:

Am just back from a most restful and pleasant evening with the Swallens–where the Blairs & I took supper. What a relief to get one's mind off of work and away from work. I got rid of the headache which has been bothering me for 2 days and as tomorrow is the last day of the class I hope to be all right again in another day or two. Had a good long walk with Mr. Hunt and Dr. Wells before supper–took a little nap this afternoon–some Warburg tincture for a tonic and am drinking a bottle of grape juice. You will see how careful I am and how well I am beginning to take care of myself. I think I am a fine physician when I once realize that I am pretty nearly sick.

Plans for country work are going along beautifully and I shall have things in so much better shape this year. Contributions to Helpers Fund are beyond my expectations and so I am going to put on two extra ones–one in the district which Mr. Bernheisel will take up and Han Syek-Chin on one in the Eastern part of Pyeng Yang county. This will give me 4 helpers of my own in only about half the extent of territory covered by but 3 last year–so you can see what an advantage I will have in looking after the work. Now if the city church gives as I hope it will for finishing the building I think I shall be pretty happy for another few months.

Mrs. Swallen wants Quen-Too's mother to go to 외성[village outside the wall] every Sabbath morning and I have told her to do whatever she wishes with her–so she will divide up her class here and send her out there every Sabbath. The work there is growing beautifully.

Could keep on writing indefinitely were I to tell you all the good things about the work–but it is ten o'clock and I must get to sleep.

Don't I wish I could have a talk with you and just look into your

마포삼열

한국, 평양

1902년 1월 21일

사랑하는 당신에게,

스왈른 목사 부부와 함께 편안하고 유쾌한 저녁 시간을 보내고 방금 돌아왔소. 블레어 목사 부부와 나는 그 집에서 저녁을 먹었소. 잠시 사역을 잊어버리고 일에서 떠나 있는 것이 얼마나 편안함을 주는지! 이틀 동안 나를 괴롭히던 두통도 씻은 듯 사라졌소. 내일은 사경회의 마지막 날이오. 나는 앞으로 하루나 이틀이 지나면 다시 몸이 정상으로 돌아가리라 희망하오. 저녁을 먹기 전에 헌트 목사와 웰즈 의사와 함께 오랫동안 산책을 했소. 오늘 오후에는 잠시 낮잠을 잤고, 기력 회복을 위해 바르부르크 팅크 액을 조금 마셨으며, 포도 주스 한 병도 마시고 있소.[1] 내가 얼마나 조심하고 있고 또 나를 얼마나 잘 돌보기 시작하는지 당신은 알 것이오. 내가 이제는 아플 것 같다고 자각할 정도가 되었으니 나는 스스로가 좋은 의사라고 생각하오.

시골 사역을 위한 계획은 아름답게 진행되고 있어서 올해는 사역이 훨씬 더 좋은 모양을 갖출 것이오. 조사기금(助事基金)에 대한 기부는 내 예상을 초과했고, 그래서 조사 2명을 추가로 임명하려고 하오. 그 가운데 한 명은 번하이젤 목사가 담당하는 지역에, 다른 한 명은 한석진으로 평양군 동부의 한 지역에 배정할 것이오. 이렇게 되면 내게는 4명의 조사가 있게 되고, 그들은 작년에 3명의 조사가 담당했던 지역의 절반밖에 안 되는 지역을 맡게 될 것이오. 그래서 당신이 알다시피 내가 앞으로는 유리하게 사역을 돌볼 수 있을 것이오. 이제 시내 교회가 내 희망대로 건물 완공을 위해 헌금을 한다면, 나는 몇 달간 행복하게 지낼 것이오.

스왈른 부인은 권두 어머니가 매 주일 아침마다 외성에 가서 가르치기

1 바르부르크 팅크(Warburg's tincture)는 1875년 이후에 널리 사용된 약제로서 열, 특히 말라리아를 포함한 열대 지방 열병에 사용되었다. 일부에서는 당시 널리 사용되던 키니네보다 더 나은 약이라고 믿었다.

eyes and see your love there.

With all my love, Dearest,

Your own husband,

Sam

를 원하는데, 나는 그녀에게 하고 싶은 대로 하라고 말했소. 그래서 그녀는 이곳 여성 성경공부반을 둘로 나누고, 권두 어머니를 매주 외성으로 보낼 것이오. 외성의 사역은 아름답게 성장하고 있소.

사역에 대해 좋은 것만 말해도 당신에게 한없이 계속 쓸 수 있소. 하지만 이제 밤 10시가 되었으니 잠을 자야겠소.

당신이 있는 그곳에서 당신과 이야기를 나누고, 그저 당신의 눈을 들여다보고, 당신의 사랑을 볼 수 있다면 얼마나 좋을까!

내 모든 사랑을 당신에게 보내오.

당신의 남편,

샘

James E. Adams

Taiku, Korea

January 22, 1902

My Dear Moffett:

Ever since I heard of Mrs. Moffett's going home I have intended writing to you and giving you a brotherly grip of the hand. You have my fullest sympathy. I know something of how it goes you know and I trust that the Lord will never think it necessary to teach me His lessons in the same way again. Some of the lessons I learned thro separation from my family & the illness of my wife and uncertainty of their ability to return–I count among the most precious of my life. It was the first time that the Lord had led & taught me by deprivation and chastening. But by it He taught me to put my hand in His and walk His way in simple faith in a way I had never known before. It was when His hand pressed hard that I first really experienced the loving tenderness of His ways. I trust that through the trial you may have the same rich & blessed experience that He vouchsafed to myself and that when all the good Master purposes through it shall have been accomplished, He may bring Mrs. Moffett back again, strong and well to you and to His service here.

I have been waiting patiently to hear something of the results of the Com's investigation in the Hong Moon Su Kol Church but as yet not even a rumor of anything has come down to me. Do you know anything about it? I suppose you stopped there on your return trip. The understanding was that the Seoul members were to gather all the information they could meanwhile and when you came down the matter should be taken up formally and investigated and settled.

I see that a Y.M.C.A. organization in Korea has been effected according to the report of my old friend, D. W. Lyon, Y.M.C.A. Sec. in China. It is the first I have heard of it. Where is it and what does it contemplate? I presume it will center in the educational institutions as it

제임스 E. 애덤스[1]

한국, 대구

1902년 1월 22일

마포삼열 귀하,

당신의 부인이 미국으로 간다는 소식을 들은 이후 나는 늘 당신에게 편지를 쓰고 형제로서 손을 잡아주려고 했습니다. 진심 어린 위로를 보냅니다. 나는 당신이 어떻게 지낼지 잘 알고 있습니다. 나는 주께서 다시 동일한 방식으로 내게 그분의 교훈을 가르칠 필요가 있다고 여기지 않으시리라고 믿습니다. 가족과의 이별, 아내의 질병, 그들의 귀환의 불확실성을 통해 내가 배운 몇 가지 교훈은 내 인생에서 가장 소중한 교훈입니다.[2] 그것은 상실과 연단을 통해 주님께서 나를 인도하시고 가르쳐주신 첫 경우였습니다. 주님께서는 내가 이전에 결코 알지 못했던 방식으로 단순한 믿음을 가지고 내 손을 주님의 손에 내려놓고 주님의 길로 걸어가도록 가르치셨습니다. 내가 자애로운 주님의 방식을 처음으로 경험한 것은 바로 주님의 손이 내 손을 꼭 붙잡을 때였습니다. 나는 당신도 시련 가운데 주님께서 내게 약속하셨던 것과 동일한 풍성하고 복된 경험을 하리라고 확신하며, 사랑의 주께서 작정하신 모든 선한 일을 성취하시면 강건하게 된 부인을 당신과 주님의 사역으로 다시 데려오시리라고 믿습니다.

나는 홍문수골교회에 대한 위원회의 조사 결과를 듣기 위해 참고 기다려왔으나 아직 아무런 소문도 듣지 못했습니다.[3] 귀하는 그것에 대해 뭔가

---

1 애덤스(James Edward Adams, 1867-1929) 목사는 1867년 인디애나 맥코이에서 출생했으며, 1893년 시카고의 맥코믹 신학교를 졸업했다. YWCA 총무로 일하던 넬리 네크(Nellie Neck)와 결혼한 후 안수를 받고, 평양의 베어드 목사의 아내가 된 여동생 애니(Annie Laurie Adams Baird)가 있는 한국 선교사로 지원했다. 해외 선교학생 자원운동을 위해 일하다가 1895년 대구 개척 선교사로 파송되었다.

2 애덤스 부부는 1909년까지 3남 1녀의 자녀(Edward, Benjamin, Dorothy, and George)를 낳고 길렀으나, 평소 몸이 허약했던 부인 넬리는 1911년에 사망했다. 애덤스 목사는 1912년 배브콕(Caroline M. Babcock, 1875-1937)과 재혼했으며, 그 사이에 두 자녀(Mary, Henry)가 태어났다. 이들은 1921년에 북장로회 조선 선교회에서 사임했으나, 1924년까지 협동 선교사로 일했고, 1924년에 한국을 떠나 1925년에 은퇴했다.

3 서울의 홍문수골교회(홍문동교회)에 있던 민족주의자들은 선교사들의 비정치화 노선에 반대하고 한국인이 운영하는 독립 교회를 세우려고 했다. 1901년 9월 20일 선교회공의회에서 "교회와 정부 사이에 교제할

has in China. But here in Korea we have none except the Pai Chai and the Pyeng Yang Academy. Is it your policy to organize the Y.M.C.A. in the Academy? I have always looked upon the city Y.M.C.A. as an instrumentality which the Lord was compelled to raise up because of the church's failure to do its proper work. I know that there are much more substantial reasons for such organizations in an educational institution when the fellows are not attached to the local church thro family ties but are gathered from a wide territory, grouped by themselves, and for but temporary residence. They may be said to need some such centrifying religious organization among themselves both for their own spiritual life and for their Christian usefulness. And yet it seems to me that under the peculiar conditions of a mission institution (especially in this land where there are only two and so the good effect of union is largely lost and only local considerations remain) more especially of an institution of the character we are seeking to develop, these results should be, may be—and will be best attained by being developed in the life of the institution itself. There is moreover no reason at all why they should not be. The very thing in fact which we are aiming at in our academy necessarily embodies what is the best fruit of the Y.M.C.A. idea—At the present time an inter-institutional, independent organization is not what is best calculated to attain these ends—but the constant persevering development of them through channels under the direct supervision and guidance of those in charge of the school.

We were greatly shocked to hear of the death of Mr. Leck. It is a mysterious providence. Whittemore will feel it deeply—most of all. Poor Mrs. Leck! What will she do? The telegram telling of his death followed fast on the heels of the one first telling of his sickness. We had a meeting to pray for his recovery and the native brethren also remembered him in their Sunday services, but we shortly after heard of his death. God moves in a mysterious way. I think it would be a good plan to reconsider our list of last year and make the filling of his place take precedence of

알고 있습니까? 나는 당신이 일본 여행에서 돌아오는 길에 서울에 들렀다고 추측합니다. 그동안 서울 위원들은 구할 수 있는 모든 정보를 구하려고 했고, 당신이 내려오면 그 문제를 공식적으로 거론하고 조사해서 해결하리라고 모두 이해하고 있었습니다.

내 오랜 친구로서 중국 YMCA 총무인 라이언의 보고에 따르면, 한국에 YMCA가 조직되었다고 합니다. 나는 그 일에 대해 금시초문입니다. YMCA가 어디에 있으며, 무엇을 하려고 합니까?[4] 나는 한국 YMCA가 중국에서처럼 교육 기관에 중점을 둘 것으로 짐작합니다. 그러나 이곳 한국에는 배재학교와 평양의 숭실학교를 제외하면 교육 기관이 없습니다. [평양] 중학교에 YMCA를 조직하는 것이 귀하의 정책입니까? 나는 교회가 적절한 사역을 하는 데 실패했기 때문에 주께서 도시에 YMCA를 기관으로 세우시지 않을 수 없었다고 늘 간주해왔습니다. 나는 청년들이 가족 관계를 통해 지역 교회에 소속되는 것이 아니라 넓은 도시에 임시로 거주하면서 스스로 집단을 형성

몇 조건"("장로회 공의회 일긔", 「그리스도신문」, 1901년 10월 3일)을 작정하고 정교분리 원칙을 천명한 것은 1차적으로는 홍문동교회 사태를 해결하기 위한 것이었다. 선교사들은 당회의 허락 없이 교회에서 정치적 모임을 가지지 못하도록 했다. 그러나 해당 교인들이 선교사들의 출입을 막자 선교사들은 제중원에서 예배 드리기로 결정하고, 교회 규칙을 어긴 이경옥과 마영준과 현홍근 등 교인 17명을 제명하고 그 명단을 1902년 2월 그리스도신문에 공개했다("홍문동례뷔당", 「그리스도신문」, 1902년 2월 27일).

4 한국 YMCA는 1903년 10월 황성기독교청년회가 조직되면서 출범했다. 언더우드와 아펜젤러 등 선교사들은 1899년부터 그 조직을 시도했는데, 한국 청년 150명의 진정서를 미국에 있는 기독교청년회 국제위원회에 제출했다. 그 결과 1900년 6월부터 9월까지 중국 YMCA 연합회의 총무 라이언(D. W. Lyon)의 국내 조사가 있었고, 1901년 9월에는 질레트(P. L. Gillett)가 창설 간사로 국제위원회로부터 한국에 파송되었다. 질레트는 1901년 배재학당 YMCA를 조직하고 중국의 학생 YMCA와 연결하여 "중국한국홍콩 YMCA 전체위원회"를 구성했다. 1902년에는 세계학생기독교연맹(1895년 결성)에 한국 학생YMCA가 가입했다. 그리고 1903년 10월 28일에 황성기독교청년회가 결성되었다. 이때 선출된 12명의 이사 가운데 한국인은 여병현(呂炳鉉)과 김필수(金弼秀) 2명이었다. 1904-1905년의 임원진을 보면, 회장 게일, 부회장 헐버트, 총무 질레트, 부총무 브로크만(F. M. Brockman)이었고, 한국인 총무로 김정식, 간사 최재학(崔在鶴), 육정수(陸定洙), 이교승(李教承) 등이 활동했다. 또 윤치호(尹致昊)와 김규식(金奎植)이 이사로 선임되었다. 윤치호는 1906년 이후에 부회장으로 재임했다. 1906년에는 황성기독교청년학관을 설치했다. 그리고 운동회와 사경회와 환등회와 같은 사업도 실시했다. 황성기독교청년학관은 1907-1908년에 중학과(3년 과정), 일어과(1년), 영어과(2년), 목공과(木工課)를 주간에, 일어과와 영어과와 부기과(簿記課)를 야간에 설치하여 교육 사업에 집중했다. 현흥택(玄興澤)의 토지 기부를 비롯한 각처의 기부금과 미국인 부호 워너메이커(J. Wanamaker)의 기부금으로 신축된 회관은 1908년 12월 3일에 개관했다. 한국 YMCA는 출발 때부터 중국 YMCA와 깊은 관계를 맺었으며 항일적인 성격이 없지 않았으나, 1910년 합방과 함께 점차 친일적인 조직으로 재편되었다. 즉 1911년 간사 이승만의 하령회에 대한 감시와 105인 사건 조작, 윤치호 등의 투옥, 이를 폭로한 질레트의 사임 등 갈등을 거쳐 1913년 4월 최린, 유일선 등 친일파에 의해 일본 YMCA 산하 "조선중앙기독교청년회"로 재조직되었다.

all other requests. Certainly a colleague for Whittemore takes precedence over our request for single women and I shall write Ellinwood to that effect.

This Winter's Bible class was held the first of Jan. We had about fourteen in attendance. Not so many as last year or as we had expected—but it was a very profitable time for those who attended. Our people are again trying to raise money for a school. It is a tough pull for them. The money is pledged however and now they are hunting for a teacher. They find the proper man even harder to get than the money. Last week I spent a couple of days in bed—bad cold—the first time in ten years that I have spent a day in bed. Sidebotham was up here to help me with our class and I was to have gone down there to help them but they changed their time until after the Korean New Year, so I may not go. At that time we are going to make our first attempt at a women's Bible class. There will probably not be more than three or four come in, but it will be a beginning.

The city church here is not in a good way. The trouble is what I spoke of at the Annual Meeting—too much building—& temporal interests. Remember us in your prayers.

With regards to all the brethren and sisters,

Yours in the Blessed work,

James E. Adams

하게 될 때, 교육 기관 안에 그런 조직이 생기는 실질적인 이유가 많이 있다는 것을 압니다. 영적 생활과 기독교인의 유용성을 도모하기 위해 그들에게 그런 구심적인 종교 조직이 필요하다고 말할 수 있습니다. 그러나 내가 보기에 어떤 선교회 기관의 특별한 상황하에서(특별히 선교회가 두 개밖에 없고 그래서 연합의 효과가 크게 사라지고 단지 지역적 고려만 남게 되는 이 나라에서), 더 특별하게 우리가 발전시키려고 추구하는 성격의 기관이 처한 상황하에서, 이런 결과는 그 기관 자체의 생명 안에서 발전됨으로써 잘 달성되어야 하고, 달성될 수 있으며, 달성될 것입니다. 더욱이 이런 결과가 달성되지 않을 이유가 전혀 없습니다. 사실 우리가 우리의 중학교에서 목표하는 바로 그것이 YMCA 이상의 가장 좋은 열매를 제대로 구현하고 있습니다. 현재로서는 범기구적 독립 조직은 이 목적을 달성하기 위한 최선이 아니며, 학교를 책임지고 있는 자들의 직접적인 감독과 지도 아래 정식 절차를 통해 그 목표를 지속적으로 꾸준히 발전시키는 것이 최선입니다.

우리는 렉 목사의 사망 소식을 듣고 크게 충격을 받았습니다. 하나님의 섭리는 신비합니다. 위트모어가 누구보다 그 사실을 절실히 느낄 것입니다. 불쌍한 렉 부인! 그녀가 무엇을 하겠습니까? 그가 병에 걸렸다는 첫 전보가 도착한 후 곧이어 그의 사망을 알리는 전보가 왔습니다. 우리는 그의 회복을 위해 기도회를 열었고, 한국인 형제들도 주일 예배 때 그를 위해 기도했습니다. 그런데 우리는 곧 그의 사망 소식을 들었습니다. 하나님께서는 신비한 방식으로 일하십니다. 나는 작년의 선교사 명단을 다시 고려하고, 다른 모든 요청보다 그의 자리를 대신할 충원을 최우선으로 삼는 것이 좋은 계획이라고 생각합니다. 위트모어를 위한 동료 요청이 독신 여성 선교사 요청보다 확실히 우선되어야 하며, 나는 엘린우드 총무에게 그 취지로 편지를 쓸 것입니다.

올겨울 사경회는 1월 1일에 개최되었습니다. 14명이 참석했습니다. 작년에 비해 그리고 우리의 예상만큼 그렇게 많이 참석한 것은 아니지만, 참석자에게는 대단히 유익한 시간이었습니다. 우리 학교 학생들이 학교를 위해 모금하려고 노력하고 있습니다. 그것은 그들에게 힘든 일입니다. 하지만 그들은 모금액을 약정했고, 이제 교사를 찾고 있습니다. 사실 돈을 모으는 것

보다 적절한 교사를 찾는 것이 더 어렵습니다. 지난주에 나는 심한 독감으로 이삼 일 동안 누워 있었습니다. 10년 만에 처음으로 하루 종일 침대에 누워서 보냈습니다. 사이드보텀 목사가 사경회를 도와주기 위해 이곳으로 올라왔고, 저는 그들을 돕기 위해 부산에 내려가기로 했으나, 그들이 사경회 기간을 음력 설날 이후로 변경했기 때문에 아마도 나는 내려가지 못할 듯합니다. 그때 우리가 처음으로 여성 사경회를 열려고 시도하고 있기 때문입니다. 십중팔구 서너 명밖에 오지 않겠지만, 그것으로 시작하려고 합니다.

이곳 도시 교회는 잘 되지 않고 있습니다. 문제는 제가 연례 회의 때 말씀드린 대로 우리가 건축에 너무 많은 시간을 보내고 있고, 사람들은 일시적인 관심만 보이기 때문입니다. 저희를 위해 기도해주시기 바랍니다.

모든 형제와 자매에게 안부를 전합니다.

복된 사역을 하는,

제임스 E. 애덤스 드림

베어드 목사 [OAK]

Mr. William Baird

베어드 부인(애덤스의 누나) [OAK]

Mrs. Annie Adams Baird

애덤스 목사 [OAK]

Mr. James E. Adams

애덤스 부인 [OAK]

Mrs. Nellie Adams

Samuel A. Moffett

Pyeng Yang, Korea

January 22, 1902

My Dearest:

The class is closed–the farewell prayer meeting held tonight–conferences with–I know not how many today–and only a few final matters to attend to tomorrow. It has been a great class and much accomplished.

I have had a fine day today–no headache–all well and good spirits and will soon be ready to start in on Pyeng Yang affairs. Received today a letter for you from India which I enclose. Think you sent Dr. Caldwell word that you were going home earlier than you expected so I will send no message. Possibly we may be going home at same time.

It is too late tonight for a letter–only a message of love and greeting to father & mother.

Your constant lover and husband,

Samuel A. Moffett

마포삼열

한국, 평양

1902년 1월 22일

사랑하는 당신에게,

사경회가 끝났소. 오늘 밤 회의와 함께 작별 기도회가 열렸소. 오늘 얼마나 많은 사람이 참석했는지는 모르지만, 내일 처리해야 할 마지막 일만 몇 가지 남아 있소. 사경회는 아주 좋았고 많은 것이 성취되었소.

나는 오늘 건강하게 지냈소. 두통도 없었고 건강하고 가뿐한 정신이었으며, 곧 평양 사역을 시작하려고 하오. 오늘 인도에서 당신에게 보낸 편지 한 통을 받았는데, 이 편지에 동봉하오. 나는 당신이 예상보다 일찍 고국에 갈 것 같다고 콜드웰 의사에게 편지했다고 생각하오. 그래서 나는 그녀에게 편지를 보내지 않을 것이오. 아마도 우리는 동시에 고국에 갈 듯하오.

밤이 늦어 이만 줄이겠소. 다만 장인어른과 장모님께 사랑과 안부를 전해주시오.

당신의 변함없는 연인이자 남편인,

마포삼열

Samuel A. Moffett

Pyeng Yang, Korea

January 23, 1902

My Dearest Alice:

Another busy day, getting off colporteurs, class attendants, etc., among whom were 6 men from far off Tuk Chun whom I examined for baptism—that Mr. Bernheisel may baptize them up there when he goes up in February.

Mail came today bringing a letter from your mother which I have enjoyed to the full—but where is your Honolulu letter which ought to have come on same steamer? Will it come tomorrow? How I hope it will! Do not think all the mail is in yet so I still lie in hope. I shall not worry even tho one does not come for I shall know there was some good reason why it did not get through and that the next steamer will bring one from America.

Shanghai papers tell of the wreck of a San Rafael ferry on 30th Dec. with loss of life. Am glad it was not on 27th or 28th for I should be wondering whether you had been on it—but by the 30th you were certainly safely at home.

Weather has turned cold again—way below zero.

I must be off to bed, for I am tired again tonight—reaction from the class, I suppose.

All my love to you, precious, and love to father & mother.

Your own,

Sam

마포삼열

한국, 평양

1902년 1월 23일

사랑하는 앨리스에게,

또 바쁜 하루가 지나갔소. 나는 권서들과 사경회 참석자들을 전송했는데, 그 중에 내가 세례 문답을 했던 멀리 덕천에서 온 6명의 남자가 있었소. 번하이젤 목사가 2월에 그곳에 올라가면 그들에게 세례를 줄 것이오.

오늘 우편물이 왔는데 장모님이 보내신 편지가 도착했고 나는 기분 좋게 그것을 읽었소. 그러나 같은 기선 편으로 반드시 와야 할 당신이 호놀룰루에서 쓴 편지는 어디 있는지? 내일 올 건가? 편지가 오기를 내가 얼마나 고대하는지! 모든 우편물이 다 온 것은 아니라서 나는 여전히 희망을 가지고 있소. 비록 편지가 오지 않았지만 나는 걱정하지 않소. 분명 편지가 오지 않은 어떤 충분한 이유가 있을 것이고, 다음 기선 편으로는 미국에서 편지 한 통이 올 것을 내가 알기 때문이오.

12월 30일에 샌라파엘 기선 한 척이 파선했고 사망자도 있다고 상하이 신문들이 보도하고 있소.[1] 27일이나 28일이 아니라 다행이오. 그랬다면 나는 당신이 그 배에 타지 않았을까 걱정했을 테니 말이오. 하지만 나는 당신이 30일까지는 분명히 안전하게 집에 도착했으리라 생각하오.

날씨가 다시 추워지면서 온도가 영하로 뚝 떨어졌소.

이제 잠자리에 들 시간이오. 나는 오늘 밤에 다시 피곤한데, 아마도 사경회가 끝났기 때문인 것 같소.

모든 사랑을 소중한 당신에게 보내며, 장인 장모님께도 사랑을 전하오.

당신의,

샘

1 당시 샌프란시스코 베이에서 여객선 사고가 잦았다.

Samuel A. Moffett

Pyeng Yang, Korea

January 24, 1902

My Dearest:

I am happy today in the receipt of your Honolulu letter and oh, how grateful I am for the good voyage you had and for the improvement in your general health. Your message has brought joy to many here—most of all to me who was just hungry for a message of love. I am glad your fellow passengers were not so sociable but what you had a chance to rest in quiet. Now if only you can break up those headaches and get yourself in trim to build up nervously, what a great time we will have when I get home.

Busy as could be today—two classes in Academy—officers meeting all afternoon and a social evening for discussion of question of opening a new station in Whang Hai Do at Dr. Wells' this evening.

Officers meeting showed necessity for having women & men meet separately out here Sabbath evenings on account of lack of room in the "sarang"—also showed women desirous of sending out another missionary worker with a little help of 8 nyang a month from general treasury of church, and also showed their willingness to have Elder Kim go to Gensan to assist in the class there. Steady advance seems to be the order of the day.

Tonight we had music—jokes—refreshments and quite a discussion which throws some light on the subject [of opening the new station] but does not yet settle it either way.

Now I long for another letter from the home and shall expect one or more each mail. I feel better already for having the first one.

All my love is yours, dearest, and yours is everything to me.

Lovingly yours,

Sam

마포삼열

한국, 평양

1902년 1월 24일

당신에게,

나는 당신이 호놀룰루에서 보낸 편지를 받고 오늘 행복하오. 당신이 무사히 항해하고 전반적으로 건강이 호전되었다니, 오 얼마나 감사한지. 당신의 소식은 여기 있는 많은 사람에게 기쁨을 안겨주었고, 그중에서 누구보다도 사랑의 소식을 목말라하던 내게 기쁨을 주었소. 당신과 함께 여행한 승객들이 그다지 사교적이지 않아서 당신이 조용히 쉴 수 있는 기회를 가졌다니 나는 기쁘오. 이제 당신이 두통에서 벗어나고 쇠약해진 신경을 강화하기 위해 몸을 잘 간수하기만 한다면, 내가 귀국했을 때 우리는 멋진 시간을 가지게 될 것이오.

오늘은 무척 바빴소. 중학교에서 두 과목을 가르쳤고, 오후에는 교회 직원회의를 주최했으며, 저녁에는 웰즈 의사 집에서 황해도에 새 선교지부를 개설하는 문제를 토론하기 위해 간담회를 열었소.[1]

직원회의 결과, 사랑방 공간이 부족하기 때문에 주일 저녁에 이곳에서 남녀가 분리해서 별도로 모일 필요가 있음을 알게 되었소. 또한 여성들이 교회 일반 예산에서 매월 8냥만 도와주면 다른 한 명의 전도인을 파송하기를 원한다는 것도 알게 되었고, 김[종섭] 장로를 원산에 보내서 그곳의 사경회를 기꺼이 도와주기를 원한다는 것도 드러났소. 꾸준한 진보가 자리 잡은 듯하오.[2]

오늘 밤 우리는 음악을 연주하고 농담도 하고 간식을 나누면서 새 선교지부 개설 문제를 깊이 토론했지만, 아직 어디로 할지 정하지는 않았소.

---

1 황해도에는 1906년 5월 1일 재령 선교지부가 공식적으로 개설되었다. 1904년 언더우드, 샤프, 마포삼열, 헌트, 위트모어를 위원으로 하는 위원회가 구성되어 1905년 봄에 처음으로 재령에서 부동산을 구입했다.

2 캐나다장로회의 원산교회에서 사경회를 할 때 평양 장로 김종섭 씨가 가서 목사를 도와주었다("교회 통신: 원산", 「그리스도신문」, 1902년 3월 6일).

Your letter is my birthday present—38 tomorrow

이제 나는 고향에서 오는 또 다른 편지를 학수고대하면서, 우편물이 올 때마다 한두 통 편지가 더 오기를 기대하오. 나는 첫 번째 편지를 받아서 이미 기분이 한결 좋소.

여보, 내 모든 사랑을 보내오. 당신의 사랑이 내게 전부라오.

사랑하는,

샘

당신의 편지는 내 생일 선물이오. 내일이면 서른여덟 살이라오.

Samuel A. Moffett

Pyeng Yang, Korea

January 25, 1902

My own Alice:

I am so much more content since I have your letter and know that you were having a comfortable voyage and have the assurance that you reached home in better health than when I left you in Nagasaki. Now I rest satisfied that I did not go on with you but came back to the work here which certainly needs us all.

The class has given way to other work of all kinds and I am now preparing for the examinations. I have over 150 to examine and just how it is all to be accomplished I know not but I begin on it next Monday.

Took supper tonight with Mr. & Mrs. Hunt, the Blairs & the "young folk," all having been invited to Miss Estey's. It is quite evident that everyone is feeling overwhelmed by the great volume of work which keeps pressing upon us and we are all looking out for ways of easing the burden by getting Koreans to take as much as possible off our hands.

I have Ki-Hoa (Lee's boy) working for me in the mornings now that Chan-Ik gives all his mornings to Miss Henry. I give him 20 nyang a month for it and then for 1.50 U. S. gold a month I save myself about an hour or so a day. Keep your eyes open at home for labor-saving devices of all kinds and let us bring back with us a supply.

The class over, I find my pastoral duties coming on again. Had to spend an hour or more settling a marriage complication this morning. Poor people—how many troubles they have.

One-si is helping me look after the women and she enjoys it so that I am afraid I am spoiling her for a house servant. Hoang-si is a little jewel in the house work and all goes well.

I wonder what day I miss you most—Sabbath I believe, altho there is such a big void each day that there is not much chance for it to be bigger.

마포삼열

한국, 평양

1902년 1월 25일

나의 앨리스에게,

당신의 편지를 받고 당신이 편안한 여행을 했음을 알게 되고, 나가사키에서 당신을 배웅했을 때보다 당신이 더 건강한 상태로 고향에 도착했다는 확신을 갖게 되니 나는 훨씬 더 만족스럽소. 그래서 이제 나는 당신과 함께 가지 않고 우리 모두를 필요로 하는 이곳 사역으로 돌아온 것에 안심하게 되었소.

사경회가 끝나자 온갖 종류의 다른 일이 다가왔고, 지금 나는 세례 문답을 준비하는 중이오. 내가 심사해야 할 자가 150명이 넘어서 그들을 어떻게 다 문답해야 할지 모르겠지만 다음 주 월요일에 시작할 것이오.

오늘 저녁에 헌트 목사 부부 및 블레어 목사 부부와 아이들과 함께 에스티 양의 집에 초대를 받아서 식사를 함께했소. 우리를 계속해서 짓누르는 사역의 거대한 규모에 모두가 압도당하고 있음이 분명하오. 그래서 우리 모두는 될 수 있는 대로 한국인들의 손에 많은 일을 맡김으로써 부담에서 벗어나는 길을 모색하고 있소.

찬익이가 아침마다 헨리 양을 위해 일하기 때문에, 지금은 리 목사의 하인인 기화가 나를 위해 일하고 있소. 나는 그에게 월급으로 20냥을 주는데, 이는 내가 금화 1달러 50센트로 매일 1시간 정도의 일을 안 해도 되는 셈이오. 당신이 본국에 있을 때 종류에 상관없이 노동력을 덜어주는 제품이 있는지 유심히 찾아보시오. 우리가 돌아올 때 가지고 옵시다.

사경회가 끝났고, 이제 내가 목사로서의 의무를 다시 해야 할 차례요. 오늘 오전에는 혼인 문제를 해결하기 위해 한 시간 이상을 보내야 했소. 불쌍한 사람들, 얼마나 많은 어려움을 가지고 있는지.

원씨 부인이 나를 도와서 여자들을 돌보고 있소. 그녀가 그 일을 즐겁게 하기 때문에, 혹시 나는 내가 그녀를 집안 하녀로 부리고 있는 게 아닌지 걱정이오. 황씨 부인은 집안일에서 작은 보석 같은 사람으로 모든 일을 잘 처

In three months I will be on my way to you.

Pretty nearly forgot that this is my birthday, but so it is. Think I still have enough mischief in me if I am 38.

Love to father & mother. It is 10:30 and I must be off to bed. I long to hear of your movements & plans after reaching home. With all my love, dearest

Your own,

Sam

리하고 있소.

내가 무슨 요일에 당신을 가장 그리워하는지 궁금한데, 나는 주일이라고 믿소. 나는 날마다 심한 허전함이 느껴져서 그 감정이 더 커질 여지는 없겠지만 말이오. 3개월 후면 내가 당신에게로 가게 될 것이오.

오늘이 내 생일이라는 사실을 하마터면 잊어버릴 뻔했소. 하지만 그렇다오. 내가 서른여덟 살이라도 여전히 내 안에는 장난기가 가득한 듯하오.

장인어른과 장모님께 사랑을 전해주시오. 이제 밤 10시 반이라 잠자리에 들어야겠소. 당신이 집에 도착한 후 당신의 동향과 계획에 대해 알려주기를 고대하오. 내 모든 사랑을 그대에게 전하오.

당신의,

샘

Samuel A. Moffett

Pyeng Yang, Korea

January 27, 1902

Well My Dearest Alice:

I have just finished a letter to Mother Moffett and now comes my daily scroll to you which I love to write. The Sabbath was a great rest and I thoroughly enjoyed it. I was surprised to see the church full even tho the class had gone. It was not jammed & crowded and the pulpit platform was free again but the people were pretty closely seated and no room to spare except a very little on the women's side. Eleven or twelve hundred people were there at any rate.

I appointed two new 능력자 [capable men]–Pak, the Academy teacher and Hoang, the city school teacher who is a 외성 man. The latter was appointed especially with a view to his looking after the 외성 people. I dropped a few catechumens, received some and announced the beginning of examinations for baptism. There are about 150 or more to be examined and I began this morning examining 13, of whom only two were postponed. One of these was not properly observing the Sabbath, as with his brother who is an unbeliever, he sometimes attends to business after church. The other a young man of 26 has no means of livelihood and ¨is living off his brother–so I told him he could be baptized after he properly observed the 4th commandment and worked 6 days as well as rested on the Sabbath. I shall be busy every day now for 10 days and then I go to Cho San for a class where I will have another 40 or 50 to examine for baptism. By the time the next 3 months' work is off I shall be ready for a rest and I know I shall enjoy it.

At meeting of com[mittee] of council today the quarterly reports for all the north¨ showed 247 baptisms and 650 catechumens enrolled, so you can see the work is not dropping back any as yet. Much as I long to be with you, dearest, and greatly as I feel the loneliness without you. I

마포삼열

한국, 평양

1902년 1월 27일

사랑하는 앨리스에게,

나는 내 어머니께 보내는 편지를 쓰는 일을 조금 전에 마쳤고, 이제 내가 좋아하는 당신에게 매일 보내는 글을 쓸 차례라오. 나는 주일에 푹 쉬면서 맘껏 안식을 즐겼소. 나는 사경회가 끝났는데도 불구하고 교회가 꽉 차서 깜짝 놀랐소. 강대상 쪽이 다시 비었기 때문에 예배당에 자리가 없을 만큼 붐빈 것은 아니지만, 사람들은 촘촘하게 앉았고 여자석에 작은 공간을 제외하면 더 이상 앉을 자리가 없었소. 하여튼 1,100명이나 1,200명은 온 것 같소.

나는 2명의 새 일꾼을 임명했소. 중학교 교사인 박 씨와, 외성 사람이자 시내 초등학교의 교사인 황 씨요. 황 씨는 특히 외성 사람들을 돌보기 위해 임명했소. 나는 두세 사람의 학습교인을 탈락시켰고 일부를 추가로 받았으며, 세례 문답을 시작할 것이라고 발표했소. 문답할 자가 약 150여 명인데, 나는 오늘 아침에 13명에 대한 문답을 시작했고, 그들 가운데 2명만 세례를 연기했소. 왜냐하면 한 명은 주일 성수를 제대로 하지 않았고 불신자인 그의 형과 함께 예배 후에 때때로 사업을 했기 때문이오. 다른 한 명은 26세의 청년으로 생계 수단이 없어서 형의 도움으로 살고 있소. 그래서 나는 그 청년에게 네 번째 계명을 잘 지키고, 주일에 안식하는 동시에 엿새 동안 일을 하면 세례를 받을 수 있다고 말했소. 나는 앞으로 열흘 동안 매일 바쁠 것이오. 그 후 나는 사경회를 인도하기 위해 초산(楚山)에 갈 것인데, 그곳에서 또 40-50명에게 세례 문답을 할 것이오. 앞으로 3개월간의 사역이 끝날 즈음이면 나는 쉴 준비가 되고 휴식을 즐기게 되겠지요.

공의회위원회 모임에 제출된 평안북도 지역 분기 보고서를 보면, 247명이 세례를 받았고 650명이 학습교인으로 등록되었소. 당신이 알다시피 아

am thankful you were able to go on alone for I should not like to have been absent from the work this winter. As it is, we are all overworked and there is too much for us to compass and yet we are making steady progress. We are still trying to have the council meet here next fall or at any rate in Seoul instead of Chemulpo. We selected delegates to it today: Kil [Sŏn-ju] if it is here, Kim [Ik-Du] if it is not held here– then Yang, Pang, Yi Ki-Poong (Swallen's helper) and Sōng. If we have 7 delegates this year as we hope to, the other two are to be 안준 [An Joon] or 한덕영 [Han Dōk-Yōng of the north]–and 강 [Kang], my helper. I also got permission for Kang to receive catechumens.

A letter came today from Mrs. Fischer which I enclose to you. I also send you the draft she sent–for £11.5.2 sterling. You can negotiate it there and deposit the amount to your credit and I will pay out the amount here as she suggests. This will either meet some of your needs or leave a larger sum with you for us to use when I get home–and I will have so much the less to take home with me.

Concerning the Communion set which she so generously offers–would it do to suggest that she let us have a Korean one made here–of Korean silver and she pay for it–whatever amount she will suggest? I will make some inquiries and write you again soon as to probable cost. If it will not do to make the suggestion–just what had we better do? You know Mr. Lee & I have rather set our hearts on having a Korean service and I hope we can get it. And yet we certainly do not want to decline Mrs. Fischer's generous offer. We greatly need the service. We should need fully 8 cups and 8 plates altho of course we could get along with only 4 each at first and have others made afterwards if it were to cost too much to get them all at once.

I had a fine time yesterday reading the *Life of Chalmers*. It did me great good. What a mistake we make in reading so much periodical literature. I shall certainly abide by my resolution from now on and read more good solid helpful books and less of the current literature.

직까지 사역은 전혀 후퇴하지 않고 있소.[1] 내가 당신과 있고 싶은 만큼, 여보, 나는 당신이 없어서 외로움을 더 많이 느끼게 되오. 한편으로는 당신이 혼자 갈 수 있었던 게 감사하오. 나는 올겨울에 사역에서 떠나 있고 싶지 않았기 때문이오. 사실 우리 모두는 과로하고 있고, 감당해야 할 일은 너무 많은데, 사역은 꾸준히 발전하고 있소. 우리는 내년 가을에 공의회 회의를 제물포 대신 이곳에서 열거나 아무튼 서울에서 열려고 계속 노력하고 있소. 우리는 오늘 공의회에 보낼 대표자를 선출했소. 그 회의가 이곳에서 열리면 길[선주]를, 여기서 열리지 않으면 김[익두]를 대표로 보내고, 양[전백], 방[기창], 이[기풍](스왈른의 조사), 송[인서] 등을 보낼 것이오. 만일 우리가 바라는 대로 올해 우리가 7명을 보낼 수 있다면, 다른 두 사람은 안준과 한덕영이 될 것이고, 내 조사인 강[유문]도 갈 수 있기를 바라오. 나는 강 조사가 학습교인을 받을 수 있도록 허가를 받았소.

오늘 피셔 부인으로부터 편지가 왔는데 여기에 동봉하오. 그녀가 보낸 은화 11파운드 5실링 2페니짜리 수표도 보내오. 당신이 그곳에서 은행과 협상하고 당신 통장에 저금할 수 있으면 좋겠소. 그녀가 제안한 비용은 내가 이곳에서 지불하리다. 그러면 당신이 그 돈을 생활비로 사용하거나, 아니면 내가 귀국했을 때 우리가 쓸 목돈이 있게 되므로, 내가 그렇게 많은 돈을 가지고 갈 필요가 없는 셈이오.

피셔 부인이 관대하게 제안한 성찬 기구에 대해 말하리다. 나는 그 제안이 우리가 이곳에서 한국 은을 가지고 한국 제품으로 만들라고 하는 것인지, 그러면 얼마가 들든 상관없이 그녀가 비용을 지불하겠다고 하는 것인지 궁금하오. 내가 좀 알아본 뒤에 적절한 비용에 대해 당신에게 최대한 빨리 다시 편지하겠소. 만일 이 제안이 아니라면, 우리가 어떻게 하는 것이 좋겠소? 당신도 알다시피 리 목사와 나는 한국식 성찬 예배를 하려고 굳게 결심했고, 그런 예배를 드릴 수 있기를 희망하오.[2] 하지만 우리는 피셔 부인의 관대한

1 1900년 중국의 의화단사건 이후 평안도 지역에서도 반기독교 운동이 일어나고 가톨릭과의 갈등이 증가하고 있었기 때문에 1901-1902년에는 전도가 쉽지 않았고 개신교의 성장이 둔화되었다.

2 리 목사와 마포삼열 목사가 한국에서 은제 성찬기를 만들어 사용하려고 했다는 것은 이 글에서 처음 알려

Chalmers had a great struggle trying to get out of the 7th chapter of Romans into the 8th. Have read only a few chapters but have been greatly helped already and shall go on to even more helpful things.

Another mail coming tomorrow, they say, but I do not think it can bring any more letters from you unless another one from Honolulu. Next Sabbath when another mail is here your first San Francisco letter will probably be here to make me happy. Well, dearest, I just want to say Whiligers three or four times–to look up at your photograph and have my heart grow warm with thoughts of you and then I must be off to bed again. Good night, my precious. How I long to hear you are well and getting along all right under treatment. Love to father & mother.

Your own,

"Sambo"

제안을 거절하고 싶지 않소. 너무 많은 비용이 들 경우 4개의 잔과 4개의 접시로도 예식을 행할 수 있고 나중에 다른 세트를 구할 수도 있겠지만 우리는 8개의 잔과 8개의 접시가 있는 성찬기가 필요하오.

나는 어제 『차머스 전기』를 읽으며 좋은 시간을 보냈소.[3] 큰 도움을 받았소. 우리가 너무 많은 정기간행물을 읽는다는 게 얼마나 큰 실수인지! 나는 이제부터 더 유익하고 알차고 도움이 되는 책을 많이 읽겠다는 결심을 지킬 것이오. 차머스는 로마서 7장에서 빠져나와 8장으로 들어가기 위해 치열한 투쟁을 했소. 이제 겨우 두세 장을 읽었지만 벌써 크게 도움을 받았고, 더욱 많은 도움을 받기 위해 계속 읽겠소.

내일 우편물이 온다고 하는데, 호놀룰루에서 오는 게 아니라면 당신이 보낸 편지는 없을 것이오. 다음 주일에 다른 우편물이 이곳에 올 때 틀림없이 당신이 샌프란시스코에서 보낸 첫 편지가 도착한다면 나는 행복하겠소. 자, 여보, 당신의 사진을 바라보면서 "사랑이여"를 그저 서너 번 더 말하기를 원하오. 그러면 내 마음은 당신에 대한 생각으로 따뜻해지고 나는 잠자리에 들어갈 수 있을 것이오. 잘 자요. 여보, 나는 당신이 건강하고 치료를 잘 받으며 잘 지낸다는 소식을 듣고 싶소. 장인, 장모님께 사랑을 전해주시오.

당신의,

"삼보"

진 사실이다. 동시에 1901년까지 장대현교회에서 정식 성찬기가 사용되지 않은 것을 알 수 있다.

3 토머스 차머스(1780~1847)는 19세기 스코틀랜드의 가장 위대한 장로교회 설교자요 신학자였다. 엄격한 칼뱅주의자로서 기구주의에 반대하여 스코틀랜드 자유교회를 설립하는 지도자가 되었다. 해외 선교 운동을 적극 지지했으며 반노예제 운동에 깊이 관여했다.

Samuel A. Moffett

Pyeng Yang, Korea

January 28, 1902

My own Dearest:

This I think has been the very busiest day I have yet spent–not a moment to spare from early morning until now about 10 o'clock at night. I examined 11 for baptism this morning received several Korean callers and had a long talk with a man on Roman Catholicism. He was seeking enlightenment. Wrote for a while this morning on the article for Mr. Speer. Do not know what I shall be able to do on that line but expect to put in some time on it every day now until I get it in shape–if that is possible.

This afternoon Mr. Morris came for a long talk on our relations with the M. E. work, then came a long com. meeting making arrangements for the summer class and just as we finished, supper was announced. After supper we all met at Mr. Swallens for a "Social" & discussion of educational work. We had music, recitations and some long talks on most important topics: school & academy work, training of helpers & theological instruction were all discussed to great profit and the working out of our policy in our work. Seoul schools & academy were also thought of.

We are soon to have another "Social" and discussion of arrangements for Annual Meeting & have social discussions maintain the unity of our work and help to the solution of many problems.

The result of the day's work is of course that I am tired and my head is all in a whirl–so am afraid I'll not get a very good rest tonight. However, I have been so well since my 3 days of headache last week that I feel in fine condition–ready for a good deal of work. I do long to hear from you as to what your plans in America are. This thing of carrying on a one-sided correspondence–great as is the joy of writing you every

마포삼열

한국, 평양

1902년 1월 28일

사랑하는 당신에게,

내가 지금까지 지낸 날 가운데 오늘이 가장 바쁜 날이었던 것 같소. 나는 이른 아침부터 밤 10시가 된 지금까지 한순간도 쉴 틈이 없었다오. 오늘 아침에는 11명에게 세례 문답을 했고, 여러 명의 한국인 방문객을 만났으며, 한 남자와 가톨릭에 대해 긴 대화를 나누었소. 그는 깨달음을 구하고 있었소. 오늘 아침에는 잠깐 동안 스피어 목사에게 보낼 기사를 썼소. 내가 그 방면으로 무엇을 할 수 있을지 모르고 그것을 제대로 쓸 수 있을지 모르지만, 기사가 제대로 모습을 갖출 때까지 매일 조금씩 시간을 투자할 생각이오.

오늘 오후에는 모리스 목사가 와서 우리와 감리교회 사역의 관계에 대해 길게 대화했소. 이어서 여름 사경회를 위한 준비를 하려고 오랫동안 위원회 회의를 했는데, 모임이 끝나자마자 저녁 식사 시간이라고 알려주었소. 우리는 식사 후에 스왈른 목사 집에 모여 "사교" 시간을 가지면서 교육 사업에 대해 토론했소. 우리는 함께 노래하고 중창 발표도 하면서 중요한 주제들에 대해 제법 긴 대화를 나누었는데, 곧 초등학교와 중학교 사업, 조사 훈련과 신학 교육 등에 대한 토론이었소. 그 대화는 유익했고, 우리의 사역 정책을 세우는 데에도 도움이 되었소. 서울의 초등학교와 중학교 문제도 거론되었소.

우리는 곧 다른 "사교" 모임을 열어 연례 회의를 준비하기 위한 토론을 하기로 했소. 사교적 토론은 우리 사역의 일치를 유지하고 많은 문제를 해결하는 데 도움이 될 것이오.

나는 하루 종일 일한 탓에 당연히 지쳤고 머리는 온통 어지럽소. 그래서 오늘 밤에는 그렇게 잘 쉬지 못할 듯하오. 하지만 지난주에 3일간 두통을 겪은 이후 나는 지금까지 건강하게 지냈고, 현재 몸 상태도 좋아서 많은 일을 할 준비가 되어 있소. 미국에서 당신이 어떤 계획을 가지고 있는지 당신으로부터 듣기를 고대하오. 내 쪽에서만 계속 서신을 보내는 일은, 비록 매일 당

day–is far from being thoroughly satisfactory and I want some of your letters to answer. They will be here soon and then I'll be happy. Do you get tired of the Whiligers part of my letters? Well, if I thought you did I'd omit them–but you don't and it just does me lots of good to be able to write Whiligers every day and to think it many many times a day.

Love to father & mother who I know are enjoying you to the full every day. With a loving good night to you

Your own Husband,

Sam

신에게 편지를 쓰는 즐거움이 크지만, 만족스럽지 않소. 나는 당신이 보내는 답장을 받고 싶소. 곧 몇 통이 이곳에 올 것이고 그다음에야 나는 행복할 것 같소. 당신은 내 편지의 "사랑이여" 부분에 싫증이 났소? 자, 만일 내가 당신이 싫증을 낸다는 생각이 들면 그 부분은 생략하리다. 그러나 당신이 싫증을 내지 않고 내가 매일 "사랑이여"를 쓰고 하루에도 여러 번 당신을 생각할 수 있어서 내게 많은 도움이 된다오.

장인, 장모님께 사랑을 전해주시오. 나는 두 분이 매일 하루 종일 당신과 함께 있는 것을 즐기고 계시리라 생각하오. 당신에게 사랑을 보내오. 잘 자오.

당신의 남편,

샘

Samuel A. Moffett

Pyeng Yang, Korea

January 29, 1902

My own Dearest Girlie:

Your second Honolulu letter came today and has made me happy again. Everybody is so happy to hear the good news of you and when tonight at prayer meeting I told them of your letter and its good news of improvement there was very evident joy as was shown afterwards in the prayers and in the remarks of the many who came up afterwards to express their pleasure. What a busy day this has been also. Examinations for baptism all morning & then a rush to Dr. Follwells for dinner where I got a real good rest & relief from the many Koreans always hanging about for a chance to get at me here.

This afternoon work on church rolls and a committee meeting of Property committee & committee on Mr. Blair's house. Now what great plan do you suppose we evolved and are to suggest to station for adoption next week? It is this–to buy up about everything in sight that we do not own–in the way of fields & hills round about us. To buy the Hospital Plant from itself and convert it into a Girl's School with a residence for two ladies to be built near it a little back towards Miss Best's & Mr. Hunt's houses–to build a new hospital on the hill against the wall between the 상수구 [sang su gu] and the 하수구 [ha su gu] (upper and lower little holes in the wall on the way to M.E. [Methodist Episcopal] compound) and to build a house for Mr. Blair and probably two other houses later on on the Swallen hill. Does that suit you? It seemed to all of us that this is the best way to plan things and while it is not proposed to do it right now–that is the plan we will probably develop and work out. Everything continues to develop and we are moving on to still larger things.

Cannot stop tonight to write more fully and cannot talk about the

마포삼열

한국, 평양

1902년 1월 29일

사랑하는 내 여인에게,

당신이 호놀룰루에서 보낸 두 번째 편지가 오늘 도착해서 나를 다시 행복하게 만들었소. 당신으로부터 희소식을 들어서 온종일 모두가 행복하다오. 나는 오늘 기도회에서 사람들에게 당신의 편지에 대해 말했소. 당신의 건강이 호전되었다는 소식에 모두가 기뻐했다오. 그들의 기도와, 기도회가 끝난 후 많은 사람이 내게 와서 했던 말에서 기쁨이 분명히 드러났소. 오늘도 하루 종일 얼마나 바빴는지! 오전 내내 세례 문답을 했고, 이어서 폴웰 의사 집으로 급히 가서 점심을 먹었소. 거기서, 나를 만날 기회를 얻으려고 늘 내 주변에 머물러 있는 많은 한국인으로부터 잠시 벗어나 잘 쉬었소.

오늘 오후에는 교회 교인 명부를 정리했고, 자산위원회와 블레어 목사의 사택에 대한 위원회 회의를 했소. 당신은 우리가 어떤 위대한 계획을 발전시켜서 다음 주에 선교지부에 그것을 제안할 것이라고 생각하오? 그것은 이런 계획이오. 곧 우리 주변에 보이는 논밭과 언덕 중에서 아직 소유하지 않은 땅을 거의 모두 사들이는 일 말이오. 그곳에 있는 병원 건물을 사서 여학교로 개조하되 학교 근처에 베스트 양의 사택과 헌트 목사의 사택이 있는 쪽으로 약간 뒤에 2명의 독신 여성 선교사를 위한 사택을 짓는 것, 그리고 상수구와 하수구 사이에 성벽이 지나가는 언덕에 새 병원을 짓고, 나중에 스왈른 언덕에 블레어 목사의 사택과 다른 두 채의 사택을 짓는 것이오. 당신 마음에 드오? 우리 모두는 이것이 최선의 안이라고 생각하오. 비록 지금 당장 시행하자고 제안하지는 않겠지만, 이것이 우리가 발전시키고 추진할 계획이오. 모든 것이 계속 발전하고 있으며, 우리는 더 큰 일을 향해 나아가고 있소.[1]

---

1 평양 장대현교회는 이때 교인 매장지를 사서 교우들을 장사하게 하려고 의논했다(“교회통신: 평양”, 「그리스도신문」, 1902년 2월 27일).

content of your letter. Will keep that for tomorrow. I received from Mrs. Fischer a draft for £11.5.2 which I sent to you in my last letter. Let me know please whether it reaches you safely.

Will look up photo you want and send to you. Bought some more photos from Dr. Follwell today which I will send you for the album. How I long to look into your eyes dearest and what a joy to get your letter with its Whiligers message for me. Another good night with all my love to you and a heart full of thoughts of you.

Lovingly, your own,

Sambo!

오늘 밤은 더 자세히 쓸 시간을 낼 수 없고, 당신의 편지 내용에 대해서도 이야기할 수 없다오. 피셔 부인으로부터 11파운드 5실링 2페니짜리 수표를 받아서 그것을 지난번 편지에 당신에게 보냈소. 그것이 안전하게 도착했는지 알려주시오.

당신이 원하는 사진을 찾아보고 보내주겠소. 폴웰 의사로부터 사진을 몇 장 더 샀는데 앨범에 넣도록 보내주겠소. 아, 당신의 눈을 들여다보고 싶소! 나를 향한 당신의 사랑이 가득 담긴 편지를 받으면 얼마나 기쁜지! 당신을 향한 내 모든 사랑과 당신 생각으로 가득 찬 내 마음을 다해 인사하오. 잘 자오.

사랑하는 당신의,

삼보!

Samuel A. Moffett

Pyeng Yang, Korea

January 30, 1902

My Dearest:

There is not much of special interest to record concerning today's events and I am too tired tonight to think very far beyond the one ever present fact of my constant love for and joy in you. Examined only a few people this morning but now have 40 men all together accepted while about ten have been postponed and there are still 18 more to examine. Have also selected the list of women upon whom I will begin next week. There are about 80 of them–so by the time I am through there will be a hundred more or less to be baptized.

Mr. & Mrs. Hunt & Miss Henry were here for dinner and we chatted for a while afterwards. Miss Best's special class began today. Do not know just how many she has this year. There are 7 I believe from my section. One-Too's mother is in the class also.

I am keeping Quen-si busy looking up women and find it is quite helpful to have someone to do nothing else but that. Wish I had a man for the same purpose. Think I will set Chan-Ik at that work, in the afternoons.

This afternoon Mr. Morris was over for a long talk on the subject of our work in An Ju and the north. This evening I have done a little work on church roll–read a letter and am tired out. I am off to bed. How you do fill the days with joy & hope as I look forward to joining you in 3 more months. Will be on my way before 3 months are past. My heart of love to you my own dear wife.

Lovingly,

Sam

마포삼열

한국, 평양

1902년 1월 30일

당신에게,

오늘 있었던 일 가운데 특별히 기록할 만한 것은 없소. 오늘 밤 나는 너무 피곤해서, 내게 늘 존재하는 당신에 대한 지속적인 사랑과 당신으로 인한 기쁨 외에는 다른 것을 생각할 수가 없소. 오늘 아침에 단지 두세 명에게 세례 문답을 했지만, 지금까지 모두 합해서 40명의 남자를 받아들였고, 약 10명은 연기되었으며, 아직 문답해야 할 자가 18명 더 남아 있소. 여성 후보자 목록도 선정했는데 다음 주에 그들을 문답할 것이오. 약 80명 정도가 되오. 이들에 대한 문답을 다 마치게 되면 세례를 받을 사람은 100명이 넘을 것이오.

헌트 목사 부부와 헨리 양이 저녁을 먹으러 이곳에 왔고, 우리는 식사 후에 잠시 이야기를 나누었소. 베스트 양의 특별 사경회 반이 오늘 시작되었소. 그녀가 올해 몇 명을 가르치게 될지 모르오. 나는 내 지역에서 7명이 왔다고 믿소. 원두 어머니도 참석 중이오.

나는 권씨 부인에게 여자들을 돌보는 사역을 맡겼는데, 어떤 사람에게 한 가지 일만 시키는 것이 꽤 도움이 된다는 걸 알게 되었소. 동일한 목적으로 일하는 남자 한 명이 있으면 좋겠지만 아직 없소. 매일 오후에 찬익이에게 그 일을 시킬 작정이오.

오늘 오후에 모리스 목사가 와서 안주(安州)와 북부 지역에서의 우리의 사역에 대한 주제로 길게 대화했소. 저녁에는 교회 교인 명부를 약간 정리했는데, 편지를 한 통 읽고 나니 피곤이 몰려오오. 이제 잠자리에 들어야겠소. 당신은 하루를 어떻게 보내오? 3개월이 더 지나 당신과 함께할 날을 고대하오. 나는 3개월이 지나가기 전에 출발할 것이오. 내 사랑하는 마음을 사랑하는 아내인 당신에게 전하오.

사랑하는,

샘

Samuel A. Moffett

Pyeng Yang, Korea

January 31, 1902

Alice Dearest:

Received this morning from Mr. Gale four examination papers which I send herewith. In your writing it did not hurt you any, I am just ever so glad you wrote it and that now your 2nd year written exam. is passed all right. You can take your oral this year or next and be a Senior Missionary. Of course I know you will say that you would like to have passed your 3rd year examination with a mark of 90 or 100—something which I believe no one has ever done but you will probably be better satisfied when I tell you that Mrs. Hunt's mark was 69 only 1/3 above you and that others except Mr. McRae were below you. Since you are the wife of a member of the committee I suppose you can be told these things. Only one of the second year people received a higher mark than this. Am so glad you took it.

I had a letter from Mrs. Gifford [the mother of Rev. Daniel L. Gifford] in which she sends love to you and wants to know about your welfare. She has ordered the monument [in memory of her son and daughter-in-law, Mary Hayden Gifford] and I hope it may prove satisfactory.

Mother writes that she will probably go to Arizona and may go on to California and see you. Don't I wish I could be with you if she does. I can tell you, it isn't all fun—having you over there without me. We will just have to have a tremendously good time from May to July to make up for some of the disappointments. I wanted to take you to mother, myself—and yet I hope she can get to California and enjoy you even before I get home. She is a mighty dear good mother, if she does think her boy Sam a good deal better than he is.

With love to you, my dearest,

마포삼열

한국, 평양

1902년 1월 31일

사랑하는 앨리스에게,

오늘 아침 게일 목사로부터 네 장의 시험지를 받았는데 여기 동봉하오. 당신의 필기시험 성적은 나쁘지 않소. 나는 당신이 그것을 썼다는 게 기쁘오. 이제 당신은 2년 차 필기시험을 잘 통과했소. 당신은 올해나 내년에 구두시험을 칠 수 있으며, 그러면 선임 선교사가 되는 것이오. 물론 나는 당신이 3년 차 시험을 90점이나 100점으로 통과하고 싶다고 말할 걸 알고 있지만, 어느 선교사도 그렇게 한 적은 없었다고 생각하오. 하지만 헌트 부인의 점수가 당신보다 0.33점 많은 69점이고, 맥래 목사 외에 모두 당신보다 점수가 낮다는 것을 알게 되면 당신이 만족하리라고 믿소. 당신이 [언어시험]위원회 위원의 아내이기 때문에 이런 사실을 들을 수 있다고 생각하구려. 2년 차 시험을 친 선교사 중 단 한 명만 이보다 더 높은 점수를 받았소. 나는 당신이 그런 점수를 받아서 기쁘오.

내가 기퍼드 부인으로부터 편지를 받았는데, 그녀는 당신에게 사랑을 전하면서 당신의 건강 상태에 대해 알고 싶어 하오. 부인이 기념비를 주문했는데, 나는 그것이 만족스럽길 희망하오.[1]

어머니께서 애리조나로 가셨다가 캘리포니아로 가서 당신을 만날 것 같다고 편지에 쓰셨소. 만일 어머니께서 그렇게 하신다면, 나는 당신과 함께 있을 수 있기를 바라마지않소. 나 없이 당신만 그곳에 있도록 하는 것은 정말이지 재미없는 일이오. 몇 가지 실망스러운 일을 보상하기 위해서라도 우리는 5월부터 7월까지 엄청나게 즐거운 시간을 보내야 하오. 나는 직접 당신을 어머니께 데려가고 싶었소. 하지만 어머니께서 캘리포니아로 오기를 바라시고, 내가 본국에 가기 전이라도 당신을 반갑게 만나기를 바라시오. 당신의 아

1 기퍼드 목사의 모친은 아들 부부가 사망한 후 그들을 위한 기념물을 한국에 세우기 위해 비석을 주문했다.

Your own,
Sam

들 샘을 실제보다 훨씬 더 좋게 생각하시지만, 그녀는 강하고 좋은 어머니시라오.

당신에게 사랑을 보내오.

당신의,

샘

Ellen C. Parsons[1]

S. S. Dèli, N. German Line

Gulf of Siam

February 1, 1902

Dear Mr. Moffett,

Mr. [Robert E.] Speer advised me to begin my visit to Korea by going up to Pyeng Yang from Chemulpo. He said, "Put yourself into Mr. Moffett's hands and let him plan your going down across country to Seoul. He will save your time for you." That was a compliment to you, anyhow.

I am expecting if all goes well to be going up your way in late April, perhaps the 20-25th. Will you have [left] home by that time? I shall be especially disappointed in that case, for you and Pyeng Yang have always been the same thing to me. ---------- the dear [Graham] Lees home, too. I shall not feel quite at home in Korea, I'm afraid.

However, if you are gone I shall know that it would be the wrong thing for you to be in Korea. I dare say that if I could see you and your brave wife now, I should be the first to urge you to hurry away. I am sure it was great determination on [her part] that kept Mrs. Moffett at her [post] during that long hard experience she had with her limb.

Is it asking too much that you will arrange a Korea itinerary for me—not trains nor exact dates—but an outline and show what I could do in about four weeks! My idea is to divide the time between Pyeng Yang field and Seoul & the trip between these places, and if I see Fusan at all, only as the boat to Japan allows time for a call. I cannot take in Taiku.

Miss Best long ago invited me to make a country trip with her. That would be charming if time allows. Will the end of April and first of May be favorable for either [country] work or for a Women's class at [Pyeng

1 Editor of the Presbyterian Missionary Journal, *Woman's Work for Woman*, Presbyterian Building, 156 Fifth Avenue, New York.

엘렌 C. 파슨즈[1]

노스 저먼 라인, S. S. 델리

사이암 만

1902년 2월 1일

마포삼열 목사 귀하,

스피어 목사가 한국을 방문할 때 먼저 제물포에서 평양으로 올라가라고 내게 조언했습니다. 그는 "마포삼열 목사에게 모든 것을 맡겨서 당신이 시골 지역을 거쳐 서울로 내려갈 수 있게 그가 계획을 짜도록 하십시오. 그가 당신의 시간을 절약해줄 것입니다"라고 말했습니다. 아무튼 그것은 당신에게는 칭찬이었습니다.

모든 일이 잘 진행될 경우 저는 4월 말에, 아마도 20일에서 25일 사이에 귀하께 올라갈 것으로 기대하고 있습니다. 그때쯤 귀하께서는 본국으로 출발하셨겠지요? 그렇다면 저는 대단히 실망스러울 겁니다. 왜냐하면 제게 귀하와 평양은 항상 동일했기 때문입니다. 또한 저는 친애하는 [그레이엄] 리 가족을 보지 못하겠군요. 그래서 저는 안타깝게도 한국이 편하게 느껴지지 않을 듯합니다.

그러나 만일 귀하가 떠났다면 저는 귀하가 한국에 있는 게 잘못된 일이라고 알겠습니다. 만일 귀하가 지금 나서야 아내를 만날 수 있다면 저는 가장 먼저 나서서 서둘러 떠나라고 귀하를 재촉할 것입니다. 저는 부인이 다리에 그렇게 오래 힘든 고통을 겪는 동안 자신의 자리를 지킨 것은 바로 그녀의 대단한 결심이었다고 확신합니다.

귀하께 제 한국 여행 일정을 잡아달라고 하면 너무 지나친 요구일까요? 열차를 예약하거나 정확한 날짜가 아닌 대략적인 윤곽을 잡는 형태로 제가 약 4주 동안 무엇을 할 수 있을지 보여주시면 됩니다. 제 생각은 시간을 평양

---

1 엘렌 파슨즈는 뉴욕 북장로회 여성선교부 잡지인 *Woman's Work for Woman* 편집장으로, 해외 선교지를 방문하고 있었다.

Yang]?

I hope there will be a Com[municants] class and members admitted to the [Church]. One of the things I am taking this trip around the world for is to attend Wednesday prayer-meeting at Pyeng Yang!

India was great. Dr. [Arthur Judson] Brown's ship & mine crossed in the night, this week. Have been prospered all the way from New York. Have slept in 60 beds and not lost a meal. Address me at Chefoo, care of Mr. Elterich. Remember me to your wife.

Yours sincerely,
Ellen C. Parsons

지역과 서울로 나누고 이 두 지역을 여행하는 것입니다. 일본으로 가는 기선편이 허락된다면 제가 부산을 볼 수도 있을 것입니다. 저는 대구에는 갈 수 없습니다.

베스트 양은 오래전에 제게 시골 지역을 함께 순회하자고 했습니다. 시간이 허락된다면 그것은 멋진 일이 될 것입니다. 사월 말이나 오월 초가 시골 사역이나 평양에서 여성 사경회를 하기에 좋은 날짜입니까?

저는 학습교인반과 입교인들을 위한 공부반이 있기를 희망합니다. 제가 전 세계를 일주하는 이 여행을 하는 이유 중 하나는 평양의 수요 기도회에 참석하기 위해서입니다.

인도는 대단했습니다. 브라운 박사와 제 여객선이 이번 주 밤에 서로 교차했습니다. 저는 뉴욕에서 오는 동안 계속 건강했고, 60일 밤을 잤으며, 단 한 번의 식사도 거르지 않았습니다. 우편 주소는 중국 치푸, 엘터리치 목사 앞입니다. 부인께 안부를 전해주십시오.

엘렌 C. 파슨즈 드림

Samuel A. Moffett

Pyeng Yang, Korea

February 3 [probably February 2], 1902

My own Dearest:

Saturday night brought me a great mail and I am so thankful for your safe voyage home and thankful to know that you have now been safely among the loved ones for over a month. Your letter, Mother Fish's letter telling of your being in the home and a letter from Mother Moffett all came together. Now if you can get rid of those headaches my mind will be at rest. I feel greatly relieved now that I know the voyage is over and that it was alright for me not to go on with you. Now I will long for your first letter telling of how you feel to be in the old home again, how your parents are and what your new feelings are after being away for four years. I venture to guess that you did not sleep much the first night at home unless the strain of the voyage so exhausted you that you hadn't strength enough to think any.

Your precious mother was happy to get you back again and under her care. I think you will get a real rest. I was so glad dearest you did not take the drive in Honolulu even though you did feel equal to it. Just save all your new strength for complete restoration and then we will have some good drives together next summer.

We are having cold weather here again but it is clear and bright. The church was filled again yesterday and 12 catechumens were received. I read out the names of about 80 women to be examined for baptism and will begin on them this morning. Next Sabbath we take up the subscriptions for the Building Fund.

The committee on arrangements for Annual Meeting, Mr. and Mrs. Hunt, have appointed a number of sub-committees, among them Mrs. Baird, Mrs. Hunt & Mr. Swallen on Entertainment and they want to know the preferences of us all as to those whom we are to entertain.

마포삼열

한국, 평양

1902년 2월 3일

사랑하는 당신에게,

토요일 밤 반가운 우편물이 내게 도착했소. 나는 당신이 안전하게 집까지 여행해서 고맙고, 당신이 이제 사랑하는 이들과 함께 한 달 이상 안전하게 지내고 있다는 것을 알게 되어 감사하오. 당신이 집에 있다는 사실을 알려주는 당신의 편지와 장모님의 편지, 그리고 내 어머니의 편지가 모두 같이 왔소. 이제 당신의 두통만 사라진다면 나는 마음 편히 지낼 수 있소. 항해가 끝났고 내가 당신과 함께 가지 않았어도 괜찮았다는 것을 알게 되어 마음이 놓이오. 이제 나는 당신이 옛집에 다시 돌아가서 지내는 느낌이 어떤지, 부모님은 어떻게 지내시는지, 4년간 떠났다가 돌아와서 느끼는 새로운 감정은 어떤지 말해주는 편지를 고대하리다. 여독으로 인해 너무 지쳐서 생각할 힘조차 남아 있지 않았다면 몰라도, 내가 짐작컨대 당신은 집에서 보낸 첫날에 잠을 이루지 못했을 것이오.

당신의 소중한 어머니는 당신이 다시 돌아와 돌봐줄 수 있어서 행복하셨을 것이오. 나는 당신이 제대로 쉴 수 있을 거라고 생각하오. 비록 당신이 할 수 있다고 느꼈을지라도 나는 당신이 호놀룰루에서 차를 운전하지 않아서 무척 다행이라고 느꼈소. 당신의 모든 새 힘을 완전한 회복을 위해 남겨두시오. 그래서 올여름에 우리 함께 멋진 드라이브를 합시다.

이곳은 다시 추워졌지만 날씨는 청명하오. 어제 교회는 다시 사람들로 가득 찼고, 12명의 학습교인을 받았소. 나는 세례 문답을 할 여성 80명의 이름을 낭독했는데, 오늘 아침에 문답을 시작할 것이오. 다음 주일에 우리는 교회 건축 기금을 위해 헌금 작정을 할 것이오.

연례 회의 준비위원회 위원인 헌트 부부가 접대 분과 위원들을 임명했는데, 베어드 부인, 헌트 부인, 스왈른 부인이 들어갔소. 그들은 우리가 누구를 접대하고 싶은지 우리 모두의 선호를 알고 싶어 하오. 만일 블레어 부부가

If the Blairs are in their new house (which is decidedly doubtful) we can take 4 easily and possibly 6 by putting cots in the study. We will take whomsoever may be assigned to us but if you have any preferences for the first two let me know and I will inform the committee.

I think I have no special preference. The one thing I want to look out for is that we have a place at our table for Mr. Pieters of Nagasaki and a place for a cot for him.

A letter from Mrs. Leck says she plans to come down here with Mr. Swallen & Mr. Hunt after the class up there and leave for America on the first steamer from here, expecting to get home the middle of April or thereabouts. Will write you again about her—and probably you will be able to see her as she reaches San Francisco.

Have been interrupted here by Sin-si coming to talk about the Women's Home Missionary Society. They want to put on another worker and so have arranged to make larger contributions. This gives us really 3 women supported by the church who give all their time to church work.

The little Poul Moi Kol Yi-si also came in bringing the brass candle sticks and incense burner which she bought 9 years ago to be used in sacrificing to her after her death. Yesterday I preached on Rev. 2:1-7 and the passage about removing the candlestick appealed to her and so she brought these to be sold and the amount to go as her contribution to the church Building Fund. Will have these brightened up and bring them home with me.

How many, many little incidents come up that are full of interest. Yi-si is along side of me as I write asking for an explanation of a passage in scripture. She sends greetings to you.

I must now be off for examinations. Mother Moffett writes she is going to Arizona. Doubtless you will hear from her there. All my love to you, dearest, & love to father & mother.

Your loving husband,
Samuel A. Moffett

그럴 리는 없겠지만 새 사택에 입주한다면, 우리는 쉽게 4명을 받을 수 있고, 서재에 간이침대를 넣으면 아마도 6명을 수용할 수 있을 것이오. 우리는 우리에게 배정되는 사람이면 누구나 받겠지만, 당신이 혹시 선호하는 사람이 있다면 2명을 먼저 말해주시오. 그러면 내가 그것을 위원회에 알려주겠소.

내가 특별히 선호하는 사람은 없소. 내가 주의하고 싶은 한 가지는, 우리의 식탁에 나가사키의 피터즈 목사가 앉을 자리와 그가 잘 간이침대를 놓을 장소를 마련하는 일이오.[1]

렉 부인이 보낸 편지에 따르면, 그녀는 선천에서의 사경회가 끝나면 스왈른 목사와 헌트 목사와 함께 이곳으로 내려와 여기서 출발하는 첫 기선을 타고 미국으로 떠나 4월 중순에 본국에 도착할 계획이라고 하오. 그녀에 대해서는 당신에게 다시 쓰겠소. 그녀가 샌프란시스코에 도착할 것이므로 당신은 아마도 그녀를 볼 수 있을 것이오.

국내 여전도회[2]에 대해 이야기하러 신반석(信盤石) 부인이 와서 잠시 글 쓰는 것을 중단했소. 그들은 다른 사역자 한 명을 추가하기 원하며, 그래서 더 많은 헌금을 하려고 준비했소. 이렇게 되면 우리는 교회가 지원하는 3명의 여성을 가지게 되는데, 그들은 모든 시간을 교회 사역에 바치고 있소.

풀무골에 사는 작은 이신행(李信行) 부인도 자신이 죽은 후에 자신의 제사에 사용하게 하려고 9년 전에 샀던 모든 놋 촛대와 향로를 가지고 왔소. 어제 나는 요한계시록 2:1-7에 대해 설교했는데, 촛대를 옮기는 본문이 그녀의 마음을 움직였소. 그래서 그녀는 이것을 팔아서 그 돈을 교회 건축 기금에 헌금하려고 가지고 온 것이오. 내가 이것을 사서 촛불을 밝히는 데 쓰다가, 집으로 갈 때 가지고 가겠소.

흥미진진한 작은 사건이 얼마나 많이 일어나는지! 내가 이 편지를 쓰는 동안 이씨 부인은 옆에 서서 성경에 있는 한 구절을 설명해줄 것을 부탁하고

---

1 1895년 한국에 파송된 러시아인 권서 피터즈(1902년 아펜젤러 사후에 한국에 재파송)에게 세례를 주고 이름을 피터즈로 바꿔주었던 화란개혁교회 일본 선교사 피터즈(Alexander Pieters) 목사를 말한다.

2 1898년 널다리교회(판동교회) 여신도 李信行, 申盤石, 朴寬善, 金聖信 등의 발기로 전도회를 조직했는데, 한국 교회의 첫 부인전도회였다.

있소. 그녀가 당신에게 안부를 전하오.

나는 이제 세례 문답을 하러 나가야 하오. 내 어머니께서 애리조나로 가실 것이라고 편지하셨소. 당신은 분명히 그곳으로부터 소식을 받을 것이오. 당신에게 모든 사랑을 보내며, 장인어른과 장모님께 사랑을 전해주시오.

사랑하는 남편,

마포삼열

Samuel A. Moffett

Pyeng Yang, Korea

February 3, 1902

My Alice Dearest:

I wish you could see how pretty are the candlesticks and the incense burner which Yi-si brought now that they are polished up and shine like new brass. Am glad to have them with their interesting story.

The January *Ladies Home Journal* has arrived but this year 3 separate copies are coming. Two years ago 1 copy. Last year 2 copies–now 3–what will we do with them & who pays for them?

I shall write the manager and ask for an extension of the time and also ask who pays for them and perhaps we can get matters straightened out.

By a recent mail I sent you 3 photographs of myself–marked on the back (that is, of the photograph) as taken in 1884, 1886 & 1888 respectively. Am sure I do not know which one it was you wanted–probably the last one which was taken at the end of my seminary course. Show the one you wanted to and cause the others to take their place on the "retired list" where they belong. However they and the original & all he is or has are yours to do with as you please.

I am continuing to read the *Life of Chalmers* and am being helped thereby. I marked a passage in it the other day which appealed to me because it expresses the very thought I had tried to impress upon one of the men whom I examined last week and one which we also need often to recur to. "I have to state to you that the peace and the joy and the delight attending what you have so aptly denominated the closer intricacies of the Christian, appear to me to be founded not on the complacency of the heart in its own virtues but on the confiding repose of an humble and acquiescing spirit when it commits all to the sufficiency of Christ as Savior. It is peace and joy in believing. Its

마포삼열

한국, 평양

1902년 2월 3일

사랑하는 앨리스에게,

이씨 부인이 지금 가지고 온 촛대와 향로가 얼마나 아름다운지 당신이 보았으면 얼마나 좋았을까! 그것은 윤이 나게 잘 닦여서 새로 만든 놋처럼 반짝이오. 나는 흥미로운 이야기와 함께 이 물건들을 가지게 되어 기쁘오.

1월호「여성 가정 잡지」가 도착했소. 그러나 올해는 별도 포장으로 세 권이 왔소. 2년 전에는 한 권, 작년에는 두 권, 이제 세 권이 왔소. 우리가 이것을 어떻게 처리하면 좋겠소? 누가 대금을 지불하는지?

내가 잡지 운영자에게 편지해서 지불 기한 연장을 부탁하고, 누가 대금을 지불하는지 문의하겠소. 그러면 아마도 문제가 해결될 수 있을 것이오.

나는 최근에 보낸 우편물로 당신에게 내 사진 세 장을 보냈소. 사진 뒤에 각각 1884, 1886, 1888년 등으로 표시했소. 당신이 어떤 사진을 원할지 모르겠소. 십중팔구 신학교 공부를 마칠 때 찍은 마지막 사진을 원한다고 생각하오. 당신이 원하는 것을 보여주고, 나머지는 앨범의 "추억의 목록"에 적당한 곳을 찾아 넣어주시오. 하지만 그 사진과 원판, 내 모습과 내가 가진 것은 모두 당신 것이니 당신이 좋을 대로 사용하시오.

나는『차머스 전기』를 계속 읽고 있는데, 그 책을 통해 도움을 받고 있소. 엊그제는 마음에 와닿는 한 구절에 표시를 했는데, 그 구절이 지난주에 내가 세례 문답을 했던 한 남자에게 강조하려고 시도했던 바로 그 사상을 표현하고 있고, 또 우리가 자주 상기할 필요가 있는 생각이기 때문이오. "나는 여러분에게 다음과 같이 진술하지 않을 수 없습니다. 나는 여러분이 기독교인이라는 더 친밀하고 복잡한 이름을 능숙하게 부를 때 따라오는 평화와 기쁨과 즐거움은, 자신의 고결한 마음에 대한 자기만족에 근거하는 게 아니라, 구세주이신 그리스도의 충만하심에 모든 것을 맡길 때 겸손히 순종하는 영혼이 신뢰하며 느끼는 평정에 근거한다고 생각합니다. 그것은 믿음 안에 있는 평

peace is not that its sins are few but that the mercies of God in Christ are great. The rejoicing of its hope lies not in its own attainments, but in the frankness and kindness and liberality of the invitation. Where sin abounded, grace much more abounds."

How one must despise when he looks within and sees all the evil of his own heart—how he must despise when he looks without upon his own actions and sees how little he has attained to a holy life and oh, dearest, how utterly ashamed one is when he looks back and thinks of all the many many things he wishes he had not done and how far short he has come even of his own resolves and of his own ideals and hopes. What a blessing it brings to be able to look up and to know that the Lord forgives all and that in Him is joy and peace—that it is the upward look which reveals the source of all hope and life and joy and peace and holiness. Dearest, I often wonder if you know how much I sometimes long to enter more fully into that "blessed life" and how much I realize that the daily life and daily actions come short of my own hopes and longings. I long for a good talk with you tonight—just to be able to pour out my soul's deepest longings & feelings and to know & feel how fully you enter into them. Oh, how bitterly one disappoints one's self and how far beyond one's attainments are his longings. I do rejoice in the many blessings I have had and in the great blessing upon the weak efforts put forth here—but there is no joy in viewing the many failures, the many mistakes, the many lapses, the many sins—I long for more of the power to look unto the Master and in Him to find joy and peace.

I am bothered a great deal over the fact that the multiplicity of details in the work and the volume of the work which presses upon me seems to shut out the means of grace necessary to a fuller growth in grace and to a fuller preparation for usefulness. There is much I should like to talk to you about. Let us have time for it in May, June & July.

화와 기쁨입니다. 그 평화는 우리의 죄가 없기 때문이 아니라 그리스도 안에서 하나님의 자비가 크기 때문에 누리는 것입니다. 그 소망의 즐거움은 우리가 스스로 성취한 데 있지 않고, 하나님의 초대의 진실성과 친절과 너그러움에 있습니다. 그러므로 죄가 큰 곳에 은혜가 충만합니다."

어떤 사람이 자신의 내면을 들여다보고 그 마음의 모든 악을 볼 때 얼마나 절망할 수밖에 없는지! 그가 자신의 행동을 바라보고 거룩한 삶을 성취한 것이 너무나 적음을 볼 때 얼마나 절망할 수밖에 없는지! 오 여보, 그가 자신의 과거를 뒤돌아보면서 자신이 행하지 않았으면 좋았을 수많은 일을 생각하면, 그리고 자신의 결심과 이상과 희망으로부터 떨어져 있는 먼 거리를 생각하면 자신이 얼마나 철저히 부끄럽겠소! 그러나 위를 바라보고 주님께서 모든 것을 용서하시고 그분 안에 기쁨과 평화가 있다는 사실을 알 수 있다면 얼마나 큰 복인지! 위를 바라볼 때 모든 소망과 생명과 기쁨과 평화와 거룩함의 원천이 드러나오. 여보, 나는 당신이 다음 사실을 아는지 자주 궁금하오. 곧 내가 그 "복된 삶"에 더욱 완전히 들어가기를 얼마나 간절히 사모하는지, 그러나 내 자신의 희망과 열정에 내 삶과 행동이 미치지 못하는 것을 날마다 얼마나 많이 깨닫고 있는지. 오늘 밤 나는 당신과 함께 좋은 대화를 나누기를 간절히 바라오. 내 영혼의 가장 깊은 소원과 감정을 쏟아낼 수 있고, 당신이 얼마나 충분히 그 안으로 들어올 수 있는지 알고 느낄 수 있기를 간절히 바라오. 오, 우리는 자신의 자아에 대해, 그리고 자신의 열정이 스스로 성취한 것과 너무 멀리 떨어져 있는 데 대해 얼마나 쓰리게 실망하는지! 나는 내가 누린 많은 복에 대해, 그리고 이곳에서 내가 행한 연약한 노력에 비해 주어진 축복이 풍성한 데 대해 정말 즐거워하오. 그러나 그동안의 수많은 실패와 실수와 잘못과 죄를 돌아보면 기쁨이 없소. 기쁨과 평화를 발견하기 위해 나는 주님을 바라보고 주님 안에 있는 능력을 더 많이 간절히 바라오.

나는 사역에서 챙겨야 할 세부 사항의 복잡성과, 내게 과하게 부과된 사역 분량이 은혜 안에서 쓰임 받기 위해 더 풍성하게 성장하고 더 충분하게 준비되는 데 필요한 은혜의 수단을 차단하는 것 같다는 사실 때문에 근심스럽소. 당신에게 하고 싶은 말이 더 많이 있소. 5월, 6월, 7월에 그런 대화의

February 4, 1902

Wrote this far last night and then did not get to finish it—so tonight I come back to you for another little chat. Another busy day and I am tired & restless. Examined about 20 women this morning and kept at it until my head ached. This afternoon we had a long station meeting and discussed a lot of questions and tonight again I have had a run of people for one thing or another and now about all I can do is to tell you the same old story and get a lot of comfort and rest out of thinking about you and then go to bed for a good sleep.

Miss Best's special class is in session with 16 women, one of them Mi Rim Youn-si, who brought me the enclosed letter for you. At station meeting we approved Miss Snook's planning to go with Miss Best for the Syen Chyen class in April or May. Also adopted plans reported by Property Committee of which I wrote you a few days ago and approved site for Mr. Blair's house—that next to Mr. Swallen's. We elected committee for next year's winter Training Class—Moffett, Swallen, Hunt—and we will make plans at once for work next year so we can prepare in advance the material for our classes.

Thursday Swallen & Hunt leave for Syen Chyen & the break up for the Spring work will have begun. We will not be together again as a whole station until we meet to apportion unexpended balances in April.

I had a letter from Miss Doty today in which she sent messages of love to you and to your father & mother. She also sent 3 photographs (Korean) for you & them. I will send them on with whatever else I may have to send in a few days.

I feel greatly relieved now that I know you are home in safety and have been having a full month of rest—but I find myself just as impatient as ever for more letters and more news of you. Now I want to know what the rest is doing for you. The more I love you the more I do love you, dearest, and it just makes me long all the more to know all about you.

시간을 가집시다.

1902년 2월 4일

어젯밤에 여기까지 쓰다가 끝내지 못했소. 그래서 오늘 밤 다시 조금 더 이야기하려고 당신에게 돌아왔소. 또 바쁜 하루가 지났고, 나는 피곤하고 지쳤소. 오늘 아침에 약 20명의 여성에게 세례 문답을 했는데 두통이 생길 때까지 계속했소. 오늘 오후에는 선교지부 회의를 길게 하면서 많은 문제를 토론했소. 오늘 밤에 다시 이런저런 일로 사람들이 줄지어 찾아왔소. 이제 내가 할 수 있는 것은 단지 늘 같은 옛날이야기를 당신에게 들려주는 일이오. 나는 당신을 생각하며 위로와 안식을 얻고, 그다음에 잠자리에 들어야 푹 잘 수 있다오.

베스트 양의 특별 사경회에 16명의 여성이 참석했는데, 그중 한 명인 미림 윤 씨 부인이 당신에게 보내는 편지를 가지고 왔기에 동봉하오. 우리는 선교지부 회의에서 4월이나 5월에 베스트 양과 함께 선천 사경회를 열려는 스누크 양의 계획을 승인했소. 그리고 며칠 전 내가 당신에게 썼던 자산위원회가 보고한 계획을 채택했고, 스왈른 목사 사택에 인접한 블레어 목사의 사택을 위한 부지도 승인했소. 우리는 내년 겨울의 사경회위원회로 마포삼열, 스왈른, 헌트를 임명했소. 우리는 즉시 내년도 사역을 위한 계획을 마련할 것이고, 따라서 사경회를 위한 자료를 미리 준비할 수 있소.

목요일에 스왈른과 헌트가 선천을 향해 떠나는데, 봄 사역을 위해 흩어지는 일이 시작될 것이오. 4월에 지출되지 않은 잔고를 배분하기 위해 다시 만날 때까지 선교지부 전체 선교사는 모이지 않을 것이오.

내가 오늘 도티 양으로부터 편지를 받았는데, 그녀는 당신과 당신의 부모님께 사랑의 안부를 전했소. 또한 그녀는 당신과 부모님을 위해 세 장의 한국인 사진을 보냈소. 며칠 후 당신에게 보내야 하는 우편물에 다른 것과 함께 이 사진들을 보내겠소.

I have read & re-read your last letter and thought back to the first Christmas you were mine. This month I shall think back to the month you had your dreadful fall from the bicycle and suffered so greatly. Dear heart, how very very closely that bound us together and oh how we did find out in that the depth of our love. You have had to suffer so much, precious, since you became mine. How I wish I could save you from it.

Now, as to future letters–for by the time this reaches you, you will have just about two more steamers by which you can reach me in Pyeng Yang. By the America Maru leaving San. Francisco March 21, you will send the last letter to me here–after that send by the Peking March 21 and the Gaelic April 8 to Nagasaki care Agent P. M & U & O & Tokyo Kisen Keisha S. S. Co, then by the Hongkong Maru April 15 to Yokohama–same address and after that by the China, April 23, Doric May 1 & Nippon Maru May 9 to Honolulu, same address. Then look out for me on the America Maru May 27th.

There is a possibility yet that I may leave here on the preceding steamer–but I do not believe it is probable–as I will have my report to write–100 or more people to baptize–a Communion service and all arrangements for country work, garden, city work & what not–to do in April after my country work & class work in March is off my hands and I doubt if I shall be able to leave here before April 20-25–in time to catch the America Maru leaving Nagasaki May 5th. It does me good to look ahead & plan ahead & to think that after all I will soon be on my way to you. All my love to you, my dearest wife.

Lovingly,

Sam

나는 이제 당신이 집에 안전하게 있고 한 달간 충분히 휴식했음을 알게 되어 대단히 안심이 되오. 하지만 당신의 편지와 소식을 더 많이 받고 싶어 안달이 나는 것은 전과 동일하다오. 이제 내가 알고 싶은 것은 휴식이 당신에게 미친 영향이오. 여보, 당신을 사랑하면 할수록 더 진정으로 사랑하게 되며, 그 사랑이 나로 하여금 당신에 대한 모든 것을 더욱더 알고 싶도록 만드오.

나는 당신이 최근에 보낸 편지를 읽고 또 읽었소. 그리고 내 생각은 당신이 내 사람이 되었던 첫 번째 성탄절로 돌아갔소. 이번 달에는 당신이 자전거에서 떨어져 끔찍한 사고를 겪었던 달을 생각하게 되오. 여보, 그 일을 통해 우리가 얼마나 더욱 가까이 친근하게 함께 묶이고, 그 안에서 우리가 얼마나 깊이 사랑하는지 알게 되었는지! 당신이 내 사람이 된 이후, 소중한 당신은 고생을 많이 겪어야 했소. 내가 당신을 그 고통에서 구해줄 수 있기를 얼마나 바랐는지!

이제 앞으로의 일에 대해 쓰겠소. 이 편지가 당신에게 도착할 때까지 당신이 평양에 있는 내게 우편물을 보낼 수 있는 기선 편이 두 번만 있기 때문이오. 3월 21일 샌프란시스코를 출항하는 "아메리카마루"(米國丸) 편으로 당신은 이곳에 있는 내게 마지막 편지를 보낼 수 있소. 그다음으로는 나가사키로 가는 3월 21일의 "페킹"호와 4월 8일 자 "갤릭"호로 보내되 동경우편해운회사 에이전트 P. M & U & O 앞으로 해야 하오. 그리고 요코하마행 4월 15일 자 "홍콩마루"(香港丸)로 보낼 수 있는데 "갤릭"호처럼 그 주소로 하시오. 그다음 기선 편들은 호놀룰루행으로 4월 23일 자 "차이나"호, 5월 1일 자 "도릭"호, 5월 9일 자 "니뽄마루"(日本丸) 등이 있고 동일 주소를 사용하면 되오. 그다음에 5월 27일 자 "아메리카마루"를 타고 올 나를 찾으시오.

내가 그보다 앞선 기선을 타고 이곳을 떠날 가능성도 있지만, 나는 그렇게 되리라 믿지 않소. 왜냐하면 써야 할 보고서가 있고, 세례를 주어야 할 100명 또는 그 이상의 사람들이 있으며, 3월에 시골 사역과 사경회 사역에서 내가 손을 놓은 후에라도 4월에는 성찬식 예배와 시골 사역을 위한 모든 준비와 정원 일과 도시 사역 등을 해야 하기 때문이오. 그래서 5월 5일 나가사키를 떠나는 "아메리카마루"를 타기 위해 시간 안에 가려면, 4월 20-25일

전에 이곳을 떠나야 하는데 그럴 수 있을지 의문이오. 미리 앞날을 내다보아 계획을 세우고, 내가 결국 당신에게로 곧 가게 되리라 생각하니 내게 유익이 되오. 당신에게 내 모든 사랑을 전하며,

사랑하는,

샘

Samuel A. Moffett

Pyeng Yang, Korea

February 5, 1902

Alice, My Dearest:

Does the daily bulletin of the day's proceedings interest you enough to want me to keep on with a repetition of the same details? If so–today's bulletin will record the examination of some 20 or more women today–little girls and old women all just as eager to be baptized as can be. One young woman who was not called last year and who was not called for examination this year again was so disappointed that she cried over it and cried over it–When I heard of it I sent word for her to come. Examined her today and she is all right and so went off happy knowing she is to be baptized. Her husband has taken a concubine and poor girl, she has been just as brave and patient as can be and has learned to suffer in silence when her mother-in-law upbraids her. Such testimonies as these women give! Of men & women, I already have about 100 whom I have accepted and still have about 40 more to examine.

This afternoon we had a meeting of the Moksas to apportion the books of the Bible so that hereafter we might give particular time to study of certain books with a view to teaching those and thus not be constantly preparing on the same books and overlapping. I had first choice of one book in N.T. and took Romans. Baird came next & took Hebrews; then Swallen, Lee, Hunt, Bernheisel & Blair; and then we began once again for 2nd choice among those that were left. The final result gives me for special study the Books of Romans, Luke, I and II Thessalonians, Isaiah, I and II Chronicles, Ecclesiastes, Leviticus, Zephaniah & Psalms 56-72. Now I can begin specific study with a view to doing some thorough work and carrying it on through a period of years at the end of which time I shall probably be in position to do some teaching that will be with considerably more than the "hit or miss"

마포삼열

한국, 평양

1902년 2월 5일

사랑하는 앨리스에게,

매일 간단하게 하루 일과를 적어서 보내고 있는데, 내가 계속 써서 보내주기를 원할 정도로 그것이 당신에게 흥미가 있는지 모르겠소. 그러기를 바라며 오늘은 20여 명의 여성에 대한 세례 문답을 기록하겠소. 어린 소녀들과 연로한 여성들 모두 세례를 받으려고 열심히 최선을 다했소. 작년에 명단에 들지 못했고 올해에도 다시 문답자 명단에 들지 못한 한 여성은 너무 실망한 나머지 크게 울고 또 울었소. 나는 그 말을 듣고 그녀를 오라고 불렀소. 오늘 그녀를 심사했는데 그녀는 문답을 잘했고, 세례를 받게 될 것을 알고 행복하게 갔소. 그녀의 남편이 첩을 얻었는데, 그 불쌍한 젊은 여자는 참을 수 있는 한 용감히 참고 지냈고 시어머니가 자신을 질책할 때에도 묵묵히 견디는 법을 배웠다오. 이것이 이 여성들이 들려주는 놀라운 간증이라오! 나는 남녀를 합해 벌써 100명 정도를 통과시켰고, 아직도 40여 명을 더 심사해야 하오.

오늘 오후에 우리는 선교사 목사들의 회의를 열었소. 우리는 각자 맡을 성경의 책을 배정해서 앞으로 특정 책을 가르칠 것을 염두에 두고 일정 시간 동안 공부할 수 있을 것이오. 따라서 책 하나에 대해 여러 사람이 지속적으로 중복해서 준비하는 일은 없을 것이오. 내가 먼저 신약전서에서 책 하나를 선택할 수 있어서 로마서를 택했소. 베어드가 그다음이라 히브리서를 택했고, 이어서 스왈른, 리, 헌트, 번하이젤, 블레어 순이었소. 이어서 우리는 남은 책 중 두 번째 책을 선택했소. 최종 결과 내가 특별히 공부할 책은 로마서, 누가복음, 데살로니가전후서, 이사야, 역대상하, 전도서, 레위기, 스바냐, 시편 56-72편 등이오. 이제 나는 몇 년 동안 철저히 공부할 계획을 가지고 특별 연구를 시작할 수 있고, 여러 해 동안 그것을 지속할 수 있게 되었소. 그 공부 기간이 끝나면, 지난 몇 년 동안처럼 "되든 안 되든" 무작정 나가서 급하게 가르치는 대신 상당히 준비된 상태로 가르칠 수 있게 될 것이오. 그러니 내가

hurried teaching of the last few years. Now then, keep on the lookout for anything bearing on the above books.

We then began to discuss a division of theological subjects and periods of history, but our time was up—so those will come up at a later time.

We had another good prayer meeting tonight as usual and I came back from it refreshed. I wonder if you know how much I miss your greeting as I come back from prayer meeting. You do not know how you always thrilled me and made me rejoice because of the way you always entered into my feelings and enjoyed with me the blessing I always got there. Dearest, you do not half know how much I appreciated your every thought of and for me and your always entering in so fully into my feelings. I know you are just such a wife as I always knew I should want and should thoroughly enjoy and love most intensely. I wish I could tell you something about it tonight.

The governor has issued an order that beginning with the new year—next Saturday [the lunar New Year]—the women must put up their hair as it is put up in Seoul and must not carry the big straw hats or scoops but wear the veil or "changot," so when you get back you may find the customs here considerably changed.

I enclose a most interesting map. Mr. Hunt & Mr. Blair have been working on a large map on which is marked each church or group in our station. Mr. Blair tonight drew a small one from it and has made a number of copies. Each + on it marks a church and it is marvelous to note how many there are after so few years of work. Mr. Hunt plans to perfect this and then have a cut made of it so that we can publish it in connection with our Annual Report this year.

All seems to be going well and all are keeping well so far as is possible when the "grippe" is going the rounds again. I had a light attack—Dr. Wells had it and a few others, I believe. Dr. Sharrocks & Mr. Whittemore have it in Syen Chyen.

가르칠 책에 관련된 자료가 있는지 눈여겨 찾아보기 바라오.

이어서 우리는 담당할 신학 과목과 역사 시대를 나누는 것을 토론하기 시작했소. 그러나 시간이 모자라서 이 배정은 다음에 하기로 했소.

오늘 밤에도 평소처럼 좋은 기도회가 열렸고, 나는 새 힘을 얻고 돌아왔소. 내가 기도회에서 돌아오면 나를 반겨주던 당신의 모습을 얼마나 그리워하는지 당신은 모를 것이오. 당신이 늘 내 입장이 되어주었기에, 기도회를 통해 내가 늘 받는 축복을 당신이 항상 함께 즐거워했기에, 내가 얼마나 감동을 받고 기뻤는지 당신은 모를 것이오. 여보, 나를 생각하고 고려해주는 당신의 모든 생각에 대해, 그리고 당신이 늘 든든히 내 입장이 되어주니 내가 얼마나 고마워하는지 당신은 절반도 모를 것이오. 나는 당신이 내가 항상 원하고 온전히 즐거워하고 강렬하게 사랑해야 한다고 알았던 바로 그런 아내임을 알고 있소. 오늘 밤 이 사실에 대해 당신에게 이야기할 수 있으면 좋겠지만 당신이 없어서 유감이오.

평양 감사가 다음 주 토요일 [음력] 설날부터 여성은 서울에서 하듯이 반드시 머리를 올려야 하고, 큰 볏짚 삿갓이나 가리개 키를 가지고 다녀서는 안 되며, 반드시 포백 쓰개로 가리거나 "장옷"을 입어야 한다는 포고령을 내렸소. 그래서 당신이 돌아오면 이곳의 풍습이 상당히 변했음을 알게 될 것이오.

흥미로운 지도 한 장을 동봉하오. 헌트 목사와 블레어 목사가 큰 지도에 작업을 하고 있는데, 거기에 우리 선교지부의 각 교회와 미조직교회를 표시하고 있소. 블레어 목사가 오늘 밤에 그것을 놓고 작은 지도를 그렸고 많은 사본을 만들었소. 지도에 있는 각 십자가(+) 표시는 교회를 나타낸다오. 단지 몇 해 사역한 후에 그렇게 많은 교회가 있다니 놀라운 일이오. 헌트 목사는 이 지도를 완성한 후에, 그것을 사진으로 찍어서 우리 선교지부의 올해 연례 보고서와 연관해서 출판할 계획이라오.[1]

만사가 순조롭게 진행되는 듯하며, "독감"이 다시 유행하고 있지만 지금

---

1 1902년 1월 마포삼열 목사는 "평양셔 의쥬ᄭᆞ지 가ᄂᆞᆫ 길에 ᄆᆡ 고을미디 례비당이 잇고 오직 안쥬와 가산만 업더니 지나간 ᄃᆞᆯ에 안쥬 셔문밧긔 특별히 ᄒᆞ나흘 세우고 오직 가산만 아직 업더라"고 보고했다(마 목사, "교회통신: 평양", 「그리스도신문」, 1902년 1월 30일).

Love to you once again and always—and love to father & mother. How I do long for a talk with you. I am pretty badly "lost" without you at times and tonight & last night are & were some of those times. Three more months only.

Lovingly, your own,

"Sambo"

까지는 모두 건강하게 지내고 있소. 나도 가벼운 감기에 걸렸소. 웰즈 의사가 걸렸고 다른 몇 사람도 걸렸소. 선천에서는 샤록스 의사와 위트모어 목사가 독감에 걸린 모양이오.

다시 그리고 늘 당신에게 사랑을 보내며, 장인어른과 장모님께 사랑을 전하오. 내가 당신과 함께 이야기를 나누기를 얼마나 고대하는지! 나는 당신이 없어서 때때로 심각하게 갈피를 못 잡는데, 오늘 밤과 어젯밤은 그런 날 중의 하루였다오. 세 달만 더 그럴 것이오.

사랑하는 당신의,

"삼보"

Samuel A. Moffett

Pyeng Yang, Korea

February 6, 1902

Alice My Dearest:

I sent Miss Doty's letter today and with it the photographs which she sent for you & father & mother. Continued my examinations today and now I am almost through. Have only about 25 men & women remaining on the lists and they will come in gradually between now and April. So far I have accepted 112–so we will have a great day April 6th when all are baptized. Song Si (from Chai Ryeng) came in today to inquire about you. She is up for Miss Best's class.

This afternoon I went to see Kil Chang No's father who has been very sick. The old man was glad to see me and broke down & cried. I had prayer with him and tried to strengthen his faith. He is living with his oldest son now–none in the house being Christians and he has been subject to great temptation and has grown weak in faith. Visited the book store on my way back and let my thoughts run on the question of what kind of a building we want there. We will work that question to a solution some of these days. Tonight went to Prayer meeting. Mr. Baird led and there were but a few there, Mr. Swallen & Mr. Hunt being away and others detained. That is a short history of the day–except that odds & ends of time were put in in revising rolls of country churches–making........and in writing a letter to Mr. Lee. It is now bed time–so good night my precious–with all my love to you

Your own,

"Sambo"

마포삼열

한국, 평양

1902년 2월 6일

사랑하는 앨리스에게,

나는 오늘 도티 양의 편지를 당신에게 보냈는데, 그녀가 당신과 부모님께 보낸 사진들도 동봉했소. 오늘 세례 문답을 계속했고 이제 거의 끝냈소. 명단에는 약 25명의 남녀만 남았는데, 이들은 지금부터 4월 사이에 서서히 올 것이오. 나는 지금까지 112명을 통과시켰소. 그래서 우리는 4월 6일에 모든 사람에게 세례를 주는 거창한 날을 보낼 거라오. 재령에서 온 송씨 부인이 당신 안부를 알아보려고 오늘 찾아왔소. 그녀는 베스트 양의 사경회에 참석하려고 올라왔소.

오늘 오후에 나는 길[선주] 장로의 부친을 보러 갔는데 그는 중병에 걸려 있소. 노인은 나를 보더니 반가워하면서 감정이 북받쳐 울었소. 나는 그와 함께 기도하고 그의 믿음을 강하게 하려고 노력했소. 그는 지금 장남과 함께 사는데, 그 집안에 기독교인이 하나도 없기 때문에 큰 유혹을 쉽게 받을 수 있고 믿음은 약해지고 있다오. 나는 돌아오는 길에 서점에 들렀는데, 그곳에 어떤 건물을 지으면 좋을까라는 문제를 곰곰이 생각했소. 우리는 며칠 동안 이 문제를 놓고 해결책을 찾기 위해 일할 것이오. 오늘 밤에 기도회에 갔소. 블레어 목사가 인도했는데 참석자가 몇 사람밖에 되지 않았다오. 스왈른 목사와 헌트 목사는 출타 중이고 다른 사람들은 아파서 누워 있소. 이상이 오늘의 짧은 역사라오. 쓰지 않은 일은 자투리 시간을 내어 지방 교회의 교인 명부를 재작성한 일, 그리고 리 목사에게 편지를 쓴 일 등이오. 이제 잘 시간이오. 내 소중한 당신, 잘 자오. 내 모든 사랑을 당신에게 보내오.

당신의,

"삼보"

Samuel A. Moffett

Pyeng Yang, Korea

February 7, 1902

My Dearest:

A happy New Year to you for tomorrow is Korean New Year and the new customs go into effect. This day had not seen much of great interest although it has seen quite a little accomplished–in writing of business letters, orders for books, etc. and my classes in the Academy taught.

I examined three women who gave the clearest kind of testimonies and made my heart glad by their own evident joy. Chun si–our former housemaid who after much tribulation married Dr. Wells' man, was one of the three and she was so happy when she found she was to be baptized. I am delighted but a little frightened too at the number I will have to baptize but I do not see how I can keep any more of them out. I postpone all who give me any valid excuse for doing so but I already have 118 accepted and learned today of several more whom I had overlooked but who ought to be examined as they are vouched for as ready–by several sincere men. What a work this is and how mightily the Lord is honoring the preaching of his word!

Kang Cho Sa came in today and reports great growth to the Northwest. The little group of 3 men 10 li out who came in 2 years ago to the church here, now numbers between 30 and 40 every Sabbath. 35 li where for 3 years I have wanted to see a church, they now gather 40 people–10 li beyond this where 1 man has believed for 4 years a little group is starting and they want to meet there now instead of going 15 li to Soon An Eup. 10 li further on the Kum Chung Keri group gathered 80 in their new church last Sabbath, filling it full to overflowing. Here 35 of them have been attending the class for 10 days conducted by Kang and the colporteur Pak.

45 li out in a region of many villages where we have been sowing

마포삼열

한국, 평양

1902년 2월 7일

당신에게,

내일이 한국의 설날이오. 새해 복 많이 받으시오. 내일부터 새 풍습에 대한 포고령의 효력이 시작되오. 오늘 한 일은 많지만 크게 흥미 있는 일은 없다오. 업무 편지를 썼고, 서적을 주문했고, 중학교에서 내가 맡은 수업을 하며 아이들을 가르쳤소.

3명의 여성을 문답했는데 그들은 가장 분명한 간증을 했고, 그들의 명백한 기쁨이 내 마음을 즐겁게 만들었소. 우리의 식모였다가 많은 고생 후에 웰즈 의사의 조수와 결혼한 전씨 부인이 그 세 사람 중 하나였는데, 세례를 받게 된다는 것을 알고는 행복해했소. 나는 기쁘지만 내가 세례를 줘야 할 사람의 숫자가 너무 많아서 약간 걱정이오. 그러나 나는 그들 중 어느 누구를 탈락시킬 수 있는 방법을 알지 못하오. 나는 탈락시킬 정당한 이유를 제공하는 자를 모두 연기시켰지만 벌써 118명을 받았고, 그동안 간과했으나 여러 명의 신실한 이들에 의해 준비되었음을 보증받아 반드시 문답해야 하는 7명이 더 있다는 것을 오늘 알게 되었소. 얼마나 놀라운 일인지! 주께서 얼마나 강력하게 당신의 말씀을 전하는 것을 영광스럽게 하시는지!

강[유문] 조사가 오늘 돌아와서 북서부 지방에서 일어난 큰 성장을 보고했소. 2년 전 10리 떨어진 곳에서 이곳 교회로 온 3명의 남자로 구성된 작은 미조직교회는 이제 매 주일마다 30-40명이 모이고 있소. 3년 전 내가 교회를 세우는 것을 보기 원했던 35리 떨어진 곳에서는 현재 40명이 모인다오. 10리 떨어진 곳에서는 한 남자가 4년 동안 믿었는데 작은 미조직교회가 시작되었소. 그들은 15리 떨어진 순안읍교회로 가는 대신 자체적으로 모이기를 원하오. 그곳에서 10리 더 떨어진 곳에 있는 금정고리 미조직교회는 지난 주일에 80명이 모였는데 교회가 차고 넘쳤다오. 이곳에서 강[유문] 조사와

seed for less than a year many are inquiring and the two leaders of one of the groups mentioned above went today to a market town 50 li from here between here & Han Chun to preach there during market.

Across the river just opposite the island above the city live two women & a man who are Christians attending the city church and in that cluster of seven villages the people are saying they intend to be Christians and one boy of 15 has announced his intention of believing at once. I expect to see a group established there in a few months. We will soon have a church 10 li or less in every direction from the city. We never get tired of hearing it or of telling of it, do we dearest? And the joy of it never grows less.

There are two things in our lives that are ever a source of joy & refreshing–stories that never grow old or lose their charm–one of them you have above, the other is the old story which I began to talk to you about Nov. 19, '98 and which I wish I could [talk to] you about again tonight. Dearest–it is a perfect joy just to think of you with my heart full of love and a more perfect joy to tell you all about it.

Am looking for a letter from you tomorrow. All my love to you once again. Good night from your loving husband.

Sam

박[정찬] 권서가 인도한 10일 동안의 사경회에 35명이 참석했소.[1]

우리가 1년이 채 안 되는 동안 복음의 씨를 뿌린, 45리 밖의 여러 마을이 있는 지역에 수많은 구도자들이 생겼고, 그중 한 미조직교회의 두 영수가, 오늘 이곳과 한천 사이에 있고 이곳에서 50리 떨어진 읍의 장에 갔는데, 장이 서는 동안 전도할 거라오.

대동강 건너편 도시 위쪽에 있는 섬 바로 반대편[2]에 시내 교회에 참석하는 2명의 여성과 한 명의 남성 기독교인이 사는데, 그들 주변의 7개 마을에서 사람들이 기독교인이 되고 싶다는 말을 하고 있고, 15세 소년이 즉시 믿고 싶다고 선언했소. 나는 몇 달 안에 그곳에 미조직교회가 세워지리라고 예상하오. 우리는 시내에서 동서남북 모든 방향으로 10리 이내에 곧 교회가 들어서는 것을 볼 것이오. 우리는 교회 설립 이야기를 듣거나 말하는 일에 결코 질리지 않는다오. 그렇지 않소, 여보? 그리고 그 기쁨은 결코 감소하지 않는다오.

우리의 삶에서 늘 기쁨과 재활의 원천이 되는 두 가지 일이 있소. 이는 낡지도 않고 매력이 감소하지도 않는 이야기로, 한 가지는 위에서 언급한 일이고, 다른 한 가지는 1898년 11월 19일 무렵에 내가 당신에게 말하기 시작한 오래된 이야기라오.[3] 오늘 내가 그 이야기를 다시 당신에게 할 수 있다면 얼마나 좋겠소. 여보, 내 마음에 가득한 사랑을 담아서 당신을 생각만 해도 그지없는 기쁨이오. 그리고 그 사랑에 대해 당신에게 모든 것을 말할 수 있다면 더욱 완벽한 기쁨을 누릴 것이오.

나는 내일 당신에게서 올 편지를 기다리고 있소. 다시 한번 내 모든 사랑을 당신에게 보내오. 잘 자오. 당신의 사랑하는 남편으로부터,

샘

---

1 박정찬(朴禎燦, 1862-1945) 권서는 1899년 마포삼열 목사로부터 세례를 받고 1900년에 권서(매서인)가 되었다. 조사를 거쳐 1910년 평양신학교를 제3회로 졸업하고 충북의 첫 목사가 되었다. 서울남대문교회, 시베리아선교회, 마산문창교회, 대구제일교회 등에서 전도하고 목회했다.

2 능라도 건너편 문수동이다.

3 이날 마포삼열은 피시 의사에게 사랑을 고백했다.

Samuel A. Moffett

Pyeng Yang, Korea

February 8, 1902

Alice Dearest:

Three more examined today and more waiting for me now. Have just finished dinner and Dr. Wells is over to see Mrs. Blair who has the grip. No special news in the community I believe—and all goes well.

Hwang si is better—having been laid up for a week with a pretty severe attack of grip. Here comes Sin si with several women—so will finish this tonight.

Later: Have examined the women and had a talk with Chon & Kil. Now I will send this to mail and go for a walk and write you again on Monday. Just examined one little woman who has been driven from her home because she refuses to sacrifice to her husband's father. She is the little woman who brought the 100 cash she had so carefully saved up for the church. Her husband has nothing to do with her and she lives with her own parents now—all her family being Christians. Am more and more impressed with the need of pastoral work. The opportunities for doing good are almost unlimited. We have just kept one little girl of 13 from being sold for 300 nyang to an unbeliever and the mother now realizing the sin of it promises to wait and then marry her to a Christian.

The school boys have all given up cigarettes and this morning I accepted 3 of them for baptism, all from Christian homes.

Spread the news and testify to the power of the gospel and see if you cannot get others to believe in its power more and make more use of it.

It is a joy to write you all these things dearest for I love to talk over them all with you and tell you the passing thoughts of my heart. All my love to you my own precious wife.

Your own,

Sam

마포삼열

한국, 평양

1902년 2월 8일

사랑하는 앨리스에게,

오늘 세 사람이 세례 문답을 받았고 지금도 사람들이 나를 기다리고 있소. 조금 전에 저녁 식사를 마쳤는데, 웰즈 의사가 유행성 독감에 걸린 블레어 부인을 보기 위해 건너갔소. 내가 알기로 선교사 공동체에 특별한 소식은 없으며, 모두 건강하게 지내고 있소.

황씨 부인의 상태가 호전되었소. 그녀는 심한 독감에 걸려서 일주일간 누워 있었소. 여러 여성과 함께 신씨 부인이 오는구려. 그래서 오늘 밤은 이만 끝내야겠소.

나중에 다시 쓰고 있소. 여성들을 문답했고, 전[군보]와 길[선주]와 함께 이야기를 나누었소. 이제 나는 이 편지를 우편으로 보내고 나서 산책을 할 것이오. 월요일에 다시 편지하리다. 시아버지의 제사를 거부했기 때문에 집에서 쫓겨난 어린 여성에게 방금 세례 문답을 했소.[1] 그녀는 자신이 모은 100냥을 교회를 위해 조심스럽게 가지고 왔던 바로 그 어린 여성이오. 그녀의 남편은 이제 그녀와 아무 상관이 없고, 그녀는 지금 친정 부모와 함께 살고 있는데, 전 가족이 기독교인이라오. 나는 목회 사역의 필요를 점점 더 강하게 느끼고 있소. 선한 일을 할 기회는 거의 무한정이오. 우리는 방금 13세 소녀가 300냥에 불신자에게 팔려가는 것을 막았소. 이제 그 어머니는 그 일이 죄임을 깨닫고, 기다렸다가 딸을 기독교인에게 시집을 보내겠다고 약속했소.

학교 소년들은 모두 담배를 끊었소.[2] 오늘 아침 나는 그들 중 3명에게 세

---

1 귀신 숭배, 우상 숭배, 조상 숭배(제사)는 세례교인 문답에서 확인하고 금지하던 첫 조항이었다.

2 당시 담배를 엄격히 금한 주된 이유는 건강에 좋지 않기 때문이었다. 특히 수입 담배에 사용하는 종이에는 강한 독이 있다고 경고했다("담비의 해로옴이라", 「그리스도신문」, 1897년 5월 7일). 성령의 성전인 육체를 거룩하게 지켜야 한다는 점도 강하게 언급되었다. 또한 점차 수입 아편연이 늘어나면서 교회는 반아편운동과 함께 금연 정책을 시행하게 되었다. 1901년 「그리스도신문」에 실린 한 기사에 의하면, 담배를 잘 피우던 한 전도인이 전도하러 갔는데, 여성 교인이 잘 대접하지 않자 그는 아브라함처럼 손님 접대를 잘하면 천

례를 주기로 했는데 모두 기독교인 가정의 자녀들이라오.

이곳의 소식을 전파하고 복음의 능력을 증언하며 그 능력을 믿는 다른 사람들을 더 얻을 수 없는지 또한 그 능력을 더 사용할 수 없는지 확인하기 바라오.

여보, 이 모든 일을 당신에게 쓰는 게 기쁨이라오. 왜냐하면 나는 이 모든 일에 대해, 그리고 내 마음에 일어나는 생각에 대해 당신과 말하는 것을 좋아하기 때문이오. 내 모든 사랑을 당신, 내 소중한 아내에게 전하오.

당신의,

샘

사를 접대할 수도 있다고 말했다. 그러자 그 여성 교인은 "나는 담배 먹는 천사를 보지 못했다"고 대답했다("담ᄇᆡ 먹ᄂᆞᆫ 션ᄃᆞᆰ", 「그리스도신문」, 1901년 11월 21일). 전도인 가운데 담배를 피우는 이들이 아직 있었으며 금연을 지지하는 교인들이 늘고 있는 사정을 알 수 있다. 계주론에 이어 금연론이 확산되었다.

Samuel A. Moffett

Pyeng Yang, Korea

February 10, 1902

My own Dearest:

You made me supremely happy yesterday by your good long letter from Altruria. It came just as I was starting to church so I read it and then started on a fast walk to the meeting in fine spirits and just in the hour for the meeting at which we were to take the subscriptions for the church building.

Oh: dearest how I do rejoice in your love and in the fact that you long for me to be with you. Do you know how it thrills me just to know over & over that you cannot be satisfied without me—even tho you are ever so happy as I know you are and want you to be. I am as grateful as I can be dearest for the good news and the assurance you & doctor give. Now precious, my one fear is that you will not take time enough to get more than well but that you will want to do something for others just as soon as you find yourself well. Please lay in a great big supply of strength, health, vigor and flesh and overflowing good spirits and use none of it—just keep on heaping it up and taking care of yourself after there is no need to do so—for dearest there is far greater need for it all out here than there is at home and I believe the Lord can use us better here than He will at home. I am just as happy as can be over your letter and am only oh so hungry for another & another.

We had a quiet day yesterday and received new subscriptions amounting to 4,200 ryang (over 600 yen) and now I feel sure of seeing the church completed this year. I have just written to Mr. Lee about it. I am off to Cha San tomorrow for a ten days trip. The women from the class have been coming in to see me today and all ask for you—speak of their disappointment in not seeing you in Dec. & again at this time and look forward to your coming in Sept.

마포삼열

한국, 평양

1902년 2월 10일

사랑하는 앨리스에게,

어제 당신이 알트루리아에서 보낸 멋진 장문의 편지를 받고 나는 지극히 행복했소.[1] 내가 막 교회로 가려던 참에 그 편지가 도착했다오. 그래서 나는 그것을 읽고 난 후 기분이 좋아져서 빠른 걸음으로 걸어갔고 우리가 교회 건축을 위해 작정 헌금을 하기로 예정한 모임에 늦지 않게 도착했소.

오, 여보, 나는 당신의 사랑에, 그리고 당신이 내가 당신과 함께 있어주기를 간절히 바란다는 사실에 얼마나 기쁘고 즐거운지! 당신이 나 없이는 결코 만족할 수 없다는 사실을 반복해서 알 때 그것이 얼마나 내게 감동이 되는지 당신은 알기나 하오? 당신과 의사가 좋은 소식과 확신하는 말을 보내주어서 더할 나위 없이 감사하오. 이제 소중한 당신, 내게 있는 한 가지 두려움은, 당신이 완전히 강건해질 때까지 더 많은 시간을 충분히 보내지 않고, 건강해지자마자 바로 다른 사람을 위해 어떤 일을 하고 싶어 하지 않을까 하는 것이오. 제발 힘, 건강, 활력, 육체와 넘치는 좋은 정신을 충분히 비축하고 사용하지 마시오. 그저 더 필요 없을 때까지 그것을 계속 축적하고 당신 자신을 돌보시오. 왜냐하면 여보, 이곳 한국에 나오면 본국에 있을 때보다 건강과 활력이 훨씬 더 많이 필요하고, 주님께서 본국에서보다 이곳에서 우리를 더 잘 쓰실 것이라고 믿기 때문이오. 나는 당신의 편지를 받고 더할 나위 없이 반가웠소. 아, 나는 당신의 편지가 오고 또 오기만을 목마르게 기다릴 뿐이오.

우리는 어제 조용한 주일을 보냈소. 작정 헌금으로 4,200냥을 새로 받았는데 600엔이 넘는 금액이오.[2] 나는 이제 올해 예배당이 완공되는 것을 볼

---

1 알트루리아는 1894년 캘리포니아의 산타로사 근처 소노마 카운티에 세워진 유니테리언 이상촌으로 기독교 이상촌 운동은 오래가지 못하고 파산했다. 아마 1902년 무렵에는 과수원을 배경으로 하는 조용한 휴양지로 변해 있었기 때문에 마포삼열 부인이 이곳에 가서 휴식을 취한 듯하다.

2 참고로 장대현교회 교인들은 1900년 2월에 3,000엔을 작정 헌금했다. 1902년 2월에 완공을 위해 필요한

We are adding each Sabbath to the number of catechumens and our congregation is growing, altho there is not much room left. The women of the class are all eager to get out among the women for work. Two from Suk Chun go out right after the class–one from Cha San is going all around to gather up the women for Miss Best's class there and Youn Si of Mi Rim says she is trying to get Song Si to go with her to all the villages around Mi Rim. The two women sent by the women of the church here–will make a tour of the Chung Hwa churches as soon as the class is over–and so it goes. Men's classes are now being held all over the country and soon we shall hear from them in the ingathering of hundreds more of new believers. Am glad I am to get away about the last of April for otherwise the urgent calls for visits to growing country groups would drive me distracted. Only a little over two months and I start for you.

Your dear mother wrote me of the way you stole up on her and told me of her plans for being with you. I am so glad your father can be with you from Friday to Monday. He & I will have to sympathize with each other on the other days. The whole world turns around you dearest and we do not care if you do know it.

More to write but cannot now–[This sheet is filled up to the end with love for you from here to here]

Lovingly your own,

Sam

수 있겠다는 확신이 드오. 조금 전에 리 목사에게 그 일에 대한 편지를 썼소. 나는 내일 자산(慈山)으로 10일간의 순회 전도여행을 떠나오. 사경회에 온 여성들이 오늘 나를 보러 집으로 계속 왔는데 모두 당신을 보러 왔다가 12월에도 못 보고 이번에도 다시 볼 수 없어 실망했다고 하면서, 당신이 9월에 돌아오기를 고대한다고 말했소.

매 주일 학습교인의 수가 증가하고 있으며, 비록 예배당에 남은 자리는 별로 없지만 회중은 늘어나고 있소. 사경회에 참석한 여성들이 모두 나가서 열심히 여성들에게 전도하고 있소. 숙천(肅川)에서 온 2명은 사경회 직후에 바로 나가서 전도하고 있고, 자산에서 온 한 명은 그곳에서 베스트 양의 사경회에 참석할 여자들을 모으려고 사방을 돌아다니고 있소. 또 미림의 윤씨 부인은 함께 미림 주변의 모든 마을을 방문하자고 송씨 부인에게 말하고 있소. 이곳 교회의 여성들이 파송한 2명의 여자 전도인은 사경회가 끝나면 바로 중화(中和)군의 교회를 여행할 것이오. 이런 식으로 사역이 진행되고 있소. 남성 사경회가 지금 지방 각처에서 열리고 있는데, 곧 수백 명 이상의 새 신자들이 모였다는 이야기를 듣게 될 것이오. 내가 4월 말쯤에 이곳을 떠나게 되어 기쁘오. 왜냐하면 그 무렵에 떠나지 않으면, 성장하는 시골의 미조직 교회로부터 방문해달라는 긴급한 요청을 받고 주의가 사방으로 분산될 것이기 때문이오. 이제 두 달만 지나면 나는 당신을 향해 떠나오.

장모님께서 당신이 어떻게 자신에게 몰래 왔는지 내게 편지하면서 당신과 함께 지낼 계획에 대해 쓰셨소. 장인어른이 금요일부터 월요일까지 당신과 함께 있을 수 있어서 나는 기쁘오. 장인어른과 나는 언젠가 서로 동정하지 않으면 안 되는 신세요. 세상 전부가 사랑하는 당신을 중심으로 돌아가고 있소. 당신이 그것을 알든 모르든 우리는 상관치 않는다오.

쓸 것이 더 많이 있지만 지금은 쓸 수 없소. [이후 편지지 여백 전체에 "사랑"이란 말로 가득 채움.]

사랑하는 당신의, 샘

기금을 더 모금하기 위해 2차 작정 헌금을 한 듯하다. 당시 미화 1달러가 일화 2엔이었으며, 1엔은 대개 8냥으로, 8냥이면 쌀 한 되를 살 수 있었다. 당시 4,200냥은 600엔, 곧 금화 300달러에 해당했다.

Samuel A. Moffett

Cha San, Korea

February 12, 1902

Alice My Dearest:

Once again in a little 8 x 8 room trying to keep warm and comfortable to study and carry on country work in all its many phases. Reached here this morning at 10:30 and after seeing the little cold den prepared for me went at once to the church with a glad heart because of what they had succeeded in building here. When here last I selected the site for them, drew up with them the plans for the church and left them with the injunction not to go in debt for it. They have a splendid new building with tile roof–all new timbers and good strong ones at that and a room 40 ft. x 12 with another wing 16 x 12 giving them a fine large T-shaped church. With the exception of the Soon An church it is the best one I have seen anywhere. Last Sabbath they made a special effort so as to raise all the money before I should get here and be able to say they were not in debt. They came within about 20 nyang of it and as the church cost over 1,000 nyang I think we can say that 20 nyang is not a debt. They have yet quite a little to do–but in another year they will have a good comfortable well arranged building for over 200 people–fully 250, I think.

I had my room well heated–got a hot dinner and began work at once. At two o'clock we held a good service after which I had Heung Nak give them half an hour in practice of hymns. Have selected about 35 people to examine for baptism & arranged a schedule for study for the next 7 days as follows–9 a.m. Tyen Neung Syu leads morning prayers & study for an hour. 10-11:30 I take them in a course of study in Philippians. 1-2:30 Tyeng teaches Luke. 2:30-3:00 Heung Nak teaches singing. 3:00-4:00 I conduct a preaching service. At night the colporteur & helper conduct a class for catechumens while Tyeng & I

마포삼열

한국, 자산

1902년 2월 12일

사랑하는 앨리스에게,

다시 사방 8자 되는 작은 방에 돌아왔소. 여러 다양한 단계에 있는 지방 사역을 제대로 살피고 연구하고자 먼저 방을 따뜻하게 유지하고 편안하게 만들려고 애쓰는 중이오. 나는 오늘 아침 열 시 반에 이곳에 도착해서 나를 위해 마련된 작고 추운 방을 본 후에 즉시 기쁜 마음으로 교회로 갔는데, 교인들이 성공적으로 교회 건물을 지었기 때문이오. 지난번 이곳에 왔을 때 내가 그 부지를 선정해주었고, 그들과 함께 교회 설계도를 그렸으며, 건축을 하면서 빚지지 말라는 당부를 남겼소. 이제 그들은 기와지붕을 한 아름다운 새 건물을 지었소. 모두 새 원목에 튼튼한 목재를 사용했고, 크고 멋진 T자형 교회를 완성했는데, 40×12자 크기의 예배실에 다른 쪽으로 16×12자 크기의 방이 붙어 있는 형태라오. 순안교회를 제외하면 이 교회는 내가 본 것 중 가장 좋은 건물이라오. 내가 도착하기 전 지난 주일에 이들은 빚지지 않았다는 것을 내게 말할 수 있도록 돈을 모금하기 위해 특별 연보를 했소. 20냥이 부족한 헌금을 모았는데, 예배당 건축에 1,000냥 조금 넘게 들었으므로, 20냥은 빚이 아니라고 말할 수 있을 것이오. 아직 마무리할 일이 많이 남아 있지만, 그들은 1년 후에 200명을 수용하는 좋고 편안하고 잘 정리된 건물을 가지게 될 것이오. 꽉 차면 250명은 들어가리라고 나는 생각하오.

나는 방에 불을 잘 넣게 한 후 뜨거운 저녁을 먹고 즉시 일을 시작했소. 오후 2시에 예배를 잘 드렸고, 예배 후에 30분간 홍낙의 찬송 연습을 지도했소. 세례 문답을 받을 사람을 35명 정도 선택했고, 앞으로 7일간 공부할 계획표를 다음과 같이 마련했소. 오전 9시에 전능수가 아침 기도회와 한 시간 동안의 공부를 인도하고, 10시-11시 30분에 내가 빌립보서 공부를 맡고, 1시-2시 30분에 전능수가 누가복음을 가르치고, 2시 30분-3시에 홍낙에게 찬양을 가르치고, 3시-4시에 내가 설교를 하면서 예배를 인도하오. 밤에는

meet individuals for special exhortation or examine for baptism. Hope to do this church & region much good by this visit. Next month Miss Best comes here for a class for the women.

There is a boys school here with 9 promising boys and the church is in good condition. About 80 people gathered today. Sabbath I expect to baptize a number and also to administer the Lord's Supper.

Saturday Mr. Bernheisel will join me staying over Sabbath & then going on to Tek Chun for a class there. What a life this is and yet how great an improvement over the conditions a few years ago. What will it be in another 10 or 20 years.

Will be off to bed now. All my love to you my precious—with all joy in my heart as I think of you.

Lovingly your husband,

Samuel A. Moffett

권서와 조사가 학습교인 공부반을 인도하는 동안 전능수와 나는 개별 면담을 통해 권면하거나 세례 문답을 할 것이오.[1] 이번 심방으로 이 교회와 지역에 큰 도움이 되기를 바라오. 다음 달에는 베스트 양이 이곳에 와서 여성 사경회를 열 것이오.

이곳에 장래가 촉망되는 9명의 소년이 재학하는 남자 초등학교가 있고, 교회는 좋은 상태를 유지하고 있소. 오늘 약 80명이 모였소. 주일[16일]에는 많은 사람에게 세례를 줄 것으로 예상하며 성찬식도 거행할 것이오.

토요일에 번하이젤 목사가 합류해서 함께 주일을 보내고 그 후 사경회를 인도하기 위해 덕천(德川)으로 갈 것이오. 이 얼마나 고된 삶이오! 하지만 몇 년 전에 비하면 사정은 한결 나아졌소. 10년이나 20년이 지나면 또 얼마나 달라질지!

이제 잠자리에 들려고 하오. 소중한 당신에게 내 모든 사랑을 전하며, 당신을 생각할 때마다 내 마음에 솟아나는 모든 기쁨도 함께 전하오.

사랑하는 당신의 남편,

마포삼열

1 이때 정익노 조사, 전능수, 흥낙(마포삼열의 하인), 권서 박정찬 등 4명의 한국인이 사경회를 도왔다.

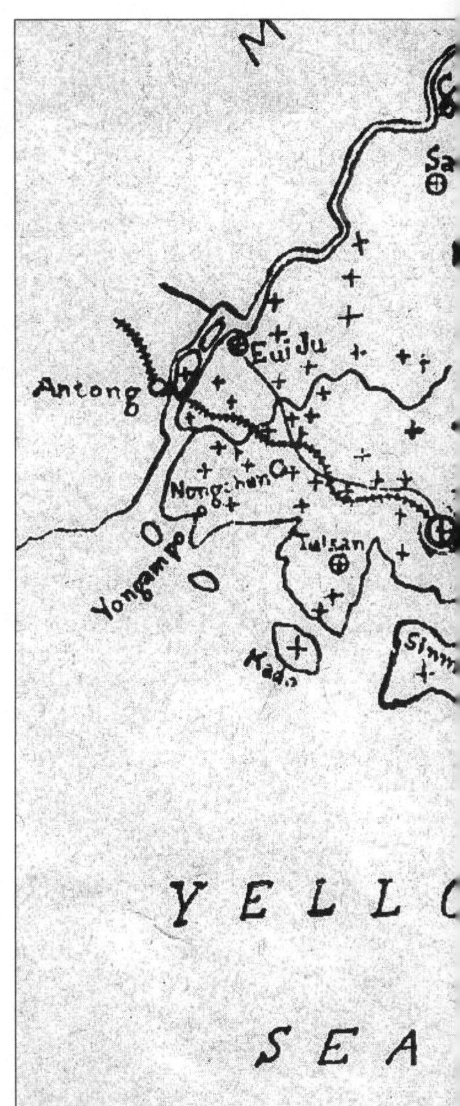

1910년 평안도의 교회(+)들을 표시한 지도에서 자산(x)과 덕천(#)의 위치를 확인할 수 있다. [OAK] 덕천교회 주변에 3개의 교회가 있다.

Chasan(X) and Tokch'on(#) in the Map of Presbyterian Churches(+), P'yŏng'an Province, 1910

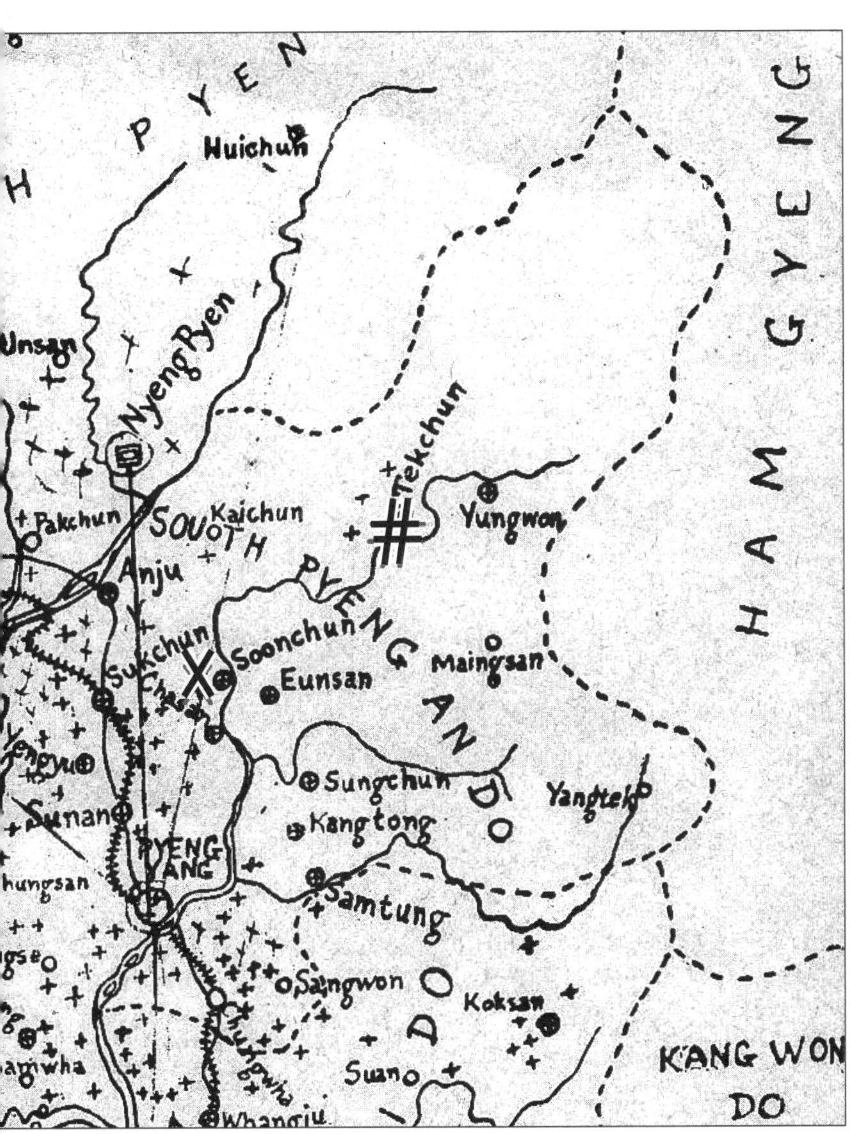
H P Y E N
Huichun
Unsan
Nyeng Pyen
Tekchun
Yungwon
Pakchun
SOUOTH
Kaichun
Anju
PYENG AN DO
Sukchun
Soonchun
Eunsan
Maingsan
Sungchun
Kangtong
Yangtek
Sunan
PYENG YANG
Samtung
Saingwon
Koksan
Suano
Whangju
DO
HAM GYENG
KANG WON DO

Samuel A. Moffett

Cha San, Korea

February 13, 1902

Just a few words tonight my dearest for the day has been a very full one and it is now late and tomorrow will be even a busier day. Classes with necessary preparation for them–talking with individual Christians who need exhortation–consultations with officers over many matters in which they need advice and the necessary time for eating meals and taking a short walk have filled up the day.

How one realizes when he gets into one of these country churches for a few days how many many questions there are upon which these people need advice & instruction. The city people have us all the time and can constantly refer to us but these country Christians have only a few opportunities to get our advice and the result of our better knowledge of the scripture teaching on very many troublesome questions. More & more I am coming to the conclusion that my country work hereafter is to be the spending of several days or a week or so at a time in the more important churches and have the people of a given section meet me there rather than to take a flying trip through a section spending one day only at each church.

You are going with me next year and we will take it a week at a time in different churches. How I wish I could have you with me always and especially just now.

All my love to you, girlie,

Your own "Sambo"

마포삼열

한국, 자산

1902년 2월 13일

오늘 밤에는 사랑하는 당신에게 몇 자만 간단히 적겠소. 하루 종일 쉬지 않고 일했더니 이제 밤이 늦었고 내일도 바쁜 하루가 될 것이기 때문이오. 사경회 수업, 권면이 필요한 사람들과의 개별 면담, 많은 문제에 대한 조언을 얻고자 하는 교회 직원들과의 의논, 식사에 필요한 시간, 잠시 산책하는 시간 등으로 하루가 채워지고 있소.

누군가가 이런 시골 교회로 와서 며칠만 있으면 이 교인들에게 조언과 가르침이 필요한 문제가 얼마나 많고 많은지 깨닫고 놀라지 않을 수 없을 것이오. 도시 교인들은 항상 우리와 함께 있으므로 지속적으로 우리에게 문제를 의논할 수 있지만, 이 시골 교인들은 수많은 골칫거리에 대한 조언과 성경적 가르침을 받을 수 있는 기회가 1년에 두세 번밖에 없소. 그래서 나는 더욱더 다음과 같은 결론에 이르게 되오. 앞으로 내 시골 사역은, 각 교회마다 하루씩만 보내면서 구역 전체를 바쁘게 돌아다니는 여행을 하는 대신에, 좀 더 중요한 교회에서 여러 날이나 일주일 또는 그 이상을 보내면서 그 구역의 사람들이 나를 만나러 오도록 하는 일이 될 것이오.

내년에는 당신이 나와 함께 갈 것이니 우리는 한 번에 일주일씩 다른 교회에서 지내게 될 것이오. 당신이 늘 나와 함께 있으면, 특히 바로 지금 내 곁에 있다면 얼마나 좋겠소!

내 모든 사랑을 내 여인인 당신에게 전하며,

당신의 "삼보"

Samuel A. Moffett

Cha San, Korea

February 14, 1902

My Dearest:

I thought I would get a little rest by coming out here—but there is as much if not more work to do here as in Pyeng Yang and I am at it from morning till night. Have just finished a meeting with the officers and have planned many things that promise well. The church is in good shape and is becoming quite a power. Tomorrow I have about 25 people to examine for baptism. Have already accepted 10. Sabbath will be quite a day and I hope one of great blessing to the people.

Had a long talk today with a poor young widow and her mother—both Christians—and assured them that the church people would see to it that the plans of some wicked men for carrying off the young 23-yr-old widow should be frustrated. You know the custom here of carrying off a widow by force. I laid down the law pretty plainly to the officers in telling them of their duty to protect the women in such cases. Oh for more of the power & work of the gospel among this people to hasten the day of better things. I am off to bed with only this short message to you today.

With all my love,

Yours,

Sam

마포삼열

한국, 자산

1902년 2월 14일

당신에게,

나는 이곳으로 나오면서 잠시 쉴 것이라고 생각했으나 평양보다 더 많다고는 할 수 없지만 그에 못지않은 일이 있어서 아침부터 밤까지 일하고 있소. 조금 전에 교회 직원들과 회의를 마쳤고, 전망이 밝은 많은 일을 계획했소. 교회는 자리를 잡아가며 큰 무리가 되어가고 있소. 내일 나는 약 25명에게 세례 문답을 할 예정이오. 이미 10명을 통과시켰소. 주일은 뜻 깊은 날이 될 것인데, 나는 교인들이 큰 복을 누리는 날이 되기를 바라오.

오늘 불쌍한 젊은 과부와 그녀의 어머니와 긴 대화를 나누었는데, 두 사람은 기독교인이오. 나는 일부 사악한 자들이 세운, 23세의 젊은 과부를 보쌈질하려는 계획이 반드시 수포로 돌아가도록 교회 사람들이 조치를 취할 것이라고 그들을 안심시켰소. 과부를 강제로 보쌈해서 데려가는 이곳 풍습을 당신도 알고 있잖소. 나는 교회 직원들에게 그런 경우에 여성을 보호하는 것이 그들의 의무라고 말해줌으로써 분명하게 법으로 정했소. 오, 더 좋은 시대를 앞당기기 위해 이 사람들 가운데서 복음의 능력을 드러내며 사역을 더 많이 해야 하오. 오늘은 당신에게 이 짧은 소식만 전하고 이만 잠자리에 들어야겠소.

내 모든 사랑을 전하며,

당신의,

샘

Samuel A. Moffett

Cha San, Korea

February 15, 1902

Alice my Dearest!

Yesterday was Valentine's day and I forgot all about it. Mr. Bernheisel came tonight and reminded me of it by telling me of the children's celebration in Pyeng Yang yesterday. So here's to my valentine today with all my love.

Have been busy all afternoon & evening with examinations and am nearly through, having only 4 if all come tomorrow morning. Have accepted 31 from five churches and so am getting a great deal accomplished in this one visit. The work here is growing beautifully and with great strength. Mr. Bernheisel stays with me over Sabbath and then goes on to Tek Chun.

I had a letter tonight from Mr. Adams sympathizing with me on your absence, etc.—as he had gone through the experience. All right, I feel pretty badly over it but am happy all the same and looking forward with the greatest eagerness to joining you in about 3 months.

Mr. Bernheisel wishes to be remembered to you. So do I. Good night, precious—another joyful Sabbath in store for me tomorrow. May you have the same.

Lovingly,
Sam

마포삼열

한국, 자산

1902년 2월 15일

사랑하는 앨리스에게,

어제가 밸런타인데이였는데 나는 완전히 잊고 지냈소. 오늘 밤 번하이젤 목사가 왔는데 어제 평양에서 아이들이 그날을 기념했다고 말해주어서 이를 알게 되었소. 여기에 내 모든 사랑을 담아 내 밸런타인 고백을 보내오.

오후와 저녁 내내 세례 문답을 하느라 바빴다가 이제 거의 마쳤고, 내일 아침에 올 사람이 다 온다고 해도 4명뿐이오. 5개 교회에서 31명을 통과시켰는데 나는 이번 한 번 심방으로 상당히 많은 성과를 거두고 있소. 이곳 사역은 아름답고 강력하게 성장하고 있소. 번하이젤 목사는 주일까지 함께 지내다가 덕천으로 갈 것이오.

나는 오늘 애덤스 목사로부터 편지를 받았는데,[1] 당신의 부재 등등에 대해 내 처지를 공감해주었소. 그도 그런 경험을 겪었기 때문이오. 나는 괜찮소. 당신이 없어서 대단히 힘들지만, 동일하게 행복하며, 약 3개월 후에 당신을 만나기를 열렬하게 고대하고 있소.

번하이젤 목사가 당신에게 안부를 전해주기를 원하오. 나도 그렇소. 소중한 당신, 잘 자오. 내일은 나를 위해 준비된 또 다른 즐거운 주일이라오. 당신도 동일한 주일을 누리기를 바라오.

사랑하는,

샘

1 앞에 나온 1월 22일 자 편지다.

Samuel A. Moffett

Cha San, Korea

February 17, 1902

Alice My Dearest:

Yesterday was certainly a day of great joy if I did feel pretty thoroughly exhausted by night time. The church was crowded morning and afternoon with a congregation of nearly 250. In the morning I preached to them from the text "I do always the things that please Him," enforcing the truth that as Christ did so ought we to do the things that please God—not with the idea that by doing right we escaped hell, not that if we did not do right we were afraid, but through gratitude & a desire to please and not grieve Him we should do what is right because that is blessing to Him.

I had the very closest attention and enjoyed preaching to them. The afternoon was given up to administration of the sacraments and explanation of Scripture passages bearing thereon. Thirteen catechumens were received—coming from several churches. These were in addition to the 40 or more received in this section by Mr. Bernheisel two months ago.

36 men and women were baptized and then I baptized 8 children, the mothers of several of them having just been baptized. Then followed the administration of the Lord's Supper, about 100 participating of the same. The whole service was a most solemn one and very evidently affected the people. I announced the appointment of another leader and 4 deacons and appointed 3 other places of meeting in villages from which the people attend here but which are too far away for regular attendance. Hereafter those people meet here the 1st Sabbath of each month and in their own villages the other 3—one of the officers from here going once a month to each of them. Another year will probably show a church in each of these places.

마포삼열

한국, 자산

1902년 2월 17일

사랑하는 앨리스에게,

어제는 즐거운 날이었고, 나는 밤이 되자 완전히 지쳐서 쓰러졌소. 교회에는 거의 250명의 회중이 오전과 오후에 가득 찼소. 오전에 "나는 항상 주님을 기쁘게 하는 일을 합니다"라는 제목으로 설교했는데, 그리스도께서 그렇게 하셨듯이 우리도 하나님을 기쁘시게 하는 일을 마땅히 해야 한다는 진리를 강조했소. 우리가 옳은 일을 함으로써 지옥을 피할 수 있다거나, 그렇게 하지 않으면 두려워하게 된다는 생각 때문이 아니라, 감사함으로써 또한 하나님을 기쁘시게 하고 근심하게 만들지 않으려는 열망을 가지고 그것이 하나님을 찬양하는 일이기 때문에 우리가 옳은 일을 해야 한다고 역설했소.

회중은 주의를 집중해서 경청했고, 나는 즐거운 마음으로 설교했소. 오후에는 성찬식을 거행하고 관련 성경 구절을 설명하는 데 시간을 보냈소. 13명의 학습교인을 받았는데 여러 교회에서 온 자들이오. 이들은 2개월 전 번하이젤 목사가 이 구역에서 등록시킨 40여 명의 학습교인에 추가된 자들이라오.

36명의 남녀 교인에게 세례를 주었고, 이어서 8명의 유아에게 세례를 베풀었소. 그 어머니들 중 여러 명은 바로 그날 세례를 받았던 자들이오. 이어서 성찬식을 거행했고, 100여 명이 참여했소. 전체 예식은 엄숙하게 진행되었고, 사람들은 깊이 감동을 받은 것이 분명했소. 나는 다른 한 명의 영수와 4명의 집사에 대한 임명을 광고했고, 추가로 세 곳의 예배 처소를 지정했는데, 그 마을의 교인들이 이곳에 참석하고 있지만 정기적으로 참석하기에는 너무 멀기 때문이오. 앞으로 그들은 매달 첫 주일에는 이곳에서 모이고, 나머지 세 주일에는 그들이 사는 마을에서 모일 것이오. 그리고 이곳 교회의 직원 가운데 한 사람이 한 달에 한 번씩 세 예배 처소 가운데 한 곳을 찾아갈 것이오. 아마도 1년 후에는 각 예배 처소마다 교회가 세워질 것이오.

At the morning service I took up a subscription to meet the small deficit on the building and in school expenses so the church is now on a solid financial basis and all promises well. The church building has cost about 1,100 nyang and is the 2nd best one in my country work. I did so enjoy baptizing a little girl of 17 who has been sick a long while and will not live very long. She seemed so quietly happy in her faith and was so glad to be baptized.

An old woman, the last one examined, came in saying "I am so stupid I know nothing and cannot answer anything." Several times she would say, "How can I know anything when I am so stupid" and then she proceeded to give the clearest kind of a testimony of her sins, her repentance and her faith in Christ and of her assurance of heaven because Jesus had died for her sins. It was amusing to hear her when I said, "why, you do know something" as she broke out with–"well, of course I know that Jesus died on the cross for my sins, that he is the Son of God and that I am going to heaven because he saved me–but I am stupid and foolish and cannot read and how can I answer any questions." It is such a joy to witness the joy of this people and to see the change in their lives. There is a fine crowd of young Christians growing up here and the 8 children baptized yesterday marks the second generation of Christians.

Mr. Bernheisel left this morning for Tek Chun. While here he suggested that Mr. E. H. Miller of Seoul might deprive Pyeng Yang of Miss Henry some of these days altho I do not know that there is any certainty of it. At any rate "publish it not" but let things take their natural course.

Tomorrow there should be a letter in P.Y. from you and I am impatient to get back now. How I long for your messages of love, dearest, and how each day is made joyful with thoughts of you. I caught myself on the way to class this morning saying aloud, "You are a great girlie, dearest," as I was thinking of you and laughing over my thoughts

오전 예배 시간에 나는 건축에 약간 모자라는 금액을 충당하고 학교 운영비로 사용하기 위해 작정 헌금을 하도록 했소. 그래서 이제 교회의 재정은 튼튼한 기초 위에 서게 되었고 모든 전망이 밝소. 교회 건축에는 약 1,100냥이 들었는데, 이 예배당은 내가 사역하는 시골에서 두 번째로 좋은 건물이오. 나는 17세 소녀에게 기쁜 마음으로 세례를 주었소. 그녀는 오랫동안 아팠고 그렇게 오래 살지 못할 것이오. 그녀는 믿음 안에서 말없이 행복해했으며 세례를 받아서 기뻐했다오.

마지막으로 세례 문답을 받은 나이 든 여성은 "나는 너무 무식해서 아무것도 모르고 아무것도 대답할 수 없어요"라고 말하면서 들어왔소. 여러 번 그녀는 "난 우둔한데 어떻게 뭘 알 수 있겠어요"라고 반복해서 말했소. 이어서 자기 죄에 대해 분명하게 간증하기 시작했소. 그녀의 회개와 그리스도에 대한 믿음, 그리고 자신의 죄 때문에 예수께서 돌아가심으로써 자신이 천국에 가게 되었다는 확신에 찬 간증을 했소. 내가 "아니, 중요한 것을 제대로 알고 계시군요"라고 말했을 때 그녀가 갑자기 "글쎄요, 물론 나는 예수님께서 내 죄를 위해 십자가 위에서 돌아가신 것과 그분이 하나님의 아들인 것과 예수님이 나를 구원했기 때문에 내가 천국에 가는 것은 알지요. 하지만 나는 무식하고 우둔해서 읽지도 못하니 무슨 대답을 할 수 있겠어요"라고 크게 말하는 것을 듣는 일이 재미있었다오. 이 사람들의 기쁨을 목도하고 그들의 삶에 변화가 일어나는 것을 보는 일은 커다란 기쁨이오. 이곳에는 자라나는 좋은 기독교인 청년 그룹이 있고, 어제 세례를 받은 8명의 유아들은 2세대 기독교인을 나타내고 있소.

번하이젤 목사는 오늘 아침 덕천으로 떠났소. 이곳에 있는 동안 그는 서울의 E. H. 밀러 목사가 곧 헨리 양을 평양에서 데려갈 것 같다고 암시했소. 하지만 나는 그 말이 어느 정도 확실한지 모르오. 아무튼 "공개 금지." 일이 자연스럽게 진행되도록 지켜봅시다.

내일 당신의 편지가 평양에 도착할 것이오. 그래서 나는 지금 돌아가고 싶은 마음을 참을 수 없소. 내가 얼마나 당신의 소식을 갈망하고 있는지! 여보, 매일 당신을 생각하면서 얼마나 기쁜지! 나는 오늘 아침에 사경회에 가

of you. You make my heart sing with joy & gladness! I understand Mrs. Leck will not go home now until summer or fall.

With all my Love,

Your own husband,

Sam

는 동안 당신을 생각하면서 당신에 대한 내 생각에 웃다가 이렇게 큰소리로 외치는 나를 발견했소. "여보, 당신은 멋진 여인이오."[1] 당신은 내 마음을 기쁨과 즐거움으로 노래하게 만든다오! 렉 목사 부인은 여름이나 가을이 되어야 본국으로 돌아갈 것이오.

내 모든 사랑을 전하며,

당신의 남편,

샘

1 마포삼열은 아내를 향해 자주 "girlie"라는 표현을 쓰는데, 이 말은 1886년부터 사용되기 시작한 신조어로 아름답고 멋진 여성다운 여성을 가리킨다. 또 다른 뜻은 미국에서 유행하기 시작한 여성 잡지에 등장하는 여성 모델을 일컫는다. 이 시리즈에서는 "여인"으로 번역한다.

Samuel A. Moffett

Cha San, Korea

February 18, 1902

My Own Dearest:

A courier has brought a fine lot of letters to me from you & Mother Moffett & Fish & from Tom and Mr. Lee and a lot of business letters. The latter requiring immediate answers in some cases, I have had to put in the time I had in answering them and so you get only this short acknowledgment of the receipt of yours of 7th January & the maps, etc. A whole heart full of love to you, dearest, in the joy of knowing of your improvement in health and partial relief from pain. How I do rejoice that you are not suffering as you did for so long. Thank Mother Fish for me for her letter. Since both of you tell me you are better there seems to be harmony in the little circle at Altruria. More later on. This courier must go back. Am sending your letter to Mrs. Leck to her by boy of Miss Best. A heart full of love to you all.

Your own,

Sam

마포삼열

한국, 자산

1902년 2월 18일

사랑하는 당신에게,

오늘 파발이 당신, 내 어머니, 장모님, [동생] 톰, 그리고 리 목사가 보낸 편지와 많은 업무 편지가 담긴 한 꾸러미의 편지를 가지고 왔소. 바로 답을 해야 하는 업무 편지가 몇 건 있어서 그 답장을 쓰는 데 시간을 보내야 했기 때문에, 당신의 1월 7일 자 편지와 지도 등을 받았다는 것만 간단히 알리는 이 편지를 쓰오. 여보, 당신의 건강이 호전되었고 고통도 일부 사라졌다는 것을 알게 되어 기쁨 속에서 당신에게 내 마음에 가득한 사랑을 전하오. 당신이 그렇게 오랫동안 고통을 겪었는데 이제 그렇지 않다니 얼마나 기쁜지 모르겠소. 장모님께 서신을 주셔서 감사하다고 전해주시오. 당신과 장모님 두 사람이 당신이 좋아졌다고 하는 것을 보니 알트루리아에 있는 작은 공동체에 화목함이 있는 듯하오. 나중에 더 쓰겠소. 이 파발이 되돌아가야 하기 때문이오. 당신의 편지를 베스트 양의 하인 편으로 렉 부인에게 보내겠소. 당신과 부모님께 내 모든 사랑을 전하오.

당신의,

샘

Samuel A. Moffett

Cha San, Korea

February 19, 1902

My own Dearest:

How I have enjoyed your letters–the reading & re-reading of them in the midst of all the many things I have been trying to do yesterday & today. Every word you write is full of intense interest and I long to talk over with you all the things you are thinking about. Your precious mother will certainly look after all your wants and I feel so free about you in every respect so far as your comfort & general welfare are concerned that my mind has been at rest on those points ever since I knew you arrived safely in San Rafael. How thankful I am to get the good report of improvement in health. I cannot half tell but I do most deeply thank our Heavenly Father for His goodness & mercy and grace. If the treatment does all you expect it to do, by this time you are pretty well relieved of pain & discomfort and are steadily gaining strength and laying in a supply of good health and that is what I hope you are doing.

How your dear Father will be enjoying his walks & talks with you. I think so often these days of how Father enjoyed his talks & walks with Susie and what a help & comfort & treasure she was to him and what great sympathy & love there was between them. I wonder if that is what made me think I saw a likeness between your photograph & Susie's the last time I looked upon yours on my dresser.

You will have heard long before this that Mother Moffett finally got her courage up to the point of taking the trip to Arizona. While I know how much she will want to go on to California I do not believe she will do so when she finds what a great distance still remains between her & California and so I rather expect you will not see her until I take you home. What a joyful day it will be for me when I can do that. Oh dearest! Every day I think of getting with you again & being in our two

마포삼열

한국, 자산

1902년 2월 19일

사랑하는 당신에게,

내가 당신의 편지를 얼마나 기쁜 마음으로 읽었는지! 나는 어제와 오늘 애쓰며 많은 일을 하면서도 당신의 편지를 읽고 또 읽었소. 당신이 쓴 모든 단어에 내 관심이 쏠렸고 당신이 생각하는 모든 일에 대해 당신과 이야기하고 싶은 마음이 간절하오. 당신의 소중한 어머니께서 당신의 모든 필요를 보살펴 주시리라고 확신하기에, 나는 당신의 편안과 전반적인 안녕에 관한 문제에 대해서는 조금도 걱정하지 않소. 당신이 샌라파엘에 무사히 도착한 것을 알고 난 이후, 그런 점에 대해서는 마음을 놓았고 안심하고 있소. 당신의 건강이 호전되고 있다는 좋은 결과를 들어서 얼마나 감사한지! 우리 하나님 아버지의 선하심과 자비하심과 은혜로우심에 대해 그 고마움을 절반도 표현할 수 없지만 진심으로 깊이 감사하고 있소. 만일 당신의 기대만큼 치료가 효과가 있었다면, 당신은 지금쯤 고통과 불편에서 상당히 많이 벗어나서 꾸준히 기력을 회복하여 건강을 비축하고 있을 것이라고 생각하오. 이것이 바로 내가 바라는 당신의 상태라오.

장인어른께서 당신과 함께 산책하며 이야기하는 것을 얼마나 즐거워하실지! 나는 요즘 내 아버지께서 수지 누나와 함께 산책하고 이야기하는 것을 매우 기뻐하셨음을, 수지 누나가 아버지께 도움과 위로가 되는 보석 같은 존재였음을, 두 사람 사이에 많은 공감과 사랑이 있었음을 자주 생각한다오. 아마 이런 점 때문에 지난번에 내가 경대 위에 있는 당신의 사진을 바라보았을 때, 수지 누나의 사진과 닮은 점이 있다고 생각했던 것 같소.

이 편지를 받기 전에 당신은 내 어머니께서 마침내 용기를 내서 애리조나까지 여행하기로 결심하신 소식을 들었을 것이오. 나는 어머니께서 캘리포니아에 가고 싶은 마음이 간절하리라는 것을 알고 있지만, 그곳과 캘리포니아 사이의 거리가 멀기에 그렇게 하시지 못하리라고 생각하오. 그래서 내

homes. I love you more & more and simply rejoice in you. Have been taking the class here through Philippians and have learned the truest reasons for rejoicing, but aside from the supreme reason how many many reasons we have for it and how we do truly rejoice. I am glad we know how to and that our lives are so full of gladness–even tho we do have to do without each other's presence for awhile. One thing we are not doing without– each other–for I know I have you every day & hour and you are my own dear precious wife even if you are 7,000 miles away.

I finished the class today. It has been a great class & a most helpful one. I had 92 the first day and 70 today, the last day, with about 110 in attendance. This is the largest country class I have yet known. I leave in the morning for Nam San Mo Roo. Have received several offerings here for helper's salary and for Mission Committee and go back with more money than I brought, all my chickens and eggs having been supplied me as gifts.

Have spent quite a little time each day in pastoral work with individuals & have had a goodly number of inquirers from among the surrounding unbelievers. The work still goes on advancing along all lines. .... Interrupted here. More later.

가 당신을 데리고 고향으로 갈 때까지 당신은 어머니를 뵙지 못할 듯하오. 내가 당신과 함께 고향 집에 가는 날은 얼마나 즐거운 날이 될지! 오, 여보! 나는 당신과 다시 함께 지내고 우리의 양가(兩家)에 있을 생각을 매일 한다오. 나는 당신을 더욱더 사랑하고 당신 안에서 다만 기뻐하오. 이곳에서 사경회를 인도하면서 빌립보서를 통해 기뻐해야 할 진정한 이유를 배웠소. 그러나 최상의 이유를 제외하고도, 우리는 얼마나 많고 많은 기뻐할 이유를 가지고 있는지, 또한 어떻게 진정으로 기뻐하는지를 알고 있소. 비록 서로 상대가 없는 채 잠시 지내야 하지만, 나는 우리가 기뻐하는 방법을 알고 있고, 우리의 삶이 즐거움으로 가득 차 있어서 즐겁소.[1] 우리는 서로 상대방 없이는 한 가지 일도 하지 않소. 왜냐하면 비록 당신이 7,000마일이나 떨어져 있지만, 나는 매일 매시간 당신을 기억하고 당신이 내 소중한 아내라는 사실을 알기 때문이오.

오늘 사경회를 마쳤소. 훌륭하고 대단히 도움이 되는 사경회였소. 첫날에는 92명이 참석했고 오늘 마지막 날에는 70명이 왔는데, 전체 참석자는 110명 정도 되오. 지금까지 있었던 시골 사경회 중 가장 큰 규모였소. 나는 내일 아침에 남산모루로 떠날 것이오. 이곳에서 조사 봉급과 전도위원회를 위한 여러 번의 연보를 받았고, 내가 가지고 온 돈보다 더 많은 헌금을 가지고 돌아가오. 그리고 그동안 먹은 모든 닭과 달걀은 선물로 받았소.

매일 사람들을 만나 목회 사역을 하고 주변의 불신자 중 꽤 많은 구도자를 만나는 데 많은 시간을 보냈소. 사역은 모든 노선에서 여전히 진보하고 있소. 일단 여기서 중단하오. 나중에 더 쓰겠소.

---

1 기쁨의 서신인 빌립보서의 핵심은 기쁨의 진정한 이유와 그것을 이루는 바른 방법에 있다. 바울은 교회의 내적 연합과 외적 대결이라는 두 측면을 통합하는 복음에 합당한 생활을 온전히 이룰 때 기쁨이 충만하다고 말한다.

February 21, 1902

This should now be dated the 20th but I left early in morning & reached Nam San Mo Roo to find a crowd awaiting me & so from then until late at night I was busy and when I did get to bed had not access to my writing materials and so this is written after reaching home on the 21st. On the way yesterday met Miss Howell's teacher going out to hold a class for ten days and since arriving home I find a letter from Kang telling of a fine class of 80 now being held at Han Chun.

Tyeng Ik No was with me on the trip and I enjoyed having him. What fine fellows many of these men have come to be.

With all my love dearest,

Your own "Sambo"

1902년 2월 21일

이 편지는 20일 자에 써야 했지만, 아침 일찍 떠나서 남산모루에 도착하니 많은 사람이 나를 기다리고 있어서 그때부터 밤 늦게까지 바쁘게 지냈고, 잠자리에 들 때에는 필기도구가 없어서 오늘 집에 와서 쓰고 있소. 어제 오는 길에 하웰 양의 어학 교사를 만났는데, 그는 열흘간의 사경회를 인도하러 가는 길이었소. 집에 도착한 후 강[유문] 조사가 보낸 편지를 보니 한천에서 80명이 모인 사경회가 열리고 있소.

정익노가 이번 여행에 나와 함께 갔는데 나는 그가 있어서 즐거웠소. 이렇게 많은 남자가 얼마나 좋은 동료가 되는지!

내 모든 사랑을 당신에게 보내오.

당신의 "삼보"

Samuel A. Moffett

Pyeng Yang, Korea

February 21, 1902

My own Dearest:

Arrived at home again this afternoon and find everybody well. Had a good time at Nam San Mo Roo on the way in baptizing 2 and receiving 4 catechumens and doing the people quite a good deal of good as was evident. Oh! such opportunities for work as there are.

It was a pretty hard journey in yesterday & today owing to the mud. The winter is breaking up–and the melting snow is giving us bad roads. I walked 50 li yesterday and 30 today and came in feeling pretty tired–but a hot bath & a little rest looking over the mail has put me in good trim for sleep.

Miss Snook came in tonight to ask about inviting the Millers to take the Lee house this summer and to ask about the catechumen class. It now numbers 52 and fills the rooms at book store. Think it is now warm enough for them to meet in the big church again. 원두 애미 [Won Too's mother] and 원씨 [Won Si] have been hunting up delinquents & new ones have been received so the number is growing.

Poor Ryong Hoa has had another time with his wife, has given her a writing of divorcement, then took her back upon her profession of repentance which he soon found to be false, so he reports, and has again sent her off with a paper of divorce. He came to me tonight and she is coming tomorrow. How I wish she would become a true Christian and that they might yet live together in peace & harmony.

There are a host of things I want to write about but cannot compass them tonight–so with a message of love from a heart full of it, longing more than ever to see you.

Your loving husband,

Sam

마포삼열

한국, 평양

1902년 2월 21일

사랑하는 당신에게,

오늘 오후에 다시 집에 도착해서 모두가 건강하게 지내는 것을 보았소. 오는 길에 남산모루에서 즐거운 시간을 보냈다오. 그곳에서 2명에게 세례를 주었고, 4명을 학습교인으로 받았는데, 사람들에게 선한 영향력을 많이 미친 결과가 분명하게 드러났소. 오, 가는 곳마다 얼마나 일할 기회가 많은지!

어제와 오늘은 길에 진흙이 많아서 꽤 힘든 여행을 했소. 해동이 되고 눈이 녹으면서 길이 질척거려 다니기가 불편하오. 어제 50리를 걸었고 오늘은 30리를 걸었는데 완전히 지쳐서 돌아왔소. 뜨거운 물에 목욕을 하고 우편물을 보면서 잠시 쉬었더니 잠이 몰려오는구려.

오늘 밤 스누크 양이 찾아와서 올여름에 밀러 부부를 리 목사 사택에 살도록 초청하는 것과 학습반에 대해 물어보았소. 그 학습교인반에는 현재 52명이 있는데, 그들이 사용하는 서점의 방을 모두 가득 채우고 있소. 이제 날씨가 따뜻해져서 이들이 큰 예배당에 다시 모일 수 있을 것 같다고 하오. 원두 어머니와 원 씨가 중간에 빠진 자들을 찾아오고 새로운 학습교인들을 등록해서 숫자가 늘어나고 있소.

가련한 용화는 아내와 다시 싸운 후 이혼증서를 주었는데, 이후 그녀가 뉘우치자 다시 데려왔소. 하지만 그것이 거짓 회개였음을 곧 알게 되었소. 그래서 그는 이를 보고하고 그녀에게 이혼증서를 주면서 내쫓아 보냈소. 용화가 오늘 밤 내게 왔고, 그의 아내는 내일 올 예정이오. 나는 그녀가 진정한 기독교인이 되고, 그들 부부가 다시 평화롭고 화목하게 함께 살 수 있기를 바라오.

쓰고 싶은 것이 많지만 오늘 밤에 다 이야기할 수 없소. 그 어느 때보다 당신이 보고 싶소. 내 마음에 가득 사랑을 담아 안부를 전하오.

당신의 사랑하는 남편, 샘

Samuel A. Moffett

Pyeng Yang, Korea

February 22, 1902

My own Alice Dearest:

My heart is full tonight with concern for Ryong Hoa & his wife. I had a long talk with him last night after I got back from country, two talks with her today and have just finished a long one with him tonight. He gave her a bill of divorcement and told her to go several days ago and he had determined that he would not live with her any more. She has not only driven out all the love he had for her but she has made him almost hate her, and he thinks it simply unbearable. She seems at last to have some idea of her folly and confesses that she has done wrong but he cannot believe she is sincere for she tells him that the only reason she does not go is because she has no place to go, that she would be glad to go if she could live elsewhere. This morning I thought her on the way to repentance—this afternoon I doubted it. He of course has done a great deal he should not have done and as she alienated him, he little by little has more & more provoked her and life became misery for him and not much of a satisfaction to her.

He had determined to cast her off and although he knew I would object when I came home he determined that whatever I might say he would insist on the divorce. Tonight I gradually led up to the question of duty and right and made my last appeal that if for no other reason yet for Christ's sake and His sake only he do what is right and not put her away even tho it may mean misery all his earthly life. I held out the hope of grace—of her conversion and of a possible revival of love and a happy life together.

He left with the promise to think it all over and to pray for grace to do the right and for a mind to take her back. It was quite evident that when he thinks of Jesus & the right he wants to do what is right but

마포삼열

한국, 평양

1902년 2월 22일

사랑하는 내 앨리스에게,

오늘 밤 내 마음은 용화와 그의 아내에 대한 걱정으로 가득 차 있소. 나는 시골에서 돌아온 후 어젯밤에 그와 긴 대화를 나누었소. 오늘 그의 아내와 두 번 대화했고, 오늘 밤에는 그와 긴 대화를 나누었소. 그는 그녀에게 이혼증서를 주었고 여러 날 전에 가라고 말했으며, 더 이상 같이 살지 않겠다고 단단히 결심했소. 그녀는 자신에 대한 그의 사랑을 모두 몰아냈을 뿐만 아니라 그로 하여금 그녀를 거의 증오하도록 만들었소. 그는 그 사실이 도무지 참을 수 없다고 생각하오. 그녀는 마침내 자신이 어리석었다는 생각을 하게 된 듯하오. 그래서 자신이 잘못했다고 고백했으나, 용화는 그 말이 진심이라고 믿을 수 없다고 하오. 그녀가 가지 않는 유일한 이유가 갈 곳이 없기 때문이고, 다른 곳에서 살 수 있다면 기꺼이 갈 것이라고 그에게 말했기 때문이오. 오늘 아침에 나는 그녀가 회개하고 있다고 생각했지만, 오후에는 의심이 들었소. 그녀가 그를 멀리했기 때문이긴 하지만, 그 역시 하지 말았어야 하는 많은 일을 했소. 그는 조금씩 점점 더 그녀를 자극했고, 삶은 비참하게 되었으며, 그녀로서도 만족스럽지 못하게 되었소.

그는 그녀를 내쫓기로 작심했고, 내가 집으로 돌아오면 반대할 것을 알았음에도 불구하고, 내가 무슨 말을 하든지 이혼을 밀어붙이기로 결심했소. 오늘 밤에 나는 서서히 부부의 의무와 권리의 문제를 거론했고, 다른 이유가 없더라도 그리스도를 위해, 오직 그분을 위해 옳은 일을 하고, 비록 이 땅에서 자신의 삶이 비참하게 되더라도 그녀를 버리지 말라고 최종적으로 호소했소. 나는 은혜의 소망을 강조했소. 그녀가 회심하고 사랑이 되살아나서 함께 행복한 삶을 꾸릴 수 있다는 소망을 제시했소.

내 말을 숙고한 그는 바른 일을 할 수 있는 은혜와, 그녀를 다시 데려올 수 있는 마음을 구하며 기도하겠다는 약속을 하고 떠났소. 예수님과 옳은 일

that when he thinks of taking her back he rebels inwardly with a great aversion for her. Oh! how I pray that he may do what is right—hard as it is and miserable as he may be in trying to live with her and how I pray that she may be brought to true repentance & faith. She promised today to pray for a believing mind.

Given the victory through grace—and it will never come by less than divine power—he will be greatly strengthened in character and we can hope for her conversion and that the Lord's grace will in some way give relief. Other than this I fear means the loss of both. The struggle may last some days and even then it may recur again and again before the final victory. Add your prayers to ours, dearest, for them both. I will not give Ryong Hoa up to the devil. I believe he is the Lord's. I do want this victory and I believe it will be granted us.

Mrs. Leck is coming down with Mr. Hunt & Mr. Swallen next week to stay here until summer or fall, I know not which. They report a fine class and a great work all around them. So many joyful things here to report that I can not even begin on them. Chun had a good class at Han Chun and has come back happy over it and with benefit to himself.

I sent two women out 5 li to see about the wife of a man & the wife of his son, the two men being catechumens. They not only arranged to have these women come, which they did last Sabbath, but destroyed all the evil spirits in the other one house in the neighborhood and led the woman there to become a Christian. They have now gone for a tour of Choung Hoa churches

One Si has a class of 62 learning enmun in the village across by the Academy and Won Too Emini [Won-Too's mother] starts one this week in the village next to Swallen's house. The parents of the school children in the city had a meeting last night & raised another 90 yen (600 ryang) for the city schools. And so it goes and so it goes. May the Lord continue His blessing to us.

Oh! but I long to see you, dearest. This house is so different without

을 생각할 때 그가 바른 일을 하고 싶어 하는 게 분명했소. 하지만 그는 그녀를 다시 데려오는 일을 생각할 때에는 그녀에 대한 강한 혐오감이 일어나 내면적으로 반항한다오. 오, 나는 그가 올바른 일을 할 수 있기를 얼마나 기도했는지! 그가 그녀와 함께 살려고 노력하는 것이 너무 어렵고 비참하지만, 그녀가 진정한 회개와 믿음에 이르도록 내가 얼마나 기도했는지! 오늘 그녀는 믿음을 달라고 기도하겠다고 약속했소.

은혜를 통해 승리를 얻는다는 사실을 고려하면, 그 일은 하나님의 능력에 의해서가 아니면 이루어질 수 없소. 그가 강한 인격을 가지게 되는 일 말이오. 그래야 우리가 그녀의 회심과 주님의 은혜가 어떤 식으로든 위안을 주리라고 소망할 수 있소. 그렇지 않다면 나는 두 사람 다 잃을까 두렵소. 며칠간 갈등은 이어질 것이고, 그 후에도 최종 승리를 거둘 때까지 반복해서 갈등이 계속될 것이오. 우리를 위해 기도할 때, 여보, 그 두 사람을 위한 기도도 해주시오. 나는 용화를 악마에게 넘겨주지 않을 것이오. 나는 그가 주님의 것이라고 믿소. 나는 이 승리를 진심으로 원하며, 나는 그것이 우리에게 주어질 것이라고 믿소.

다음 주에 렉 부인이 헌트 목사와 스왈른 목사와 함께 이곳에 내려오는데, 여름이나 가을까지 이곳에 머무를 예정이오. 언제까지 있을지는 모르겠소. 그들의 보고에 의하면 은혜 가운데 사경회가 진행되었고 주변 사방에서 위대한 사역을 했소. 이곳의 수많은 기쁜 소식을 알려주고 싶지만 서두조차 꺼낼 수가 없구려. 전[군보]는 한천에서 사경회를 훌륭하게 인도했고, 그래서 행복한 마음으로 돌아왔는데 본인에게 유익했다고 하오.

나는 두 여성 신도를 5리 떨어진 곳으로 보내서 한 남자의 부인과 그 아들의 아내를 만나도록 했소. 두 남자는 학습교인이오. 그들은 지난 주일에 이 여성들을 초청했을 뿐만 아니라, 이웃에 있는 다른 집에 있는 모든 귀신을 없애고 그곳의 여성을 기독교인이 되도록 인도했소. 그들은 지금 중화(中和)군 교회에 순회 여행을 갔소.

원씨 부인은 중학교 건너편에 있는 마을에서 62명의 학생에게 언문을 가르치는 반을 맡고 있고, 원두 어머니는 스왈른 목사의 사택 바로 옆 마을

you and at times I think I can hardly wait. With all my love to my own dear wife,

Your own,

Sam

에서 이번 주에 다른 반을 시작하오. 시내의 초등학교 학부모들은 어젯밤에 모임을 열고 시내 학교들을 위해 다시 90엔(600냥)을 모금했소. 이렇게 이런 저런 일이 진행되고 있다오. 주님께서 계속 복 내려주시기를 기도하오.

오, 여보, 하지만 나는 당신을 만나기를 고대하오. 이 집은 당신이 없어서 너무 낯설고, 나는 때때로 기다리는 일이 무척 어렵소. 내 모든 사랑을 내 사랑하는 아내에게 보내오.

당신의,

샘

Samuel A. Moffett

Pyeng Yang, Korea

February 24, 1902

My own Dearest:

This has been the busiest kind of a day and it is now late. Yesterday was a great Sabbath day and the church was crowded. Where all the women came from I know not but they completely filled their side—while in order to get the men in I had to put the boys on the lower platform. Just as soon as the winter class people left the city people began to come in greater numbers and each Sabbath there are many new comers. Altogether the last three Sabbaths have recorded subscriptions for the church to the amount of 700 yen. Ryong Hoa's wife was at church and last night Ryong Hoa came in to tell me that after his talk with me Saturday night he had a hard struggle—that for several hours he sat & thought & prayed and finally won the victory and sent for his wife. Oh how thankful I am and how I do hope they may yet learn to love each other.

Tomorrow I have another big task on hand in trying to reconcile two men over a difference in financial matters. One victory increases one's faith and I believe we shall have another victory tomorrow.

Youn Si of Mi Rim was in today. She had gone at my suggestion to several villages and came in today to report—happy over what she had seen & done. She gathered a larger group of women in a new place between Nam San Mo Roo & Mi Rim and now we shall soon have a group there just where I have long wanted one. One Si goes out this week to a new group 10 li out Northwest. Am afraid I will spoil her as a house servant but will hope not.

Have had about 50 visitors today on all sorts of errands. Tonight have been writing letters all the evening on the Fusan question—as to objections to going ahead with Mr. Sidebotham's house—questions of

마포삼열

한국, 평양

1902년 2월 24일

사랑하는 당신에게,

오늘은 가장 바쁜 하루였고 이제 한밤중이오. 어제는 굉장한 주일이었고 교회는 차고 넘쳤소. 그렇게 많은 여성이 어디서 왔는지 모르지만 여자석을 완전히 채웠고, 나는 남성들을 들어오게 하려고 소년들을 강대상 마루에 앉혀야 했소. 겨울 사경회 참석자들이 떠나자마자 시내 사람들이 큰 무리로 몰려오기 시작했고, 매 주일 새로 오는 자가 많소. 지난 3주 동안 교회 건축을 위한 작정 헌금이 모두 700엔에 달했소. 용화의 아내가 교회에 왔다오. 어젯밤 용화가 나를 찾아와서, 지난 토요일에 나와 대화를 나눈 후 치열하게 고민하고 여러 시간 동안 앉아서 생각하고 기도한 후에 마침내 승리하게 되어 아내를 부르러 갔다고 말했소. 오, 얼마나 감사한지. 나는 그들이 이제 서로 사랑하는 법을 배울 수 있기를 간절히 소망하오.

나는 내일 재정 문제에서 서로 의견이 다른 두 사람을 화해시켜야 하는 큰 과업을 하게 되오. 한 번의 승리는 믿음을 자라게 하니, 나는 우리가 내일도 승리하리라고 믿소.

미림의 윤씨 부인이 오늘 돌아왔소. 그녀는 내 제안에 따라 여러 마을을 방문했고 오늘 보고하러 돌아왔소. 그녀는 자신이 본 것과 한 일에 만족했소. 그녀는 남산모루와 미림 사이의 새 예배 처소에 많은 여성을 모았소. 곧 미조직교회가 내가 오랫동안 교회를 세우기 원했던 바로 그 마을에 들어설 것이오. 원 씨는 이번 주에 북서쪽으로 10리 떨어진 곳에 있는 새 미조직교회로 나가오. 내가 그녀를 집안 하녀로 썩힐까 염려되지만, 그렇게 되지 않기를 바라오.

나는 오늘 온갖 종류의 일로 찾아온 약 50명의 방문객을 만났소. 오늘 밤에는 부산 문제로 저녁 내내 편지를 쓰고 있다오. 사이드보텀 목사의 사택 추진 반대, 추가 인원 보강 문제 등과, 요청을 받은 대로 내가 미국으로 가는

re-enforcements, etc. and reasons why I cannot spend 3 or 4 weeks there on my way to America—as requested to do.

Miss Best & Miss Howell are at Han Chun. Mr. Hunt, Mr. Swallen start back for Syen Chyen tomorrow. All goes well.

Dreamed about you all last night and woke up with such a longing for you and a heart just as hungry as it could be. So glad it is but two months more before I can start for you. With all my love, my darling—Your own husband,

Sam

Your Christmas present from Dr. Burnham came. Will bring it with me.

길에 그곳에서 3-4주를 보낼 수 없는 이유 등을 썼소.

베스트 양과 하웰 양은 한천에 있소. 헌트 목사와 스왈른 목사는 내일 선천을 향해 떠날 것이오. 만사가 순조롭게 진행되고 있소.

지난밤에는 밤새도록 당신 꿈을 꾸었소. 깨고 나니 당신이 무척이나 그립고 허전한 마음에 온통 당신 생각뿐이오. 당신을 향해 출발할 날이 두 달밖에 남지 않아서 기쁠 따름이오. 여보, 내 모든 사랑을 당신에게 전하오. 당신의 남편,

샘

번햄 의사가 당신에게 보낸 성탄절 선물이 도착했소. 내가 갈 때 그것을 가져가겠소.

Samuel A. Moffett

Pyeng Yang, Korea

February 25, 1902

My own Dearest:

Herewith a number of little things from which you can derive several items of news. Weather is quite warm–ground is breaking up, snow almost all gone and it begins to look as tho spring were nearly here. Must look up question of clover & grass seed. The grass seed sown last year has done beautifully & we will have one fine patch of grass.

I was glad to get the maps and illustrations you sent. I know where you are now and can think of you in your surroundings. I do not remember just who Mr. Sutherland is although I remember his brother whom I met in our Presbytery when I was home. You write, "His wife is very sweet isn't she?" Well I suppose she is altho I have not the faintest idea who she is? Did I know her, too? Where does she come from?

The bed ticking has not yet arrived but when it does I will obey instructions. Thank your dear Mother for me for her letter. It is good to hear from you both the same story of improvement.

I spent most of this afternoon in trying to make peace between two of the Christians who are in an altercation over money matters. The great grandfather of one borrowed money from the grandfather of the other 70 years ago and the grandson is trying to collect the money from the great-grandson of the other. One party is thoroughly unreasonable as by all law the debt has been outlawed long ago. So far I have failed to reconcile them as they cannot agree on a sum satisfactory to both parties.

Mr. Hunt and Mr. Swallen send great reports of things up north–I hope we can send two families up there this fall.

Mrs. Leck will be down with them the last of the week. I may meet them on the road as I leave on Saturday for a town through Soon An, Suk Chun & Yung You. Heung Nak will not go with us (Mr. Blair goes with

마포삼열

한국, 평양

1902년 2월 25일

사랑하는 당신에게,

당신이 여러 뉴스거리를 찾아낼 만한 사소한 일을 여기에 적겠소. 날씨가 아주 따뜻하오. 땅이 해동되고 눈이 거의 사라져서 마치 봄이 온 것처럼 보이오. 클로버와 잔디 씨앗 문제를 반드시 살펴봐야 하오. 작년에 뿌린 잔디 씨는 아름답게 자랐고, 우리는 좋은 잔디밭을 가지게 될 것이오.

당신이 보낸 [캘리포니아] 지도와 삽화를 받게 되어 기쁘오. 이제 나는 당신이 어디에 있는지 알고 그 주변 지역에 있는 당신을 생각할 수 있소. 내가 고향에 있을 때 노회에서 만난 그의 동생은 기억나지만 스털랜드 목사가 누구인지는 기억나지 않소. 당신은 "그의 아내는 매우 상냥해요, 그렇지 않나요?"라고 썼는데, 글쎄, 나는 그녀가 누구인지 도무지 모르겠지만 그럴 것이라고 짐작하오. 내가 그녀도 알고 있었소? 그녀는 어디 출신이오?

침대보가 아직 도착하지 않았지만 도착하면 지시 사항대로 하리다. 장모님께 편지 주셔서 감사하다고 전해주시오. 당신과 장모님 두 사람으로부터 당신의 건강이 호전되었다는 동일한 이야기를 들어서 기쁘오.

나는 오늘 오후 내내 돈 문제로 격론을 벌이고 있는 두 기독교인을 화해시키려고 노력했소. 한 남자의 할아버지가 다른 남자의 증조할아버지에게 70년 전에 돈을 빌려주었는데, 돈을 빌려준 자의 손자가 그 증손자로부터 돈을 받아내려고 하고 있소. 한쪽은 완전히 비이성적인데, 어떤 법을 보더라도 그 채무는 오래전에 시효가 지나 말소되었소. 아직까지 나는 두 사람을 화해시키는 데 실패했소. 양측 모두 서로에게 만족스러운 금액에 동의할 수 없기 때문이오.

헌트 목사와 스왈른 목사가 북쪽 사역에 대한 위대한 보고서를 보내고 있으며, 나는 이번 가을에 그곳[선천]에 두 가족을 보낼 수 있기를 희망하오.

렉 부인이 그들과 함께 주말에 내려올 것이오. 내가 토요일에 순안, 숙천,

me) as his wife is to be confined very soon and so I told him to stay at home. We will take Mr. Blair's boy.

The time begins to seem pretty long dearest. I think it is a good thing I am going off to the country for it breaks up the time into smaller periods. When I come back from this next trip I will have only about a month to wait before starting to see you. With love to father & mother and all my love to you

Your own,

"Sambo"

영유를 거쳐 한 마을에 가기 때문에 가는 길에 그들을 만날 것이오. 홍낙이는 우리(블레어 목사가 나와 동행하오)와 함께 가지 않을 것인데, 그의 아내가 곧 해산하기 때문에 내가 그에게 집에 남아 있으라고 했소. 우리는 블레어 목사의 남자 하인을 데려갈 것이오.

여보, 시간이 아주 길게 느껴지기 시작했소. 나는 시골에 다녀오는 것이 좋은 일이라고 생각하오. 왜냐하면 시골 여행이 시간을 짧은 단위로 조각내서 나눠주기 때문이오. 다음 순회 여행에서 돌아오면 당신을 보러 떠날 날이 약 한 달만 남게 되오. 장인어른과 장모님께 안부를 전하며, 당신에게 내 모든 사랑을 보내오.

당신의,

"삼보"

Samuel A. Moffett

Pyeng Yang, Korea

February 26, 1902

Alice My Dearest:

The mail came in last night bringing the magazine from you–telling all about San Rafael. I knew there would be a letter later–because each mail brings one now–but it comes several hours late as I have to pay extra postage on them all. I was made glad by its arrival early this morning. Oh dearest you do not really know how much I love you and how your letters just thrill me with joy as I learn of your improvement in health. I am so glad the headaches are gone and oh so thankful you went home when you did. Truly the Lord has been guiding us and will guide us.

How I rejoice with your father in his joy of having you for those walks along the flume. The photograph and the flower and the sunset scene all make it so much more real to me and I am so glad to have them. What a joy, dearest, to have each other and to feel how closely interwoven all our hearts interests have become.

So I am not the only one who has a "liver." Here's a good place for a joke–"Livers" as well as "hearts" have grown alike. Well–if the livers become as sound as the hearts and give us as much joy & satisfaction we shall be thankful indeed. I rejoice that you are in such good hands. Get just all the benefit you can and stay there long enough or go back there again–so as to get all the benefit you ought to get from the treatment.

Hurrah for the "den" idea. We will work it out together some of these days. The solarium thought & plan is capital and just what was needed to complete the whole idea.

Please give my most hearty thanks to your father for the masterpieces. No–we did not know they were intended as a gift to me–but appreciated them just the same. How your dear father & mother

마포삼열

한국, 평양

1902년 2월 26일

사랑하는 당신에게,

어젯밤에 우편물이 도착했는데 당신이 보낸 잡지에 샌라파엘에 대한 모든 정보가 담겨 있었소. 이제 우편물이 올 때마다 한 가지만 배달하기 때문에, 나는 나중에 편지가 올 것을 알았소. 하지만 우편은 여러 시간이 지나야 도착하는데, 더 빨리 받으려면 내가 추가 우편요금을 지불해야 한다오. 나는 오늘 아침에 추가 우편이 도착해서 반가웠소. 오, 여보, 당신은 내가 당신을 얼마나 사랑하는지, 내가 당신의 건강이 호전된 것을 알고 기뻐하듯이, 당신의 편지가 얼마나 나를 감동시키는지 잘 모를 것이오. 당신의 두통이 사라져서 정말 기쁘오. 오, 당신이 그때 집에 간 게 얼마나 감사한지! 진실로 주께서 우리를 인도하고 계시며 앞으로도 인도하실 것이오.

장인어른께서 수로를 따라 당신과 함께 산책하는 즐거움을 누리신다니 내가 얼마나 기쁜지. 사진과 꽃과 석양 장면을 보니 모든 것이 더욱 실감이 나고 내가 그 사진들을 가지게 되어 대단히 기쁘오. 여보, 우리가 서로를 소유하고 마음에 간직한 모든 관심사가 서로 긴밀하게 엮이는 것을 느껴서 얼마나 기쁜지!

따라서 "간"(liver)을 가진 자는 나 혼자가 아니오. 여기 농담이 어울리니 한마디 합시다. 우리의 "심장"뿐만 아니라 "간"도 비슷하게 되었소. 자, "간"이 "심장"만큼 튼튼해지고 우리에게 많은 기쁨과 만족을 준다면, 우리는 진정으로 감사하게 될 것이오.[1] 나는 당신이 보살핌을 잘 받고 있어서 기쁘오. 당신이 받을 수 있는 모든 혜택을 그저 누리고, 충분히 그곳에 오랫동안 머물러 있거나 다시 그곳으로 돌아가시오. 그래서 치료를 통해 얻어야 하는 모든 혜

---

1 이 농담은 "liver"와 "lover"라는 두 단어를 맞바꾸어 만든 말장난이다. 마포삼열이 간/연인을 가지고 있듯이 아내도 간/연인을 가지고 있고, 두 사람의 "심장"(마음)만 비슷하게 된 것이 아니라 이제 두 사람의 간/연인도 비슷하게 되어 서로 사랑한다는 뜻을 표현했다.

do love to be good to their loved ones. Your father makes me think so often of my own noble and good father. Did I ever show you a few lines written of father the day of his burial by Sam Moffat—Susie's stepson? They show an insight into father's character that I did not think Sam had reached.

> "That he was good does ill express the praise
> Of him whose life was filled with gentle courtesy
> And one grown old in walking with the Lord
> The atmosphere around him breathed of love
> peace and good will to all mankind:
> And that he sleeps must patiently be borne
> by those who know, he passed within the shadow
> but to go radiant with glory through eternity."

Father delighted so to be always quietly doing for others just as father Fish does. Give an expression of my appreciation of his love and thought for me.

I am reading your letter and commenting as I go—now on the subject of rooms and time of Annual Meeting—I think we want the other wing of the house—but as we hope to be here several days before the meeting we can see about it then—and it may be the Blairs will have their house. The home paper in announcing the departure of the Moffetts from Madison to Arizona added that they expected to go on to California—so it may be that already you have been with mother. Dear mother—if she did go on—notwithstanding all her fears of travel, her loving heart was made glad by a sight of you and by knowing you.

Am so glad you received my first letters from home. Now I know that last mail will keep you in touch with me. The connection is established & will keep up until May 27 and then we need no letters. Three months from tomorrow!

택을 받기를 바라오.

"서재" 아이디어에 만세를 부르오. 언젠가 함께 그 방을 만들어봅시다. 전체적인 아이디어를 완전하게 만들어주는 일광욕실 아이디어와 설계도면도 최고요.

걸작을 구상해주신 장인어른께 진심 어린 감사를 전해주시오. 아니, 그 방을 내게 선물로 주려고 하신 것을 우리가 몰랐으나, 우리는 동일하게 생각하고 감사했소. 당신의 부모님께서는 사랑하는 이들에게 잘해주는 일을 정말 좋아하시오. 장인어른은 훌륭하고 좋으셨던 내 아버지를 자주 생각나게 만드오. 수전 누나의 의붓아들인 샘 모페트가 선친의 장례식 때 쓴 짧은 글을 내가 당신에게 보여준 적이 있었소? 그 글에서 샘은 내가 파악하지 못했던 아버지의 성품을 보는 통찰력을 보여주었소.

그가 좋은 분이었다는 말은 그에 대한 칭송을 제대로 표현하지 못한다.
그의 일생은 부드러운 예의로 가득 차 있었고
주님과 동행하는 삶이었다.
그를 둘러싼 분위기는 사랑과 평화와 선의여서
그는 그것을 모든 인류에게 불어넣어 주었다.
그가 잠자고 있다는 것을
그를 아는 자들은 인내로써 감내해야 한다.
그가 사망의 그늘 안으로 돌아갔으나
영원을 통해 영광스럽게 빛난다.

지금 장인어른께서 하시는 것과 동일하게, 선친은 다른 사람들을 위해 늘 조용히 일하는 것을 무척이나 즐거워하셨소. 나에 대한 장인어른의 사랑과 배려에 내 감사의 표현을 전해주시오.

나는 당신의 편지를 읽고 가는 곳마다 언급하오. 지금은 연례 회의 때 [방문자들이] 묵을 방과 시간에 대한 주제를 이야기하는 중이오. 나는 우리가 이 집의 다른 쪽도 원한다고 생각하지만, 우리가 연례 회의가 열리기 전

All the friends–foreign and Korean inquire about you and are delighted with the good news. All goes well here.

With love to father & mother and gratitude to them for all their goodness & love to me and with a heart more than full of love to my own precious wife

Yours lovingly,

Sam

에 며칠 이곳에 있기를 희망하기 때문에, 그때 우리가 그것이 필요한지 알 수 있을 것이요. 아마도 블레어 목사 부부가 그들의 사택에 들어갈 듯하오. 고향 신문을 보니[2] 마페트 가족이 매디슨을 떠나 애리조나로 간다고 보도했는데 거기서 캘리포니아로 갈 예정이라고 되어 있소. 그래서 아마 당신은 이미 어머니와 함께 있는지도 모르겠소. 사랑하는 어머니께서 여행에 대한 온갖 두려움에도 불구하고 만일 계속 여행을 하셨다면, 그녀의 사랑하는 마음이 당신을 만나고 당신을 알게 되어 기뻤을 것이오.

당신이 내가 집에서 보낸 첫 편지를 받았다니 아주 기쁘오. 나는 편지로 당신에게 계속 소식을 전하리다. 연락을 유지하면서 5월 27일까지 편지를 계속하겠소. 그 이후엔 편지가 필요 없을 것이오. 내일부터 3개월 남았소!

모든 외국인과 한국인 친구들이 당신의 안부를 묻고 좋은 소식에 기뻐하오. 이곳 사람들은 모두 건강하게 잘 지내오.

장인, 장모님께 사랑을 전하며 나에 대한 그분들의 선하심과 사랑에 대해 감사를 전해주시오. 마음에 가득 사랑을 담아 내 소중한 아내에게 보내오.

당신의 사랑하는,

샘

---

2 *The Madison Courier*이다.

Samuel A. Moffett

Pyeng Yang, Korea

February 27, 1902

My own dearest:

I have longed for you more today than any other day since you left. I am tired, worried, restless and generally 불안 (nervous) & impatient and oh how I wish I could just sit down with you and have a good talk. Too much work—too many things needing attention and not enough time to give to them is the cause of it and today I have one of my spells in which everything seems to be going wrong and a general collapse of all things seems to be looming up before me. I know it is foolish and that I ought to look on the other side and see all the things to be thankful for and so I do—but who wouldn't be worried when in almost every direction the congregations so overcrowd the church buildings that the people have to sit out on mats all around the church in as cold a month as February and the inability of the people to provide church buildings as fast as the congregation grows becomes a serious factor in the work. Then too the church here grows so fast that we cannot look after it and too many things are neglected. These things and their solutions are enough to take all a man's time & thought but of course in addition to them one must have such problems as the Fusan matter, the Pieters case and the Hong Moon Syo Kol church with letters from a lot of people and all expecting one to tackle the questions and do something with them.

Now you know the frame of mind I am in and why I am depressed, don't you dearest, and you know why I want you tonight. Don't you know just how you would straighten me out? I do and I wish you could do it. Three months from today you can do so—if all goes well.

On top of all comes the spring breaking up—a regular spring rain today—mud & slush everywhere—and now comes all the thought of Spring garden & winter vegetables. Then too, Kim the Sarang man got

마포삼열

한국, 평양

1902년 2월 27일

사랑하는 당신에게,

당신이 떠난 이후 그 어느 날보다 오늘 나는 당신을 가장 그리워했소. 나는 지쳤고, 걱정에 빠져 있으며, 답답하고, 전반적으로 불안하고, 참을 수 없다오. 아, 당신과 함께 마주 앉아서 실컷 이야기할 수 있으면 얼마나 좋겠소! 너무 일이 많소. 신경을 써야 할 일이 너무 많은데 쓸 시간이 충분치 않은 것이 그 원인이오. 그래서 오늘 우울증이 발작했고, 만사가 잘못되어가는 것 같고, 내 눈앞에서 만사가 한꺼번에 무너져버릴 것 같은 느낌이 들었소. 나는 그 느낌이 어리석고 다른 측면을 봐야 하며 만사를 감사함으로 봐야 한다는 것을 알고 있고 그래서 그렇게 하고 있소. 하지만 거의 모든 방향에서 회중이 교회 건물에 차고 넘쳐서 2월처럼 추운 달에도 사람들이 예배당 바깥에 멍석을 깔고 앉아 있지 않으면 안 되는 상황이니 누가 걱정하지 않을 수 있겠소? 교인들이 증가하는 속도만큼 빨리 교회 건물을 확장할 수 없는 무능력이 사역에서 심각한 문제가 되고 있소. 그리고 이곳에서 교회가 너무 빨리 성장하기 때문에 우리는 그것을 돌볼 수 없고 너무 많은 일이 간과되고 있소. 이 일과 그 해결책에 한 사람이 그의 모든 시간과 생각을 충분히 쏟아야 하오. 하지만 물론 그것에 더해 부산 문제, 피터즈 건,[1] 홍문수골교회 등의 문제를 다루어야 하고, 많은 사람이 보내는 편지에 답장을 해야 하며, 문제를 다루고 모종의 조치를 취해주기를 바라는 기대에 부응해야 하오.

이제 당신은 내 마음 상태가 어떤지, 왜 내가 우울해하는지 알고 있소, 여보, 그렇지 않소? 그리고 내가 왜 오늘 밤 당신을 원하는지도 알 것이오.

---

1 아펜젤러 목사가 번역하러 목포에 가다가 선박 사고로 사망했다. 그 후 그를 대신할 사람으로, 한국에서 권서로 활동하다가 시카고 맥코믹 신학교를 다닌 후 국적 문제로 필리핀 선교사로 파송되어 있던 피터즈를 한국으로 전임시키려는 노력이 전개되었다. 결국 피터즈 목사는 1904년 9월 한국에 재입국하여 경기도에서 활동하기 시작했고, 1906년부터 번역위원으로 일했다.

sick today & sent me all the keys and I had to inaugurate a new regime in that work just when I was feeling cross & tired. Kept a tight rein on myself all day and have not lost my temper once. "Little Jacky Horner, etc."

Prayer meeting last night did me good and I gave a talk from Mr. Lee—reading a letter from him. Today colporteur came in with account of inquiries all over the territory northwest—where I have wanted to get a couple of groups started.

Mr. Hunt, Mr. Swallen & Mrs. Leck are expected Saturday night. I understand Mrs. Leck may go straight home now. If so she will get off before I return from this next trip and as I start on Saturday I shall probably have no chance to talk with her other than a few moments on the road should I meet her there. If she goes on—you will doubtless know of it before she reaches San Francisco and may see her there. I must be off to bed.

With a heart full of love and oh so hungry for a sight of you and a longing for a talk with you

Your loving husband,

Sam

당신은 내 마음을 편안하게 하는 간단한 방법을 알고 있지 않소? 나는 당신이 그렇게 해주기를 바라지만 당신이 없다오. 만사가 잘 진행될 경우, 오늘부터 3개월이 지나면 당신은 그렇게 할 수 있소.

무엇보다 얼었던 것이 녹아내리는 봄이 오고 있소. 오늘은 통상적인 봄비가 내렸고, 어디나 질퍽거리는 진흙과 진창이오. 그래서 봄의 정원 꾸미기와 겨울철 채소 가꾸기를 생각하게 되오. 사랑채에 있던 김 씨가 오늘 병에 걸려서 모든 열쇠를 내게 돌려주었소. 내가 짜증이 나고 지친 바로 이때 집안일을 맡아서 운영하지 않으면 안 되게 되었소. 하루 종일 나 자신에게 단단히 고삐를 조였고, 한 번도 화를 내지 않았소. "리틀 잭 호너, 난 참 착한 아이야."[2]

어젯밤 기도회는 유익했소. 리 목사가 보낸 편지를 읽으면서 그에 대해 이야기를 했소. 오늘 북서부 구역 전체에 구도자들이 있다는 보고를 가지고 권서가 돌아왔소. 그곳은 내가 두 개의 미조직교회를 시작하고 싶었던 지역이오.

헌트 목사, 스왈른 목사, 렉 부인은 토요일 밤에 올 예정이오. 렉 부인은 바로 본국으로 갈 모양이오. 그렇게 한다면 그녀는 내가 순회 여행에서 돌아오기 전에 떠날 것이오. 내가 토요일에 출발하므로, 가는 길에 잠시 만나 이야기할 수 있을지 모르지만 따로 그녀와 이야기할 기회가 없을 듯하오. 만일 그녀가 그대로 간다면, 당신은 그녀가 샌프란시스코에 도착하기 전에 그 사실을 분명 알게 될 것이고, 거기서 그녀를 만날 수 있을 것이오. 이제 잠자리에 들어야겠소.

내 마음에 사랑과 당신을 보고 싶은 그리움과 당신과 이야기하기를 원하는 갈망을 가득 담아서,

당신을 사랑하는 남편,

샘

---

2 "Little Jack Horner"는 잘 알려진 동요의 첫 구절로 1절 전문은 다음과 같다. "Little Jack Horner/ Sat in a corner./ He was eating a Christmas pie./ He pushed his thumb into the pie,/ And pulled a plum out of the pie,/ And said, 'What a good boy am I!'" 마포삼열은 첫 구절만 썼지만 마지막 부분인 "난 참 착한 아이야!"의 뜻으로 인용한 듯하다.

Frederick S. Miller

Seoul, Korea

February 27, 1902

Dear Moffett:

The P.E.B.C.[Permanent Executive Bible Committee] met and the only thing of importance was to consult with Suh and Appenzeller about adding to [the] Board of Translators. S[uh] agreed and Ap[penzeller] did per force. [The] Com[mittee] was unanimous. [George Heber] Jones and you were elected as the two additional translators. We hope the mission[aries'] stations and Bishop concerned can arrange your work so you can serve. They elected you tho[ugh] they knew of your trip to U. S. A.

Also, notice was given by Hardie that (in order to bring [the] constitution up before the Com[mittee]) he would propose the const[itution] proposed by the B & F [British and Foreign] & N.B.S.S. at next meeting. You ought to appoint a strong sub[stitute] if you cannot be here. I wish you would always appoint a substitute to bear responsibility with me even if he has to come from Pyeng Yang.

I hope you will give careful & broad consideration to the proposition I am making to the other members of the hymn book committee, that we ask the Mission to propose to the [Presbyterian] Council that they take over one hymn book as a Council one and thus have one Presbyterian hymnal in Korea. The Canadians are talking of one for their Mission. I wrote more fully in my letter to Mrs. Baird.

Yours,

F. S. Miller

프레더릭 S. 밀러

한국, 서울

1902년 2월 27일

마포삼열에게,

상임성서실행위원회가 모였습니다. 중요한 단 한 가지 일은, 번역위원회 위원을 추가로 선정하는 문제로 서[상륜]과 아펜젤러와 상의하는 것이었습니다. 서 씨는 동의했고 아펜젤러는 어쩔 수 없이 동의했습니다. 위원회는 만장일치로 의결했습니다. 존스와 귀하가 추가로 2명의 성서 번역위원으로 선출되었습니다. 우리는 선교지회들과 관련 감독이 귀하의 사역을 조정해서 귀하가 번역위원으로 봉사할 수 있기를 희망합니다. 그들은 귀하의 미국 여행을 알면서도 귀하를 선출했습니다.

또한 하디는 영국 성서공회와 스코틀랜드 성서공회가 제안한 정관을 다음 실행위원회 회의에서 토론하기 위해 제안할 것이라고 통보했습니다. 귀하가 이곳에 참석할 수 없을 경우 강력한 대리인을 지명해야 합니다. 비록 그 대리인이 평양에서 와야 한다고 하더라도, 귀하가 항상 나와 함께 책임을 질 수 있는 사람을 임명하기를 바랍니다.

나는 찬송가위원회의 다른 위원들에게 내가 올린 제안에 대해 귀하가 꼼꼼하고 폭넓게 검토해주기를 바랍니다. 그 제안은 장로회공의회가 하나의 공의회로서 한 찬송가를 선택해서 한국에서 하나의 장로회 찬송가를 가질 것을, 우리가 선교회에 제안하도록 요청하는 것입니다. 캐나다인들은 그들의 선교회에 하나의 찬송가에 대해 이야기하고 있습니다. 나는 베어드 목사에게 보내는 서신에서 좀 더 자세하게 쓰겠습니다.

F. S. 밀러 드림

Samuel A. Moffett

Pyeng Yang, Korea

February 28, 1902

Alice My Dearest:

I feel somewhat better than I did yesterday & last night although still rather restless & impatient, but not so blue. Academy classes this morning and officers meeting this afternoon were the main order of the day, with figuring up accounts so as to leave all things in shape when I start for the country.

It is the hardest kind of a thing to keep clear track of finances here and I am sure I do not know just where I stand. I'll have enough to get home on and enough to take us to Madison at any rate and we will manage to get back here some way or other—and perhaps I'll find myself way ahead after all when I find out my bank balance and what bills I have to meet. Carrying as many accounts—Books, Bibles, Building fund, Helper fund, Home Mission fund & accounts with everybody & bills from New York coming in so irregularly—it is difficult to know just where I stand and as you know, about this time each year, the uncertainty is always great. However, I doubt not I have enough & to spare if all accounts were made up. Have ordered about 4 or 5 hundred yen worth of books from Shanghai & Seoul, for I must keep that stock up while I am away.

Had a good meeting with the officers today and talked over plans for raising enough money next fall for 3 assistant pastors. I hope to get them—Kim [Chong-sŏp], Kil [Sŏn-ju] & another, for they are greatly needed.

Heard good news from An Ju today. The group is growing and they have raised 150 nyang as a start towards providing a church. That is a great deal better than buying one for them. Mr. Blair has been working over plans. Mr. Hunt & Dr. Sharrocks both objected to certain features in

마포삼열

한국, 평양

1902년 2월 28일

사랑하는 앨리스에게,

나는 아직도 초조하고 짜증이 나지만 어제보다 다소 좋아진 느낌이요. 하지만 그렇게 우울하지는 않소. 오늘 아침에는 중학교 수업, 오후에는 교회 직원 회의가 주요 일과였소. 내가 미국으로 떠날 때 모든 일이 정상 상태에 있게 해두려고 계좌도 정리했소.

이곳에서 재정을 정확하게 기록하는 것은 가장 어려운 일이오. 나는 현재 내 재정 상태가 어떤지 스스로가 모른다고 확신하오. 나는 본국에 돌아갈 돈과 아무튼 우리가 매디슨까지 갈 충분한 돈을 가질 것이고 우리가 여기로 돌아올 방도도 어떻게든 마련할 것이오. 그리고 내 은행 잔고를 확인하고 지불해야 할 청구서를 찾으려면 아마도 시간이 모자랄 것이오. 여러 개의 계좌를 사용하기 때문에, 곧 서적, 성경, 건축 기금, 조사 기금, 국내 전도회 기금이 있고, 모든 선교사와의 공동 계좌와 뉴욕으로부터의 청구서 등이 매우 비정기적으로 오기 때문에, 현재 내 재정 상태를 정확하게 아는 것이 어렵소. 그리고 당신도 알다시피 매년 이때에는 항상 불확실성이 높소. 하지만 내가 가지고 있는 모든 계좌를 정리하면 내가 쓸 수 있는 돈은 충분히 가지고 있음을 의심치 않소. 나는 상하이와 서울에 400-500엔 상당의 책을 주문했소.[1] 내가 없는 동안 사용하려면 그 정도의 재고를 유지해야 하기 때문이오.

오늘 교회 직원들과 의미 있는 회의를 했고, 올가을 3명의 조사를 위한 충분한 돈을 모금할 계획에 대해 이야기했소. 나는 김[종섭]과 길[선주]와 다른 한 사람을 쓰기 원하는데 그들이 아주 필요하기 때문이오.

오늘 안주로부터 좋은 소식을 들었소. 미조직교회가 성장하고 있고 예배당을 마련하기 위한 첫 연보로 150냥을 모았다고 하오. 그것은 예배당을 사

1 전도용으로 판매하던 소책자와 기독교 서적이다.

his plan and he is bothering over that.

What a day we have had. It rained this morning until about 12 o'clock when it turned to snow & rain mixed gradually getting colder until about 5 o'clock a heavy snow storm set in and now there is about three inches of snow on the ground. What awful roads we will have for our traveling. Miss Best & Miss Howell expected to go 60 li today from Han Chun to Pouk Cheng in Soon An—and Mr. Hunt, Mr. Swallen & Mrs. Leck are on the road. There is a great deal of sickness among the Koreans and among the foreigners the grip still makes its presence known, Mrs. Noble & Miss Estey being the latest victims. The M. E. have a Miss Miller in Chemulpo & now another is coming to P. Y. This makes five Millers in Korea in the Missions and I know not how many in the mines, etc.

I close with the thought that is uppermost in my mind all the day long—I want to see you—I am oh, so hungry for you. I have stood it pretty well for two months, but I know one thing. I don't make many more plans to have you in one part of the world & me in another. The next time there is need for one of us to move out, the other is going along. This was the only thing to do this time but we will see to it that such a combination does not come again.

By the way, Mr. Baird says to send his watch by Mr. Bostwick if he will kindly bring it and place it in charge of Miss Doty in Seoul. I am in a quandary about those fire sets. I suppose I'll take them to America with me—but suppose I have to pay duty on them? Have already paid freight, duty, etc. here and if we have to pay it there again, am afraid we will be about as bad off as if we had kept them. However, back they go with Buddha, etc.

My love to father & mother—kind regards to all friends & my best wishes to everybody who does anything for you. With all my love to you, dearest

Your own,

주는 것보다 좋은 일이요. 블레어 목사가 건축 설계도들을 놓고 작업을 해왔소. 헌트 목사와 샤록스 의사가 그의 설계도에서 몇 가지 특징에 대해 반대했기 때문에 블레어는 고심하고 있소.

오늘은 정말 이상한 날이었소. 아침에 비가 내리더니 12시까지 계속 내렸고, 그때부터 진눈깨비로 바뀌어 눈과 비가 섞여서 오더니, 점차 추워지면서 5시경에 폭설이 몰아쳤고, 지금 땅에는 약 3인치의 눈이 쌓였소. 우리가 여행을 하기에 고약한 길이 될 것이오. 베스트 양과 하웰 양은 오늘 한천에서 순안에 있는 북청까지 60리를 갈 예정이고, 헌트 목사와 스왈른 목사와 렉 부인은 내려오는 길이오. 한국인 중 많은 사람이 병에 걸려 있고, 외국인들 사이에는 아직 유행성 독감이 남아 있소. 노블 부인과 에스티 양이 최근에 유행성 독감의 피해자가 되었소. 북감리회는 제물포에 [룰라] 밀러 양을 배치했으며, 다른 여성 선교사 한 명은 현재 평양으로 오는 중이오. 그러면 이제 한국 선교회에는 밀러라는 이름을 가진 선교사가 5명이 되는 셈이오.[2] 광산 지역과 그 밖의 다른 지역에 밀러가 몇 명이나 더 있는지는 모르겠소.

나는 온종일 내 마음을 사로잡고 있던 생각으로 편지를 마치려고 하오. 나는 당신을 보기를 원하오. 아, 나는 당신을 너무나 갈망하오. 나는 지난 두 달간 잘 버텨왔소. 그러나 한 가지를 알고 있소. 나는 당신을 지구 반대편에 두고 내가 또 다른 편에 떨어져 있는 계획은 더 이상 세우지 않을 것이요. 다음에 우리 둘 중 누가 건너갈 필요가 있으면 다른 쪽도 함께 갈 것이오. 이처럼 헤어져 있는 것은 이번이 마지막이오. 다시는 이런 엇갈리는 일이 일어나지 않도록 합시다.

그런데 베어드 목사가 그의 손목시계를 보스윅 씨 편으로 보낸다고 하오.[3] 그가 안전하게 가져와서 서울의 도티 양에게 맡길 것이오. 난로용 철물

---

2 1902년에 한국에 있던 밀러는 Frederick S. Miller 목사 부부(1892), Hugh Miller 영국 성서공회 부총무(1899), Edward H. Miller 목사(1901), Lula A. Miller 양(1901)이다. ( ) 안은 내한 연도다.

3 미국인 보스윅(Harry R. Bostwick 寶時旭, 1870-1931)은 디트로이트에서 태어나 캘리포니아에서 철도 건설 교육을 받았다. 콜브런(Henry Collbran, 1850-1920)과 함께 서울에 개발 회사(Collbran & Bostwick Development Co.)를 세우고 알렌의 소개로 고종으로부터 제물포-서울 철도 부설(1897), 한성전기회사(1898)를 통한 서울의 전기와 전차 부설권, 대한수도회사(1898)를 통한 서울의 상수도 사업, 운산광산 채

Sambo

은 어떻게 할지 난감하오. 내가 미국에 갈 때 가져갈 생각이지만 관세를 물어야 할지도 모르겠소. 이곳에서 이미 운송료와 관세 등을 다 냈는데, 만일 그곳에서 통관세를 다시 내야 한다면 우리가 그것을 사용했을 때와 마찬가지로 주머니 사정은 더 나빠질 것이오.

장인, 장모님께 내 사랑을 전해주시오. 모든 친구에게 안부를 전하고, 당신을 위해 무엇이든지 해주는 모든 이에게도 인사를 전해주시오. 당신에게 내 모든 사랑을 전하오.

당신의,

삼보

굴(1898), 경부선 철도 부설(1898), 보스트윅 은행 설립(1899) 등의 사업권을 획득했다. 한성판윤 이채윤의 협조로 설립된 한성전기회사는 1899년 5월에 서대문-청량리 구간의 전차를 개통했다. 정부는 1902년 그를 대한 명예영사로 임명하여 샌프란시스코 한인 교민들을 돌보도록 했다(『梅泉野錄』 제3권, 光武 6년[1902] 壬寅).

Samuel A. Moffett

Pyeng Yang, Korea

March 1, 1902

My Dearest:

We are off today for a 25-days trip. The courier will meet us twice with letters from you. This will be my last trip & then only about 3 weeks before I start for home.

Six inches of snow on the ground this morning and a bright day.

All my love to you this morning. Oh how glad I will be when these trips are over without you to say good bye to as I go and to welcome me as I return.

A message of love to you all realizing more & more each day how much I love you.

Your own,

Sambo

마포삼열

한국, 평양

1902년 3월 1일

사랑하는 당신에게,

우리는 오늘 25일간 순회 여행을 떠나오. 파발이 두 번 정도 당신이 보낸 편지를 가지고 만나러 올 것이오. 이것은 내가 본국으로 출발하기 전 마지막 여행이 될 것이고 다녀와서 3주 후에 집으로 출발할 것이오.

오늘 아침 땅에 6인치의 눈이 쌓여 있고 맑은 날씨라오.

당신에게 내 모든 사랑을 보내오. 오, 이 여행이 끝나면 얼마나 기쁠지! 비록 오늘 아침 "잘 다녀 오세요"라고 말하고, 돌아오면 나를 반길 당신이 없지만 말이오.

매일 더욱더 내가 당신을 얼마나 많이 사랑하는지 깨달으며, 사랑의 편지를 보내오.

당신의,

삼보

Frederick S. Miller

Seoul, Korea

March 2, 1902

Dear Moffett:

First and foremost, we are expecting you to spend all the time you can with us when you are on your way to U. S. A.

Received your [letter] re Bible Committee affairs. I think you should appoint a substitute when you cannot attend so as not to put all responsibility on one man.

The constitution will come up next time & I shall move to amend the VII paragraph as you suggest, except I think it ought to read: "with the resident agent or agents," as putting agent in the singular shuts out the A.B.S. [American Bible Society], if they are thinking of an agent here. I hope they do not send one, though. I do not think they will from a letter Mr. Loomis wrote me. Also, after "shall act as an executive committee," there ought to be some designation of the work of which they are an ex. com. [It] would then read as follows: "This committee shall stand in an advisory relation to the British Society on all matters relating to Bible work in Korea and shall act as an executive committee on Bible work in connection with the resident agent or agents of the Bible Societies. All cases of disagreement between the committee and the agent or agents, etc."

Let me know just what you frankly think of my suggestions. I shall be satisfied with anything that satisfies you.

I think we ought to put Article III, section 4 back in again, as Mr. Ritson says all or none—and all is an impossibility. It might read: "Members of the Board of Translators shall not be eliminated from membership on this committee unless all serve as members."

I feel encouraged to think that we and the [Bible] Society are drawing together on this matter.

프레더릭 S. 밀러

한국, 서울

1902년 3월 2일

마포삼열에게,

우리는 무엇보다도 귀하가 미국으로 가는 도중에 우리와 함께할 수 있는 모든 시간을 같이 보내기를 기대합니다.

성서위원회 일에 대한 귀하의 서신을 받았습니다. 나는 귀하가 참석할 수 없을 때에는 다른 한 사람에게 모든 책임이 지워지지 않도록 대리인을 임명해야 한다고 생각합니다.

정관은 다음 회의 때 논의될 것이며, 나는 다음 내용을 제외하고는 귀하가 제안한 대로 제7항의 수정에 동의할 것입니다. 즉 나는 그것이 "주재 총무나 총무들과 함께"라고 써야 한다고 생각하는데, 이 항에서 단수의 총무를 생각하고 여기에 단수 총무라고 쓰면 미국 성서공회를 제외하게 되기 때문입니다. 하지만 나는 그들이 총무를 파송하지 않기를 희망합니다. 루미스 목사가 내게 보낸 서신을 고려해볼 때 그들이 그렇게 하지는 않을 것이라고 생각합니다. 또한 "실행위원회로 활동할 것이다"라는 구절 뒤에 그들이 실행위원회가 되는 사역을 명시해야 할 것입니다. 그러면 다음과 같이 될 것입니다. "본 위원회는 한국에서의 성서 사업과 관련된 모든 사안에 대해 영국 성서공회와 자문 관계에 있으며, 성서공회들의 주재 총무나 총무들과 함께 성서 사업에 대해 실행위원회로 활동할 것이다. 동 위원회와 총무 또는 총무들 사이에 의견이 일치하지 않는 모든 경우에는 등등."

이 제안에 대해 귀하가 솔직하게 어떻게 생각하는지 알려주십시오. 귀하가 만족한다면 나도 만족할 것입니다.

나는 우리가 3조 4항을 다시 넣어야 한다고 생각하는데, [영국 성서공회의 총무] 릿슨 씨가 전부가 아니면 무라고 말하기 때문입니다. 그러나 전부는 불가능합니다. 따라서 다음과 같이 할 수 있을 것입니다. "성서번역자회의 위원들은 모든 위원이 실행위원회의 위원으로 활동하지 않는 한, 그 위원회

Yours,

F. S. Miller

에서 탈락시켜서는 안 된다."

나는 우리와 성서공회가 이 문제에 대해 서로 의견이 근접하고 있다고 생각하니 고무됩니다.

F. S. 밀러 드림

Samuel A. Moffett

Soon An, Korea

March 3, 1902

Alice My Dearest:

Mr. Blair & I had a great walk over muddy roads on Saturday, arriving here at sunset. We met Mr. Hunt & Mr. Swallen & Mrs. Leck on the road a good way out. They had had a hard trip and would probably reach Pyeng Yang not much before 9 o'clock that night. The roads are simply dreadful.

We had a good day here yesterday. Nearly 200 people gathered and I received 36 catechumens and baptized 2 infants. This church is not strong altho there are large numbers. There are many hopeful features but they need more oversight & direction & more teaching. So much to be thankful for and yet so much needing to be done.

Kim Too Yung came to see me and was present at both services. I still have great hope of his repentance. We go from here to Pouk Chang for a class, staying there until next Sabbath.

It is nice to have Mr. Blair along and he is a great help in the singing. The women here all ask for you and were delighted to hear that you are better. They want you to come out when you get back.

Yesterday among the attendants was a man who came for the first time bringing his 20-year-old son who a few days ago "went crazy"—was taken possession of by a "tok gabi" [evil spirit]. The father left the son here to be with the Christians for several days and they have begun to work with him—teaching him the truth, praying for him and seeking to lead him to faith in Jesus Christ. There have been so many such people relieved and brought to their right minds in this way—that, explain it as any one will, the fact remains that through faith the relief has come. Whether by direct act of God or the indirect influence upon the mind, the result is the same and the cure comes in answer to the prayer of faith.

마포삼열

한국, 순안

1902년 3월 3일

사랑하는 당신에게,

블레어 목사와 나는 토요일에 진흙탕 길을 열심히 걸어서 이곳[순안]에 해 질 녘에 도착했소. 우리는 헌트 목사, 스왈른 목사, 렉 부인을 한참 올라온 길에서 만났소. 그들은 힘들게 여행을 했고 평양에 그날 밤 9시 전에는 도착하기 어려웠을 것이오. 도로 사정이 너무 엉망이기 때문이오.

우리는 어제 [주일] 이곳에서 즐거운 날을 보냈소. 거의 200명의 사람이 모였고, 나는 36명의 학습교인을 등록시키고 2명의 유아에게 세례를 주었소. 이 교회는 교인 수가 많지만 강하지 않소. 희망적인 특징이 많이 있지만 더 많은 감독과 지도와 가르침이 필요하오. 그래서 이미 이루어진 일에 깊이 감사하지만 더 많은 일을 할 필요가 있소.

김두영이 나를 보러 왔고 두 번의 예배에 참석했소.[1] 나는 그가 회개하리라는 큰 희망을 품고 있소. 우리 일행은 사경회를 열기 위해 북창(北倉)으로 갈 것이오. 거기서 다음 주일까지 머무를 예정이오.

블레어 목사와 함께 오게 되어 좋소. 그는 찬양할 때 큰 도움이 된다오. 이곳 여자들은 모두 당신 안부를 묻고 당신이 호전되었다는 말을 듣고 기뻐했소. 그들은 당신이 돌아오면 이곳으로 오기를 원하고 있소.

어제 참석한 사람들 중 처음 온 남자가 있었는데, 그는 며칠 전에 "도깨비"에 홀려서 "미쳐버린" 20세 된 아들을 데리고 왔소. 그 부친은 아들을 여러 날 동안 기독교인들과 지내도록 이곳에 맡겨놓고 돌아갔으며, 교인들은 그를 놓고 일하기 시작했소. 그들은 그가 예수 그리스도에 대한 믿음을 가지도록 인도하려고 그에게 진리를 가르치고 그를 위해 기도하고 있소. 이런 방법을 통해 놓임을 받고 제정신으로 돌아온 사람이 많다오. 이를 설명하자면

---

1 김두영은 마포삼열의 조사였으나 어떤 잘못으로 치리를 받아 출교를 당했다.

We have just finished breakfast and are now ready to start off for our 30 li walk. This goes by Korean mail and may not reach you for a long time–as I believe the last letter I mailed here took 8 days to reach Pyeng Yang–only 50 li.

With all my love dearest, realizing that when this trip is over I shall have but a short time before starting on the road to you. The thought of it makes me impatient to go. Pray for this work that it may be strengthened and that this people may be built up into a strong Christian church.

Lovingly yours,

Sam

믿음을 통해서 놓임이 왔다는 사실이오. 하나님의 직접적인 행위에 의해서든 정신에 대한 간접적인 영향에 의해서든 결과는 동일하며, 치유는 믿음의 기도에 대한 응답으로 오는 것이오.[2]

우리는 방금 아침 식사를 끝냈고 이제 30리 길을 걸어가기 위해 막 떠나려고 하오. 이 편지는 한국 우편으로 가기 때문에 당신에게 도착하려면 긴 시간이 걸릴지도 모르오. 이곳에서 지난번에 보낸 편지가 겨우 50리 떨어진 평양까지 가는 데 8일이 걸렸다오.

당신에게 내 모든 사랑을 보내오. 이 여행이 끝나면 당신에게로 가는 여정을 출발하기까지 얼마 남지 않았다는 것을 깨닫소. 그 생각을 하니 가고 싶어 안달이 나오. 여기 사역이 강력해지고 이 사람들이 강한 기독교회로 세워지도록 기도해주시오.

사랑하는 당신의,

샘

2 귀신 들림과 믿음의 기도에 의한 축귀와 치유는 1900년경부터 광범위하게 시행되었으며 대부흥 운동 기간에 크게 증가했다.

Samuel A. Moffett

Soon An Pouk Chang

March 4, 1902

My own Dearest:

Every day's experiences make me long so much the more for a long heart to heart talk with you. It is a joy to be in the work but oh: how much I miss the inspiration which comes from sharing it all with you. If I could just look forward to having your loving greeting when I get back to P.Y.!

After a visit to Soon An Sa Chon where I had a good talk with the excommunicated Helper & suspended leader and a visit to another village where 6 or 8 meet each Sabbath we reached here about 4 o'clock yesterday afternoon tired & hungry—after wading through snow under us and above us & all around us. We found a goodly number already assembled and today began the class with over 60 here, some 15 of them being women. All has started well and there is great encouragement in the work. The women here as elsewhere all ask for you and it does them & me good to tell them how much better you are. Will have over 20 to examine for baptism here beside others from neighboring churches.

How simple the faith of this people and how great the joy they have received through believing. It does me good to see the way these women are growing and getting a real hold on the truth so that they enjoy the services and are found faithfully attending through storm or through cold—even when the only one in their neighborhood.

March 5, 1902

Once again dearest I get a little chance for a talk with you. Was

마포삼열

한국, 순안 북창

1902년 3월 4일

사랑하는 당신에게,

매일의 경험이 나로 하여금 당신과 가슴에서 가슴으로 나누는 긴 대화를 더욱더 간절히 바라게 만드오. 사역을 하고 있는 것은 기쁨이지만, 사역의 모든 것을 당신과 나눌 때 오는 영감을 내가 얼마나 사모하는지! 내가 평양으로 돌아갔을 때 당신의 사랑 어린 환영을 받을 수 있다면 얼마나 좋겠소!

순안 사천을 방문하여 출교를 당한 조사와 자격 정지를 당한 영수와 좋은 대화를 나눈 후 매 주일 6-8명이 모이는 다른 한 마을을 심방했소. 우리는 이곳 북창에 어제 오후 4시에 도착했는데, 발아래나 얼굴 위나 사방에 있는 눈을 헤치고 오느라 지치고 배가 고팠소. 꽤 많은 사람이 이미 모여 있었고, 오늘 이곳에서 60명 이상이 참석한 가운데 사경회를 시작했소. 그중 15명 정도는 여성이라오. 모든 일이 잘 시작되었고 사역은 매우 고무적이오. 이곳 여자들도 다른 곳과 마찬가지로 모두 당신의 안부를 물었고, 당신이 한결 호전되었다고 말할 수 있어서 그들과 내게 유익했소. 주변 교회에서 오는 자들 외에 이곳 교인 중 20명 이상이 세례 문답을 받을 것이오.

이 사람들의 믿음은 얼마나 단순하고, 그들은 믿음을 통해 얼마나 큰 기쁨을 받았는지! 이 여자들이 성장하고 진정으로 진리를 붙잡아서, 비록 그 교회가 주변에서 유일하지만, 그들이 즐거이 예배를 드리고 눈이 오나 추우나 신실하게 예배에 참석하는 것을 보는 일은 내게도 정말 유익하오.

1902년 3월 5일

여보, 다시 한번 당신과 이야기하려고 잠시 짬을 냈소. 어젯밤에는 편지가 중단되었고, 오늘은 사경회 수업과 세례 문답으로 하루가 채워졌소. 오늘 오후

interrupted last night and today has been full–all the time–with class work & examinations. This afternoon just before class I was made glad by the arrival of the colporteur from P. Y. bringing your letter of Jan'y 20th. Oh how much good it does me to get the good news of your restoration to health and to know you have gotten along so well. Yes indeed! we are repaid for the long journey and for all the trial involved in the separation. How thankful I am you went home and how thankful for the good results. Now then [is the time] for real good care of yourself and building up in health. Perhaps the great blessing we long for may yet be granted us in the future sometime. My own dearest–put yourself in the way of gaining as robust health as possible.

Your letter reaches me too late to send you the information you want for last of March but some of your requests have been anticipated in previous letters for I have been giving you items of the work from time to time. From the date of your last letter 20th Jan'y on up to the present my letters should reach you regularly by every steamer and by this time you ought to have letters from me up to about 1st of Feb'y. How I have enjoyed your letter today and how it has warmed my heart–about the only thing about me, by the way, that is warm. Mr. Blair & I have been freezing in a little 8 x 8 room which we cannot get warm–the wind blowing so that the fire does not heat it and as it had not been heated for a year it takes time to get the cold walls heated through. It turned cold again the day we reached here and a cold wind has been blowing. We are having a fine class and it is a delight to see how these people hang on my words as I preach to them in the afternoon. Am giving them lessons from life of Christ in the mornings and sermons from Acts in the afternoons. The rest of the day is put in in preparation and in examinations and in talks with Mr. Blair. Mr. Blair says to send you his regards, to tell you we are having a good time and that he is taking good care of me (he runs the culinary dep't.)

Now, dearest, I just long for a good chat with you. When you write

사경회 직전에 평양에서 온 권서가 당신의 1월 20일 자 편지를 가지고 와서 무척 기뻤소. 오, 당신의 건강이 회복되었다는 좋은 소식을 듣고 당신이 건강하게 잘 지낸다는 사실을 아는 것이 내게 얼마나 큰 유익을 주는지! 정말 그렇소! 우리가 우리의 긴 여행에 대해, 또한 헤어져 있는 데 따른 모든 시련에 대해 보상을 받고 있는 셈이오. 이제 당신 자신을 정말로 잘 돌보고 건강을 증진할 때라오. 아마 우리가 바라는 가장 큰 복은 가까운 미래에 주어질 것이오. 사랑하는 여보, 최대한 원기 왕성한 건강을 얻도록 노력하시오.

당신의 편지가 너무 늦게 도착해서 3월 말까지 당신이 원하는 정보를 보내줄 수 없소. 그러나 당신에게 내 계획을 알려준 이전 편지들을 보면 당신이 원하는 정보 중 몇 개는 이미 있을 것이오. 당신의 최근 편지 날짜인 1월 20일부터 현재까지 내 편지가 매 기선을 통해 정기적으로 당신에게 도착할 것이오. 지금쯤이면 당신은 대략 2월 1일 자 편지까지 받았을 것이오. 오늘 당신의 편지를 얼마나 기쁘게 읽었는지! 그것이 얼마나 내 마음을 따뜻하게 했는지! 내게는 그 편지가 유일하게 따뜻하다오. 블레어 목사와 나는 사방 8자 크기의 작은 방에서 온몸이 얼어붙었는데, 우리는 방을 따뜻하게 만들 수가 없었소. 바람이 심하게 불어서 군불을 지피지 못했다오. 1년간 불을 피우지 않은 그 방의 찬 바닥 전체를 따뜻하게 데우기까지 오랜 시간이 걸렸소. 우리가 이곳에 도착한 날 날씨가 다시 추워졌고 찬바람이 불고 있소. 우리는 훌륭한 사경회를 하고 있으며, 오후에 내가 설교할 때 이 사람들이 내 말을 얼마나 진지하게 듣는지, 그것을 보는 일은 즐겁소. 나는 오전에 그리스도의 생애를 가르치고 오후에는 사도행전을 본문으로 여러 번 설교를 했소. 나머지 시간에는 세례 문답을 준비해서 실행하고 블레어 목사와 이야기하면서 보냈소. 블레어 목사가 당신에게 안부를 전하면서 우리가 잘 지내고 있으며 그가 나를 잘 보살피고 있다고(그가 요리를 담당한다오) 말해달라고 하오.

여보, 이제 난 그저 당신과 마주 보며 이야기를 나누고 싶소. 당신이 나를 갈망하고 있다고 쓴 편지를 읽으니, 아, 더욱더 당신과 함께 있고 싶은 열망이 솟구치오. 하지만 당신이 나를 갈망하고 당신의 삶이 나 없이는 완전하지 않다는 사실을 아는 것이 정말 기쁘다오. 나는 우리의 사랑에 대해 매일

that you are hungry for me it just makes me oh so much the more eager to join you and yet I am so glad to have you hungry for me and to know that your life is not full without me. I am daily more & more thankful for our love and all it means every day & every hour.

A message of love to your dear father & mother who are enjoying you these days. With all my love to you.

Yours Lovingly,

Sam

더욱더 감사하며, 이 모든 것이 매일 매 순간 의미 있게 느껴지오.

요즘 당신과 함께 있음을 즐기실 장인, 장모님께 내 사랑의 안부를 전해 주시오. 내 모든 사랑을 당신에게 보내오.

당신의 사랑하는,

샘

Frederick S. Miller

Seoul, Korea

March 4, 1902

Dear Moffett:

That dig was only a sly remark that you feared to suggest our coming to Pyeng Yang lest you would be accused of trying to "sneak a Snook." You seem to have gotten an idea that I am hyper-sensitive & took offence at something you said or thought you folks were not "a lot of fellows wanting to take advantage of no one." I am not half as sensitive or suspicious as I may have appeared to be under the excitement of the Annual Meeting. I said a good many things I ought not to have said because I felt that you folks were not able to appreciate the situation in Seoul, that you misunderstood Dr. Avison & his plans, that you were too much of one mind to be helpful to each other in keeping each other from going to extremes, that we all fall into the habit of looking mission matters among ourselves before Annual Meeting & thus do away with all advantage of free discussion before decision. I felt also that there was not a man among you except your physicians who knew enough about medical work to sympathize with the physicians in their difficult & discouraging position. I felt too that you are too inclined to say–what is true up to a certain limit & utterly false beyond that limit, that "the greatest need of reinforcements is where the greatest harvest is already white." And so deplete stations that have a large territory to cover with no magnificent native help in covering it.

I do not feel & have never felt discouraged about our Seoul work. I know that all that is required of us is that we be faithful. I do not in the least envy my brethren their glorious results. I may honestly say I would not trade unless I knew the work I have been given is being as well or better looked after than if I had care of it for I know that my work is as important or perhaps more so than if I had a large native constituency to

프레데릭 S. 밀러

한국, 서울

1902년 3월 4일

친애하는 마포삼열에게,

그 빈정거리는 말[1]은 귀하가 "경멸하려고" 시도했다는 비난을 받지 않기 위해 우리의 평양행을 제안하기를 두려워했다는 교묘한 발언에 불과했습니다. 귀하는 내가 귀하가 말한 어떤 것에 지나치게 예민하여 모욕을 당했다고 생각한다고 여기신 것 같습니다. 또한 내가 여러분들이 "다른 사람의 약점을 이용하고 싶어 하는 많은 사람들"이라고 생각했다고 간주하신 것 같습니다. 나는 전혀 예민하지 않고 연례 회의의 흥분된 분위기에 영향을 받은 것처럼 보였다고 의심을 살 일도 결코 없습니다. 나는 말하지 말았어야 하는 많은 것을 말했습니다. 왜냐하면 여러분들은 서울의 상황을 제대로 인식할 수 없고, 귀하는 에비슨 의사와 그의 계획을 오해했기 때문입니다. 또한 귀하는 서로가 극단적인 방향으로 치닫지 않도록 서로가 도움이 되어야 한다는 한 가지 생각에 너무 사로잡혀 있었습니다. 나는 우리 모두가 연례 회의 전에 선교회 문제를 우리끼리 들여다보는 습관에 너무 빠져 있어서, 결정하기 전에 자유롭게 토론하는 모든 장점을 제거하고 있다고 느꼈습니다. 또한 나는 여러분 중 어렵고 낙담할 만한 처지에 있는 의사들과 공감할 수 있는 사람은 의료 사업에 대해 충분히 알고 있는 그곳 의사들 외에는 없다고 느꼈습니다. "인원 보강이 가장 필요한 곳은 이미 희어져 가장 크게 추수할 곳이다"라는 말을 귀하는 너무 하고 싶어합니다. 하지만 이 말은 일정 한계까지만 진실이고 그 한계를 넘으면 거짓입니다. 그래서 나는 귀하가 본토인들의 고귀한 도움 없이 감당해야 할 넓은 영토를 가지고 있는 선교지부들을 인원 부족에 허덕이게 만든다고 생각합니다.

나는 우리의 서울 사역에 대해 결코 낙담한 적이 없으며 지금도 그렇습

1 "밀러라는 사람에게 무엇이 문제인지를 모르겠다"고 마포삼열 목사가 말한 듯하다.

commit it to and to rely upon. We are laying most interesting foundations in the south of Seoul among a people who have souls & therefore need salvation as much as those in the north and need us more from the mere fact that they are far harder to reach. And I think we have reached the time in Korea to throw our forces more into the places where the harvest needs attention to make it whiter. A white harvest of souls helps very largely in harvesting itself. One not white needs all attention to whiten it & is helpless.

I fear you are inclined to go too far in your plea for white harvests. It is good to a certain limit and I think that is reached in Pyeng Yang though if I knew more of your work I would not think so perhaps. Oh, well, hang it all, as you would say (or if you did not, I would), ----- all right.

I have consulted several members of this station & find they feel as you do about the Sidebotham house. So, I shall so write him.

About hymn books, we shall send you 1,000 as soon as we can get that many & then 4,000 more as fast as we can. You will pay for them if possible in, say, four installments as we need money for new editions (large & notes). The price is wholesale .09 sen, retail 20 cents Korean or one yang your money. We can't go below or above that no matter who loses. We lose at 9 cents Japanese, as they cost $13.00 more than that on this edition. We ought to charge 10 cents. Cost is now nearly 2 to 1 & so we must charge 5 yang. Supplements cost 3 sen each & sell from 5 cents Korean (25 pun—your money I think)

I hope price of books will suit you, though. I am sorry the Committee has to lose that $13.00.

I am glad you have such good reports from Mrs. Moffett. Give her & her parents our love when you write.

Mrs. Miller had an operation performed on the 4th and as yet we do not know how successful it is. She had three little protuberances out from lower part of the bowel which Dr. Avison thinks may be what [was the] cause of trouble. She will be in bed for a while. She is comfortable

니다. 우리에게 요구되는 것은 다만 우리의 신실성임을 나는 알고 있습니다. 나는 형제들의 영광스러운 결과를 조금도 부러워하지 않습니다. 내게 주어진 사역이 내가 관리했을 때만큼, 혹은 더 잘 관리될 것임을 알지 못했다면 나는 사역지를 바꾸지 않았을 것이라고 정직하게 말할 수 있습니다.[2] 왜냐하면 나는 현재 내 사역이 내가 지속적으로 헌신하고 의지하는 많은 본토인 교인을 가지고 있을 때만큼 중요하거나 그보다 더 중요하다는 사실을 알기 때문입니다. 서울 남쪽 지역에 있는 사람들은 북쪽 지역의 사람들과 마찬가지로 영혼을 지녔기에 구원이 필요합니다. 따라서 우리는 그들 가운데 흥미로운 기초를 놓고 있습니다. 그들에게 접근하기 어렵다는 단순한 사실로 인해 그들은 더욱 우리가 필요합니다. 그리고 나는 이제 한국에서 추수할 곡식을 더 무르익게 만들기 위해 관심이 필요한 지역에 우리의 인원을 더 투입해야 할 때가 되었다고 생각합니다. 희게 무르익은 영혼은 추수하기가 쉽습니다. 그러나 희게 무르익지 않은 곳은 희어지게 만들기 위해 모든 관심을 기울여야 하며 그렇지 않으면 소망이 없습니다.

나는 귀하가 무르익은 논의 추수를 위한 탄원서에서 너무 멀리 가는 경향이 있다고 생각합니다. 일정 한계까지는 괜찮습니다. 나는 평양에서 그 한계에 도달했다고 봅니다. 만일 내가 귀하의 사역에 대해 좀 더 안다면 그렇게 생각하지 않겠지요. "아, 저런, 속상하군요"라고 귀하가 말하겠지만 말입니다(귀하가 말하지 않는다면, 제가 말할 것입니다). 어느 쪽이든 괜찮습니다.

나는 이 선교지부의 여러 회원과 상의했고 귀하가 사이드보텀 사택에 대해 한 일과 관련해서 그들이 생각하는 것을 알게 됐습니다. 그래서 나는 그렇게 그에게 서신을 보낼 것입니다.

찬송가에 대해 말하면, 우리는 1,000권 정도를 확보하자마자 귀하에게 발송할 예정이며, 이어서 최대한 빨리 4,000권을 추가로 보내겠습니다. 우리는 (크고 설명이 붙어 있는) 새로운 판본을 위한 자금이 필요하므로 가능하다면

2 밀러(Frederick S. Miller 閔老雅, 1866~1937) 목사는 1892년 내한하여 서울에서 사역하다가 1900년에 김흥경(金興京) 조사와 함께 청주시장에 들러 노방전도를 시작했고, 선교지부를 개설하기 위해 1904년에 가족과 함께 청주로 이주했다.

except for eczema caused by iodoform (as it always affects her). We forgot about the affect of it at time of operation. I hope & pray she may get well & strong now. She will be confined in two months and needs more strength before that time. May we have as heretofore the prayers of our Pyeng Yang brothers and sisters for her.

I shall write Sidebotham about his house right away.

I hope I have answered all your inquiries & set your mind and conscience entirely at rest about that dig. Please don't think me so awfully sensitive & suspicious. I am not.

Yours,

F. S. Miller

If you have remarked that you don't know what's the matter with that man Miller—he thinks I am always "digging at him," please correct the impression. If I reread this I might correct or change it but it is too hard to read my writing for me to reread it.

찬송가에 대해 네 번 분할 정도로 지불해주시기 바랍니다. 가격은 권당 도매로 0.09센(sen)이며 소매는 한국 돈으로 20전 혹은 평양 돈 1냥입니다. 누가 손해를 보든지 우리는 그보다 싸게 또는 비싸게 받을 수 없습니다. 일본어 판본은 권당 9센트(cent)의 손해가 나는데, 한국어 판본보다 13달러가 더 들었기 때문입니다. 그래서 권당 10센트를 받아야 합니다. 출판비는 지금 거의 2대 1이므로 우리는 5냥을 부과해야 합니다. 부록은 각 3센이고 한국인에게는 5전(평양 돈 25푼)부터 판매할 것입니다

나는 서적 가격이 귀하가 보기에 적당하기를 바랍니다. 위원회가 13달러의 적자가 나서 유감스럽게 생각합니다.

나는 귀하가 부인으로부터 좋은 보고를 받아서 기쁩니다. 그녀에게 서신을 보낼 때 그녀와 부모님께 제 사랑을 전해주십시오.

아내는 4일에 수술을 받았고 아직 성공 여부는 모릅니다. 장에 세 개의 작은 돌기가 있는데, 에비슨 의사는 이것이 문제의 원인이라고 생각합니다. 그녀는 한동안 입원해 있을 것입니다. 그녀는 늘 예민한 요오드포름 때문에 생기는 습진을 제외하면 평안합니다. 우리는 수술할 때 그 부작용을 잊고 있었습니다. 그녀가 이제 잘 지내고 건강하기를 바라고 기도합니다. 그녀는 두 달 동안 병상에 있을 것이고 그때까지 더 많은 힘이 필요합니다. 지금까지 그랬던 것처럼 그녀를 위해 평양의 형제자매들이 기도해주기 바랍니다.

저는 사이드보텀에게 그의 사택에 대해 즉시 서신을 보낼 것입니다.

나는 귀하의 모든 질문에 답했고, 그 빈정거린 말에 대해서는 귀하의 마음과 양심이 완전히 평안해졌기를 바랍니다. 내가 너무 예민하거나 의심이 많은 사람이라고 생각하지 말아주십시오. 저는 그런 사람이 아닙니다.

F. S. 밀러 드림

귀하가 밀러라는 사람에게 무엇이 문제인지를 모르겠다고 말했다면, 그는 내가 항상 빈정거린다고 생각하기에 그 인상을 바로잡아주십시오. 내가 이 편지를 다시 읽는다면 그것을 고치거나 바꾸겠지만, 내가 내 글을 다시 읽는 것은 너무 힘듭니다.

Samuel A. Moffett

Soon An Pouk Chang

March 6, 1902

Alice Dearest:

Classes & examinations and private talks with various ones have filled up the day also and we are just about to go to bed. I wish you could have heard some of the examinations of these poor simple people whose faith is as simple and strong as can be. Over & over again I think of Christ's words "I thank thee Father that thou hast hidden these things from the wise and prudent but revealed them unto babes." Truly many of these babes have an insight into spiritual truth and have laid hold upon Christ with a firm grip determined that come what may they will never give Him up now that they have once found out the joy and peace there is in believing. The Gospels' conquests here may not enroll many of the wise & noble but I doubt not some of these simple ones will shine brightly in the Kingdom in future days.

These examinations give one such an insight into life and disclose so many of its sad & pathetic incidents. The poor women have so many sad tales to tell and life has been so full of misery and disappointment and so barren of any real satisfaction. Dearest, such a love as is ours has never been known in all this land. The very contrast of the fulness of blessings in our lives and the emptiness of the lives of most of this people is enough to startle one into shamefacedness for the lack of an overwhelming sense of gratitude for all our mercies & blessings.

I sometimes think I should like to get away from all work & all other thoughts for awhile and just retire into quiet contemplation of some of the deeper thoughts & realities of God's goodness which flash upon me at times. There is not enough time for meditation in this active busy life so full of pressing urgent duties.

Good night, dearest. Each day is filled with thoughts of you which

마포삼열

한국, 순안 북창

1902년 3월 6일

사랑하는 당신에게,

사경회 수업, 세례 문답, 다양한 사람과의 개인 면담 등으로 하루 일정을 채우고 이제 막 잠자리에 들려고 하오. 당신이 이 가난하고 단순한 사람들의 문답을 일부 들을 수 있었으면 좋겠지만 그렇지 못해 유감이오. 그들의 믿음은 단순하고 강력하오. 나는 "아버지께서 이것을 지혜롭고 분별 있는 자들에게는 숨기시고 어린아이들에게는 나타내심을 감사하나이다"[1]라고 하신 그리스도의 말씀을 반복해서 생각하오. 진실로 이 많은 어린아이들은 영적 진리에 대한 통찰력을 얻었고, 그리스도를 굳게 붙잡고 강건하게 서 있소. 그들은 믿음 안에 있는 기쁨과 평화를 한 번 발견했기 때문에 어떤 일을 당해도 그리스도를 결코 포기하지 않겠다고 결심했소. 이곳에서 복음은 많은 지혜롭고 지체 높은 자들을 정복하지는 못하겠지만, 나는 이 단순한 자들이 미래에 하나님의 왕국에서 밝게 빛날 것을 믿어 의심치 않소.

이 세례 문답은 삶에 대해 통찰력을 주고 이들의 삶에서 일어나는 슬프고 서러운 사건을 드러낸다오. 그 가련한 여자들에게는 슬픈 이야기가 너무 많고, 삶은 비참과 실망으로 가득 차 있으며, 참된 만족은 메말라 찾을 수 없소. 여보, 우리 두 사람이 누리는 그런 사랑이 이 땅에는 알려져 있지 않소. 우리의 삶에 있는 축복의 풍성함과 이 사람들 대부분의 삶에 있는 공허함이 너무 대조되어서, 우리에게 주어진 모든 자비와 축복에 대해 가슴 벅찬 감사의 감정이 없음에 깜짝 놀라 수치를 느끼게 되오.

나는 때때로 이 모든 사역과 다른 모든 생각에서 잠시 벗어나고 그냥 은퇴해서 뇌리에 떠오르는 더 깊은 사고와 하나님의 선하심에 대한 실재를 조용히 묵상하고 싶다는 생각을 하오. 시간을 다투는 긴급한 의무로 가득 차

1 마태복음 11:25; 누가복음 10:21; 참고. 고린도전서 1:19.

fill me with joy & gladness. I only long to share with you some of the many glad thoughts which you always bring to my mind.

Lovingly your own,

Sam

있는 이 동적이고 바쁜 삶 속에서는 충분히 묵상할 시간이 없소.[2]

잘 자요, 여보. 당신에 대한 생각으로 채워지는 기쁨과 즐거움이 매일을 채우고 있소. 당신이 내 마음에 늘 불러일으키는 많은 즐거운 생각 가운데 일부를 당신과 나누고 싶을 뿐이오.

사랑하는 당신의,

샘

2 미국 복음주의 선교의 한 특징이 행동주의(activism)였다.

Samuel A. Moffett

Soon An Pouk Chang, Korea

March 7, 1902

My Dearest:

Courier arrived again today with circulars, etc. on Mission business, a few letters & papers, but of course no more letters from you as there was not time for another mail since last courier came. There is only a small amount of interest in a mail which has no letter from you. It is wonderful dearest, what an envelope in your handwriting means & what the lack of one means. How many many ways there are of realizing what a big thing in one's life such a love is!

Another good day today with a good class. Have examined more and now have 20 ready for baptism with others yet to examine.

Miss Snook is to come here a week from today for a class with the women. One Too's mother will come with her.

This is all for today as I must attend to business letters and have them ready for the courier who goes early in the morning.

A heartful of love to you, my own precious wife. Oh, how I long for you every day & hour.

Lovingly,

Sam

마포삼열

한국, 순안 북창

1902년 3월 7일

사랑하는 당신에게,

오늘 파발이 도착해서 선교회 업무에 관한 회람 서신 등 몇 통의 편지와 신문을 가지고 왔으나 지난번 파발이 온 이후 다른 우편이 올 시간이 없었기 때문에 당신이 보낸 편지는 물론 더 없었소. 당신이 보낸 편지가 없는 우편물에는 별로 관심이 가지 않는다오. 여보, 당신이 손으로 쓴 글씨가 있는 봉투가 있을 때와 그것이 없을 때의 의미가 이렇게 다르다니 놀라운 일이오! 한 사람의 삶에서 사랑이 얼마나 대단한 것인지 깨닫게 되는 데 얼마나 많은 방법이 있는지!

오늘도 유익한 사경회를 한 의미 있는 날이었소. 더 많은 사람을 문답했고 이제 20명이 세례 받을 준비를 하고 있으며 문답할 자들이 아직 남아 있소.

스누크 양이 여성 사경회를 인도하러 오늘 이곳에 와서 일주일간 머무를 것이오. 원두 어머니도 그녀와 함께 올 것이오.

업무 서신을 써야 하므로 오늘은 이만 쓰겠소. 내일 아침 일찍 떠나는 파발 편으로 그 편지를 보내야 하오.

내 소중한 아내인 당신에게 마음 가득 사랑을 담아 보내오. 오, 내가 매일 매시간마다 당신을 얼마나 그리워하는지!

사랑하는,

샘

Samuel A. Moffett

Soon An Pouk Chang

Saturday Night, March 8, 1902

My own Dearest:

The class is now over and has been a good one. Tomorrow we hope for a great spiritual blessing in the service which follows the class. Twenty-seven are to be baptized—15 men and 12 women and they are very happy in the prospect. Not all are of this church—a number coming from 3 other groups. I wish you could have heard the exclamations of joy and the happy laughter of some of the old men in the class as we studied yesterday and today about the Resurrection and the coming of the Lord. When I said yesterday that we would not come into judgment—that we had already had our trial and been acquitted one old man broke out with "아이고 시원하다" [Oh! what a load off my mind!], with such an expression of relief that it fairly thrilled me. It was the shout of one who had grasped the great truth of justification and the man has been so perfectly happy since. As I talked today about the coming of Christ and our entrance with Him into glory—the same man said—"Go on, tell us more—the farther you go the more joyful it is!"

These people have certainly enjoyed the class and been benefitted by it. Mr. Blair remarked that the difference in the expressions of their faces even in the few days of the class is quite marked. The old old story never loses its charm and the more we tell it and see its effect the more we appreciate it.

There are two things which it is always a delight to talk about—the love of God in Jesus Christ, the love of Christ for His Church—and that which is the earthly type of the union of Christ & His church—our own love, dearest, for each other as husband & wife. Oh! what precious truth and what precious thoughts. May it be that the sacredness of both may fill our hearts with thanksgiving & praise and that we may rightly

마포삼열

한국, 순안 북창

1902년 3월 8일 토요일 밤

사랑하는 당신에게,

방금 사경회가 끝났는데 좋은 모임이었소. 우리는 내일 성경공부 후에 있을 예배 시간에 위대한 영적 축복을 기대하오. 남자 15명과 여자 12명, 합해서 27명이 세례를 받을 것이오. 그들은 기대에 차서 매우 행복하다오. 그들 전부가 다 이 교회의 교인은 아니오. 여러 사람이 3개의 다른 미조직교회에서 왔소. 어제와 오늘 우리가 주님의 부활과 재림에 대해 공부할 때 당신이 사경회에 참석한 노인들의 기쁨의 탄성과 행복한 웃음을 들었으면 좋았을 텐데 그렇지 못해 유감이오. 내가 어제 우리는 심판에 들어가지 않을 것이며 이미 재판을 받았고 석방되었다고 말했을 때, 한 노인이 "아이고 시원하다"라고 하며 갑자기 크게 웃었소. 그와 같은 안도의 표현을 듣고 나는 짜릿한 전율을 느꼈소. 그것은 칭의(稱義)의 위대한 진리를 파악한 자가 외치는 소리였소. 그 이후 그 남자는 완벽하게 행복하다오. 오늘 내가 그리스도의 재림과 우리가 그와 함께 영광에 들어가는 것에 대해 말했을 때 바로 그 노인이 말했소. "계속하시오, 더 말해주시오. 들으면 들을수록 더 기쁩니다."

이 사람들은 사경회를 즐긴 것이 분명하며 그것을 통해 유익을 얻었소. 블레어 목사는 사경회가 시작된 지 며칠 만에 그들의 얼굴 표정이 눈에 띄게 달라졌다고 언급했소. 오래된 복음의 이야기는 결코 그 매력을 잃지 않으며, 우리가 그것을 많이 이야기하고 그 결과를 볼수록 우리는 그것의 가치를 더욱더 인정하게 된다오.

항상 이야기하는 일이 기쁜 두 가지 주제가 있는데, 바로 예수 그리스도 안에 있는 하나님의 사랑과 주님의 교회를 향한 그리스도의 사랑이오. 그리고 그리스도와 그의 교회의 연합을 나타내는 지상의 형태는, 여보, 남편과 아내로서 서로에 대한 우리의 사랑이라오. 오, 얼마나 귀중한 진리이며 얼마나 귀중한 사상인지! 이 두 진리의 신성함이 우리의 마음을 감사와 찬양으로 채

appreciate and enjoy them.

With more & more love, dearest,

Your own husband,

Sam

워주고, 우리가 그 진리를 바르게 인식하고 즐기기를 바라오!

더욱더 많은 사랑을 당신에게 보내며,

당신의 남편,

샘

Samuel A. Moffett

Soon An Cha Mo up, Korea

March 10, 1902

Alice My Dearest:

We had a fine bracing walk of 20 li this morning up a long narrow valley in and about the high mountains between 순안 (Soon An) and 자산 (Cha San) until we finally arrived at the last village just below the mountain pass where we have been all day. The high mountains are on every side of us, the highest [being] that to the South where there is a mountain fortress or walled town. Tigers are said to be numerous and last fall one carried off a woman just a short distance from here. Looking up from the valley up beyond the high mountains the stars appear unusually bright. It is a lovely spot and we will soon have a church building here as we already have a little church with about 30 "living stones." We have had a good day here, the women meeting in the sarang which serves as the meeting place, Mr. Blair & I sitting in the double window and the men gathering on mats in front on the threshing floor. The sun was warm although on all the hillsides around us the snow was still lying unmelted. The service of song made the hymns ring down through the valley and brought a number of unbelievers up to hear what was going on. We received 15 catechumens here. They have a small school (4 boys) but may have more next year. We have had service again tonight and now are off to bed.

We are keeping well and having a good trip. Yesterday was a fine day for the end of the class at Pouk Chang. 29 were baptized and 27 catechumens received. About 130 people gathered for the service, and the administration of the sacraments made a profound impression as it always does. More & more are we seeing the power of the Spirit manifested among & in this people.

With these jottings a heart full of love goes to you from your loving husband.

마포삼열

한국, 순안 자모읍

1902년 3월 10일

사랑하는 당신에게,

오늘 아침 우리가 있던 곳을 떠나 순안과 자산 사이의 높은 산을 끼고 길고 좁은 계곡을 따라 20리 길을 힘차게 걸어 올라와서 마침내 산 고개 바로 아래에 있는 마지막 마을에 도착했고 이곳에서 하루 종일 지냈소. 사방에 높은 산이 우리를 둘러싸고 있고, 남쪽에 있는 가장 높은 산봉우리에는 성벽으로 둘러싸인 마을인 산성이 있었소.[1] 호랑이가 많다고 하는데, 지난가을에 이곳에서 얼마 떨어지지 않은 마을에서 호랑이가 한 여자를 물고 갔다고 하오. 계곡에서 위로 밤하늘을 바라보면 높은 산 너머로 별이 유달리 찬란하게 빛나오. 아름다운 장소요. 우리는 이곳에 교회 건물을 세울 것이오. 이미 약 30개의 "산 돌"을 가진 작은 교회가 있기 때문이오. 우리는 이곳에서 즐거운 하루를 보냈소. 예배 처소로 사용하는 사랑채에는 여자들이 모였고, 블레어 목사와 나는 이중 창문에 자리를 잡았으며, 남자들은 타작마당 앞에 멍석을 깔고 앉았소. 비록 주변의 모든 언덕에 아직 녹지 않은 눈이 쌓여 있었지만 햇살은 따뜻했소. 찬양 예배를 드릴 때 찬송이 계곡을 따라 아래로 울려 퍼졌고 많은 불신자가 무슨 일인지 알기 위해 몰려들었소. 우리는 이곳에서 15명의 학습교인을 등록시켰소. 이곳에는 4명의 소년이 재학 중인 작은 초등학교가 운영되고 있는데, 내년에는 그 숫자가 증가할 것이오. 우리는 오늘 저녁에 다시 예배를 드렸고, 이제는 잘 시간이오.

우리는 건강을 유지하고 있으며 즐거운 여행을 하고 있소. 어제는 북창에서 사경회의 마지막 시간을 보냈는데 아름다운 날이었소. 29명이 세례를 받았고 27명이 학습교인으로 등록했소. 예배 참석자는 약 130명이었으며

---

1 자모산성(慈母山城)이다. 평양을 방어하기 위해 쌓은 이 산성은 순천군, 대동군, 평원군 일대에 걸쳐 있었으며, 그 길이는 약 8㎞에 달했다. 내성은 유사시에 행궁으로 이용할 수 있도록 설계했는데 성안에는 여러 개의 우물도 있었다. 명종 때 임꺽정이 활동하면서 이 산성을 이용했다.

Sam

성찬식을 거행할 때 늘 그렇듯이 교인들은 깊은 감명을 받았소. 우리는 이 사람들 가운데 그리고 그들 안에 나타나는 성령의 능력을 점점 더 많이 보고 있소.[2]

이 간단한 소식에 내 마음 가득 사랑을 담아 당신에게 보내오.

당신을 사랑하는 남편,

샘

2 고린도후서 2:4인 "내 말과 내 전도함이 설득력 있는 지혜의 말로 하지 아니하고 다만 성령의 나타나심과 능력으로 하여"는 마포삼열이 가장 애용하던 구절이었다.

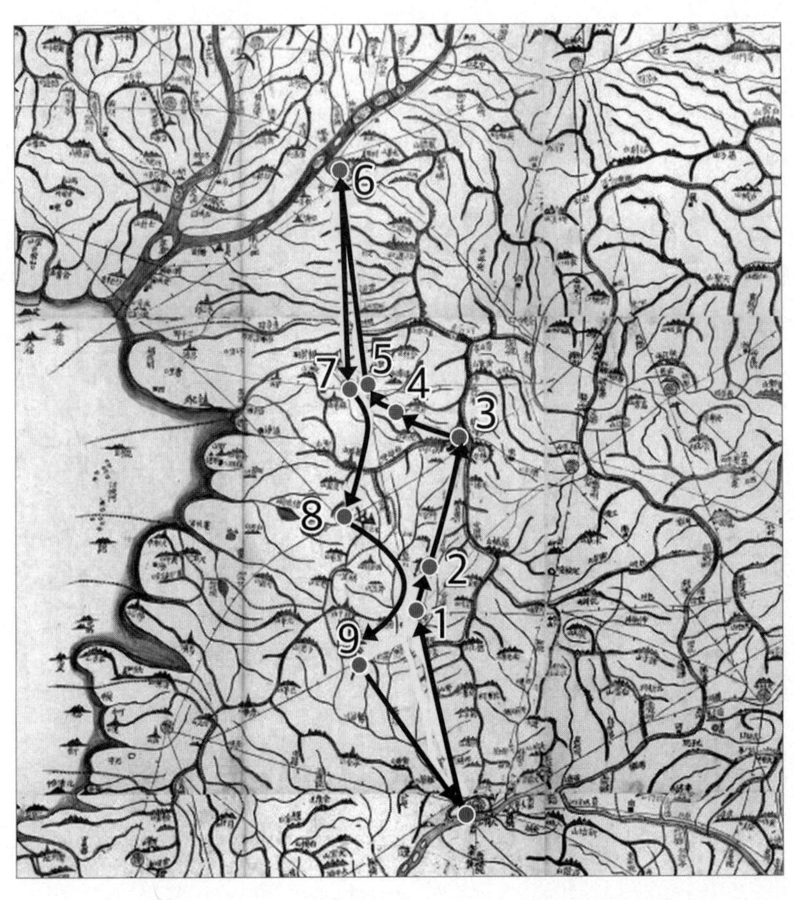
6
7
5
4
3
8
2
1
9

●

마포삼열의 지방 순회 여행, 1902년 3월 1일-22일 [OAK]

1 순안읍교회 2 순안 북창교회 3. 자모읍교회 4. 자작교회 5 숙천교회
6 안주교회 7 숙천 사산교회 8 영유교회/영유 버들골교회/덕소리교회 9. 한 교회[추정]
3번 옆 자산 쪽으로 가는 산봉우리에 자모산성이 있다.

Evangelistic Trip of S. A. Moffet, March 1-22, 1902

Samuel A. Moffett

Soon An Cha Chak

March 11, 1902

Alice My Dearest:

A fine walk this morning over the mountains bringing us to a high pass from which we looked off to the sea with its white breakers. Down through snow, ice and mud we came until we reached a village near here where a number of Christians meet. We stopped there for a while and were regaled with a Korean dinner which probably did my headache no good as it continued all day & until within an hour this evening. After dinner we came on here and have been gathering up the fragments in this once promising group. It makes one sad to see the desolation the gold miners have worked in this region–both material and spiritual. Good farms have been all dug up and no compensation given; all the fine trees in the region cut down–whether pine trees or fruit trees–not even sparing the trees around the grave sites or the old chestnut trees around the church. This was a beautiful neighborhood a few years ago and now it is as bare as can be. The moral and spiritual desolation is nearly as bad. Gambling & drunkenness have been rife–almost all the Christians have had to move away and of those that remained a number have been led astray and fallen into sin with the general crowd of miners. There is a bright side, however. A remnant have remained faithful through it all. Some of the women still read & pray in the quiet of their homes altho the general disorder has prevented church attendance. Some of those who in their weakness became cold and indifferent were yet enabled to resist the temptation to gross sin and are now coming back penitent and with renewed hope.

We had a good service tonight and have begun all over again after suspending five members and dropping 14 catechumens. In the two years since the miners came in 7 have died and 27 have moved away,

마포삼열

한국, 순안 자작

1902년 3월 11일

사랑하는 앨리스에게,

산을 넘어서 잘 걷다 보니 오늘 아침 우리는 높은 고개에 이르렀소. 그곳에서부터 우리는 멀리 해안가에 부서지며 달려오는 하얀 파도가 치는 모습을 바라보았소. 우리는 눈과 얼음과 진흙이 섞인 길을 헤치며 내려와서 마을에 도착했는데 그곳에서 많은 그리스도인을 만났소. 우리는 잠시 그곳에 머무르면서 한국 음식을 맛있게 먹었는데, 내 두통에는 좋지 않았는지 하루 종일 두통이 계속 되더니 오늘 저녁 1시간 전에 겨우 사라졌소. 저녁 식사 후에 우리는 이곳 자작에 왔소.[1] 이곳은 한때 크게 성장할 것처럼 보이는 공동체였는데, 모두 흩어져 버려서 지금 교인들을 불러모으고 있소. 이 지역에서 금광의 광부들이 만들어놓은 물질적이고 영적인 황량함을 보고 슬펐소. 그들은 좋은 밭을 모두 파헤쳐놓고는 아무런 보상도 하지 않았소. 또한 그들은 이 지역에 있던 좋은 나무들을 베어 가져갔소. 소나무나 유실수나 아랑곳하지 않았고 심지어 묘지 주변의 나무와 교회 주변의 오래된 밤나무도 살아남지 못했소. 이곳은 몇 년 전에는 아름다운 마을이었소. 그러나 지금은 황폐하기 이를 데 없소. 도덕적이고 영적인 황폐함도 마찬가지요. 도박과 음주가 만연해 있소. 거의 모든 기독교인이 이사를 가버렸고 남은 신자 중에서 많은 사람이 방황하다가 이곳 광부의 무리에 휩싸여 죄에 빠지고 말았소. 하지만 밝은 면도 있다오. 남은 자들이 이 모든 와중에도 여전히 신실하다오. 비록 일부 여성들은 전반적인 무질서로 인해 교회에 출석할 수 없지만 집에서 고요한 중에 여전히 성경을 읽고 기도하고 있소. 일부 교인들은 연약하여 냉담해지고 무관심하게 되었으나, 죄를 더 지으려는 유혹에 저항할 수 있었고, 지금

1 자작교회는 한경직 목사의 고향 교회다. 한경직은 음력 1902년 12월 29일(양력은 1903년 1월 25일) 평안남도 평원군 공덕면 간리에서 농부의 아들로 태어났다. 그는 당시 그곳에 세워진 자작교회와 마포삼열 목사가 설립한 진광학교를 다니며 신앙을 키웠다.

most of the latter becoming identified with other churches. Thus, over 50 have been lost from the roll of this church and the remnant consists of about 20 who can be counted on as sincere with about 20 more who are uncertain.

I hope I shall not have another church which will have to go through an experience with the gold miners. Doubtless much good has been accomplished in some ways by the removal of many to other places.

Tomorrow we reach Suk Chun and I am wondering whether the horses that come out from Pyeng Yang will bring a letter from you. If they do the day will be a glad one for me. If they do not I shall have to call up a good deal of patience in order to wait until the next courier comes.

With all my love, dearest. This will be mailed in Suk Chun and then I will start in on another series of daily bulletins. Mrs. Blair gets the benefit of my bulletins in this way. Mr. Blair follows my example and sends one to her each day.

Lovingly yours,

Sam

[this village was the birthplace of the Rev. Dr. Han Kyung Chik on Dec. 29, 1902 (lunar calendar) or Jan. 25, 1903 (solar calendar)]

다시 회개하고 새로워진 희망을 품고 돌아오고 있소.

오늘 밤에 우리는 경건한 예배를 드렸고, 세례교인 5명의 자격을 정지시키고 학습교인 14명의 등록을 취소시키는 치리를 한 뒤에 모든 것을 다시 시작했소. 광부들이 온 이후 2년 동안 7명이 사망했고 27명이 이사를 갔소. 이사를 간 사람들 대부분은 다른 교회에 다니고 있소. 따라서 이 교회의 교인 명부에서 50명이 넘게 잃었고, 남은 자들은 신실한 약 20명과 불확실한 약 20명으로 구성되어 있소.

나는 다른 교회가 금광 광부들과의 경험을 겪지 않기를 바라오. 많은 교인이 다른 곳으로 이사를 감으로써 어떤 점에서는 좋은 일이 분명 많이 이루어졌소.

내일 우리는 숙천으로 가오. 나는 평양에서 오는 파발마가 당신의 편지를 가지고 올지 궁금하오. 만일 당신의 편지가 있다면 내게는 기쁜 날이 될 것이오. 만일 편지가 없다면 나는 다음 파발이 올 때까지 많은 인내심을 갖고 기다려야 한다오.

여보, 내 모든 사랑을 전하오. 이 편지는 숙천에서 부칠 것이오. 그리고 새로운 일일 보고서 시리즈를 시작할 것이오. 블레어 부인이 이런 내 보고서를 통해 혜택을 입고 있는데, 블레어 목사가 내 모범을 따라 매일 그녀에게 편지를 보내기 때문이오.

당신을 사랑하는,

샘

Samuel A. Moffett

Suk Chun, Korea

March 12, 1902

My Dearest:

I have time only for a glad shout because of the good letter received from you tonight at supper–just before the prayer meeting service here. Oh, dearest, I am so thankful for you and so glad to hear all the good news from you. Letters from Mother Moffett & Mother Fish also came and a lot of other letters also–among them one which will cause me a good deal of thought and prayer. The Bible Committee elected me a member of the Board of Translators and now I must for the second time face the question as to what is my duty in this matter. I want to do what is right and best–but for the sake of the evangelistic work to which I felt the Lord had called me I have several times decided against the calls to more literary work and renounced my desire to become a Korean scholar. To accept the position, if Mission would consent, would mean less evangelistic work. It would probably mean more time for the city church and more time for class work and I grant that the attraction along that line is very great. However, the amount of work I can do is decidedly limited and I doubt as yet whether I can carry so many kinds of work to advantage. What is duty? Prayer and a willingness to follow the Lord's guidance will doubtless make it plain. Pray that I may be guided aright. Will talk it over with you when I come home.

Had a good meeting here. We leave for An Ju in the morning.

Love to father & mother with thanks to mother for her letter & for all the little "home" items she sends. Glad she got your hat & dress for you. Please ask her to select a hat & suit for me, too. I'll need one sure.

Lovingly,

Sam

마포삼열

한국, 숙천

1902년 3월 12일

당신에게,

나는 오늘 밤 저녁을 먹고 난 후 당신이 보낸 기쁜 편지를 받아 들고 즐거운 탄성만 질렀소. 곧바로 수요 기도회 예배에 가야 했기 때문이오. 오, 여보, 당신에게 무척 고맙고 당신이 보낸 좋은 소식을 들어서 기쁘오. 어머니와 장모님께서 보내신 편지와 다른 편지도 많이 왔소. 그중에 한 통은 나로 하여금 많은 생각과 기도를 하게 만들 것이오. 성서위원회가 나를 번역자회 위원으로 선출했기 때문에, 나는 무엇이 내 의무인지에 대한 질문에 직면해 있소.[1] 나는 올바르고 최선인 것을 하려고 하오. 하지만 주께서 나를 부르신 목적이라고 느끼는 전도 사역에 매진하기 위해 나는 여러 번 문서 사역으로의 부름을 거절하기로 결정했고 한국학 학자가 되려는 욕망을 포기했소.[2] 만일 내가 번역자회 위원의 자리를 수용하고 선교회가 동의하면 전도 사역은 덜하게 되는 것을 의미하오. 이는 시내 교회에서 시간을 더 많이 보내고 사경회 사역에 집중하는 것을 의미하는데, 나는 그 분야에 매력적인 점이 아주 많음을 인정하오. 하지만 내가 할 수 있는 사역의 양은 분명히 제한되어 있고, 너무 많은 종류의 사역을 할 경우 내가 제대로 할 수 있을지 의심스럽소. 무엇이 의무인가? 기도와 주님의 인도하심에 순종하려는 마음이 그것을 분명하게 보여줄 것이오. 내가 바르게 인도되도록 기도해주시오. 내가 본국에 가면 당신과 함께 이것을 상의하겠소.

이곳에서 열린 기도회는 은혜로웠소. 내일 아침에 우리는 안주로 떠나오.

장인어른과 장모님께 사랑을 전하며, 편지와 "집안"에 필요한 모든 작은 물건을 보내주신 장모님께 감사하다고 전해주시오. 장모님이 당신에게 모

1 마포삼열의 성서 번역 실력과 한국어 실력은 제2권에 실린 마포삼열, "마태복음과 요한복음 서평", *Korean Repository* (1895년 10월): 361-365을 보면 알 수 있다(참조. 『마포삼열 자료집 제2권』, 744-755쪽).

2 이것이 마포삼열이 성경 번역에 참여하지 않고 한국에 대한 저서나 논문을 남기지 않은 이유였다.

자와 옷을 사주셔서 기쁘오. 나를 위해서도 모자와 양복 한 벌을 골라달라고 부탁해주시오. 나도 확실히 하나가 필요하다오.

사랑하는,

샘

Samuel A. Moffett

An Ju, Korea

March 14, 1902

My own Dearest,

We have been busy indeed while here and last night after 60 li through muddy roads and a service at night I was so tired that I missed my daily letter to you and so dreamed about you all night. Today has been a busy day all the time but with so much that is cause for rejoicing that, tired as we were, tonight we are happy. Have had fine services here—have a good start on a church having a regular congregation of 20 each Sabbath—had about 50 today—and today I received 17 catechumens, 12 of them for this group—6 of them city people. They raised the money (260 nyang) for a church and had bought one before we came. The money was given for it today so this afternoon after service in the old place we went to the new building—sang the doxology and had prayer and viewed the landscape.

I feel very greatly encouraged over the prospect here and am rejoiced over it. There are believers springing up in various villages and I hope soon to see things on the move all around the city. More than ever I want our sub-station here and am going to ask this year for 800 yen for a house here—now that the people have furnished their own church—and then we can come & spend a month here and work & Miss Best can do the same perhaps, etc., etc. and one of my pet schemes can be made to work, I believe.

Busy as ever but all goes well. With all my love to you my own dearest—rejoicing now your good health and in the hope of seeing you soon. After tomorrow you will cease to write letters to me at P. Y. and when this reaches you I will probably be on the way home.

Lovingly,

Sam

마포삼열

한국, 안주

1902년 3월 14일

사랑하는 당신에게,

우리는 이곳에서 정말 바쁘게 지냈소. 어젯밤 진흙 길을 60리나 걸어서 왔고 밤에 예배를 드렸기 때문에 나는 너무 피곤해서 당신에게 매일 쓰는 편지도 쓸 수 없었소. 그래서 밤새 당신 꿈을 꾸었소. 오늘은 하루 종일 바빠서 피곤했지만 그보다 더 즐거워할 많은 이유가 있어서 우리는 오늘 밤 행복하오. 이곳에서 멋진 예배를 드렸소. 이 교회는 매 주일 정기적으로 참석하는 20명의 회중으로 시작했는데, 오늘은 50명이 예배에 참석했소. 나는 오늘 17명의 학습교인을 받았는데, 그중 12명은 이곳 미조직교회 소속이고, 6명은 시내에서 왔소. 그들은 예배당을 위해 260냥을 모았고 우리가 오기 전에 집 한 채를 샀소.[1] 오늘 그 돈이 지불되었고, 예배가 끝난 후 오후에 우리는 옛 건물에서 새 건물로 갔소. 송영을 부르며 기도하고 주변 경관을 둘러보았소.

나는 이곳의 전망이 밝아서 크게 고무되었고 기뻤다오. 여러 마을에서 새 신자들이 생기고 있다오. 나는 곧 도시 전체에 걸쳐 이런 움직임이 일어나길 희망하오. 나는 어느 때보다 이곳에 선교지회를 원하며 올해 이곳에 사택 마련을 위해 800엔을 요청하려고 하오. 이제 교인들이 그들의 예배당을 마련했으므로, 우리는 이곳에서 한 달을 보내며 일할 수 있소. 베스트 양이 아마 동일하게 여러 사역을 할 수 있을 것이오. 그리고 내가 가장 좋아하는 계획 중 하나가 시행되도록 만들 수 있다고 믿소.

여느 때와 같이 바쁘지만 모든 일이 잘 진행되고 있소. 사랑하는 당신에게 내 모든 사랑을 전하오. 이제는 당신이 건강해서 기쁘고 당신을 곧 만날

---

1 “[1900년에] 安州城內敎會가 成立하다. 先時에 崔氏와 李鎭邦 崔仁俊 等이 信하고 鹽洞에 貰家를 得하야 禮拜하더니 敎會 遂成되야 漸益增加하는지라. 宣敎師 馬布三悅 邦緯良이 來助하고 敎人이 熱心 捐補하야 家屋을 買入하야 禮拜堂으로 使用하니라”(차재명 편, 『조선예수교장로회사기 上』, 조선야소교장로회, 1928, 71).

희망으로 기쁘다오. 내일 이후부터 당신은 내게 편지 쓰는 일을 중단해야 하오. 이 편지가 당신에게 도착할 무렵이면 나는 틀림없이 고국으로 가고 있는 중일 것이오.

사랑하는,

샘

Samuel A. Moffett

Suk Chun Sa San, Korea

March 17, 1902

Another good day on the Sabbath altho I am so well tired out that the enthusiasm for the work is pretty nearly gone. Saturday we came through a magnificent country–the valley of the Chung Chyen river–the one between North & South Pyeng An Provinces. The river was full of floating ice which the tide was carrying out & then in, back & forth until it breaks up or melts. The valley is a very large broad one dotted here & there with hillocks of pine trees around which are clustered many villages. There is a large population among which the gospel has been preached, needing only attention to yield a harvest. In the midst of this fine valley we have a little group of 7 the beginning of something better, I believe. I baptized 2 of them and received 3 catechumens while we stopped for dinner. Twenty li farther south is another small group of ten which is beginning to get into good shape. They came over here on Sabbath and I baptized 1 and received 3 catechumens from this group.

Of the Sa San group here I baptized 6 and received 9 and one visit has done this people good. There is urgent need for work here on account of the Romanists who have a priest near here who is trying to preempt this territory. I am thinking of asking the Mission to assign Mr. Blair to the 3 northern counties of my work–Suk Chun, An Ju & Kai Chun, leaving me Pyeng Yang, Soon An & Yung You. Then I can give time to city church & class work.

The more I think of the Bible translation work the more reluctant I am to give up my other work for it and I think I will eventually decline it–although I want first to talk it over with several.

Had another fine big mail Saturday night by courier who brought bread. Three good letters from you and one from mother Moffett. Will re-read your letters when I get home and answer more definitely. Am

마포삼열

한국, 숙천 사산

1902년 3월 17일

내가 비록 너무 지쳐서 더 일하고 싶은 열정은 거의 사라졌지만 주일에는 좋은 하루를 보냈소. 토요일에 우리는 평안남북도의 경계를 이루는 청천강 계곡을 따라 멋진 풍경이 펼쳐진 시골을 지나왔소. 강에는 온통 얼음이 떠다녔는데 조수에 따라 나갔다가 들어오고 뒤로 갔다가 앞으로 오면서 깨어지고 결국은 녹아 없어졌소. 계곡은 크고 넓으며, 여기저기 소나무 언덕이 있었고 그 주변으로 여러 마을이 형성되어 있었소. 많은 인구 가운데 복음이 전파되었기 때문에 곡식을 추수하기 위한 관심만 있으면 되오. 이 아름다운 계곡 안에 7명이 모이는 작은 미조직교회가 있는데, 나는 더 좋은 어떤 일의 시작이라고 믿소. 우리가 저녁 식사를 하기 위해 들렀을 때, 나는 그들 중 2명에게 세례를 베풀었고, 3명을 학습교인으로 받았소. 남쪽으로 20리 떨어진 곳에 10명의 교인이 있는 다른 작은 미조직교회가 있는데 좋은 형태를 갖추어 가기 시작했소. 그들은 주일에 이곳으로 왔고, 나는 한 명에게 세례를 주고 3명의 학습교인을 받았소.

이곳 사산의 미조직교회에서 나는 6명에게 세례를 베풀었고 9명을 학습교인으로 받았소. 한 번의 방문이 이 사람들을 유익하게 했다오. 이 지역을 미리 차지하려는 가톨릭 신부가 이곳 근처에 있는데, 그 신부의 가톨릭 신자들 때문에 이곳에서 긴급하게 사역할 필요가 있소. 나는 블레어 목사를 이 북부 지역 3개 군, 곧 숙천과 안주와 개천에 배치해줄 것을 선교회에 요청할 생각이오. 그러면 6개 군 가운데 평양, 순안, 영유가 내 구역으로 남게 되오. 그렇게 되면 나는 시내 교회와 사경회 사역에 더 많은 시간을 들일 수 있소.

나는 성경 번역에 대해 생각하면 할수록 다른 일을 포기할 마음이 더욱 나지 않소. 먼저 여러 사람과 상의를 해야 하겠지만, 나는 결국 그 제안을 거절할 것이오.

토요일 밤에 파발이 많은 우편물을 가지고 왔는데, 빵도 가지고 왔소. 내

so glad dearest to know all about you and your returning strength. Now please do not try to accomplish anything but the one thing—whatever else is done being simply by way of recreation and for sake of variety. Had a letter also from Mrs. Webb, a good one which I enjoyed.

Later—we travelled 40 li this morning and are now at Yung You Po Tel Kol where Chun Sunsaing [teacher Chun] has been holding a class for 8 days. Will stay here 3 days, Mr. Blair going in tomorrow. Will have about 20 here to examine for baptism coming from two churches and am hoping to unite several groups here into one church in the Eupnai [village center].

Miss Snook & One Too's mother are 25 li from here East & I will communicate with them tomorrow. I am pretty well tired out, but five more days taking things somewhat leisurely will see this journey ended and I will have the great bulk of my work done. A month in Pyeng Yang will then finish up all and I will start for home & you.

A girl baby has arrived at Dr. Wells' house. Hong Moon Syu Kol church in Seoul has split—half holding with missionaries & meeting in Hospital, half going off independently. Kim Changno has returned from Gensan [Wonsan] with good report. No further news of importance in my mail.

With all my love dearest—good night.

Your own,

Sam

가 좋아하는 당신이 보낸 편지 세 통과 내 어머니께서 보낸 편지 한 통이 있었소. 집에 돌아가면 당신의 편지를 다시 읽고 더 확실하게 답장하리다. 여보, 당신에 대한 모든 것과 당신의 기력이 회복된 것을 알게 되어 기쁘오. 이제 다른 일을 하려 하지 말고 단 한 가지만 하시오. 다른 어떤 일을 하더라도 그저 오락이나 기분 전환용으로만 하시오. 웹 부인이 보낸 편지도 받았는데 내가 즐겁게 읽은 좋은 편지였소.[1]

중단했다가 나중에 다시 쓰고 있소. 우리는 오늘 아침에 40리를 걸었고 지금은 영유(永柔) 버들골에 와 있는데, 전[군보] 선생이 8일 동안 사경회를 하고 있는 곳이오. 블레어 목사는 내일 떠나고 나는 3일간 머물 것이오. 두 교회에서 올 약 20명의 세례 지원자를 이곳에서 문답할 것이오. 나는 이곳에서 여러 미조직교회를 연합하여 하나의 [숙천] 읍내교회로 만들고 싶소.

스누크 양과 원두 어머니는 여기서 동쪽으로 25리 떨어진 곳에 있는데, 나는 내일 그들에게 연락할 것이오. 난 이제 대단히 피곤하오. 하지만 5일만 더 일하면 이 여행이 끝날 것이고, 그러면 할 일의 많은 부분을 마친 게 되오. 이어 평양에서 한 달만 더 지내면 본국과 당신을 향해 출발할 것이오.

웰즈 의사 집에 딸아이가 태어났소. 서울 홍문수골교회가 분열되었다오. 절반은 선교사들과 함께 병원에서 모이고, 나머지 절반은 떨어져 나가 독립했소. 김[종섭] 장로가 원산에서 돌아왔고 좋은 보고를 했소. 이번 우편물에서 중요한 소식은 이상이 전부요.

당신에게 모든 사랑을 보내오. 잘 자오.

당신의,

샘

1 웹 부인은 리 목사의 장모다.

Samuel A. Moffett

Yung You Po Tel Kol, Korea

March 18, 1902

My Dearest:

If you were here now I would indulge in one of my spells of "growling" for I am so tired I feel like growling at everything & everybody and yet I am rejoiced over all the good work. Have spent the whole day in examining candidates for baptism and in talking & planning church affairs. Have accepted 17 for baptism and have more to examine.

Mr. Blair left early this morning for P. Y. I sent a courier over 25 li to Miss Snook & One Too's mother suggesting that they visit a number of churches here, taking a longer route home to P. Y. And Miss Snook answers that they will do so. I shall probably not see her as I leave Thursday on my way in, visiting a number of churches—and they follow me two days later over very much the same route.

Opportunities are everywhere and I only wish I could visit twice as many places. I am off to bed now tired out for today. All my love to you my dearest in the joyful hope of resting with you before long.

Your own,

"Sambo"

마포삼열

한국, 영유 버들골

1902년 3월 18일

당신에게,

만일 당신이 지금 이곳에 있다면 나는 "으르렁거리는" 소리를 계속 지르고 싶소. 왜냐하면 내가 너무 지쳐서 매사에 모든 사람에게 으르렁거리고 싶기 때문이오.[1] 하지만 나는 모든 좋은 사역에 대해 기뻐하고 있소. 세례 지원자를 문답하고 교회 사업을 계획하고 이야기하면서 하루를 보냈다오. 17명을 세례 문답에서 통과시켰지만 문답할 사람이 더 남았소.

블레어 목사는 오늘 아침 일찍 평양으로 떠났소. 나는 급사를 25리 떨어져 있는 스누크 양과 웰두 어머니에게 보내서, 그들이 평양으로 돌아갈 때 이 길을 택하면 시간이 더 많이 걸리겠지만, 이곳에 있는 많은 교회를 방문해달라고 그들에게 제안했소. 스누크 양은 그렇게 하겠다고 답장을 보내왔소. 십중팔구 나는 그녀를 보지 못할 것이오. 왜냐하면 나는 많은 교회를 방문한 후에 평양을 향해 목요일에 떠나기 때문이오. 그들은 이틀 후에 내가 내려가는 길과 거의 동일한 길을 따라올 것이오.

기회가 사방에 널려 있소. 내가 방문했던 곳보다 두 배 더 많은 곳을 방문했으면 좋았겠지만 그럴 수 없어 유감이오. 오늘은 너무 피곤하여 이만 잠자리에 들어야겠소. 머지않아 당신과 함께 쉬게 되리라는 즐거운 소망을 품고 내 모든 사랑을 당신에게 보내오.

당신의,

"삼보"

1 3월 1일에 떠난 25일간의 여행 중 18일째라 지쳐 있었다.

March 19, 1902

My own Dearest:

Another great day and a joyful one to this region. I held a conference this morning concerning plans for a union church in the eupnai [within the town] and brought about a unanimous decision to plan for a union church there even tho it might take two years to get it and to retain all the little churches (4) now 10 li in each direction from the eupnai. This afternoon I received 19 catechumens, baptized 20 adults and 1 infant and had the Communion service after which I announced committees on Church Fund and Purchase of Church Building and proceeded to take subscriptions. It was a treat to see the way they responded and we found we had 600 nyang–so that with a little help from other churches they can go ahead and buy a building in the eupnai right away. It was touching to hear a blind woman subscribe 50 cash and another woman say that although she had nothing and was living almost by begging she would give 50 cash, while still another passed over 2 silver rings saying she had nothing else to give.

I have been dead tired but this service did my heart good and I am rejoicing and the whole region feels invigorated. If only we could give more attention to the work–what a harvest & a work there would be–& what a great one, anyhow!

Am hearing good news already from the ground just covered. The church in An Ju is established–the one to be in Yung You is assured and now in my territory only Kai Chun remains without a church in the eupnai [inside the town]..

Letters received this evening tell of Lee's great desire to get back to Korea & of Miss Parsons' probable visit to Pyeng Yang April 20 to 25th. Am afraid I will just miss her but possibly not. The new hymn books are out. Hope now to get in to P. Y. Friday night, several days earlier than I expected when I left–but I am tired out and work there now needs me.

1902년 3월 19일

사랑하는 당신에게,

이 지역에서 또 하루 위대하고 즐거운 날을 보냈소. 나는 오늘 아침에 회의를 열고, 읍내에 연합교회를 세우는 계획에 대해 토론했소. 비록 읍내에서 사방으로 10리 안에 있는 4개의 작은 교회를 존속시키면서 연합교회를 설립하자면 2년이 걸리겠지만, 읍내의 연합교회 안건에 대해 만장일치로 결정을 내렸소.[2] 오늘 오후에는 19명의 학습교인을 받았고 20명의 성인과 한 명의 유아에게 세례를 베풀고 성찬식을 거행했으며, 이어서 "교회 기금과 교회건물매입위원회"에 대해 광고하고 작정 헌금을 받았소. 그들의 호응을 보고 기뻤는데 그들은 600냥을 작정했소. 따라서 다른 교회들로부터 약간의 도움을 받으면 그들은 그 계획을 추진할 수 있고 곧바로 읍내에 있는 건물을 살 수 있소. 눈이 먼 한 여자가 50전을 헌금한 이야기를 듣고 감동을 받았소. 다른 한 여성은 비록 자신은 가진 게 전혀 없고 거의 구걸하면서 살아가고 있지만 50전을 드리겠다고 했소. 또 다른 한 여성은 헌금할 다른 것이 없다고 말하면서 2개의 은반지를 바쳤소.

나는 녹초가 될 정도로 지쳤으나, 이 예배로 가슴이 뜨거워지고 기뻤으며, 모든 지역이 새 힘을 얻고 있음을 느꼈소. 만일 우리가 사역에 좀 더 관심을 기울일 수만 있다면 얼마나 많은 수확과 사역이 있을지! 아무튼 얼마나 그것이 대단할지!

내가 막 방문했던 지역들로부터 벌써 좋은 소식을 듣고 있소. 안주교회는 설립되었고, 영유에도 교회가 세워질 것이 분명하오. 내 구역에서 유일하

---

2 [1903년에] "永柔邑敎會가 (今 平原君) 成立하다. 先時에 八洞里敎會에셔 宣敎師 馬布三悅과 田君甫가 査經會를 敎授하난 中 受恩의 結果로 當時에 出捐하야 邑內 倉洞에 瓦家 三間을 買收하고 福音을 熱心히 宣傳하야 吳益鉉 李賢信 楊成蕃 等이 新敎하얏고 楊峴 敎友 宋基善을 同地로 搬移케 하야 敎會를 引導하얏스며 當時 助事는 金燦星 金千一이 視務하얏고 後에 敎會난 漸進하야 金千一을 長老로 將立하야 堂會가 組織되고 同時에 八洞 蘇竹, 通明里, 葛院, 德沼, 漁波 等 七 敎會가 合心協力하야 瓦家 十間 禮拜堂을 華麗히 建築하고 金千一 康有勳 金燦星 金相奎 等이 助事와 牧師로 送相 視務하니라"(차재명 편, 『조선예수교장로회사기 上』, 107-108).

With all my love as ever,

Lovingly yours,

Sam

게 개천(价川)만 읍내에 교회가 없소.

오늘 저녁에 리 목사의 편지를 받았는데 한국으로 몹시 돌아오고 싶다고 하오. 그리고 파슨즈 양이 4월 20일부터 25일 사이에 평양을 방문하게 될 것 같다고 말해주었소.[3] 내가 그녀가 오기 직전에 떠나므로 그녀를 만나지 못할 듯하지만, 그렇지 않고 만날 수도 있소. 새 찬송가가 출판되었소.[4] 내가 출발할 때 생각했던 것보다 며칠 더 일찍 금요일 밤에 평양으로 돌아가려고 하오. 내가 지쳤고 평양에서 지금 나를 필요로 하는 일이 있기 때문이오.

내 모든 사랑을 늘 당신에게,

사랑하는 당신의,

샘

---

3 파슨즈(Ellen C. Parsons, 1844-?) 양은 미국북장로회 여성해외선교부가 발행하던 잡지 *Woman's Work for Woman* 편집장이었다. 한국에 대한 책 *Fifteen Years in the Korea Mission* (1900)을 썼다.

4 평양 선교지부 선교사들이 편역을 주도한 『찬송시』다.

Samuel A. Moffett

Yung You Tok So Ri

March 20, 1902

My Dearest:

Have been travelling in the rain & through the mud today and making lots of Koreans get themselves wet & muddy. Nevertheless have accomplished a great deal. In Yung You eup I examined the two houses for sale—which are available for church purposes and advised as to the purchase of one of them. Called there also on an old man, a catechumen, and ate 3 eggs for his sake. Then went 10 li on to a new group where 20 or more gather each Sabbath and held a service with 25 people there. This afternoon came across country through a new section to a little group here which has been struggling along for four years without a visit from me. I find 9 believers now. Baptized an old woman of 74, received 3 catechumens and encouraged them all to persevere, and received subscriptions of 10 nyang for the union church. Every place I go I am led to exclaim, Oh! for more time to look after this work, to instruct this people and to enter more fully into their lives and help meet their needs.

The sound of a sorcerer's drum is in my ears as I write and the ignorance & blindness of this people is so apparent that one longs to lead these new born Christians into higher attainments that they may become greater homes in their own neighborhoods.

I am off to bed happy but tired, tired but happy. With love to you all,

Your,

Sam

마포삼열

한국, 영유 덕소리

1902년 3월 20일

당신에게,

오늘은 비가 오는 가운데 진흙 길을 따라 여행을 했기 때문에 많은 한국인이 비에 젖고 흙투성이가 되었소. 그럼에도 불구하고 많은 일을 성취했소. 영유읍에서 팔려고 내놓은 집 두 채를 살펴보았는데, 예배당 용도로 사용할 수 있는 집이었고, 나는 그중 한 채를 매입하라고 조언했소. 그곳에서 학습교인인 한 노인을 심방했고 그의 성의를 고려해 달걀 세 개를 먹었소. 이어 10리 길을 걸어서 주일마다 20여 명이 모이는 새로운 미조직교회에 갔고, 그곳에서 25명과 함께 예배를 드렸소. 오늘 오후에는 군 경계를 지나 새로운 구역에 생긴 작은 미조직교회에 갔는데, 이들은 내가 심방하지 못한 지난 4년간 힘겹게 지냈소. 그래서 이제 남은 교인은 9명이오. 74세의 연로한 할머니에게 세례를 베풀었고 3명을 학습교인으로 받았으며 그들 모두에게 인내하라고 격려했소. 그들로부터 연합교회를 위해 10냥의 작정 헌금을 받았소. 나는 가는 곳마다 탄성을 지르게 되오. 오! 이 사역을 돌볼 시간이 더 있다면! 이 사람들을 가르치고, 이들의 삶에 더 충분히 들어가며, 그들의 필요를 채워줄 시간이 더 있다면!

이 글을 쓰는 동안 무당의 북소리가 내 귀에 쟁쟁하오. 이 사람들의 명백한 무지와 맹목을 보면 새롭게 태어난 이 기독교인들을 더 높은 수준으로 끌어올려 이웃 사람에게 모범이 되는 위대한 가정이 되도록 인도하고 싶은 열망을 가지게 되오.

행복한 기분으로 잠자리에 들지만, 고단하오. 고단하지만 행복하오. 모두에게 사랑을 보내며,

당신의,

샘

Samuel A. Moffett

Pyeng Yang, Korea

Monday Morning, March 24, 1902

My own Dearest:

Home again after three hard days through rain, mud, snow and wind. Stopped at a church 60 li out Friday night and although unexpected, word was sent out to all the villages and in the people came through snow & mud to the number of 30 or 40 and I had to hold a service, tired out as I was. We were in crowded quarters and I did not get at my valise that night at all. A setting hen watched over it and me all the night. Saturday I came on home all right tho pretty well used up. Rested well yesterday and am all right today and ready for work (have to be) and am at it again.

Some Japs are trying to "fleece" Choi Cho-si and I must go down to Jap Consul this morning. Your many letters are a great joy. Will answer them tomorrow.

With all my love,

Your own,

"Sambo"

마포삼열

한국, 평양

1902년 3월 24일, 월요일 아침

사랑하는 당신에게,

비와 진흙과 눈과 바람 속에 힘든 사흘을 보내고 집에 다시 왔소. 금요일 밤에 60리 떨어진 교회에 들렀는데, 계획 없이 갔음에도 불구하고 모든 마을에 소문이 퍼져서 사람들이 눈과 진흙 길을 뚫고 와서 30-40명이 모였으므로 피곤했지만 예배를 드렸소. 우리가 비좁은 숙소에서 잤기 때문에 나는 그날 밤 내 여행 가방을 열어보지도 못했소. 알을 품은 암탉이 그 가방과 나를 밤새 지켜보았다오. 나는 토요일에 지칠 대로 지친 몸을 이끌고 집에 돌아왔소. 어제는 잘 쉬었소. 오늘은 몸이 괜찮고, 하지 않으면 안 되는 일을 할 준비가 되어 다시 일에 착수했소.

몇 명의 일본인이 최[치량] 초시를 "우려먹으려고" 애쓰고 있으므로 나는 오늘 아침에 일본 영사에게 반드시 내려가야 하오. 당신이 보낸 많은 편지를 받고 무척 기뻤소. 내일 답장하리다.

내 모든 사랑으로,

당신의,

"삼보"

Samuel A. Moffett

Pyeng Yang, Korea

March 25, 1902

My own Dearest:

Much as I do not like it my letters to you these days must be mere notes that barely touch upon a few questions and leave most of the things I should like to write unwritten—for work presses harder & harder now as I near the close of my stay here. I got back on Saturday and fortunately had a Sabbath rest before plunging into the great whirl of business that had set upon me. Board letters, mission letters, committees, church questions country & city, examinations, accounts innumerable, garden (fruit trees, etc.—fruit trees & seeds arrived today); books & I know not what else have occupied me every minute of the day.

Mrs. Leck is not going home until summer and I hope to help her get the estate fairly under way for settlement before I leave. She is to [be] the administratrix. Mr. Leck's life insurance matters were finally all settled up and word from Mr. Hand [Mission Board treasurer in New York] showed that he had the policies, the premiums to be paid Dec. 15th—just ten days before Mr. Leck died.

A little girl arrived at the Wells house while I was in country—all well. A robber entered their bedroom not many nights after, when Mrs. Wells was awake. She screamed, the robber ran—Doctor waked up and ran for his gun & pursued to the door but could see no one and then fired three times in the direction he thought the man had gone. No clue, as usual.

Yesterday Doctor started for Syen Chyen in response to telegrams telling him to come at once prepared for typhoid fever. Dr. Sharrocks is down with it and now we shall have to pass through another period of suspense. Again we need the prayers of all. Miss Wambold who is on a visit to Mrs. McCarthy at English mines has been written to suggesting

마포삼열

한국, 평양

1902년 3월 25일

사랑하는 당신에게,

요즘 내가 당신에게 보내는 편지는 단순한 노트에 불과하여 문제를 다루지도 않고, 내가 쓰고 싶은 것은 대부분 쓰지 않은 채로 남겨두기 때문에 성이 차지 않소. 내가 떠날 날이 가까이 다가오면서 업무가 점점 더 강하게 나를 압박하기 때문이오. 나는 토요일에 돌아왔고, 나를 기다리던 업무의 거대한 소용돌이 안으로 뛰어들기 전에 다행히 주일에 쉬었소. 선교부 편지, 선교회 편지, 위원회, 시골과 시내 교회 문제, 세례 문답, 수많은 계좌 정리, 정원(과일나무 등, 과일나무와 씨가 오늘 도착했소), 서적 등등 하루 종일 쉬지 않고 일했기 때문에 나는 그 외에 어떤 일을 했는지 일일이 알 수 없소.

렉 부인은 여름까지 이곳에서 지내다가 귀국할 것인데, 내가 떠나기 전에 현재 유산 처분 절차가 진행 중인 재산을 그녀가 취득할 수 있도록 도와주고 싶소. 그녀는 유산 관리인이 될 것이오. 렉 목사의 생명보험 문제는 마침내 모두 해결되었소. 핸드 씨가 렉 목사가 보험 증권을 가지고 있었고 그가 사망하기 바로 10일 전인 12월 15일에 보험료가 지불되었음을 확인해주었소.

내가 시골에 나가 있는 동안에 웰즈 의사 부부에게 딸이 태어났고 산모와 아기는 건강하오. 그런데 며칠 후 밤에 웰즈 부인이 깨어 있을 때 강도가 침실에 침입했소. 그녀는 비명을 질렀고 도둑은 달아났소. 자다가 일어난 의사가 총을 가지고 도둑을 잡으러 문까지 달려갔지만 아무도 보이지 않았소. 그는 도둑이 달아났다고 생각한 방향으로 총을 세 발 쏘았소. 늘 그렇듯이 아무런 단서가 없소.

어제 웰즈 의사는 장티푸스를 치료할 준비를 하고 즉시 오라는 전보를 받고 선천으로 출발했소. 샤록스 의사가 그 열병에 걸려 쓰러졌으니, 이제 우리는 또 다른 긴장의 시기를 거치지 않으면 안 되오. 우리는 다시 모두의 기

that she go to visit Mrs. Sharrocks and I think we shall have to plan for either Mr. Bernheisel or Mr. Blair to go to assist Mr. Whittemore–after we hear from Dr. Wells. Everybody is on a strain with too much work and too many things demanding attention. I shall hold myself in all I can and expect to get through the month tired but all ready for a good rest. Examined 7 more for baptism today. We shall have a great day April 6th if all goes well. Lights & shadows continue. "Sarang" Kim tried to commit suicide because he had a quarrel with an old man.

More to write but this is all just now. With a heart full of love and a great heart longing for you.

Lovingly,
Sam

도가 필요하오. 영국 광산에 있는 맥카시 부인을 방문하러 가는 웜볼드 양이 샤록스 부인에게 가겠다고 제안하는 편지를 보내왔고, 웰즈 의사로부터 소식을 들은 후 나는 번하이젤 목사나 블레어 목사가 위트모어 목사를 도와주러 가도록 계획을 세우지 않으면 안 된다고 생각하오. 모두가 신경을 써야 하는 너무 많은 업무와 일로 인해 중압감에 시달리고 있소. 나는 최대한 건강한 상태를 유지할 것이고, 피곤하지만 쉴 준비를 하면서 한 달을 잘 버티리라 기대하오. 오늘 추가로 7명에 대한 세례 문답을 했소. 만사가 순조로우면 4월 6일은 굉장한 날이 될 것이오. 빛과 그림자는 계속되오. 사랑방 김 씨가 한 노인과 말싸움을 한 후에 자살을 시도했소.

더 쓸 게 많지만 이제 그만 줄이겠소. 내 마음에 당신에 대한 사랑과 갈망을 가득 채워서 보내오.

사랑하는,

샘

Samuel A. Moffett

Pyeng Yang, Korea

March 26, 1902

My Dearest:

Another great prayer meeting tonight and a much needed spiritual refreshment and invigoration for me. We expect Miss Parsons about April 20-25th and she writes that one of her objects in going round the world is to see our prayer meeting. Well, if we have such an one as we had last night she will be rewarded. I shall probably miss her. Wish she could be here a week from Sabbath when I baptize so many.

Busy does not describe these days. There is three times as much to do as I can possibly get done, so some of the things will simply have to be left undone. Spring work has begun and we have shifted the servants. Blairs take Whang Si & get a new outdoor man while Ki Man goes into the garden and Heung Nak takes my work and then acts as general overseer of the place, lawns, trees, garden, etc. during my absence.

The women were delighted with their thimbles and I with my handkerchief case. What you cannot think of is hardly to be found. The russet leather polish & shoe strings came also—but the mattress repair ticking (how is that for Korean idiom?) has not yet appeared.

Problems and items of interest are numerous—among them the Pieters case, Fusan situation, Tong Haks, etc. Think the outcome of the Pieters case will be a request for his appointment.

Mr. Ross is in Shanghai for rest. Mrs. Ross in Nagasaki under doctor's care. Miss Moore and Miss Menzies go home not to return, so it is said, and the "wicked flourish like a green bay tree." Probably the end is not yet.

Tong Haks are reported numerous and the date set for an uprising is April 20-27. I suppose if I leave just at that time it will be thought I am fleeing and once more the minds of the natives will be disturbed. Do not

마포삼열

한국, 평양

1902년 3월 26일

사랑하는 당신에게,

오늘 밤 [수요] 기도회도 아주 좋았소. 내게 매우 필요한 영적인 새로움과 활력을 얻었소. 파슨즈 양은 4월 20-25일쯤 올 것 같소. 그녀의 편지에 의하면 그녀가 세계 일주를 하는 목적 중 하나는 우리 기도회를 보기 위해서라고 하오. 만일 우리가 오늘 밤과 같은 기도회를 한다면 그녀는 온 보람이 있을 것이오. 나는 그녀를 보지 못할 게 거의 확실하오. 내가 많은 이에게 세례를 베풀게 될 때, 곧 그녀가 방문하기로 한 날보다 한 주 전 주일에 올 수 있다면 좋겠지만 그렇지 않아 유감이오.

바쁘다는 말로는 이 며칠을 묘사할 수 없소. 내가 해낼 수 있는 일의 양보다 3배나 더 많은 일이 있소. 그래서 어떤 일은 손도 못 댄 채 버려두지 않을 수 없소. 봄 사역이 이미 시작되었고 우리는 하인들을 교체했소. 블레어 부부는 황 씨를 데리고 가고 바깥일을 하는 남자 하인을 새로 구했으며, 우리 집에서는 기만(基萬)이에게 정원 일을 맡기고, 흥낙(興樂)이를 내가 없는 동안 내 일을 하면서 집, 잔디, 나무, 정원 등 전반적인 일을 감독하는 집사로 삼았소.

[집안 청소 결과] 여자들은 골무를 찾아서 기뻤고 나는 손수건 함을 찾아 기뻤소. 당신이 생각할 수 없는 것은 빼고 다 찾았소. 황갈색 가죽 광약과 신발 끈도 나왔다오. 그러나 침대 매트리스 수선용 천 자투리(이에 대한 한국어 표현은 어떻게 되오?)는 아직 나타나지 않았소.

문제와 흥미 있는 일이 수없이 많은데, 몇 가지만 보면 피터즈 건, 부산의 상황, 동학 등이요. 피터즈 건의 결과는 그의 [한국] 임명 요청이 될 것이오.

[부산의] 로스 목사는 휴식을 취하기 위해 상하이에 있소. 로스 부인은 의사의 치료를 받으면서 나가사키에 있소.[1] 무어 양과 멘지스 양은 본국으로

---

1 로스(Cyril Ross 盧世永, 1868-1963) 목사는 스코틀랜드에서 출생하여 교육을 받다가 가족이 캐나다

anticipate any trouble but they are unsettling the minds of many. Quite a number in the Cho Wangni group are reported to have become Tong Haks.

Miss Snook is back from a good visit to my section with Won Too's mother. Miss Best & Miss Henry have just returned from Whang Ju. Mr. Miller & Mr. Sharp are expected here before long coming up from a trip to Whang Hai Do. All goes well. More later—with all my love

Sam

돌아가 돌아오지 않을 모양이오. 그래서 이런 말이 있지 않소? "내가 악인의 큰 세력을 본즉 그 본래의 땅에 서 있는 나무 잎이 무성함과 같도다."[2] 그러나 이것이 끝은 아닐 것이오.

동학도는 수없이 많다고 보도되고 있는데, 거사하기로 정한 날은 4월 20-27일이라고 하오. 만일 내가 마침 그때 떠난다면 사람들은 내가 도망친다고 생각할 것이고, 그럴 경우 본토인들의 마음이 혼란스럽게 될지도 모른다는 생각이 드오. 곤란한 일이 일어나지는 않겠지만, 동학도는 많은 사람의 마음을 불안하게 만들고 있소. 조왕리의 미조직교회에서 꽤 많은 자가 동학도가 되었다는 보고를 받았소.

스누크 양과 원두 어머니가 함께 내 구역을 잘 방문하고 돌아왔소. 베스트 양과 헨리 양은 방금 황주에서 돌아왔소. 밀러 목사와 샤프 목사는 황해도 순회 여행을 마치고 곧 돌아올 예정이오. 모두 건강하오. 다음에 더 쓰리다. 내 모든 사랑을 담아,

샘

로 이민하고 이어 미국으로 이주하면서 파크 대학과 미국 맥코믹 신학교를 다녔다. 1897년 신학교를 졸업하고 한국 선교사로 내한하여 부산 선교지부에서 사역하다가 1902년 11월 선천 지부로 이주했다. 1937년까지 선천, 강계, 만주 지방에서 활동했다. 미국 일리노이 주 출신의 부인 Susan Frances Shank Ross(1874-1954)도 학생자원운동의 영향을 받아 선교사로 자원했다. 1896년 Northwestern University Woman's Medical School을 졸업한 그녀는 선천병원에서 부인과를 맡아 진료했다. 이 학교 출신 의사로 한국에 온 메타 하워드(1887년 졸업, 북감리회 여성해외선교부)와 릴리어스 호턴(1887년 졸업, 북장로회, 언더우드와 결혼)의 영향으로 수전 로스는 한국행을 택했다.

2 시편 37:35.

Samuel A. Moffett

Pyeng Yang, Korea

March 27, 1902

Alice my Dearest:

Now for a review of your letters with a view to answering questions, etc.

I had sent for Dr. W[ells] for a new candle for filter so one item is attended to and other items are noted.

Well—well—what a treat has just arrived. Our seeds came with Mrs. Swallen's and she has just sent them over and with them such a lot of surprises! Your dear father's note with the "Little Classics" pencils, rubbers, etc. and your books for the voyage. I have been longing for Dr. Gibson's book and had it on my list. I shall enjoy it, I know. The arithmetic for Quen Si's boy gives me a glimpse into your childhood days. I wonder what kind of girl you were. It seems given enough time I wake up to the fact that you had a history and a life before I knew you and that I had nothing to do with you then. Give my love to your father & mother.

Less than a month now & I will be on my way to you. In fact when this reaches you I will not be in Pyeng Yang. Am having Buddha packed today and beginning to get things ready. Will attend to all the commissions I can but if they are not done I'll not wait to do them, but start off for the May 5th steamer leaving everything.

How I miss you these Spring days! By the way, Rob & Tom write urging me to go on East in May or June instead of July as it is so hot there then. May is out of the question. A part of June & a part of July we can plan to spend in Madison. How short the time at home will seem, for come what may, if possible we must leave on Aug. 1st for return. I suppose we can secure passage after I get home & we talk over matters.

Mrs. Webb writes about their *Harper's Weekly*. I think all their copies went to Mr. Leck and were left in their house, were they not? If

마포삼열

한국, 평양

1902년 3월 27일

사랑하는 앨리스에게,

이제 당신의 편지를 다시 검토하면서 질문 등에 답하려고 하오.

나는 정수기에 넣을 새 필터를 위해 웰즈 의사에게 사람을 보냈소.[1] 그래서 한 품목은 조치를 취했고, 다른 품목들은 메모해놓았소.

자, 자, 방금 좋은 선물이 도착했소. 우리의 [채소] 씨앗이 스왈른 부인의 씨앗과 함께 배달되었소. 그녀가 이것을 우편으로 보냈는데, 그것과 함께 깜짝 놀랄 만한 다른 물건도 많이 왔소. 장인어른의 짧은 글과 함께 온 "리틀 클래식스" 회사의 연필 및 지우개 등과 당신이 보낸 여행용 안내서를 받았소. 나는 깁슨 의사의 책을 오랫동안 가지고 싶었는데 도서 구입 목록에 올려놓았소. 나는 그것을 즐겨 읽을 것이오. 권 씨 아들을 위해 보낸 산수책을 통해 나는 당신이 어렸을 때의 한 모습을 엿볼 수 있었소. 나는 당신이 어떤 모습의 소녀였는지 궁금하오. 내가 당신을 알기 전에 당신은 당신의 역사와 삶이 있었고 그때는 내가 당신과 무관했다는 사실을 깨닫는 데는 그 짧은 순간으로 충분했소. 내 사랑을 장인어른과 장모님께 전해주시오.

이제 당신을 만나러 갈 날이 채 한 달도 남지 않았소. 사실 이 편지가 당신에게 도착할 때면 나는 평양에 없을 것이오. 나는 오늘 불상(佛像)을 포장했고, 떠날 준비를 시작하고 있소. 할 수 있는 대로 위임받은 모든 일을 할 것이지만 그럼에도 못하는 일이 있다면 그것을 하려고 지체하기보다 만사를 남겨두고 5월 5일 자 기선을 타기 위해 떠날 것이오.

이 봄날에 얼마나 당신이 그리운지! 그런데 형 로버트와 동생 톰이 7월 대신 5월이나 6월에 동부로 가라고 강권하는 편지를 보냈소. 7월이면 그곳이 너무 덥기 때문이오. 5월은 불가능하니 고려 대상이 아니오. 우리는 6월

1 "a candle for filter"란 양초 모양의 정수기 필터로 지금은 "a candle water filter"라고 한다.

you write to her tell her that is my recollection & then add whatever you may know about them.

Feel a little less tired today and am getting along finely. All well.

With love more than ever,

Yours,

Sam

의 일부분과 7월의 일부분을 매디슨에서 보내기로 계획을 잡을 수 있소. 고국에 있을 시간이 얼마나 짧게 여겨지는지! 어떤 일이 있어도 가능하다면 우리는 8월 1일에 반드시 출발해서 돌아와야 하오. 내가 본국에 가면 이 문제를 함께 이야기한 후에 기차 객실을 예약할 수 있을 것이오.

웹 부인은 그들이 받아보던 주간지 「하퍼즈 위클리」에 대해 편지했소. 내 생각에 그들의 모든 잡지가 렉 목사에게 갔고 그 집에 남겨져 있는데, 그렇지 않소? 만일 당신이 그녀에게 편지를 한다면, 그게 내 기억이라고 전해주고 당신이 아는 대로 추가하면 되겠소.

오늘은 피곤을 조금 덜 느끼오. 잘 지내고 있소. 모두 건강하오.

이전보다 더 많은 사랑을 담아,

당신의,

샘

Samuel A. Moffett

Pyeng Yang, Korea

March 28, 1902

My own Alice:

This big envelope will carry you only a few lines from me but will give you several items of news and several glimpses into the work from other pens. I am working away at a great rate getting all done that I can each day hoping to leave things in the best shape possible. Sowed the white clover patch today and had garden plowed. Expect to set out fruit trees tomorrow.

Mr. Noble & his wife were here to supper tonight. They expect to build a brick foreign church after all—their Koreans all wanting it. From the point of view of civilization, of external appearances, of appeals to worldly motives, etc., that is certainly the best policy but I believe it will do great injury to the real spiritual interests of the work in Korea. However, that is a characteristic M. E. move.

Mr. Hunt returned from country yesterday—all well. One Too's mother has not been well since her trip with Miss Snook. She is some better now.

Only two months from yesterday & I will be with you, dearest. It makes my heart leap to think of it. What a joy you are to me even tho you are 10,000 miles away. Oh how thankful I am for you, dearest. All my love goes out to you. Love to father & mother.

Your own,

"Sambo"

마포삼열

한국, 평양

1902년 3월 28일

나의 앨리스에게,

이 큰 봉투에 내 글은 몇 줄밖에 없소. 하지만 다른 사람들의 펜에서 나온 여러 글에 몇 가지 소식이 담겨 있을 것이오. 나는 아주 빠른 속도로 일을 처리하며 매일 할 수 있는 일을 마무리하고 있소. 최대한 좋은 상태로 남겨놓고 떠나기를 바라기 때문이오. 오늘 마당 한쪽 구석에 하얀 꽃이 피는 클로버 씨를 뿌렸고 정원 흙을 갈도록 했소. 내일은 과일나무를 밖에 내어놓을 예정이오.

오늘 밤에 노블 목사와 부인이 저녁을 먹으러 이곳에 왔소. 그들은 결국 서양식 벽돌 교회를 건축하려고 하오. 그들과 함께하는 한국인이 그것을 원하기 때문이오. 문명의 관점에서 보거나 외양이나 세속적인 동기에 호소하는 측면 등에서 보면 그것은 분명 최선의 정책이지만, 나는 그것이 한국에서 사역을 영적으로 이해하는 데 있어 중대한 해악을 미치리라고 믿소. 그러나 그것이 감리회의 특징을 보여주는 조치요.[1]

헌트 목사가 어제 시골에서 돌아왔소. 모두 건강하오. 원두 어머니는 스누크 양과 함께 여행을 한 이후 몸이 별로 좋지 않았는데, 지금은 약간 좋아졌소.

이제 어제부터 계산하여 2개월만 있으면, 여보, 당신과 함께 있게 될 것이오. 그것을 생각하면 내 가슴이 뛰오. 당신이 비록 10,000마일이나 떨어져 있지만 당신이 내게 얼마나 큰 기쁨이 되는지! 오, 여보, 당신 때문에 얼마나 감사하는지! 내 모든 사랑을 당신에게 보내오. 부모님께 안부 전해주시오.

당신의,

"삼보"

---

1 노블 목사는 거창한 벽돌 건물에 반대하고, 외양에 치중하는 한국인의 이런 특성을 일종의 물신숭배(fetishism)로 보았다. 당시 감리회는 서양 문명과 기독교 복음이 같이 가는 "기독교문명" 이론을 지지하고 있었기 때문에 마포삼열은 이를 비판했다.

Samuel A. Moffett

Pyeng Yang, Korea

March 29, 1902

Alice my dearest:

A note from Miss Howell just received says: "You may have heard of the arrival of a dear little boy at our [Leck] house before the setting of yesterday's sun. Both the mother and babe are doing finely and we are all very happy." "6½ lbs"

How glad I am for Mrs. Leck. May her heart now receive the comfort she needed and be cheered.

I am glad too that my advice was taken and that she did not attempt to go home this month.

Here comes One Too's mother up the path—so she is better & getting well again.

All my love to you once again, dearest,

Sam

마포삼열

한국, 평양

1902년 3월 29일

내 사랑 앨리스에게,

하웰 양이 보낸 짧은 편지를 방금 받았는데 거기에 "귀하는 어제 해가 지기 전에 우리[렉 부인의] 집에 귀여운 남자아이가 태어난 것을 들었을 것입니다. 산모와 아기는 건강하며 우리 모두는 행복합니다. 6.5 파운드"라고 적혀 있었소.

렉 부인에게는 정말 기쁜 일이오. 이제 그녀가 필요한 마음의 위로를 얻고 쾌활해지기를 바라오.

그녀가 내 충고를 받아들여 이번 달에 본국으로 가려고 시도하지 않아서 또한 기쁘오.

원두 어머니가 저 밑에서 이리로 올라오고 있구려. 그걸 보니 그녀가 점차 좋아지고 있고 다시 건강을 회복하고 있음을 알 수 있소.

다시 한번 내 모든 사랑을 당신에게 보내오.

샘

Samuel A. Moffett

Pyeng Yang, Korea

March 29, 1902

My own Dearest:

I have been sitting here for almost an hour this Saturday evening re-reading all your letters and oh how full my heart is and how many things I want to write you of—but if I attempt to discuss with you all the items of interest in your letters I will not be able to tell you anything about affairs here. Comments on your letters I will reserve until I see you.

This has been a great day for me for I have worked only about 3 hours and have taken the rest of the day for gardening and for a run over to the Wells' and to Mr. Hunt's for a "chat." How I have enjoyed the gardening and what a mental relief it was. The trees, etc. all came in good condition. Heung Nak & I got in all the fruit trees, & I planted the shrubs down below the house and the roses where the sweet peas were last year—digging up the one in the middle of the lawn plot just in front of big pear tree and adding it to the row of rose bushes. The grape vines and berries I put in the ground and will try to get them planted out next week.

We are getting a number of improvements under way and Miss Snook is transforming things around the guest house. Placing the holly hock bed in the center of the blue grass triangle makes a great improvement. I have the plot all ready for sowing now—have filled in the low part between the grass sown last year and the new path—having the Korean grass border removed to what is now the border, thus leaving the holly hock bed in the centre. The clover plot is all sowed and so fortunately just after it was all sowed a light rain came up and it will certainly be a success now. Worked in garden today with a light rain falling all the time.

I gave Miss Snook permission to put in steps of flat stone & grass

마포삼열

한국, 평양

1902년 3월 29일

사랑하는 당신에게,

오늘 토요일 저녁 당신이 보낸 모든 편지를 다시 읽으면서 이곳에 거의 1시간 동안 앉아 있었소. 얼마나 내 가슴이 벅찬지! 얼마나 많은 것에 대해 당신에게 편지하고 싶은지! 만일 내가 당신 편지에 있는 흥미 있는 모든 항목에 대해 당신과 함께 토론하려고 시도하면, 이곳 일은 당신에게 전혀 말할 수 없을 것이요. 당신 편지에 대한 언급은 내가 당신을 만날 때까지 보류하겠소.

오늘은 내게 대단히 좋은 날이었소. 왜냐하면 단 3시간만 일했고 나머지 시간은 정원을 가꾸고 "한담"을 나누기 위해 웰즈 의사 집에 갔다가 헌트 목사 집으로 갔기 때문이오. 내가 얼마나 정원 가꾸기를 즐겼는지! 그것을 통해 얼마나 정신적인 안정을 취했는지! 나무와 다른 모든 것이 잘 자란다오. 홍낙이와 함께 모든 과일나무를 손질한 후, 나는 집 바로 밑 아래쪽에 관목을 심었고, 작년에 스위트피(향완두)를 심었던 곳에는 장미를 심었소. 큰 배나무 바로 앞 잔디밭 중간에 있는 장미를 파내어 장미넝쿨이 늘어서 있는 줄에 옮겨 심었소. 마당에 포도나무와 딸기를 심었는데 다음 주에는 이것을 바깥 정원에 옮겨 심을 것이오.

우리는 많은 곳을 개조하는 중이오. 스누크 양은 사랑채 주변을 바꾸고 있소. 삼각형 모양의 푸른 풀밭 중앙에 접시꽃 화단을 만들어서 산뜻하게 개선이 되었소. 나는 작은 텃밭을 만들어서 씨앗을 뿌릴 준비를 했고, 작년에 씨를 뿌린 잔디밭과 새로 만든 길 사이의 낮은 지대를 흙으로 채웠소. 한국 잔디로 만든 경계선을 옮겨 새 경계를 만들었는데 중앙에는 접시꽃 화단이 자리 잡고 있소. 마당 한쪽에 클로버 씨를 다 뿌렸는데, 파종이 끝난 후에 가벼운 비가 내려 비를 맞으며 정원 일을 했소.

나는 스누크 양에게 사랑채로부터 아래로 내려가 포도나무까지 지나가는 통로에 평평한 돌과 잔디로 만든 계단을 설치하도록 허락했는데, 그녀는

sod on the path from the guest house down past the grape vines and she has had it well done. She has some pretty good ideas about fixing up things around there and I am letting her go ahead. Now she has another idea which may also be a good one but which will have to wait until we can talk over matters and it has your approval. She wants to put a closet under the eaves at the back of the house—all the way along the "trunk room"—now Miss Henry's guest room—just where we arranged a rack for your chair [carrying chair]. It can be put in all right and she says that as they are likely to be there another year they would like to have the closet. She offers to put it in at their expense but that does not enter into the question.

We will talk it over when I get to you and let her know sometime in July. She & Miss Henry seem very happy & cheerful and are getting along all right so far as I can see. I examined 3 more women for baptism and the roll is now about finished—there may be a few more next week. On 6th of April we have the baptismal service.

This afternoon I had my final talk with the Japanese Consul on the subject of the "forged" (?) note of Choi Cho Si's sons. I believe it a forgery but I doubt if Choi can get justice in the Korean courts. He is inclined for that reason to compromise it out of court. I do not wonder and do not blame him—altho I would not do it—and so I have told him he must decide that point. Do not know what the outcome will be.

I must be off to bed for I want to get a good rest so as to prepare for a sermon tomorrow. The woman's class has gathered today—more than ever I hear are in attendance.

Mrs. Leck & baby both reported doing well. The Koreans are delighted to hear the good news.

Another mail due soon and I shall have more news from you. Am hungry as ever for it—but oh so hungry for you. 23 days more & I may start for you. By the time this reaches me you will know I am on the way—and already you have ceased to mail letters to Pyeng Yang. All are

그 일을 잘 완성했소. 그녀는 이곳 주변을 단장할 여러 가지 좋은 아이디어를 가지고 있었는데 나는 그 생각대로 하라고 말했소. 지금 그녀는 다른 아이디어를 가지고 있는데 아마 그것도 좋겠지만, 우리가 그 문제를 놓고 이야기할 때까지 기다리지 않으면 안 될 것이오. 당신이 허락할 일이오. 그녀는 집 뒤쪽 처마 밑에 "트렁크 방"(현재 헨리 양의 사랑방)이 있는 데까지 긴 옷장을 넣고 싶어 하오. 우리가 당신의 가마를 올려놓기 위해 시렁을 만든 바로 그 곳이오. 가마를 계속해서 제대로 올려놓을 수 있기에, 그녀는 자신과 헨리 양이 1년 더 머물러 있을 듯하므로 옷장을 가졌으면 좋겠다고 말하오. 그녀는 그들의 자비로 옷장을 넣겠다고 제안하니 문제 삼을 필요가 없을 것 같소.

내가 당신에게 가면 그것을 상의해서 7월에 우리 의사를 그녀에게 알려 줍시다. 그녀와 헨리 양은 행복하고 발랄해 보이고, 내가 보기에 지금까지는 사람들과 잘 어울리는 듯하오. 나는 여성 세례지원자 3명을 추가로 문답했는데, 지원자 명단은 거의 마감된 듯하오. 다음 주에 세례 지원자가 몇 명 더 있을지도 모르오. 우리는 4월 6일에 세례식을 거행하오.

오늘 오후에 나는 최[치량] 초시의 아들들의 "위조된" 어음을 주제로 일본 영사와 최종적으로 이야기를 나누었소. 나는 그것이 위조라고 믿지만, 최씨가 한국 법정에서 정의로운 재판을 받을 수 있다고는 생각하지 않소. 그는 그 이유 때문에 법정 밖에서 타협하기를 원하오. 비록 나라면 타협하지 않겠지만, 나는 그를 이상하게 여기지 않고 비난하지도 않소. 그래서 나는 그에게 그가 알아서 결정해야 한다고 말했소. 결과가 어떻게 될지 모르겠소.

내일 설교를 잘 준비하기 위해 충분한 휴식을 취해야 하므로 이제 잠자리에 들어야겠소. 여성 사경회가 오늘 모였는데 어느 때보다 많은 사람이 참석했다고 하오.

렉 부인과 아기는 건강하다고 하오. 한국인들은 좋은 소식을 듣고 기뻐하고 있소.

우편물이 곧 오면 나는 당신이 보낸 더 많은 소식을 받을 수 있겠지요. 나는 늘 당신의 소식을 허기진 마음으로 기다리오. 하지만 오늘은 더욱 애타게 기다리오. 23일만 지나면 당신을 향해 출발하오. 이 편지가 당신에게 도

well. Miss Ogilvy has been sick for two weeks–one with Dr. Harris, but is back again much better. She had a letter from you a short while ago.

With all my love, dearest, and love to all in the home–Mother, Father and adopted sisters.

Am eager to know whether mother Moffett got up to you.

Lovingly,

Sam

착할 때에는 내가 가는 중이라는 사실을 당신도 알 것이오. 이미 당신은 평양으로 편지를 보내는 일을 중단했을 것이오. 모두 건강하오. 오길비 양은 2주 동안 아팠고, 해리스 의사도 1주간 아팠으나 더 건강한 모습으로 돌아왔소. 얼마 전 그녀는 당신의 편지를 받았소.[1]

내 모든 사랑을 담아 당신에게 보내며 당신 집에 있는 모두에게, 곧 장인어른과 장모님과 양녀 여동생에게 안부를 전하오.

내 어머니께서 당신에게 가셨는지 여부를 간절히 알고 싶소.

사랑하는,

샘

1 해리스(Lillian A. Harris, 1865-1902) 의사는 미국 오하이오 출신으로 웨슬리언 대학과 신시내티 여자의과대학과 신시내티 디커니스홈에서 공부한 후 필라델피아 여자의과대학을 졸업(1897)하고 1897년 11월 감리회여성해외선교부 선교사로 내한했다. 서울 동대문 볼드윈진료소에서 1901년 4월까지 봉사하다가 5월에 평양 광혜여원으로 전임되었다. 그러나 장티푸스 환자를 치료하던 중 감염되어 1902년 5월 6일 사망했다. 1912년 서울 동대문에 세워진 부인병원은 그녀를 추모하여 "릴리언해리스기념병원"으로 명명되었다.

Samuel A. Moffett

Pyeng Yang, Korea

March 31, 1902

My own Dearest!

Last day of March—only 3 weeks more & I will be off for home.

The church was crowded yesterday—the women simply packing their side—the woman's class being now in session. Wednesday's meeting will have to be held in the church as Marquis Chapel is too small. Cold winds yesterday but warm sunshine today.

Had a good letter from Mr. Leck's mother yesterday—appreciating the letter I had sent to her. Korean mail not yet in—so your letter not yet here. Will look for it today.

Word from Syen Chyen is favorable. Dr. Wells reached there Thursday. Temperature [of Dr. Sharrocks] 102 to 104+. Dr. Wells reports Dr. Sharrocks is delirious at times but thinks all is favorable. Mrs. Sharrocks had written me some days ago wanting us to select wall paper for their house. She will send dimensions later. We can get it when we get ours for bedroom unless you have already purchased it.

Word from Mr. Paddock tells me he has examined my report as administrator & finds all correct and will give me my discharge after consultation with Dr. Allen (who is probably in Seoul now). This is a relief—for I did not like to leave here with that unsettled.

By a mail some time ago I sent you a check or draft of Mrs. Fischer's for £11-5-2 which I suppose will reach you safely. Think I made no mention of it afterwards and so do so now. Cash it & apply it wherever needed or keep on hand for future needs. All goes well—and I am not so tired as I was for a few days. Am getting along finely.

Lovingly,

Sam

마포삼열

한국, 평양

1902년 3월 31일

사랑하는 당신에게,

3월의 마지막 날이오. 3주일만 지나면 나는 본국을 향해 떠나오.

어제 교회는 붐볐소. 여성들이 여자석을 꽉 채웠는데, 여성 사경회가 진행되고 있기 때문이오. 마르키스 채플에서 모이는 수요 기도회는 공간이 너무 좁아서 본당 교회에서 모이지 않으면 안 될 것이오. 어제는 찬바람이 불었지만 오늘은 햇살이 따뜻하오.

어제 렉 목사의 모친으로부터 좋은 편지를 받았소. 내가 그녀에게 보낸 편지에 대한 감사 서신이었소. 한국 우편물이 아직 도착하지 않아 당신의 편지도 아직 여기에 오지 않았소. 오늘 찾아보리다.

선천에서 온 소식은 긍정적이오. 웰즈 의사가 목요일에 그곳에 도착했을 때 샤록스 의사의 체온은 102도에서 104도를 넘었소. 웰즈 의사는 샤록스 의사가 간혹 헛소리를 하지만 모든 상태가 긍정적이라고 전했소. 며칠 전에 샤록스 의사 부인이 내게 보낸 편지에서 그들의 집에 바를 벽지를 우리가 선택해주기를 바란다고 했소. 그녀가 나중에 방 크기를 알려줄 것이오. 만일 당신이 우리 침실의 벽지를 아직 사지 않았다면 우리 벽지와 함께 살 수 있을 것이오.

[주한미국임시대리공사] 패독 씨가 연락하기를 행정관으로서 내 보고서를 검토했으며 내용이 모두 사실이므로 (현재 십중팔구 서울에 있는) 공사 알렌 의사와 상의한 후 고소 취하가 이루어졌다고 했소.[1] 이것으로 안심이 되오. 왜냐하면 나는 이 문제를 해결하지 않은 채 떠나고 싶지 않았기 때문이오.

얼마 전 우편으로 당신에게 피셔 부인이 보낸 11파운드 5실링 2페니의 어음 수표를 보냈소. 그것이 당신에게 무사히 도착하리라고 생각하오. 내가

1 아마도 최치량 아들의 위조 어음 사건인 듯하다.

이후에 그것에 대해 언급하지 않았다는 생각이 나서 지금 말하는 것이오. 현찰로 바꾸어 필요한 곳이나 앞으로 필요한 일에 쓰도록 하시오. 모두 건강하오. 나는 며칠 동안 피곤했지만 오늘은 별로 피곤하지 않소. 나는 잘 지내오.

사랑하는,

샘

Samuel A. Moffett

Pyeng Yang, Korea

April 1, 1902

Alice my Dearest:

Yesterday I was made glad again by two good letters from you telling me the same old story which I long to hear. Oh for a good long talk with you. I do long for you so when I get real tired and have a headache and feel pretty blue. I used to get along pretty well alone but I cannot do it now. You are an essential part of my very life and I am no longer myself without you.

I was reading on Sabbath and came across these words of Spurgeon– "There is something very sweet in love; whether it is sweetest to be loved or to love, I know not, but certainly when the two meet together they are like two rivers which have flowed through a rich and fertile country and combine to make some master lake, some inland sea." How much more such sentences mean than they used to.

Your letters were a treat but how hungry they make me for more. As the time approaches for me to leave I am getting more & more impatient. It is a good thing I am busy and busy indeed I am from morning till night.

You should see the woman's class in session–the largest one yet gathered, the Marquis Chapel full of them and oh such a happy crowd of women. They are running all over the community and having such a good time seeing our homes & us & singing & studying. Many are the inquiries for you and they are all delighted to hear of your progress in health. How much I enjoy all you tell me about yourself, your doings, your thoughts, etc. Am glad you like living & sleeping outdoors. Am not quite sure that you are not occasionally yielding to the temptation to try to "accomplish something"–for reading between the lines I think you are doing a pretty good deal of planning & thinking. Just give your

마포삼열

한국, 평양

1902년 4월 1일

사랑하는 앨리스에게,

어제 나는 내가 듣기를 고대하던 동일한 옛날이야기를 담은 두 통의 좋은 편지를 당신에게서 받고 다시 즐거워졌소. 아! 당신과 함께 즐겁고 긴 대화를 할 수 있다면! 내가 정말 지쳤을 때, 두통이 있을 때, 그리고 아주 우울할 때 나는 당신이 정말 그립소. 나는 독신으로 사는 데 꽤 이력이 났었으나, 지금은 그렇게 살 수 없소. 당신은 내 삶의 본질적 부분이며 당신이 없다면 나는 이미 내가 아니오.

주일에 책을 읽다가 우연히 스펄전이 한 이런 말을 보게 되었소.[1] "사랑에는 매우 달콤한 어떤 것이 있다. 사랑받는 것이 가장 달콤한지 아니면 사랑하는 것이 가장 달콤한지 나는 모른다. 그러나 분명히 두 사람이 함께 만났을 때 그들은 풍요하고 비옥한 대지를 흐르는 두 개의 강이 된다. 그리고 이 두 강은 합류하여 가장 큰 호수를 이루거나 내해(內海)를 이룬다." 과거에 비해 지금 그 문장들이 의미하는 바가 얼마나 많은지!

당신의 편지는 특별 선물이지만, 내가 더 많은 편지를 받고 싶도록 만든다오. 떠날 시간이 가까워지면서 나는 더욱더 참을 수가 없게 되오. 내가 바쁜 것은 좋은 일이지만 아침부터 저녁까지 정말 바쁘다오.

당신이 여성 사경회반을 봐야 하는데! 지금까지 모인 것 중 가장 큰 규모로, 마르키스 채플에 행복한 여성의 무리가 가득하다오. 그들은 모든 마을을 돌아다니고, 우리 집과 우리를 보고, 노래하고 공부하면서 즐거운 시간을 보내고 있소. 많은 여성이 당신 안부를 물었고, 당신 건강이 호전되었다는 말을 듣고 모두 기뻐했소. 나는 당신이 당신 자신에 대해, 당신이 하는 일과 생각

1 스펄전(Charles Haddon Spurgeon, 1834-1892)은 영국 청교도 신학의 침례교 목사로 22세에 런던에서 가장 유명한 설교자가 되었다. 몰려드는 청중을 위해 1861년 메트로폴리탄 태버너클(Metropolitan Tabernacle)을 건축했는데 매주 약 10,000명의 회중이 그의 설교를 들었다.

brain a little rest and quit trying to plan things for running the universe, dearest, and be real lazy and don't care if things do not go right for a while.

Will try to get the medical books you wrote about & have them ready to go with me.

Today I have been pretty well used up–tired & with a headache. Too many things to do and no rest. If I can just hold out for 3 weeks more and get the necessary things done then I am all right–for oh what a rest it will be to get away from all here and to get with you. Please make no engagements for me to speak while at home. Of course I shall have to tell about things here wherever I may be as opportunity offers–but I am making no formal arrangements for addresses.

A letter from Mother at Redlands says she does not think she will be able to go on up to San Rafael and accept your cordial invitation. How I wish she could. It does seem too bad for her to be so near and yet not get to see you. She thinks there are too many of them and would make you & your Mother a lot of trouble while you are not well, etc., etc. Oh! we are a queer lot–we are. And are dreadfully afraid of making trouble for people.

What a precious thing it is, dearest, that we understand each other as we do and how nice it is to be understood.

No further news as yet from Syen Chyen. All here are well. Mrs. Leck & baby doing nicely.

Improvements in garden & compound go on each day. Got the lawn plot filled in and seed planted today. Have been trying to decide on a place for the new grape vines and have finally decided on the bed of strawberries up on the terrace–the part of it nearest to the terrace facing south. Will get them in tomorrow and then all will be safely & permanently planted. The lilac bush was not in the box but that was the only thing lacking.

The chief objection to being away from here this year is that we

등에 대해 내게 말해준 모든 것을 기쁘게 읽었소. 나는 당신이 집밖에서도 잘 살고 그것을 좋아해서 즐겁소. 나는 당신이 "뭔가를 성취하고" 싶은 유혹을 때때로 뿌리치지 못한다는 생각이 드는구려. 당신 편지의 행간을 읽으면, 당신이 아직도 많은 일을 계획하고 생각하고 있는 것으로 보이오. 잠시 당신 두뇌에 휴식을 주고, 우주를 운행하기 위해 계획을 세우는 것도 그만두시오. 여보, 진짜 게으르게 되시오. 잠시 세상이 제대로 안 돌아가도 신경 쓰지 마시오.

당신이 편지에 쓴 의학 서적은 찾아보고 갈 때 가지고 가겠소.

오늘 일이 많아서 지칠 대로 지쳤고 두통이 있소. 할 일은 너무 많고 쉬지는 못하오. 만일 내가 3주간만 더 버티면서 해야 할 일을 처리할 수 있다면 나는 괜찮소. 아, 이 모든 것으로부터 벗어나 당신과 함께 있게 되면 얼마나 안식이 될지! 본국에 있는 동안 내가 설교할 일정을 예약하지 마시오. 물론 기회가 주어지면 어디서나 이곳의 일에 대해 말하지 않을 수 없겠지만, 나는 공식 일정을 잡아 설교하고 싶지는 않소.

어머니께서 애리조나 레드랜즈에서 보낸 편지에서 샌라파엘까지 갈 수 없고 당신의 따뜻한 초청을 받아들이지 못할 것 같다고 말씀하시오. 나는 어머니께서 그렇게 하시기를 간절히 바랐지만 그렇게 하실 수 없어 유감이오. 어머니는 그렇게 가까이 가고서도 당신을 보러 가지 못해 마음이 몹시 상하셨을 것이오. 어머니는 자신이 가게 되면 너무 많은 사람이 가게 되므로 당신 몸도 좋지 않은데 장모님과 당신에게 큰 폐가 된다고 생각하신 듯하오. 아, 우리는 정말 얼마나 이상한지! 우리는 사람들에게 폐를 끼칠까 몹시 염려한다오.

여보, 우리가 서로를 이해하고 또 이해받는다는 게 얼마나 소중한 일인지!

선천으로부터 새 소식은 없소. 이곳에 있는 모두 건강하오. 렉 부인과 아기는 잘 지내오.

정원과 구내의 개조는 매일 진행되고 있소. 잔디밭에 흙을 채웠고 오늘은 씨를 뿌렸소. 새 포도나무를 심을 장소를 물색하다가 마침내 툇마루 옆 위쪽 딸기밭에 심기로 정했소. 그 부분은 툇마루에서 가장 가까운 곳으로 남

cannot do much towards carrying out our plans for the place. However, the year will not be without some improvements. What a joy to plan & work & live with you dearest.

Your own,

Sambo

향이오. 내일 포도나무를 구해서 모두 안전하고 영구적으로 심을 것이오. 라일락 관목은 상자 안에 없었는데 그것이 유일하게 빠졌소.

올해 이곳을 떠나는 것을 반대하는 가장 큰 이유는 우리가 이 장소를 위한 우리의 계획을 실행할 수 없기 때문이오. 하지만 올해는 약간의 개조 없이 지나가지 않을 것이오. 당신과 함께 계획하고 일하고 사는 것이 얼마나 큰 기쁨인지!

당신의,

삼보

Samuel A. Moffett

Pyeng Yang, Korea

April 2, 1902

Alice My Dearest:

Back again from another good prayer meeting. Mr. & Mrs. Blair went down with me tonight. Eight or nine hundred people there and a good meeting. Am about through the examinations and have 141 on the roll to be baptized on Sunday next.

Word from Syen Chyen reports Dr. Sharrocks seriously ill–delirious and wild. Dr. W[ells writes that it is very serious but not immediately dangerous. We wait eagerly for news that the crisis is passed.

The wind has been blowing hard all day and it has turned cold & uncomfortable. Hope it will not freeze tonight but it looks very much like it. Wind has made me nervous all day and I am as restless as can be tonight. Am homesick too and want to see you. Am tired and mad and irritable & everything else and feel like growling. Am going to bed and rest up and add some more to this tomorrow when I feel better. I love you all the same if I am "growlly" and oh, how I long to get to you. I enclose Rob's comments on our trip to Madison. My idea has been that we would spend last of June & first of July there. Any way we fix it our stay both in San Rafael & in Madison will be too short–but we will have to do the best we can. If I could see any way to accomplish it I would leave here earlier–but I think it is out of the question and we will be thankful that we get the time we can.

Love to all and all my love to my own precious wife from your own

"Sambo"

마포삼열

한국, 평양

1902년 4월 2일

사랑하는 앨리스에게,

다시 한번 좋은 기도회에 참석하고 돌아왔소. 오늘 밤에는 블레어 목사 부부와 함께 내려갔소. 800명에서 900명 정도 되는 교인들이 그곳에 있었는데 좋은 모임이었소. 나는 세례 문답을 거의 마쳤고, 다음 주일에 세례를 줄 명단에는 141명이 올라와 있소.

선천에서 오는 소식에 의하면 샤록스 의사가 심하게 아프다고 하오. 정신착란 증세와 난폭한 행동까지 나타나고 있소. 웰즈 의사 말로는 증세가 심한 편이지만 당장 위험하지는 않다고 하오. 우리는 그가 고비를 잘 넘기기를 바랄 뿐이오.

종일 바람이 심하게 불었고 날씨도 추워져 거동이 불편하오. 오늘 밤 얼음이 얼지 않기를 바라지만 얼 것 같소. 바람 때문에 내내 신경이 곤두섰고 오늘 밤에는 잠도 오지 않소. 향수병에도 걸렸고 당신이 보고 싶소. 나는 고단하고 화가 나고 예민하여 만사가 귀찮고 투덜거리고 싶소. 이제 잠자리에 들려고 하는데 푹 쉬고 싶소. 내일 기분이 좀 좋아지면 이어서 쓰리다. 내가 "투덜"거리더라도 동일하게 당신을 사랑하오. 아, 얼마나 당신이 있는 곳에 가고 싶은지! 매디슨으로 가는 우리 여행에 대한 로버트 형의 의견을 동봉하오. 지금까지 내 생각은 6월 말과 7월 초를 그곳에서 보내는 것이었소. 아무튼 우리가 샌라파엘과 매디슨에서 보낼 시간이 너무 짧소. 하지만 그 시간을 최대한 선용해야 하오. 아무튼 내가 이곳을 더 일찍 떠날 방안이 있다면 찾아보겠지만 그건 가능하지 않소. 우리에게 주어진 시간에 감사해야 할 것이오.

모두에게 사랑을 전하며 내 소중한 아내인 당신에게 내 모든 사랑을 전하오.

당신의,

"삼보"

Robert Bowman Moffett [brother of Samuel A. Moffett]

from Arizona

date?

Dear Sam:

Here we are in Arizona [mother and I]—all well and in a few weeks we move farther west to San Diego, the city of flowers.

So you see we are almost meeting you half way—so near and yet so far.

A few days ago Tom [their younger brother, a missionary to the Navaho Indians] and I were talking over your homecoming and we were fully agreed that you should by all means arrange to spend June instead of July on the hill. June is beautiful—July is fearfully hot and our little hill top cottage is far from cool in hot months.

Tom says if you will come in June he will come home and we will have Susie [their sister] come down. Madison is the hottest place on earth during July and Tom doesn't want to have such a warm reception. Really, Sambo, if it is possible to spend either May, June or September instead of July and August with us, by all means plan to do so. Come in May or the first of June. Our hill top will be beautiful at that time and it will be fine to have Susie and Tom home at the same time.

I have just thought of another objection to July and August—Mr. Bodell will be away on his vacation and our church will be closed. However, this is not so important as the weather. But Mr. Bodell would be very sorry to miss you.

Write us that we may expect you home in May or June.

Yours fraternally,

Rob

로버트 보우먼 마페트[마포삼열의 형]

애리조나

1902년 날짜 미상

샘에게,

우리[어머니와 나]는 이곳 애리조나에 있단다. 모두 건강하다. 몇 주 후에는 더 서쪽으로 가서 꽃의 도시 샌디에이고에 갈 거야.

그래서 네가 보듯이 우리는 너를 만나러 반쯤 왔다. 가까이 왔지만 여전히 너무 멀구나.

며칠 전 [나바호 인디언 선교사로 있는] 동생 톰과 나는 네 고국 방문에 대해 이야기했어. 우리는 네가 어떤 일이 있어도 7월이 아니라 6월에 고향의 언덕에서 시간을 보내도록 일정을 잡아야 한다고 동의했어. 6월은 아름답지만 7월은 끔찍하게 덥고, 언덕 위에 있는 우리의 작은 오두막집은 더운 여름에 전혀 시원하지 않거든.

톰은 네가 6월에 오면 자신도 그때 집으로 오고 수지도 내려오도록 할 거라고 말했어. 매디슨은 7월에 지구상에서 가장 뜨거운 곳이란다. 톰은 그렇게 더울 때 너를 환영하고 싶지 않대. 정말, 삼보야, 가능하다면 6월이나 7월은 피하고 5월이나 6월, 혹은 9월에 와서 우리와 함께 지내도록 어떻게든 계획을 세워보기 바란다. 5월이나 6월 초에 와라. 그땐 언덕 꼭대기가 아름다울 거야. 그리고 수지와 톰과 함께 있으면 좋을 거야.

네가 7월과 8월 사이에 오는 것을 반대하는 또 다른 이유가 방금 생각이 났다. [담임목사인] 보텔 목사님이 휴가를 떠나서 없고 우리 교회는 문을 닫을 거야. 이것은 기후만큼 중요하진 않지만 보텔 목사님이 너를 만나지 못하면 매우 섭섭하실 거야.

우리의 기대처럼 네가 5월과 6월 사이에 올 수 있는지 편지해주기 바란다.

형 로버트

Samuel A. Moffett

Pyeng Yang, Korea

April 3, 1902

My Dearest:

The wind has been howling all day and everybody is on a nervous tension longing for it to stop and hoping for real spring weather. It froze again last night but I hope no serious damage was done to rose bushes or newly planted plants, etc.

I have spent a good part of today in talking with officers & Christians about the duty of the Christians in matters now before them as citizens. The magistrate called a number of them in to confer on the subject of a tax he wants to collect. The tax is illegal and they all told him so but just what they ought to do is a question. For complications commend me to Korean governmental affairs.

Choi Cho Si's case seems to have dropped out quietly so far–and it is said the Japanese who was trying to work his schemes is going back to Japan. For the time at least Choi is victor and all is quiet. What the future will reveal I know not.

Took a walk this afternoon with Hunt & Baird to the cemetery to consult about a care taker for it. The hedge planted last year seems to be in pretty good shape and will probably do well this year.

Mr. Bernheisel left this afternoon for Syen Chyen to assist in nursing. Dr. Wells' letter received yesterday said "situation serious but not immediately dangerous."

I am getting impatient to leave for home. Will be glad when next Sabbath's work is over and that accumulated work of the year has been attended to. Have 146 accepted for baptism.

Love to you and more of it as the day for joining you comes.

Sam

마포삼열

한국, 평양

1902년 4월 3일

사랑하는 당신에게,

하루 종일 찬바람이 심하게 불었소. 모두가 바람이 멈추고 봄다운 기후가 되기를 바라며 신경이 곤두서 있소. 어젯밤 다시 얼음이 얼어서, 나는 장미나 새로 심은 식물에 심각한 피해가 없기를 바랄 뿐이오.

나는 오늘 교회 직원들 및 교인들과 함께 현재 그들이 시민으로서 직면한 사건에서 기독교인의 의무에 대해 이야기하며 많은 시간을 보냈소. 관찰사가 그들 중 많은 사람을 불러서 그가 징수하고 싶은 세금을 주제로 의논했소. 그들은 모두 세금이 불법적이라고 관찰사에게 말했소. 그러나 그들이 무엇을 해야 하는지가 문제요. 사안의 복잡성 때문에 내가 한국 정부 일에 관여하게 되었소.

최[치량] 초시 사건은 지금까지는 조용히 기각된 듯하오. 계략을 꾸몄던 일본인이 일본으로 돌아간다는 말을 들었소. 당분간 최 씨가 승리자가 되었고 모든 것이 조용하오. 앞으로 어떤 일이 벌어질지는 모르겠소.

오늘 오후에 헌트와 베어드와 함께 [외국인] 공동묘지까지 산책을 나가서 그곳 묘지기에 대해 의논했소. 작년에 심은 울타리는 제대로 모습을 갖춘 것처럼 보였고 올해엔 잘 자랄 것 같소.

번하이젤 목사는 오늘 오후에 간호를 돕기 위해 선천으로 떠났소. 웰즈 의사의 편지를 어제 받았는데 "상황은 심각하지만 당장 위험한 것은 아닙니다"라고 말했소.

나는 본국으로 돌아갈 생각에 점점 안달이 나오. 다음 주일 모든 일이 끝나면 기쁠 것이오. 그동안 쌓아놓은 일은 처리되고 있소. 세례를 주기 위해 146명을 받아들였소.

당신에게 사랑을 보내오. 당신을 만날 날이 가까이 오니 더욱더 많은 사랑을 전하오.

샘

Samuel A. Moffett

Pyeng Yang, Korea

April 4, 1902

My own Alice Dearest:

What have I done today beside thinking of you? Well–quite a good many things altho nothing very steadily. Called on the magistrate this morning in behalf of Choi Cho Si–talked with about a dozen people here on as many different subjects, examined one more for baptism making 147 now accepted, bought another field and sent Chan Ik to buy still another, examined the mirror and found that it came all right, wrote my narration for station meeting next week and wrote first draft of a letter to a missionary in China, Miss Silver, who wants to know the "secret of our success," etc. Did a lot of other little things and this evening sat & talked all evening with Mr. E. H. Miller, who arrived from Seoul this afternoon. He & Mr. Sharp have come to stay for a while and we shall all greatly enjoy their visit. How I wish I could talk over with you all the various events & doings instead of making a mere jotting of them. The women of the class, 150 or more of them, are running over everything & everybody–so happy and so full of good cheer. Miss Best says we will have to have more buildings to accommodate the classes. Sabbath I expect to see things simply crowded at the big church. May the good work go on.

The chief thought in my mind these days is a great longing to see you and just be with you again. Pretty nearly as impatient as I was three years ago about this time.

No news today from Syen Chyen. Dr. Follwell was over today and we had a long talk. He thinks Wells' letter indicates a very serious case [referring to the illness of Dr. Sharrocks]. Yesterday the critical period will have begun. We are in constant prayers.

All my love, dearest to you, Sam

마포삼열

한국, 평양

1902년 4월 4일

사랑하는 나의 앨리스에게,

내가 오늘 하루 당신을 생각하는 것 외에 무엇을 했을까? 글쎄, 비록 꾸준히 한 일은 없지만 많은 일을 했다오. 오늘 아침 쵀 초시를 위해 관찰사를 방문했고, 이곳 교인 약 12명과 여러 주제에 대해 이야기했소. 세례 신청자 한 명을 더 문답하여 지금까지 147명을 통과시켰고, 밭을 하나 샀는데 다른 밭을 사기 위해 찬익이를 보냈고, 보내준 거울을 살펴보고 그 물건이 무사히 도착했음을 알았고, 다음 주에 있을 선교지부 회의에서 발표할 보고서를 작성했고, "우리 사역의 성공 비결"을 알고 싶어 하는 중국 선교사 실버 양에게 보내는 편지 초고를 썼소. 그 밖에 사소한 일을 많이 했고, 저녁에는 서울에서 올라온 E. H. 밀러 목사를 만나서 밤까지 이야기를 나누었소. 그와 샤프 목사가 잠시 머물기 위해 왔는데, 우리는 모두 그들의 방문을 크게 반겼소. 여러 다양한 사건과 일에 대해 단순히 적는 대신에 당신과 함께 그것을 이야기하면 얼마나 좋겠소! 여성 사경회에 참석한 150여 명은 모든 것을 하고 모든 사람을 만나고 있으며 행복하고 활기가 넘치오. 베스트 양은 사경회 참석자들을 수용하기 위해 더 많은 건물을 확보해야 한다고 말하오. 오는 주일에는 큰 교회가 사람들로 차고 넘치리라고 예상하오. 좋은 사역이 계속 되기를 비오.

요즘 내 마음에 주로 드는 생각은 당신을 보고 다시 당신과 함께 있기를 바라는 간절한 갈망뿐이오. 나는 3년 전 이맘때처럼 거의 참을 수 없는 한계에 도달했소.

오늘은 선천으로부터 소식이 없소. 폴웰 의사가 오늘 건너와서 함께 긴 대화를 나눴소. 그는 웰즈 의사의 편지를 보면 [샤록스 의사의 병이] 심각한 경우임을 알 수 있다고 했소. 어제 위험한 시기가 시작되었을 것이오. 우리는 쉬지 않고 기도하고 있소.

사랑하는 당신에게 내 모든 사랑을 전하며, 샘

Samuel A. Moffett

Pyeng Yang, Korea

April 7, 1902

My own Dearest:

Yesterday was truly a great day. Just before going to church I received your good letter with all its messages of love so dear to my heart and the good news of the prospects for a bell. Also there came a beautiful letter from Susie which did me good and a good letter from Mother Moffett.

Then I went to church and altho it was raining hard the church was packed with oh! such a happy crowd of people. I baptized an even 140–82 women & 58 men ranging all the way from 10 years of age to 85 years. It was a great service and certainly mine was a very great privilege. How I wish you could have been with us–It was a joyful day to many and a great sight for the women in attendance upon the class. There were also 17 catechumens received. Today has been an unusually full & busy one–station meeting in the afternoon crowding things together and a meeting of the Exec. Com[mittee] of [the] Committee of Missions tonight. Funds warrant the putting on of 2½ more missionaries and so we have planned.

At station meeting I made request for 800 yen this year for a house in An Ju and have little doubt of getting approval.

April 8–your birthday

Today we have quarterly meeting & reports of Com. of council. Have just made up my report showing 244 baptisms of adults and 279 catechumens received since the middle of January. Yesterday at station meeting we elected Mr. Swallen & Mrs. Baird to prepare the General Report this year.

마포삼열

한국, 평양

1902년 4월 7일

사랑하는 당신에게,

어제는 정말 대단한 날이었소. 교회로 출발하기 바로 전에 당신의 편지를 받았소. 그 사랑의 메시지는 내 마음에 소중하게 다가왔고, 교회 종을 받을 수 있다는 좋은 소식도 반가웠소. 또한 수지 누나로부터 아름다운 편지를 받아 기분이 좋았고 어머니로부터도 반가운 편지를 받았소.

이어서 나는 교회로 갔는데, 비가 퍼붓고 있었음에도 불구하고 교회는 꽉 찼소. 아! 그렇게 행복한 사람들의 무리라니! 나는 140명에게 세례를 주었는데, 여자 82명과 남자 58명으로, 10세부터 85세까지 다양한 연령층이었소. 그것은 은혜로운 예배였고 나는 분명히 대단한 특권을 누렸소. 당신이 우리와 함께 있었더라면 얼마나 좋았겠소! 많은 사람에게 기쁜 날이었고, 사경회에 참석한 여자들에게는 대단한 광경이었소. 또한 17명을 학습교인으로 받았소. 오늘은 평소와 달리 종일 바쁜 날이었소. 오후에는 선교지부 회의가 열렸고 많은 문제를 다루었소. 그리고 전도회 실행위원회가 오늘 밤에 열렸는데, 전도인 2.5명을 추가로 세울 기금이 마련되었으므로 이를 위한 계획을 세웠소.

나는 올해 안주(安州)에 사택을 마련하기 위한 800엔을 선교지부 회의에 요청했으며 틀림없이 승인될 것이오.

4월 8일—당신의 생일

오늘 우리는 공의회위원회 분기 회의를 열고 보고서를 받았소. 내가 그 직전에 완성한 개인 보고서를 보면 1월 중순 이후 성인 세례 244명, 학습교인 등록 279명이오. 어제 선교지부 회의에서 스왈른 목사와 베어드 부인을 올해

This is your birthday and a whole heart full of love goes out to you. Wish I had some other gift for you & could present it in person today.

Community news–We still long to hear of further improvement in Dr. Sharrocks' condition. Latest report showed more favorable condition–somewhat better. They have telegraphed for Dr. Field–probably for Mrs. Sharrocks as they will want a physician there for some months.

Miss Miller has joined the M. E. force here and Miss Howard came up with her for a visit.

Saw Mrs. Leck and the baby yesterday. She is getting along nicely and the little fellow looks fine altho he is pretty small even for a baby.

We are to have a reception here "house picnic" tonight and Mrs. Blair is in the midst of preparations. The women's class is also to be entertained here & at Mrs. Hunts this afternoon–about 300 of them all told. Never have I seen such a happy crowd of women.

We are having a good spring rain which means much for the crops & the country. All goes well. Had a hard headache yesterday but am all right again today. Two weeks more and I will be off for America & you.

I take tiffin at Mrs. Wells' today with Mr. E. H. Miller.

Love to father & mother. Hurrah for the bell! We get everything we want and ought to have for this work–and such a work as it is–a perfect joy all the time.

With all my love, my precious,

Your own,

Sambo

지부의 연례 보고서 작성자로 선임했소.

오늘은 당신의 생일이오. 온 맘에 사랑을 담아 당신에게 보내오. 다른 선물이 있어 당신을 만나서 줄 수 있으면 좋겠지만 그럴 수 없어서 유감이오.

선교사 공동체 소식이오. 우리는 여전히 샤록스 의사의 증세가 호전되었다는 소식을 간절히 기다리고 있소. 최근 보고는 다소 나아서 더 좋은 상태라고 하오. 그들은 필드 의사를 보내라고 전보를 쳤는데, 아마도 샤록스 의사 부인을 위해서일 것이오. 그들은 선천병원에 몇 달간 있을 의사를 원한다오.[1]

밀러 양이 이곳 북감리회 지부에 임명되어 왔고, 하워드 양은 이곳을 방문하러 그녀와 함께 왔소.

어제 렉 부인과 아기를 보았소. 그녀는 잘 지내고 있으며, 아기는 비록 다른 유아에 비해 몸이 작지만 좋아 보였소.[2]

우리는 오늘 밤 이곳에서 "하우스 피크닉"을 열어 접대해야 하는데 블레어 부인이 준비하는 중이오. 여성 사경회 참석자들도 오늘 오후에 이곳과 헌트 부인 집에서 대접할 것인데, 약 300명이라고 하오. 나는 지금까지 그렇게 행복한 여성들을 본 적이 없소.

반가운 봄비가 내려서 곡물이나 시골 사람들에게 단비가 되었소. 모두 건강하오. 나는 어제 심한 두통을 앓았지만 오늘 다시 좋아졌소. 2주만 지나면 고향과 당신에게로 떠날 것이오.

나는 오늘 웰즈 부인 집에서 밀러 목사와 함께 점심을 먹었소.

장인, 장모님께 사랑을 전하오. 교회 종 만세! 우리는 이 사역을 위해 우리가 원하고 있어야 하는 모든 것을 얻고 있소. 이 일은 이와 같이 위대한 사역이고 언제나 완벽한 기쁨이오.

소중한 당신에게 내 모든 사랑을 담아서, 당신의, 삼보

---

1 장로회선교회는 1901년 11월 연례 회의에서 서울의 제중원에 2명의 의사가 있는 것을 반대하는 에비슨 의사의 주장에 따라 부인과를 맡고 있던 필드 의사를 전도 사업에 집중하도록 했다. 에비슨은 신축하는 세브란스병원에 부인과를 별도로 설치하고 여의사를 배치하는 것도 반대했다. 병원 전체가 한 명의 병원장의 관리하에 있어야 한다고 보았기 때문이다. 따라서 샤록스 의사의 질환으로 선천병원에 근무하는 의사가 없기 때문에 서울의 필드 의사를 요청한 것이다. 한편 건강이 나빠진 서울 제중원의 쉴즈 간호원은 1903년 선천에 임명되어 전도 활동을 하게 된다.

2 생후 10일째였다.

Samuel A. Moffett

Pyeng Yang, Korea

Thursday Morning, April 10, 1902

Alice My Dearest:

Was too late and too tired last night to write you the events of yesterday so a few lines this morning. Tuesday night (your birthday) we had a gay time of it here—the whole community gathering for a frolic. It was a house picnic. We sat on cushions on the floor—the house lighted with lanterns being here & there. We worked out the "menagerie" or field names of animals, hunted for four leaf clover scattered with other clover leaves over the floor. Played blindman's cat, had ice cream and cake with fancy paper caps and our characters given us to read aloud. All told the evening was quite a success and for several hours we laughed & played and thought not at all of our work. That day also I took dinner with Mr. Miller at the Wells' so it came about that I celebrated your birthday in great style. It was a case of "Hamlet with Hamlet left out," however, and I want no more of that kind. I wish you could know how lost I feel without you out here. How it comes over me whenever I get a little relief from work which enables me to think about it a little more.

Yesterday was a busy day—looking after all sorts of church work & writing letters. In the afternoon we had quite a discussion over proposition to get Dr. Field to go to Syen Chyen. Dr. Sharrocks is convalescent but they want & need her for Mrs. Sharrocks and Wells wants to be relieved at once. Vinton telegraphed that Dr. Field would come if relieved by Miss Best. So we are not making bargains when such questions are involved. We had quite a discussion as to how to make Seoul do its duty.

Prayer meeting was as usual helpful last night. We elected two deacons, Pang Hoa Choung and Yi Syek Koan (Dr's teacher), and will elect two more next week.

마포삼열

한국, 평양

1902년 4월 10일, 목요일 아침

사랑하는 앨리스에게,

어젯밤에는 어제 일어난 사건에 대해 쓰기에는 너무 늦었고 몸도 지쳐서 오늘 아침 간단히 몇 줄 쓰겠소. 당신의 생일이었던 화요일 밤, 우리는 이곳에서 유쾌한 시간을 보냈소. 전체 선교사 공동체가 모여 즐겁게 놀았소. 그것은 실내 소풍이었소. 마루에 방석을 깔고 앉았는데 이곳저곳에 달린 등불이 집안을 훤하게 밝혔소. 우리는 동물의 현지 이름을 맞추는 "야생 동물" 게임을 했고, 마루에 흩어놓은 수많은 클로버 잎 가운데 네 잎 클로버 찾기도 했소. 눈을 가린 채 자치기 놀이를 했고, 아이스크림과 멋진 포장지에 싸인 케이크도 먹었고, 카드에 주어진 역할에 따라 큰 소리로 읽었소. 모두 저녁 소풍이 대단한 성공이었다고 말했고, 여러 시간 동안 우리는 웃고 놀면서 우리의 사역은 전혀 생각하지 않았소. 그날 나는 밀러와 함께 웰즈의 집에서 점심을 먹었소. 그러니 당신 생일을 이렇게 거창하게 기념한 셈이오. 당신이 없어 "햄릿이 빠진 햄릿" 연극처럼 되었지만 말이오. 하지만 이런 종류의 잔치는 더 이상 하고 싶지 않소. 이곳에서 당신 없이 지내는 내가 얼마나 허전한 느낌이 드는지 당신이 알 수 있으면 좋겠소. 나는 사역에서 잠시 벗어날 때마다 그것을 조금 더 생각하게 되고 그런 느낌에 사로잡히게 된다오.

어제는 바쁜 하루였소. 모든 종류의 교회 일을 돌보고 편지를 썼소. 오후에는 필드 의사를 선천으로 보내는 제안에 대해 긴 토론을 했소. 샤록스 의사가 회복되고 있지만, 샤록스 부인을 위해 여의사가 필요하고, 웰즈 의사도 즉시 쉬기를 원하오. 빈턴의 전보에 의하면 베스트 양을 주면 필드 의사가 갈 수 있다고 하오. 그런 문제가 포함된다면 우리는 흥정을 하지 않을 것이오. 우리는 서울 지부로 하여금 그 의무를 다하도록 만드는 방법에 대해 많이 토론했소.

어젯밤 기도회는 평소처럼 도움이 되었소. 우리는 2명의 집사를 선출했

Night—just back from foreign prayer-meeting and it is bed time. Today the women of the class have been coming in all the day long saying good bye and all asking for you. They have had a fine class.

Tomorrow Mr. & Mrs. Hunt, Mr. Miller & Miss Henry go for a ten days trip to Pong San. Mr. Miller is getting a view of things here which I hope will do him lots of good in preparation for his future work.

My helpers & colporteurs are all gathering today & tomorrow and this week I will get all my plans for their summer work formed and all next week will be put in in preparation to leave. Have my trunks nearly packed now. With more love than ever,

Your own,

Sambo

는데, 방화중(方華中)과 웰즈 의사의 어학 교사인 이석관(李錫寬)이 선출되었소.[1] 다음 주에 2명을 더 선출할 것이오.

밤에 다시 쓰오. 외국인 기도회에 갔다가 막 돌아왔고 이제 잘 시간이오. 사경회에 참석했던 여성들이 하루 종일 찾아와서 작별 인사를 했고 모두 당신 안부를 물었소. 좋은 사경회였소.

내일 헌트 부부, 밀러 목사, 헨리 양이 열흘 간 봉산(鳳山)으로 순회 여행을 떠나오. 밀러 목사는 이곳 사정을 알아가는 중인데, 나는 그의 앞날을 위한 준비에 큰 도움이 되기를 바라오.

내 조사와 권서들은 모두 오늘과 내일 모이오. 이번 주에 나는 그들의 여름 사역을 위한 계획을 작성하고, 다음 주에는 떠날 준비를 할 것이오. 이제 내 트렁크는 거의 꾸려놓았소. 어느 때보다 더 많은 사랑을 보내오.

당신의,

삼보

1 방화중(-1939)은 방기창 장로의 아들이다. 1905년 캘리포니아에 유학을 가서 샌프란시스코 한인교회 전도사로 봉사하다가, 마포삼열의 주선으로 미국 북장로회 로스앤젤레스노회의 승인을 얻어 1906년 5월 10일 벙커힐에 나성한인연합장로교회를 설립하고 초대 전도사가 되어 6년간 시무했다. 1909년 제3회 대한예수교장로회 독노회는 방화중을 캘리포니아와 멕시코와 한인을 위한 선교사로 임명했다. 방화중은 1909년 5월 상동교회에서 파견한 황사용과 함께 멕시코 한인을 방문하고 그 참상을 전했다. 1909년 8월부터 7개월간 「금일세계」라는 월간지도 발간했다. 1911년 12월 부친상을 당해 잠시 귀국했으며 다시 로스앤젤레스로 돌아왔으나 평신도로서 교회를 돕고 「신한민보」 주필 등으로 활동하면서 남가주 지역 한인을 위해 봉사했다. 1939년 별세했다.

Samuel A. Moffett

Pyeng Yang, Korea

April 12, 1902

Alice my own Dearest:

Yours of March 4th came at supper time tonight to gladden my heart after a day of hard work. What a joy to hear from you. I shall be on my way to you in another 9 days probably.

The best news for you now is that Dr. Sharrocks is pronounced out of danger and we all rejoice.

Today I took dinner with the Nobles with Mr. Sharp. E. H. Miller has gone for a country trip with Hunt & wife & Miss Henry. Have seen little of the visitors as I am too busy these days. Will not get more than about half the commissions attended to but I expect to get home, nevertheless. How fine it is to have you write about all your doings–your speech making, etc. and have no word about headaches, etc. Did you have any of them? Look out now–don't you over work! You will have no strength to spare for some time to come.

Have had all my helpers & colporteurs here today for a conference and have outlined their work for the summer. Work advances along all lines. What a demand for missionaries there will be at Annual Meeting this year!

Susie writes wanting us to stop at Fort Wayne on our way to Madison–stay a few days & take her on with us to the home at Madison. Quite a scheme I think. How ever will we do half the things in two months that we will want to do? Love to father & mother & a whole bushel of "whiligers" to you.

Your own,

"Sambo"

마포삼열

한국, 평양

1902년 4월 12일

사랑하는 나의 앨리스에게,

당신의 3월 4일 자 편지가 오늘 밤 식사 시간에 도착하여 힘든 하루의 일과를 마친 내 마음을 즐겁게 했소. 당신의 소식을 듣는 것이 얼마나 기쁜지! 이제 9일만 지나면 나는 당신에게 가고 있을 것이오.

지금 당신에게 보내는 가장 좋은 소식은 샤록스 의사가 위험에서 벗어났다는 소식이오. 우리 모두는 기뻐하고 있소.

오늘 나는 샤프 목사와 함께 노블 목사 부부 집에서 저녁을 먹었소. E. H. 밀러 목사는 헌트 목사 부부와 헨리 양과 함께 시골 여행을 떠났소. 그동안 내가 너무 바빠 방문객들을 별로 만나지 못했소. 해야 할 일의 절반 정도도 마치지 못한 듯하오. 하지만 그럼에도 불구하고 나는 본국으로 갈 예정이오. 당신의 연설 등 당신의 모든 일상을 적어 보내주어 얼마나 좋은지! 게다가 두통 등에 대한 언급도 없으니 말이오. 두통이 난 적이 있었소? 이제 조심하시오. 과로하지 마시오! 당신은 앞으로 당분간 낭비할 힘이 없을 것이오.

오늘 이곳에서 내 모든 조사와 권서들을 모아 회의를 하고 그들이 여름 동안 일할 사역의 윤곽을 보여주었소. 모든 노선에서 사역이 진보하고 있소. 올해 연례 회의 때 얼마나 많은 선교사를 요청하게 될지!

수지 누나가 보낸 편지에서 우리가 매디슨에 가는 길에 포트웨인에 들르기를 원한다고 썼소. 누나는 며칠 함께 지내다가 자기를 매디슨 고향으로 데려가주기를 바라오. 나는 좋은 계획이라고 생각하오. 그러나 우리가 두 달 동안 하고 싶은 일 중에 절반이라도 할 수 있겠소? 장인어른과 장모님께 사랑을 전해주시오. 당신에게는 한 말 가득 "사랑이여!"를 보내오.

당신의,

"삼보"

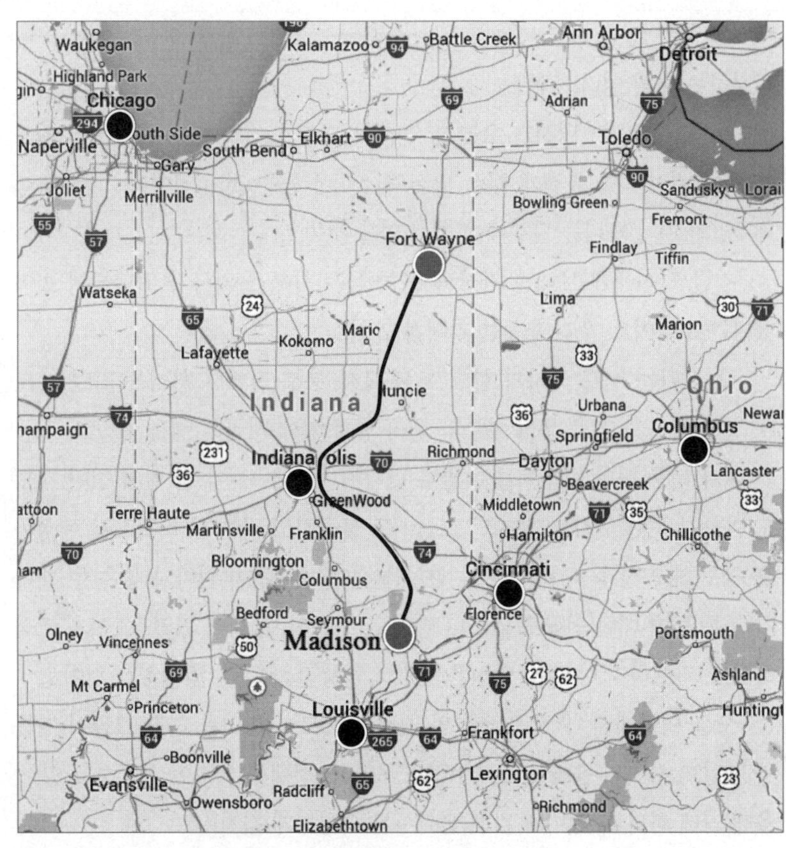

●

인디애나 주 매디슨(마포삼열의 고향)과 포트웨인(수지 누나가 살던 곳) [OAK]
자동차로 4시간 거리로 중간에 주 수도 인디애나폴리스가 있다.
매디슨은 강변에 위치한 작은 도시로 하노버 대학이 있고,
오하이오 강을 따라 위에는 오하이오 신시내티와 아래로 켄터키 루이빌이 있다.

Madison, Moffett's hometown, and Port Wayne, IL

●
오하이오 강변의 매디슨(엽서) [OAK]

Moonlight on Ohio River, Madison, IL, Postcard

Samuel A. Moffett

Pyeng Yang, Korea

April 14, 1902

My own Dearest:

Yesterday was a good Sabbath day–with a great big congregation filling the church–not all able to get in. Today has been full of all sorts of odds & ends trying to get things in shape for leaving. Am almost ready. Tomorrow & Wednesday I go to So Ou Moul and Mi Rim. Thursday I shall finish packing & have all things ready to leave on short notice should there be need. I have written several times for schedule of steamers from Chemulpo but cannot get dates of the Osaka Shosen Kaisha boats. I shall have to leave here however on this week's boat & have a couple of days for business in Seoul I hope.

Now for news–the greatest item of which came as a complete surprise to me–Mr. Sharp has been here for a few days but I never dreamed of anything. This morning just before he left he came to see me and asked to see me privately a few minutes when lo & behold he announced to me that he was going to take one of our P. Y. girls away from us. I congratulated him & expressed my delight–but I had not the faintest idea which one it was until some little while afterwards–when after saying that they wanted us to do a few things for them and I told him you & I would both be glad to get anything for them they wanted us to–he said Miss Howell will give you a list of things–and then I found out which one it was. I wonder if you had any inkling of it? No one is supposed to know it yet–except Miss Best, Mrs. Leck & myself. I saw Miss Howell this morning & appropriately "shouted." As they expect to be married the last of June or 1st of July I told her that the surest way to have what they want in time will be to write to you at once as a letter will get to you before I do and if we are to get things after I arrive May 27th it is doubtful if they reach Seoul in time. So a letter will reach you

마포삼열

한국, 평양

1902년 4월 14일

사랑하는 당신에게,

어제는 좋은 주일이었소. 수많은 교인이 예배당을 채웠는데 모든 사람이 다 들어올 수 없었소. 오늘은 종일 출발 준비를 하면서 온갖 잡다한 일을 했소. 거의 준비되었소. 나는 내일과 수요일에 소우물과 미림에 갈 것이오. 목요일에는 짐 꾸리는 것을 마치고 즉시 출발할 수 있도록 채비할 것이오. 내가 여러 번 제물포에서 떠나는 기선의 시간표를 요청하는 편지를 보냈지만, 오사카상선회사(大阪商船會社)의 배 운항 일정을 구할 수 없었소.[1] 나는 어떻게든 이 주간에 이곳을 떠나서 업무를 처리하기 위해 서울에서 이틀간 머무를 것이오.

이제 소식을 전하겠소. 가장 큰 사항은 나도 깜짝 놀란 소식이오. 샤프 목사가 이곳에 며칠 와 있었지만 나는 그런 일이 일어날 줄은 꿈도 꾸지 못했소. 오늘 아침 그가 떠나기 전에 내게 와서 개인적으로 잠시 만나자고 했소. 그런데 하! 이것 봐라! 그가 이곳 평양에 있는 독신 여성 선교사 중 한 명을 데려가겠다고 내게 선언하는 것 아니겠소. 나는 축하하고 기뻐했지만 한동안 누구인지 전혀 눈치도 못 챘소. 얼마 후에 그는 당신과 내게 부탁할 일이 몇 가지 있다고 말했소. 내가 원하는 물건을 기꺼이 구해주겠다고 했더니, 그는 하웰 양이 당신에게 물건 목록을 적어서 보낼 거라고 했소. 그때서야 비로소 나는 그녀가 누구인지 알았소! 당신이 이 사실을 어렴풋하게나마 짐작했는지 궁금하오. 베스트 양과 렉 부인과 나를 제외하면 아직 아무도 모르는 듯하오. 나는 오늘 아침 하웰 양을 보았고 적절하게 "환호했소." 그들이

1 이때 대부분의 한일 기선 노선은 대판상선회사가 운영했다. 참고로 대판상선의 발표에 의하면 1902년 3월 한 달간 한국에 이민 온 일본인은 555명으로, 1901년 3월의 202명에 비해 353명이 증가했다("News Calendar," *Korea Review*, May 1902, 215). 1902년에 매달 약 500명의 일본인이 한국에 이민 온 것을 알 수 있다.

by this mail from Miss Howell. This is another thing to talk about when I see you.

Mr. Blair came back today from a Sabbath trip to a country church. On the way up the river this morning he shot a whole boat load of geese and brought 7 home with him. He also managed to shoot one of his fingers—lacerating it pretty badly but Dr. Follwell says he thinks the bone is not injured.

Can't make up my mind to take the fire sets back. Have no room for them in the first place and in the second place I just hate to take them back to Smith. I'd rather lose the money and let you think I'm extravagant. We can make use of them some of these days.

Well, dearest—what a joy it will be to get started toward you and have a chance to think about you for a month without any distractions. What a rest I will get on the steamer. Give my love to father & mother. A little over a month & you will see me with you all.

Lovingly your own,

Sambo

Continued good news from Dr. Sharrocks

6월 30일이나 7월 1일에 결혼할 것이므로, 나는 그들이 원하는 물건을 시간 안에 받는 확실한 방법은, 내가 미국에 도착하는 것보다 편지가 먼저 가기 때문에 즉시 당신에게 편지를 쓰는 것이라고 그녀에게 말했소. 만일 내가 5월 27일 미국에 도착한 후에 물건을 사려면 그것이 제시간에 서울에 도착할지 의심스럽다고 말했소. 그래서 하웰 양이 쓴 편지가 이 우편물을 통해 당신에게 도착할 것이오. 이 주제는 내가 당신을 만나면 더 이야기할 거리로 남겨두겠소.

블레어 목사가 한 시골 교회에 가서 주일을 보내고 돌아왔소. 그는 오늘 아침 돌아오는 길에 강 상류에서 한 배에 가득 찰 만큼의 기러기를 총으로 잡았고 그중 7마리를 집으로 가져왔소. 그는 오발로 자신의 손가락 하나를 쏘았는데 심하게 찢어졌지만 폴웰 의사 말로는 다행히 뼈는 다치지 않았다고 하오.

벽난로용 철제 부삽과 집게를 가지고 가야 하는지 아직 결정을 내리지 못했소. 첫째, 넣을 공간이 없소. 둘째, 나는 그것을 철물점까지 가지고 가는 것이 싫소. 차라리 돈을 날리겠소. 당신은 내가 낭비가 심하다고 생각하시오. 우리는 언젠가 그것들을 쓸 수 있을 것이오.

자, 여보, 당신을 향해 출발하고 한 달 동안 한눈 팔지 않고 당신만 생각할 수 있는 기회를 가지는 것이 얼마나 기쁜지! 내가 기선에서 쉴 수 있다니! 장인, 장모님께 내 사랑을 전해주시오. 한 달 조금 더 지나면 당신과 모두 나를 볼 것이오.

사랑하는 당신의,

샘

추신. 샤록스 의사로부터 계속 좋은 소식이 오고 있소.

Prof. Gonzalez Lodge

New York, New York
Teachers College
Columbia University
Dep't. of Latin & Greek
April 16, 1902

Mrs. Mary Cheney
Appointment Secretary
Dear Madam:

It gives me great pleasure to commend to you Miss Lucia H. Fish. Miss Fish was a student in my classes in the teaching of Latin and Greek last year in this College and in the course of her work did considerable teaching in the Horace Mann School.

She has a pleasant and agreeable manner with pupils, a ready command of her subject sufficient for all reasonable demands, a clear and interesting presentation of matter, and altogether stood very well in her work.

I therefore recommend her for any work in preparatory teaching of Classics that you may have.

Yours very truly,
Gonzalez Lodge,
Professor of Latin & Greek

곤잘레스 랏지 교수

뉴욕 주 뉴욕

컬럼비아 대학교 사범대학

라틴어와 그리스어학과

1902년 4월 16일

메리 체니 부인

예약 서기

부인께,

루시아 H. 피시 양을 귀하께 추천할 수 있어서 매우 기쁩니다.[1] 이 대학에서 작년에 내가 수업했던 라틴어와 그리스어 교수법 학급의 학생이던 피시 양은 수업 기간 동안 호러스만 학교에서 가르치는 일을 많이 했습니다.

그녀는 상냥하고 호감이 가는 태도로 학생들을 대했으며, 모든 합리적인 요구가 있을 때 주제에 대해 충분히 준비된 자신의 지식을 명확하고 흥미롭게 제시하는 등 전반적으로 우수하게 가르치는 업무를 수행했습니다.

따라서 나는 귀하가 개설할 고전어 예비반 수업에 그녀를 추천하는 바입니다.

곤잘레스 랏지,

라틴어와 그리스어학과 교수

1 루시아 피시는 마포삼열의 첫 부인인 사촌 언니 메리 피시가 사망한 후 그의 아내가 되어 언니가 낳은 두 아들 제임스와 찰스를 기르면서, 세 아들(새뮤얼 휴 마페트, 하워드 퍼거스 마페트, 토머스 피시 마페트)을 더 낳아 길렀다.

Samuel A. Moffett

Pyeng Yang, Korea

April 16, 1902

My own Dearest:

Just before going down to prayer meeting I sit down for a few words with you to tell you of my trip yesterday & today to So Ou Moul & Mi Rim. When a man can run off on his wheel [bicycle] one morning, spend all the forenoon in examinations, hold a service in the afternoon and then go 3 miles to another church–spend the night in examinations, hold service the next morning and reach home again in the afternoon and be able to report 21 baptisms of adults and 3 of infants and the reception of 44 catechumens, some of them from two new groups now being formed–missionary work seems worth while. Such opportunities as we have! Am so glad I took this trip–the last before I leave for home. It did the people good and did me good, altho I was pretty tired and am still tired. I shall be well rested when this reaches you.

I get back to find a note from Mrs. Swallen which makes me more tired and which will make you feel disappointed. The top of their range came so badly broken that they cannot use it, but must wait for a new top from America. Too bad! isn't it?

April 17, 1902

Last night I came back from a good prayer meeting–after the election of the Book Store man for deacon and found a whole lot of good letters from you. What a treat they were. Also received your mother's letter. Don't you let your mother think I am not well because I write you that I am tired. Of course I am tired with such a volume of work always

마포삼열

한국, 평양

1902년 4월 16일

사랑하는 당신에게,

기도회에 내려가기 전에 어제와 오늘 소우물과 미림에 갔던 일에 대해 당신에게 몇 자 쓰려고 앉았소. 어느 날 아침에 한 남자가 자전거를 타고 달려가서 오전 내내 세례 문답을 하고, 오후에는 예배를 드리고, 이어서 3마일 떨어진 다른 교회에 가서 밤에 세례 문답을 하고, 그다음 날 아침에 예배를 드리고, 오후에 다시 집으로 돌아와서 성인 세례 21명, 유아세례 3명, 학습교인 등록 44명을 보고하고 그중 일부는 이제 막 형성되기 시작한 두 개의 새 미조직교회에서 왔다고 보고할 수 있다면, 그 선교사의 사역은 가치 있다고 느껴지오. 그런 기회를 바로 우리가 가지고 있다오! 나는 고국으로 가기 전에 마지막으로 이 여행을 해서 즐거웠소. 비록 내가 지쳤고 아직도 지쳐 있지만, 그 여행은 교인들에게, 그리고 내게도 도움이 되었소. 이 편지가 당신에게 도착할 때면 나는 잘 쉬고 있을 것이오.

기도회에서 돌아오니 스왈른 부인의 메모가 남겨져 있었소. 나를 더 피곤하게 하고 당신을 실망시키는 내용이오. 그들의 부엌 레인지의 윗부분이 심하게 망가져서 사용할 수 없게 되었고, 미국에서 새것이 올 때까지 기다려야 한다는 내용이오. 너무 안됐소. 그렇지 않소?

4월 17일

어젯밤에 나는 좋은 기도회에 참석했소. 서점 관리자를 집사로 선출했소. 집으로 돌아오니 당신이 보낸 나를 기쁘게 하는 한 꾸러미의 편지가 기다리고 있었소. 얼마나 좋은 선물인지! 장모님의 편지도 받았소. 내가 당신에게 피곤하다고 쓴다고 해서 장모님으로 하여금 내가 건강하지 않다고 생각하도록

pressing—but I am well and in a week from now I will be rested up.

Expect to leave in two days—have a day or two in Seoul & a few hours in Fusan with Ross & Sidebotham.

My last letter told you of the engagement of Sharp & Miss Howell & their wish that you get some things for them. They will have to be sent at once if they reach them in Seoul in time.

Have a letter from Mr. Hand which allows you home allowance and gives us both salary while at home—so we will come out all right financially. All goes well. I am happy in prospect of getting off to you. All my love to you, my own,

Lovingly,

Sam

만들지는 마시오. 물론 내가 늘 사역에 짓눌려 피곤하지만, 건강하므로 일주일만 쉬고 나면 회복될 것이오.

이틀 후에는 떠날 예정이오. 하루나 이틀 서울에서 머물고, 부산에서 로스와 사이드보텀과 몇 시간을 보낼 것이오.

내가 지난 편지에서 샤프와 하웰 양의 약혼과 당신이 그들을 위해 몇 가지 물건을 구해줄 것을 바라는 그들의 부탁에 대해 말했소. 그 물건이 서울에 제시간에 도착하려면 당신이 즉시 발송하지 않으면 안 되오.

핸드 씨로부터 편지를 받았는데, 당신에게 고국에서의 생활비를 허락하고, 본국에 있을 때 우리 두 사람 다 봉급을 받을 것이라는 내용이오. 그래서 우리 두 사람은 재정적으로 문제없이 돌아올 것이오. 모두 건강하오. 나는 당신을 만나러 떠난다는 생각에 행복하오. 내 모든 사랑을 당신에게 보내오.

사랑하는,

샘

Samuel A. Moffett

Pyeng Yang, Korea

April 18, 1902

My own Dearest:

The last night in the home before starting for you. The months of waiting are over and I shall be on my way to you with a heart more eager than ever to be filled with your love.

Have been saying good bye all day—and tomorrow the dear Koreans are to give me a farewell dinner; I will enjoy it even more than Prince Henry enjoyed the elaborate entertainments he received.

Dr. Wells arrived last night from Syen Chyen. Reports Sharrocks all right and is impressed with the need of re-enforcements up there. He says Miss Chase is the happiest woman in Korea. What a contrast for her in the different conditions she met in Fusan & is meeting in Syen Chyen. She is dazed by the magnitude of the work. The Fusan question is not settled yet in all its details.

Have had a regular stream of visitors today from all over—coming to say goodbye. Have quite a collection of gifts of various kinds for you & others. What a hold upon their hearts we have and what a hold they have upon our hearts. More & more we ought to be thankful for our many many blessings.

Am already looking forward to my return to this home of ours—when you will once more be here to make it "our home." Am more & more grateful for it and more & more devoutly thankful for you & your love which make our home such a home.

Had a good talk with Mrs. Leck today. Her little baby boy has given her great comfort & joy. She will probably go home in June and today we arranged that she is to cable just as we did "Fish San Francisco—(name of steamer)" and then we will telegraph her father in Buffalo, Minnesota. This will give us the information and also give her people

마포삼열

한국, 평양

1902년 4월 18일

사랑하는 당신에게,

당신을 향해 떠나기 전 집에서 보내는 마지막 밤이오. 기다리던 시절이 끝났으니 나는 어느 때보다 당신을 향한 사랑으로 가득 찬 뜨거운 가슴을 안고 당신에게로 갈 것이오.

하루 종일 작별 인사를 했소. 내일은 사랑하는 한국인들이 여는 송별연이 있을 예정이오. 나는 영국 헨리 왕자가 받았던 정교한 만찬회보다 그것을 더 즐길 것이오.

웰즈 의사가 어젯밤 선천에서 돌아왔소. 샤록스 의사는 괜찮다고 하며, 그곳 위쪽에 선교사 보강의 필요성에 강한 인상을 받았다고 보고했소. 그는 체이스 양이 한국에서 가장 행복한 여자라고 말하오. 그녀가 부산에서 처했던 상황과 현재 선천에서 처한 다른 상황이 얼마나 대조가 되는지! 그녀는 엄청난 사역의 크기에 놀라고 있소. 부산 문제는 아직 세부 사항에서 해결을 보지 못하고 있소.

작별 인사를 하려고 사방에서 방문객들이 끊임없이 몰려왔소. 당신과 다른 사람들을 위한 다양한 종류의 선물을 한 아름 받았소. 우리가 얼마나 그들의 마음속에 자리 잡고 있는지! 그들이 얼마나 우리 마음을 차지하고 있는지! 우리는 우리가 가진 수많은 축복에 대해 더욱더 감사해야 하오.

나는 벌써 이 우리의 집으로 돌아올 날을 고대하오. 당신이 다시 한번 이곳에 오게 되면 "우리의 집"이 될 것이오. 나는 우리 가정에 대해 더욱더 감사하고, 우리 가정을 그런 가정으로 만든 당신과 당신의 사랑에 대해 더욱더 진심으로 고마움을 느끼오.

오늘 렉 부인과 좋은 대화를 나누었소. 그녀의 어린 남자아이는 그녀에게 큰 위로와 기쁨이 되었소. 그녀가 6월에 고향으로 가는 것은 거의 확실하오. 우리가 "피시 샌프란시스코"(기선 이름)로 전보했듯이 그녀가 우리에게 전

full information in plenty time for them to arrange to meet her if they wish to do so.

A baby (boy or girl I know not) arrived at the Swallen house today. All reported well.

One month & a week from now I will be with you. All my love & more of it to you

Your own,

Sam

보를 보내면 우리가 미네소타 주 버펄로에 계신 그녀의 부친에게 전보하기로 정했소. 이렇게 하면 우리가 여러 정보를 통해 그녀의 가족에게 상세한 내용을 알려줄 수 있으니 그들이 원하는 대로 충분한 시간을 가지고 마중 계획을 세울 수 있을 것이오.

오늘 스왈른 부부 집에 아이가 태어났소. 아직 남자인지 여자인지 모르오. 모두 건강하다고 하오.

지금부터 1개월 1주 후에 나는 당신과 함께 있을 것이오. 내 모든 사랑을 당신에게 보내오.

당신의,

샘

Samuel A. Moffett

***Chemulpo, Korea** (Steward's)*

[April] 22, 1902

My Alice—Dearest!

Here I am on my way to you—with my ticket bought and ready to leave next Sunday in time to catch the America Maru. This will probably get ahead of me via Canadian Pacific and if so will tell you that I am within a few days of San Francisco when it reaches you. Your letters care of Steward were sent on to Pyeng Yang and reached me just two hours before I started for the same steamer that brought them. What a day the day of leaving was. Koreans came all day long to say good bye. At noon the gentlemen of the Station and six of the officers of the Church took dinner at our house—the suggestion & invitation being that of the Koreans who wanted to give me a farewell dinner & bear the expense. They did not invite themselves but Mr. Blair insisted on some of them coming too.

Then we started—Miss Snook coming also to meet Miss Parsons here, Miss Hammond of the M. E. Mission to return to Seoul after a visit in P. Y. and Miss Estey & Dr. Harris to accompany her to Man Kyung Tai. The Koreans were strung all along the way to say good bye to me and when we reached the big willow tree 240 to about 250 of them including school boys were there singing hymns led by Mr. Blair. We stopped in the midst of them—sang "Until we meet again."(oodi tashi manna pohl tong-an), I spoke a few words of farewell & led in prayer and with a full and most deeply grateful heart for the love of this people said good bye and left them. Some of them followed on clear to Man Kyung Tai and there I found a few more who had come down in a boat. We left that night at 7 and reached Chemulpo at 9 Monday morning. Had a fine trip on a new boat with much better accommodations.

After attending to business we left on 12 o'clock train for Seoul,

마포삼열

한국, 제물포 (스튜어드호텔)

1902년 4월 22일

사랑하는 당신에게,

나는 당신에게 가려고 이곳에 왔소. 배표를 샀고, 아메리카마루(アメリカ丸)를 시간 안에 타기 위해 다음 주 일요일에 출발할 것이오. 이 편지는 캐나다 태평양우편을 통해 십중팔구 나보다 먼저 도착할 것이오. 만일 먼저 도착하면 내가 며칠 내에 샌프란시스코에 도착한다고 말해줄 것이오. 당신이 스튜어드 앞으로 보낸 편지들은 평양으로 보내졌는데, 내가 편지를 싣고 온 바로 그 배로 출항하기 2시간 전에 내게 전달되었소.[1] 떠나온 날은 정말 대단한 날이었소. 하루 종일 한국인들이 작별 인사를 하러 왔소. 정오에 선교지부의 남자 선교사들과 교회 직원 6명이 우리 집에서 점심을 같이했는데, 전별 오찬을 대접하기 원한 한국인들의 제안과 초청에 의해 이루어졌으므로 그들이 부담했소. 한국인들은 본인들을 초청하지 않았으나, 블레어 목사가 한국인 몇 사람은 와야 한다고 우겼소.

그리곤 우리는 출발했소. 스누크 양이 제물포에서 파슨즈 양을 만나기 위해 동행했소. 북감리회의 하먼드 양은 평양을 방문한 후 돌아가는 길이고, 에스티 양과 해리스 의사는 하먼드 양을 만경대까지 따라와서 전송했소. 한국인들은 가는 길을 따라 길게 줄을 서서 작별을 고했는데, 우리가 큰 버드나무에 도착했을 때 학교 학생들을 포함하여 한국인 240-250명이 블레어 목사의 인도에 따라 찬양을 불렀소. 우리는 그들 한가운데에 멈추어 섰고 그들은 "우리 다시 만나볼 동안" 찬송을 불렀소. 나는 간단히 작별 인사를 하고

---

1 중국인 우동(이태)은 초대 미국 공사 푸트와 그 일행을 한국으로 싣고 온 선박에서 일한 연유로 사환이란 의미를 지닌 "스튜어드"(steward)라는 영어 이름을 얻었다. 서울 미국공사관에서 일한 후 1887년경 제물포에 CBU호텔을 세워 경영했는데 흔히 "스튜어드호텔"로 불렸다. 호텔의 1층은 서양 수입 잡화를 파는 양잡무상(洋雜貿商)으로 많은 선교사가 이 가게를 이용했다. 2층에는 8개의 방이 있었으며 인근의 일본인 소유 대불(다이부츠)호텔보다 가격이 저렴했다. 아펜젤러가 제물포에 처음 온 1885년 4월 5일 묵은 곳은 대불호텔이었다.

Miss Snook and I going direct to Dr. Fields' & asking for a tiffin which we speedily secured. The station was to have a meeting at F's so we met all of them there. While station meeting was in session I went over to ....then to Miller's (?) for supper—where Mr. Gale, Miss Doty & Miss Snook joined us. Mrs. Miller is much better and was out to station meeting. There are signs of improvement in Seoul but "incompetency" is plainly written over most things they plan to do and do not do. Poor people—I am beginning to pity them rather than blame them for really they are to be pitied. I never heard of people who could so easily do the wrong thing every time when they would really like to do what is right & best. No outlook exists for another Mission-site and no certainty of securing Chong Dong Property. After a business trip with Dr. Vinton last night I went over to Millers for the night and breakfast. This morning a visit to the bank, to Dr. Avison & to Mr. & Mrs. Welbon filled the time & then we joined Miss Snook, Dr. Field & Miss Shields to meet Miss Parsons here when the Genkai Maru comes in. It was expected at 4 o'clock but at present time 6 p.m. it is not here and so we will stay here until tomorrow. Now I have 4 days here & in Seoul. Doubtless it is for some good purpose altho I long to fly home now. Am pushing my Emporium Claim and have hopes of getting it this time.

What a treat your last letters were and how glad I was to get them just before I left home. Now there will be more in Nagasaki and then all along the way. Have thousands of messages for you from oh! so many people. Am as usual making some schemes. Here is one for you to pray over. Miss Shields is still not well and never will be in this atmosphere. What she needs is a year at least in a spiritual atmosphere with work among real Christian Koreans. Miss Snook and I are agreed that she ought to spend a year in P. Y. Now then—the scheme—Miss Howell is to be married. What better than to put Miss Shields with Miss Best for one year! Now watch me get Miss Doty to make the suggestion and if it is right and best and the Lord's will that such should be the outcome Miss

기도를 인도했소. 이 사람들의 사랑에 대해 마음 깊이 감사하며 작별을 고하고 떠나왔소. 일부는 만경대까지 줄곧 따라왔는데 그곳에는 배를 타고 내려온 몇 사람도 있었소. 우리는 밤 7시에 [진남포를] 떠나 제물포에 월요일 아침 9시에 도착했소. 더 좋은 선실을 갖춘 새 배여서 편안한 여행을 했소.

우리는 일을 처리한 후 서울행 12시 기차를 탔소. 스누크 양과 나는 필드 의사의 집으로 가서 점심을 부탁해서 재빨리 요기했소. 필드 의사 집에서 선교지부 회의가 열릴 예정이었으므로 우리는 거기서 모두를 만났소. 선교지부 회의가 진행되는 동안 나는 어떤 사람의 집에 갔다가 이어서 저녁을 먹으러 밀러 목사 집에 갔는데, 그곳에는 게일 목사, 도티 양, 스누크 양이 동석했소. 밀러 부인은 한결 좋아졌고 선교지부 회의에도 참석했소. 서울 지부에 개선의 징조는 있지만, 그들이 계획하고 계획하지 않은 거의 모든 일 위에 "무기력"이라는 글씨가 분명하게 적혀 있소. 불쌍한 사람들! 나는 그들을 비난하기보다는 동정하기 시작했소. 왜냐하면 그들은 사실 동정받아야 할 정도이기 때문이오. 나는 올바르고 가장 좋은 일을 해야 할 순간마다 잘못된 일을 쉽게 하는 자들을 이전에는 들어본 적이 없소. 선교회 부지를 위한 다른 땅을 찾을 전망이 없고 정동 자산을 확보하는 것도 불확실하오. 나는 빈턴 의사와 함께 업무를 보면서 돌아다닌 후 밤에 밀러 목사 집에 가서 자고 아침을 먹었소. 오늘 아침에는 은행에 갔고 이어 에비슨 의사와 웰번 목사 부부를 만나서 시간을 보낸 후, 켄카이마루(硯海丸)를 타고 올 파슨즈 양을 만나기 위해 스누크 양과 필드 의사와 쉴즈 양과 합류했소. 그런데 오후 4시에 여기에 오기로 했는데 6시인 현재까지 오지 않아서 우리는 내일까지 더 머물기로 했소. 나는 이곳 서울에서 나흘째요. 나는 바로 지금 고국으로 날아가고 싶은 마음이 간절하지만 좋은 목적을 이루기 위해 여기 있어야 하는 것 또한 확실히 안다오. 나는 해외 화물 보상을 강력하게 신청했고 오늘까지 받을 수 있기를 희망하고 있소.

당신이 보낸 최근 편지가 얼마나 큰 선물인지! 집을 떠나기 전에 그것을 받아서 얼마나 기뻤던지! 이제 나가사키에 가면 더 많은 편지가 있을 것이고, 그리고 가는 길에도 있겠지요. 오, 수많은 사람이 당신에게 보낸 수천 개

Shields will be a happier, healthier & more useful woman six months or so from now than she has yet been. All right?

Oh my girlie, how I long to be with you just to talk with you and love you and live with you. This my last message of love to you until I see you face to face is the fullest and biggest of all.

A loving message to father and mother,

My love to you.

Your own,

Sam

의 소식이 있소! 나는 평소처럼 모종의 계획을 세우고 있소. 그중에 당신이 기도해야 할 계획이 하나 있소. 쉴즈 양이 아직 몸이 좋지 않은데, 이런 분위기에서는 결코 좋아지지 않을 것이오. 그녀에게 필요한 것은 최소한 1년간 영적인 분위기 속에서 진정한 한국인 기독교인들 가운데서 일하는 것이오. 스누크 양과 나는 그녀가 평양에서 1년을 보내야 한다고 동의했소. 이게 바로 그 계획이오. 하웰 양이 곧 결혼할 것이므로, 쉴즈 양을 베스트 양과 함께 1년간 지내도록 하는 것보다 더 좋은 계획이 어디 있겠소! 두고 보시오. 내가 도티 양으로 하여금 이 제안을 하도록 할 것이오. 만일 그것이 올바르고 최선이고 주님의 뜻이라면 그런 결과가 올 것이고, 쉴즈 양은 지금부터 6개월이나 그 후에 지금보다 더 행복하고 더 건강하며 더 유용한 여성이 될 것이오. 괜찮지 않소?[2]

오. 내 연인이여, 내가 얼마나 당신과 함께 있고 이야기하며 사랑하고 살고 싶은지! 이것은 내가 당신과 얼굴을 맞대고 보기 전에 보내는 마지막 편지요. 어떤 편지보다 가장 큰 사랑을 가득 담아 보내오.

장인어른과 장모님께 사랑의 소식을 전해주시오.

당신에게 내 사랑을,

샘

2 결국 쉴즈는 선천에서 1년간 전도 활동에 참여하고 안식년을 거쳐 세브란스병원으로 돌아온다.

Samuel A. Moffett

Nagasaki, Japan

May 5, 1902

My own Alice Dearest:

So many days without a letter to you! I feel restless & dissatisfied or rather unsatisfied. Am writing this for two reasons—one—because I want to have a chat with you and the other because it may be that the America Maru will take this without taking me. The steamer is due here this afternoon and the company will give me passage to Yokohama—but from there I may not be able to get passage on this steamer but have to wait over for the Peking. However, if this reaches you first you will know that I failed to get on after making every effort. I shall ask to fit up a bunk in the storage if I can get nowhere else and I rather think I will succeed. I would rather be put to considerable inconvenience than to be kept from you a week longer.

How I long for you I cannot tell you and how each day makes me realize anew the great love I have for you! Walking around these halls in the Cliff Home makes me realize how full you filled my heart with life & love & joy when we were here together and how much I miss you now. Do you want to know it again, dearest—that the greatest blessing I can possess on earth is your love and the privilege of loving you and seeing you happy!

How I do rejoice in your renewed good health—and freedom from pain. I confess I have my doubts about your ability to take care of yourself and rest from doing too much work—but I hope to get with you soon and teach you how to do nothing for a while except to build up in nervous strength.

Have been walking with Ross, eating three meals a day in moderation—sleeping 9 hours a night and reading two books while here—but oh, how long the time does seem and how I long to fly to you.

마포삼열

일본, 나가사키

1902년 5월 5일

사랑하는 앨리스에게,

당신에게 편지 한 통 쓰지 못하고 수많은 날을 보냈소! 나는 초조하고 불만족스럽고, 아니 불만이 많소. 이 편지는 두 가지 이유로 쓰오. 첫째는 당신과 이야기를 나누고 싶고, 둘째는 아메리카마루가 나를 데려가지 않고 이 편지만 가져갈 모양이기 때문이오. 선박회사는 오늘 오후 이곳에 들어온 기선으로 요코하마까지만 갈 수 있는 표를 주었소. 그곳에서는 이 배에서 내려 페킹(북경)호를 기다려야 하오. 이 편지가 당신에게 먼저 도착하면 내가 온갖 노력에도 불구하고 이 배를 타지 못했다는 것을 알아주시오. 가능하다면 배 짐칸에 간이침대라도 마련해주면 가겠다고 하겠는데 그것마저 여의치 않소. 당신과 일주일간 더 떨어져 있는 것보다 차라리 내가 상당한 불편을 감수하는 편이 나을 것이오.

내가 당신을 얼마나 그리워하는지 이루 다 말할 수 없소. 매일 당신을 향한 내 사랑이 얼마나 큰지 새롭게 깨닫소! 이곳 클리프 홈에 있는 방 주변을 돌아다니며 당신과 내가 이곳에 함께 있을 때 당신이 내 마음을 생명과 사랑과 기쁨으로 얼마나 가득 채웠는지, 그리고 지금 얼마나 많이 당신을 보고 싶은지 깨닫게 되오. 여보, 당신은 다음 사실을 다시 알기 원하오? 내가 지상에서 소유할 수 있는 가장 큰 복은 당신의 사랑과 당신을 사랑하는 특권과 행복한 당신을 보는 것이오!

내가 당신이 건강을 회복하고 고통에서 자유롭게 된 데 대해 얼마나 기뻐했는지! 고백하건대 내게는 당신 스스로 당신을 돌볼 수 있을까, 너무 많은 일에서 쉴 수 있을까 의심하는 마음이 있었소. 하지만 이제 곧 당신과 함께 있게 되면 나는 힘을 비축하도록 신경을 더욱 쓰는 것 외에 얼마 동안 아무것도 하지 않는 법을 당신에게 가르쳐주길 원하오.

나는 이곳에서 로스 목사와 함께 지내는데 하루에 세 끼 식사를 하고, 밤

Have finished Gibson's "Mission Problems & Methods in South China" and am now reading on in Memoir of Dr. Chalmers.

The first might be an almost word for word description of our work in Pyeng Yang if instead of covering 40 years it was all but one chapter on Presbyterial organization compressed so as to cover 10 or 15 years. I have enjoyed the book, particularly the first chapter on "The Proving of the Gospel." It has also suggested several things to me for our work.

Chalmers' memoir is more than interesting. It is stimulating, suggestive and very profitable intellectually & spiritually. I am marking many passages and these I want to read to you some day. In fact, the idea has come to me that a good plan for both of us would be to mark the books we read and then after finishing them take them up again and read together the marked passages. I believe it will work better & more profitably than our plan to read the books together—a plan which so far we have not very vigorously prosecuted.

Yesterday I peeped into the services Japanese—in the Roman Catholic, the Church of England—the Methodist churches and then attended Bible class & Church service at the Presbyterian Church. Met Dr. Stout, Mr. Meyers & Miss Couch. Miss Couch sent a message to you and said she hoped to see us when we come back. In the afternoon I heard a sermon from Mr. Schwartz, an M. E.

All night it poured down in torrents—a regular Korean rainy season downpour.

Met Dr. & Mrs. Currell, the new Australians, yesterday. He is an Irishman and she is a young bright-looking quiet self-possessed little woman—Irish, English or Australian, I know not which. They are to live with the Adamsons and I pity them.

About returning. I have my doubts about our leaving August 1st. We may not want to leave until 9th on the "Coptic" which reaches here, Nagasaki, September 1st. On Sept. 5th there is a Nippon Yusen Koisha steamer for Chemulpo reaching there Sept. 8th. The council meeting is

마다 9시간씩 자면서 그동안 책 두 권을 읽었소. 그러나 아, 시간이 얼마나 길게 느껴지는지, 얼마나 당신에게 날아가고 싶은지! 깁슨의 『남중국 선교 문제와 방법』을 다 읽었고,[1] 차머스 박사의 『회고록』을 읽고 있소.[2]

첫 번째 책의 경우, 기간이 40년이고 노회 조직을 다루는 한 장이 있다는 면에서 차이가 있지만 10년이나 15년간으로 축소한 우리의 평양 사역을 그대로 정확하게 묘사하는 듯하오.[3] 나는 그 책을 즐겁게 읽었소. 특히 첫째 장 "복음의 증거"가 흥미 있었소. 나는 책을 통해 우리의 사역을 위해 무엇을 할지 여러 가지 시사점을 발견했소.

차머스의 『회고록』은 재미있는 것 이상이오. 자극적이며 시사하는 바가 많으면서도 지적으로나 영적으로 아주 유익한 책이오. 나는 여러 구절에 표시를 하고 있는데, 언젠가 당신에게 읽어주겠소. 사실 우리 두 사람이 읽는 책에 표시를 해두었다가 다 읽은 후 표시한 부분을 함께 읽는 계획을 세우고 실행하면 좋겠다는 생각이 들었소. 우리가 함께 책을 읽기로 한 계획을 지금까지 열정적으로 시행한 적이 없는데, 나는 이 계획이 더 좋고 더 유익하리라고 믿소.

어제는 일본의 주일 예배를 엿보았소. 가톨릭, 성공회, 감리교회 예배를 둘러보았고, 이어 장로교회의 성경공부반과 예배에 참석했소. 스타우트 박사, 마이어 목사, 카우치 양 등을 만났소. 카우치 양은 당신에게 보내는 편지를 주었소. 그녀는 우리가 돌아올 때 우리를 만나고 싶다고 말했소. 오후에 나는 북감리회 선교사인 슈바르츠 목사의 설교를 들었소.

밤새 비가 억수같이 쏟아졌소. 한국 장마철의 비와 같았소.

어제 처음으로 한국 호주장로회에 가는 커렐 의사 부부를 만났소. 남편

---

1 깁슨의 이 책은 중국과 한국에서 선교방법론에 큰 영향을 준 베스트셀러였다.

2 William Hanna, *Memoirs of the Life and Writings of Thomas Chalmers, D. D., LL.D.* (New York: Harper & Brothers, 1851)이다. 차머스(1780-1847)는 스코틀랜드 장로교회 목사로 그의 상식신학은 자연신학과 더불어 19세기 중국과 한국 선교에 지대한 영향을 미쳤다. 그의 신학을 기초로 중국 장로회의 마틴(William P. O. Martin) 선교사가 저술한 『天道溯源』(천도소원)은 개신교의 천주실의라고 할 수 있다. 유교와 기독교의 공존을 주장한 이 책으로 중국, 일본, 한국에서 많은 지식인이 개신교로 개종했다.

3 일반적으로 선교지에서는 약간의 성장-목사 안수와 노회 조직-지속적 성장의 순으로 갔다. 그러나 한국의 경우 급성장(1895-1906)과 대부흥(1907)-목사 안수와 노회 조직(1907)-지속적 급성장의 순서로 갔다.

not until the 15th September. Have written to Lee about my doubt and told him I would write again after reaching San Rafael. If I am delayed & do not reach San Fran[cisco] before June 4th I think we will pretty certainly stay until 9th of August if not until the 16th. However, we will see. What I want most is to get away from here & get with you and then all else is all right.

With love to father and mother and a whole heart & life full of love to you my own precious wife,

from your husband,
Samuel A. Moffett

은 아일랜드인이고, 부인은 젊고 똑똑해 보이고 조용하고 자신감 있는 작은 여자였소. 그녀가 아일랜드인, 영국인, 호주인 중 어느 쪽인지는 모르오. 그들이 아담슨 부부와 함께 살 것인데 나는 그들이 불쌍하오.

우리의 귀국에 대해 말하겠소. 우리가 8월 1일에 떠날 수 있을지 의심스럽소. 우리는 이곳 나가사키에 9월 1일에 도착하는 8월 9일 자 "콥틱"호를 타고 떠나오는 것을 원하지 않을지도 모르겠소. 여기서 9월 5일에 출항하여 제물포로 가는 일본우편회사 기선이 있는데 제물포에는 9월 8일 도착이오. 선교회공의회 회의는 9월 15일이 지나야 열릴 것이오. 리 목사에게 출발 날짜에 대한 내 의심에 대해 편지했고 샌라파엘에 도착한 후 다시 편지하겠다고 말했소. 만일 현재 내가 지체되어서 샌프란시스코에 6월 4일 전에 도착하지 못한다면, 8월 16일까지 아니면 8월 9일까지는 확실히 체류할 것이오. 하지만 두고 봅시다. 내가 가장 원하는 것은 이곳을 떠나 당신과 함께 있는 것으로, 그렇게 되면 나머지는 다 괜찮소.

장인과 장모님께 사랑을 전하며, 내 소중한 아내인 당신에게는 사랑으로 가득 찬 마음 전부와 생명을 보내오.

당신의 남편,

마포삼열

Robert E. Speer

New York, New York

May 12, 1902

My dear Mr. Moffett:

I would like to add just a personal word of commendation to the general letter of introduction which I have given the Rev. D. C. Rankin of the Southern Presbyterian Church, who is going out to visit the Missions of the Southern Church in Japan, Korea and China. I have known Mr. Rankin for twelve years and no one is more devoted to the Mission cause in our Southern Church than he. He is editor of their Missionary Publications and has made *"The Missionary,"* which is the only one of their publications I see much of, a very telling and attractive paper. He is anxious to see of course all that he can of the work and I know you will be glad to meet him and to help him on his way. I commend him heartily as a friend, as well as for the sake of his Church, and on the ground of the growing intimacy of relationship between it and our own.

Very cordially yours,
Robert E. Speer

로버트 E. 스피어

뉴욕 주, 뉴욕

1902년 5월 12일

마포삼열 목사 귀하,

나는 남장로교회의 D. C. 랜킨 목사에 대한 일반적인 소개 외에 개인적인 추천의 말을 더하고 싶습니다. 그는 일본과 한국과 중국에 있는 남장로회 선교회들을 돌아보기 위해 출장을 나갑니다. 나는 랜킨 목사를 지난 12년 동안 알았으며, 남장로회에서 그보다 더 선교에 헌신된 자는 없습니다. 그는 현재 남장로회 선교 출판물의 편집장으로서 이전에는 「미셔너리」 잡지를 만들었는데, 그들의 출판물 가운데 내가 가장 많이 보는 것으로 대단히 볼 게 많고 매력적인 잡지입니다. 물론 그는 사역에 대해 자신이 볼 수 있는 모든 것을 보려고 애쓰며, 나는 귀하가 그를 기쁘게 만나서 그의 여정을 도와주리라고 생각합니다. 남장로회와 우리 북장로회 간의 관계를 더욱 돈독하게 하고자 나는 그의 교회를 위해서뿐만 아니라 그를 친구로서 충심으로 추천하는 바입니다.

로버트 E. 스피어 드림

William M. Baird

Chikugogawa Maru,

May 30, 1902

Near Chinnampo, Korea

My Dear Brother:

I am just starting on my way to Seoul to attend the meeting of the Permanent Executive Bible Committee for Korea. I was considerably worn down and the rest of the station insisted that I must take the trip and at the same time represent them on the Committee. I started from Pyeng Yang day before yesterday, made an overland trip of fifty miles to Chinnampo on pack pony, spent the night last night with the church at Chinnampo, and now we are just putting out to sea. I left the family pretty well except Arthur who was not at all well. His health has been good hitherto and I hope he will be all right with a change of food.

I got some letters from you just as I left home, and two books: a book on teaching and Ray's Arithmetic. As I have not the letters with me I cannot answer them now.

You spoke of not seeing or hearing from [Graham] Lee. He has been much of the time with his father who is very ill and not expected to live long. I have heard of his being in Toronto, Indianapolis, Kentucky, and several places in the west nearer his home.

We have just heard that our old friend, Pieters, the Jew, was not assigned to Korea, but to the Philippines. There was some opposition to his coming to Korea by some who did not know him and this resulted in hesitation and rejection by the Board. Letters from the field removed the Board's objections but he was sent to the Philippines where his being a Russian will not possibly make any complications. I think he will make a good worker and feel like congratulating myself on the assistance I gave him in getting ready for his work. He is gifted as a linguist and a

윌리엄 M. 베어드

치쿠고가와 마루(筑后川丸)

1902년 5월 30일

한국, 진남포 근처

마포삼열 목사,

나는 한국 상임성서위원회 회의에 참석하기 위해 서울행 길에 막 올랐네. 나는 상당히 지쳤으나 선교지부의 나머지 사람들은 내가 반드시 여행을 해야 하고 동시에 위원회에 대표로 참석해야 한다고 주장했네. 나는 엊그제 평양을 떠나서 육로를 따라 조랑말을 타고 진남포까지 50마일을 여행했고, 어젯밤에는 진남포교회에서 보냈으며, 이제 막 바다로 나왔네. 내가 떠날 때 건강이 별로 좋지 못했던 아들 아서만 제외하면 가족 모두 건강한 상태라네. 아서의 건강은 괜찮았기 때문에 나는 음식을 바꾸면 그가 좋아지기를 바라네.

집을 떠나올 때 자네 편지 몇 통과 책 두 권을 받았네. 교수법에 대한 책과 레이의 산수책이었네. 내가 편지를 들고 오지 않아서 지금 그것에 대한 답장은 할 수 없네.

자네는 리 목사를 만나지도 못했고 소식도 듣지 못했다고 말했지. 그는 중병에 걸려 오래 살 가망이 없는 부친과 함께 거의 모든 시간을 보내고 있네. 나는 그가 토론토, 인디애나폴리스, 켄터키, 그리고 자신의 집에서 가까운 서부의 몇 곳을 방문했다고 들었네.

바로 얼마 전에 들은 소식인데, 우리의 오랜 친구이자 유대인인 피터즈가 한국이 아니라 필리핀에 배정되었다고 하네. 그를 모르는 어떤 사람이 그가 한국에 가는 데 반대했는데, 선교부는 이를 망설이다가 거절하게 되었다고 하더군. 한국 현장에서 보낸 편지는 받은 선교부의 반대를 삭제했으나 그는 필리핀에 파송되었는데, 그곳에서 그가 러시아인이라는 사실이 복잡한 문제를 야기하지는 않을 것이야.[1] 나는 그가 좋은 일꾼이 되리라고 생각하기

1 1902년 맥코믹 피터즈 목사가 신학교를 졸업하고 안수를 받고 가을에 엘리자베스 캠벨과 결혼한 후 한국

hard worker. They will need linguists in the Philippines to translate the Bible into the tongues of those aboriginal peoples.

We have been having much rain in Pyeng Yang this year in consequence of which we have the prospect of good gardens and good crops. Many people are still suffering in consequence of the famine of last year and are waiting eagerly for the first crops to relieve their hunger. They will probably eat them too green and cause sickness.

There has been considerable uneasiness among the people here for the past year. Their political oppression and the failure of crops have tended to produce unrest and disturbances. Several days have been fixed as the time when the various malcontents were to assemble and assume control of things, drive out the foreigners, etc. Only about two months ago was fixed as the date for the certain expulsion of all foreigners, and men gave away their property to swell their ranks, saying they would have plenty more property after their victories, something as the Millerites did in 1843. A price was put on their heads by the government and nothing more was heard of the movement. A few weeks later several hundred of the old conservatives of another complexion met in Pyeng Yang from far and near to consult as to ways and means under a certain famous leader who was at one time an outlaw. Report said there were thousands of them and that they were going to accomplish some kind of a revolution or reformation, including the destruction of the Christians. An order came from the King for their dispersion and they disappeared as silently as they came. We have become used to these things and expect nothing to come of them. I do not know what you hear at home about them. But they are seldom as alarming as they sound. Many of those who were once leaders in such movements are now in the church. The country is badly governed and there is much discontent, but the discontent is not united by any one controlling purpose enough to unify them into a party, and they lack leaders who are strong and free from selfish aims, and so their efforts are impotent.

에 그가 사역에 착수할 준비를 할 수 있도록 도와준 데 대해 스스로 잘했다고 느낀다네.[2] 그는 언어학자로서 재능을 타고났고 열심히 일한다네. 필리핀에서 성경을 원주민 부족의 언어로 번역할 언어학자가 필요할 것이야.

올해 평양에는 많은 비가 내렸고 그 결과 과일과 곡물이 풍작이 될 전망이야. 많은 사람이 작년의 기근 때문에 아직 고통을 받고 있으며, 굶주림을 해소할 첫 추수를 간절히 기다리고 있네. 십중팔구 그들은 곡식이 여물기 훨씬 전에 먹어서 병에 걸릴 것이네.

이곳 사람들은 지난 한 해 동안 상당히 불안했네. 정치적 압제와 흉년으로 불안감과 소요가 야기되었네. 다양한 불만분자가 모여 자기들이 주도권을 장악하고 외국인을 몰아내고 여러 모의를 이루기 위해 날을 잡았다네. 겨우 두 달 전에 모든 외국인을 몰아내기 위한 날짜를 정했으며, 일부 남자들은 관직을 얻기 위해 재산을 바쳤다네. 그러면서 그들은 1843년 미국의 재림교도인 밀러 추종자들이 한 것과 비슷하게, 승리만 하면 훨씬 더 많은 재산을 가질 것이라고 말했네. 정부가 그들의 머리에 현상금을 걸자 더 이상 그 운동에 대한 소문은 사라졌다네. 몇 주 후에 인근 각지에서 다른 수구파 수백 명이 평양에 모여 한때 무법자였던 어떤 유명한 지도자와 함께 방법과 수단을 의논했네. 보고에 의하면 그들은 수천 명이라고 하며, 기독교인의 박멸을 포함한 일종의 혁명이나 개혁을 완수할 것이라고 했다지.[3] 왕으로부터 해산 명령이 내려오자 이들은 왔을 때처럼 조용히 사라졌다네. 우리는 이런 일에 익숙해졌고, 우리에게 아무런 일이 일어나지 않으리라고 기대한다네. 그들에 대해 자네가 본국에서 어떤 소식을 듣고 있는지 나는 모른다네. 하지만 그들이 매우 위험하다고 들었다면 그것은 사실이 아니라네. 한때 그런 운

에 오지 못한 이유는 피터즈 목사의 국적이 러시아였기 때문이다. 그는 러시아와 일본이 대결하던 한국보다는 미국 국적 획득과 비자 문제가 편리한 필리핀으로 갔다. 필리핀으로 가던 도중 장티푸스에 걸린 부인은 이후 건강이 좋지 않아 날씨가 좀 더 시원한 선교지로 옮길 필요가 있었고 한국에서 계속 피터즈를 요청했기 때문에 선교부는 이들을 한국에 임명했다. 피터즈 부부는 1904년 9월 한국에 왔다. 그러나 부인은 날씨 변화에 적응하지 못하고 1906년 1월에 사망했다.

2 피터즈는 베어드와 마포삼열 등이 적극 추천하여 맥코믹 신학교에 입학했다.

3 이것은 1900년 12월의 황제칙령위조 기독교인박멸사건과 다른 모의였다.

In the meantime the church work grows. Now is the great time for effort. It is our day. I hope every effort will be made now when the doing counts for so much. In many places, just as faithful effort and much more money is spent without nearly so much apparent results. To strike hard here now is the part of wisdom.

I have not yet had an opportunity to write to the givers whose gifts you mention. I shall try to do so soon. Time is scarce and strength is limited.

I think I told you that Miss Parsons of the *Woman's Work for Woman* visited here a short time ago on a world tour. She will probably have something about Korean affairs in her paper soon.

The Methodists of Korea met in P. Y. last week in Annual Meeting. Bishop Moore was with them. I only attended one session, when fraternal greetings were exchanged. We saw quite a good deal of the bishop on Sabbath and at other times. Had the pleasure of entertaining him once at our house. He is a Cincinnati man, formerly editor of their paper—one of the Christian Advocates. [He] was one of the first Betas [a college fraternity] and so knows something about the chapter at Hanover. He was appointed to the East for four years, was recalled to America by order of the bishops on some special mission. I presume he is on his way there now. A gloom was thrown over their meeting by the death of Miss Dr. Harris, a very unselfish good worker, who had been with us in P. Y. only a year. Her furlough was due this fall, and she and her sister, Mrs. Follwell and Dr. Follwell were soon to have left for America. She died of typhus fever contracted in her practice.

I expect to be in Seoul until after next Tuesday, June 3rd, and then to return by the first opportunity. I hope to accomplish several errands besides the main purposes of my trip. Getting teeth repaired, if possible, is one of them.

With regards to your people and love to you both, I am

Your brother,

동의 지도자였던 이들 가운데 많은 사람이 현재 교회에 있네.[4] 시골은 제대로 통치가 안 되고 있으며 불만이 많아. 하지만 그 불만은 그들을 하나의 당으로 통합시키기에 충분한 목적을 지배하는 누군가에 의해 단합되지 않는다네. 그들에게는 이기적인 목적이 없는 강력한 지도자가 없기 때문에 그들의 노력은 무력하다네.

한편 교회 사업은 성장하고 있네. 지금은 결실을 위해 노력해야 할 위대한 시점이야. 바로 우리의 날인 것이지. 나는 행동하는 것이 대단히 가치를 지닌 지금 반드시 모든 노력을 기울이기를 희망한다. 많은 곳에서 뚜렷한 결과가 없이 신실한 노력과 큰돈이 낭비되고 있는 이때, 강하게 임무에 임하는 것은 지혜로운 행동이야.[5]

나는 자네가 언급한 선물을 준 사람들에게 아직 편지할 기회를 가지지 못했네. 곧 그렇게 하도록 노력하지. 시간은 부족하고 힘은 제한되어 있네.

얼마 전에 「여성을 위한 여성의 사역」의 파슨즈 양이 세계 여행 중 이곳을 방문한 것을 자네에게 말했을 텐데, 그녀는 곧 그 잡지에 한국 사정에 대해 무언가를 쓸 것이라네.

한국 감리회 선교사들이 지난주에 평양에서 연례 회의로 모였다네. 무어 감독이 그들과 함께하고 있었네.[6] 나는 그들의 회의에 한나절 참석했는데 서로 형제로서 인사를 나누었다네. 우리는 주일뿐 아니라 다른 때에도 그 감독을 자주 볼 수 있었다네. 우리 집에서 한 번 그를 대접하는 기쁨도 누렸네. 그는 신시내티 출신으로 그 지역 감리회 신문 「그리스도인 회보」의 편집장을 역임했던 분이야. 그는 대학교 동아리 베타의 첫 회원 가운데 한 명이어서 하노버 대학의 지부에 대해서도 약간 알고 있었네. 그는 동양에 임명된 지 4년째로, 특별 임무로 감독회의 명령을 받고 미국으로 소환되었다네. 내 짐작

4 다수의 평안도와 황해도 동학도들이 개신교로 개종했다. 대표적으로 동학 접주였던 방기창은 1899년에 조사, 1901년에 장로가 되고 나서 신학교에 다녔다.

5 평양 선교사들은 급성장하는 평양 지부에 더 많은 선교사를 보강해줄 것을 주장했고, 서울 선교사들은 서북 지방은 급성장하고 있으므로 오히려 서울 지부에 더 투자해야 한다고 주장했다. 이런 평양-서울의 대립은 세브란스병원 설립 건으로 충돌했다.

6 1904년까지 한국 북감리회 선교회는 중국 감독이 관할했고, 1905년부터 일본 감독이 관할했다.

William M. Baird

에 그는 지금 귀국 중일 것이야. 자신을 돌보지 않고 헌신적으로 일하던 의사 해리스 양의 죽음으로 그들의 회의는 침통한 분위기였다네. 그녀는 평양에서 우리와 함께 있은 지 1년밖에 되지 않았다네. 그녀는 올가을에 안식년 휴가를 갈 예정이었고, 그녀와 그녀의 여동생과 폴웰 부인과 폴웰 의사는 함께 미국으로 곧 떠날 참이었네. 그녀는 환자를 치료하다가 장티푸스에 걸려 사망했네.

나는 다음 주 화요일인 6월 3일까지 서울에 있다가 바로 내려오려고 한다네. 나는 내 여행의 주된 목적 외에도 여러 심부름을 완수할 수 있기를 바라네. 가능하면 치아를 치료하는 것이 그중 하나일세.

자네 친척들과 자네 부부에게 안부를 전하네.

자네의 형제,
윌리엄 M. 베어드

Samuel A. Moffett

Madison, Indiana

July 3, 1902

To the Board of Foreign Missions
New York, New York
Dear Brethren:
The receipt of letters from Korea both North & South telling me of the action of the Board in overruling the Mission—and contrary to the request of the Mission—appointing an extra physician for the work in Seoul etc.—and the urgent request from Korea that I go on to New York and represent to the Board the position of the Mission, makes it incumbent upon me to write again in the hope of causing the Board to understand that the Korea Mission views with serious apprehension this action of the Board.

This action is a vote of lack of confidence in the Korea Mission and an overruling of the policy of the Mission. The one, I believe, is undeserved—the other not warranted by the history and the success of the policy of the Korea Mission. I do not think that those of us who have labored so earnestly for years to establish that policy and to prevent the introduction of a policy which would discard spiritual means for worldly means, can represent to the Board too strongly our firm conviction that if the Board persists in its action whereby the policy desired by a small minority of the Mission is encouraged by the Board, and the policy so far so successful in its results is overruled, the Board thereby strikes a serious blow at the spiritual interests of the work in Korea.

I do not believe the Board understands why we so strenuously object to what may seem a small matter, but we see very clearly that this action is but the entering wedge giving encouragement to a policy which means a reversal of that policy which so far we have been able to keep uppermost in our work.

마포삼열

인디애나 매디슨

1902년 7월 3일

선교본부 귀중

뉴욕 주, 뉴욕

형제들에게,

선교회의 요청과 반대로 선교본부는 서울 사역을 위해 의사를 추가로 임명함으로써 선교회의 결정을 기각했습니다. 선교본부의 이런 결정을 제게 알려주는, 한국 전역에서 보낸 편지를 받았습니다. 또한 제가 뉴욕에 가서 한국 선교회의 입장을 선교본부에 대변하라는 긴급 요청을 받았습니다. 저는 한국 선교회가 이 결정에 대해 심각하게 우려하고 있음을 선교본부가 이해해 주기를 바라며 다시 편지해야 할 의무감을 느낍니다.[1]

이 결정은 한국 선교회에 대한 확신 부족에서 나온 표결이며, 선교회의 정책에 대한 기각입니다. 저는 전자가 부당한 처사라고 믿습니다. 후자는 한국 선교회가 거쳐온 정책의 역사와 성공을 보면 정당화될 수 없습니다. 세속적 방법을 위해 영적 방법을 폐기하는 정책의 도입을 막기 위해, 여러 해 동안 열심히 일했던 우리는 다음과 같은 확고한 신념을 더 이상 강력하게 선교본부에 진정할 수 없다고 생각합니다. 곧 선교부가 이 결정을 고수함으로써 선교회의 소수파가 바라는 정책을 선교부가 권장하고 그 대신 지금까지 매우 성공적인 결과를 거두었던 정책을 파기한다면, 이로써 선교부는 한국 사역의 영적 이해에 심각한 타격을 입힐 것입니다.

저는 사소해 보일 수도 있는 일에 우리가 이렇게 끈질기게 반대하는 이유를 선교부가 이해할 것이라고 믿지 않습니다. 하지만 우리는 이 결정이 우리가 이제까지 우리의 사역에서 가장 중요하게 유지할 수 있었던 정책을 되

1 세브란스병원 설립을 위해 에비슨 의사와 언더우드 목사 등 서울 선교지부는 추가 의사의 임명을 요구했고, 평양의 마포삼열 등은 선교회 다수가 반대하는 대형 병원과 같은 기구를 세우는 것은 감리회가 시행하던 복음보다는 문명을 우선하고 영성보다는 기구를 우선하는 세속적 정책이라고 비판했다.

I will not now write more in detail, but it does seem to me that the views of such men as Lee, Baird, Gale, Adams, Whittemore, Hunt and myself and others—men who are certainly equally worthy of the confidence of the Board as the few who advocate a different policy, should not be overruled, without first making absolutely sure that the Mission is wrong in its views. Not only the success of the work, but the harmonious working of the Mission is seriously threatened.

In writing again on this subject I wish to set myself right before the Board on one point in which my position has been unintentionally misrepresented to the Board. It is this. In Mr. Sidebotham's letter on the Fusan matter which letter was laid before the Board, he quoted me as saying "the chief objection to Dr. Irwin's [C. H. Irvin] transfer to Seoul is that he and two others would run the Mission." What I did say was "the chief objection to Dr. Irwin's transfer to Seoul is that he and two others would run the Mission into work not approved by the Mission and on a policy contrary to that of the Mission, and that however the Mission might try to prevent it, being strong men, they would carry out their policy in spite of the Mission." I stated this to Dr. Irwin [Irvin].

If the policy desired by a few is now to be encouraged by the Board, and the Mission which has striven so hard to maintain the spiritual character of the means used is to be told that it has forfeited the confidence of the Board, then we want it clearly understood that when in the future there is bitter disappointment and two opposite policies are followed in Korea, the responsibility for the change of policy and for the lack of harmony in the Mission does not rest upon us.

I have written plainly and frankly because ours is the responsibility to represent matters to the Board as we believe them to be, and I am sure that we want to maintain our spiritual policy in Korea even tho that means the refusal to receive money offered. If in spite of all our convictions and representations we are overruled, I want to be in the position of having done all possible to prevent the reversal of our policy

돌려놓는, 굴러들어 온 돌에 불과하다는 것을 분명하게 압니다.

저는 지금 더 이상 자세히 쓰지 않겠습니다. 그러나 선교부가 먼저 선교회의 견해가 틀렸다고 절대적으로 확신하지 않은 채, 다른 정책을 옹호하는 소수의 몇 사람과 마찬가지로 분명히 동등하게 선교부의 신임을 받을 만한 사람, 곧 리, 베어드, 게일, 애덤스, 위트모어, 헌트, 그리고 저 자신과 다른 사람들의 관점을 기각해서는 안 된다고 생각합니다. 사역의 성공뿐만 아니라 선교회의 조화로운 사역이 심각하게 위협받고 있습니다.

이 주제에 대해 다시 편지를 쓰면서 저는 의도하지 않았지만 제 입장이 선교부에 잘못 제시된 것 하나를 바로잡고 싶습니다. 바로 다음과 같습니다. 선교부에 제출되었던 부산 문제에 대한 사이드보텀 목사의 편지에서 그는 다음과 같이 저를 인용했습니다. "어빈 의사를 서울로 전근시키는 데 대해 반대하는 주된 이유는, 그와 다른 두 사람이 선교회를 운영할 수 있다는 것입니다."[2] 저는 실제로 이렇게 말했습니다. "어빈 의사를 서울로 전근시키는 것에 대해 반대하는 주된 이유는, 그와 다른 두 사람이 선교회로 하여금 선교회가 승인하지 않은 사역에 들어가도록 운영하고, 선교회의 정책과 반대되는 정책을 택하도록 선교회를 운영하기 때문입니다. 선교회가 아무리 막으려고 해도 그들은 강한지라 선교회의 의견과 반대되는 그들의 정책을 실천할 것입니다." 저는 이것을 어빈 의사에게 진술했습니다.

이제 선교부가 만약 몇 사람이 원하는 정책을 고무하고, 실행 수단의 영적인 성격을 유지하기 위해 열심히 노력했던 선교회를 신임하지 못한다면, 우리는 앞으로 한국에서 일어나는 쓰라린 실망과, 서로 상반되는 두 개의 정책을 따른 까닭에 일어나는 정책 혼선과 선교회의 불화에 대한 책임은 우리에게 있지 않다는 점을 선교부가 분명히 이해해주시기를 원합니다.

저는 분명하고 솔직하게 썼습니다. 왜냐하면 선교부 사태를 우리가 믿는 대로 제시하는 것이 우리의 책임이기 때문입니다. 또한 저는 비록 그것이 제

---

2 여기서 두 사람이란 언더우드와 에비슨이다. 이들을 지지한 어빈 의사가 서울로 갈 경우 세 사람이 기구주의 정책을 강화할 것이라는 뜻이다.

and to maintain the conditions in which the Spirit of God has been so manifestly working and may continue to work.

I know full well that the Board and Mr. Severance do not wish in any way to prevent this and we plead with you to stand with us in maintaining these conditions. Believe me that in all I have written there is naught but a sincere contention for what I believe are fundamental principles and also sincere love for those who differ from me. Not to write would be to shirk responsibility and to fail in my duty to the Board and to the Mission.

With greatest respect,

Very Sincerely,
Samuel A. Moffett

공된 자금의 수령에 대한 거절을 의미하더라도, 우리는 한국에서 우리의 영적 정책을 유지하기를 원한다고 확신합니다. 우리의 모든 확신과 항의에도 불구하고 우리의 의견이 기각된다면, 저는 우리 정책의 전환을 막기 위해, 그리고 하나님의 영이 분명하게 역사하고 계속해서 역사하실 상황을 유지하기 위해 최선을 다해나가려고 합니다.

저는 선교부와 세브란스 씨가 결코 이것을 방해하기를 원하지 않는다는 것을 잘 알고 있으며, 우리는 이런 상황의 유지에 귀하께서 우리와 함께하기를 간청합니다. 제가 쓴 모든 것에는 오직 제가 근본적인 원칙이라고 믿는 것에 대한 신실한 주장과 저와 다른 의견을 가진 이들에 대한 진실한 사랑만 있다는 것을 믿어주십시오. 편지를 쓰지 않는 것은 책임 회피이며 선교부와 선교회에 대한 제 의무의 불이행입니다.

큰 경의를 표하며,

마포삼열 올림

Samuel A. Moffett

Madison, Indiana

July 7, 1902

Dear Dr. Ellinwood:

I have written but few letters to you this year owing to very great stress of work and many interruptions. I have not kept as closely in touch with you as I should like to have done.

I wish very much that I could spare a little more time that I might visit New York and speak very frankly & fully of the present situation of our work in Korea, its opportunities, its needs and of its dangers. Of certain dangers which now seriously threaten to undermine our policy I feel compelled after long hesitation to write to the Board, believing that a failure to write now will be to shirk responsibility and to fail to do what has been imperatively urged upon me by many of the missionaries in Korea.

May I ask you to read carefully the enclosed letter and then see that it is laid before the Board. If there is anything that can be done to make the Board see clearly what it is for which the Mission is contending, will you not help us to attain that object? Our work in Korea has been such a joy and has been so signally blessed that it is with deepest grief that we view the encouragement being given by the Board to those ideas and policies which threaten to divide the Mission into two contending forces. Heretofore with the exception of one or two men, the Mission has had practically unanimous action on almost all questions.

Better far would it be for those who persist in establishing work on a policy not believed in by the Mission, to do so—if persisted in—as an Independent work not connected with the Mission or the Board. To force upon the Mission what the Mission does not want is almost sure to work injury.

Since writing the enclosed letter to the Board I have seen a letter

마포삼열

인디애나, 매디슨

1902년 7월 7일

엘린우드 박사님께,

저는 올해 사역의 엄청난 압박과 많은 방해 때문에 귀하께 편지를 별로 드리지 못했습니다. 제가 하고 싶었던 만큼 귀하와 친밀히 연락하지 못했습니다.

제가 시간을 좀 더 낼 수 있어서 뉴욕을 방문하여 한국에서 우리 사역의 현재 상황과 기회와 필요와 위험에 대해 솔직하고 자세하게 이야기를 나눌 수 있다면 정말 좋겠습니다. 저는 현재 우리의 정책 기반을 약화시킬 정도로 심각하게 위협하는 특정 위험에 대해 지금 편지를 쓰지 않는 것은 책임 회피이자, 한국에 있는 많은 선교사가 제게 긴급히 촉구했던 일을 하지 않는 것이라고 믿으면서 긴 망설임 끝에 선교부에 편지를 써야 한다고 느꼈습니다.

동봉한 [7월 3일 자] 편지를 귀하께서 주의 깊게 읽고 선교부에 제출해 주시기를 부탁드립니다. 만일 선교부로 하여금 [한국] 선교회가 주장하고 있는 바를 분명하게 볼 수 있도록 할 수 있는 일이 있다면, 우리가 그 목적을 달성하도록 도와주지 않겠습니까? 한국에서 우리의 사역은 그동안 큰 기쁨이었고 분명하게 축복을 받았으므로, 선교회를 서로 싸우는 두 세력으로 분리하려고 위협하는 방안과 정책을 선교부가 지지하는 것을 바라보는 것은 대단히 슬픈 일입니다. 지금까지 한두 사람을 제외하면 선교회는 실질적으로 거의 모든 문제에서 만장일치의 결정을 했습니다.

선교회가 믿지 않는 정책 위에 사역을 설립하려고 고집하는 자들이 만일 그것을 고집한다면, 그들은 선교회나 선교부와 상관없이 독자적인 사역을 하는 편이 훨씬 나을 것입니다. 선교회가 원하지 않는 일을 선교회에 강요하면 손상을 줄 것이 거의 확실합니다.

저는 동봉한 선교부에 보내는 서신을 쓴 이후에 새로 임명된 의사를 다른 선교회로 전임시키는 데 대해 브라운 박사가 리 목사에게 쓴 서신을 보았습니다. 저는 이 지연에 대해 기쁘게 생각하며, 그것이 최종 결정이 내려지기 전

from Dr. Brown [Arthur Judson Brown] to Mr. Lee which tells of the transfer of the newly-appointed physician to another Mission. I rejoice in this delay and trust that it may give opportunity to the Mission to bring before the Board its views before the final decision is reached.

With kindest regards and trusting that which is best for the work may be done.

Very sincerely,
Samuel A. Moffett

에 선교부에 선교회의 관점을 제시할 기회를 제공해줄 수 있다고 믿습니다.

안부를 전합니다. 사역을 위해 최선의 결정이 이루어지리라고 믿습니다.

마포삼열 올림

Edith M. Buck

Patriot, Indiana

July 21, 1902

Dear Mr. & Mrs. Moffett:

Mrs. Foster's letter reached me only last Saturday and as I was preparing Monday for an early start home the next day from Winona Lake, I have hardly had time to write until now. I'm sorry it has been so long neglected.

I am not to go to Korea until next year but there are some things that I should like to know now. Does a single lady missionary need to take the household utensils, etc. given in our lists or will she just be expected to board? Will it be considered improper by the Koreans for a lady to ride on horse back?

As to the material for clothing I suppose about the same as we use here for summer and winter wear will be suitable, will it not?

I received a couple of pamphlets from Mr. Charles Bernheisel the other day. A letter which arrived at the same time was forwarded ahead to Winona Lake so I missed it. I suppose it will come back to me.

If you know his address will you please send it to me so that if the letter is lost I can write anyway?

Sincerely yours,
Edith M. Buck

에디스 M. 벅

인디애나, 패트리어트

1902년 7월 21일

마포삼열 부부에게,

지난 토요일에야 포스터 부인의 서신이 내게 도착했습니다. 저는 월요일에는 집에서, 그리고 다음 날에는 위노나 레이크에서 일찍 출발하기 위해 준비했기 때문에, 이제까지 편지를 쓸 시간이 거의 없었습니다. 이렇게 오랫동안 주의를 기울이지 못해 죄송합니다.

저는 내년까지 한국에 가지 않을 예정이지만, 지금 알고 싶은 몇 가지 사안이 있습니다. 미혼 여성 선교사에게 우리의 목록에 있는 가정용품이 필요합니까? 아니면 하숙을 하게 됩니까? 여자가 말을 타는 것을 한국인들은 부적절하다고 생각합니까?

저는 옷감에 대해서는 여름용과 겨울용 옷으로 여기서 사용한 것과 동일한 옷감이 적당하리라고 생각합니다. 그렇지 않습니까?

저는 지난번에 찰스 번하이젤 목사로부터 소책자 두 권을 받았습니다. 함께 도착했던 서신은 위노나 레이크 앞으로 발송되어서 받지 못했습니다. 그 서신은 다시 제게 올 것이라고 생각합니다.

그의 주소를 알고 있다면 알려주시겠습니까? 그러면 그 서신이 분실되었더라도 제가 편지를 보낼 수 있을 것입니다.

에디스 M. 벅 올림

Frank F. Ellinwood

Cornwall, Connecticut

July 24, 1902

Rev. S. A. Moffett

Madison, Indiana

My Dear Mr. Moffett:

I have kept your letter several days, not knowing just what to do with it, as it is not only confidential, but "personal." We never take much individual responsibility without consulting our colleagues. All confidential matters pertaining to mission policy are matters for the Council. It is a great thing that you ask—viz: the virtual dismissal of a brother missionary from the service to which he has devoted his life. How can the Board do that without plainly stated and well attested grounds which would be supported in any ecclesiastical court?

I have received four different letters, all relating to the same matter and of the same import, yet with the exception of one, written by a lady, they are all "confidential," and all shrink from the responsibility of making specific charges. I have consulted with two clerical missionaries now at home, with reference to the points at issue between the two brethren at Fusan. One agrees entirely with your vindication of Mr. Ross, the other rather sides with Dr. Irvin.

We see his faults, but we regard him as on the whole one of the most successful missionaries we have in southern Korea.

Dr. Halsey made a missionary campaign with Dr. Irvin and Dr. Underwood in which he studied Dr. Irvin's character and work in every aspect, and his estimate was most favorable. The impression made by the Doctor's addresses was invariably deep and spiritual. The medical element seemed subordinate to the evangelistic.

The Council have had a conference with Dr. Irvin and Dr. Underwood in my office. All the points at issue between Dr. Irvin and

프랭크 F. 엘린우드

코네티컷, 콘월

1902년 7월 24일

마포삼열 목사에게,

나는 귀하의 서신을 어떻게 해야 될지 몰라서 며칠 동안 그냥 가지고 있었는데, 그 서신이 기밀을 요할 뿐만 아니라 "사적"이기 때문입니다. 우리는 동료들과 상의하지 않고 개인적인 책임을 결코 지지 않습니다. 선교회 정책과 관련된 모든 기밀을 요하는 사안은 평의회가 담당하는 사안입니다. 귀하가 요청한 것은 대단한 일입니다. 즉 자신의 생애를 헌신한 사역으로부터 한 형제 선교사[어빈 의사]를 실질적으로 해고하라는 것입니다. 어떤 교회 법정에서라도 입증될 수 있는 분명하게 진술되고 제대로 증명된 근거 없이 어떻게 선교부가 그렇게 할 수 있겠습니까?

나는 동일한 사안과 관련되어 있고 동일한 중요성을 갖고 있는 네 통의 다른 편지를 받았습니다. 한 여성 선교사가 쓴 편지를 제외하고 모두 "기밀을 요하고" 특정인을 비난하는 책임을 회피하고 있습니다. 나는 부산의 두 형제 사이의 쟁점에 관해 본국에 와 있는 2명의 목회 선교사와 이야기를 나눴습니다. 한 사람은 [시릴] 로스 목사에 대한 귀하의 해명에 전적으로 동의하지만, 다른 한 사람은 오히려 [찰스] 어빈 의사의 편을 들고 있습니다.

우리는 어빈 의사의 잘못을 알고 있지만, 전체적으로는 그를 한국 남부에서 우리가 보유하고 있는 가장 성공적인 선교사 중 하나로 보고 있습니다.

핼시 박사는 어빈 의사와 언더우드 박사와 함께 선교 모금 운동을 하면서 어빈 의사의 성격과 사역을 모든 면에서 연구했는데, 그의 평가는 우호적이었습니다. 어빈 의사의 설교를 통해 받은 인상은 변함없이 깊고 영적이었습니다. 의학적 요소는 선교적 요소에 비해 부수적인 것처럼 보였습니다.

평의회는 어빈 의사와 언더우드 박사와 함께 내 사무실에서 회의를 했습니다. 어빈 의사와 로스 목사 사이의 모든 쟁점을 충분히 토의했습니다. (귀하가 거의 틀림없이 다른 한편을 가지고 있듯이) 물론 우리는 원래대로 한편만

Mr. Ross were fully discussed. Of course we had but one side (as you have doubtless had the other) but as a result we were compelled to either question Dr. Irvin's facts to conclude that Mr. Ross whose piety Dr. Irvin freely admitted, was strangely and almost fatally lacking in tact and sound judgment. The Doctor has so far the stronger presence and personality of the two that very naturally his influence is not to prevail, and this is why Mr. Ross says he wishes to work in a station where his opinion will have more weight. Such differences and preponderances will always appear where men are brought together. I only wish I could hear the Ross' replies to the Doctor's version. This is impossible but you my dear brother, may hear both. I doubt if Dr. Irvin will go back in time for the Mission Meeting.

If you do, I hope you will not fail to see him before you leave. You can do what perhaps no one else can do. Your judgment and your just and kindly spirit are respected by all. Dr. Irvin cannot be many miles from you. Go to him as a Christian brother and tell him frankly what you and others feel and see what he will say. If you think best, include Mr. Lee and Dr. Underwood and Dr. Halsey in the conference. It is a very unfortunate matter. It involves the whole future of our southern Korea Mission.

May God give you all Christlike wisdom!

Yours in Christian love,

Frank F. Ellinwood

가지고 있지만, 결과적으로 어빈 의사가 다음과 같이 결론을 내린 실상을 조사하지 않을 수 없습니다. 곧 어빈 의사가 로스 목사의 경건에 대해서는 기꺼이 인정하지만 로스 목사는 재치와 건전한 판단력에 있어서는 이상하게 거의 치명적으로 부족하다고 결론을 내린 일입니다. 지금까지 어빈 의사가 두 사람 중 더 강한 존재감과 성격을 가지고 있으므로, 당연히 로스의 영향력이 그를 압도할 수 없습니다. 이것이 로스 목사가 자신의 의견이 좀 더 비중을 가지는 선교지부에서 사역하기를 바란다고 말하는 이유입니다. 그런 차이점과 우월함은 사람들이 모여 있는 곳에서는 항상 발생합니다. 나는 다만 어빈 의사의 특정 입장에 대한 로스 목사의 답변을 들을 수 있기를 바랄 뿐입니다. 이것이 불가능하지만, 사랑하는 형제인 당신은 두 사람의 이야기를 들을 수도 있을 것입니다. 나는 어빈 의사가 선교회의 연례 회의가 열리기 전에 한국으로 돌아갈지 의심스럽습니다.

만일 귀하가 그 시간 안에 돌아간다면, 나는 귀하가 떠나기 전에 그를 볼 수 있기를 바랍니다. 귀하는 아마 다른 사람이 할 수 없는 일을 할 수 있습니다. 모든 사람이 귀하의 판단력과 공정성과 친절한 마음을 존경합니다. 어빈 의사는 귀하로부터 그렇게 멀리 떨어져 있지 않을 것입니다. 같은 기독교인 형제로서 그에게 가서 귀하와 다른 사람들이 느끼는 바를 솔직히 말하고 그가 어떻게 말하는지 보십시오. 최선이라고 생각하면, 리 목사와 언더우드 박사와 핼시 박사를 그 만남에 포함시키십시오. 그것은 매우 유감스러운 문제입니다. 그 문제는 우리 한국 남부 선교회의 전체 미래와 결부된 일입니다.

하나님께서 귀하에게 그리스도와 같은 모든 지혜를 내려주시기를 빕니다!

그리스도의 사랑 안에서,

프랭크 F. 엘린우드 드림

Maria Jane McKee Moffett

Madison, Indiana

August 2, 1902

My Dear Sam,

How sorry I am to learn of your illness–just when we thought you were doing everything to keep well. How malaria crops out when one least expects it. I do hope we will hear of your entire recovery before you sail. What is your steamer? Will think of you when going out the golden gate and will try to imagine all your surroundings. How I wish I could be with you these last days, not just where the earthquakes & volcanoes are making themselves heard & seen throughout California and frightening people out of their senses but in some cooler spot than we are having. I went down home [at 3rd & Mulberry] yesterday afternoon to meet the Missionary Society. Our library was far cooler than our rooms up here [in the hilltop home] but here we can be out doors and catch the breeze.

We have no permanent cook yet. Nellie gives me what time she can spare from her home duties and if old Joe will just betake himself off to find work she may stay with me till October. If I cannot get a competent cook I may have to shut up the house for three months and go south. If I could take a berth in an airship I would rather fly over to the Pacific coast. I think Rob [second oldest son] dreads the winter quite as much as I do. He does not complain of these hot days. Tom [youngest son] writes from Raton where he spent his birthday and received a warm welcome from his loyal good friends, the Blackwells. We are still hearing sung the praises of daughter, Alice [Sam's wife], and she will find friends and admirers to greet her when she comes again to your old home, Sam. I have been wondering if the many lemons and so much acid was altogether good for you. Does Alice prescribe a milk diet for some of her patients? I know it does not agree with many people but in some cases it seems to give flesh and strength. I wish you could have some of our

마리아 제인 맥키 마페트

인디애나, 매디슨

1902년 8월 2일

사랑하는 샘에게,
네가 건강하게 지내기 위해 모든 노력을 하고 있다고 우리가 생각하고 있던 그때에 네가 병에 걸렸다는 것을 알고 얼마나 안타까운지! 조금도 예측하지 못하고 있을 때 어떻게 말라리아가 발생했지? 나는 네가 배를 타기 전에 완전히 회복되었다는 말을 들을 수 있기를 바란다. 네가 탈 기선이 무슨 배니? 네가 금문교를 빠져나갈 때 너에 대해 생각하고 네 모든 환경을 상상하려고 노력하마. 지진과 화산 활동이 많아서 사람들을 놀라게 하는 캘리포니아가 아니라, 우리가 있는 곳보다 좀 더 시원한 곳에서 요 며칠 동안 너와 함께 지낼 수 있기를 내가 얼마나 원했는지! 나는 어제 오후에 교회 선교회 모임에 참석하기 위해 3가와 뮬베리가에 있는 집으로 내려갔단다. 도서관은 여기 [언덕 꼭대기의] 우리 방보다 훨씬 시원하지만 이곳에서는 밖에서 바람을 쐴 수 있단다.

우리는 아직 영구적인 요리사가 없구나. 넬리는 자신의 가사에서 짬을 내어 나를 도와준단다. 만일 나이가 찬 아들 조가 일을 찾아 떠나면 넬리는 10월까지 나와 함께 머무르게 될 거야. 만일 유능한 요리사를 구하지 못하면, 나는 3개월 동안 집 문을 걸어 잠그고 남쪽으로 가야 할지도 모른다. 만일 비행선에 자리를 구할 수 있다면 나는 태평양 해안 쪽으로 날아가고 싶구나. [둘째 아들] 롭[로버트]이 나만큼이나 겨울을 두려워한단다. 그는 이 무더운 날에 대해서는 불평하지 않는구나. [막내아들] 톰은 생일을 지낸 라톤에서 편지를 보냈는데 그의 충실하고 좋은 친구인 블랙웰즈 부부로부터 따뜻한 환영을 받았다고 한다. 우리는 [네 아내인] 딸 앨리스에 대해 칭찬하는 말을 아직도 듣고 있다. 그녀가 네 오래된 고향 집에 다시 오면 그녀를 반기는 친구들과 숭배자들을 볼 수 있을 것이다. 샘, 나는 많은 레몬과 신맛이 나는 음식이 모두 네게 좋은지 늘 궁금했단다. 앨리스가 일부 환자들에게 우유

milk and cream. We are still sending several cans to our friends every morning.

Dr. Moffat [her daughter Susie's husband] will preach for us tomorrow. Mr. and Mrs. Gibbony [?] spent Tuesday with us. They played dominoes and Susie read some of Dr. Moffat's sermons to them. They greatly enjoy their visits here every summer. Susie and Dr. Moffat had an all day drive going to Hanover and taking supper with the G's.

Howard [another son] has taken Ella [his wife] and the children out for picnics several times. Rob is still calling on the visitors in town. Hope to hear very soon of your recovery.

With very much love to all,
Your loving Mother

식단을 처방하지 않았니? 나는 그것이 많은 사람에게 잘 맞지 않는다는 것을 알고 있지만, 몇몇 경우에 있어서는 살이 붙고 힘도 나게 해주는 것 같구나. 네가 우리의 우유와 크림을 먹을 수 있다면 좋을 텐데. 우리는 여전히 매일 아침 친구들에게 여러 개의 캔을 보내고 있다.

[딸 수지의 남편] 모펫 박사가 내일 우리를 위해 설교할 거란다. 기보니 부부는 화요일에 우리와 함께 시간을 보냈다. 그들은 도미노 게임을 했고, 수지는 그들에게 모펫 박사의 설교 일부를 읽어주었단다. 그들은 매년 여름 이곳에 방문하는 것을 대단히 즐긴다. 수지와 모펫 박사는 하루 종일 차를 운전하고 하노버로 가서 기보니 부부와 함께 저녁 식사를 했단다.

[아들] 하워드는 여러 차례 [아내] 엘라와 아이들을 데리고 소풍을 갔고 롭은 여전히 시내에서 방문객들을 만나고 있다. 네가 빨리 회복되었다는 소식을 듣고 싶구나.

모든 이에게 사랑을 전하며,
네 사랑하는 어머니로부터

Courtenay H. Fenn

New York, New York

August 5, 1902

Rev. S. A. Moffett, D.D.

Madison, Indiana

My Dear Dr. Moffett:

You will perhaps have wondered at receiving no reply to your letter of July 7th to Dr. Ellinwood. It was duly received, and has been given very careful consideration. I do not know whether it has come to your knowledge that since the middle of June I have been in charge of Dr. Ellinwood's correspondence as it was very desirable that he should go away from the city and be as free as possible throughout the summer from official cares and responsibilities. It has been necessary, therefore, that I should get as near to the bottom as possible in my understanding of the various questions in the Korea Mission and the others under Dr. Ellinwood's care. I feel a special interest in the Korea Mission because I came very near being a member of it myself. I was appointed to Korea in the Spring of 1892, but, being compelled to wait a year for family reasons, I was switched off to China, but my interest in Korea has continued in view of the large success which the Mission has gained because of the policy which you have adopted, which has recommended itself to me, so far as I have become familiar with it, as being almost if not quite a model policy for mission work. I have seen so much of the other policy in China that I have really envied you the opportunity which you have had of doing pioneer work, and establishing for yourselves a policy, instead of following in long established ruts. I should therefore be particularly keen in my perception of anything which would work disaster to the policy which you have been so wisely guided in establishing. I have found the same feeling of enthusiastic admiration for the Korea Mission and its policy in this office, and I know that the Board

코트니 H. 펜

뉴욕 주, 뉴욕

1902년 8월 5일

목사 겸 신학박사 마포삼열
인디애나, 매디슨
마포삼열 박사에게,

귀하는 아마도 엘린우드 박사에게 보낸 7월 7일 자 서신에 대한 답신을 받지 못해 궁금했을 것입니다. 그 서신은 시의적절하게 도착했고 주의 깊게 고려되고 있습니다. 여름 동안 엘린우드 박사가 도시를 벗어나 업무에서 되도록 떠나 있는 것이 바람직하기 때문에 6월 중순 이후 제가 엘린우드 박사의 서신을 담당하게 되었음을 귀하가 알고 있는지 모르겠습니다. 따라서 제가 엘린우드 박사의 관리하에 있던 한국 선교회와 나머지 일에 대한 여러 질문을 이해하기 위해 최대한 그 진상에 접근해야 할 필요가 있었습니다. 나는 한국 선교회에 특별한 관심을 가지고 있는데, 그것은 저 자신이 거의 그 선교회의 회원이 될 뻔했기 때문입니다. 나는 1892년 봄에 한국으로 임명되었지만, 집안에 일이 있어 1년을 지체하지 않을 수 없었습니다. 그 후 중국으로 임명되어 선교지가 바뀌었지만, 귀하가 채택한 정책 때문에 한국 선교회가 이룬 커다란 성공을 바라보면서 한국에 대한 제 관심은 계속되었습니다. 그 정책은 제가 그것에 친숙하게 되었다는 점에서 비록 완전하지 않다고 하더라도 거의 모범 정책이 되었습니다. 저는 중국에서 다른 정책을 많이 보았기 때문에, 오래된 기존의 틀을 따르는 대신 선구적인 사역을 하면서 스스로 정책을 수립하는 기회를 가지는 귀하를 정말 부러워했습니다. 따라서 저는 제 선교 정책 수립 과정에서 현명한 지도를 받았던 정책에 엄청난 피해를 미칠 어떤 것을 감지하는 데 특별히 예민할 수밖에 없습니다. 저는 이 사무실에 한국 선교회와 그 정책에 대해 동일하게 열광적인 감탄의 감정이 있다는 것을 압니다. 또한 저는 선교부가 귀 선교회 정책의 근본적인 원칙과 대치되는 어떤 조치를 선뜻 취하지는 않을 것을 압니다.

would not willingly take any step which would bring it into conflict with the essential principles of your Mission policy.

I think there has been, perhaps, a little lack of clearness in the understanding of some of the officers of the Board as to just the nature of Mr. Severance's offer, and in the first letters which were written to the Mission with regard to the matter, the Board's action was expressed in such a way as seemed to indicate that the Board for the sake of a few thousand dollars was willing to fly in the face of the Korea Mission–at least that is the way in which the letters have been interpreted. I do not think such was the meaning of the letters in the mind of the original writer, and I think possibly he had received a somewhat different impression of Mr. Severance's purpose from that which was received by others who were in rather more intimate communication with Mr. Severance.

Dr. Halsey was present when the project for an extra physician was first suggested, and he says that it came about in this way:–Mr. Severance had invited Dr. Halsey and Dr. Irvin, Mr. Underwood and some others to dine, and at the table he turned to Dr. Irvin and said–"Who is looking after your hospital while you are in America"? Dr. Irvin replied–"No one," whereupon Mr. Severance said–"That surely ought not to be, your work must suffer very greatly if it is abandoned in that way for many months, when it was previously in so flourishing a condition." Not long after, he made the offer of an extra physician for Korea for any service to which the Mission might wish to put him, and his connection with the Seoul Hospital was based on the probability that he [the extra physician] would be associated with the work of that Hospital, being at the Capital, except when he was needed at other institutions.

Dr. Halsey is expecting to see Mr. Severance before very long and talk the matter over thoroughly with him, and secure such a statement of the case in writing that there will be no longer any question. Meanwhile,

저는 세브란스 씨의 제안에 대해 선교부의 일부 직원들이 아마도 명확하게 이해하지 못한 부분이 있었다고 생각합니다. 그 사안과 관련하여 선교회에 보냈던 첫 번째 서신에는 선교부가 수천 달러 때문에 한국 선교회의 안면을 무시하고 반대하는 것처럼 보이는 방식으로 선교부의 결정이 표현되어 있었고, 적어도 그것이 그 서신이 지금까지 해석되었던 방식입니다. 저는 그것이 그 서신을 원래 쓴 분이 의도했던 의미라고는 생각하지 않습니다. 저는 아마도 그가 세브란스 씨와 어느 정도 친밀하게 연락을 주고받던 사람들이 세브란스 씨의 목적에 대해 받은 인상과는 약간 다른 인상을 받았다고 생각합니다.

헬시 박사는 의사 충원에 대한 계획이 처음 제안되는 자리에 참석했습니다. 그는 다음과 같은 방식으로 일이 진행되었다고 말했습니다. 세브란스 씨는 헬시 박사, 어빈 의사, 언더우드 목사와 다른 사람들을 저녁 식사에 초대했고, 식탁에서 어빈 의사를 보고 이렇게 말했습니다. "귀하가 미국에 있는 동안 누가 귀하의 병원을 관리합니까?" 어빈이 "아무도 하지 않습니다"라고 대답하자 세브란스 씨는 "그렇게 되어서는 결코 안 되지요. 병원이 잘되는 상황에서 여러 달 동안 그런 식으로 내버려두면 귀하의 사역은 악화될 것이 틀림없습니다"라고 말했습니다. 잠시 후 그는 한국에서 선교회가 원하는 어떤 사역에도 임명할 수 있는 의사 한 명을 추가할 것을 제안했습니다. 서울 병원과 새 의사의 관계는, 다른 기관에서 그를 필요로 할 때를 제외하고, 서울에 있을 경우 그 병원의 사역과 연관될 개연성에 기초했습니다.

헬시 박사는 곧 세브란스 씨를 만나서 그와 함께 그 사안에 대해 철저하게 이야기를 나누고 더 이상 어떤 의문도 없다는 서면 진술을 확보할 예정입니다. 한편 이 사역에 처음 임명되었던 의사는 다른 곳에 배정되었으므로, 선교회는 연례 회의에서 관련된 실질적인 문제를 조심스럽게 기도하면서 고려할 완전한 기회를 가지게 될 것입니다. 제가 읽도록 요청받은 서신을 살펴보면, 한국 선교회의 일부 회원들이 선교회 정책의 하나나 그 이상을 땅바닥에 폐기할 위험성은 거의 없는 것이 분명합니다. 아마도 그것이 너무 과격한 표현일 수도 있겠지요. 하지만 저는 잘 작동하는 듯 보이는 어떤 일에 대한 우

as the physician at first appointed for this work has been assigned elsewhere, the Mission will have full opportunity at the Annual Meeting to give the actual question involved careful and prayerful consideration. It is quite evident to me through the correspondence which I have been called upon to read that there is a little danger of some members of the Korea Mission running one or more of the principles of the Mission policy into the ground. Perhaps that is too strong an expression, but I find that in our missionary enthusiasm for something that seems to work well, we are sometimes in danger of going to an extreme; and I have received from more than one member of the Korea Mission, medical and non-medical, a statement of their decided opinion that the Korea Mission in its unwillingness that the institutional work shall preponderate or receive an undue proportion of funds and attention, is refusing to give to the hospitals connected with the Mission a sufficient equipment for the service which they are called upon to render. It has been stated to us with regard to the Seoul Hospital, by one who is not a physician, that they do not have money enough asked for in the Annual estimates, to provide the necessary attendants to keep the place clean and neat. It is a strange fact, but it is nevertheless a fact, that almost all dissensions between members of various Missions throughout the world, are between the medical and the evangelistic. The workers in each department are naturally eager for the advancement of their own work, contributing, as they believe it does, to the work of all other departments—but each is inclined to think the other selfishly ambitious and consequently unsympathetic.

It sometimes seems as if the Methodist plan of having a Bishop on the field to determine questions of this kind might be an excellent feature, for it is with the different missionaries as it is with the different missions, each one sees his own need written very large and he does not see as clearly the need of another. The Board frequently received letters expostulating in the most earnest tone against the Board's failure to appreciate a particular need which has been presented whereas another

리의 선교적 열정에서 우리가 때때로 극단으로 흐를 위험이 있다고 봅니다. 저는 한국 선교회에 속해 있는 한 명 이상의 의료 선교사와 비의료 선교사 회원으로부터 다음과 같은 그들의 단호한 의견에 대한 진술을 받았습니다. 즉 기관 사역에 더 비중을 두거나 필요 이상의 자금과 관심을 지원하는 것을 꺼리는 한국 선교회는 선교회와 연계된 병원에서 해야 할 사업을 위한 충분한 장비를 제공하기를 거절하리라는 것입니다. 의사가 아닌 어떤 선교사는 서울 병원과 관련하여 병원을 청결하고 정돈된 상태로 유지하는 데 필요한 간호원들을 제공하기 위해 연간 예산에 요청한 자금을 그들이 충분히 가지고 있지 않다고 우리에게 말했습니다. 전 세계 여러 선교회에서 일어나는 모든 의견 충돌이 의료 회원과 전도 회원 사이에서 일어난다고 하면 이상하게 들리겠지만 그럼에도 불구하고 사실입니다. 각 부문의 사역자들은 당연히 자신들이 종사하는 사역이 다른 부문의 사역에 기여한다고 믿으면서 그 사역의 발전을 열망합니다. 각 사역자는 다른 사역자들이 이기적으로 야망에 차 있으며 따라서 매정하다고 생각하는 경향이 있습니다.

때때로, 이런 종류의 문제를 결정하기 위해 선교지에 감독을 두는 감리교회의 계획에 탁월성이 있는 것처럼 보이기도 합니다. 왜냐하면 다른 선교회들과의 관계에서처럼 다른 선교사들과의 관계에서도 각자 자신의 요구가 더 크게 보이기를 원하고, 다른 사람의 요구는 자신의 요구만큼 명확하게 보이지 않기 때문입니다. 선교부는 다음과 같은 항의 서신을 자주 받습니다. 곧 자신이 제출한 특정 요구는 제대로 이해하지 않은 반면에 그에게는 별로 중요해 보이지도 않는 다른 요구를 수용한 일에 대해 가장 진심 어린 어조로 반대를 표하는 서신입니다. 한국 선교회에서 의료 사역자와 전도 사역자 사이에 어떤 불화가 있는 것 같지는 않습니다. 모두가 주님의 영광을 구하는 한 가지 목적을 갖고 있을 뿐입니다.

선교부는 선교회의 정책이 해롭다고 생각하면 그에 반하는 조치를 취하는 것이 전적으로 정당하다고 생각하지만, 저는 이번 경우에는 굳이 치명적인 극단으로 나아가지만 않는다면 이 정책을 유지하도록 선교회를 지지할 것이라고 귀하에게 확언하는 바입니다. 나아가 저는 "선교부의 조치가 한국

need which does not appeal to the writer as nearly as important has been met. It does not seem as if in a Mission there ought to be any conflict whatever between the medical workers and the evangelistic workers. All have singleness of aim in seeking the glory of the Lord.

While I believe the Board is altogether justified in going counter to a Mission's policy if it thinks that policy mischievous, yet in this case I can assure you that the Board will uphold the Mission in the maintenance of this policy if it is not carried to a destructive extreme. I wish moreover, to protest against the assertion that "the Board's action is a vote of lack of confidence in the Korea Mission." If rightly understood, it is very far from being that. I know of no Mission in the world of which the Board's approval is [higher] or in which the Board's confidence is more perfect.

We shall look to you at your Annual Meeting to be so reasonable, and so thoroughly Christian in your consideration of this and other important subjects, that the Board will have no occasion to lose any of the confidence which it now feels.

Yours very sincerely,
Courtenay H. Fenn

선교회에 대한 신뢰 부족의 표시"라는 주장에 대해 이의를 제기하고 싶습니다. 제대로 바르게 이해한다면 선교부는 결코 그렇지 않습니다. 저는 선교부가 전 세계에서 한국 선교회만큼 그렇게 칭찬하고 완벽하게 신임하는 다른 선교회를 알지 못합니다.

우리는 한국 연례 회의에서 귀하가 이것과 다른 중요한 사안들을 고려할 때 합리적이고 철저히 기독교적이어서 선교부가 현재 느끼고 있는 신뢰를 조금이라도 상실하는 경우가 없기를 기대합니다.

코트니 H. 펜 드림

Horace G. Underwood

Chicago, Illinois

139 Monroe Street

September 15, 1902

[Two important related letters are missing]

Rev. S. A. Moffet [sic], D.D.

Pyeng Yang, Korea, via Japan

My Dear Dr. Moffet:

Your letter of August 13th dated S. S. Coptic, in answer to mine of July 17th, came duly to hand.

In reply to your letter I will state that as to whether I can see that there is anything to be said on the other side or not, it seems to me that you should say what there is to be said on the other side and then find out whether I think there is anything. Pardon me for the suggestion, but your letter to me says practically that there is no other side but yours to the whole subject. Are you not doing the very thing concerning which you find fault with me?

Then you say my letter is unfair, yet failed to tell me in what particulars it is unfair; also claim that my letter to you is "full of duplicity." I will simply state that my letter to you had no duplicity in it at all, and if you deem that there is duplicity in it, it must be that there are suspicions in your mind concerning what I have done and what I have wanted to do that are without foundation. I am under the impression that the brethren of whom you speak look back of everything that I suggest or do for an ulterior motive, and I assert that there is no such ulterior motive. I think the difficulty is that you view with suspicion all that I do, and do not exercise towards my actions and suggestions any of that charity which the Bible says, "thinketh no evil."

You speak of my attitude towards you all. I would be very glad if

호러스 G. 언더우드

일리노이, 시카고
먼로 가 139번지
1902년 9월 15일

목사 겸 신학박사 마포삼열
일본 경유 한국, 평양
마포삼열 박사에게,

7월 17일에 보낸 내 서신에 대한 답장으로 귀하가 콥틱호에서 8월 13일 자로 보낸 편지는 잘 받았습니다.

귀하의 서신에 대한 답장에서 다른 편에서 말할 수 있는 내용이 있는지 혹은 없는지를 내가 알 수 있는가에 대해서는, 먼저 귀하가 다른 편에서 이야기된 내용을 말해야 하는 것 같습니다. 그다음에야 내가 어떤 것이 있다고 생각하는지의 여부를 알 수 있다고 말하겠습니다. 이 제안을 용서하십시오. 그러나 내게 보낸 귀하의 서신은 그 전체 주제에 대해 실제로 귀하의 의견 외에는 어떤 다른 편의 의견도 없다고 말합니다. 귀하는 나를 비난하는 바로 그 일을 하고 있지 않습니까?

이어서 귀하는 내 서신이 불공정하다고 말하지만, 구체적으로 어떤 것이 공정하지 않은지 내게 말하지 않습니다. 또한 귀하는 귀하에게 보낸 내 서신이 "이중성으로 가득 차 있다"고 주장합니다. 저는 귀하에게 보낸 서신에 이중성이 전혀 없다고 단순히 진술하겠습니다. 그리고 만일 귀하가 그 서신에 이중성이 있다고 생각한다면, 내가 한 일과 내가 하려는 일에 대해 귀하의 마음에 근거 없는 의심이 자리 잡고 있음이 틀림없다고 말하겠습니다. 나는 귀하가 말하는 형제들이 내가 제안하거나 행한 모든 일에 대해 내가 어떤 숨은 동기를 가지고 했다고 생각한다는 인상을 받습니다. 나는 어떤 숨은 동기도 없음을 단언합니다. 나는 어려운 점이 귀하가 내가 하는 모든 일을 의심을 가지고 보고, 내 행동이나 제안에 대해 성서에서 말하는 "악한 것을 생각하지 아니하는" 사랑으로 대하지 않는 것이라고 생각합니다.

you would define what my attitude is. My simple attitude toward a great many of you brethren is that of, in certain cases, differing with you in ideas as to what methods should be employed to bring about the same end. Aside from this I stand in no attitude towards you, other than to be allowed to work in Korea in perfect harmony with you all. No two men are identically alike. We are not all cast in the same mold and we must bear and forbear.

I should like you also to know that in your letters to me you have repeatedly declined to discuss any of the questions at issue, and yet you say that you cannot discuss the questions with me. I simply assert, and in this I think you are unable to contradict me, that as you have never tried, you do not know whether you can or not. You say the fault lies with me, and that I alone can remedy it, and yet you do not say what the fault is.

In regard to the difference in the work, there have been two differences that have seemed insurmountable; one the matter of the term question [the term for God], and as correlative with this, the matter of the hymn book that has been used. That was taken up in my last letter (the hymn book) and I think you can realize that there were reasons why it was natural that I should use the hymn book that I had prepared.

You say in your letter, "Harmonious working has now again been secured in Seoul both in station and in committee of counsel, although a few of your personal adherents are holding somewhat aloof." This is inexplicable to me, as we had absolutely no lack of harmony in Seoul, both in station and in committee of counsel while I was there. I should be very glad indeed if you will tell me where that lack of harmony occurred. In regard to what you say that one of my colleagues said, I should like very much indeed for him to mention a single case where I have given just cause for such a statement. Of course if you first start out with that idea in mind, then look for it and expect that that idea exists in everything that is done, watch carefully for fear it is going to be seen, I think that you might suspicion such a thing and your very suspicions

귀하는 당신과 함께하는 모든 사람을 대하는 내 태도에 대해 말합니다. 내 태도가 어떤지 귀하가 분명히 말씀해주시면 고맙겠습니다. 귀하와 귀하의 수많은 형제에 대한 내 단순한 태도는 특정 사안에서 동일한 결과를 가져오기 위해 어떤 방법을 써야 하는가에 대한 생각이 귀하와 다른 것일 뿐입니다. 이와 별도로 저는 한국에서 여러분 모두와 완벽한 조화 속에 사역하기 위해 허용된 태도 외에 귀하에 대해 어떤 다른 태도도 취하고 있지 않습니다. 두 사람이 동일하게 같을 수는 없습니다. 우리가 모두 같은 틀 안에서 만들어진 것은 아니므로 우리는 서로 참고 견뎌야 합니다.

나는 귀하가 내게 보낸 서신에서 논쟁 중인 어떤 문제에 대해서도 토론하기를 귀하가 반복적으로 거부했고, 아직도 그 문제들을 저와 토론할 수 없다고 말하고 있다는 사실을 귀하도 알면 좋겠습니다. 나는 이 문제에서 귀하가 나를 반박할 수 없다고 단언하며, 귀하가 토론하려고 시도해본 적이 없기 때문에 귀하가 할 수 있는지의 여부도 모른다고 생각합니다. 귀하는 잘못은 내게 있고 나 혼자 그것을 고칠 수 있다고 말하지만, 그 잘못이 무엇인지는 말하지 않습니다.

사역에서 차이점을 봅시다. 해결할 수 없는 난제처럼 보이는 두 가지 차이점이 존재해왔습니다. 하나는 신명 용어 문제이고, 다른 하나는 전자와 연관된 것으로 사용해오던 찬송가에 대한 문제였습니다. 후자에 대한 문제는 내 지난번 서신에서 다루어졌습니다. 나는 내가 준비한 찬송가를 내가 사용하는 것이 왜 당연한지 그 이유를 귀하가 인식할 수 있다고 생각합니다.

귀하는 서신에서 "비록 귀하의 개인적인 지지자 몇 사람이 약간 거리를 두고 있다고 할지라도 서울에서 선교지부와 자문위원회에 조화로운 사역이 자리를 잡았다"고 말합니다. 나는 이것을 이해할 수 없습니다. 내가 그곳에 있는 동안 서울에서 선교지부와 자문위원회 간에 어떤 부조화도 결코 없었기 때문입니다. 나는 귀하가 말하는 그 조화의 부족이 어느 때에, 어떤 면에서 있었는지 내게 말해주면 대단히 기쁘겠습니다. 귀하가 내 동료 중 한 명이 말했다고 한 것에 대해, 나는 내가 그런 진술의 실마리를 주었던 단 한 가지 경우라도 그가 언급해주기를 정말로 바랍니다. 물론 귀하가 그런 생각을

would make you imagine that it was there. I will assert most firmly, and I care not who contradicts it, I have never worked with that idea in mind in Korea.

As far as saying that there is Underwood's work and the Mission work, I would simply state that I have not brought that about, and as for the differences going to the natives, I insist that I have never carried them there. My convictions as to the work are almost the same as yours. There will be slight differences of opinion as to whether foreign funds should be used in this or that individual case, as in the case of the Pyeng Yang church–there may be differences of opinion as to who are suitable workers, and we ought to discuss these questions, and where we have strong convictions, stand by them and work for them, and if we are to have successful work in Korea we must naturally be men of individual strong convictions.

In connection with what has seemed to be unchristian and unbrotherly, I suppose that the chief desire of the men who made those moves was the vital interests of the work, but I do assert that there has been too much talking together on a certain thing, and too little going direct to the brother whose work is affected. I do not consider your letter unbrotherly at all, my only regret is that you seem so absolutely unwilling to think that there is any difficulty on your side. Certainly, I had hoped that some of you would have written long ere you have. I believe your letter is written in all sincerity, but I believe that if you will carefully sift the matter down and try to put yourself in my place, strive to remove any preconceived suspicions that you have had before, your judgment will be different.

I wrote to you a good long letter at one time, and your reply is, "it is useless to consider the question." In my study perhaps you will remember we were sitting together, and when I started a discussion you got up and said, "Underwood, if you are going to discuss that question I will leave." You say you long for mutual confidence and cooperation in

먼저 마음속에 품고 그다음에 그것을 찾고 이루어진 모든 일에서 그런 생각이 존재할 것이라고 예상하면서 그것이 발견되지 않을까 염려하며 주의 깊게 살펴본다면, 나는 귀하가 그런 일이 있다고 의심하기 때문에, 귀하의 바로 그 의심이 귀하로 하여금 그 생각이 거기에 있다고 상상하도록 만든다고 생각합니다. 저는 누가 그것을 부정하는지는 관심이 없으며, 한국에서 그 생각을 마음에 품고 사역한 적은 결코 없다고 분명하게 단언합니다.

언더우드의 사역과 선교회 사역이 있다고 말하는 것과 관련해서, 나는 내가 그것을 초래하지 않았다고 단순히 진술하고 싶습니다. 한국인들의 차이점에 대해서라면 나는 내가 그들을 그곳으로 인도하지 않았다고 주장합니다. 사역에 대한 내 확신은 귀하와 거의 동일합니다. 평양 교회의 경우와 마찬가지로 해외 자금을 이 사안에 혹은 저 사안에 사용해야 하는가에 대한 사소한 의견의 차이가 있을 것입니다. 누가 적임자인가에 대한 의견의 차이도 있을 수 있습니다. 우리는 이런 문제들을 토론해야 하며, 우리가 강한 확신이 있는 곳에서는 그 확신을 지키고 그 확신을 위해 일해야 합니다. 만일 한국에서 성공적인 사역을 이루고자 한다면 우리는 당연히 강한 개인적 확신이 있는 사람이어야 합니다.

비기독교적이고 형제답지 않게 보이는 것과 관련해서, 나는 그렇게 행동하는 사람들의 주요 동기가 사역에 대한 중대한 관심이라고 생각하지만, 특정 사안에 대해 함께 너무 많이 이야기하고 사역 관련 당사자인 그 형제에게 직접 가서 말하는 것은 너무 적다고 주장합니다. 나는 귀하의 서신이 형제답지 못하다고 전혀 생각하지 않습니다. 내가 아쉬워하는 유일한 점은 귀하가 귀하의 편에 어떤 문제가 있다고 절대로 생각하지 않으려는 것 같다는 점입니다. 분명히 나는 귀하가 편지를 쓰기 전에 여러분 중 몇 명은 내게 편지를 써 보냈기를 바랐습니다. 나는 귀하가 진실한 마음으로 편지를 썼다고 믿지만, 만일 귀하가 그 사안을 면밀히 살피고, 내 입장이 되어보려고 노력하고, 귀하가 이전에 가지고 있던 어떤 의심을 제거하려고 힘쓴다면, 귀하의 판단은 달라지리라고 믿습니다.

내가 귀하에게 장문의 편지를 보낸 적이 있습니다. 귀하는 답장에서 "그

the Lord's work in Korea. No one has longed for it, prayed for it, worked for it harder than I have, but as one of the best friends that you brethren in the North have said to me, "Underwood, I don't know why it is, but you have simply to propose a thing and it will be opposed by the men in the North." You say you do not look for an answer. I disagree with you in this. If there are misunderstandings among brethren it is far, far, better, and will tend very much more to clear the whole atmosphere, to say plainly all that is in one's heart–to discuss the whole question and see where we are. There has been altogether too much lack of willingness to discuss questions, and here I believe the great difficulty lies. My attitude towards you brethren in the North will be what it always has been–that of a brother working in another section who asks you to view his work and his ideas simply with the belief that his desire is the Master's glory, and as far as you can, don't strive to find some other ulterior motive back of the one stated. You claim duplicity and unfairness. That is the hardest thing that you have claimed in your letter, because I have always argued for straightforwardness and fairness, and I firmly believe that the great difficulty that has existed in the mission and in Korea has been almost entirely due to the fact that at the start you viewed things with suspicion.

Someone has said to me, and this was only recently, that when the hymn book came, you brethren from the North and other parts thought that my work and zeal on the hymn book, my preparation of the same, my pushing it through, was because I wanted to foist upon the Mission my hymn book. Such a thought never entered my mind–in fact when the hymn book came it was only after the urging and argument of the Seoul brethren that I consented to my name being on the title page. My only thought was that I would work nights, as I did, and have a surprise ready for the Mission without any cost to them. My reason for not presenting it before the editorial committee was that as I read the rules it did not come before them. Not that I minded them seeing them, for I had them hung on charts around my room, and circulated the first proofs of the hymn

문제를 고려하는 것은 쓸모없는 일입니다"라고 말했습니다. 아마 기억나겠지만 내 서재에서 우리가 함께 앉아 있었던 때가 있었습니다. 내가 토론을 시작했을 때 귀하는 일어나서 "언더우드, 당신이 그 문제를 토론하려 한다면, 나는 떠나겠습니다"라고 말했습니다. 귀하는 한국에서의 주님의 사역에서 상호 간의 신뢰와 협력을 열망한다고 말합니다. 어느 누구도 나보다 더 그것을 열망하고 그것을 위해 기도하며 그것을 위해 더 열심히 일하지 않았습니다. 그러나 북쪽 지역의 당신의 형제 중 가장 친한 친구 한 명이 제게 다음과 같이 말했습니다. "언더우드, 왜 그런지는 나도 모르겠습니다만 당신이 어떤 한 가지를 제안하면 북쪽 회원들은 그것을 거부할 것입니다." 귀하는 해결책을 찾아보지 않는다고 말합니다. 나는 이 점에서 귀하에게 동의하지 않습니다. 형제들 사이에 오해가 있다면, 마음속에 있는 모든 것을 분명하게 말하고 그 문제 전체를 토론하면서 우리가 어디에 있는지를 살펴보는 것이 훨씬 더 낫고 전체 상황을 개선할 수 있습니다. 그동안 자진해서 문제에 대해 토론하려는 노력이 대체로 너무 부족했습니다. 나는 여기에 가장 큰 어려움이 놓여 있다고 믿습니다. 북쪽 지역의 형제 여러분에 대한 내 태도는 이전에 항상 그랬던 것과 마찬가지일 것입니다. 즉 다른 지역에서 사역하는 한 형제로서, 상대의 소원은 주님의 영광이라는 믿음을 가지고 상대의 사역과 계획을 묻는 태도입니다. 할 수만 있다면 진술한 내용에서 어떤 다른 속내가 있는지 찾으려고 하지 마십시오. 귀하는 이중성과 불공정성을 주장합니다. 그러나 그것은 귀하의 서신에서 가장 주장하기 어려운 사안입니다. 왜냐하면 나는 항상 솔직함과 공정성을 주장했기 때문입니다. 나는 선교회와 한국에 존재해온 가장 큰 어려움은 거의 전적으로 귀하가 처음부터 의심을 가지고 사태를 보았다는 사실에 기인했다고 굳건히 믿고 있습니다.

나는 최근에서야 어떤 사람을 통해 다음과 같은 사실을 들었습니다. 곧 [1894년] 찬송가가 나왔을 때, 북쪽 지역과 다른 지역의 형제들은 내가 찬송가에 대해 열정을 가지고 일하고 그것을 직접 준비하고 발행을 끝까지 추진한 것이 내 찬송가를 선교회에 강요하고 싶었기 때문이라고 생각했다는 것입니다. 나는 그런 생각을 전혀 한 적이 없습니다. 사실 서울의 형제들이 출

book among the mission, had them lying around on the desks. I can't tell you what a surprise it was to me when the Mission condemned it. I never dreamed that the Mission were thinking of such action until Dr. Brown told me that such was the thought. Now, Dr. Moffet, I ask you in all fairness, was this brotherly? If you thought that I was trying to foist the hymn book upon you, could you not have come and said so, at least someone of you? The whole difficulty has been that there has not been plain speaking, and when plain speaking has been asked for it has been denied.

There is much more that I should like to say and that I trust I shall be permitted to say at some future time, so that in some way or other we may be permitted to have harmonious work in Korea. With the prayer that God will open all our eyes to see what is right and to be one in our work for the Master, filled with such love to him and from him that we can work as one,

Yours in His name,
Horace G. Underwood
Dict. J. L. F.

판을 강권하고 주장한 이후에 그 찬송가가 나왔고, 그때 나는 책 표지 안 제목 페이지에 내 이름을 넣는 데 동의했습니다. 내가 유일하게 생각한 바는 밤에 일하고 (나는 그렇게 했습니다) 선교회에 재정적 부담을 주지 않고 그들을 위한 뜻밖의 놀라운 선물을 준비하는 것이었습니다. 편집위원회에 찬송가를 제출하지 않았던 이유는 내가 규정을 읽고 있었기 때문입니다. 내가 편집위원회가 그 찬송가를 보는 것을 꺼려했다면, 찬송을 차트로 만들어 내 방 주변에 걸어놓거나, 선교회에 그 찬송가의 첫 번째 교정지를 유포하거나, 내 책상 위에 놓아두고 작업하지 않았을 것입니다. 선교회가 이 찬송가를 좋지 않게 말했을 때, 내가 얼마나 놀랐는지 귀하에게 말할 수 없을 정도입니다. 나는 브라운 박사가 선교회가 고려하는 조치에 대해 말해주기 전까지는 그런 일이 있으리라고 상상도 하지 못했습니다. 자, 마포삼열 박사님! 귀하에게 공평하게 묻겠습니다. 이것이 형제다운 일이었습니까? 만일 내가 그 찬송가를 귀하에게 강요하려고 시도하고 있다고 귀하가 생각했다면, 귀하가 와서 그렇다고 말해줄 수 없었습니까? 적어도 여러분 가운데 누군가가 말입니다. 이 모든 어려움이 생긴 것은 솔직하지 않았기 때문이고, 솔직하게 말해달라는 요청이 거절되었기 때문입니다.

나는 말하고 싶은 것이 훨씬 더 많이 있습니다. 나는 언젠가 내가 말하도록 허락될 것이고, 그래서 어떤 방식으로든 한국에서 조화로운 사역을 할 수 있도록 허락될 것을 믿습니다. 무엇이 올바른 일인지 볼 수 있도록 하나님께서 우리의 눈을 열어주시고, 주님을 위한 우리의 사역에서 하나가 되며, 주님에 대한 사랑과 주님으로부터 오는 사랑으로 채워져서 우리가 하나로 사역할 수 있기를 기도합니다.

주님의 이름 안에서,
호러스 G. 언더우드 드림
구술을 받아씀. J. L. F.

Frank F. Ellinwood

New York, New York

October 2, 1902

Rev. S. A. Moffett, D.D.

Pyeng Yang, Korea

My Dear Mr. Moffett:

Your good letter written on the "Coptic" August 25th has been carefully read over twice, and I unreservedly commend the excellent spirit in which it is written. I have great regret at the situation which involves Dr. Irvin and the Fusan Station. It is certainly a very sad and unfortunate thing that he has lost the confidence of the great majority of the Mission so seriously as he has. Dr. Underwood still regards him as one of the most faithful missionaries in Southern Korea, though he sees, I think, his apparent lack of spirituality and realizes the difficulties of his relations. Mr. Sidebotham has shown great fairness in all his statements about matters in Fusan. I think he sees Dr. Irvin's faults, but he does not refuse to work with him, and so far as I can learn the two are harmonious together. Dr. Irvin has not in all his conversations with me pronounced harsh judgment upon any brother missionary. Never a word against Mr. Adams or Mr. Baird has escaped his lips, and although Miss Chase, many months ago, penned a most caustic attack upon Dr. Irvin, and although he knows her attitude toward him, he has never expressed to me one word against her. He admits that he is not as spiritual as he should be, and he says that Mr. Ross is probably a better man than he is himself. Dr. Halsey knows more of Dr. Irvin than any of the rest of us and he endorses him strongly, though he admits that there is a something in his manner that might well elicit criticism. I have always had some question about him since he first went to the field, and I have made more complaints to him and criticisms than to any other missionary in Korea. At the time he was appointed, his friend, Dr. McCurdy, then

프랭크 F. 엘린우드

뉴욕 주, 뉴욕

1902년 10월 2일

마포삼열 박사에게,

귀하가 "콥틱"호에서 8월 25일에 쓴 훌륭한 편지를 주의 깊게 두 번 읽었습니다. 나는 그 서신을 쓴 훌륭한 정신에 전적으로 찬사를 보냅니다. 나는 어빈 의사와 부산 지부가 연루된 상황이 대단히 안타깝습니다. 그가 지금처럼 심각하게 선교회 대다수의 신뢰를 잃게 된 것은 분명 슬프고 불행한 일입니다. 내가 보기에 비록 그가 자신의 명백한 영성의 부족을 확인하고 인간관계에 대한 어려움을 실감했다고 하더라도, 언더우드 박사는 그를 여전히 한국 남부 지역에서 가장 신실한 선교사 중 한 사람이라고 생각합니다. 사이드보텀 목사는 부산 사안에 대한 그의 진술에서 상당한 공정성을 보여주었습니다. 나는 그가 어빈 의사의 잘못을 알고 있지만 그와 함께 사역하는 것을 거부하지는 않는다고 생각합니다. 내가 알 수 있는 한에서 말하자면 그 두 사람은 서로 사이가 좋습니다. 어빈 의사는 나와 나눈 모든 대화에서 어떤 형제 선교사에게도 가혹한 판단을 내리지 않았습니다. 애덤스 목사나 베어드 목사를 비판하는 말은 한마디도 그의 입술에서 나오지 않았습니다. 몇 달 전에 체이스 양이 어빈 의사를 신랄하게 공격했음에도 불구하고, 그리고 자신에 대한 그녀의 태도가 어떤지를 알고 있음에도 불구하고, 그는 그녀에 대한 험담을 단 한마디도 내게 표현하지 않았습니다. 그는 자신이 마땅히 그렇게 되어야 할 만큼 영적이지 않다는 사실을 인정합니다. 또한 그는 로스 목사가 자신보다 십중팔구 더 나은 사람이라고 말합니다. 헬시 박사는 우리 중 누구보다도 어빈 의사를 잘 알고 있습니다. 그는 어빈 의사의 태도에 비판을 불러일으킬 수 있는 어떤 점이 있다고 인정하면서도 그를 강력하게 지지합니다. 어빈 의사가 선교지에 처음 간 이후 나는 항상 그에 대한 몇 가지 의문이 있었습니다. 나는 한국에 있는 다른 어떤 선교사보다 그에 대해 더 많은 불만이 있습니다. 그가 임명되었던 당시 페오리아에 있던 그의 친구 맥커디

of Peoria, made some statements about his financial matters that I felt ought to be brought to his attention and I wrote him accordingly. He gave explanations which in very large part relieved my apprehension. I did not expect very great success or faithfulness, had a good many misgivings, but he constantly grew upon me as time went on. In his medical work he certainly seems to have been a success, and as for his evangelistic effort and influence, his advice and sympathy toward the Koreans, I became more and more satisfied that he was accomplishing good. Dr. Underwood thinks that he has done more than anyone else in South Korea to win and direct the native Christians in their religious life.

At the time that he became involved in the Masanpo matter, I wrote him a very severe letter and I had considerable correspondence with Minister Allen. Dr. Irvin has some very plausible explanations of the course he had pursued, but did not satisfy me fully. I felt that he had made a great mistake, though I was not quite satisfied that he knew just what he was doing with respect to the Russian Government. There have been many instances in which missionaries have made some fortunate and some unfortunate investments on the mission field, the same thing is done constantly by ministers in this country. I was formerly opposed to anything of the kind. I have come in later years, especially, as I have seen the misfortunes of widowed families, to regard it as a duty of every minister to manage his affairs with such prudence and tact as to secure the welfare of his family, provided always that his high moral position is not compromised.

No doubt great injury was done to the cause of Missions by the Masanpo bargain. The Japanese were particularly angry. In the controversy between Dr. Irvin and the intermediary in the purchase, Dr. Irvin was entirely justified by Dr. Allen, though at first his sympathies were rather on the other side. In the issue he condemned the contention of the other man. I then said to Dr. Irvin all that I felt warranted in saying, and have since regarded the incident as closed, yet I judge by

의사가 어빈 의사의 재정 문제에 대해 몇 가지 진술을 했으며, 나는 그가 반드시 주의를 기울여야 한다고 생각하고 그에게 편지를 보냈습니다.[1] 그는 내 우려를 상당 부분 덜어주는 설명을 했습니다. 나는 대단한 성공이나 신실함을 기대하지 않았습니다. 그가 많은 잘못을 했지만, 시간이 지날수록 지속적으로 내 마음에 들게 되었습니다. 의료 사역에서 그는 분명히 성공한 것처럼 보였습니다. 그의 전도 노력과 영향, 그리고 한국인들에 대한 그의 조언이나 공감에 대해 말하자면, 나는 그가 잘해나가고 있다고 점점 만족하게 되었습니다. 언더우드 박사는 그가 한국인 기독교인들을 모으고 그들의 영적 삶을 지도하는 일에서 한국 남부의 누구보다도 많은 일을 했다고 생각합니다.

그가 마산포 문제와 연루되었을 때 나는 그에게 심각한 내용의 서신을 보냈으며, 알렌 공사와 상당한 서신을 교환했습니다.[2] 어빈 의사는 그가 따랐던 노선에 대해 그럴듯한 설명을 했지만 나를 완전히 만족시키지는 못했습니다. 나는 그가 큰 실수를 저질렀다고 느꼈으며, 그가 러시아 정부와 관련하여 자신이 무슨 행동을 하고 있는지 알고 했다는 것이 그렇게 만족스럽지 않았습니다. 선교사들이 선교지에서 때로는 운이 좋은, 때로는 운이 좋지 않은

---

1 어빈(Charles H. Irvin 魚乙彬 1862-1933) 의사는 1893년에 내한하여 부산에서 활동했다. 1901년까지 8년간 6만 여 명의 환자를 치료했으며 수술 2,500회와 왕진 4,400회를 실시했다. 1903년 한국에서 첫 근대식 건물의 병원인 전킨병원을 건립하고 성공적인 의료 사업을 전개했다. 어빈의 조사 고명우는 세브란스 의학교를 졸업하고 유명한 의사가 되었다. (그의 딸 고황경은 서울여대 초대 총장이 되었다.) 어빈 의사는 1906년 첫 나환자병원인 상애원을 설립하여 구라선교를 개척했다. 그러나 1911년 병원의 26세 미혼 한국인 간호원 양유식과 정분이 나서 부인은 이혼하고 아들을 데리고 일본으로 갔다. 1911년 3월 부산 선교지부가 호주 선교회로 넘어가자 북장로회 선교회를 떠나 동광동 영선고개에 개인 병원인 어을빈의원을 개설하고 1933년까지 운영했다. 일제 시대에 유명한 일종의 소화제 "만병정수"와 "만병수"(1930년 8월 판매 개시)를 만병통치약으로 팔아 거부가 되었는데, 양유식의 동생 양성봉이 약 판매를 담당했다. 그가 죽자 일본에 있던 아들이 어을빈제약주식회사를 인수하였으나 1940년에 적산으로 편입되었다.

2 이때 마산포는 러시아 해군과 일본 해군이 군사 요충지로 여겨 서로 차지하기 위해 경쟁을 벌이던 곳이다. 러시아는 부동항을 확보하기 위해 1900년 한국과 마산포 저탄소(貯炭所) 설치에 관한 협약을 체결했다. 그러나 이를 간파한 일본이 그 토지를 미리 매입함으로써 러시아의 계획은 실패로 돌아갔다. 그러나 러시아는 단념하지 않고 마산포 남쪽의 율구미(현 마산시 가포동) 일대 30만 평을 사서 1900년 6월 4일 조차지를 설치했다. 이에 일본도 1902년 5월 17일 자복포에 일본 거류지 30여 만 평을 설치했다. 부산의 어빈 의사는 러시아 해군을 치료하고 그들과 친하게 지내면서 마산 조계지 관련 부동산을 미리 구입하고 이를 일본에 팔면서 큰 이익을 보았다. 1900년 3월에는 영국이 거제도 광산채굴권을 획득하려고 하자 일본은 기술자를 파견하여 현지 조사를 하는 한편 영국의 의도를 무력화시켰다. 마산의 일본 영사 노세(能勢)와 서울의 일본 공사 하야시 곤스케(林權助)가 경남 해안 지역에서 일본 세력의 확대와 다른 열강의 견제를 위해 노력했다.

some of the letters received and some of the things that have been said that that transaction is one of the principal grounds of opposition to his return to Korea. I do not think his retention here would mend the old matter at all. Men continue to suffer the evil effects of great mistakes involving or seeming to involve moral character, but from all that I can see now that is tangible, I think a far greater injury would be done to the work in Korea by dismissing Dr. Irvin than by returning him to the field. The General Assembly is apt to have a pretty strong sympathy for a missionary who is dismissed, or in any way discredited by the Board. Dr. Farnham of Shantung, R. G. Wilder of Kolhapur at a still earlier day, led the Board a terrible dance in the General Assembly by getting skillful counsel to plead their cause. A missionary in South America did the Board great harm in some of the Presbyteries–a missionary in Guatemala not more than three years ago, carried his complaints of the Mission action and Board's action into his Presbytery, and he came off with flying colors, and a shout of triumph, which really amounted to a slap in the face, and a bitter condemnation against the Board, and yet the case was one of outrageous secularization and what we felt to be downright dishonesty on the part of the missionary.

We cannot condemn men simply because we dislike them, or lack confidence in them. How many most unworthy servants are engaged in the work of the kingdom the world over.

I hope, my dear brother Moffett that you have gone back to Korea with renewed strength, and that your dear wife has recovered from all her disabilities.

We shall look anxiously for the reports of the Mission meeting in reference to Dr. Irvin and other matters.

With warmest Christian affection, I am,

Sincerely yours,
Frank. F. Ellinwood

투자를 하는 경우가 많이 있습니다. 미국에서도 목회자들이 동일한 일을 끊임없이 하고 있습니다. 나는 이전에는 그런 일에 반대했습니다. 그러나 나중에 특히 남편을 잃은 가족의 불행을 목격하면서, 자신의 높은 도덕적 위치가 위태롭게 되지 않는다면 신중하고 슬기롭게 재정을 관리해서 가족의 복지를 안전하게 하는 것이 모든 목회자의 의무라고 생각하게 되었습니다.

의심할 여지 없이 마산포의 거래로 선교의 대의에 상당한 타격을 입었습니다. 일본인들이 특히 화가 났습니다. 어빈 의사와 구매 중개인 사이에 벌어진 논쟁에서 처음에는 알렌 의사가 오히려 다른 쪽에 동조했지만 지금은 전적으로 어빈 의사를 옹호하고 있습니다. 그 문제에서 그는 다른 남자의 주장을 비난했습니다. 나는 그때 어빈 의사에게 내가 옳다고 느낀 모든 것을 말했고 그 이후 그 사건은 완결되었다고 간주해왔습니다. 하지만 나는 그동안 받은 일부 편지와 진술된 일부 사실에 근거하여 그 거래를 그의 한국 복귀를 반대하는 중요한 근거라고 판단합니다. 하지만 나는 그를 미국에 붙잡아두는 것이 이 오래된 문제를 고친다고는 전혀 생각하지 않습니다. 사람은 도덕성과 연관되었거나 연관된 것으로 보이는 큰 실수의 나쁜 영향을 계속 받습니다. 그러나 지금 눈으로 볼 수 있는 모든 물증을 놓고 판단해볼 때, 어빈 의사를 사역지로 돌아가게 하는 것보다 그를 해임하는 것이 한국 사역에 더 큰 피해를 주리라고 생각합니다. 총회는 선교부에 의해 해임되었거나 어떤 식으로든 불신임을 받은 선교사에 대해 강한 동정심을 갖는 경향이 있습니다. 선교부 초창기에 중국 산동의 판함 의사와 콜하푸르의 R. G. 와일더 목사는 자신들의 주장을 총회에 상고하라는 교묘한 충고를 받았고, 그 때문에 선교부는 총회에서 골치 아픈 일을 겪었습니다. 남미에 있는 한 선교사는 일부 노회에서 선교부에 큰 피해를 입혔습니다. 채 3년이 되지 않은 일로서 과테말라의 한 선교사는 선교회와 선교부의 조치에 대한 불만을 자신의 노회에 보고했고 의기양양하게 승리의 함성과 함께 개선했습니다. 이는 진실로 선교부의 얼굴에 따귀를 때리고 신랄하게 비난하는 행동에까지 이른 것입니다. 이 경우는 터무니없는 세속화의 예로서 우리는 그 선교사가 명백한 거짓말까지 했다고 느꼈습니다.

따라서 우리는 단순히 어떤 사람을 싫어하거나 신뢰하지 않기 때문에 그를 비난할 수 없습니다. 세계 전체에 대부분 자격 없는 종들이 얼마나 많이 하나님 나라의 사역에 종사하고 있습니까?

사랑하는 마포삼열 형제, 나는 당신이 새로운 기운을 얻어서 한국으로 돌아가고, 당신의 사랑하는 아내가 모든 연약함에서 회복되었기를 희망합니다.

우리는 어빈 의사와 다른 문제에 대한 한국 선교회의 보고서가 오기를 간절히 기다립니다.

따뜻한 그리스도의 사랑을 전하며,

프랭크 F. 엘린우드 드림

Samuel A. Moffett

Pyeng Yang, Korea

October 16, 1902

Dear Dr. Allen:

The above account [account of the facts sent to accompany this letter] is made up from the statement of Mr. Hunt, Mr. Lee, Syen On-Chun, Yi Hak-Syon and Mr. Hunt's "boy," the accounts agreeing in every essential particular.

While the man was in jail and no money had been received and no satisfaction in any way, Mr. Lee telegraphed to me in Seoul and I laid the case before the Legation. The present situation is as given above.

To us it seems clear that our treaty rights have been denied us by the Governor, that he seized lumber belonging to us, the transaction having been completed, the lumber paid for and the lumber removed to another place pending removal after Sunday; that we laid the matter politely before the proper official, the Kamni, and not only received no satisfaction, but were in fact told by the Governor's arrest and beating of our Agent that we could not buy lumber and that he had the right to compel the reversal of the transaction.

We should be glad to have you press this case until full satisfaction is secured, if in your judgment also our treaty rights have been clearly invaded. We ask this because of the principle involved and because to ignore this means constantly increasing trouble in the future and a contempt for the rights of foreigners on the part of officials, underlings and people. While the financial loss is a small one, I think the most effective way to make an impression upon officials and especially the underlings is to insist upon their making good the loss occasioned by their unlawful proceeding. Mr. Hunt, Mr. Lee and I agree that 1,000 nyang (a little over 100 Yen) is a justly low estimate of the financial loss occasioned, considering Syen On-Chun's loss in money and time and

마포삼열

한국, 평양

1902년 10월 16일

알렌 의사 귀하,

[동봉한] 위의 설명은 헌트 목사, 리 목사, 선온전, 이학선, 헌트 목사의 하인의 진술로 이루어져 있는데, 모든 본질적 사항에서 일치하는 설명입니다.

그 사람이 감옥에 있고, 돈은 전혀 받지 않았고 어떤 식의 보상도 없는 동안 리 목사가 서울에 있는 내게 전보를 보냈고, 나는 그 사안을 공사관에 보고했습니다. 현재 상황은 위에서 설명한 것과 같습니다.

우리에게 명확한 것처럼 보이는 것은 다음과 같습니다. 즉 관찰사가 조약에 있는 우리의 권리를 거부했고, 그가 우리 소유의 목재를 압수했으며, 그 거래가 완결되었기 때문에 대금은 지불되었고, 다른 장소로 옮겨진 목재는 일요일까지 운송이 계류되었다는 것입니다. 우리는 그 문제를 담당 관리인 감리(監吏)에게 정중하게 제기했지만 어떤 보상도 받지 못했을 뿐 아니라, 관찰사가 우리의 대리인을 체포하고 구타함으로써 우리가 목재를 구매할 수 없고 관찰사가 거래를 취소시킬 수 있는 권리를 가지고 있다는 답을 사실상 들은 셈입니다.

만일 귀하가 판단하기에도 조약에 있는 우리의 권리가 명백하게 침해를 받았다면, 완전한 배상을 받을 때까지 귀하가 이 소송을 밀어붙여 주시면 우리는 매우 기쁘겠습니다. 우리가 이것을 요청하는 것은 관련된 원칙 때문입니다. 또한 이것을 무시하면 앞으로 계속해서 분쟁이 늘어나고 그 일은 양반과 아전과 백성이 외국인의 권리를 무시하는 것을 의미하기 때문입니다. 나는 재정적 손실은 적지만 관리, 특히 아전들에게 깊은 인상을 주는 가장 효과적인 방법은 그들의 불법적인 절차로 발생한 손실에 대한 보상을 요구하는 것이라고 생각합니다. 헌트 목사, 리 목사, 그리고 나는 발생한 재정적 손실을 적게 잡은 적정 추정치가 (100엔을 조금 초과하는) 1,000냥이라는 데 동의합니다. 이는 선온전의 자금과 시간상의 손실, 그의 사업 파산 및 자금과 관

the breaking up of his business and his loss in interest on his money, and Mr. Hunt's loss in money and delay in building. However, the money in itself is not a consideration, but the moral effect of obtaining it is a great factor.

Aside from this, anything you can do to impress the Governor here with the fact that he must observe the treaty rights of foreigners resident here—will be most appreciated by us. I have taken pains to lay this clearly before you because I believe it is such a clear case of violation of rights, that it is one [case] which you can justly press with the government and re-assert our rights which are certainly held in great contempt just now by the officials here, who openly boast that they will make it hard for the foreigners and that they will kill a number of the Christians.

I enclose also a card bearing in Chinese Characters the name of the office (and the present incumbent of the same) of the official positions here. I have written of this case as it appears to us, but if for any reason you think it unwise to press it, you will understand of course, that we are not insistent upon our rights, but prefer to waive them as a matter of expediency. Mr. Noble [Methodist missionary] is writing you also of their difficulties, different from ours, but showing very clearly the attitude of the officials towards foreigners.

Yours very sincerely,
Samuel A. Moffett

련한 이자 손실, 그리고 헌트 목사의 자금 손실과 건축 지연을 고려한 것입니다. 그러나 돈 자체는 고려 대상이 아니며, 배상금의 확보가 가져올 도덕적 효과가 더 깊이 고려되어야 할 요소입니다.

이와는 별도로 관찰사가 이곳 외국인 거주자의 조약상의 권리를 보장해야 한다는 사실을 관찰사에게 각인시키기 위해 귀하가 모종의 일을 할 수 있다면 우리는 대단히 감사하겠습니다. 나는 귀하에게 이 사안을 명확하게 알리기 위해 노력했습니다. 왜냐하면 나는 그것이 권리를 침해하는 명백한 사안이라고 믿기 때문입니다. 또한 그것이 귀하가 한국 정부에 정당하게 압력을 가하고, 이곳의 관리들이 현재 경멸적인 태도로 취급하는 우리의 권리를 재확인할 수 있는 사안이라고 믿기 때문입니다. 이곳의 관리들은 외국인을 힘들게 만들고 많은 기독교인을 죽이겠다고 호언장담하고 있습니다.

또한 나는 이 편지에 이곳 관직의 관사(그리고 그 관직에 현재 재직 중인 자)의 이름을 한자로 적은 명함을 동봉합니다. 나는 이 사안을 우리가 보는 대로 적었습니다. 그러나 어떤 이유에서든지 귀하가 이를 밀어붙이는 것이 현명하지 않다고 생각하신다면, 물론 귀하께서 우리가 우리의 권리를 고집하지 않고 편의상 그 권리를 포기하기를 선호한다고 이해하실 줄 압니다. 감리회 선교사인 노블 목사도 우리 문제와는 다르지만 외국인에 대한 관리들의 태도를 분명하게 보여주는, 외국인의 어려움에 대해 귀하께 편지를 쓰고 있습니다.

마포삼열 올림

Horace N. Allen

Seoul, Korea

October 29, 1902

Dear Mr. Moffett:

I have your letters of the 22nd and 24th instants, two of the latter date, in regard to the troubles in Whanghai between the Catholic and Protestant Christians, and I can appreciate how you and Mr. Hunt must feel over the matter. I would be glad to be of assistance to you, but really I don't see how I can interfere, as the trouble is purely one between the natives of the two denominations. Nothing you send me affords clear proof that the priests, themselves, are directly responsible for the troubles, and I don't see how I can go to the Bishop at this juncture and complain. I cannot simply talk to him unofficially on the subject, for while we are very good friends, I am not intimate with him. It would be disrespectful to the Bishop if I should go to his Minister with the matter.

I know your high appreciation of Father Wilhelm and from my own knowledge of him I am sure that if you should go to see him and talk the matter over, he would do his part to clear the matter up. I happen to know that some time ago the Methodists here were having much trouble south of Seoul with the Catholics. Mr. Jones [George Heber Jones] put himself in the place of the priest and did as he said he would wish to be done by. He went to the priest, Merivale, who by the way would seem to me to be less agreeable to work with than Wilhelm, and the priest took the matter up at once and had it all amicably settled. Jones prefaced his remarks by disclaiming infallibility for his own followers and by admitting that there were usually two sides to all Korean questions. The facts proved this to be true.

From all accounts, and I have had a number, I have no great faith in the diplomatic tact of Rev. Mr. Hunt, in fact I think he is quite lacking in this necessary missionary qualification, and I would not like to act

호러스 N. 알렌

한국, 서울

1902년 10월 29일

마포삼열 목사에게,

나는 황해도에서 가톨릭 신자와 개신교 신자 사이에 발생한 분쟁[1]에 관련된 귀하의 22일 자 편지와 두 통의 24일 자 편지를 받았습니다. 나는 귀하와 헌트 목사가 그 문제에 대해 어떻게 느낄 수밖에 없는지 이해할 수 있습니다. 내가 귀하께 도움이 되면 좋겠습니다만, 그 분쟁은 순전히 두 교파의 한국인들 사이에 일어난 일이기 때문에 내가 어떻게 개입할 수 있는지 정말 모르겠습니다. 귀하가 내게 보낸 어떤 것도 성직자들이 그 문제에 대한 직접적인 책임이 있다는 명확한 증거를 제공하지 않습니다. 이 시점에서 내가 어떻게 [뮈텔] 주교에게 가서 항의해야 할지 모르겠습니다. 나는 그 사안에 대해 그에게 단순히 비공식적으로 말할 수는 없습니다. 우리가 비록 좋은 친구 사이이기는 하지만 나는 그와 친밀하지는 않기 때문입니다. 내가 그 사안을 프랑스 공사에게 보고한다면 주교에게 결례가 될 것입니다.

나는 귀하가 빌헬름 신부를 높이 평가하고 있음을 알고 있습니다. 그에 대한 내 개인의 지식을 가지고 볼 때, 귀하가 그에게 가서 그 사안에 대해 이야기하면, 그는 그 사안을 해결하기 위해 자신의 본분을 다할 것이라고 나는 확신합니다. 나는 얼마 전 이곳의 감리교인들이 서울 남부의 가톨릭 신자들과 많은 분쟁거리를 가지고 있다는 사실을 우연히 알게 되었습니다. 존스 목사는 신부의 입장에서 이루어지기를 원하는 바를 말하고 그대로 했습니다. 그는 메리발르 신부에게 갔는데, 내가 보기에 그는 빌헬름에 비해 함께 일하기에 호감이 가는 인물은 아니었습니다. 하지만 메리발르 신부는 그 문제를 즉시 다루고 모든 것을 원만하게 해결했습니다. 존스는 자신의 교인들이 무오하다는 것을 부정하고 모든 한국인 문제에는 두 측면이 있다는 것을 인정

---

1 해서교안이다.

on this matter, if at all, until you have had your try at it with the priest Wilhelm.

I cannot possibly take the matter to the Korean Government as you suggest. You will admit that I am doing all I possibly can to support you in your relations with the Government and to adjust your troubles, but to my way of thinking, it would be a grave mistake to lay before the Central Government the dissensions of the natives of the two callings. You may be able to do something locally with the officials, of that I will not know officially, and it will not come to Seoul in all probability.

You seem not to have followed my suggestion that you communicate first with Wilhelm before sending the case to me. I think you had better do this now. If you lay the matter before him and he declines to listen to it, or acts in a manner which would merit my complaining of him, I may decide to take it up, but while the matter is purely one of persecution by the Catholics of the Protestants, with no foreign interference to be traced home, I think I must stay out of it. I would not be at all surprised to learn that on a fuller investigation you have found that the natives of your own following have not been altogether without blame. At least I would want to know more of your own personal knowledge of the case, rather than hearsay reports from Mr. Hunt. Please do not think me critical or disobliging. I think my present decision is for your own best good.

Horace N. Allen

함으로써 그의 말을 시작했습니다. 드러난 사실들은 이것이 참임을 증명했습니다.

내가 가진 수많은 다른 사람의 설명을 놓고 볼 때, 나는 헌트 목사의 외교적 수완에 대해 그렇게 큰 믿음이 없습니다. 사실 나는 그가 선교사에게 필요한 이 자질이 꽤 부족하다고 생각합니다. 내가 어떤 일을 한다고 하더라도 귀하가 빌헬름 신부와 함께 시도할 때까지 나는 이 사안에 대해 어떤 조치를 취하고 싶지는 않습니다.

아마도 나는 귀하가 제안한 대로 그 문제를 한국 정부에 들고 갈 수 없을 것입니다. 귀하는 정부와 귀하의 관계에서 귀하를 지지하고 귀하의 문제를 조정하기 위해 내가 할 수 있는 모든 것을 하고 있다는 사실을 인정할 것입니다. 그러나 내가 생각하기에 두 교회의 한국인들 간의 분쟁을 중앙 정부에 의뢰하는 것은 중대한 실수일 것입니다. 귀하는 관리들과 지방에서 무엇인가 할 수 있을 것이며, 저는 그것에 대해 공식적으로는 모르는 일로 할 것입니다. 그것은 서울에 전달되지 않을 것이 거의 확실합니다.[2]

내게 그 사안을 보내기 전에 빌헬름과 먼저 이야기를 나누어보라는 내 제안을 귀하가 따르지 않을지도 모르겠습니다. 나는 귀하가 지금 그렇게 하는 것이 더 좋다고 생각합니다. 귀하가 그에게 이 사안을 제시했는데 그가 듣기를 거절하거나 혹은 내가 그에 대한 불만을 제기할 수 있는 방식으로 행동한다면, 나는 그 사안을 다루겠다고 결정할 수도 있습니다. 그러나 그 사안은 외부의 간섭 없이 순전히 개신교에 대한 가톨릭의 박해 사건 중 하나이므로, 나는 그 일에 관여해서는 안 된다고 생각합니다. 나는 귀하가 좀 더 상세한 조사를 통해 귀하를 따르는 한국인 교인들이 비난에서 전적으로 자유롭지 않다는 사실을 발견한다고 해도 전혀 놀라지 않을 것입니다. 적어도 나는 헌트 목사가 보낸 소문에 근거한 보고보다 그 사안에 대한 귀하의 개인적인 인식을 알고 싶습니다. 내가 비판적이거나 무례하다고 생각하지 마십시오.

2 이때까지만 해도 알렌 공사는 개입할 뜻이 없었다. 그러나 사태가 더 악화되자 중앙 정부가 개입할 것을 요구하게 된다.

나는 내 현재의 결정이 귀하에게 최선이라고 생각합니다.

호러스 N. 알렌 드림

Frank F. Ellinwood

New York, New York

November 21, 1902

My dear Dr. Moffett:

We are sending out to our missionaries a letter of greeting prepared at a meeting of pastors and others recently held at Riverdale, New York, where a great blessing descended on all present, and we felt like communicating the spirit of the meeting to all others, especially on the mission fields.

We do not feel, at least I do not, that there is so much need of a spiritual awakening in Northern Korea as there is in some other missions, but doubtless a letter prepared by Dr. Alexander, and the added words of Mr. Speer and myself, which I assure you are heartfelt, will meet with a response from all your hearts.

Mr. Baer, a speaker at the recent meeting, spoke of flooding Christian hearts and Christian work with a tidal wave of God's spirit, covering all the defects, allaying all divisions, changing all murmurings into thanksgivings. There is a wave of such impulse moving upon the church at home. The reports from the western Synods make mention of it. We have for some time been longing to see the same divine influence extending to all our mission fields, enkindling a greater evangelistic spirit than ever before known.

In some of our missions the work has become .... such as routine school work................................. "seed sowing." I think this feeling results from an exaggerated view of God's sovereignty, and the doubt as to how much power he gives his Christian workers. In other words, men and women sometimes doubt whether they can do much, instead of feeling sufficient confidence that earnest efforts will, in almost every case, bring results.

There have been fortunate changes in some of our mission fields.

프랭크 F. 엘린우드

뉴욕 주, 뉴욕

1902년 11월 21일

마포삼열 박사에게,

우리는 우리 선교사들에게 성탄절 편지를 발송하고 있는데, 최근 뉴욕 리버데일에서 열린 목회자와 다른 사람들을 위한 모임에서 준비한 것입니다. 그 모임에 참석한 모든 사람에게 큰 축복이 임했으며, 우리는 모임의 분위기를 특히 선교지에 있는 다른 사람들 모두에게 전하기를 원합니다.

우리는, 아니 적어도 나는 다른 일부 선교회처럼 한국 북부 지역에 영적인 각성이 절실하게 필요하다고 생각하지 않습니다. 그러나 나는 분명 알렉산더 박사가 준비한 서신과 스피어 목사와 내가 추가한 진술이 여러분 모두의 가슴으로부터 따뜻한 반응을 불러일으킬 줄로 확신합니다.

최근 모임에서 베어 목사는 모든 결점을 덮고 모든 불화를 가라앉히며 모든 불평을 감사로 바꾸는 하나님의 성령의 물결이 기독교인들의 마음과 기독교 사역에 차고 넘치는 것에 대해 연설했습니다. 본국 교회에는 지금 그런 감동의 물결이 있습니다. 서부 노회의 보고서가 그것을 언급합니다. 우리는 얼마 동안 그와 같은 하나님의 영향이 우리의 모든 선교지에 미치고 또 어느 때보다 더 큰 선교의 정신이 다시 불붙기를 열망해왔습니다.

우리의 일부 선교회에서 사역이 통상적인 학교 업무처럼 변질되었고 "씨 뿌리는" 열정이 [일부 단어 판독 불가] 사라졌습니다. 나는 이 감정이 하나님의 주권에 대한 과장된 이해와 하나님께서 당신의 일꾼에게 내려주시는 엄청나게 많은 능력에 대한 의심에서 비롯되었다고 생각합니다. 다른 말로 하면 사람들은 대부분의 경우 진정한 노력이 가져올 결실에 대해 충분한 확신을 가지는 대신, 그들이 많은 일을 할 수 있을지에 대해 때때로 의심합니다.

다행히 우리의 일부 선교지에서 변화가 일어나고 있습니다. 결실을 거의 맺지 못하던 사역이 이제 결실을 좀 더 잘 맺고 있습니다. 캔톤(廣東) 선교지에서는 5-6명의 순회 선교사가 노력한 결과 한 해 동안 약 700-800명의 세

Those which bore very little fruit are becoming more fruitful. In the Canton Mission, as a result of the labors of about five or six itinerant missionaries, between seven and eight hundred communicants have been received into the church during the year. Even in Brazil, which has been one of our slowest fields, the additions to the church membership have more than doubled those of former years. The work in the Philippines has become fruitful from the first, and yesterday we learned of the first adult baptism in our new Honan [?] mission.

As a historic fact, Presbyterian Missions in the last seventy years have not been among the most fruitful in the numbers of souls saved. We have not been confident enough. We have not asked for blessings large enough. God grant us great expansion of our faith and our expectations in that way.

I want to add a few words in regard to the action of the Mission bearing upon Dr. Irvin. You will have received the report of the Board's action upon the action taken by the Mission. You will remember that from the first .... the settlement of the difficulties between Dr. Irvin and those who disapprove of his work, I wrote you accordingly during the summer. The request that the mission would take the matter up and act upon it was made during my absence in the country. In justice to myself I ought perhaps to say that I considered the letters which I had received as confidential under the rule that no secretary has a right to withhold anything from his colleagues. I did not intend that they should go beyond the council. I think no names were mentioned by my colleagues.

Inasmuch as Dr. Irvin has decided to go back, and win the confidence of all concerned by earnest effort to do his Master's work, and inasmuch as he has shown through all this matter a thoroughly Christian spirit, refraining from any unkind word against any member of the mission, it seems to us that the thing to be done is to receive him as a brother, and above all other things labor for the harmony of the Mission.

례교인이 입교했습니다. 우리 선교지 가운데 가장 속도가 느린 곳 중 하나인 브라질에서조차 교회 신자가 지난 몇 년 동안 두 배 이상 증가했습니다. 필리핀 사역은 처음부터 결실을 맺었습니다. 어제 우리는 새로운 호난(河南) 선교지에서 첫 성인 세례식이 있었음을 알게 되었습니다.

역사적 사실은 지난 70년간 장로회 선교회가 구원한 영혼의 숫자 측면에서 보면 가장 큰 결실을 거둔 선교회에 속하지 않았다는 것입니다. 우리는 충분히 확신하지 않았습니다. 우리는 충분히 큰 축복을 요청하지 않았습니다. 하나님께서는 그런 방식으로 우리에게 우리의 믿음과 기대를 크게 확장하도록 허락하셨습니다.

어빈 의사와 관련된 선교회의 결정에 대해 나는 몇 가지를 덧붙이고 싶습니다. 귀하는 선교회의 결정에 대해 내려진 선교부의 조치에 관한 보고서를 받게 될 것입니다. 귀하는 처음부터 [몇 단어 판독 불가] 어빈 의사와 그의 사역을 탐탁지 않게 생각했던 사람들 사이의 불화를 해결하려고 [몇 단어 판독 불가] 노력했으므로 내가 여름에 귀하에게 서신을 보낸 것을 기억할 것입니다. 한국 선교회가 그 사안을 맡아서 조치를 취해달라는 요청은 내가 시골에 가고 없을 때 이루어졌습니다. 나를 공평하게 평가하자면, 나는 동료들에게 어떤 것도 알려주지 않고 숨길 권리가 없다는 규정이 있었지만, 내가 받았던 편지를 기밀로 간주했다고 말해야 할 듯합니다. 나는 그 편지가 평의회를 넘어 상급 회의로 가기를 의도하지 않았습니다. 나는 내 동료들이 누구의 이름도 언급하지 않았다고 생각합니다.

어빈 의사가 한국으로 돌아가서 주님의 일을 신실하게 함으로써 관련된 모든 사람으로부터 신임을 얻기로 결심한 이상, 그리고 그가 이 모든 사안을 통해 선교회의 누구에게도 어떤 불친절한 말을 삼가면서 온전한 그리스도의 영혼을 보여준 이상, 우리가 해야 할 일은 그를 형제로서 받아들이고 다른 어떤 일보다 선교회의 조화를 위해 노력하는 것이라고 생각합니다.

귀하의 행동은 확실히 어빈 의사에 대한 강력한 개인적인 배려를 표현했습니다. 그러나 그것은 그의 일반적인 유용성에 대한 문제에 관한 것뿐이었습니다. 한 면에 대한 행동을 취했으므로 이제 그에게 다른 한 면을 개선

Your action certainly expressed strong personal regard for Dr. Irvin, but only concerned the question of his general usefulness. Act .... the one and give him a chance to improve the other.

I suppose that the recommendation that Fusan be given up was made upon the assumption that Dr. Irvin would be kept at home. Mr. Fenwick's letter was sent to the Montclair Church, and that church was greatly aroused. The pastor informed Dr. Halsey that if the Board were to approve the action of the Mission, it would kill Foreign Missions in that church for a generation. We are striving to allay all excitement and adverse feeling. If we were to give up Fusan and turn over the Hospital to the Australian Mission, I cannot see any bounds to the indignation that would be felt by the friends of the late Dr. Junkin, of whom the Hospital is a memorial.

The Board has not decided the question of giving up Fusan, but from all expressions of opinion it seems very impossible that it will do so, but if it decides for a second time to maintain its position at that port (the only one on the East coast now left since yielding up Gensan [Wonsan]), will not the Mission, for the sake of preserving the seamless garment of our common Lord, join heartily in prayer and effort for Southern Korea? Such seems to me to be the spirit of Christ, who enjoined charity and confidence toward those who cast out devils in a somewhat different way.

With very kind regards to Mrs. Moffet and all your associates, I am,

Very sincerely yours,

Frank F. Ellinwood

시킬 기회를 주기 바랍니다.

나는 부산을 포기해야 한다는 권고가 어빈 의사가 미국에 있게 되리라는 가정하에서 이루어졌다고 생각합니다. 이를 알린 펜윅 목사의 서신이 [뉴욕의] 몽트클레어 교회로 전해졌는데, 그 교회는 크게 동요했습니다. 담임목사는 핼시 박사에게 만일 선교부가 선교회의 결정을 승인한다면 한 세대 동안 진행된 그 교회의 해외 선교를 망치게 될 것이라고 알려주었습니다. 우리는 모든 흥분과 반감을 진정시키려고 애쓰고 있습니다. 우리가 부산을 포기하고 그 병원을 호주 선교회에 넘기면, 그 병원이 기념하는 고 전킨 의사의 친구들이 느끼게 될 분노는 끝이 없을 것입니다.

선교부는 부산을 포기하느냐는 질문에 대한 결정을 내리지 못했습니다. 그러나 표현된 모든 의견을 놓고 볼 때 선교부가 그렇게 결정하는 것은 거의 불가능해 보입니다. 선교부가 다시 한번 그 항구(원산을 포기한 이후 현재 남아 있는 동해안의 유일한 항구)에서 위치를 지키기로 결정한다면, 선교회가 우리 공통의 주님의 옷이 이어 붙이지 않고 통으로 보존될 수 있도록 한국 남부 지역을 위한 기도와 노력에 진심으로 참여하지 않겠습니까? 나는 이런 태도가, 자신의 생각과 약간 다르게 귀신을 내쫓는 자들을 놓고 질문하는 제자들을 향해 자비와 신뢰를 명하신 그리스도의 정신을 따르는 일이라고 생각합니다.

부인과 귀하의 모든 동료에게 안부를 전하며,

프랭크 F. 엘린우드 드림

Samuel A. Moffett

Anak, Korea

November 25, 1902

Dear Dr. Ellinwood:

While assisting Mr. Swallen for a few days in one of his country training classes, I take the time to write the monthly letter for the station which I should have written several weeks ago, since I was appointed to write of the work of the station preceding the October meeting. This deals with the inauguration of work upon our return from Annual Meeting in Seoul, our disappointment being great that the cholera in Pyeng Yang prevented our meeting there.

The item of greatest interest to us all was the very helpful visit from Rev. Dr. & Mrs. Parsons of Danville, Ill. whose church supports Mr. Whittemore on the field and is greatly interested in the work in Korea. Their deep spiritual life and enthusiastic interest in the very best phases of missionary life and activity put them at once into hearty sympathy with us all so that their visit was one of delightful Christian fellowship and helpfulness. They were with us through the Annual Meeting, shared with us the discomforts of a rough voyage on the little coast steamer and then spent 10 days with us viewing the work of the station in all its phases. I had the pleasure of taking [him] for a visit to one of the country churches where we stayed over night, Dr. Parsons preaching to a congregation of over 300 people who gathered from that and a neighboring church. I should like to hear his future description of his 12 mile ride on a little Korean donkey.

The year's work has begun with great activity and it was not long before all the ministers and the single ladies were out in their country work, some to return soon, some to return only to go out again after three or four days at home and some not to return until near Christmas time when we all gather for the large Training Class in which all have a

마포삼열

한국, 안악

1902년 11월 25일

엘린우드 박사님께,

제가 며칠간 스왈른 목사의 시골 사경회에서 한 학급을 가르치며 그를 돕는 동안, 10월 월례 회의가 열리기 전에 선교지부의 사역에 대한 서신을 선교부에 보내도록 지명되었으므로 몇 주 전에 제가 써야 했던 선교지부의 월례 보고서를 쓰는 시간을 냈습니다. 이 편지는 우리가 서울에서 열린 연례 회의에서 돌아온 직후 개시한 사역을 다룹니다. 평양에서 콜레라가 유행하여 연례 회의를 개최할 수 없어서 우리는 크게 실망했습니다.

우리 모두가 관심을 가지고 도움을 받았던 일은 일리노이 주 댄빌의 목사인 파슨스 박사 부부의 방문이었습니다. 그의 교회는 이 선교지의 위트모어 목사를 지원하며 한국 사역에 대단히 관심이 많습니다. 그들의 깊은 영적 삶과 선교사의 생애와 활동에서 가장 좋은 단계에 대한 열정적인 관심을 통해 그들은 즉시 우리와 마음으로 공감하게 되었으므로, 우리는 그들의 방문으로 즐거운 교제와 유익을 나누었습니다. 그들은 연례 회의 동안 계속 우리와 함께 있었고, 연안을 운행하는 작은 기선을 타고 거친 항해를 하는 불편을 함께 겪었으며, 이어서 선교지부의 사역에 대한 모든 국면을 고찰하면서 우리와 함께 열흘을 지냈습니다. 저는 그와 함께 시골교회 한 곳을 방문하는 즐거움을 누렸고 그곳에서 밤을 보냈습니다. 파슨스 박사는 그 교회와 이웃 교회에서 모인 300명 이상의 회중에게 설교했습니다. 그는 작은 한국 당나귀를 타고 12마일을 여행했는데 나중에 그가 그것을 어떻게 묘사하는지 듣고 싶습니다.

올해의 마지막 사역은 대단한 활동으로 시작되었습니다. 얼마 지나지 않아 모든 목회 선교사와 독신 여성 선교사는 시골 사역으로 나갔고, 일부는 곧 되돌아왔으며, 일부는 3-4일 정도 사택에서 지낸 후 다시 나가기 위해 돌아왔습니다. 또 다른 일부는 성탄절 무렵까지 돌아오지 않을 것입니다. 그때

part.

In the city, the Academy opened with 60 pupils, there now being 4 classes, demanding more time from the members of the station in order to provide sufficient teaching. By the time the fifth class is formed there will be urgent need for another foreign teacher whose main time can be given to instruction.

The primary schools for boys and girls all opened with larger attendance, some 300 pupils, all told. These are graded and growing in efficiency. Another year will see them sending classes into the Academy and into an advanced school for girls which can no longer be postponed, altho we have held back from establishing one until it became a necessity. The city church attendance continues to crowd the building and we have now made the last move to increase its seating capacity, a gallery to seat about 200 people, now being under construction. In the city church Mr. Swallen has started another Sabbath Bible class so as to relieve the crowded condition of those taught by Mrs. Lee and Mrs. Baird.

Our force of single women is now reduced to two, both Mrs. Sharp and Mrs. E. H. Miller having married into the Seoul station. We need re-enforcements, for our large country work calls for far more classes for the women than Miss Best and Miss Snook can provide for, although their main time is given to this work. The return of Mr. & Mrs. Lee & Mrs. Webb has been welcomed most joyfully by all, and as no one is home on furlough this year we are better able to handle our work. Mr. Bernheisel has taken up full work this year and now has the responsibility of a large country section with about 20 groups while Mr. Blair also comes to my relief in assisting me to look after my remaining country work.

Our Christians are feeling the evil effects of a most oppressively unjust government. Taxes both legal and illegal are being increased and special assessments of large sums are being levied for the building

에 우리는 모두가 참여하는 대규모 사경회를 개최하려고 합니다.

시내에서 [숭실] 중학교는 60명의 학생으로 개학했는데 현재 4학급이며 충분한 수업을 제공하려면 선교지부 회원들이 좀 더 많은 시간을 들이는 것이 필요합니다. 다섯 번째 학급을 구성하기 전에 강의에 대부분의 시간을 투자할 수 있는 외국인 교사 한 명을 추가로 임명하는 것이 긴급히 필요합니다.

남녀 초등학교는 모두 합해 약 300명의 많은 출석 학생을 가지고 개학했습니다. 이 학교들은 학년별로 구분되어 있으며 효율적으로 성장하고 있습니다. 1년 후에 이 학생들은 남자 중학교로, 또한 필요할 때까지 설립을 연기해왔지만 더 이상 연기할 수 없는 소녀들을 위한 상급학교로 진학하게 될 것입니다. 시내 교회[장대현교회]는 참석자들이 건물을 계속 가득 채우고 있습니다. 우리는 좌석 수용 능력을 늘리기 위한 최종 조치를 취했는데, 약 200명이 앉을 수 있는 예배실을 건축하고 있습니다. 시내 교회에서 스왈른 목사는 리 목사와 베어드 부인이 가르치는 성경공부반이 넘치는 상황을 타개하기 위해 또 다른 주일성경학교를 시작했습니다.

우리의 독신 여성 인력은 샤프 부인[하웰 양]과 E. H. 밀러 부인[헨리 양]이 서울 선교지부로 합류하면서 2명이 줄었습니다. 우리에게 충원이 필요합니다. 우리의 대규모 시골 사역에 베스트 양과 스누크 양이 대부분의 시간을 할애하고 있지만 그들이 할 수 있는 것보다 훨씬 더 많은 여성 사경회가 필요하기 때문입니다. 모든 사람이 리 목사 부부와 웹 부인이 돌아온 것을 기쁜 마음으로 환영했습니다. 올해는 아무도 휴가차 본국에 나가지 않기 때문에 우리는 사역을 좀 더 잘 담당할 수 있습니다. 번하이젤 목사는 올해 정규 사역을 담당하므로 이제 약 20개의 미조직교회가 있는 큰 시골 지역을 책임지고 있습니다. 블레어 목사도 제 짐을 덜어주었는데 저를 도와 나머지 시골 사역을 돌보고 있습니다.

우리 기독교인들은 억압적이고 불의한 정부의 사악한 분위기를 느끼고 있습니다. 불법적이고 합법적인 세금이 모두 늘어나고 있으며, 이곳의 궁궐 건축을 위해 상당한 액수의 특별 세금이 부과되고 있습니다. 온갖 수단을 동원해 세금을 짜내고 있으며, 호적 등록 시 기독교인들은 부당한 차별을 감수

of a palace here. All of any means have been levied upon, and in the enrollment the Christians have had to submit to unjust discrimination. Roman Catholic aggression and persecution is becoming more and more frequent and our people find it impossible to obtain redress before their own courts because the Romanists over-power the officials and exert such political influence in the Capital that their own lawless acts are overlooked. I fear that our people have before them some pretty severe persecution, but we hope to find them as faithful and steadfast under Roman Catholic persecution as they have been under persecution from heathen.

While writing this letter I want also to acknowledge the receipt of your personal letter to me under date of Oct. 2nd, and to thank you for your many kind words.

Very Sincerely Yours,
Samuel A. Moffett

하지 않을 수 없었습니다. 로마 가톨릭 신자들의 적대심과 박해는 점점 더 빈번하게 일어나고 있으며, 우리 교인들은 법정에서 잘못을 바로잡는 것이 불가능하다는 것을 알게 되었습니다. 왜냐하면 로마 가톨릭 사람들의 권세가 관리들을 압도하고 그런 정치적 영향력이 서울에서 행사되고 있음에도 그들의 불법적인 행위가 간과되고 있기 때문입니다. 저는 우리 교인들이 금명간 심각한 박해를 받을까 두렵지만, 이교도들로부터 박해를 받았을 때처럼 가톨릭의 박해를 받는 중에도 신실하고 변하지 않는 모습을 유지하기를 희망합니다.

또한 저는 이 서신을 쓰면서 귀하께서 제게 보낸 10월 2일 자 개인 서신을 받았음을 알려드리고, 귀하의 친절한 말씀에 감사드리고 싶습니다.

마포삼열 올림

Horace N. Allen

Seoul, Korea

December 9, 1902

Dear Dr. Moffett:

I send you confidentially, a copy of further correspondence I have had with the Korean Government regarding your troubles in Pyeng Yang. You may show this to the others concerned and then return it to me. I have referred the whole matter home and may receive instructions thereupon. I have fully explained the magnitude of the work you have in hand and the matter may be one of consultation between the Department of State and the Board of Missions whose address I have forwarded.

Please report to me promptly if anything is done in the line of the suggestions I made to the Foreign Minister.

Yours sincerely,
Horace N. Allen

Confidential copies for Dr. Arthur J. Brown

호러스 N. 알렌

한국, 서울

1902년 12월 9일

마포삼열 박사에게,[1]

평양에서 귀하의 문제와 관련하여 내가 한국 정부와 주고받은 추가 서신의 사본을 귀하께 친전으로 보냅니다. 귀하는 관련된 다른 당사자들에게 이 서신을 보여주고 나서 내게 돌려주십시오. 나는 그 문제 전체를 본국에 보고했으며, 그것에 관해 지시를 받을 것입니다. 나는 귀하가 맡고 있는 사역의 중요성을 충분히 설명했으며, 그 사안은 내가 해당 주소로 이 서신을 보낸 국무부와 선교부가 상의할 일 중 하나가 될 것입니다.

내가 외무장관에게 제출한 사안과 연관된 어떤 일이 발생하면 내게 신속히 보고해주십시오.

호러스 N. 알렌 드림

첨부: 아서 J. 브라운 박사를 위한 친전 편지 사본

1 마포삼열은 졸업식에 불참한 상태에서 인디애나의 하노버 대학으로부터 신학박사 학위를 받았다("News Calendar," *Korea Review* [August 1901]: 365). 따라서 1902년부터 여러 편지에서 "신학박사"나 "박사" 칭호를 붙인 편지를 받기 시작했다.

Samuel A. Moffett

Pyeng Yang, Korea

December 15, 1902

To the American Bible Society,
the British and Foreign Bible Society
and the National Bible Society of Scotland:
Dear Brethren:
The Permanent Executive Bible Committee of Korea after several years of discussion and of correspondence with the Bible Societies, and of communication with the various missions in Korea, has finally succeeded in obtaining a unanimous vote of the Committee upon the adoption of an Amended Constitution, a copy of which is appended to this letter. This action was taken September 17, 1902, and sent to the Missions for ratification, since under the former constitution the Missions must ratify before the amendments go into effect.

After the adoption of the Constitution a sub-committee consisting of Rev's Moffett, Swearer and McRae was appointed to communicate with the Bible Societies, laying before them the Constitution, certain resolutions adopted at the same time (see below) and the actions of the Missions in so far as they bear relation to this subject.

The resolutions adopted were as follows: "Resolved 1st–that we express to the American, the British and Foreign and the Scottish National Bible Societies our conviction that this Constitution adequately meets the needs of Bible work in Korea–and that we most earnestly request their sanction of the same and their cooperation in the work under its provisions.

2nd–In view of the size of the field and the provisions of the Constitution for one agent ("a common agent"), we express our convictions that the interests of Bible work in Korea and the principles of comity make the appointment of a second agent unadvisable and an action to be

마포삼열

한국, 평양

1902년 12월 15일

미국 성서공회,

영국 성서공회,

스코틀랜드 성서공회 귀중

친애하는 형제들에게,

한국 상임성서실행위원회는 수년간의 토론과 성서공회들과의 서신 교류, 그리고 한국에 있는 여러 선교회와의 서신 연락을 한 후 마침내 수정 정관에 대해 만장일치의 찬성을 얻는 데 성공했으며, 수정 정관의 사본을 본 서신에 첨부하는 바입니다. 이 결정은 1902년 9월 17일에 내려졌고 비준을 위해 선교회 앞으로 발송되었는데, 이전 정관에 따라 수정안이 발효되기 전에 선교회가 비준해야 하기 때문입니다.

정관 채택 이후에 마포삼열 목사, 스웨러 목사, 맥래 목사로 구성된 소위원회가 성서공회와 서신으로 연락하기 위해 지명되었고, 이들은 정관, 특정 결의안(아래 참조), 그리고 이 주제와 연관되는 선교회의 결정을 성서공회에게 제출했습니다.

채택된 결의안은 다음과 같습니다. "결정 1. 우리는 미국 성서공회, 영국 성서공회, 그리고 스코틀랜드 성서공회에 본 정관이 한국 성서 사역의 필요를 적절히 충족하고 있다는 우리의 확신을 표하며 그들에게 정관 승인과 그 규정하에서 사역에 협력해줄 것을 진심으로 요청한다.

결정 2. 선교지의 규모와 한 명의 총무(공동 총무)를 위한 정관 규정을 고려해볼 때, 우리는 한국에서 성서 사업의 이해와 교계 예양의 원리에 따라 두 번째 총무의 임명을 권장할 수 없으며 현 상황에 어떤 주목할 만한 변화가 없다면 그런 조치는 비난받을 것이라는 우리의 확신을 표한다.

결정 3. 본 정관과 함께 이 결의안과 이 문제에 관련된 선교회의 결정에 관한 모든 정보를 성서공회에 알릴 소위원회를 임명한다."

deprecated, unless there is a material change in the present conditions.

3rd—That a sub-committee be appointed to communicate to the Bible Societies, this Constitution, together with these resolutions and any other information as to the actions of the Missions on the subject."

We as a sub-committee would therefore call attention to the actions of the Missions so far as now taken.

The Presbyterian Mission North, the Presbyterian Mission South, and the Methodist Episcopal Mission South ratified this Constitution at their meetings held in Seoul September-October, 1902. The M.E. Mission North at their meeting in May 1902 took action favoring but one agent in Korea. Under date of December 3, 1902, their secretary writes that their Mission has approved the amended Constitution. The Presbyterian Council of Missions composed of all the male members of the four Presbyterian Missions at work in Korea, at their Annual Meeting in September took action stating the belief that one agent is amply sufficient for the needs of Bible work in Korea.

As both the Canadian and Australian Presbyterian Missions are members of this Council it will be seen from all the above actions that the whole missionary body in Korea has now reached practical unanimity upon the question of the need of Bible work. Under date of November 8, 1902, the Secretary of the Canadian Presbyterian Mission writes that their Mission also has unanimously approved the amended Constitution.

It would therefore be most unfortunate if the Bible Societies should complicate matters by a failure to agree upon this Constitution and the plan for a Common Agent representing the three Societies. We would therefore in behalf of the Committee representing all the Missions respectfully lay before you these facts and most earnestly request your sanction to the Constitution and your cooperation in Bible work in Korea under one agent.

Sincerely yours in the work,

따라서 우리는 소위원회로서 현재까지 취해진 선교회의 결정에 주의를 환기시킵니다.

북장로회 선교회, 남장로회 선교회, 그리고 남감리회 선교회는 1902년 9월과 10월 서울에서 모인 회의에서 이 정관을 비준했습니다. 북감리회 선교회는 1902년 5월 회의에서 한국에 한 명의 총무만 두는 데 찬성하는 결정을 내렸습니다. 1902년 12월 3일 자로 북감리회 선교회의 서기는 자신의 선교회가 수정된 정관을 비준했다는 편지를 보냈습니다. 장로회선교회공의회는 한국에서 사역 중인 4개 장로회 선교회의 모든 남자 회원으로 구성되어 있는데, 9월 연례 회의에서 한 명의 총무가 한국 성서 사업에 필요함을 믿는다는 결정을 내렸습니다.

캐나다장로회와 호주장로회 선교회들도 이 공의회의 회원이므로, 위의 모든 결정은 한국의 전체 선교 단체가 이제 성서 사업의 필요성에 대한 문제에서 실질적인 의견 일치에 도달했음을 확인해줍니다. 1902년 11월 8일 자로 캐나다장로회선교회 서기는 자신의 선교회 역시 수정된 정관을 만장일치로 승인했다는 서신을 보냈습니다.

성서공회들이 본 정관과 세 공회를 대표하는 연합총무 안에 동의하지 않고 문제를 복잡하게 만들었다면, 그것은 대단히 불행한 일이었을 것입니다. 따라서 우리는 모든 선교회를 대표하는 성서위원회를 대신하여 여러분께 이 사실을 정중히 보고하며, 이 정관에 대한 여러분의 승인과 한 명의 총무하에서 이루어질 한국 성서 사업에 여러분의 협조를 진심으로 요청하는 바입니다.

사역 중인,
마포삼열
D. M. 맥래
윌버 C. 스웨러
(특별 소위원회) 올림

Samuel A. Moffett

D. M. McRae

Wilbur C. Swearer

(Special sub-committee)

Samuel A. Moffett

Pyeng Yang, Korea

December 15, 1902

Rev. W. I, Haven, D.D., Secretary, American Bible Society, New York, New York

Dear Dr. Haven:

The enclosed communication explains itself and I sincerely hope it may lead to your Society's sanction of the proposed Constitution. The Amendment proposed by your Society as adopted September 4, 1902 reached us too late to be considered in our meeting of September 17th.

The differences, however, are in important matters only two, those of Article II and Article IV, Section 2. And I trust they may not seem important enough to prevent the American Bible Society from cooperation under a Constitution upon which all in Korea have been able to unite.

Personally I think your Article II preferable to the one we have adopted. Your suggestion that the Committee elect the agent is however one I should be loath to see adopted. The agent should represent the Societies, not the Committee, although of course the Societies would seek to select a man who would be satisfactory to the Committee. At all events, I hope you will sanction this and leave for future discussion any amendments which you may wish to introduce later on.

We all especially desire to see the three Societies represented here with but one agent and this Constitution will secure that much-to-be-desired condition.

Grateful for your cooperation with us in the past and looking forward to even richer blessings in our work together in the future.

Sincerely yours in the work,

Samuel A. Moffett

마포삼열

한국, 평양

1902년 12월 15일

목사 윌리엄 I. 헤이븐 신학박사, 미국 성서공회 총무
뉴욕 주, 뉴욕
헤이븐 박사님께,

동봉한 서신을 보시면 모든 것을 알 수 있을 것입니다. 저는 이 서신을 통해 발의한 정관에 대해 귀 공회가 승인해주기를 진심으로 바랍니다. 우리는 1902년 9월 4일에 채택된 것으로서 귀 공회가 발의한 수정안을 너무 늦게 받아서 9월 17일 회의에서 토의하지 못했습니다.

하지만 중요한 문제에서 두 가지 차이점이 보이는데 2조 2항과 4항입니다. 하지만 저는 이 조항들이 별로 중요하지 않으며, 미국 성서공회가 한국에 있는 모두가 연합할 수 있는 정관하에서 협력하는 것을 방해하지 않으리라고 여깁니다.

저는 개인적으로 귀하의 2항이 우리가 채택했던 조항보다 더 바람직하다고 생각합니다. 하지만 성서위원회가 총무를 선출해야 한다는 귀하의 제안은 제가 채택되는 것을 보고 싶지 않은 제안입니다. 물론 성서공회는 위원회가 만족할 만한 사람을 선출하려고 해야 하겠지만, 총무는 위원회가 아니라 성서공회를 대변해야 합니다. 아무튼 저는 귀하께서 이 정관을 승인해주시고, 앞으로의 토론을 위해 귀하가 나중에 도입하고 싶은 모든 수정안은 남겨두기를 바랍니다.

우리 모두는 특히 한국에서 활동하는 세 성서공회가 한 명의 총무만을 가지기를 바라며, 본 정관이 강력하게 요청되는 상황을 확보하게 되기를 바랍니다.

과거에 우리에게 협력해주셔서 감사드리며 미래에는 우리의 협력 사역에 더 풍성한 축복이 있기를 고대하는 바입니다.

사역하는, 마포삼열 올림

서신 LETTERS
1903

Frank F. Ellinwood

New York, New York

January 21, 1903

Rev. S. A. Moffett, D.D.

Pyeng Yang, Korea

My Dear Dr. Moffett:

I have just read your interesting and encouraging letter of November 25th giving a clear and very interesting picture of the work–panorama I might say of the various missionary operations. While the reports from Seoul and its outstations are rather depressing owing to the dearth of interest in the City and elsewhere among the native churches, it is refreshing to learn that in the North the refrain is what it has been in the past, full of cheer and hopefulness.

I agree with what you say as to the necessity of an early movement for advanced education of girls at Pyeng Yang. We cannot get on with the education of the boys in the north and the girls at Seoul. We must have both in each place. We have been very busy with evangelistic work, and that is the only excuse for the fact that we are so late in bringing up this important department of service.

I do not remember to have received any letters from you since our correspondence last summer with regard to the best method of healing the differences that existed between Dr. Irvin and some of his brethren. I still feel that personal adjustment would have been better than any Mission action, though all have not agreed with me. But the past is past and it only remains to labor for the future. I think it is Edward Everett Hale who said–"Look up and not down, look out and not in, look forward and not backward and lend a hand."

There seems to be some friction not only between the north and Fusan, but some also between the old stations of the mission. Our earnest prayer is that the causes of difficulty may pass away and that harmony

프랭크 F. 엘린우드

뉴욕 주, 뉴욕

1903년 1월 21일

마포삼열 박사에게,

나는 귀하가 11월 25일 자로 보낸 흥미롭고 고무적인 편지를 이제 막 읽었습니다. 사역에 대해 명확하고 흥미로운 그림을 제공해주는 이 편지는 다양한 선교 사역에 대한 전체적인 조망이라고 볼 수 있겠습니다. 반면 서울과 서울 선교지회들이 보낸 보고서들은 시내와 다른 지역에 있는 한국 교회에 대한 관심의 부족을 보여주었습니다. 이로 인해 다소 우울해졌지만, 북쪽 지역 보고서에 반복되어 나오는 후렴은 과거처럼 환호와 희망으로 가득 차 있어서 저를 상쾌하게 했습니다.

나는 평양에서 여학생 중등 교육을 위해 미리 움직일 필요성이 있다는 귀하의 말에 동의합니다. 우리는 북쪽 지역의 소년 교육과 서울의 소녀 교육이 일치하도록 진척시킬 수 없습니다. 우리는 각 지역에 두 학교 모두를 반드시 두어야 합니다. 우리는 전도 사역에 매우 바빴고, 그것이 우리가 이 중요한 사역 분야를 진척시키지 못하고 지연시킨 유일한 변명입니다.

나는 어빈 의사와 일부 형제들 사이에 있었던 불화를 치유하는 가장 좋은 방법에 관해 지난겨울에 우리가 교환했던 편지 이후 귀하로부터 어떤 편지도 받은 기억이 없습니다. 여전히 모든 사람이 내게 동의하지는 않지만, 나는 개인적인 조정이 어떤 선교회의 조치보다 더 나았을 것이라고 느낍니다. 그러나 과거는 과거이며, 앞으로 일하는 것만이 남아 있습니다. 나는 "아래가 아니라 위를 쳐다보고, 안이 아니라 밖을 바라보며, 과거를 보지 말고 미래를 보고, 도움의 손길을 주라"고 말했던 사람은 에드워드 에버렛 해일이라고 생각합니다.

북부와 부산 사이뿐 아니라 선교회의 오래된 지부들 사이에 약간의 마찰이 있는 것 같습니다. 우리는 불화의 원인이 사라지고 조화와 성공이 모든 곳에서 이루어지기를 진심으로 기도합니다.

and success all along the line may be vouchsafed.

We hear something about the building of a hospital at Pyeng Yang by Mr. Fish of San Francisco. If this be true, we wonder if the generous donor is father or relative of your beloved wife. I hope that she has returned to Korea with health greatly improved, and that you are both strengthened for your great and arduous work.

I can see the need which you state of an unmarried lady at Pyeng Yang. There are two or three stations in Korea where one or more are needed. The outlook for reinforcements at present is not good. There is a scarcity, especially of men, and then, what marked differences there are between men. Would that we could always find the very best.

We are running behind last year in those late autumn and winter months, but hope that ere the year closes the shortage may be more than made up. There seems to be an earnest evangelistic spirit throughout the Church, and from some of our mission fields we have very encouraging accounts. In others, difficulties, and in some cases even strife seems to prevail. I believe Paul preferred to have the Gospel preached even of strife, rather than not preached at all; but that was not the thing which he preferred and prayed for. I see by the letters from various members of the Korea Mission that the cost of building is greatly advancing. This we regret as it will be the means of diminishing the number of structures that can be supplied. So far as churches are concerned we seem to have nearly reached the limit of contributions.

I wish I could write more favorably, but we are by no means without hope and somehow have a feeling that brighter days are near at hand.

Please to give my very kind regards to Mrs. Moffett and to all our friends at the Station.

Very sincerely yours,
Frank F. Ellinwood

우리는 샌프란시스코의 피시 씨[1]로부터 평양 병원 건물에 대해 이야기를 들었습니다. 이것이 사실이라면 우리는 그 관대한 기부자가 귀하의 사랑하는 아내의 아버지인지 혹은 친척인지 궁금합니다. 나는 귀하의 아내가 건강이 호전되어 한국으로 돌아갔기를 바라며, 당신의 위대하고 힘든 사역을 위해 두 사람이 강건해지기를 바랍니다.

나는 귀하가 말했던 대로 평양에 독신 여성 선교사가 필요하다는 사실을 알 수 있습니다. 한국에는 한 명이나 그 이상이 필요한 두세 선교지부가 있습니다. 현재 증원 전망은 좋지 않습니다. 특히 남자가 부족한데, 남자 선교사들의 차이가 현저합니다. 우리가 항상 최선의 인력을 공급할 수 있으면 좋겠습니다.

우리는 지난가을과 겨울 몇 달 동안 작년에 비해 지연되었지만, 올해가 다 가기 전에 부족한 인력이 채워지기를 희망합니다. 교회 전체에 걸쳐 선교에 대한 진지한 열정이 있는 듯합니다. 우리의 일부 선교지에서 고무적인 보고가 있습니다. 다른 곳에서는 어려움이 있고, 몇몇 경우에는 불화가 무성합니다. 나는 바울이 전혀 전도하지 않는 것보다 불화하면서도 복음을 전하는 것을 더 선호했다고 믿습니다. 그러나 그가 선호하고 기도했던 바가 불화는 아니었습니다. 나는 한국 선교회의 여러 회원이 보낸 서신에서 건축비가 급증하고 있다는 말을 들었습니다. 이것은 공급될 수 있는 건물의 수를 감소시키는 요인이 될 것이므로 우리는 안타깝게 생각합니다. 교회와 관련해서 말하자면 우리는 거의 기부의 한계점에 도달한 듯합니다.

나는 좀 더 긍정적으로 편지를 쓸 수 있기를 바랍니다. 하지만 우리가 결코 희망이 없는 것은 아니며, 어쨌거나 좀 더 밝은 날이 머지않아 오리라는 느낌이 듭니다.

부인과 지부에 있는 우리의 모든 형제에게 내 안부를 전해주십시오.

프랭크 F. 엘린우드 드림

---

1 그는 마포삼열의 장인으로 거부였다. 그의 동생 역시 산타모니카 옆 카핀테리어에 거주하는 거부였다.

Underwood & Moffett

Haiju, Korea

February 11, 1903

Dear Dr. Allen:

In accordance with your suggestion Mr. Moffett left Pyeng Yang on Friday and Mr. Underwood left Seoul on the same day. Mr. Underwood came direct to Haiju, arriving on Saturday the 7th at 12 p.m. Hearing that the investigation was to be conducted here in Haiju, Mr. Underwood communicated with Mr. Moffett, who had expected that investigations would be held in Sinanpo, and he and Mr. Hunt came on to Haiju at once, arriving Tuesday the 10th inst. at about 10 p.m.

While awaiting the arrival of Mr. Moffett, Mr. Underwood called on the Governor and also on Yi Eung-Ik. The governor was very pleasant: received him very cordially and was not slow to detail his grievances against the French Priest Wilhelm and also against Father Le Gac. He claimed that not only had they hindered and prevented arrests of Koreans by force but had liberated those under arrest and seized, bound and imprisoned the officers sent to make arrests and had had them flogged. That he had established a Court of Justice at his own place, where usurping the functions of a magistrate, he had cases brought and tried of both Roman Catholics and others. The Governor also told me that Father Wilhelm had acknowledged that he did all these things.

(I might state that the Bishop in Seoul told me that Father Wilhelm would not allow the arrest of any Roman Catholics by the Governor.) H. G. U.

Father Wilhelm also called on Mr. Underwood and told Mr. Underwood that he had been for months in a fight with the Governor for official recognition and that he had taken this method of forcing the matter to a settlement. He personally acknowledged to his having ordered arrests and at other times hindered the Korean officials from arresting and to having ordered the arrest of police officials who were

언더우드와 마포삼열

한국, 해주

1903년 2월 11일

알렌 의사 귀하,

귀하의 제안에 따라 마포삼열 목사는 금요일에 평양을 떠났고, 언더우드 목사는 같은 날 서울을 떠나 해주로 바로 가서 토요일인 7일 자정에 도착했습니다. 이곳 해주에서 심문이 이루어질 것이라는 말을 듣고 언더우드 목사는 신환포에서 심문이 열릴 것으로 예상하고 있던 마포삼열 목사에게 연락했으며, 마포삼열 목사와 헌트 목사가 즉시 해주로 왔는데 10일 화요일 밤 10시경에 도착했습니다.

마포삼열 목사가 도착하기를 기다리는 동안 언더우드 목사는 관찰사와 이응익을 방문했습니다. 관찰사는 친절히 환대했으며 프랑스인 신부 빌헬름과 신부 르각을 서슴없이 조목조목 비난했습니다. 관찰사는 그들이 한국인의 체포를 완력으로 방해, 저지했을 뿐만 아니라, 체포된 자들을 풀어주고 체포하러 간 순검(巡檢)들을 결박해서 감금했으며 태장을 쳤다고 주장했습니다. 그 신부가 자기 집에 재판정을 열고 가톨릭 신자와 일반인의 송사를 재판함으로써 지방관의 직권을 침범했다고 말했습니다. 또한 관찰사는 빌헬름 신부가 이 모든 일을 자인했다고 말했습니다.

(서울의 [뮈텔] 주교는 제게 빌헬름 신부는 관찰사가 가톨릭 신자를 결코 체포하지 못하도록 할 것이라고 말했습니다.) H. G. U.

또한 빌헬름 신부는 언더우드 목사를 방문해서 [종교의 자유를] 공인받기 위해 관찰사와 여러 달 투쟁해왔으며, 이 문제를 해결하려고 이 방법을 택했다고 말했습니다. 그는 자신이 직접 체포 명령을 내린 것을 인정했고, 다른 경우에는 한국인 관리가 체포하는 것을 방해했으며, 한국의 합법적인 정부 기관의 명령을 집행하는 순검을 체포하라고 명령한 것도 인정했습니다. 그는 이 투쟁에 개신교인이 연루되어 유감이라고 말했습니다.

2명의 신부, 곧 서울에서 온 두체 신부와 이 지역의 빌헬름 신부는 관찰

obeying the orders of the Korean lawful authorities. He said that he regretted that in this fight, Protestant Christians were involved.

The two priests, Father Doucet from Seoul and Father Wilhelm from this section had a conference with the Governor and Mr. Yi Eung-Ik on Sunday at which the Governor says the admissions above referred to were made and at which he asserts both priests acknowledged the wrong had been done by Father Wilhelm, and Father Wilhelm gave a written statement that he would continue to do the same no longer.

On Monday, February 9th Han Chai Soon of Sinanpo and Kim Youn Oh of Changun, entered their complaints before the special inspector in the evening. On the next day orders were issued by the inspector for the arrest of the men mentioned in the complaints and among them was the name of An Tai Kun who was the leader of those who assaulted Kim Youn Oh, it being known that this man, An Tai Kun, was at the house where the priests were being entertained.

The Governor himself gave us the following details. The policeman, finding that the man was in the house and that when called for he did not come out, in the fulfillment of his commission went to the door of the room where the man was with the priests, opened it and told the man to come out. At this the priest ordered him (the policeman) to be seized and had him suspended from one of the beams by his hands tied together, and then bound his body to the post. They then ordered the man beaten.

It is also known that the priest, Father Doucet, then went to the Inspector and claimed that the treaty had been infringed as the policeman had come into the room where the priests were. The inspector replied that the laws had been infringed when a policeman had been bound and beaten. Father Doucet then said "Then we are quits" and with an apology from the inspector and the imprisonment of the policeman who had already been beaten, this transaction was ended.

The man is still held in prison for the alleged violation of the treaty. Not having a copy of the treaty with us we cannot be sure, but we doubt

사, 이응익과 함께 일요일에 면담을 가졌는데, 관찰사는 사제들이 위에서 언급한 사항을 인정했고, 자신의 요구대로 빌헬름 신부가 잘못했음을 인정했다고 주장했습니다. 또한 빌헬름 신부는 서면으로 동일한 일을 다시 하지 않겠다는 각서를 작성해서 제출했습니다.

2월 9일 월요일 저녁에 신환포의 한치순과 장연의 김윤오가 특별 조사관(사핵사)에게 정식으로 고소했습니다.[1] 이튿날 사핵사는 고소장에 언급된 자들을 체포하라는 명령을 내렸고, 체포자 명단에는 김윤오를 공격한 자들의 지도자였던 안태건의 이름도 들어 있었습니다. 이 자(안태건)는 사제들이 묵고 있는 집에 있다고 알려져 있었습니다.[2]

관찰사는 직접 다음과 같은 세부 사항을 우리에게 말해주었습니다. 순검들은 안태건이 그 집에 있는 것을 발견하고 호출했으나 나오지 않자, 임무를 완수하기 위해 그가 신부와 함께 있는 방의 문으로 가서 문을 열고 그에게 나오라고 했습니다. 이에 신부는 순검을 체포하라고 하며, 기둥에 손을 뒤로 한 채 밧줄로 결박하고 몸도 기둥에 묶은 뒤 매질하라고 명령했습니다.

이어 사제인 두체 신부가 사핵사에게 와서 순검이 사제들이 있는 방안으로 들어왔기 때문에 조약을 위반했다고 주장했습니다. 사핵사는 순검을

1 "신환포교안"은 1902년 5월 가톨릭 신자 김형남, 홍병용 등이 교당을 새로 짓기 위해 주민들에게 부역을 시키고 돈을 강요하면서 시작되었다. 개신교인인 한치순, 최종신 등이 이에 반대하자 8월에 가톨릭 신자 박재환 등 6명이 한치순을 구타하고 돈을 빼앗았다. 그러자 한치순 등이 해주 감영에 제소했다. 해주 감영은 중앙 정부의 명령으로 가해자인 가톨릭 신자 6명을 체포하도록 순검을 보냈다. 그러나 순검들이 관련 가톨릭 신자들을 호송하던 중, 가톨릭 신자들이 길을 막고 관찰사의 뜻이 아니라고 공갈하면서 신부들이 보낸 편지를 보여주며 답장이 올 때까지 기다리라고 윽박질렀고, 겁을 먹은 순검들은 그 자리에서 이들을 풀어주고 말았다. 이를 전해들은 헌트는 평양의 마포삼열에게, 마포삼열은 서울의 언더우드에게, 언더우드는 알렌 미국 공사에게 전했다. 이 사건을 두고 당시 가톨릭 측은 해주 지방 탐관오리들이 자신들의 잘못을 호도하는 한편 가톨릭의 교세를 약화시키려고 가톨릭과 개신교 간의 싸움을 불러일으키고 있다고 보았다.

2 해서교안에는 안중근 집안이 깊이 연루되어 있었다. 사핵사 이응익은 안중근의 부친 안태훈과 숙부 안태건을 체포하려고 했으나 빌헬름 신부가 감싸주었고 안태훈은 몇 달 동안 숨어 다녔다. 안중근은 뒷날 다음과 같이 썼다. "황해도에서 교인들의 행패로 인해 행정 사법을 할 수 없다고 하여 정부로부터 사핵사 이응익을 특파하여 해주부에 이르러서는 순검과 병정들을 각 고을로 파송하여, 가톨릭 우두머리 되는 이들을 옳고 그르고를 묻지도 않고 모조리 잡아 올리는 통에 교회 안이 크게 어지러워졌다. 아버지도 잡으려고 순검과 병정들이 2, 3차나 왔지만 끝내 항거하여 잡아가지 못했다. 몸을 다른 곳으로 피하여, 관리배들의 악행을 통분히 여기며 탄식하기를 말도 못하고, 밤낮으로 술을 마시어 심화(心火)로 병이 되어 중병에 걸려 몇 달 뒤에야 고향집으로 돌아왔으나 치료에 효험이 없었다. 그때 교회 안의 일은 프랑스 선교사의 보호로 차츰 조용해졌다."

whether that is a violation of the treaty as this is not a treaty port. Will you kindly inform us on this point?

Another man named Cha, was also ordered to be arrested, but Father Wilhelm said, "It is now late, let the man stay here tonight, and I will send him in the morning." In the morning he was not sent and when the police went for him, both Father Wilhelm and the Korean were gone.

The Catholics from Sinanpo who had been with the priests here, also left the city the night their arrests were ordered, so that not one has yet been arrested.

Messrs. Moffett and Hunt arrived on Tuesday night. We all paid our respects to the Governor and the Inspector today at about 12. The Governor was very free to express his feelings on the troubles here, claiming that it was impossible to perform his duties as Governor with priests arrogating to themselves the functions of Magistrates and teaching and leading the people to defy the authorities.

We also called on the Inspector who talked very freely in regard to the situation. He told us that all the men whose arrest had been ordered had fled and that he had sent orders to the local magistrates to have the men arrested and sent to Haiju and that when they were arrested he would at once proceed with the trial.

We have also heard from the other counties where the arrests were ordered that the men to be arrested are not in hiding; that when the local Yamen runners came and said they were wanted they laughed them to scorn and said, "We defied the Governors own policemen and do you suppose we will go with you?" They are in open defiance of the authorities and of the Inspector and we do not believe that he will succeed in arresting these men unless he has authority to use the soldiers that are here, for it is known that the Roman Catholics will use force to prevent arrest again as they have heretofore.

The Inspector says that if the men cannot be arrested he will proceed with the trial without them, take all the evidence he can, count their

결박하고 때린 것이 법률 위반이라고 대답했습니다. 그러자 두체 신부는 사핵사와 이미 태장을 맞고 연금되어 있는 순검이 사과하면 이 사건을 마무리하고 "손을 떼겠다"라고 말한 사실도 알려졌습니다.

그 순검은 조약 위반 죄목으로 아직 연금 상태에 있습니다. 조약의 사본이 없기 때문에 확신할 수 없지만, 이곳은 개항장이 아니므로 우리는 그것이 조약 위반이라고 생각하지 않습니다. 귀하가 이 점에 대해 우리에게 친절히 알려주시겠습니까?

차(車)씨 성을 가진 다른 한 명에게도 체포 명령이 내려졌으나, 빌헬름 신부가 "날이 늦었으니 그 사람을 오늘 밤 여기서 자게 한 뒤 내일 아침에 보내겠소"라고 말했습니다. 다음날 아침 그는 보내지지 않았고, 순검이 소환하러 갔을 때, 빌헬름 신부와 그 한국인은 가버리고 없었습니다.

이곳에 신부와 함께 있던 신환포의 가톨릭 신자들도 체포 명령이 떨어지자 전날 밤 모두 떠났고, 그래서 아직까지 체포된 자는 한 명도 없습니다.

마포삼열 목사와 헌트 목사는 화요일 밤에 도착했습니다. 우리는 오늘 12시경에 관찰사와 사핵사에게 정중하게 경의를 표했습니다. 관찰사는 이곳에서 일어난 사태에 대해 자신의 의견을 기탄없이 표현했으며, 사제들이 지방관의 권리를 침해해서 행사하고 주민들에게 정부 당국을 무시하라고 가르치고 이끌기 때문에 자신은 관찰사의 임무를 수행할 수 없었다고 주장했습니다.

또한 우리는 사핵사를 방문했는데 그는 사태에 대해 거리낌 없이 말했습니다. 그는 체포 명령이 내려진 자들은 모두 도망갔다고 말했습니다. 그러나 그는 각 지방관에게 그 자들을 체포해서 해주로 압송하라는 명령을 내렸고, 체포하면 자신이 즉시 심문에 들어갈 것이라고 말했습니다.

또한 우리는 체포 명령이 내려진 다른 군으로부터 그 자들이 숨어 있지 않으며, 지방 아전 전령들이 가서 그들이 수배되었다고 하자 수배자들은 코웃음을 치면서 "관찰사의 순검을 무시한 우리가 너희들과 함께 가겠느냐"라고 말했다고 들었습니다. 그들은 노골적으로 지방 관리나 사핵사를 무시하고 있으며, 우리는 사핵사가 이곳의 병사들을 사용할 권리를 가지지 않는 한

flight as one against them and decide the cases, but if these men can defy arrest, they can and will defy conviction. If after all that has been done they are still left at large and the Government cannot or will not assert its authority, the Romanists will be more boldly aggressive than they have been.

It is plain to everybody here that the natives here would be unable to thus defy the authorities were they not being upheld by the Frenchmen. The situation is indeed serious, more so than either of us had thought and it may involve civil war.

Do you think it sufficiently serious to warrant the communication of the situation to the English and Japanese, who are so vitally interested in preserving the integrity of Korea and the peace of the East if further development should show the continued successful defiance of all authority? We don't know how far this will accord with what you want as a report. Please pardon any mistakes, and if you will let us know your desires we will endeavor to conform to them.

If you have two copies of some one of the codes, it might enable us to communicate with you if necessary by telegram without the telegraph people knowing what we were saying and Mr. Underwood will bring it to Seoul when he comes.

If possible, the bearer will be returning by the boat that takes him to Chemulpo.

Yours respectfully,
Horace G. Underwood
Samuel A. Moffett

이 자들을 성공적으로 체포하리라고 생각하지 않습니다. 왜냐하면 가톨릭 신자들은 이전처럼 체포를 막기 위해 무력을 쓸 것이기 때문입니다.

사핵사는 그 자들을 체포하지 못하면 그들 없이 재판을 진행하고, 구할 수 있는 모든 증거를 이용하되 그들이 도망친 것을 그들에게 불리한 증거로 채택하고 판결을 내릴 것이라고 말합니다. 그러나 이 자들은 체포를 거부할 수 있고 판결도 무시할 것이라고 말합니다.[3] 모든 조치에도 불구하고 그들을 여전히 잡지 못한다면, 그리고 관찰사가 그 권위를 관철시킬 수 없거나 하지 않는다면, 가톨릭 신자들은 이전보다 더 대담하게 공격적이 될 것입니다.

만일 프랑스인들이 이곳 본토인을 지원해주지 않는다면, 본토인이 정부 당국자들에게 공공연히 도전할 수 없다는 것은 누가 봐도 명백합니다. 상황은 우리가 생각했던 것보다 더 심각하며 내전이 일어날 수도 있습니다.

귀하는 상황이 영국과 일본에 알려야 할 정도로 심각하다고 생각하지 않습니까? 그들은 한국의 영토 보전 및 동양의 평화 보존과 관련하여 대단히 중요한 이해관계에 있기에, 사태가 추가로 발전되어 [가톨릭 신자들이] 당국자의 권위를 계속 무시할지에 대해 큰 관심을 두고 있습니다. 우리는 귀하께서 원하시는 보고서에 어느 정도까지 부합할 수 있을지 모릅니다. 혹시 잘못이 있다면 양해해주시기 바랍니다. 귀하께서 원하시는 것을 알려주시면 그것에 따라 작성하도록 노력하겠습니다.

만일 귀하께서 암호 사본 2부를 가지고 계시다면 우리가 귀하에게 연락할 때 필요한 경우 전보국 사람들이 그 내용을 모르게 전보할 수 있을 것입니다. 언더우드 목사가 서울에 갈 때 그 암호를 가지고 갈 것입니다.

---

3 최종 판결 결과 한국인 가톨릭 신자 11명에게 태형, 5명에게 감금형이 내려졌다. 이 결과에 대해 개신교 측은 원칙적으로 승소한 데 만족했고, 가톨릭 측은 형벌이 가벼운 데, 미국 공사 알렌과 프랑스 공사 플랑시는 분쟁이 수습된 데 만족했다. 플랑시 공사는 빌헬름 신부가 오지에서 혼자 지내다 보니 균형 감각을 상실했다고 보았고, 알렌은 *Korea Review* 기사로 분쟁에 기름을 부은 헐버트를 비난했다(Fred H. Harrington, *God, Mammon and the Japanese: Dr. Horace N. Allen and Korean-American Relations, 1884-1905*. Madison: University of Wisconsin Press, 1944, pp. 116-117). 언더우드 부인은 이듬해 출판한 책에서 사핵사 이응익을 다음과 같이 호평했다. "그 재판관은 의지가 굳고 총명한 사람으로 외부에서 오랫동안 유럽인과 관계를 맺고 있던 자였다. 그리고 줏대가 있고 냉정한 자였다. 그는 지금까지 한국에서 열린 어떤 재판보다 훨씬 공정하고 정당한 재판을 했다"(L. H. Underwood, *Fifteen Years Among the Top-knots*, p. 259).

가능하면 이 편지의 전령이 탄 제물포행 배가 돌아올 때 답장을 가지고 올 수 있도록 조치해주시기 바랍니다.

호러스 G. 언더우드

마포삼열 올림

Alice Fish Moffett

Pyeng Yang, Korea

February 24, 1903

Dear Father:

The news of your Chinese Mission and of Mother's reading class makes us very happy, when we know you are both so happy in your work. We are following them with great interest. My heart is always sad when I think of the church work there and what a hold the world has upon many of those who profess to be the Lord's children. It is hard work, sad work, for those in the pastorate there, oh, much harder than being out here–for even though thousands and millions all about us are in the blackest darkness, there are so many hungry for the truth and ready to give up all, even life itself to do God's will, that we cannot but rejoice constantly. The saddest thing to me as I think of the church in the Homeland is the way in which the young people are being trained in this generation. With so much of worldliness and doubt all about them only the most careful training in home and teaching in church can ground them firmly in the truth, and very, very often both of these are lacking. Yet is not the very condition of the church a sign of the last times? The time of apostasy is a part of prophecy, and when we pray for the speedy coming of our Lord are we not virtually asking that the time of falling away and of the trial of our faith shall be brought about? This has come to me very strongly in connection with the Roman Catholic troubles and persecution here which threaten the very life of the church in this land as the Boxer troubles did in China. Yet we know the Lord is gathering out and strengthening His own, and that every true child of His is in the hollow of His hand. If the Church here, or even one soul were in our care only, we should be miserable beyond all men. Thank God that when suffering comes to these children of His, we know and they know that it is not against God's plan, but that it is given unto us all to suffer as well as to

앨리스 피시 마페트

한국, 평양

1903년 2월 24일

사랑하는 아버지께,

아버지의 중국인 선교회 소식과 어머니의 읽기 수업 소식을 듣고 두 분이 사역을 하면서 그렇게 행복해하시는 것을 알고 우리는 매우 행복했습니다.[1] 우리는 이어질 소식에 무척 관심이 갑니다. 저는 그곳 교회 사역과 주님의 자녀라고 고백하는 많은 사람이 세상에 계속 붙잡혀 있는 것을 생각하면 마음이 늘 무겁습니다. 그곳에서 목회하는 분들에게 이는 힘들고 슬픈 사역입니다. 오, 여기에 나와 있는 것보다 훨씬 더 힘듭니다. 비록 우리 주변에 수천 수백만 명이 칠흑 같은 어둠 속에 있지만 수없이 많은 사람이 진리에 굶주려 있으며, 하나님의 뜻을 행하기 위해 모든 것, 심지어 자신의 생명까지도 버릴 준비가 되어 있으므로 우리는 끊임없이 기뻐할 수밖에 없습니다. 고국 교회의 일을 생각할 때 제게 가장 슬픈 일은 젊은이들이 이 세대 안에서 훈련되고 있다는 것입니다. 그들은 너무 많은 세속성과 모든 것에 대한 의심을 가지고 있으므로, 가장 주의 깊은 가정에서의 훈련과 교회에서의 가르침이 그들을 진리 안에 굳게 서게 할 수 있습니다. 그러나 이 두 가지가 자주 부족합니다. 바로 교회의 이런 상태가 마지막 때의 징조는 아닐까요? 배교의 때는 종말에 관한 예언의 일부입니다. 우리가 주님의 임박한 재림을 위해 기도할 때, 우리는 사람들의 신앙이 떨어져 나가고 우리의 신앙이 연단을 받을 때가 일어나기를 실제로 간구하지는 않나요? 이 생각이 제게 강하게 다가온 것은 중국에서 의화단 사태가 그러했듯이 이 나라에 교회의 생명 자체를 위협하는 가톨릭 사태와 박해가 발생했기 때문입니다.[2] 하지만 우리는 주님께서 당

---

1 앨리스의 부친은 샌프란시스코에 거주하는 중국인 이민자들을 대상으로 하는 중국인 선교회에 적극 참여했다. 어머니는 그들에게 영어 읽기를 가르쳤다.

2 중국의 의화단사건(1900)에 이어 한국에서 친러보수파 이용익, 김영준이 꾸민 기독교인 박멸음모사건(1900)과 가톨릭 신자와 개신교 신자 간의 갈등이 발생한 해서교안(1902) 등을 거치면서 임박한 재림을

believe.

All seems very black for this land as a nation; Japanese, Russians and French are closing in, till this poor, weak, would-be Government must think all the world against it. We, only, can see the brightness here within the church. Thank God for the promise that the gates of hell shall not prevail against it.

The investigation of the Romanist troubles still goes on in Whang Hai Province. Word from Sam by telegraph lets me know all is well with him but I do not yet know what has been accomplished or when he can return. I know it is trying and grieving him sorely that this is cutting out so much of Mission work for there was a mountain of work in country and in city church for him before this came—it has already cut out three of his study classes which were arranged for. However, we trust that the good accomplished for the whole nation and for the entire Mission work will be so great as to compensate, although we may not see all the results ourselves. At any rate Sam has gone by request and appointment of the American Minister, and Sam does one thing at a time and will remain there till he has accomplished all he can, so we must believe all will work out for the best. I am expecting word by courier very soon.

Father, I want to tell you about one of the elders in the church here, Mr. Kil, who is a man of beautiful spirit and one of the strongest workers here, but who is losing his eyesight. Although only 35 years old, cataracts have formed in both eyes. About six months ago Dr. Wells operated on the left eye and removed the cataract but inflammation followed and apparently he is to lose the sight of that eye entirely. He has come to me several times to ask advice and I have urged that the right eye shall not be operated on but that he shall at least try the Dissolvent Treatment of Dr. Oneal of Chicago which is so highly praised. I sent symptoms to Dr. Oneal last Dec. hoping for a course of treatment by this time but he sent a blank asking for more information which I am forwarding by this mail. This has caused a delay of three months and as

신의 백성을 불러 모으시고 강하게 하시며, 모든 참된 자녀를 그분의 손안에 담아 보호하신다는 것을 압니다. 만약 이곳의 교회나 심지어 한 영혼이라도 우리의 보살핌 안에만 있다면, 우리는 모든 사람 중에 가장 비참한 자가 될 것입니다. 이 주님의 자녀에게 고난이 올 때 하나님을 찬양합니다. 이는 하나님의 계획에 어긋나는 것이 아니라, 우리로 믿게 하고 동시에 견디게 하려고 우리 모두에게 고난이 주어진다는 사실을 우리가 알고 그들이 압니다.

한 국가로서 이 나라를 보면 모든 것이 암울해 보입니다. 일본인, 러시아인, 프랑스인이 몰려와서 이 가난하고 약한 자칭 정부로 하여금 모든 세계가 자신을 대적한다고 생각할 수밖에 없도록 만들고 있습니다. 우리는 오직 교회 안에서만 이 나라의 밝은 빛을 볼 수 있습니다. "음부의 권세가 교회를 이기지 못할 것"이라는 약속을 주신 하나님을 찬양합니다.[3]

가톨릭 사태에 대한 조사는 황해도에서 아직 진행 중입니다. 샘은 일이 순조롭게 진행되고 있다고 전보를 보내 알려주었습니다. 그러나 저는 아직 어떤 일이 완수되었고 언제 그가 올 수 있는지 모릅니다. 나는 이 사태로 인해 선교 사역의 많은 부분을 중단하는 것이 그를 몹시 힘들고 슬프게 한다는 사실을 알고 있습니다. 이 사건이 일어나기 전에 시골과 시내 교회에서 그가 할 일이 태산처럼 쌓여 있었기 때문입니다. 계획했던 사경회 세 개가 이미 취소되었습니다. 하지만 비록 우리가 그 결과를 직접 볼 수 없을지라도, 우리는 전체 나라를 위해, 그리고 전체 선교 사역을 위해 성취된 선한 일이 그 손해를 보상하고도 남을 정도로 거대하리라고 믿습니다. 아무튼 샘은 미국 공사의 요청과 임명에 의해 갔으며, 그는 한 번에 한 가지 일을 끝까지 하는 사람인지라 할 수 있는 모든 일을 완수할 때까지 그곳에 머무를 것입니다. 그래서 우리는 모든 것이 최선의 결과를 낳으리라고 믿습니다. 나는 급사가 소식을 듣고 곧 올 것으로 기대합니다.

아버지, 이곳 교회의 장로 중 한 명인 길[선주] 씨를 소개하고 싶습니다.

기다리는 천년설적 사고가 대두된 것을 알 수 있다.

3 마태복음 16:18.

Dr. Oneal says that when he prescribes he will tell the cost of treatment and we can then order if we wish, it may be another six months before the medicine can arrive. In order to save time I am asking Dr. Oneal to send to you a statement, if he prescribes, saying that he has done so and telling you the cost. I have no idea whether he will charge $5 or $150 and it may be that the treatment will be beyond our reach entirely, but I want to leave it to your judgment. Mr. Kil is willing to pay anything for his eyesight and will give as much as he is able, but even $40 or $50 gold would be beyond him. Now if you hear that the cost will be something like $20 or anything under $30 will you please forward it for me and save three months of waiting? Then I will send the sum to you as soon as I know. If the sum called for is more than $30 please just let the matter drop. I know the case is a serious one and am not expecting too much, but this man is a power in teaching the word of God, and it will be a great blessing to the church here if he can have even the moderate use of one eye.

I am always so glad to read the news of the relatives from your letters. I think so much about Aunt Emily. Is there any relative or friend near there who could see her and write you just her condition and surroundings? Give my love to all the Fishes near at hand.

Tell dear little Mother, indeed I will join her reading class. I have read *Via Christi*, but I will gladly go over it again and would like her to send me *Lux Christi* sometime.

I hope Ironing does prove a well regulated machine after he is once wound up.

I am getting along nicely and gaining somewhat in strength. It seems a very long time without Sam, but I would not have him away from the work that needs him.

A heart full of love for you both,

Your daughter,
Alice

그는 아름다운 영혼을 가진 사람으로 이곳에서 가장 강력한 사역자 중 한 명입니다. 그러나 그는 시력을 잃어가고 있습니다. 35세밖에 되지 않았는데 벌써 두 눈에 백내장이 생겼습니다. 약 6개월 전에 웰즈 의사가 왼쪽 눈을 수술하고 백내장을 제거했지만, 염증이 생겨서 왼쪽 눈의 시력을 완전히 상실할 것이 분명합니다. 그는 여러 번 제게 와서 조언을 구했고, 저는 오른쪽 눈을 수술해서는 안 되며, 그 대신 일단 최근 극찬을 받고 있는 시카고의 오닐 의사의 용제용법(溶劑用法)을 시도해야 한다고 강권했습니다. 저는 지난 12월에 지금쯤이면 치료에 차도가 있기를 희망하면서 오닐 의사에게 증상을 적어 보냈으나, 그로부터 더 많은 정보를 요청하는 설문지를 받게 되어 이번 우편물로 그에게 추가 정보를 보냅니다. 이 때문에 3개월이 지체되었는데, 오닐 의사는 만일 우리가 원하면 자기가 처방할 때 진료비를 알려주어서 주문할 수 있게 하겠다고 말했습니다. 그렇게 되면 약이 오기까지 6개월이 더 걸립니다. 시간을 절약하려고 저는 오닐 의사에게 만일 처방을 하게 되면 비용이 얼마인지 그 청구서를 아버지께 보내줄 것을 부탁하는 편지를 씁니다. 저는 그가 5달러를 부과할지 150달러를 부과할지 모릅니다. 치료를 마치려면 우리의 한계를 완전히 넘어설 정도로 많이 들 수도 있습니다. 그러나 저는 아버지의 판단에 이 문제를 맡깁니다. 길 씨는 시력을 위해서라면 무엇이든지 하고 자신이 할 수 있는 대로 최대한 지불하겠다고 합니다. 그러나 금화로 40달러나 50달러만 되어도 그는 감당할 수 없습니다. 그래서 만일 비용이 20달러나 30달러 이하일 경우, 그것을 보내주셔서 3개월을 절약하도록 해주시겠습니까? 그러면 제가 비용을 아는 즉시 아버지에게 그 금액을 보내겠습니다. 만일 청구한 비용이 30달러를 넘으면 없던 일로 해주시기 바랍니다. 저는 그의 질환이 심각한 경우임을 알고 있고 너무 많은 것을 기대하지 않습니다. 그러나 이 사람은 하나님의 말씀을 가르치는 데 능력이 있으므로, 그가 한쪽 눈이라도 적당하게 사용할 수 있다면 교회에 큰 축복이 될 것입니다.

저는 아버지의 편지로 친척들의 소식을 알게 되어 늘 기쁩니다. 저는 에밀리 숙모에 대해 많이 생각합니다. 누군가 그녀 근처에 살아서 그녀를 만나

고 그녀의 형편과 처지를 아버지에게 알려줄 친척이나 친구가 있을까요? 아버지 근처에 계신 모든 피시 친척에게 제 사랑을 전해주세요.

사랑하는 어머니께 말씀해주세요. 저도 어머니의 영어 읽기 수업에 정말로 참석하고 싶다고요. 그리고 저는 『그리스도의 길』을 읽었지만 다시 처음부터 즐겁게 읽을 겁니다. 어머니께서 『그리스도의 빛』도 언젠가 제게 보내주시면 좋겠습니다.

새로 설치한 다리미가 조절이 잘되기를 바랍니다.

저는 잘 지내며 어느 정도 기력도 회복되고 있습니다. 저는 쉼이 없는 시간이 오래된 것처럼 느껴지지만 그를 필요로 하는 일에서 그를 멀리 있도록 만들고 싶지는 않습니다.

두 분에게 마음 가득 사랑을 담아 보냅니다.

당신의 딸,

앨리스 올림

Samuel A. Moffett

Haiju, Korea

February 26, 1903

Dear Dr. Ellinwood:

At the request of Mr. Hunt and of Dr. Allen, the U. S. Minister, Dr. Underwood and I are here, present at an investigation ordered by the Korean government into the question of the lawless acts of the Roman Catholics in this province.

The Romanists, protected from arrest by the French priests, have inaugurated a reign of terror, have usurped the rights of magistrates, arrested men, imprisoned them, tortured them and extracted money. They have released their men when arrested by policemen, beaten the policemen, defied the officials and carried on all sorts of lawless proceedings. They have levied upon the people for money with which to build their churches and in all their lawless proceedings have been protected from arrest by their French priests, who have themselves had men beaten, prisoners released, policemen and other officials arrested and brought before them for punishment. They over-reached themselves, however, when they ran up against stalwart Protestant Christians who would die before they would give their money to build Romanist churches and who would refuse to recognize the right of Romanist leaders and French priests to arrest, try and punish them. For eight months our Christians have been trying to secure justice through the regular Korean courts until finally they succeeded in getting their grievances before the Central Government. We had not interfered at all, though I had written a statement of the case to Dr. Allen, asking him if there was anything which could be done to get the Korean government to protect its own people.

Dr. Allen asked the government to investigate and a special inspector was sent. He has already found that the complaints of our Christians are

마포삼열

한국, 해주

1903년 2월 26일

엘린우드 박사님께,

헌트 목사와 미국 공사인 알렌 의사의 요청으로 언더우드 박사와 저는 이 도에서 가톨릭 신자들이 저지른 탈법적인 행위에 대해 한국 정부가 명령한 조사에 참가하고 있습니다.

프랑스 사제들로부터 보호를 받아 체포되지 않았던 가톨릭 신자들은 공포 통치 시대를 열었는데, 현감의 권리를 강탈하고 주민들을 체포하고 구금하고 고문하여 돈을 강탈했습니다. 그들은 순검이 자신들의 교인을 체포하면 석방시키고 순검을 구타하고 관리에게 도전하면서 모든 종류의 불법적인 행위를 저질렀습니다. 그들은 주민들에게 자신들의 건물을 건축하기 위한 비용을 징수했습니다. 그들은 자신들이 행한 모든 불법적인 행위에도 불구하고 프랑스 사제들로부터 보호를 받아 체포되지 않았습니다. 이 신부들은 제멋대로 주민들을 구타하고, 수감된 자들을 석방하며, 순검과 다른 관리들을 체포하여 끌고 와 처벌했습니다. 그런데 그들은 강건한 개신교 신자들과 대결하면서 도를 넘었는데, 이 개신교 신자들은 가톨릭 성당을 짓는 일에 돈을 내느니 차라리 죽겠다고 했고, 가톨릭 지도자들과 프랑스 신부들이 자신들을 체포하고 재판하며 처벌할 수 있는 권리를 인정하기를 거부했습니다. 8개월 동안 우리 기독교인들은 정식 한국 법원을 통해 공정성을 확보하려고 노력했고 마침내 중앙 정부에 불만 사항을 전달하는 데 성공했습니다. 비록 제가 알렌 의사에게 한국 정부가 국민을 보호하기 위해 할 수 있는 일이 있는지 문의하면서 이 사건에 대한 진술서를 보냈지만, 그동안 우리는 전혀 간섭하지 않았습니다.

알렌 의사는 한국 정부에 조사를 요청했고 특별 조사관이 파송되었습니다. 그는 우리 기독교인들이 제기한 문제가 로마 가톨릭교회의 이름으로 자행된 불법적인 행위의 단편적인 면에 불과하다는 사실을 이미 발견했습니

but a very small fraction of the outrages which have been perpetrated upon this people in the name of the Roman Catholic Church and he has requested the deportation of the two French priests who have been most active in the affairs. Whether this government has strength enough to assert its own authority in Korea as against the usurpations of the French priests and the horde of robbers who have attached themselves to them is the question which is now at issue.

I regret the necessity of being away from important work in Pyeng Yang, but for the time this must supersede all other work—as the whole question of the existence of our churches seems involved in this struggle. Our men were most unmercifully beaten and tortured by the Romanist leaders and when they appealed to their own officials for protection they were again beaten by the Romanists and tortured and finally driven from their homes—their wives and children beaten and their land taken from them. They have shown themselves the equals of the early Christians and the Protestants of Reformation times in their endurance of persecution, their steadfastness in the faith and their strict adherence to law and order in their efforts to secure protection from their own government.

The poor people are finding these self-appointed magistrates (the Roman Catholic leaders) even more cruel and more oppressive than their officials have been in past times and the stories they tell of the way in which they have been beaten and tortured in the presence of the French priests and the way in which their money has been extorted from them remind one of the days of the Spanish Inquisition. Thousands of people have been forced by terror and by threats of ruin to join themselves to the Roman Church and now that an investigation has been ordered, complaints are coming in from all over the province asking for redress. If the Government asserts its authority and succeeds in capturing and punishing some of the worst criminals, there will be a far greater crowd of complainants from among those who as yet are afraid to speak out.

As yet we do not know what the Korean government will do,

다. 또한 그는 이 사건에서 가장 활동적이었던 프랑스인 신부 2명의 추방을 요청했습니다. 이 정부가 프랑스인 신부들과 그들에게 달라붙은 강도떼의 강탈에 대항하여 한국에서 자신의 권위를 주장할 충분한 힘이 있는지가 현재 쟁점이 되는 문제입니다.

저는 평양의 중요한 사역으로부터 멀리 떠나 있어야 한다는 사실이 안타깝습니다. 그러나 한동안 이 사건이 모든 다른 사역을 대체해야 합니다. 우리 교회의 존재 문제 전체가 이 싸움과 결부되어 있는 것처럼 보이기 때문입니다. 우리 교인들은 가톨릭 지도자들로부터 무자비하게 구타 및 고문을 당했습니다. 이들이 보호를 받기 위해 관리들에게 호소한 후 또다시 가톨릭 신자들에게 구타와 고문을 당했으며 마침내 집에서 쫓겨났습니다. 그들의 아내와 자녀마저 폭행을 당했고 토지를 빼앗겼습니다. 그럼에도 그들은 박해에 대해 인내했고, 굳건하게 신앙을 지켰으며, 정부로부터 보호받으려고 노력했습니다. 또한 법과 질서를 엄격하게 준수한 측면에서 초기 기독교인과 종교개혁 시대의 개신교인과 동일한 모습을 보여주었습니다.

가련한 주민들은 이 자칭 현감들(로마 가톨릭 지도자들)이 과거의 관리보다 훨씬 더 잔인하고 강압적이라는 사실을 발견하고 있습니다. 그들이 프랑스인 신부 앞에서 매를 맞고 고문을 당했던 방식과 돈을 강탈당하는 방식에 대한 이야기를 들으면 스페인의 종교재판이 연상됩니다. 수천 명의 사람들이 두려움과 파멸의 위협을 받고 강제로 가톨릭에 입교했습니다. 이제 정부의 조사 명령이 떨어졌으므로 도 지역 전체에서 시정을 요구하는 불만이 접수되고 있습니다. 만일 정부가 그 권위를 세우고 가장 죄질이 나쁜 범죄자 몇 명을 체포해서 처벌하는 데 성공한다면, 아직 발설을 두려워하는 자들로부터 훨씬 더 많은 불만을 들을 수 있을 것입니다.

한국 정부가 지금 그 권위를 세우지 못하고 실패하는 것은 자국민을 다스리는 권리를 실제로 양도하는 것과 같습니다. 현재 한국 정부가 프랑스인 신부들과 그 추종자들에게 권리를 양보하는 것처럼 보이기는 해도 아직까지는 어떻게 될지 모릅니다. 우리가 명백한 증거를 가지고 있지 않았다면, 한국 정부는 신부들이 이 무법적 행위에 참가했다는 사실을 믿지 못했을 것입니

although it looks as though failure to assert its authority now is a practical abdication of its right to rule its own people and a surrender of that right to the French priests and their followers. Had we not the clearest kind of evidence it would be impossible to believe that the priests have been a party to these lawless deeds and even with the evidence it is hard to believe that they have fully known the extortions & cruelties practiced by their followers, many of whom are ex-criminals who, under the protection afforded them by the Roman Church are carrying on high-handed robbery.

What is to be the outcome we know not, but in prayer and trust are looking to God to bring out of it all, that which will be for the good of His Church and for His own glory.

Pressure of work during the month of January prevented my writing you my usual January letter concerning our requests for re-enforcements and appropriations. The plan of the Mission for opening a new station between Seoul and Taiku is entirely independent of the question of withdrawing from Fusan. The latter question the Board has now definitely settled and the Mission, having met its responsibility in presenting its views to the Board accepts, of course, the over-ruling action of the Board and will act accordingly in manning the Fusan Station. We shall, however, need a goodly number of new missionaries this year for re-enforcing all the present stations and for one or two new stations. The station between Seoul and Taiku is imperative if we are to properly develop our work and prevent the separation of our Presbyterian work in South Korea from that of Seoul by a work entirely Methodist or Baptist.

I want to plead also for more single ladies for our Northern work. The need is an imperative one. The two ladies we have in Pyeng Yang cannot begin to meet the calls for country classes among the women and we are losing immeasurably by the lack of such work. Our chief failure in Korea has been the failure to put in re-enforcements large enough

다. 사실 증거가 있음에도 불구하고 그들이 자신의 추종자들이 저지른 강탈과 잔학 행위를 모두 알고 있었다는 사실을 믿기가 매우 어렵습니다. 이 추종자들 가운데 많은 사람이 전에 범법자였고, 그들은 가톨릭이 그들에게 제공하는 보호 아래 위압적인 강탈을 자행하고 있습니다.

우리는 어떤 결과가 나올지 알 수 없지만 하나님께서 당신의 교회의 유익과 당신의 영광을 위한 일이 일어나도록 해주실 것이라고 기대하고 믿으며 기도하고 있습니다.

1월 한 달 동안 사역에 대한 부담 때문에 증원과 예산에 대한 우리의 요구와 관련된 통상적인 1월 서신을 귀하께 보내지 못했습니다. 서울과 대구 사이에 새로운 선교지부를 설립하려는 선교회의 계획은 부산 철수 문제와는 전혀 별개의 사안입니다. 선교부가 가지고 있는 후자의 문제는 이제 분명하게 해결되었고, 선교부에 의견을 제시함으로써 그 책임을 다한 선교회는 당연히 선교부의 기각 결정을 수용했으며, 부산 지부 인원을 배치하는 문제는 부응하는 조치를 취할 것입니다. 그러나 우리는 올해 모든 현 선교지부들과 한두 개의 새로운 지부의 인원을 증원하려면 새 선교사가 많이 필요합니다. 우리의 사역을 적절히 발전시키고, 전적으로 감리회와 침례회가 이룬 사역으로 인해 한국 남부에서 우리 장로회 사역이 서울 사역으로부터 분리되는 일을 막으려면 서울과 대구 사이에 지부를 두는 것이 필수적입니다.

또한 저는 우리의 북부 지역 사역에 좀 더 많은 독신 여성 선교사를 요청하고 싶습니다. 그 요청은 반드시 필요한 것입니다. 평양에 있는 두 여성 선교사는 시골 여성 사경회의 요구를 충족시키지 못하기 시작했고, 우리는 그 사역의 부족으로 엄청난 손실을 보고 있습니다. 충분한 인력을 증원하지 못해 좋은 기회를 활용하지 못하는 점이 바로 한국에서 우리가 실패하는 주요한 요인입니다. 우리가 황해도 북부에서 좋은 기회를 맞이했을 때, 우리는 그 사역을 위해 한두 사람만 있었습니다. 가톨릭에서는 우리가 사역하고 있는 지역에 4명의 신부를 파송했고, 지금까지 매년 그 인원을 증원한 결과, 우리에게는 일부 시간을 할애하는 3명의 사역자가 있는데 비해 가톨릭에서는 전임 사역자가 9명이나 있습니다. 5년 전에 제가 방문해서 학습교인을 받았던

to meet the great opportunities we have had. When we had our great opportunity in northern Whang Hai province we had one or two men for that work. The Roman Catholics sent four priests into the midst of our work–then increased their number each year until now where we have 3 men giving only part of their time, the Romanists have 9 men giving all their time. A section of the country which I visited five years ago and where catechumens were then received has never since been visited by a missionary and other places have received but one visit. The Romanists followed up our initial work most vigorously and have built up scores of Churches.

Unless we can re-enforce Syen Chyen and provide for work among the women there and in the Pyeng Yang work, we shall be neglecting another great opportunity. While we develop our educational work which is now so important, let us not neglect the great opportunity for a larger evangelistic work.

I want also to write a few words about the furlough for Dr. & Mrs. Wells. Aside from the fact that it is an advantage to our work to have our missionaries leave in summer and return after the following summer rather than leave at the best season for aggressive work–in this case there comes the added reason that Dr. Wells, whose eight years are nearly past, is in great need of his furlough. He is far from well, is very nervous, and this year is not equal to the requirements of his work. If he remains longer it will be simply for the sake of the rule–not for the sake of the work which he is to do.

We shall eagerly await the action of the Board upon the requests for appropriations, trusting that the receipts this year will warrant larger appropriations for house-building and for new missionaries. I have greatly enjoyed Mr. Blair's association with me in country work this year. He is doing fine work on the language, is a zealous evangelist and readily wins the love of the Koreans by his own earnest loving efforts for them.

시골 지역에 그 이후로 선교사가 전혀 방문하지 않았고, 다른 지역은 단 한 번 방문했을 뿐입니다. 가톨릭에서는 우리가 일을 시작해놓은 곳에서 열정적으로 후속 사역을 하여 수십 개의 교회를 세웠습니다.

만일 우리가 선천에 인원을 다시 증원하지 못하고 그곳과 평양에서의 여성 사역을 지원할 수 없게 된다면, 우리는 또 다른 좋은 기회를 방치하게 될 것입니다. 현재 중요한 교육 사업을 우리가 발전시키고 있지만 더 큰 전도 사업의 거대한 기회를 무시하지 말았으면 좋겠습니다.

또한 저는 웰즈 의사와 그 부인의 휴가에 대해 몇 자 적고 싶습니다. 적극적으로 사역하기에 가장 적합한 계절에 선교사들이 휴가를 떠나는 대신 여름에 떠나서 다음 해 여름에 돌아오도록 하는 것이 우리의 사역에 유익하다는 사실과는 별도로, 거의 8년 동안 사역한 웰즈 의사에게 안식년 휴가가 긴급히 필요한 다른 이유가 있습니다. 그는 건강하지 않으며 신경도 쇠약합니다. 그래서 올해에는 그가 해야 할 사역의 요구에 응할 체력이 되지 않습니다. 만일 그가 더 오래 남아 있다면 이는 단지 선교회 규칙을 준수하려는 것이지 그가 해야 할 사역을 위해서가 아닙니다.

우리는 올해 선교부 수입이 늘어나 우리가 요청한 사택 건축과 신규 선교사 문제에 더 많은 예산을 얻을 것을 믿으면서, 예산 배정에 대한 선교부의 결정을 간절히 기다립니다. 저는 올해 블레어 목사와 시골 사역을 함께하는 것을 매우 즐겼습니다. 그는 한국어를 잘 배우고 있고, 열정적인 전도인이며, 한국인들을 향한 그의 진실하고 애정 어린 노력으로 그들의 사랑을 쉽게 얻고 있습니다.

스누크 양 역시 시골 여성들 사이에서 사역을 하고 있는데, 그들은 매우 감사하게 여기고 있습니다. 그녀가 제가 관리하는 여러 미조직교회를 방문하는 일은 여성 신도들의 신앙 성장에 매우 효과적입니다.

귀하와 한국 사역에 대한 서신을 교환할 수 있어서 기뻤습니다.[1] 1902년

---

1 오랫동안 선교부 총무로 일했던 엘린우드(Frank F. Ellinwood, 1826-1908) 목사는 76세 고령 때까지 봉사하다가 1903년 봄에 은퇴했다. 브라운(Arthur J. Brown) 목사가 그의 후임이 되어 선교사들과의 서신 연락을 책임졌다.

Miss Snook, too, has been doing a work among the country women which they have greatly appreciated. Her visits to several of my groups have been effective in strengthening the women.

Glad that you are still able to keep up your correspondence for the Korea work and appreciating very much your last letter to me dated Nov. 21st, '02.

Very Sincerely Yours,
Samuel A. Moffett

11월 21일 자로 귀하께서 제게 보낸 서신에 깊이 감사드립니다.

마포삼열 올림

Samuel A. Moffett

Haiju, Korea

March 17, 1903

Dear Dr. Ellinwood:

Your letter of January 21st has been forwarded to me here where I am still detained by the important interests at stake in the investigation of the lawless acts and persecutions on the part of the French Priests and their Roman Catholic followers. A dozen or more of the Romanists have been convicted of robbery, of torture, of extortion and of resistance to the authorities, while the French priests have been clearly shown to have been cognizant of many of these deeds, to themselves have had men beaten, arrested, tried & punished & to have had Romanist prisoners released from policemen. In some cases even murder under torture has been charged against the Roman Catholic leaders.

My present object in writing just now after receiving your letter is to correct a misapprehension in regard to "the building of a hospital at Pyeng Yang by Mr. Fish of San Francisco" of which you write. Evidently a mistake has been made and what you have heard is I am quite sure without foundation in fact. So far as Mrs. Moffett & I know, Mr. Fish has had no thought of building a Hospital in Pyeng Yang. Dr. Wells is expecting to raise funds for that purpose during his furlough next year.

I have been planning the enlargement of the Book Store in Pyeng Yang which I have conducted for nearly ten years and am planning for a Reading Room in connection with it. For the carrying out of this plan Mr. Fish has made us a gift and my brother has also sent a contribution. Possibly this gift is at the basis of what you heard about a hospital.

I trust this may reach you in time to correct the mistake so that in making the appropriations this year for hospital, site, building, equipment, etc. you will not be acting upon misinformation. Your letter also contains the following sentence–viz–"There seems to be some

마포삼열

한국, 해주

1903년 3월 17일

엘린우드 박사님께,

귀하의 1월 21일 자 서신이 제게 다시 전달되었습니다. 저는 프랑스 신부들과 가톨릭 신자들의 무법적 행위와 박해를 조사하다가 중요한 이해관계가 걸린 문제로 인해 여전히 이곳에 묶여 있습니다. 12명 이상의 가톨릭 신자들이 강도, 고문, 갈취, 당국에 대한 저항 등으로 유죄 선고를 받았는데, 프랑스 신부들은 이들의 행위를 알고 있었던 것으로 명백하게 밝혀졌으며, 그들이 직접 주민을 구타하고, 체포하여 처벌하고, 순검으로 하여금 가톨릭 신자 죄수를 석방하도록 했습니다. 심지어 어떤 경우에는 고문하다가 사람을 죽인 혐의로 가톨릭 지도자들이 기소되었습니다.

제가 귀하의 서신을 받고 바로 답장을 써 보내는 일차 목적은 귀하가 쓰신 "샌프란시스코의 피시 씨가 평양에 병원을 건축하는" 사안과 관련된 오해를 바로잡기 위함입니다. 저는 명백하게 실수가 있었고 귀하께서 들은 내용은 사실에 기초한 것이 아니라고 확신합니다. 제 처와 제가 아는 한에 있어서 피시 씨는 평양에 병원을 세울 생각이 전혀 없습니다. 웰즈 의사가 내년에 가질 안식년 휴가 기간 동안 그 목적을 위해 기금을 모금할 예정입니다.[1]

저는 10년 동안 관리해온 평양서점을 확장하고 그곳에 독서실을 운영하려고 계획했습니다. 이 계획을 이루기 위해 피시 씨가 기증했고 제 형도 기부금을 보냈습니다. 아마도 이 기증 때문에 귀하께서 병원에 대해 그런 이야기를 들으신 듯합니다.

저는 이 서신이 제 시간에 귀하께 도착하고 잘못이 수정되어 올해 병원, 부지, 건축, 장비 등의 예산을 책정하실 때 잘못된 정보에 기초해서 결정이

1 그 결과 Caroline A. Ladd Memorial Hospital(平壤 耶蘇敎 濟衆院 The Jesus Doctrine General Hospital in Pyeng Yang)이 설립되었다. 오리건 포틀랜드의 윌리엄 래드(W. M. Ladd) 씨가 기부했으며 그는 초기에 매년 수백 불을 지원했다.

friction not only between the North and Fusan, but some also between the old stations of the Mission."

Concerning this may I remark that the "friction" has not been between the North and Fusan but practically the whole Mission took exception to certain phases of the situation at Fusan, and on the question of giving up the Fusan station the Mission was almost of one opinion. Some in the North opposed it. Probably the Northern members of the Mission have written more fully on the subject but the opinion was if anything held even more strongly in Taiku and Seoul.

As to "friction" between the "old stations," I think there is less now between Seoul & Pyeng Yang than there has been for several years. There is more hearty co-operation and less suspicion on the part of our Seoul brethren. The so called "friction" arose very largely from the fact that the great development of the work in the North made it seem that we were getting too large a share of the new missionaries for several years and from the fact that we in the North differed so decidedly from some in Seoul on certain phases of policy in the development of work. Now that Seoul station has as many men as it can well take care of and the Board has relieved us of responsibility on some phases of policy, that feeling has disappeared.

The Board has taken to itself the responsibility for decision on house building and medical work in Seoul and so we are relieved. When the responsibility is upon us we must of course act according to our convictions as to what is best and will so represent matters to the Board. Then the responsibility is upon the Board and we of course accept its decisions and act accordingly.

The Board has settled it that more men are to be settled in Fusan and that decision stands although there are many in the Mission who when the responsibility was upon the Mission could not vote to send as many men there for preliminary work when such a large developed work and ready harvest calls for more men in the North & Center of Korea.

내려지지 않을 것이라고 믿습니다. 또한 귀하의 서신은 다음 문장을 담고 있습니다. "북부 지역과 부산 사이뿐만 아니라 선교회의 구 선교지부들 사이에 어느 정도 마찰이 있는 것 같습니다."

이것과 관련해서 "마찰"은 북부 지역과 부산 사이에 있었던 것이 아닙니다. 실제로 선교회 전체가 부산 사정의 특정 국면에 대해 이의를 제기했고 부산 지부를 포기하는 사안에 대해 선교회의 의견은 거의 하나로 일치되었습니다. 북부 지역에서 일부가 거기에 반대했습니다. 아마도 선교회의 북부 지역 회원들이 그 사안에 대해 자세하게 서신을 보냈을 것입니다. 그러나 만일 그런 의견이 있었다면 대구와 서울이 이를 좀 더 강력하게 주장했을 것입니다.

"구 선교지부" 간의 "마찰"에 대해 말씀드리겠습니다. 저는 몇 년 동안 있었던 서울과 평양 사이의 마찰이 현재는 많이 줄어들었다고 생각합니다. 일부 서울 형제들에 대한 의심은 줄었고 진심 어린 협력이 늘어났습니다. 소위 "마찰"은 북부 지역에서 사역이 크게 발전한 것으로 인해 우리가 몇 년 동안 지나치게 많은 신규 선교사를 차지한 것처럼 보인 점, 그리고 우리가 사역을 전개하면서 시행한 정책의 특정 측면에서 서울의 일부 선교사들과 결정적으로 달랐다는 점에서 대체로 기인했습니다. 현재 서울 선교지부는 최대한 잘 관리할 수 있을 정도의 많은 선교사를 가지고 있으며, 선교부가 정책의 일부 측면에 대해 우리의 책임을 면해주었으므로 그런 감정은 사라졌습니다.

선교부가 서울의 사택 건축과 의료 사역에 대한 결정을 책임지기로 했으므로 우리는 안심하고 있습니다. 책임이 우리에게 있으면 우리는 물론 무엇이 최선인지에 대한 우리의 확신에 따라 행동해야 하고, 따라서 선교부에 그 사안을 설명했을 것입니다. 이제 책임이 선교부에 있으므로 우리는 본부의 결정을 수용하고 그에 따라 행동할 것입니다.[2]

선교부는 더 많은 인원이 부산에 정착하도록 결정했습니다. 비록 선교회

2 평양 지부는 서울의 세브란스병원 건축에 반대했으나, 선교부가 결정한 사항이므로 그에 따르겠다는 입장을 취했다. 그러나 10년 후 "대학 문제"에서는 양보하지 않았다.

There are now 8 Presbyterian Ministers and 3 physicians in Fusan & Taiku with not more than 300 members & catechumens requiring oversight and there are but 10 Presbyterian ministers and 2 physicians in Pyeng Yang & Syen Chyen with about 8000 members & catechumens needing oversight, direction & organization with all the work that is involved in the more advanced stages of the work. Personally I do not think the force in the South too large for even initial work among such a large population—but I fail to see the wisdom of placing 5 Presbyterian ministers in Fusan and only 3 in Syen Chyen at this stage in the development of the work.

I quite fully concur in your views on the "Dr. Irwin [Irvin] matter" as referred to in your letter. However, the Board put a grave responsibility upon the Mission and we met it in the way that seemed right & best all circumstances considered. The Board has relieved us of further responsibility in that matter also and I have no desire to take up the subject again. I sincerely hope that the judgment of the Mission will be proven to have been a mistaken one and that Dr. Irwin's [Irvin's] return will prove for the best. Of course we shall all do all we possibly can to promote harmony and to secure a blessing upon the work in Fusan in all its phases.

I thank you sincerely for all your kind words and your good wishes for Mrs. Moffett & myself. May you be permitted to see the great spiritual blessing upon all the work in the mission fields for which you have been working and praying.

Very Sincerely Yours,

Samuel A. Moffett

가 책임을 지고 있을 당시 한국의 북부와 중부 지역에서 사역이 크게 발전하고 추수할 준비가 되어서 더 많은 인력을 필요로 하고 있었으므로 부산에 예비 사역을 위해 많은 인원을 파송하는 데 찬성할 수 없었던 많은 사람이 현재 선교회 안에 있지만, 선교부의 그 결정은 유효합니다.

이제 돌볼 필요가 있는 세례교인과 학습교인이 300명을 넘지 않는 부산과 대구에 현재 8명의 장로회 목사와 3명의 의사가 있습니다. 모든 사역이 더 진행된 단계에 있고 감독, 지도, 조직을 필요로 하는 약 8,000명의 세례교인과 학습교인이 있는 평양과 선천에는 10명의 장로회 목사와 2명의 의사만 있을 뿐입니다. 저는 개인적으로 남부 지역의 선교사 인력이 많은 인구를 가진 그 지역의 초기 사역에 충분하다고 생각하지는 않습니다. 그러나 저는 사역 전개의 현 단계에서 부산에 5명의 목사를 두고 선천에는 단 3명만 두는 것이 현명한 일인지 모르겠습니다.

저는 귀하께서 서신에서 언급한 "어빈 의사 문제"에 대한 귀하의 관점에 전적으로 동의합니다. 그러나 선교부는 선교회에 중대한 책임을 맡겼고, 우리는 모든 상황을 고려해서 가장 올바르고 최선이 되는 방식으로 그 문제에 대한 결정을 내렸습니다. 또한 선교부는 그 문제에 대한 더 이상의 책임을 우리가 지지 않도록 해주었고, 저는 그 문제를 다시 다루고 싶은 마음이 없습니다. 저는 선교회의 판단이 잘못된 것으로 드러나고, 어빈 의사의 귀환이 가장 잘한 일로 밝혀지기를 진심으로 희망합니다. 물론 우리는 부산 사역의 모든 측면에 대해 화합을 촉진하고 축복을 얻도록 최선을 다할 것입니다.

제 아내와 저에 대한 귀하의 모든 친절한 말씀과 호의에 진심으로 감사드립니다. 귀하께서 사역하고 기도하고 있는 사역지의 모든 사역에 커다란 영적인 축복을 볼 수 있도록 주께서 허락해주시기를 기도합니다.

마포삼열 올림

March 18

A telegram has just come announcing the death in Seoul of Rev. Walter Virgil Johnson of smallpox. [He and his wife were traveling to take up work in Korea with the Northern Presbyterian Mission when Mrs. Johnson died in Japan of meningitis. Mr. Johnson continued on to Korea but contracted smallpox not long after his arrival and died.]

3월 18일

월터 버질 존슨 목사가 천연두로 서울에서 사망했다는 소식을 담은 전보를 방금 받았습니다.[3]

3 존슨 부인은 한국 장로회 선교회 북부 지역에 임명받아 오는 길에 일본에서 뇌막염으로 사망했다. 그 후 서울에 도착한 존슨 목사 역시 얼마 지나지 않아 천연두에 걸려 사망했다.

Alice Fish Moffett

Pyeng Yang, Korea

March 20, 1903

Dear Father and Mother,

Sam has been in the midst of a very critical situation down in Whang Hai Province for the last ten days or so. Not one dangerous to him in any way but a situation of great moment in the fight which is to decide whether the Korean officials or the Roman Catholic are to rule in that district–and so, of course, eventually in all Korea. Day before yesterday a courier came in with letters–one of them 12 closely written foolscap pages–giving details of the trials before the Inspector and of the whole situation in various parts of the Province. He says, "The French and Roman Catholics are making every desperate effort to defeat justice and no doubt will succeed in a measure–but they cannot prevent all punishment–though they may prevent anything like adequate punishment. They are thoroughly unscrupulous and have no regard for justice, honor, or truth." I guess that there is no doubt if Dr. Underwood and Sam had not been there at this time and been supported by the American Minister, the Roman Catholics would have overcome the Korean Government, assumed control, and backed by the French and possibly by the Russians, have extended their rule till they worked up a civil war or a Boxer movement. The part of Russia is played very quietly as yet, but she has a finger in everywhere. The fact that the conflict is between R. C.'s and the Gov't. rather than R. C's and Christians, and that the victory, though not complete, is still a victory for the present, are two things to be very thankful for. Sam has been away six weeks today, but the condition ten days ago seemed so critical that something must be decided before very long, and I am hoping he can come home sometime next week. Mr. Hunt was telegraphed for and left yesterday, to reach Hai Ju city tomorrow. Even as far north as this, Roman Catholics are fleeing

앨리스 피시 마페트

한국, 평양

1903년 3월 20일

아버지와 어머니께,

샘은 지난 열흘 남짓 동안 황해도에 내려가서 위험한 상황 한복판에 있었습니다. 그가 신변의 위협을 당한 것은 아니지만, 그 지방의 관할권, 나아가 한국의 관할권을 한국 정부의 관리가 가지느냐 아니면 가톨릭 신자들이 가지느냐를 결정하는 주도권 싸움이 벌어지는 중대한 상황이었습니다. 그저께 급사가 편지를 가지고 왔는데, 그중에는 대판 양지(약 34×43센티미터) 12장에 빈틈을 찾을 수 없이 꼼꼼하게 쓴 것도 있었습니다. 편지에는 조사관 앞에서 심문한 내용과 황해도 내의 여러 지역의 전반적인 상황에 대한 자세한 소식이 실려 있었습니다. 그는 다음과 같이 말합니다. "프랑스와 가톨릭 신자들은 정의를 파괴하기 위해 필사적으로 온갖 노력을 다하고 있으며, 의심할 바 없이 어느 정도 성공할 것이다. 그러나 비록 그들이 응분의 처벌은 면할 수도 있겠지만, 모든 처벌을 피할 수는 없을 것이다. 그들은 너무 악랄하여 정의나 명예나 진리 등은 도무지 안중에도 없다." 만일 이 시점에 언더우드 박사와 샘이 그곳에 없었다면, 그리고 미국 공사의 지원이 없었다면, 저는 가톨릭 신자들이 한국 정부를 이겨서 그 지역을 관할하고, 프랑스와 아마도 러시아의 지원을 받아 그들의 통치를 확대해서 결국 내전이나 의화단운동으로 비화될 수도 있었다고 생각합니다. 러시아 측은 아직 조용히 움직이고 있지만, 모든 곳에 손을 뻗치고 있습니다. 갈등이 가톨릭 신자 대 개신교 신자가 아니라 가톨릭 대 정부라는 점과, 완전하지는 않다 해도 현재 승리했다는 점은 감사해야 할 두 가지 사항입니다. 샘이 집을 떠난 지도 벌써 6주가 지났습니다. 열흘 전에 심각해 보이는 어떤 상황이 벌어지는 바람에 곧바로 그 일을 해야 했지만 저는 그가 다음 주에는 올 수 있기를 희망합니다. 헌트 목사는 전보를 받고 내일 해주 성에 도착하기 위해 어제 떠났습니다. 가톨릭 신자들은 체포되어 재판에 넘겨질까 두려워서 멀리 이곳 북쪽까지 도망쳐서

into hiding for fear of being arrested and taken for trial, and the Koreans say there are a great many more people attending the country churches now. The evil deeds of the Romanists have been brought to light and in all the trials not a Christian has been convicted of wrong doing—so of course many will flock to the church which is in the ascendency just as a few months ago they flocked to the Romanists in the hope of gaining power or of escaping officials. This will constitute a new danger in country groups and call for greater watchfulness from missionaries and the native helpers. After my class with the women last Wed. a woman came up and very quietly asked for news from the "Moksa" [pastor]. I did not have Sam's letter then but told her I knew there was very serious work going on down there. Then she said "We want to hear that it has all turned out well. We women, a few of us, have been gathering down in one of the houses in the city every day for this past week to pray for 'Moksa' and for the work down in Whang Hai." Another said: "Our God is Almighty and we pray and believe that by His power the evil will be conquered by righteousness."

I am quite busy these days making some necessary repairs about the home. Am having a new coat of mud put on the outside of the house, cleaning and papering the kitchen, cleaning out our store room (which you would think a small grocery store), preparing the vegetable garden for seeds, etc. etc. So you see I am better, and am so glad to have a lot of Koreans around me and to be accomplishing some of the many things to be done. I am trying, however, not to overdo. Sam sends me a paragraph of caution in every letter, "because," he says, "you are just like your Mother about this." I am so full of thankfulness every day when I think of you both and your enjoyment of health and of the work in your hands.

Please give my regards to Mr. James and to any friends in the church who inquire. A heart full of love for you both, from your daughter,

Alice

숨어 있습니다. 한국인들의 말을 들어보면 이제 수많은 사람이 시골 교회에 출석한다고 합니다. 가톨릭 신자들의 악행이 만천하에 드러났으며, 모든 재판에서 기독교인이 잘못하여 유죄 판결을 받은 경우는 하나도 없습니다. 그래서 몇 달 전에 권력을 얻거나 관리를 피해 가톨릭 신자들에게 몰려갔던 것처럼 지금은 물론 많은 사람이 교회에 몰려들고 그 추세가 증가하고 있습니다. 이것은 시골의 미조직교회에 새로운 위험 요소를 형성할 것이므로, 선교사와 한국인 조사들은 상황을 주시하며 더 경계해야 합니다. 지난 수요일 여성 성경공부반이 끝난 후 한 여성이 다가와서 조용히 "목사"의 소식을 물어보았습니다. 그때 저는 샘의 편지를 받지 못했기 때문에 황해도에 심각한 일이 벌어지고 있다는 것을 안다고 말했습니다. 그러자 그녀는 "우리는 모든 것이 잘 해결되었다는 말을 듣고 싶어요. 우리 여성 몇 명은 시내의 한 집에 모여서 지난주에 매일 목사와 황해도에 내려간 일을 위해 기도했어요"라고 말했습니다. 다른 여성은 "우리 하나님은 전능하시니 우리는 그의 능력으로 정의가 악을 정복할 것이라고 믿고 기도합니다"라고 말했습니다.

저는 며칠 동안 집수리를 하느라 아주 바빴습니다. 집 바깥 벽에 새 진흙을 입히고 있으며, 부엌을 청소한 후 도배하고, 창고(작은 식료품 저장소라고 생각하세요)를 말끔히 청소하고, 파종하려고 채소밭을 준비하는 등의 일을 했습니다. 그래서 보시다시피 저는 더 건강해졌으며, 제 주변에 많은 한국인을 보고, 또한 해야 할 많은 일 중에 일부를 완수할 수 있어서 기쁩니다. 하지만 저는 무리하지 않으려고 노력합니다. 샘은 매 편지마다 주의하라는 말을 길게 적어 보냅니다. "왜냐하면 당신은 이런 일에서 장모님을 그대로 빼닮았기 때문이오"라고 그는 말합니다. 두 분이 건강을 향유하시고 손으로 일하시는 것을 생각하면 매일 감사가 넘칩니다.

제임스 목사님과 제 소식을 묻는 교회 친구들에게 제 안부를 전해주세요. 두 분께 마음 가득 사랑을 보냅니다.

당신의 딸,

앨리스 올림

Alice Fish Moffett

Pyeng Yang, Korea

March 24, 1903

Dear Father and Mother,

Last evening a telegram came from Sam saying he will be home Thursday—day after tomorrow. On Friday it will be seven weeks since he left. Oh, but that telegram was good news! It will be like real living to have him back again—though he will be so surrounded by Koreans and buried in work that I shall not see much of him, I know.

The Spring training class for women opens on Thursday and from the reports we hear from country groups we may expect even a larger gathering than before. I am preparing on a part of the book of Acts and expect to teach from it an hour each day for two weeks. In spite of the limitations of my knowledge of the language it is a pleasure to look forward to and a daily joy to teach these women the truths of Scripture. Oh how I wish that more Bible teachers from America could be out here—for their own sakes as well as for the Koreans.'

Did I write you of Mr. and Mrs. W[alter.V[irgil]. Johnson who started so recently from America? Mrs. Johnson was taken ill on the steamer and died in Japan of abscess which resulted in meningitis. Mr. Johnson came on to his post in Seoul to take up new work alone and we have just heard of his death from small-pox. The Lord has taken them to Himself in place of the service they would have rendered and our Mission waits for more workers.

These days are full of little things and yet there seems to be little accomplished compared with what one wants to do. Today I have directed workmen on the place, and superintended house cleaning, treated six patients, studied for the training class and prepared for my regular class tomorrow, given two music lessons on the organ, visited with those who came in, etc. Last week I had two important operations

앨리스 피시 마페트

한국, 평양

1903년 3월 24일

아버지와 어머니께,

어제 저녁 샘이 보낸 전보가 왔는데, 그는 모레 목요일에 집으로 온다고 합니다. 금요일이면 그가 떠난 지 7주가 됩니다. 오, 그 전보는 희소식입니다! 그가 돌아오면 진짜 사는 것 같겠지요. 그가 한국인들에게 둘러싸이고 일에 파묻혀 정작 제가 그를 볼 시간이 별로 없다는 것을 잘 알지만 말입니다.

봄 여성 사경회가 목요일에 개강하는데, 시골의 미조직교회들이 보낸 보고에 따르면 이전보다 더 많은 참석자가 올 거라고 합니다. 저는 사도행전 일부를 준비하고 있으며, 2주 동안 매일 한 시간씩 가르칠 예정입니다. 제 한국어 지식이 짧지만 이 여성들에게 성경의 진리를 가르치기 위해 기다리는 것이 즐겁고 매일의 기쁨이 됩니다. 아, 미국에서 더 많은 성경 교사가 이곳으로 올 수 있다면 얼마나 좋을까요. 한국인뿐만 아니라 그들 자신에게도 유익할 것입니다.

제가 미국에서 최근에 출발한 존슨 목사 부부에 대해 편지에 썼던가요? 존슨 부인은 기선에서 병에 걸려 일본에 도착한 직후 뇌막염으로 사망했습니다. 우리는 존슨 목사가 혼자 새 일을 감당하기 위해 임지인 서울로 오는 길에 천연두에 걸려 사망했다는 소식을 방금 들었습니다. 주께서는 그들의 봉사를 받는 대신 그들을 당신에게 데리고 가셨으며, 우리는 더 많은 일꾼을 기다립니다.

요즘 사소한 일로 분주하여 하고 싶은 일에 비해 이룬 일은 거의 없는 것 같습니다. 오늘 저는 일꾼들에게 일할 곳을 지시했고, 집안 청소를 감독했으며, 환자 6명을 치료했고, 사경회에서 가르칠 공부를 했고, 내일 있을 정기 성경공부반을 준비했으며, 오르간 반주 음악 수업을 두 번 가르쳤고, 방문객들을 만나는 등의 일을 했습니다. 저는 지난주에 병원에서 웰즈 의사와 함께 2개의 중요한 수술을 했으나, 지금은 의료 사역을 많이 하지 않습니다. 하루

with Dr. in the Hospital, but am not doing much medical work. Have perhaps 3 to 5 patients a day.

Oh, I am so glad my dearest is coming home–I just had to write and tell you about it.

I am trying to send you a letter each week. Even when they have little news they are always crowded full of love for you my dear ones.

Your loving,

Alice

3-5명 정도 진료합니다.

아, 저는 남편이 집에 와서 너무 기뻐요. 부모님께 이 사실을 쓰고 말하고 싶었답니다.

저는 매주 한 번 편지를 보내려고 노력합니다. 비록 소식을 자주 드리지 못하지만 두 분에 대한 사랑은 늘 가득합니다.

당신의 사랑하는,

앨리스 올림

Frank F. Ellinwood

New York, New York

April 25, 1903

Rev. S. A. Moffett

Pyeng Yang, Korea

My Dear Mr. Moffett:

I was glad to get your good letter of February 26th though stunned by the recital of the strangely wicked proceedings of the Catholic missionaries and their disciples in Korea. It almost renders one pessimistic and hopeless to see such manifestations of depravity and witness such dictates of Satan going forward in the name of Christian Missions. I have thought a good deal since reading your letter, of the problem. I do not see much hope, especially in view of the fact, first, that the Korean Government is too weak and timid to run the risks of complications with France, and secondly for the reason that there is no such commodity as conscience known to the French Government. It hates Romanism, and persecutes it at home, for it is I fear an infidel government; but it at the same time defends and encourages Catholic Missions because they help in an unscrupulous way to promote French interests in Oriental lands. Again and again we have seen manifestations of this in the Levant, in China and Hainan, particularly in North China. In Korea these performances are not one whit behind China. Ever since I have known anything about the missionary work we have encountered these difficulties, and I fear the end is not yet. You cannot appeal to [the] French Government, much less to the Roman Catholic Hierarchy, and I fear it will not do much good to appeal to the Korean Government. Still, I am very glad that you and Dr. Underwood have been called into the matter, and that Dr. Allen is in sympathy with you. Even if you do not gain success, it may be of some avail to show up the cussedness of the Romanists (excuse this unmissionary word, which, however, is not nearly

프랭크 F. 엘린우드

뉴욕 주, 뉴욕

1903년 4월 25일

마포삼열 목사에게,

나는 한국에서 가톨릭 선교사들과 그 제자들이 행한 이상하고 사악한 행동에 대한 귀하의 2월 26일 자 서신을 보고 놀라기는 했지만 훌륭한 설명으로 인해 기뻤습니다. 그런 부패 현상, 기독교 선교라는 이름으로 다가오는 사탄의 통치를 목격하면 우리는 비관하고 절망하게 됩니다. 나는 귀하의 서신을 읽고 그 문제에 대해 많은 생각을 했습니다. 나는 특히 다음 사실을 고려할 때 별로 희망을 볼 수 없습니다. 첫째, 한국 정부는 허약하고 소심해서 프랑스와 복잡한 문제에 휘말릴 위험을 감수할 수 없습니다. 둘째, 프랑스 정부에는 양심 같은 것이 없습니다. 프랑스 정부는 가톨릭을 혐오하고 박해하는데, 두렵건대 불신앙의 정부이기 때문입니다. 그러나 동시에 프랑스 정부는 가톨릭 선교를 보호하고 고무했는데, 선교가 동양 국가들에서 프랑스의 이익을 촉진하는 것을 비도덕적인 방식으로 도왔기 때문입니다. 우리는 동부 지중해 연안의 레반트와 중국과 하이난, 특히 중국 북부 지역에서 이런 일이 일어나는 것을 반복적으로 목격했습니다. 한국에서의 이런 행위는 중국에 조금도 뒤지지 않습니다. 내가 선교 사업에 대해 조금이라도 알게 된 이후, 우리는 이런 어려움에 직면해왔습니다. 그러나 나는 아직 끝은 아니라고 생각합니다. 귀하는 프랑스 정부에 항의할 수 없고 가톨릭에는 더욱더 할 수 없습니다. 그리고 나는 한국 정부에 항의하는 것은 어떤 효과도 없을 것이라고 생각합니다. 여전히 나는 그 사건의 조사에 귀하와 언더우드 박사가 호출된 것과 알렌 의사가 귀하와 공감하고 있어서 매우 기쁩니다. 귀하가 성공을 거두지 못한다고 하더라도 로마주의자들의 완고함을 보여주는 것이 어느 정도 유용할 수 있습니다. (로마주의자라는 비선교적인 용어를 사용하는 것에 양해를 구합니다. 그러나 이 말은 우리 구세주께서 의와 진리의 원수들을 다룰 때 사용하신 말보다 심하지는 않은 듯합니다. 이 말과 관련해서 내가 발견한 유일한 단점은 우리가 대면하는

as strong as some that our Saviour used in dealing with the foes of the truth and righteousness. The only fault I find with it is its inadequacy to express the evils which are encountered).

With regard to Dr. Wells, he has received long since the approval of the Board for his return this summer. Had the same cogent reasons been given in connection with the case at the Mission Meeting that we have since received, there would have been no question raised. Not only the fact that he is evidently suffering in health, but the reasons given for choosing a milder season for the transit of missionaries to and from northern Korea, seem to render it every way wise and proper to grant the furlough at this time. The return of Miss Chase and Miss Wambold, has also been approved for reasons given in a recent mission letter.

I am glad of what you say in regard to the final settlement of the Fusan question. The Board has by some sad experience learned that the more it yields up its fields to other missions, the more it is expected to continue along the same line. In Brazil, the Philippines and in Burmah, it has had experience of this kind, and there are some questions pending in the Philippines and Burmah at the present time. Meanwhile, the most hopeful outlook for Fusan that has ever been reported to us has been communicated lately, in letters from Mr. Sidebotham, in which he says:–

"We believe that Fusan has by its progress justified the hopes and decisions of the Board, and while bemoaning the comparative smallness of our work as yet, we feel that it has not moved slowly considering the number and language qualifications of the missionaries who have been stationed here. I would call attention to the fact that 3½ years since, when I first came to Fusan, there were 21 communicants, now 138, then 2 groups, now 14, a rate of increase we think very good; our work during the past 13 months has increased 84% from 63 communicants to 138, from 91 catechumens to 179."

We are here quite well aware of the fact that the brightest outlook

악을 표현하기에 부적절하다는 것입니다.)

웰즈 의사 건을 봅시다. 그는 선교부로부터 올여름 귀국 승인을 받은 지가 오래되었습니다. 만일 선교회 연례 회의에서 그 사안과 관련하여 제출된 설득력 있는 이유를 회의 전에 우리가 받았다면 아무런 문제도 제기하지 않았을 것입니다. 그가 건강이 좋지 않아 고통받고 있다는 분명한 사실뿐만 아니라, 선교사들이 한국 북부 지역을 왕래하기 위해 좀 더 따뜻한 계절을 선택하는 이유로 인해 이 시점에 안식년 휴가를 승인하는 것이 모든 면에서 현명하고 적절해 보입니다. 체이스 양과 웜볼드 양의 귀국 역시 최근의 선교회 서한에서 설명한 이유로 승인되었습니다.

나는 부산 문제의 최종적인 해결과 관련해 귀하가 말한 것을 기쁘게 생각합니다. 선교부는 몇 번의 유감스러운 경험을 통해 선교지를 다른 선교회에 양보할수록, 다른 선교회는 선교부가 계속 그렇게 양보할 것을 기대한다는 사실을 배웠습니다. 브라질, 필리핀, 버마에서 선교부는 이런 일을 경험했고, 필리핀과 버마의 경우 몇 가지 문제가 현재까지도 해결되지 않고 있습니다. 한편 지금까지 보고된 것 중 부산에 대한 가장 희망적인 전망이 최근 사이드보텀 목사가 보낸 서신에 담겨 있는데, 그는 다음과 같이 전했습니다.

"우리는 부산이 발전함으로써 선교부의 희망과 결정을 정당화했다고 믿습니다. 비록 우리의 사역이 여전히 상대적으로 왜소한 것을 안타깝게 여기지만, 우리는 이곳에 정착한 선교사들의 숫자와 언어 능력을 고려하면 우리의 사역이 느리게 진척되는 것은 아니라고 느낍니다. 제가 부산에 처음 온 이후 3년 반이 지났는데, 저는 그때 21명의 세례교인이 있었지만 지금은 138명이 있고, 그때는 2개의 미조직교회가 있었지만 지금은 14개가 있다는 사실에 주의를 환기시키고 싶습니다. 우리가 생각하기에 성장률은 매우 좋습니다. 지난 13개월 동안 우리의 사역은 84% 증가했는데, 세례교인이 63명에서 138명으로, 학습교인은 91명에서 179명으로 증가했습니다."

이곳에 살면서 우리는 한국에서 북쪽 지방이 가장 전망이 밝다는 사실을 잘 인식하고 있습니다. 엊그제 쓴 선교회 서신은 내가 우리를 저 마케도니아 북쪽 지방으로 부르는 섭리적인 지시를 얼마나 예민하고 생생하게 인

in Korea is in the North, and what I have just said in a Mission letter, written the other day will show how keenly alive I am personally to the providential indications which seem to beckon us over into that northern Macedonia.

I am writing a letter to a friend with the hope that I may secure some funds for a hospital for Dr. Sharrocks. Please do not mention this, as I am not sure of succeeding, but it has been borne in upon me of late that this is a much needed thing to do. But while we would put forth strong and increasing efforts in northern Korea, and indeed give that the precedence, it seems to us a pity to either give up Fusan, or to undertake to work it from a center a hundred miles inland, and from a station which is just now specially weakened by the withdrawal for a time at least of Mr. Adams.

We have great faith in the future of Fusan as the entrepot [commercial center] of Korea from the Southeast. It is also, I believe, our most healthful station in Korea, as it is winnowed by direct sea breezes. But I need not enter upon this subject upon which so much has been said and written in the past. I think the outlook now in Korea is thoroughly pacific because the grace of God seems to be sufficient to keep the great command of Christ in the front, and all minor differences of opinion in the rear.

We are just now less than a week from the close of our fiscal year, and we cannot yet declare ourselves out of debt. We hope, however, to be able to escape that real calamity, and to bring the great ship into port on an even keel.

I am always more than glad to see your handwriting and signature in communications from the field, and hope that with your many cares and duties, you will favor me as often as you can. Meanwhile, please give my most cordial greetings to Mrs. Moffett and the station circle.

Very sincerely,
Frank F. Ellinwood

식하고 있는지 보여줄 것입니다.[1]

나는 샤록스 의사의 병원을 위한 약간의 자금을 확보할 수 있을 것이라는 희망을 가지고 한 친구에게 편지를 쓰고 있습니다. 그 성공 여부를 확신할 수 없으므로 이것을 언급하지 말기 바랍니다. 그러나 최근에 나는 이것이 꼭 해야 할 필요가 있는 일이라는 확신이 들었습니다. 그러나 우리가 한국의 북쪽 지방에 강하고 점증하는 노력을 기울이고 그 지역에 우선권을 주는 사이에 부산을 포기하거나, 내륙으로 100마일이나 들어간 중심지인 대구, 즉 적어도 일정 기간 동안 애덤스 목사의 철수로 인해 현재 특별히 약화된 선교지부로부터 부산 사역을 담당하도록 하는 것은 안타까운 일이라고 생각합니다.

우리는 한국 남동부의 교역 중심지인 부산의 미래가 밝다고 믿고 있습니다. 나는 바닷바람이 부는 부산이 건강에 좋은 선교지부라고 믿습니다. 이미 내가 이전에 많이 이야기했고 서신으로 전했던 이 사안을 다시 이야기할 필요는 없을 것입니다. 나는 한국의 전망이 평화로울 것이라고 기대합니다. 왜냐하면 그리스도의 위대한 명령을 앞에 두고 모든 사소한 의견 차이를 뒤에 두게 하시는 하나님의 은총이 충분하기 때문입니다.

회계 연도 마감이 채 일주일도 남지 않았습니다. 아직 우리는 빚에서 벗어나지 못했습니다. 하지만 우리가 짊어진 이 실질적 어려움에서 벗어날 수 있다는, 또한 거대한 배를 평온한 항구에 정박할 수 있으리라는 희망이 있습니다.

나는 현장에서 보낸 편지에 담긴 귀하의 친필 글씨와 서명을 보는 일이 늘 즐겁습니다. 돌볼 일이 많고 의무가 많지만 최대한 자주 내게 이런 편지를 보내주기 바랍니다. 또한 당신의 부인과 선교지부 소속 선교사들에게 내 따뜻한 안부를 전해주십시오.

프랭크 F. 엘린우드 드림

---

1 엘린우드는 여기서 북한 지방을 마케도니아(행 16:9-10)에 비유하고 북한 지역 전도를 섭리적 사건으로 보았다.

P.S. I am copying extracts from letters of Dr. and Mrs. Sharrocks and Mr. Whittemore which I am sending to all members of the Board in order to show them what the openings are in North Korea.

We are sending out a physician and his wife with the expectation that for the year at least, the Mission will assign him to Pyeng Yang in the vacancy left by Dr. Wells on furlough.

추신. 나는 샤록스 부부와 위트모어 목사의 편지에서 일부 발췌문의 사본을 만들고 있는데, 선교부의 모든 회원에게 발송해서 한국 북부 지역에 어떤 결원이 있는지 보여주려고 합니다.

우리는 한 명의 의사와 그의 아내를 파송할 것이며, 한국 선교회가 그를 웰즈 의사의 휴가로 자리가 빈 평양에 적어도 1년 동안 배정하리라 기대합니다.

Frank F. Ellinwood

New York, New York

April 27, 1903

My Dear Dr. Moffett:

I have read with deep interest your good letter of March 17th, just received. I wrote you a few days ago expressing sympathy with you and the whole Mission, and the native Christians in the sufferings and annoyance caused by the Roman Catholics. Evidently the millenium is not yet at the door. We can only labor and pray and wait. Your letter, like all of those which you have ever written to me, breathes a true Christlike spirit in which I rejoice.

The "friction" to which I referred in my letter (I may speak plainly rather than enigmatically) was supposed to be between you and Dr. Underwood and growing out of a letter which you had written him, which some of my colleagues saw with no little surprise. I never saw it myself, but Dr. Underwood and his brother felt a good deal hurt. I am glad to know that in this respect, the past is past, and so you say there is a better feeling than there has been heretofore. I am glad to believe that over all the Mission, north and south, there is more of the spirit of forbearance and of a united desire to make the great work so prominent that everything else shall disappear.

With regard to the Fusan matter, the Board did indeed lay a heavy burden of responsibility upon the Mission with respect to Dr. Irvin. In a letter which I wrote to Mr. Fenn last summer in my absence, I expressed regret that the "Dr. Irvin matter" had been laid before the Mission. I felt that, as I wrote you, it should be settled between individuals. The alternatives in the case were put pretty sharply in Mr. Fenn's letter to the Mission, but please do not mention this to others, as I wish only to explain my position to you personally. The thing is passed.

With regard to the heavy expenses in Seoul in connection with

프랭크 F. 엘린우드

뉴욕 주, 뉴욕

1903년 4월 27일

마포삼열 박사에게,

나는 방금 받은 귀하의 3월 17일 자 편지를 관심 깊게 읽었습니다. 나는 며칠 전에 귀하에게 보낸 서신에서 귀하와 전체 선교회, 그리고 가톨릭교회로 인해 고통과 괴로움을 겪는 한국 기독교인들에게 공감을 표했습니다. 분명히 천년왕국은 아직 가까이 다가오지 않았습니다. 우리는 다만 열심히 일하고 기도하고 기다릴 수밖에 없습니다. 귀하의 편지는 그동안 보내준 모든 다른 서신들처럼 내가 기뻐하는 진정한 그리스도와 같은 영으로 가득합니다.

내 서신에서 언급한 "마찰"은 (애매하게 말하기보다 분명하게 말하자면) 귀하와 언더우드 박사 사이의 일이며, 귀하가 그에게 보냈던 편지에서 기인한 듯한데, 내 일부 동료들은 적잖게 놀라면서 그 편지를 읽었습니다. 나는 그 편지를 직접 읽지는 않았지만, 언더우드 박사와 그의 형은 큰 상처를 받았습니다. 이에 대해 과거사는 과거사라고 여기는 나는 귀하가 예전보다 더 감정이 나아졌다고 말한 것을 알게 되어 기뻤습니다. 나는 북부나 남부 구별 없이 선교회 전체에 인내의 정신과 위대한 사역을 이루고자 하는 일치된 소망이 넘쳐나서 다른 모든 것은 사라질 것이라고 믿게 되어 기쁩니다.

부산 문제의 경우, 선교부는 어빈 의사와 관련된 무거운 책임을 한국 선교회에 지웠습니다. 나는 펜 목사에게 보낸 편지에 "어빈 의사 문제"를 선교회에 넘긴 데 대해 안타까움을 표시했습니다. 귀하에게도 썼듯이 나는 그 문제가 개인들 간에 해결되어야 한다고 느꼈기 때문입니다. 펜 목사가 그 사안에 대한 대안을 분명하게 적어 선교회에 보냈으니 이에 대해 다른 사람들에게 언급하지 말기 바랍니다. 나는 귀하에게 개인적으로 설명하고 싶은 것뿐이고, 그 사안은 처리되었기 때문입니다.

병원과 관련된 서울의 막대한 예산과 관련하여 귀하는 내가 이 큰 지출에 동의하지 않았으며, 그런 관점을 표현하는 보고서를 선교부에 제출했고,

the Hospital, you are well aware that I dissented from these large outlays, and laid before the Board a paper expressing that view which was passed, but a counter document came from Seoul, mailed to each individual member of the Board, and this, with the fact that Mr. Severance had become urgent for the larger hospital, turned the scale. I regret the high grade of expenditures that is coming into vogue, both for hospitals and houses in Korea. The moral effect of one expensive building soon makes itself felt on others. Then, besides, the ideas and plans of Mr. Gordon [the architect], though excellent no doubt, are graded somewhat upon architectural ideas instead of those of our almost parsimonious economy in missionary matters. The modest little house of which we just received a photograph, originally planned for Mr. Leck is one that we are proud to show. I always dread exhibiting, even when requested, cuts of some of our missionary buildings in different fields, and I have lately written to Fusan urging that the structures to be built be modest in appearance and not posted too conspicuously upon the hills which confront the harbor, for there, as at Chefoo and Shanghai and Beirut and Constantinople, and many other mission stations on the coast, such structures only draw the shafts of criticism, and globe trotters gossip and seriously affect the missionary sentiment of the church. But I suspect I am getting old, and, that my ideas are out of fashion. I have always held that we must set up a grade of Christianity which the people themselves by and by can perpetuate and propagate.

A word or two about your enumeration of missionaries. You say–"I fail to see the wisdom of pleasing five Presbyterian missionaries in Fusan and only three at Syen Chyen in this stage of the development of the work." When the Board appointed Mr. Hall, there were but two missionaries in our Fusan Station, and Mr. Hall was the third. If you include the Australian missionaries, we might as well include the Methodists in northern Korea. The situation was this–There were seven missionaries at Pyeng Yang, three at Syen Chyen, including Mr. Kearns

그 보고서가 통과된 사실을 잘 알고 있을 것입니다. 그러나 서울에서 반박 자료가 도착해서 선교부의 개별 회원에게 회람되었습니다. 세브란스 씨가 더 큰 규모의 병원을 요청했다는 사실과 함께 이 자료는 국면을 전환시켰습니다. 나는 현재 유행하는 최고 수준으로 한국에서 병원과 사택이 건축되면서 비용이 지출되는 데 대해 안타깝게 생각합니다. 값비싼 건물이 미치는 정신적 파급 효과는 곧 다른 건물에서도 느껴집니다. 게다가 건축가 고든 씨의 의도와 계획이 의심할 여지 없이 훌륭하지만, 우리는 선교에서 인색할 정도로 절약하는데 그는 우리의 방식 대신 건축을 고려하며 등급을 올렸습니다. 방금 우리는 고 렉 목사를 기념하기 위한 적정 규모의 작은 사택 사진을 받았는데, 이를 자랑스럽게 보여주고 싶습니다. 나는 다른 선교지에 있는 우리 선교회의 일부 건물 사진을 요청받았을 때 이를 보여주기가 항상 꺼려졌습니다. 최근에 나는 건물 외관을 수수하게 지어야 하고 너무 눈에 띄게 항구에서 바라보이는 언덕 위에 자리를 잡아서는 안 된다고 강조하는 서신을 부산에 써 보냈습니다. 왜냐하면 지푸, 상하이, 베이루트, 콘스탄티노플, 그리고 해안가에 있는 많은 다른 선교지부처럼 그런 건물은 비판의 화살과 전 세계적인 험담만 끌어내고 교회의 선교 정서에 심각한 악영향을 미치기 때문입니다. 그러나 나는 고령이고 내 생각이 구시대적이라는 생각이 듭니다. 나는 항상 본토인들이 자영하고 자전할 수 있는 수준의 기독교를 세워야 한다고 주장했습니다.

귀하의 선교사 목록에 대해 한두 마디 하겠습니다. 귀하는 다음과 같이 말했습니다. “저는 사역의 발전의 현 단계에서 부산에 5명의 목사를 두고 선천에 3명만 두는 것이 현명한 일인지 모르겠습니다.” 선교본부가 홀 목사를 임명했을 때, 우리의 부산 지부에는 겨우 2명의 남자 선교사가 있었고, 홀 목사는 세 번째였습니다. 귀하가 부산에서 호주 선교사들을 포함시킨다면, 우리는 한국 북부에서 감리회 선교사들을 포함시키겠습니다. 상황은 이렇습니다. 평양에는 7명의 선교사, 선천에는 컨즈 목사를 포함해서 3명의 선교사가 있으며, 대구에는 애덤스, 브루엔, 배럿이 있으며, 부산에는 단지 2명의 선교사가 있을 뿐입니다. 게다가 다른 2명의 남자는 북부나 중부 선교지부에 충

there—Adams, Bruen and Barrett at Taiku, and only two at Fusan. Besides, two other men were assigned to Korea with the expectation that they would be added to the northern or central Stations—Berger and Johnson. One of these has died, and the other failed to go. Then as further offsetting Mr. Hall, we are sending out with him Mr. Koons. Besides this, I have labored hard in the distribution of candidates to find at least another, and would have spoken for a third but for the fact that we have been able to furnish only one man in three of the number called for in our total force. Taiku, in the absence of Mr. Adams, is especially unmanned but I am working quietly for another station in the far north, and have been trying within a week to find some individual who would provide a hospital for Dr. Sharrocks at Syen Chyen.

I am sorry that I was under a mistake about the hospital at Pyeng Yang, though no harm has come of it. I hope Dr. Wells will be able to so thrill some of the wealthy people of Portland, that they will give him a hospital at once, and I hope he will not lay his plans too extensively.

We close our books in two days now. We are not quite certain yet of escaping a debt, but are very hopeful this morning.

With kind regards to Mrs. Moffett and yourself, I am as ever,

Yours affectionately,

Frank F. Ellinwood

원할 생각으로 한국에 배정했습니다. 그들은 버거와 존슨입니다. 그중 한 명은 사망했고 나머지 한 명은 출국하지 못했습니다. 그래서 우리는 추가 보충으로 홀 목사와 함께 쿤즈 목사를 파송했습니다. 이와는 별도로 후보자를 배치할 때 최소한 다른 한 명을 더 찾으려고 나는 상당한 노력을 기울였고 세 번째 사람을 요청했는데, 우리 전체 인력에서 요청한 3명 가운데 단 한 사람만 충원할 수 있었기 때문입니다. 애덤스 목사의 부재로 대구는 특별히 인력이 부족하지만, 나는 북부 지역 먼 곳에 다른 선교지부를 설치하기 위해 조용히 작업을 하고 있으며,[1] 선천에 있는 샤록스 의사에게 병원을 제공할 특정 개인을 일주일 안에 찾기 위해 노력하고 있습니다.

어떤 피해도 생기지 않았지만, 나는 평양에 있는 병원에 대해 실수로 오해해서 미안하게 생각합니다. 웰즈 의사가 포틀랜드의 부자들 몇 명을 감동시켜서 그들이 즉시 병원을 제공할 수 있기를 희망합니다. 또한 나는 그가 너무 광범위하게 계획을 제시하지 않기를 바랍니다.

우리는 이제 이틀 후면 금년도 회계 장부를 마감합니다. 우리가 빚지지 않을지 확신할 수는 없지만 오늘 아침에는 상당히 희망적입니다.

귀하와 부인에게 안부를 전하며,

친애하는,

프랭크 F. 엘린우드 드림

1 강계 선교지부로, 1909년에 설치되었다.

Samuel A. Moffett

Pyeng Yang, Korea

May 7, 1903

We had a good day in the church here last Sabbath, baptizing 51 men and women and administering the Lord's Supper to 580 communicants. We are now setting up the belfry for our fine new bell, the gift of Mrs. Garratt of San Francisco. It is a 450 pound bell and has a beautiful tone, which it is a pleasure to hear.

Samuel A. Moffett

마포삼열

한국, 평양

1903년 5월 7일

우리는 지난주 주일에 교회에서 좋은 하루를 보냈는데, 51명의 남자와 여자에게 세례를 주고, 580명의 수세자에게 성찬식을 집례했습니다. 우리는 지금 샌프란시스코에 있는 게럿 부인이 선물한 멋진 새 종을 위한 종탑을 짓고 있습니다. 그것은 204킬로그램이 나가는 종인데 종소리가 아름다워서 듣기에 즐겁습니다.

마포삼열

Minnie B. Bannon

Esparto, California

May 15, 1903

Esparto High School

To Whom It May Concern:

While teaching in the Esparto High School, Miss Lucia H. Fish proved herself a most efficient teacher. Her work in Latin, History and English was painstaking and successful. Miss Fish is to be considered a thoroughly competent and conscientious teacher.

Very truly yours,

Minnie B. Bannon,

Principal

미니 B. 배넌

캘리포니아, 에스파르토

1903년 5월 15일

에스파르토 고등학교

관계자 귀하,

루시아 H. 피시 양은 에스파르토 고등학교에서 가르치는 동안 대단히 유능한 교사라는 사실을 입증했습니다. 그녀는 라틴어, 역사, 영어 수업에서 정성껏 가르쳤고 성공적이었습니다. 피시 양은 철두철미 실력 있고 양심적인 교사입니다.

미니 B. 배넌

교장 드림

PHS, microfilm reel#283, Vol. 242 (part 2), letter #9

Arthur J. Brown

New York, New York

July 16, 1903

Dr. S. A. Moffett

Pyeng Yang, Korea

My dear Dr. Moffett:

Dr. Wells arrived at his home in Portland, Oregon a few days ago, and sent me at once the photograph of yourself and the officers of the Pyeng Yang church together with a small photograph of your group of inquirers. Dr. Wells said that the photographs were from you and I hasten to write you of my grateful appreciation. Will you not take advantage of the first opportunity to give my cordial greetings to the officers of the church and to thank them for their remembrance of me. I shall never forget the kindness which was shown to me in Pyeng Yang by the officers and members of that church.

In my addresses in America I have repeatedly described that great congregation of reverent worshipers. I rejoice in the knowledge that the tokens of God's blessing are not only continuing but are increasing in number. The faith and the zeal of those Korean ministers are an inspiration to many of us who are in America. May God strengthen them more and more. May He unite their hearts in still closer bonds of fellowship and love. May He endue them more and more richly with the gifts and the graces of His Holy Spirit.

Affectionately yours,

Arthur J. Brown

아서 J. 브라운[1]

뉴욕 주, 뉴욕

1903년 7월 16일

마포삼열 박사에게,

웰즈 의사는 며칠 전 오리건 주 포틀랜드에 있는 그의 집에 도착했고, 평양 교회의 직원들과 귀하가 함께 찍은 사진을 귀하가 속한 조사단의 작은 사진과 함께 즉시 내게 보냈습니다. 웰즈 의사는 귀하가 그 사진을 보낸 것이라고 말했으므로 나는 급히 감사의 말을 전합니다. 교회의 직원들에게 내 따뜻한 인사와 나를 기억해주어서 고맙다는 말을 제일 먼저 전해주시기 바랍니다. 나는 평양에서 교회 직원과 성도들이 내게 보여준 친절을 결코 잊지 않을 것입니다.

나는 미국에서 행한 연설에서 경건한 예배자들로 이루어진 그 위대한 회중을 반복해서 묘사했습니다. 나는 하나님의 축복의 증거가 계속될 뿐만 아니라 수적으로도 증가하고 있다는 것을 알게 되어서 기쁩니다. 한국 목회자들의 신앙과 열정은 미국에 있는 우리에게 영감을 주고 있습니다. 하나님께서 그들을 더욱더 강건하게 해주시기를 기도합니다. 하나님께서 그들의 마음을 형제애와 사랑이라는 더욱 강한 유대로 연합시켜주시기를 기도합니

1 이때부터 엘린우드 총무 후임으로 브라운(Arthur J. Brown, 1856-1963) 목사가 미국 북장로회 해외선교부 서신 연락 총무로 활동하게 된다. 브라운 박사는 매사추세츠의 홀리스턴에서 태어났다. 맥코믹 신학교를 졸업한 후 1883년 북장로교 목사로 안수를 받고 서부와 중서부에서 목회를 했다. 1895년 해외선교부의 행정 총무로 임명되었고 1929년까지 봉사하고 은퇴했다. 그는 교회의 선교적 성격과 선교를 위한 교단 간의 협력을 믿고, 세계 선교지를 광범위하게 여행했으며, 에큐메니컬 운동에 적극 참여했다. 그는 1900년 뉴욕 에큐메니컬 선교대회, 1910년 에든버러 세계 선교대회, 1921년 조직된 국제 선교공의회의 지도자였다. 자급, 자전, 자치하는 토착교회 건립을 선교의 목적으로 본 그는 그 일을 위해 고등교육론을 지지했다. 그는 *Foreign Missionary*(1907), *The History of the Far East*(1919), *One Hundred Years: A History of the Foreign Missionary Work of the Presbyterian Church in the USA*(1936) 등 16권의 저서를 통해 세계 선교 운동을 확장하는 데 이바지했다. 1901년 일본, 한국, 중국을 방문한 후 보고서를 제출하면서 1900년 의화단사건 이후 급변한 동아시아의 정세에 따라 정교분리 원칙에 입각한 선교 정책을 수립했으며, 1903년 여름부터 엘린우드 총무 후임으로 한국 선교회를 담당했다. 그는 1909년 재차 중국, 일본, 한국을 방문했고 일제 식민지로 전락해가는 한국에서 선교회가 일제에 충성할 것을 지시했다. 1910년대 연희전문학교 설립과 관련해서 결국 보수적인 평양과 대구 선교사들 대신 진보적인 교육 정책을 가진 서울의 언더우드의 손을 들어주었다.

다. 하나님께서 당신에게 성령의 은총과 은혜를 더욱더 많이 내려주시기를 기도합니다.

친애하는,

아서 J. 브라운 드림

Samuel A. Moffett

Pyeng Yang, Korea

August 5, 1903

Dear Dr. Brown:

Great as our regret is that we must give up Dr. Ellinwood as our correspondent we rejoice in the fact that your recent visit to us has put you into such intimate touch with us and our field that you already know the situation and can enter at once into sympathetic correspondence on all matters affecting the progress of the work in Korea. It is my pleasure to write you the station letter for June-July and to keep you posted as to the progress of events.

The early part of June was spent by most of us in itinerating & finishing up the year's work, since the statistical and fiscal year of the churches closes July 1st. The result of the trips was largely reported last month. The July narratives, however, tell of Mr. Swallen's successful work in the Anak circuit with promising outlook in Sin Chun county where heretofore we have had very little work, the presence of the persecuting Roman Catholic priest in that county checking the people. Miss Best also reports a good year in the girls school in the city under her care, the attendance increasing so as to necessitate plans for another school, while the fact that many of the girls are about to complete the primary course emphasizes our need for more single women in order to begin a Higher School for girls and young women, instruction of the latter being especially demanded by the country churches.

Mr. Lee reports the completion of the new building for work shops and press room in connection with the Academy and a tower for the bell at the city church. He also reports two short trips to churches near by.

My own narrative includes a very successful trip to Soon An county visiting two churches where I baptized 42 men and women and received 26 catechumens, and also found that in three villages chapels had been

마포삼열

한국, 평양

1903년 8월 5일

브라운 박사님께,

우리의 총무로 엘린우드 박사를 포기해야 하는 것이 대단히 유감스럽지만, 우리는 귀하께서 최근 우리를 방문하여 이미 상황을 알고 있던 우리 사역지와 친숙해지고 한국 사역의 진행에 영향을 미치는 모든 사안에 대해 공감하는 서신을 즉시 교환하게 된 사실을 기쁘게 생각합니다. 저는 6월과 7월의 선교지부 서신을 귀하께 보내서 사업 진행 상황을 알려드리게 되어 기쁩니다.

교회의 통계와 회계 연도가 7월 1일에 끝나기 때문에 우리는 6월 초순에 대부분 순회 여행을 하거나 한 해의 사역을 마무리하면서 보냈습니다. 여행 결과는 지난달에 대략 보고되었습니다. 7월 보고서에는 안악 시찰에서 스왈른 목사가 성공적인 사역을 한 일과, 가톨릭 신부들이 여전히 박해하고 감시하고 있어서 우리가 거의 사역을 하지 않은 신천군(新川郡)에 대한 전망이 밝다는 소식도 담겨 있습니다. 베스트 양 역시 평양 시내 소재 여학교가 그녀의 관리하에 훌륭한 한 해를 보냈다고 보고했는데, 출석 학생이 증가해서 다른 학교를 세울 계획이 필요합니다. 한편 많은 소녀가 초등 과정을 졸업한다는 사실은 소녀와 젊은 여성을 위한 상급학교를 시작하기 위해 우리에게 더 많은 독신 여성 선교사가 필요하다는 것을 강조합니다. 특히 시골 교회에서 젊은 여성에 대한 교육을 요청하고 있습니다.

리 목사는 [숭실] 중학교와 연관된 작업장, 새 인쇄실 건물, 그리고 시내 교회의 종탑을 완성했다고 보고했습니다. 또한 그는 근처 교회로 짧은 순회 여행을 다녀왔다고 했습니다.

저는 순안군에 있는 두 교회 방문을 포함하여 성공적인 순회 여행을 했습니다. 저는 42명의 남녀 신자에게 세례를 주었고 26명의 학습교인을 받았으며, 이 두 교회와 연관하여 3개 마을에 예배 처소가 마련된 것을 알았습니다. 평양의 중앙[장대현]교회는 주변 마을에 부속 예배당을 가지고 있는데,

provided in connection with these churches. The central church with its associated chapels in the surrounding villages is becoming a marked feature in the growth and organization of our country work. Two other points were visited where new buildings have just been erected and the beginning of new churches made in strategic points on the circuit.

Returning to Pyeng Yang I again took up the examination of candidates for baptism and on June 21 it was my privilege to baptize 61 adults, making 113 additions by baptism to the city church this year. The following Sabbath Mr. Lee baptized 36 children and our year's work closed.

By the middle of June the itinerating season closes and we all gathered for the class work which follows. The first was our Summer Training Class with its numerous conferences of various kinds with Helpers and Leaders. This year we had with us Mr. Whittemore & Mr. Ross and a class of 95 picked men from the two stations and a few also from the Seoul territory and that of the Canadian Presbyterians. The Scriptural studies and practical church conferences on the Northfield or Winona plan very evidently exerted a profound influence upon these Leaders of the Church and this influence will in turn now be felt throughout all the churches.

I think you already know that we look upon our many and various Training Classes as perhaps the most influential as well as the most distinctive feature of our work and that it is largely through these classes that we have been able to train and educate our large body of able consecrated evangelists and church leaders who are the main stay of our work.

This last year we more thoroughly organized these men into classes for more effective instruction. Six of them constitute the Theological Class; thirty have been examined upon the first year's work and advanced to the second year's studies in the "Course of Study for Helpers"; and twenty-two of them are now at work on the first year's

이는 우리의 시골 사역의 성장과 조직에서 주목할 만한 특징입니다. 다른 두 지점을 방문했는데 거기에 새 건물들을 얼마 전에 건립했습니다. 시찰에서 전략적인 지점들에 새 교회를 세우기 시작했습니다.

저는 평양으로 돌아오자마자 다시 세례 신청자들을 문답했고 6월 21일에는 61명의 성인에게 세례를 베푸는 특권을 누렸습니다. 이로써 올해 이 도시 교회에 세례교인 113명을 새로 추가했습니다. 그다음 주일에 리 목사는 36명의 유아에게 세례를 주었고 우리의 한 해 사역은 마감되었습니다.

6월 중순이 되자 순회 여행 기간은 종료되었고 우리 모두 사경회 사역을 위해 모였습니다. 처음으로 다양한 조사와 영수들이 수많은 토론회를 하는 여름 사경회였습니다. 올해는 위트모어 목사와 로스 목사가 우리와 함께했고, 두 개의 선교지부와 서울 지역과 캐나다 장로회에서 선출된 자들을 합해 95명이 뽑혔습니다. 노스필드나 위노나 프로그램의 성경공부와 실제 교회 토론회가 분명하게 이들에게 영향을 미쳤으며, 이 영향은 이제 모든 교회에 파급될 것입니다.

저는 우리가 다양하고 많은 사경회를 우리의 사역에서 가장 영향력이 크고 독특한 특징으로 보고 있다는 사실을 귀하가 이미 알고 있다고 생각합니다. 또한 우리의 사역의 중요한 보루인, 유능하고 헌신적인 많은 전도인과 영수를 훈련시키고 교육할 수 있었던 것은 사경회가 있었기 때문임을 귀하께서 이미 알고 계시리라고 생각합니다.

작년에 우리는 좀 더 효과적으로 가르치기 위해 이 인원을 여러 학급으로 철저하게 조직했습니다. 이들 중 6명은 신학반(神學班)을 구성하고,[1] 30명은 1년차 성적을 검토해서 "조사 연구 과정"(助事 硏究 課程)의 2년 차 공부로 진급시켰으며, 22명은 현재 1년차 과정에서 공부하고 있습니다. 이들은 모두 교회에서 공식적인 교직을 맡을 만하다고 우리가 생각하는 "인정된 사역자들"인데, 그들 중에서 전도사와 목사 안수 과정 학생과 장로 안수를 받을

1 평양에 예수교장로회연합신학교가 1901년에 공식 설립되었는데, 5년 과정의 수업은 한 해에 3개월을 넘지 않았으며 나머지 시간은 각자 교회에서 조사로 목회를 했다. 1903년 여름에 1학년 수업을 마치고 이후 4년 과정을 수료하고 1907년 졸업과 함께 안수를 받게 된다.

course. These are all "approved workers" whom we deem worthy of occupying official positions in the Church and from whom are being selected evangelists, students for the ministry and men for ordination to the eldership. As soon as this Training Class was over there followed a session (the third this year) of the Theological Class of six evangelists who are being prepared for ordination to the ministry. Mr. Swallen, Mr. Hunt and I met with them daily for three weeks, completing the work of the first year of their five year's course.

During a part of this time the Normal Class in two divisions was also in session with 62 teachers, school trustees and prospective teachers engaged in study and conference upon questions telling mightily upon the efficiency of Primary schools throughout our country churches.

These classes left us just about enough time to prepare our yearly reports for the Annual Meeting so that we might enter the month of August free for recreation, correspondence, and odds and ends of work preparatory to another busy year.

The preparation of reports has revealed the fact that statistically as well as otherwise, this has been the best year in the history of the station. There were 865 adult baptisms, making, with 367 in the Syen Chyen station, 1,232 for this Northern work, while the actual enrollment of members and catechumens in the two stations now runs over ten thousand (10,000). With such an ingathering in so short a time do you wonder that we plead for a few more men and women to properly oversee this first generation of Christians while we train and educate those among them who in but a few more years will bear the main responsibility of the work?

We are facing some difficult tasks. We need a Higher School for girls and women; we need another man in the Academy; some of us must give more time to the Training and Theological classes; and we need at least one more man in the country work. We run the risk of losing much that we have gained if we withdraw from the itinerating

자들을 선출하고 있습니다. 이 사경회가 끝나자마자 목사 안수를 준비하고 있는 6명의 전도사로 구성된 신학반을 개강했습니다. 스왈른 목사와 헌트 목사와 제가 3주 동안 매일 그들과 만나서 5년 과정의 1년차 수업을 마쳤습니다.

두 개 반으로 구성된 사범(師範) 사경회를 개강한 적이 있는데, 62명의 교사와 학교 이사와 예비 교사들이 모여 대부분의 시골 교회에 있는 초등학교의 효율성을 높이는 문제에 대해 연구하고 토론했습니다.

이 사경회를 마치자 연례 회의를 위한 연례 보고서를 준비할 시간이 겨우 남았고 우리는 휴식, 서신 교환, 또 다른 바쁜 한 해를 준비하면서 자질구레한 일을 처리하기 위한 자유로운 시간을 가지고 8월을 맞이할 수 있었습니다.

연례 보고서를 준비하면서 통계적으로나 다른 면으로 올해가 이 선교지부 역사에서 최고의 해였다는 사실이 밝혀졌습니다. 865명의 성인 세례가 있었는데, 선천 지부의 367명을 더하면 이 북부 지역 사역에서 총 1,232명이 세례를 받았습니다. 이 두 선교지부의 실제 입교인과 학습교인 수는 이제 10,000명이 넘습니다. 이렇게 짧은 기간에 이토록 많은 열매를 거두면서 우리가 이제 몇 년 안에 이 사역의 주된 책임을 담당하게 될 한국인들을 훈련하고 교육시킬 기독교 1세대를 적절히 감독할 남녀 선교사를 더 충원해달라고 하면 이상하다고 생각하십니까?

우리는 몇 가지 어려운 일에 직면하고 있습니다. 우리는 소녀와 여성을 위한 상급 학교가 필요합니다. 우리는 중학교에 한 명의 남자 선교사가 추가로 필요합니다. 우리 중 몇 명은 사경회와 신학 수업에 더 많은 시간을 할애해야 합니다. 우리는 시골 사역에 적어도 한 명의 남자 선교사가 더 필요합니다. 첫 신학생들이 목사 안수를 받아서 우리의 사역을 많이 덜어줄 준비가 되기 전에 우리가 순회 사역과 전도 사역에서 철수한다면 우리는 우리가 얻었던 많은 것을 잃을 위험을 감수해야 됩니다. 우리는 이들의 목사 안수와 장로 안수를 향해 꾸준히 나아가고 있습니다. 지난 연례 회의에서 우리에게 허락된 인력과 함께 5년이 더 주어진다면, 우리는 지금까지 제도적인 교육

and evangelistic work before our first few men are ready for ordination to the ministry when they will be able to relieve us of much work. We are moving steadily forward to the ordination of men to the ministry and to the eldership. Given another five years with the force of workers allowed us at last Annual Meeting, we will have passed the critical stage of a work built up upon the policy in which the evangelization of a large constituency precedes the emphasis to be laid upon institutional educational work.

With most cordial greetings to you as our Secretary,

Very Sincerely Yours,

Samuel A. Moffett

사업보다 전도를 통해 많은 교인을 개종시키는 일에 더 비중을 둔 정책에 기반을 두고 세운 사역에서 대단히 중요한 단계를 넘어설 것입니다.

우리의 총무이신 귀하께 가장 따뜻한 인사의 말을 전하며,

마포삼열 올림

Samuel A. Moffett

Pyeng Yang, Korea

October 13, 1903

Dear Dr. Brown:

Our Mission meeting this year was one of the most delightful I have ever known and was marked by a spirit of harmony and Christian fellowship which was an inspiration. From all stations came good reports of progress and promise. I am sure you will rejoice in the reports this year.

There are several things connected with the requests made this year of which I wish to write.

First and foremost is our great need for more men and women in order to take advantage of our splendid opportunities. May we not have two more single ladies sent at once in addition to Miss Brown and Miss Kirkwood? We need one for Taiku not only for the work there but because of the small number of ladies in that station. Mrs. Bruen & Mrs. Null will be the only ladies there this year. Feeling the great need the Mission has sent Dr. Field there for three months even though the work in Seoul needs her. The other lady is greatly needed in Pyeng Yang for a double work—that of country classes and of city schools. We can no longer delay the establishment of the advanced school for girls & women, neither can we afford to take one of the ladies from the country work. Given Miss Kirkwood and one more lady this year and we can plan for both country classes and city schools so as to meet the most urgent needs. But with fewer then these, important work must suffer greatly. Please read these extracts from Miss Best's and Mrs. Wells' reports:

> Two important facts have developed in connection with these classes.
>
> One is the urgent need of two more single women to engage in country work. There are only two workers at present who are free from other duties

마포삼열

한국, 평양

1903년 10월 13일

브라운 박사님께,

올해 선교회 회의는 즐거웠던 회의 중 하나였습니다. 모임은 조화의 정신과 성도의 교제가 현저했고 감동적이었습니다. 모든 선교지부가 발전과 밝은 전망에 대한 좋은 보고서를 제출했습니다. 저는 귀하께서 올해 보고서를 보고 기뻐하시리라고 확신합니다.

올해 요청과 관련하여 제가 언급하고 싶은 몇 가지가 있습니다.

무엇보다 먼저 우리는 훌륭한 기회를 활용하기 위해 더 많은 남녀 선교사가 매우 필요합니다. 브라운 양과 커크우드 양 외에 2명의 독신 여성 선교사를 추가로 즉시 파송해주실 수 없겠습니까? 우리는 대구에 한 명이 필요한데, 단지 그곳에서의 사역을 위해서 뿐만 아니라 그 지부에 여성이 적기 때문입니다. 브루엔 부인과 눌 부인이 올해 그곳에 있는 유일한 여성 선교사입니다. 여성 선교사 인력이 매우 필요하다는 사실을 느낀 선교회는 서울 사역에 필드 의사가 필요함에도 불구하고 세 달 동안 그녀를 대구에 보냈습니다. 또 다른 한 명의 독신 여성 선교사가 시골 사경회와 시내 학교의 이중 사역을 위해 평양에 필요합니다. 우리는 소녀와 젊은 여성을 위한 상급 학교의 설립을 더 이상 미룰 수 없으며, 시골 사역에서 여성 선교사 한 명을 차출할 수도 없습니다. 올해 커크우드 양과 다른 한 명의 독신 여성 선교사를 받으면 지방 사경회와 시내 학교에 대한 계획을 세우고 가장 시급한 필요를 채울 수 있습니다. 그러나 이 인원보다 적으면 중요한 사역이 심각하게 타격을 받을 수밖에 없습니다. 다음 베스트 양과 웰즈 부인이 쓴 보고서의 발췌문을 읽어주시기 바랍니다.

이 사경회들과 연관해서 두 가지 중요한 사실을 발견했습니다.

하나는 시골 사역에 종사할 2명의 독신 여성 선교사가 추가로 긴급하게 필

to devote any considerable time to conducting these country classes, some of which, like the one at Pori Tukai and others almost as large, have grown beyond the power of one person to conduct with profit to all the women who attend. There is the new work also to be considered and provided for, that undertaken this year by Miss Snook being representative of work in other districts that is waiting for someone to take up. At the close of nearly every class there have been women who have begged the missionary to go home with them to their villages, and sometimes so strong were their entreaties, it was only the knowledge that every week to the close of the itinerating season was promised elsewhere that kept her from yielding to their desires.

The other important fact revealed by these classes is that there is a large number of young girls, the daughters of Christians who are eager for more knowledge, but for whom the station has as yet been able to provide no educational opportunities aside from those afforded by several primary schools of very crude character, by the country Bible study classes & the two training classes in Pyeng Yang. These young girls attending the country classes sometimes to the number of ten or fifteen, have shown themselves bright, capable of improvement & well worth any effort expended upon them.

Our request for two single ladies is based upon this two-fold need of providing more adequately for the instruction of women in the country study classes and of training women who shall make suitable teachers for country primary schools for girls. (From Miss Best's report)

With five girls from the country in one school and three in another, all at their own expense, and others who would attend, the question of a Boarding School, largely self-supporting, for girls is urgent and the need must be met by the Mission. But even with a Boarding School the Woman's School must be continued as it meets a growing and urgent demand on the part of women and young married girls who cannot attend either a day or boarding school (From Mrs. Wells' report)

요하다는 것입니다. 다른 업무에서 자유롭고 시골 사경회를 인도하는 데 상당한 시간을 헌신할 수 있는 사역자는 현재 단 2명뿐입니다. 이 사경회들은 보리덕개나 다른 곳처럼 혼자서 출석한 모든 여성에게 혜택을 줄 수 있는 수준을 넘어 대규모로 성장했습니다. 또한 고려하고 충원해야 하는 새 사역이 있는데 올해는 스누크 양이 담당했습니다. 그녀는 다른 한 사람이 맡아주기를 기다리는 다른 구역에서 사역을 맡았습니다. 거의 모든 사경회가 끝날 때마다 선교사에게 자신의 마을로 함께 가자고 간청하는 여성들이 있는데, 때로는 너무나 간절하게 부탁합니다. 그러나 순회 여행 기간이 종료된다 해도 이미 다음 장소가 예약되어 있기 때문에 그들의 소원을 들어줄 수 없습니다.

이 사경회를 통해 드러난 다른 중요한 사실은 많은 소녀가 있다는 것입니다. 이 그리스도의 딸들은 더 많은 지식을 배우고 싶어 하지만, 선교지부는 조잡한 수준의 여러 초등학교, 시골 사경회, 그리고 평양 시내에서 개최하는 두 개의 도 사경회를 제공하는 것 외에 아직까지 다른 교육의 기회를 제공할 수 없었습니다. 때때로 10개나 15개의 시골 사경회에 출석하는 이 소녀들은 총명하고, 더 진보할 수 있으며, 자신에게 들이는 모든 노력이 가치가 있다는 사실을 스스로 보여주고 있습니다.

우리가 2명의 독신 여성 선교사를 요청한 것은 지방 사경회에서 여성 교육을 좀 더 적절하게 제공하고, 지방의 여자 초등학교에 적합한 교사가 될 여성들을 훈련시킨다는 두 가지 필요에 기초한 것입니다(베스트 양의 보고서에서).

자비로 다닐 지방의 한 학교에서 온 5명과 다른 학교에서 온 3명의 소녀를 포함하여 학교에 다닐 다른 학생들을 고려하면, 자립이 가능한 여자 초등 기숙학교 설립 문제는 시급하며, 선교회는 이 필요에 반드시 부응해야 합니다. 그러나 기숙학교가 있더라도 여학교는 매일 여학교나 기숙 여학교에 다닐 수 없는 젊은 부인과 일부 여성들의 점증하고 시급한 요구를 충족시키므로 계속 유지해야 합니다(웰즈 부인의 보고서에서).

제가 제출하고자 하는 특별한 요청은 충원이 가장 시급하게 요구되는

The special plea I would present is that these two ladies be sent this winter or next spring as being to my mind the most urgent need for re-enforcements. The question of new stations also now comes before us, and before the Board and the Church.

We certainly must have another station south of Seoul if we are to unite the Presbyterian work of our own southern stations and that of the Southern Presbyterian Church with the Presbyterian work of the rest of Korea. Had it not been for the Roman Catholic troubles in Whang Hai province which took two months of my time, Mr. Miller and I would have visited Kong Ju and surrounding region and have had ready a full report to lay before the Board concerning a new station there–between Seoul, Taiku and the Southern Presbyterian station of Chun Ju.

The Mission requests a man for this work and I hope that even before the full report on the situation reaches you, you will be able to see the desirability of such a move and send us a man to be in preparation for that work.

Again, the work in the extreme North presents so clear a call for a new station that the reading of the following extract from the Syen Chyen report will make the need apparent. Russian interests on the Yalu [river] make it so uncertain as to how long the opportunity will last that it is doubly important we occupy that region now and get deeply rooted while the people are open to gospel influences.

NEW STATION

The northern part of North Pyeng An province and the territory across the Yalu in Manchuria constitute a large and very needy field. The population of all the northern counties is much greater than we had previously supposed. The number of Korean settlers in Manchuria is surprisingly large, not only along the Yalu, but for several hundred li back in the interior. Even at Harbin, the new junction of the Manchurian railway with the branch to Vladivostok, 600 miles northeast of Port

문제로서 이 2명의 독신 여성 선교사가 올해나 내년 봄에 파송되어야 한다는 것입니다. 새 선교지부에 대한 문제 역시 이제 우리와 선교 본부 및 교회 앞에 제출되었습니다.

우리 남부 지역 선교지부의 장로교 사역과 남장로회의 사역 및 나머지 한국 지역에 있는 장로회의 사역을 통합하려면, 우리에게 분명히 서울 남부 지역에 또 다른 선교지부가 있어야 합니다. 두 달 동안 제가 시간을 보냈던 황해도의 가톨릭 문제가 없었다면, 밀러 목사와 저는 공주와 주변 지역을 방문해서 서울, 대구, 그리고 남장로회의 전주 선교지부 사이에 두게 될 신규 선교지부와 관련해서 선교부에 제출할 상세한 보고서를 준비했을 것입니다.[1]

선교회는 이 사역에 대해 한 명의 남성 선교사를 요청했습니다. 귀하께서는 그 상황에 대한 상세한 보고서를 받기 전에 그런 조치가 바람직하다는 것을 아시므로 그 사역을 준비할 수 있도록 한 명의 남성 선교사를 파송해주시기를 희망합니다.

다시 한번 평안도 북부의 국경 지역의 사역은 신규 선교지부가 필요하다는 분명한 신호를 보내고 있습니다. 선천 보고서의 다음 발췌문을 읽어보시면 그 요구가 명확해질 것입니다. 압록강에 대한 러시아의 관심으로 그 기회가 얼마나 오래 지속될지 불확실하므로 사람들이 복음의 영향력에 마음의 문을 열고 있을 때, 우리가 지금 그 지역을 확보해서 깊이 뿌리를 내려야 한다는 사실은 중요하고 또 중요합니다.

신규 선교지부

평안북도 북부 지역과 압록강 건너편의 만주 지역은 광활하고 빈곤한 지역입니다. 모든 북부 군 지역의 인구는 우리가 전에 생각했던 것보다 훨씬 많습니다. 만주에 정착해 있는 한국인의 수는 상당히 많고 이들은 압록강 주변

1 그 결과 1904년에 경부선이 지나가는 청주에 밀러 목사를 책임자로 선교지부를 설치함으로써 서울(1884)-청주(1904)-대구(1899)-부산(1891)으로 연결되는 북장로회의 남부 사역이 통합된다. 한편 북부에서는 서울-재령(1906)-평양(1893)-선천(1901)-강계(1909) 지부들로 연결되어 통합됨으로써, 1884년부터 1909년까지 북장로회는 한반도에서 남북 축을 잇는 중요 거점 도시들에 선교지부를 형성하고 최대 선교회로 발전하게 된다.

Arthur, we are told that there is a considerable Korean settlement. The work for the Koreans in Manchuria alone could profitably take the whole time of one missionary. On the Korean side of the river there are new promising groups in the counties of Cho San, Eui Won, and Kang Kai, and preaching has been done in the counties of Hu Chang and Cha Syung. The work in this section, though new, is developing rapidly. At present there are twelve meeting places, with an enrollment of 147, and 325 adherents.

The natural trade and political center of this region is Kang Kai, about equally distant 800-900 li from Pyeng Yang and Syen Chyen. Difficulty of access for freight is not so great as would appear, boats on the Yalu coming to within 100 li of the town, though this route would of course be slow. The nearest steamer connection is with Ham Heung, and much of the foreign trade is with Ham Heung and Won San. The nearest telegraph office is Pak Chun, the central camp of the American Mining Company, about 400 li distant.

Owing to the distance and the press of work near at hand, our present force is unable to give this territory the attention it needs. We therefore ask for two new clerical workers for this section, and we desire that the Mission, at this annual meeting, take action looking toward eventually setting aside this territory as a separate station.

The Presbyterian Church has the opportunity to evangelize this country—all of Korea. The station south of Seoul is imperatively needed to enable us to occupy the whole land strategically.

Concerning the Advanced School for Girls & Women here in Pyeng Yang I would ask attention to our request for a "special apportionment" at once to enable us to open it for 3 months this winter. The sum asked is only yen 240 ($120 U. S. gold) but it will enable us to begin this, as we have all other work here—on a small scale from which it will build up naturally and thoroughly. If at all possible will you secure this appropriation at once?

뿐 아니라 내륙으로 수백 리까지 들어가 있습니다. 다롄(大連)항 북동쪽으로 600마일 떨어진 곳에 위치한 블라디보스토크로 가는 간선도로와 만나는 만주 철도의 새로운 교차점인 하얼빈(哈爾濱)에도 상당한 수의 한국인 이주민들이 있다고 들었습니다. 만주 지역에 있는 한국인을 위한 사역만으로도 선교사 한 명의 모든 시간이 소요될 수 있습니다. 압록강의 한국 쪽으로는 초산(楚山), 위원(渭原), 강계(江界) 3개 군에 전망이 밝은 새 신자들이 있으며, 후창(厚昌)과 자성(慈城) 2개 군에서는 전도가 행해졌습니다. 이 지역에서의 사역은 비록 새로운 사역이기는 하지만 빠르게 발전하고 있습니다. 현재 12곳에 예배 처소가 있는데 147명의 입교인과 325명의 신자들이 있습니다.

이 지역의 무역과 정치의 중심지는 강계인데, 평양과 선천으로부터 각각 비슷한 거리에 있으며 800-900리 정도 떨어져 있습니다. 화물 접근은 보기보다 그렇게 어렵지 않은데 압록강을 따라 배로 100리 정도 들어오면 마을에 이를 수 있습니다. 하지만 물론 이 뱃길은 속도가 느립니다. 기선이 들어오는 가장 가까운 항구는 함흥인데, 많은 외국 무역이 함흥과 원산에서 이루어집니다. 가장 근처에 있는 전신소(電信所)는 박천(博川)에 있는데, 강계로부터 약 400리 거리이며 박천에는 미국광산회사의 중앙 사업소가 있습니다.

원근 각지의 사역에 대한 압력 때문에 우리의 현재 인력은 이 지역에 필요한 관심을 쏟지 못하고 있습니다. 따라서 우리는 이 지역을 위한 2명의 신규 목회 사역자를 요청합니다. 우리는 이번 연례 회의에서 선교회가 이 지역에 별도의 선교지부를 설치하는 방향으로 조치를 취해주기를 희망합니다.

장로교회는 이 나라 한국의 모든 지역을 복음화할 기회를 가지고 있습니다. 서울 이남의 지부는 우리가 이 나라 전체를 전략적으로 확보하려면 반드시 필요합니다.

평양에서 소녀와 여성을 위한 상급 학교와 관련하여, 올겨울 3개월 동안 그 학교를 즉시 개교할 수 있도록 "특별 예산"을 요청한 것에 귀하께서 주의를 기울여주시기를 부탁드립니다. 요청한 총액은 겨우 240엔(미화 120달러)이지만, 모든 다른 일은 준비되었으므로 그 금액이 있으면 자연스럽고 철저하게 그 학교가 성장할 수 있는 작은 규모로 학교를 시작할 수 있습니다. 가

We have also made request for Miss Best's furlough to begin July 1, 1904 at end of 7 years of service. It is not only that she came out with the understanding that her furlough was to come at end of 7 years, but it is that we all believe it will be better for her and for the work that she have her furlough next year. She is not broken in health, but she has done a magnificent work under increasing pressure and strain and she is of such superlative value as a missionary that we want to run no risk of a break down with another year of such work, and she will need the rest to be obtained from furlough in order that she may continue in good trim for future work. If she goes home next July she will be the only one absent from the station that year. May we look to you to present the request if it seems to you a right one as it does to us?

An explanation of but one more request and I will finish this letter. We ask as a "special appropriation" this year 600 yen ($300 U. S. gold) for quarters for Mr. Bernheisel. So far the Board has made no provision for housing Mr. Bernheisel and the members of the station have gladly housed him in guest houses put up at their own expense. He is now occupying Mr. Lee's guest house but Mr. Lee needs the room for his own convenience and efficiency in the work, having no private room for conference or study and more pressingly needs it now that they have taken into their family two of Mr. F. S. Miller's children. Mr. Bernheisel is certainly entitled to rooms of his own and the amount asked is a small one.

The work in all departments still progresses—most of the men are in the country looking after work there. I had a short but good trip a few days ago and find things in promising condition, still growing. Mrs. Moffett was with me enjoying the trip and adding greatly to its profit to the Koreans. She joins me in most cordial greetings to you and Mrs. Brown.

The officers of the church were greatly pleased with your letter concerning the photograph they sent you.

능하다면 그 예산을 즉시 확보해주시겠습니까?

또한 우리는 베스트 양의 안식년 휴가가 7년 동안의 봉사가 끝나는 1904년 7월 1일에 시작될 수 있도록 요청했습니다. 그녀가 자신의 휴가는 7년 기간이 끝날 때 시작되어야 한다는 생각을 가지고 있기 때문이 아니라 우리 모두 그녀가 내년에 안식년 휴가를 가는 것이 그녀와 사역을 위해 더 낫다고 생각하기 때문입니다. 그녀는 건강이 상하지는 않았습니다. 하지만 점증하는 압력과 긴장 가운데 훌륭하게 사역하고 선교사로서 뛰어난 가치가 있는 그녀가 이런 사역을 1년 더해서 쇠약해지는 위험을 우리는 감수할 수 없습니다. 그녀는 향후 사역을 건강한 몸으로 지속할 수 있도록 휴가를 통해 얻을 수 있는 휴식이 필요합니다. 그녀가 내년 7월에 귀국하더라도 그녀는 내년에 선교지부에서 자리를 비우는 유일한 사람이 됩니다. 이 요청이 우리에게처럼 귀하에게도 적절하다고 여겨지면, 우리가 귀하께서 그것을 제출한다고 기대해도 되겠습니까?

한 가지 요청만 더 설명하고 제 서신을 마치겠습니다. 우리는 "특별 예산"으로 올해 번하이젤 목사의 사택을 위해 600엔(미국 금화 300달러)을 요청했습니다. 지금까지 선교부는 번하이젤 목사의 사택을 위한 예산을 전혀 제공하지 않았고, 선교지부의 회원들이 기쁘게 자비로 그를 손님 숙소에서 지내도록 했습니다. 그는 지금 리 목사의 사랑방에서 지내는데, 이로 인해 회의나 연구를 위한 개인 공간이 없는 리 목사의 편리와 사역의 효율성을 위해 공간이 필요합니다. 리 목사는 F. S. 밀러 목사의 자녀 2명을 자신의 가족과 함께 살도록 데려왔으므로 공간이 더욱 시급하게 필요합니다. 번하이젤 목사는 확실히 자신만의 공간을 받을 자격이 있으며 요청한 금액은 적은 금액입니다.

모든 부문에서 사역은 여전히 진척되고 있습니다. 대부분의 남성들은 지방 사역을 관리하며 시골에 나가 있습니다. 저는 며칠 전에 짧지만 만족스런 여행을 다녀왔는데, 상황은 전망이 밝으며 여전히 성장하고 있습니다. 제 처도 저와 함께 즐거운 여행을 했으며 한국인들에게 크게 도움이 되었습니다. 우리 부부는 귀하와 부인께 진심 어린 안부를 전합니다.

Very Sincerely Yours,

Samuel A. Moffett

교회의 직원들은 귀하께 보낸 사진에 대한 귀하의 서신을 받고 아주 기뻐했습니다.

마포삼열 올림

Arthur J. Brown

New York, New York

October 13, 1903

The Rev. S. A. Moffett, D.D.
Pyeng Yang, Korea
My dear Dr. Moffett:

It is very pleasant to read your letter of August 5th so cordially welcoming me to the Korea correspondence. I read with keen interest the account which you give of recent itinerating and the training classes that have been held. How I wish that I could have made some of those trips with you and that I could have shared the profit of those station classes. Such work impresses me as exceedingly valuable. The record of the results of the year leads me to exclaim again "What hath God wrought!" Such facts mightily encourage us, and at the same time lead us to new prayer that we may be able to take wise advantage of these great opportunities and to find the additional missionaries who are needed to utilize them. I strongly sympathize with your desire for a development of the educational facilities of the Mission. We have come to a time when such facilities are absolutely indispensable.

You will be grieved to learn that our beloved Dr. Ellinwood has met a great bereavement in the death of his youngest daughter. She was very ill all summer, and the end came on the 6th inst. This sorrow is peculiarly hard upon Dr. Ellinwood, for he is not very well himself. Mrs. Ellinwood has also been in feeble health, and they have another daughter who has been an invalid for years. We are all praying for their comfort of God in this time of need and we know that you will join your prayers with ours.

At the meeting of the Board the 8th inst., I had the pleasure of presenting a portrait in oil of the Rev. Dr. Arthur Mitchell, who was so much beloved as a Secretary of this Board from 1883 to 1893. He was

아서 J. 브라운

뉴욕 주, 뉴욕

1903년 10월 13일

마포삼열 박사에게,

한국 선교회와 서신 교환을 하게 된 나를 진심으로 환영해준 귀하의 8월 5일 자 편지를 기쁘게 읽었습니다. 나는 최근에 있었던 당신의 순회 여행과 사경회에 대한 설명을 뜨거운 관심을 가지고 읽었습니다. 내가 당신과 함께 몇 차례 순회 여행을 하고 선교지부 사경회의 유익을 나눌 수 있었다면 얼마나 좋았을까요. 그런 사역은 내게 대단히 소중하다는 인상을 줍니다. 작년의 결과에 대한 보고서는 나로 하여금 "하나님께서 놀라운 일을 행하셨다"고 다시금 외치게 합니다. 그런 사실은 우리를 고무시키는 동시에 우리가 이 위대한 기회를 지혜롭게 활용할 수 있고 그 기회를 활용할 선교사들을 추가로 찾을 수 있게 해달라고 기도하게 합니다. 나는 선교회의 교육 시설의 발전을 바라는 귀하의 소망에 강하게 공감합니다. 우리는 그런 시설이 절대적으로 필수불가결한 때에 이르렀습니다.

당신은 우리의 사랑하는 엘린우드 박사가 막내딸이 죽는 큰 슬픔을 당했다는 사별의 소식을 들으면 슬퍼할 것입니다. 그녀는 여름 내내 심하게 아팠고 이달 6일 유명을 달리했습니다. 이 슬픔은 엘린우드 박사에게 특히 견디기 어려운 것인데, 그 자신도 매우 건강이 좋지 않기 때문입니다. 엘린우드 부인 역시 병약합니다. 그들에게는 몇 년 동안 건강이 좋지 않은 또 다른 딸이 있습니다. 우리 모두는 이 어려운 때에 하나님의 평안이 그들에게 있기를 기도합니다. 우리는 귀하도 우리의 기도에 동참해주기 바랍니다.

이달 8일에 열린 선교부 회의에서 나는 목사인 아서 미첼 박사의 유화 초상화를 전시하는 기쁨을 누렸습니다. 그는 1883년에서 1893년까지 본 선교부의 총무로서 많은 사랑을 받았습니다. 그는 흔치 않은 아름다운 품성을 지닌 강한 분이었습니다. 그는 자신의 사역을 사랑했고 선교사들을 사랑했으며, 어두움 속에 빠져 있는 나라들에 대해 열변을 토하며 설교했습니다. 그

a man of rare beauty and strength of character. He loved his work, he loved the missionaries, while he preached with great eloquence of the nations that sit in darkness. The portrait was the gift of Mr. Marshall Field, the great merchant of Chicago, who was a former parishioner of Dr. Mitchell's.

The portrait now hangs upon the wall of our Board Room beside the portraits of several other men who have been prominently identified with the work of the Board. Mrs. Mitchell and her daughter were present at the presentation, and several addresses were made lovingly appreciative of the life and work of Dr. Mitchell.

The key-note of Dr. Mitchell's life both as a pastor and as a Secretary of the Board was expressed in two passages which I heard him deliver with impassioned earnestness in a speech before the Presbytery of Chicago:—"Brethren, the cause of Foreign Missions goes down to the roots of the spiritual life, and we cannot expect an abundance of fruit until that life is enriched." The other passage was—"The people for whom we labor are distant; they are degraded, yet, however degraded they are, they do not pollute our society or endanger our institutions; and it is therefore evident that our interest in them can only spring from that disinterested love which led God to give His only begotten Son to endure the cruel death upon the cross, and to save a lost world. The Cause of Foreign Missions must, therefore, depend upon the piety of the Church. It can appeal to nothing else but that piety, and to that disinterested love it does appeal as the wretchedness and guilt of earth appeal to the mercy and the love of Heaven."

I believe that those passages are profoundly true. .... foreign missionary work that may appear to be human, even ...... secular, but, after all, the essential character of that work........... .... motive which prompts it to its continuance must be the spiritual work. It is this quality which differentiates it from all other work, this which gives it at once its claim, its joy and its success. I pray that we may all, those of us who

초상화는 마셜 필드 씨의 선물인데, 그는 시카고의 거상(巨商)으로 한때 미첼 목사가 시무한 교회의 교인이었습니다.

초상화는 이제 우리 선교부 사무실 벽에 걸렸는데, 그 옆에는 선교부에서 현저한 사역으로 인정받은 다른 여러 사람의 초상화가 걸려 있습니다. 미첼 부인과 딸이 헌정식에 참석했고, 미첼 박사의 생애와 사역에 대해 진심으로 감사하는 여러 연설이 있었습니다.

목사와 선교부 총무로서 미첼 박사가 살아가면서 주안점을 두었던 것이 무엇이었는지는, 시카고 노회에서 열정적이고 진지하게 행한 연설의 두 구절에 표현되어 있습니다. "형제들이여, 해외 선교 운동은 영적인 삶의 뿌리까지 내려갑니다. 우리는 그 삶이 풍요로워질 때까지는 풍성한 열매를 기대할 수 없습니다." 다른 구절은 "우리가 힘써 도와주려는 사람들은 먼 곳에 있습니다. 그들은 타락해 있습니다. 그러나 비록 그들이 타락해 있지만 우리 사회를 오염시키지 않고 우리 단체를 위험에 빠뜨리지도 않습니다. 그러므로 그들에 대한 우리의 관심은 이익을 바라지 않는 사랑에서만 분명히 솟아날 수 있는데, 그것은 하나님께서 상실한 세계를 구원하시려고 십자가에서 잔인한 죽음을 감내하면서 독생자를 내어주시도록 이끌었던 그런 사랑입니다.[1] 그러므로 해외 선교 운동은 교회의 경건에 의존해야 합니다. 그 운동은 경건 이외에는 다른 어떤 것에도 호소할 수 없습니다. 마치 이 땅의 비참하고 죄지은 자들이 하늘의 자비와 사랑에 호소하듯이, 이익을 바라지 않는 사랑에만 호소할 수 있습니다."

나는 그 구절들이 정말 진실이라고 믿습니다. 해외 선교 사역이 인간적으로 혹은 심지어 세속적으로 보일 수 있지만 [몇 단어 해독 불명], 결국 그 일의 본질적인 특성과 그 사역이 계속될 수 있도록 이끄는 동기는 영적인 일이어야 합니다. 선교와 다른 모든 사역을 구별하고, 선교할 즉각적인 권리를 주고 선교의 기쁨과 성공을 가져다주는 것은 바로 이 특성입니다. 나는 사무

1 당시 해외 선교의 강력한 동기는 하나님의 영광, 그리스도의 명령(위대한 선교 사명)에 대한 순종, 불신자에 대한 "이익을 바라지 않는 사랑"(disinterested love) 등이었다.

are in the office, and those of you who are on the foreign field, prosecute this great work in that lofty spirit.

With cordial regards to Mrs. Moffett, I am, as ever,

Affectionately yours,

Arthur J. Brown

실에 있는 우리 모두와 해외 선교지에 있는 여러분 모두가 그 고귀한 정신으로 이 위대한 사역을 수행할 수 있기를 기도합니다.

당신 부인에게 진심 어린 안부를 전하며,

친애하는,

아서 J. 브라운 드림

Samuel A. Moffett

Pyeng Yang, Korea

October 14, 1903

Dear Dr. Brown:

I desire to lay before you full information concerning the action of the Mission requesting the Board to take such action as is necessary in order that we may secure from the General Assembly "liberty to co-operate in the organization of an independent Korean Presbyterian Church."

At the meeting of the Council (Presbyterian Council) in Seoul last year, Sept., 1902, the following report was adopted:

REPORTS.

Committee on Church Government.

To the Council:----We Recommend,

1. That when there shall be at least twelve (12) churches with one or more ordained Elders each, and at least three (3) Koreans whom the Council deems ready for ordination to the Ministry, a Presbytery shall be organized under the following provisions:–

(a) This Presbytery shall be constituted of the ordained Missionaries (Ministers and Elders) of the Presbyterian Missions in Korea and of one representative Elder from each organized church.

(b) The Presbytery when so constituted shall be the Supreme Ecclesiastical Court of the Presbyterian Church of Korea, until such time as in the exercise of its own authority the Church constitutes a Synod, or General Assembly.

(c) The Missionaries who are members of this Presbytery shall be members of the same only so far as concerns the rights and privileges of voting and participating in all its proceedings but ecclesiastically they shall be subject to the authority and discipline of their respective home Churches, retaining

마포삼열

한국, 평양

1903년 10월 14일

브라운 박사님께,

우리가 총회로부터 "독립적인 한국장로교회 조직 안에서 협력할 자유"를 확보할 수 있도록 선교부가 필요한 조치를 취해줄 것을 요청한 선교회의 결정과 관련된 자세한 정보를 귀하께 제출하고자 합니다.[1]

작년 1902년 9월에 서울에서 있었던 공의회(장로회공의회) 회의에서 다음 보고서를 채택했습니다.

보고서

교회정치위원회

공의회에 우리는 다음을 권고한다.

1. 안수를 받은 한 명 혹은 2명 이상의 장로가 있는 교회가 적어도 12개가 있거나 공의회가 생각하기에 목사 안수를 받을 준비가 되었다고 여겨지는 최소한 3명의 한국인이 있을 때, 다음 조건하에서 노회(老會)를 구성한다.

(1) 노회는 한국에 있는 장로회 선교회 소속의 안수받은 선교사들(목사와 장로)과 조직된 각 교회의 장로 대표 한 명으로 구성한다.

(2) 그렇게 구성된 노회는 한국장로교회의 교회 대법원이 되는데, 그 권한의 실행은 교회가 대회나 총회를 구성할 때까지로 한다.

(3) 이 노회의 회원이 되는 선교사들은 노회의 모든 의사 결정 과정에 투표하고 참여할 수 있는 권한과 특권과 관련된 경우에만 회원이 된다. 그러나 교회 조직상 그들은 자신의 본국 교회의 권한과 규정에 따라야 하며 그 교회와 공식

---

1 한국장로교회의 독립을 위해 하나의 독립 노회를 설립할 것을 이때부터 논의하기 시작했다.

their full ecclesiastical connection with those Churches.

(d) The relation of the Missionaries as members of the Korean Church shall continue until such time as by an affirmative vote of 2/3 of their number withdrawal from this relation shall be deemed advisable.

2. Since the Presbytery when constituted as an independent ecclesiastical body has full authority to adopt its own standards and its own rules for ordination of Ministers, organization of churches and all other ecclesiastical acts, we recommend,

(a) The appointment of a committee to prepare such Standards as it deems best, these to be reported to the Council for adoption and then presented to the Presbytery for its consideration when a Presbytery is constituted.

(b) The appointment of a committee to prepare Presbyterial Rules and By Laws, these to be reported to the Council for adoption and then presented to the Presbytery for its consideration when a Presbytery is constituted.

3. That each Mission request its Board of Missions, Executive Committee or Ecclesiastical Court having jurisdiction over it, for liberty to co-operate in the organization of an independent Korean Presbyterian Church.

Respectfully Submitted,

For the American Presbyterian Church (North)	S. A. Moffett
	F. S. Miller
〃 〃 〃 〃 〃 (South)	L. B. Tate
Presbyterian Church of Australia	G. Engel
〃 〃 〃 Canada	W. R. Foote

Seoul, Sept. 17, 1902.

Under this action the committee was continued and the other two committees provided for were appointed as follows:

적인 소속 관계를 유지한다.

(4) 한국 교회의 회원으로서 선교사들의 관계는 총 선교사의 2/3 이상의 찬성 투표로 그 관계를 철회하는 것이 바람직하다고 고려될 때까지 지속된다.

2. 노회는 독립적인 교회 조직으로서 구성되며 목사 안수, 교회 조직, 그리고 교회 관련 모든 행위에 대해 독자적인 표준 신경과 규칙을 채택할 수 있는 정식 권한을 갖는다. 우리는 다음을 권고한다.

(1) 위원회를 임명해서 최선으로 여기는 표준 신조를 마련하고 그 채택을 위해 공의회에 보고하며, 노회가 구성되면 노회에 제출해서 고려하도록 한다.

(2) 위원회를 임명해서 장로회 규칙과 부칙을 마련하고 그 채택을 위해 공의회에 보고하며, 노회가 구성되면 노회에 제출해서 고려하도록 한다.

3. 각 선교회는 관할권을 가진 선교회 본부, 실행위원회, 또는 교회 재판소에 독립적인 한국장로교회 조직에 협력할 자유를 요청한다.

정중히 제출합니다.

미국장로교회(북부) 마포삼열

F. S. 밀러

미국장로교회(남부) L. B. 테이트

호주장로교회 G. 엥겔

캐나다장로교회 W. R. 푸트

1902년 9월 17일 서울

이 결정에 따라 위원회는 존속하고, 준비할 다른 두 위원회를 다음과 같이 임명한다.

제안된 노회를 위한 규칙과 부칙위원회

장로회선교회(북부)의 게일 목사, 베어드 목사

On Rules & By Laws for the proposed Presbytery:

Mr. Gale & Mr. Baird from Presbyterian Mission (North)

Mr. Harrison 〃 〃 〃 (South)

Mr. McRae 〃 〃 〃 (Canadian)

Mr. Engel 〃 〃 〃 (Australian)

On Standards for the Native Church:

Mr. Moffett from Presbyterian Mission (North)

Mr. Junkin 〃 〃 〃 (South)

Mr. Foote 〃 〃 〃 (Canadian)

Mr. Engel 〃 〃 〃 (Australian)

During the year the various Missions have been in correspondence with their Boards & Committees and the present status is shown by the report of the Committee on Church Government which was presented to the meeting of the Council in Pyeng Yang this year, Sept., 1903. This report was as follows:

"In accordance with the action of the last Council each Mission represented therein has taken steps to lay before the body having jurisdiction over it the question of liberty to cooperate in the organization of an independent Korean Presbyterian Church. As yet no final authorization has been received from any of these bodies but progress has been made in each Mission.

The Canadian Foreign Missions Committee has adopted the following resolution:—'The Committee cordially approves of the object aimed at in these recommendations and generally of the recommendations themselves; but instead of 1(c) they would prefer the following:—that each member place himself in subordination to this Presbytery, but with right of appeal to the Supreme Court of the Church with which he is connected.'

The Australian Foreign Missions Committee has also adopted the plan of procedure suggested and will lay the matter before the General Assembly

장로교선교회(남부)의 해리슨 목사
장로교선교회(캐나다)의 맥래 목사
장로교선교회(호주)의 엥겔 목사
한국인 교회를 위한 표준신조위원회
장로회선교회(북부)의 마포삼열 목사
장로회선교회(남부)의 전킨 목사
장로회선교회(캐나다)의 푸트 목사
장로회선교회(호주)의 엥겔 목사

지난 1년 동안 여러 선교회는 자신의 선교부 및 위원회와 서신 교환을 했습니다. 현재 상황은 올해 1903년 9월 평양에서 열린 공의회 회의에 제출된 교회 정치에 대한 위원회의 보고서에 나와 있습니다. 이 보고서는 다음과 같습니다.

"지난 공의회의 결정에 따라, 공의회 회원인 각 선교회는 관할권을 가진 상위 기관에 독립 한국장로교회 조직에 협조하는 자유에 대한 문제를 제출하는 조치를 취했습니다. 그러나 아직 이들 기관 중 어디로부터도 최종 승인을 받지 못했지만, 각 선교회에서는 진척이 있었습니다.

캐나다해외선교위원회는 다음 결의를 채택했습니다. '위원회는 진심으로 이 권고가 지향하는 목적을 승인하며 또한 이 권고들을 대체로 승인합니다. 그러나 1번 (3)항 대신에 그들은 다음을 선호할 것입니다. 즉 각 회원은 이 노회에 종속되지만 그가 연계된 교회의 대법원에 상고할 권한을 가진다'.

호주해외선교위원회 또한 제안된 과정에 대한 계획을 채택했고, 그 사안을 11월에 열리는 총회에 제출할 것입니다. 최종 권한은 총회에 있습니다.

미국남장로교회선교회위원회는 교회의 총회에 그 계획을 상정했는데, 그 사안이 한국 및 다른 선교지에 있는 선교회와 관련이 있으므로 그 사안에 대해 심사숙고하고 다음 총회에 보고하기 위해 위원회를 임명했습니다. 이 위원회로부터 우호적인 보고서가 기대되지만, 총회의 마지막 결정은 내년 회의에서

which meets in November–the final authority resting with the General Assembly.

The Committee of Missions of the Presbyterian Church in the U. S. brought the plan before the General Assembly of that church which has appointed a Committee to consider the subject as it relates to the Missions in Korea and in other fields and to report to the next General Assembly. A favorable report is anticipated from this Committee but final action of the Assembly will not be taken until the meeting next year.

The Mission of the Presbyterian Church in the U. S .A. has requested its Board of Foreign Missions to bring this same action before its General Assembly. As that Assembly has already given favorable answer to somewhat similar requests from other Missions it is expected that the General Assembly will next year grant to its missionaries in Korea the liberty requested.

Your Committee, therefore, would report favorable progress and the probability that at the next meeting of Council authoritative answers will have been received from all the Churches represented in the Council, that these answers will be favorable and that the way will be clear for co-operation along the lines of the resolutions adopted last year."

The above will enable you to understand the situation and our request to the Board. What we desire is official permission from the Church to co-operate with the other Missions in forming the Korean Presbyterian Church. You may possibly remember my conversation with you on this subject when you were here and your assurance that when we were ready for action you would take the question up and look after its presentation to the Board and General Assembly. At the present rate of progress in ordination of elders and training of candidates for the ministry another 3 years will probably see us with from 20 to 30 churches with elders and five or six men ready for ordination. To be ready for action then we must first have authoritative action on the part of the home Churches and must

내려질 것입니다.

미국북장로교회선교회는 해외선교부에게 동일한 결정을 총회에 상정할 것을 요청했습니다. 다른 선교회가 올렸던 다소 유사한 요청에 대해 총회가 이미 우호적인 답변을 했기 때문에, 총회는 내년에 한국에 있는 선교사들에게 요청한 자유를 허락할 것으로 예상됩니다.

따라서 본 위원회는 우호적인 진전을 보고하면서 다음 공의회 회의에서 회원을 파송하는 모든 교회로부터 공식적인 답변을 받되, 그 답변은 우호적이고, 그 방식은 작년에 채택된 결정 사항의 노선을 따라 협력하는 것이 될 가능성이 높다고 보고드립니다."

귀하께서 위에 쓴 내용을 보시면 현 상황과 선교부에 대한 우리의 요청을 이해할 수 있을 것입니다. 우리가 바라는 바는 한국장로교회의 조직에서 다른 선교회들과 협력하는 것을 교회가 공식적으로 승인하는 것입니다. 귀하께서는 아마도 이곳을 방문했을 때 이 주제에 대해 귀하와 제가 나누었던 대화, 그리고 우리가 결정할 준비가 되었을 때 귀하께서 그 문제를 맡아 선교부와 총회에 제출하는 일을 처리해주겠다고 장담하신 것을 기억하실 것입니다.[2] 장로 안수와 목회 후보자 훈련에서 현재 진행 속도를 고려하면, 3년이 지나면 안수받을 준비가 된 5-6명의 신학생과 장로가 있는 20-30개의 교회를 보유하게 될 것이 거의 확실합니다. 결정에 따라 준비하기 위해 우리는 먼저 모국 교회 측의 권위 있는 조치가 있어야 하며, 그것에 준해서 구성될 노회에 제출할 표준 신조와 규칙도 준비해야 합니다. 내년 1904년에 우리는 모국 교회의 결정을 받아보기를 원합니다. 그렇게 되면 우리의 계획을 향해 나아갈 길이 분명하게 될 것입니다.

또한 저는 이 사안을 심사숙고하기 위해 임명된 남장로회위원회에 귀하의 선처를 요청하는 바입니다. 그 교회는 우리의 요청을 승인하기를 주저

2 브라운은 장로와 목사 안수를 앞당겨서 독립된 한국장로교회를 빨리 설립할 것을 주문했다. 그의 지시에 따라 언더우드와 마포삼열 등이 독립 노회 설립을 앞당겼다.

be ready with standards and rules for presentation to the Presbytery so formed. The action of the home Churches we desire to see through this coming year, 1904, and then the way will be clear for us to go ahead with our plans.

I also want to ask your good offices with the Committee of the Southern Presbyterian Church, which has been appointed to consider this subject. That Church is the only one which seems reluctant to grant the request. We most earnestly desire a real union of all Presbyterian bodies here and have tried to meet the previous objections of the Southern Church by the churches looking forward to a withdrawal of the foreign missionaries from the presbytery when 2/3 of their members deem withdrawal advisable [see 1(d) above]. Dr. Marquess of the Kentucky Theological Seminary, Louisville, is Chairman of their Committee, I believe. I shall be glad to hear from you on this subject and to know the action of the Council in the Board Rooms and the action of the Board preliminary to presentation of the subject to the General Assembly. I will send you a copy of Minutes of the Council as soon as printed.

With kindest regards,

Samuel A. Moffett

하는 듯한 유일한 교회입니다. 우리는 이곳에 있는 모든 장로교회의 실질적인 통합을 진심으로 바랍니다. 그래서 선교사 회원의 2/3가 노회로부터 탈퇴하는 것이 바람직하다고 여겨질 때[위의 1번 (4)항을 참조하십시오], 우리는 노회에서 해외 선교사를 탈퇴시키기를 바라는 남부장로교회가 제기한 이전의 반대에 대처하기 위해 노력했습니다. 저는 루이빌에 있는 켄터키 신학교의 마르키스 박사가 위원회의 위원장이라고 생각합니다. 저는 이 사안에 대해 귀하의 의견을 듣고, 총회에 이 사안을 제출하기 전에 선교부 평의회의 결정과 선교부의 결정을 알게 되면 기쁠 것입니다. 저는 인쇄되는 즉시 공의회 회의록 한 부를 귀하께 보내드리겠습니다.

안부를 전하며,

마포삼열 올림

Arthur J. Brown

New York, New York

November 18, 1903

My dear Dr. Moffett:

The subject matter of your letter of October 10th and 13th has been covered in the letter which goes by this mail to the Mission, but I wish to add a personal word of hearty appreciation of your thoughtfulness. You wrote so clearly and convincingly that we were greatly helped. I am having copies made of that part of your letter of October 13th which relates to the desired reinforcements in the new stations so that what you have so effectively written can be presented to the Finance Committee as well as passed around the Executive Council.

I am following with mingled hope and anxiety the pending controversy between Russia and Japan. A dozen times it has seemed that imminent war was inevitable, but each time the week has passed without the outbreak of hostilities. As that has been the case so often, I am not without hope that strife will yet be avoided and yet we cannot be blind to the possibilities of the situation. Russia seldom changes her mind and Japan will fight rather than see Russia in Korea. My personal interest in the matter arises from the probability that Korea will be to some extent at least, a battle ground in the ...... of war and yet it may be that the trouble may be less perilous than we now imagine.

From the beginning the development of the Kingdom of God has been characterized by tumults and wars without number and in and through them all God's purpose has steadily advanced. I have faith to believe that it will be so in this case. Of course you will immediately cable me if any outbreak should occur. Meantime, I am bringing the matter frequently to God in prayer. My faith is clear and strong that the missionaries in Korea are working in accordance with the will of God, and since He is for us, we need not fear what ambitious man may do.

아서 J. 브라운

뉴욕 주, 뉴욕

1903년 11월 18일

마포삼열 박사에게,

귀하의 10월 10일과 13일 자 편지의 사안은 이 우편으로 선교회 앞으로 보내는 서신에서 다루어졌지만, 나는 개인적으로 당신의 사려 깊은 글에 진심 어린 감사의 말을 더하고 싶습니다. 귀하가 명백하고 설득력 있게 써서 우리는 많은 도움을 받았습니다. 나는 귀하의 10월 13일 자 편지 일부분의 사본을 가지고 있는데, 이는 새로운 선교지부의 충원 요구와 관련된 것입니다. 당신이 매우 효과적으로 기록한 그 내용은 재정위원회에 제출될 뿐만 아니라 실행 평의회에게도 전달될 것입니다.

나는 러시아와 일본 사이의 임박한 분쟁을 희망과 불안이 섞인 채 바라보고 있습니다. 열두 번이나 즉각적인 전쟁이 불가피해 보였지만 매번 적의가 분출되지 않은 채로 한 주가 지났습니다. 그런 경우가 자주 반복되지만 이 갈등을 피할 수 있으리라는 희망이 없지는 않습니다. 그러나 우리는 그렇지 않을 가능성도 예상해야 합니다. 러시아는 거의 마음을 바꾸지 않았으며 일본은 한국에서 러시아를 보느니 전쟁을 하려고 할 것입니다. 이 사안에 대해 내가 개인적으로 관심을 갖는 것은 한국이 적어도 어느 정도 전쟁터가 될 확률이 있다는 사실에 기인하지만, 그 문제는 우리가 지금 상상하는 것보다 덜 위험할 수도 있습니다.

처음부터 하나님 나라의 발전은 무수한 소란과 전쟁으로 특징지어지고 그런 일 안에서 또 그런 일을 통해서 하나님께서 의도하신 모든 일이 꾸준히 진전되었습니다. 나는 이번 경우에도 그렇게 되리라는 믿음이 있습니다. 물론 어떤 돌발 사태가 발생하면 당신은 내게 즉시 전보를 보내기 바랍니다. 그동안 나는 이 문제를 놓고 자주 하나님께 기도했습니다. 한국의 선교사들이 하나님의 뜻에 따라 사역하고 있다는 내 믿음은 분명하고 확고합니다. 하나님께서 우리를 도우시므로 우리는 야망을 가진 자들이 하는 일을 두려워

I have recently returned from my tour among the synods. I found much to encourage. The synods, while begrudging the time given to some other Boards, appeared eager to give me all the time I could possibly use for the presentation of Foreign Mission, asking me to speak not only on the floor of Synod, but usually giving me an entire evening. The audiences were exceptionally large and the evidences of deep and sympathetic and prayerful interest were very strong. I spoke three times at McCormick Theological Seminary in Chicago and set forth the urgent need of new men. Several seniors responded to the call and the Synod of Illinois pledged itself to raise a special fund to send out an Illinois band of eleven new missionaries this year—one for each Presbytery of the Synod.

With affectionate remembrances to all the Station, I am , as ever,

Arthur J. Brown

할 필요가 없습니다.

나는 대회(synods)를 순회하고 최근 돌아왔습니다. 나는 고무적인 일을 많이 보았습니다. 대회는 일부 이사회에 시간을 주기를 싫어했지만, 해외선교부에 대한 발표를 위해서는 내가 사용할 수 있는 모든 시간을 기꺼이 할애하려는 듯이 보였고, 대회장에서 강연해줄 것을 내게 요청했을 뿐 아니라 저녁 시간 전체를 주기도 했습니다. 예외적으로 많은 청중이 모였고, 그들은 깊이 공감하고 기도하는 가운데 강한 관심을 보였습니다. 나는 시카고의 맥코믹 신학교에서 세 번 강연했는데, 새 인력이 시급히 필요하다고 역설했습니다. 졸업반 학생 몇 명이 그 요청에 부응했고, 일리노이의 대회는 올해 각 노회로부터 선출한 11명의 신규 선교사로 구성된 일리노이 선교단을 파송할 특별 기금을 모금하기로 약속했습니다.

모든 선교지부에 대한 애정 어린 추억을 담아,

아서 J. 브라운 드림

Martha Warner Fish

San Rafael, California

November 24, 1903

(Mrs. Charles H. Fish)

(part of a letter of Mrs. Chas. H. Fish to her daughter, Dr. Alice Fish Moffett, Pyeng Yang, Korea)

...........................know when this ever occurred before–but I did not feel like entertaining–I thought I should be more thankful to be alone! However, it is Thanksgiving day every day here. I know I am greatly blessed–and I long for more blessing. I would come up higher into the very presence of my Lord. I want to serve Him every day and all through the day. I have just received another letter from the dear cousin in Seattle, a cousin of my mother, (Mrs. Lucinda Taylor). She is eighty-five years old–her sister ninety-two, has two daughters who are over seventy. I believe I wrote you of them. Uncle James is nearly eighty–your uncle Edward seventy five and Emily older–so you see your ancestors on both sides are tenacious of life.

You would enjoy our neighbors in the red house, Mrs. Thayer's family. The two older daughters are musical–and they favored our people at our Thank offering service and at our church social. There are five children–one beautiful little girl of five years. Miss Walker–dear old lady, has been regular in attending church and prayer-meeting for a long time till the rain. Mr. McMahan and family have moved to the city. Mrs. Geo. Graham is living in San Rafael over next to Mrs. Trumbull's (south). I saw Mabel Gray today in the Lake House on Sutter St. She is the President of the Ebel society. Dr. Burke looked just the same today. It is wonderful that he can endure such constant work year after year. Did the world ever know two such physicians as Dr. Burke and Dr. Greene? We are living in a wonderful age when so much of knowledge is given to the human mind.

마사 워너 피시

캘리포니아, 샌라파엘

1903년 11월 24일

앨리스에게,

[첫 부분 소실. 어머니가 평양에 있는 딸 앨리스 피시 마페트에게 보낸 편지]

… 이것이 언제 일어난 적이 있는지 모르지만, 나는 유쾌하지는 않았다. 나는 혼자 있는 것에 더 감사해야 한다고 생각했단다! 이곳은 매일이 추수감사절이란다. 나는 내가 큰 복을 받은 것을 알고 있지만 더 많은 복을 바라고 있다. 나는 높이 올라가 내 주님이 계신 바로 그 임재 안으로 들어가고 싶구나. 나는 매일 하루 종일 그분을 섬기기를 원한단다. 시애틀에 있는 사촌, 그러니까 내 어머니(루시아 테일러 부인)의 사촌이 보낸 편지를 받았단다. 그녀는 85세이고, 그 언니는 92세인데 70이 넘은 두 딸이 있단다. 그들에 대해서는 네게 편지를 한 것 같구나. 제임스 삼촌은 거의 80세가 되었고, 네 삼촌 에드워드는 75세이며 고모 에밀리는 그보다 더 연로하단다. 보다시피 네 부계나 모계 쪽 조상은 모두 장수하고 있구나.

너는 우리 이웃인 붉은색 집에 사는 타이어 부인 가족을 좋아하게 될 거야. 나이 든 두 딸은 음악에 재능이 있는데, 우리의 추수감사절 예배와 교회 사교 모임 때 연주를 했단다. 자녀가 다섯인데 예쁜 다섯 살 막내딸이 있단다. 연로한 부인 워커 양은 비가 오지 않으면 교회 예배와 기도회에 오랫동안 정기적으로 출석하고 있단다. 맥마헌 씨와 그 가족은 시내로 이사를 갔지. 조지 그레이엄 부인은 샌라파엘에서 트럼불 부인의 이웃에 살고 있단다. 나는 오늘 서터 가에서 에벨회 회장인 마벨 그레이를 봤단다. 버커 의사는 오늘도 변함없이 여전했지. 그가 해를 거듭하면서도 그 지속적인 일을 견딜 수 있다니 놀라울 뿐이다. 이 세상에 버크와 그린 같은 의사가 지금까지 있었는지 모르겠다. 우리는 인간의 머리에 그렇게 많은 지식이 주어진 놀라운 시대에 살고 있구나.

9시가 넘었구나. 아버지는 나무를 베기 위해 밖에 나갔단다. 나는 하루

It is after nine o'clock—father has gone out to saw wood and I must retire after such a full day. I have much sewing to do if I could but get into the spirit of it. Can I do anything for you, dear? Do you need new skirts (under dress skirts)? I have a material in black—firmer than duck. Take good care of yourselves and write when you can. You do, and we enjoy your letters.

A heart full of love to Sam and to you, dear. Please remember me to Mr. and Mrs. Lee and to Mrs. Webb. I hope your watch will reach you safely.

Your loving mother,
Martha Warner Fish

종일 일을 했으니 쉬어야겠다. 할 수 있다면 해야 할 바느질이 많이 있지만 할 마음이 안 생기는구나. 얘야, 내가 너를 위해 해줄 일이 없겠니? (드레스 밑에 입는) 새 치마가 필요하니? 검은색 옷감이 있는데 오리털보다 더 단단하단다. 몸조심하고 편지 쓸 시간이 있으면 보내렴. 네가 편지를 쓰면 우리는 네 편지를 기쁘게 읽고 있단다.

샘과 사랑스런 네게 마음 가득 사랑을 담아 보낸다. 리 목사 부부와 웹 부인에게 안부를 전해주렴. 네게 보낸 손목시계가 안전하게 도착하길 바란다.

사랑하는 어머니,

마사 워너 피시로부터

PHS, microfilm reel # 280, Vol. 233, letter #120

Samuel A. Moffett & C. C. Vinton

The Korea Mission,

Board of Foreign Missions, PCUSA

Seoul, Korea

December 21, 1903

Dear Dr. Brown:

The undersigned were commissioned at the Annual Meeting of this Mission to express to you the pleasure of all in coming into the new and closer relation with you which results from the change in the adjustment of secretarial duties at the Board rooms. Our grief at severing the close tie that has existed between Dr. Ellinwood and ourselves we have taken care to communicate to him. Our expectation is that the bond that unites us to you will go on strengthening throughout the years as did our feeling toward him. We have already many ties holding us to you. We know you personally from your visit among us. We have experienced your personal kindness in many ways—not a few of us. And as a mission you have already contended for the means of promoting our advancement. We know that we have already a warm place in your prayers, and we have confidence that you will ever bear us at the Throne of Grace. Our wish for you is that you may long continue our secretary, that strength may be given you for many years of service in this capacity, and that we may draw constantly nearer you in confidence and in spiritual labors together. We have an equally cordial recollection of Mrs. Brown as of yourself, and we rejoice that she seems one degree nearer to us and to our work because of the relation you have entered to us. May God grant that you both enjoy together many years of further service in the upbuilding of His Kingdom in foreign lands.

Very sincerely yours,
Samuel A. Moffett

마포삼열(위원장)과 빈턴(회계)

미국북장로회 해외선교부 한국선교회

한국, 서울

1903년 12월 21일

브라운 박사님께,

본 선교회의 연례 회의에서 저희 두 서명자는 선교부 사무실의 총무직 조정에 따라 귀하와 새롭고 좀 더 친밀한 관계를 갖게 된 데 대해 모든 회원의 기쁨을 귀하께 표현하기 위한 소위원회로 임명을 받았습니다. 우리는 엘린우드 박사님과 우리 사이에 있었던 긴밀한 관계가 끊어진 데 대한 우리의 슬픔을 귀하께 전달하기 위해 노력했습니다. 우리는 그분에 대한 우리의 감정이 그랬던 것처럼 우리를 귀하와 연합시키는 결속이 해가 갈수록 더 강해질 것으로 기대합니다. 우리는 이미 귀하와 우리를 연결하는 많은 인연이 있습니다. 귀하가 우리를 방문한 일을 통해 우리는 귀하를 개인적으로 알고 있습니다. 우리 가운데 적지 않은 자들이 여러 경로로 귀하의 개인적인 친절을 경험했습니다. 선교부로서 귀하는 이미 우리의 발전을 촉진하기 위한 수단을 얻기 위해 싸워왔습니다. 우리는 귀하께서 기도하실 때 마음 깊은 곳에 우리가 자리 잡고 있다는 사실을 이미 알고 있습니다. 또한 우리는 귀하가 우리를 주님의 보좌 앞으로 인도하리라고 확신합니다. 우리는 귀하께서 우리의 총무를 오랫동안 계속하고 그 자리에서 여러 해 동안 봉사할 수 있는 힘을 받기를 원하며, 우리가 항상 신뢰와 영적 노력을 함께함으로써 귀하께 더 가까이 다가갈 수 있기를 바랍니다. 우리는 브라운 부인에 대해서도 귀하와 동일한 따뜻한 추억을 가지고 있습니다. 우리는 귀하께서 우리와 맺은 관계 덕분에 그녀가 우리에게 한 단계 더 가까워지게 된 것 같아 기쁩니다. 하나님께서 두 분이 외국에 하나님 나라를 건설하는 일에 여러 해 동안 즐겁게 봉사하도록 인도해주시기를 기원합니다.

마포삼열

C. C. Vinton

(Committee)

C. C. 빈턴 올림

(위원회)

상투를 튼 남자, 서울, 1901년 [OAK]

Men with Top-knots, Seoul, 1901

●

갓을 쓴 남자들, 서울, 1901년 [OAK]

Men with Horse Hair Hats, Seoul, 1901

보고서 REPORTS

PHS, microfilm Reel #285, Vol. 244

Samuel A. Moffett

Seoul, Korea

September, 1901 Annual Meeting

Personal Report of Samuel A. Moffett

The song of thanksgiving still continues and this year we see even greater causes for rejoicing in that the Lord is evidently "establishing the work of our hands." More and more we are realizing that the foundations of this work are set deep and strong and that the superstructure which is being built is being fitted to withstand the strong winds of persecution, temptation and of subtle false teaching. More and more is the church becoming a factor for righteousness in the lives of the people and in the life of the nation.

My time has been occupied in the evangelistic work in the city church and on my country circuits and in Training Classes. Literary work although not entirely neglected has received but slight attention.

A. The Pyeng Yang City Church:

Membership 510, Catechumens 391, Baptized this year 117, Catechumens received this year 180. Mr. Lee and I as co-pastors have shared the work here, receiving constant assistance in preaching and in pastoral work from all the members of the station, the work of the whole station as a co-operative body contributing to the upbuilding of this church of which we have the pastoral charge. The year has been one of enthusiastic progress along all lines, marking growth in membership, in attendance upon all services, in benevolence, in strength of organization, and best of all, in spiritual power. We have held three baptismal services, one the Sabbath before Christmas when 23 were added to the Covenant Roll of Baptized Children, one in April when 42 adults were baptized and

마포삼열
한국, 서울
1901년 9월 연례 회의

마포삼열의 개인 보고서

감사의 노래가 여전히 계속되고 있습니다. 올해 우리는 주님께서 분명하게 "우리의 손이 행한 일을 견고하게"[1] 하시므로 기뻐해야 할 훨씬 더 큰 이유가 있음을 봅니다. 우리는 이 사역의 기초가 깊고 튼튼하게 정초되었고, 세워지고 있는 상부 구조는 박해와 유혹과 거짓 가르침이라는 강풍을 견디기에 적합해지고 있음을 점점 더 실감하게 됩니다. 교회는 백성과 나라의 삶에서 점점 더 공의를 위한 요소가 되고 있습니다.

저는 도시 교회와 지방 시찰에서의 전도 사역과 사경회에 시간을 보냈습니다. 문서 작업에 대해서는 완전히 등한시하지는 않았지만 약간의 주의만 기울였습니다.

가. 평양 시내 교회:

입교인 510명, 학습교인 391명, 금년도 세례자 117명, 금년에 허용한 학습교인 180명입니다. 리 목사와 저는 공동 목사로서 선교지부의 모든 회원으로부터 설교와 목회 사역에 지속적인 도움을 받으면서 이곳 사역을 분담했습니다. 우리가 목회 책임을 맡고 있지만 협력체로서 선교지부 전체의 사역이 교회를 세우는 데 기여하고 있습니다. 올해는 모든 분야에서 즉 신자 수, 모든 예배 참석자 수, 헌금, 조직의 힘, 무엇보다도 영적인 능력에서 열정적인 성장을 보인 한 해였습니다. 우리는 세 번의 세례식을 집례했는데, 첫 번째는 23명이 유아세례를 받고 언약의 명부에 올라간 성탄절 전 주일에, 두

1 시 90:17.

one in June when 22 adults and 18 infants received the ordinance. The baptisms for the year, including several baptized in their homes, amount to 117 adults and 41 infants, while there were 188 catechumens publicly received. The present enrollment of the church is: 510 Communicants, 391 Catechumens, 53 Baptized children on the Covenant Roll. Special instruction on the subject of Infant Baptism has been given, the relation of the children to the church and the nature of the vows taken by the parents being carefully explained. This privilege has not yet been urged upon parents and no children have been baptized except in cases where both parents have been baptized members of the church in good standing.

The roll has again been carefully revised and discipline administered. There have been 1 excommunication and 10 suspensions with 6 restorations. There have been but 9 deaths. For the better oversight of the large number now on the roll we have adopted the plan of the Wanamaker [of Philadelphia] Bible Class. Leaders of tens and leaders of hundreds have been appointed whose duty is to keep an oversight of those in their charge and report to the officers all cases of sickness, calamity, death, all neglect of services, all fall into sin, removals, etc., thus enabling the officers much more efficiently to look after the needs of the whole church.

The officers hold regular meetings twice a month. We now have a Board of 3 Elders, 2 Leaders and 5 Deacons which through a set of Committees has become quite proficient in providing for the church, caring for the poor, visiting the sick and burying the dead. Committees also have charge of the street preaching, services for patients in the hospital, study classes each night in the two "sarangs" and the sale and distribution of the Sabbath School Lesson sheets. This year a committee has arranged also for Sabbath services once or twice a month in some 18 villages near at hand where there are those on the city roll. Some

번째는 42명의 성인이 세례를 받았던 4월에, 그리고 세 번째는 22명의 성인과 18명의 유아가 세례를 받은 6월에 거행되었습니다. 집에서 세례를 받은 여러 명을 포함해서 지난 해 세례자는 성인 117명과 유아 41명에 달하며, 공식적으로 188명의 학습교인을 받았습니다. 교회의 현재 등록자는 510명의 세례교인, 391명의 학습교인, 언약의 명부에 올라간 53명의 유아세례자가 있습니다. 유아세례를 주제로 특별 교육을 실시하여 아이들과 교회의 관계, 그리고 부모가 하는 서약의 성격에 대해 주의 깊게 설명했습니다. 이 특권을 부모에게 강권하지는 않았고, 부모가 모두 교회의 성실한 세례교인인 경우를 제외하고는 어떤 아이에게도 세례를 주지 않았습니다.

교적을 다시 주의 깊게 정리했고 치리를 실시했습니다. 한 명이 출교됐고 10명이 자격 정지되었으며 6명은 사면되었습니다. 9명만이 사망했습니다. 현재 교적(敎籍)에 기록된 수많은 사람을 더 잘 관리하기 위해, 우리는 [필라델피아] 워너메이커 성경학교의 계획을 채택했습니다. 10명을 담당하는 권찰(勸察)[2]과 100명을 담당하는 지도자를 임명했는데,[3] 그들의 임무는 담당하는 자들을 감독하고 모든 종류의 질병, 재난, 사망, 예배 소홀, 범죄, 이사 등을 교회 직원에게 보고하는 것으로, 직원들이 교회 전체의 필요에 훨씬 더 효과적으로 대처할 수 있도록 했습니다.

교회 직원은 한 달에 두 번 정기 회의를 열었습니다. 우리는 현재 3명의 장로,[4] 2명의 영수,[5] 5명의 집사로 이루어진 제직회가 있는데, 이는 일련의 위

---

2 1901년 다섯 가정을 담당하는 권찰 제도가 도입되었는데 오늘날의 구역장과 같은 직책으로 조선시대 "오가작통법"(五家作統法)과 연관되는 관리 체계였다. 오가작통법은 1485년 한명회에 의해 채택되어 『경국대전』에 등재되었는데, 수도 한성에서는 5개의 호(戶)를 1개의 통(統)으로 구성하고 리(里)는 5개의 통(統)으로 구성하며 면(面)은 3-4개의 리(里)로 구성하여 통에는 통주(統主) 또는 통수(統首)를 두고 면에는 면장을 두어 조직을 강화했다. 여기서 통주에 해당하는 것이 권찰이고, 면장에 해당하는 것이 영수다. 권찰과 영수 제도는 성경이나 서양에 없는 제도이지만, 교회가 새로운 시민 공동체(civic community)로서 자체의 법을 가진 새 지역 조직이라는 성격을 잘 보여주는 예였다.

3 100명을 담당한 자의 직위가 무엇이었는지는 조사가 필요하다. 1901년 현재 장로-영수-집사-교사-권찰이라는 다섯 가지 교직(church office)이 장대현교회에 있었다.

4 김종섭, 길선주, 방기창이다.

5 전군보와 박자중이다.

twenty men of the church conduct these services. In three of these places chapels have been built this year: the Wai Sung, Chil Kol, and Cho Wangi, but they have not yet been set aside as separate churches.

The visit of Dr. Brown, Secretary of the Board in May was a spiritual uplift to the officers and to the whole church. His sermon on Sabbath, his prayer meeting address, his charge to Elders Pang Ki-ch'ang and Kil Sŏn-ju at their ordination and his conference with the officers, all told effectually for the deepening of spiritual convictions. Their river excursion and reception tendered him was but a faint expression of their deep interest in his visit. Two conferences conducted by Helpers attending the Summer Training Class were held at the church–one on the subject of "Home Life" and one on "Marriage and Burial Customs." Some seven or eight hundred people attended and the interest manifested was very great. The Prayer meetings still continue to be the great joy of the pastor's heart, the attendance now seldom falling below seven hundred. The Week of Prayer was observed with an equally good attendance.

Elders Kim Chong-sŏp and Pang Ki-ch'ang were examined and have been received under care of the Council as candidates for the ministry, thus necessitating Mr. Kim giving more time to study and less to his work as pastor's assistant. The Board of Officers willingly voted him leisure for this study and have arranged to secure half of the time of Elder Kil as an additional assistant, providing as half his salary 30 nyang a month, the other half of his time being given to holding classes in the country churches. With the approval of the officers, the Woman's Home Missionary Society have also provided 10 nyang a month for a Mrs. Sin which enables her to give most of her time to visiting and instructing the women in other churches and villages. She with other approved women whose expenses the Society has borne have visited some 30 groups of believers and many villages in seven counties. They have thoroughly

원회를 통해 교회의 필요를 공급하고, 가난한 자들을 돌보고, 아픈 자들을 심방하고, 죽은 이들을 장사하는 일 등을 능숙하게 처리했습니다. 또한 위원회는 노상 전도, 병원 환자 예배, 두 개의 "사랑"방에서 매일 밤 열리는 성경공부반, 그리고 주일학교 공과의 판매와 반포를 담당하고 있습니다. 그리고 올해 시내 교회 교적에 등록된 자들이 있는 대략 18개의 근처 마을에서 한 달에 한두 번 열리는 주일 예배를 준비하기 위한 위원회가 구성되었습니다. 약 20명의 교인들이 이 예배를 인도합니다. 올해 이들 가운데 세 곳에서 예배당을 건축했는데 외성(外城), 칠골, 조왕리(助王里)로, 아직 개교회로 분리되지는 않았습니다.

5월에 선교부 총무인 브라운 박사의 방문은 제직과 교회 전체를 영적으로 향상시켜주었습니다. 그의 주일 설교와 수요 기도회에서의 설교, 방기창과 길선주의 장로 안수, 그리고 제직과의 회의는 모두 영적 확신을 강화하는 데 효과적이었습니다. 그에게 베푼 대동강 유람과 환영회는 교인들이 그의 방문에 대한 깊은 관심을 작은 성의로 표현한 것이었습니다. 여름 사경회에 참석한 조사들이 주도한 두 번의 토론회가 교회에서 열렸는데, 각각 "가정생활"과 "혼인과 장례 풍속"이라는 주제였습니다. 대략 700-800명이 참석했고 교인들은 큰 관심을 표했습니다. 수요 기도회는 여전히 목회자의 마음에 큰 기쁨을 계속 주고 있는데, 참석자는 이제 700명 이하로 거의 떨어지지 않습니다. 기도 주간도 동일하게 좋은 참석률을 보였습니다.

김종섭 장로와 방기창 장로를 심사한 후 공의회가 관리하는 목사 후보생으로 받았으며, 이로써 김 씨는 공부할 수 있는 더 많은 시간을 얻고 목사의 조력자로서의 사역을 덜할 수 있게 되었습니다. 제직회는 그의 공부를 위해 그에게 여유 시간을 주기로 의결했고, 추가 조력자로서 길선주 장로의 시간의 절반을 확보하고 김 장로가 받던 월급 30냥의 반을 그에게 제공하며 나머지 반은 시골 교회에서 사경회를 인도하는 데 제공하기로 계획했습니다. 제직회의 승인하에 국내 여전도회도 전도부인 신반석 씨가 다른 교회와 마을에 있는 여성들을 방문하고 지도하는 데 대부분의 시간을 할애할 수 있

enjoyed this work and come back from each trip with beaming faces, telling of the victories of the gospel in the lives of the country women.

The greatest apparent progress this year has been that of the building of the church. The first cell was sufficiently advanced last fall to enable us to gather a congregation of nearly a thousand people for services at the time of the last Annual Meeting. That cell was finished before winter and by crowding accommodated the congregation although there were many Sabbaths when numbers were turned away. In February another appeal for funds was made and an additional 300 yen was subscribed, while all were urged to pay their second year's subscriptions at once so that the other cell might be added before Mr. Lee left for his furlough in June. The response was most gratifying and just as soon as the weather permitted work was begun on the new wing. By June it was under roof, the walls and floor in and services were held with accommodation for about 1,400 people. The building is now filled every Sabbath and this next year when the third year's subscriptions are paid in we shall hope to put on the finishing touches and add the two galleries which will accommodate about 300 more. The amount paid in this year amounts to nearly 10,000 nyang or in yen, 1,500, making a total of subscriptions paid in since the beginning of the Building Fund of yen 3,263.60. The whole congregation felt the inspiration of the large gatherings last fall and again this summer when the new wing was opened for services. Each Sabbath with its great crowd of reverent worshipers is an ever fresh inspiration to us all.

The financial report for the year shows a marked increase over last year. Three special offerings were taken, one for Deacon's Benevolent Fund on Christmas Day, one for the Academy and one for the Bible Society, while from funds in hand the officers voted 100 nyang to the Board of Missions just established. The Sabbath offerings from which are paid the salaries of pastors' assistants, Kim Chong-sŏp, Kil Sŏn-

도록 그녀에게 월급 10냥을 제공했습니다. 국내 여전도회가 급여를 책임지도록 승인받은 다른 여성들과 함께, 그녀는 7개 군에 있는 미조직교회 30여 곳과 많은 마을을 방문했습니다. 그들은 이 사역을 완벽하게 즐겼고, 시골 여성들의 삶에서 일어난 복음의 승리에 대해 이야기하며 빛나는 얼굴로 매번 순회 여행에서 돌아왔습니다.

올해 가장 뚜렷한 발전을 이룬 것은 교회 건축이었습니다. 지난가을 첫 번째 예배실에 대한 공사가 충분히 진행되어 연례 회의 때 열린 예배에 거의 1,000명의 회중이 모일 수 있었습니다. 그전까지 주일마다 많은 사람을 돌려보내야 했지만, 예배실이 겨울 전에 완공되어 차고 넘치는 회중을 수용했습니다. 2월에는 또 다른 작정 헌금을 했고 추가로 300엔의 연보를 받았는데, 리 목사가 휴가를 떠나는 6월 이전에 다른 예배실을 완성할 수 있도록 모든 사람이 2년 차 작정 헌금을 한 번에 내도록 권고받았습니다. 교인들은 만족스러웠고 날씨가 좋아지자마자 새 예배실에 대한 공사를 시작했습니다. 6월에 지붕을 올렸고 벽을 세우고 마루를 깐 후에 대략 1,400명의 수용 인원으로 예배를 드렸습니다. 건물은 이제 매 주일마다 가득 찹니다. 우리는 3년 차 작정 헌금이 들어오는 내년에 최종 마무리를 하고 대략 300명 이상을 수용하게 될 두 개의 2층 공간을 추가할 수 있기를 희망합니다. 올해 들어온 헌금은 거의 10,000냥(1,500엔)에 이르며 건축 기금이 시작된 이후 작정 헌금 총액은 3,263.60엔이 됩니다. 전 회중은 지난가을과 새로운 예배실이 완성된 올여름 많은 사람이 모인 모습에 감동을 받았습니다. 매 주일 경건하게 예배하는 큰 군중은 우리 모두에게 새로운 영감을 주었습니다.

올해 재정 보고서는 작년에 헌금이 현저하게 증가되었음을 보여줍니다. 세 번에 걸쳐 특별 헌금을 받았는데, 성탄절에 집사의 자선기금으로 한 번, 학교를 위해 한 번, 그리고 성서공회를 위해 한 번 특별 헌금을 했습니다. 제직들은 수중에 있는 기금에서 이제 막 세워진 국내 전도회에 100냥을 지원하기로 의결했습니다. 주일 헌금으로 목사의 조력자들인 김종섭, 길선주(1/2) 그리고 전도부인 신반석의 봉급과 교회 경상비를 지불했는데, 그 금액

ju (½) and Mrs. Sin, and the current expenses of the church, etc., have amounted to

	nyang 2,567.57.
Deacon's Fund for Benevolence	648.43
Home Missions	315.00
Bible Society	55.50
Education, including 3 boys' schools,	
2 girls' schools and the offering of	103.27
for the Academy	1,426.74
Building fund for new church	9,740.73
Building fund for chapel at Way Sung and Chil Kol	800.00
or a TOTAL of	**nyang 15,553.97**
amounting in yen to	**¥2,392.92**

The women have been most self-sacrificing in their giving. My heart was touched when one day a young woman brought me 100 cash for the church. She had been driven from her home by angry parents-in-law because she refused to take part in ancestral worship and persisted in being a Christian. She took refuge with some friends in the city, making her living by washing and sewing. She had saved up this 100 cash one cash at a time through a period of a year and was rejoiced finally to be able to bring it as her offering. This represented sacrifice and hard work. Yi-ssi, probably the first woman converted in Pyeng Yang and now one of the most earnest and useful, brought her to me and spoke with tears in her eyes as she told me the story.

Yi-ssi has had a full heart this year, as after 8 years of praying and hoping she sees her husband converted. He had stood out defiantly against the truth and had compelled his son to tend shop on the Sabbath much against the young man's will, but on the Sabbath before Christmas

은 2,567.57냥에 달합니다.

	2,567.57냥
집사 자선기금	648.43
국내 선교	315.00
성서공회	55.50
교육비 남학교 3, 여학교 2,	
학교를 위한 헌금 포함	103.27
중학교	1,426.74
새 교회 건축 기금	9,740.73
외성과 칠골 예배당 건축 기금	800.00
계	**15,553.97냥**
엔화 환산	**2,392.92엔**

여성들이 헌금하는 데 가장 헌신적이었습니다. 어느 날 어떤 젊은 여성이 교회를 위해 100전을 가져왔을 때 저는 감동을 받았습니다. 그녀는 제사를 거부하고 기독교인이기를 고집했기 때문에 화가 난 시부모로부터 집에서 쫓겨났습니다. 그녀는 시내의 몇몇 친구들 집에서 지내며 설거지와 바느질로 생계를 유지했습니다. 그녀는 1년에 걸쳐서, 1전씩 모아 이 100전을 마련했습니다. 그리고는 마침내 자신의 헌금으로 그 돈을 가져올 수 있음을 기뻐했습니다. 이것은 희생과 고역을 나타냅니다. 평양에서 개종한 첫 여성이자 이제는 가장 신실하고 도움이 되는 이신행 부인은 제게 와서 눈물을 머금고 이것을 이야기했습니다.

이 씨는 8년 동안 기도하고 바란 끝에 남편이 개종한 것을 보았기 때문에 올해 아주 기뻐했습니다. 그는 진리를 거부했고 아들로 하여금 강제로 주일에 가게를 보라고 시켰습니다. 그러나 성탄절 전 주일에 그는 학습교인으로 받아들여졌고 그 후 주일이면 가게 문을 닫고 교회에 정기적으로 참석하

he was received as a catechumen and has ever since kept his shop closed and regularly attends church. The son, then but 17 years old, was one of the first group of inquirers gathered before the war and through him this whole family has now been brought into the church. His grandfather, though not baptized, died a Christian this year and his wife and child were baptized this spring.

B. Country Work: South Pyeng An Province–Northern and North-Eastern Circuits:
Outstations 52, Members 547, Catechumens 1,021, Baptized this year 193, Catechumens received 464.

The gratifying feature of the country work this year has been the substantial progress made and the fairly satisfactory conditions in face of the fact that of the 52 groups reported, only 13 were visited as often as twice; 27 received but one visit, while 11 received no visit at all. The 3 Helpers and the 23 appointed Leaders have very efficiently looked after the work and great praise is due them for their fidelity and zeal.

In the 10 trips of 86 days, all the time which I was able to spare from the city work, so much of the time was necessarily taken up with the urgent and important work of examination of candidates for baptism that too little time was left for instruction and for more thorough organization. I am eagerly looking forward to the division of my large territory that I may more efficiently care for the Northern circuit only. I have been able to provide for the administration of the Lord's Supper in but 6 of the churches, a fact which I very deeply regret as I find that the Communion service is always a means of grace greatly deepening spiritual convictions and strengthening faith.

The Roman Catholics have made strenuous exertions in attacking almost every group in my district. A few have been shaken, five baptized members and several catechumens were led astray but very soon almost all of them realized their mistake. All but two baptized men and a very

고 있습니다. 그 아들은 청일전쟁 전 17세였을 때 우리에게 왔던 첫 번째 구도자 중 한 명으로, 그를 통해서 이 가족 전체가 이제 교회로 인도되었습니다. 그의 할아버지는 비록 세례를 받지 않았지만 올해 기독교인으로 영면했고, 그의 아내와 아이는 올봄에 세례를 받았습니다.

나. 지방 사역: 평안남도—북부 시찰 및 북동 시찰

미조직교회 52개, 입교인 547명, 학습교인 1,021명, 금년도 세례교인 193명, 금년도 학습교인 464명.

보고된 52개 미조직교회 중 13개 그룹은 두 번 방문했고, 27개 그룹은 한 번, 그리고 11개 그룹은 전혀 방문하지 않았음에도 불구하고, 올해 지방 사역이 상당한 발전이 이루어졌고 만족스러운 상황인 것은 감사할 만한 특징입니다. 3명의 조사와 임명된 23명의 영수가 효율적으로 사역을 관리했습니다. 충성과 열정을 보인 그들에게 대단한 찬사를 돌려야 마땅합니다.

저는 86일 동안 10회에 걸쳐 순회 여행을 하면서 도시 사역에서 벗어날 수 있었고, 세례지원자를 문답하는 긴급하고 중요한 일에 많은 시간을 할애했기 때문에 교육이나 좀 더 철저한 조직을 위해서는 거의 시간을 낼 수 없었습니다. 저는 제가 맡고 있는 넓은 관할 지역을 분할하여 북부 시찰만 보다 효과적으로 관리할 수 있기를 기대합니다. 저는 그 교회들 중 겨우 6곳에서 성찬식을 집례할 수 있었는데, 성찬식이 항상 영적 확신을 깊게 하고 신앙을 강하게 하는 은총의 수단임을 알기 때문에 이 사실에 대해 유감스럽게 생각합니다.

가톨릭 신자들은 제가 관할하는 시찰의 거의 모든 미조직교회를 끈질기게 공격했습니다. 몇 개 그룹이 흔들렸고 세례를 받은 5명의 입교인과 여러 학습교인을 잃었지만 곧 대부분이 돌아왔습니다. 사역에서 가장 큰 발전은 평양군에서 이루어졌는데, 제가 면밀한 주의를 기울일 수 있었던 가장 가까운 곳입니다. 이곳의 여러 미조직교회는 상당히 만족스러운 상황에 있습니다.

소우물교회는 시찰에서 가장 많은 입교인을 가지고 있으며, 정규 출석

few catechumens have returned. Greatest progress in the work has been made in Pyeng Yang county, that nearest at hand to which I have been able to give the closest attention. Several of these groups are in quite satisfactory condition.

The So Ou Moul Church has the largest enrollment on the circuit, has a regular attendance of about 150 and is developing in spiritual power. Its primary school has an attendance of 28 and for its expenses they raised 500 nyang. This year they have entered heartily into the support of the Helper, subscribing 170 nyang for this. They have done a great deal of voluntary work in other villages, one of the men holding two classes for me in the winter while others go regularly to another new colony from this church which is about ready to be set off as a new group at O Rim. As last year, so this year also, 30 men came in to work gratuitously for one day on the Pyeng Yang church when the new wing was being built.

The Mi Rim group which went off last year as a colony from here has now won its way against very severe opposition and persecution, has bought a building, and is enthusiastically moving ahead with an attendance of 50 or more.

The Nam San Mo Roo group has built a separate building for a women's church, has secured a Christian teacher for the boys' school and gives good promise although it has suffered some from internal dissension.

Northwest of the city the Han Chun group is becoming a great power developing into a strong church with good leaders and an aggressive spirit. In no group has careful oversight and instruction shown greater results. They have two schools in different villages, have purchased another building for the women's church and now plan to sell both buildings and erect a large church on a fine new site purchased this year. If the failure of the crops does not prevent, I expect to see there a good

교인이 대략 150명인데 영적인 능력 면에서 성장하고 있습니다. 그 교회의 초등학교에는 28명의 재학생이 있으며, 교인들은 학교 경상비를 위해 500냥을 모금했습니다. 올해 그들은 조사를 성심껏 지원하기 시작했는데 이를 위해 170냥을 기부했습니다. 그들은 자원하여 다른 마을에서 사역을 했습니다. 그들 중 한 사람은 겨울에 저를 위해 두 개의 사경회를 열었고, 나머지 사람들은 정기적으로 이 교회가 개척하는 새로운 지역으로 갔는데, 오림에서 새로운 미자립교회를 시작할 준비가 거의 되었습니다. 작년처럼 올해에도 30명의 남자들이 새 예배실을 짓고 있는 평양 교회에 가서 하루 동안 일했습니다.

미림 미조직교회는 소우물교회가 개척하여 작년에 시작되었는데, 이제 혹독한 반대와 박해를 이겨내고 건물을 구입해서 50명 이상의 출석 교인과 함께 열정적으로 나아가고 있습니다.

남산모루 미조직교회는 여성 예배실을 위해 별도의 건물을 지었고, 남학교를 위해 한 명의 기독교인 교사를 확보했으며 내부의 의견 불일치로 어느 정도 고통이 있었지만 전망이 밝습니다.

한천 미조직교회는 읍의 북서부에 있는데 훌륭한 영수와 더불어 적극적인 정신을 지닌 건실한 교회로 성장하면서 큰 세력이 되고 있습니다. 어떤 그룹보다 주의 깊은 관리와 교육이 이루어져서 가장 큰 결과를 낳았습니다. 그들은 다른 마을에 두 개의 학교를 운영하고 여성 예배실을 위해 건물을 구입했으며, 현재 건물 두 개를 매매하고 올해 매입한 새 부지에 큰 예배당을 세우려고 계획하고 있습니다. 만일 추수가 전반적인 흉작이 아니라면, 저는 200명 이상을 수용할 수 있는 좋은 건물이 세워지리라 기대합니다. 맹인 안씨를 학습교인으로 다시 받게 된 것은 기쁜 일입니다. 3년 전에 그는 중대한 죄에 빠졌기 때문에 출교되었지만 자신과 힘겨운 싸움을 했고 이제 신실한 회개의 증거를 보여주고 있습니다. 제가 다음에 순회할 때 그를 회복시키고 싶습니다.

서쪽으로 70리 떨어진 곳에 있는 비곡동과 갈대골의 두 그룹이 연합하

building able to accommodate over 200 people. It was a great pleasure to me to re-receive An, the blind man, as a catechumen. Three years ago he was excommunicated because of fall into grievous sin. He has had a hard struggle with himself but now gives evidence of sincere repentance. I hope to restore him on my next visit.

Seventy li west, another strong group is being formed by the union of the two groups at Pi Kok Tong–Kal Tai Kol. This group plans to build at An Mal. It enrolls about 70 and since my visit when the union was consummated, there has been larger growth.

In Soon An County–the City Church is coming out of its difficulties strong and vigorous. In December, with assistance from Elder Kim and Leaders Kil and Chon of the Pyeng Yang church, I held a class there with special services for deepening the spiritual life. The result was a great blessing. Each day brought confessions of sin from one or more of those who had fallen away and on the second Sabbath there was an attendance of 120, half of whom partook of the Lord's Supper. In Sa Chon where this church first started [in] the home of ex-Helper Kim, whom I excommunicated, a great change has come. Services have been revived there each Sabbath morning, Kim's repentance is becoming clearer and he with others now regularly attends the afternoon services in the Union Church.

In Pyeng Ni, another of the villages uniting in this church, a school has been started with Leader Sin as teacher and on my last trip I appointed for it a Board of Trustees that we might receive a gift from one of the members of the deeds for 500 nyang worth of rice fields as an endowment for the school.

The Cha Chak Church, once so strong, has been almost obliterated by enforced removals, the gold miners practically driving the people from the neighborhood by confiscation of their fields for mining and of their homes for dwellings, no compensation being given. A small

여 건실한 미조직교회가 세워지고 있습니다. 이 미조직교회는 안말에 세울 계획입니다. 거기에는 대략 70명의 입교인이 있습니다. 연합 후에 제가 방문했고 그 이후로 더 크게 성장하고 있습니다.

순안군 읍내교회는 어려움에서 벗어나 강하고 활기가 넘칩니다. 저는 12월에 평양 교회 김종섭 장로와 영수 길선주와 전군보의 도움을 받아 그곳에서 영적인 삶을 심화시키기 위한 특별 예배와 함께 사경회를 가졌습니다. 그 결과 큰 축복을 받았습니다. 매일 타락했던 자들 중 한 명이나 그 이상이 죄를 회개했습니다. 둘째 주일에는 120명이 출석했는데, 그들 가운데 절반이 성찬식에 참여했습니다. 내가 출교시킨 전직 조사인 김 씨 집에서 이 교회가 처음 시작된 사천에서는 큰 변화가 있었습니다. 그곳에서 매 주일 아침 예배가 부활되었습니다. 김 씨는 더 분명하게 회개했고, 이제 다른 사람들과 함께 정기적으로 연합교회의 오후 예배에 참석하고 있습니다.

이 교회에 통합된 마을 중 하나인 평리에서는, 영수 신 씨를 교사로 삼아 초등학교를 개교했습니다. 지난 순회 여행 때 저는 그 학교 이사회를 임명했는데, 그 임원 중 한 사람으로부터 학교를 위한 기부금으로 500냥 가치의 논 등기문서를 받았습니다.

한때 상당히 건실했던 자작교회는 강제 이주로 거의 없어졌습니다. 금광업주들이 채굴할 광산과 거주할 집을 몰수하면서 실질적으로 사람들을 그 지역에서 몰아냈지만 어떤 보상금도 지급하지 않았습니다. 다른 마을에 사는 12명 정도 되는 남은 소수의 사람들이 여전히 매 주일마다 교회에 모이고 있습니다. 대부분의 사람들은 떠났고 많은 사람이 이제는 다른 교회에 있습니다. 이 군에서 금정구리 인근의 두 그룹이 연합해서 새로운 예배당에서 모입니다. 북창과 [ ]골의 두 그룹은 북창으로 연합하여 좋은 결과를 내고 있고, 함박골 그룹은 자모읍으로 옮겼는데, 지금은 대략 30에서 40명이 모여 순회 방문을 기다리고 있습니다. 이둔리에 작은 그룹이 생겨났는데 자산에서 온 교사가 초등학교를 개교했습니다.

영유군은 갈원(葛院) 그룹이 두 번째로 좋은 지역에 새로 개척했습니다.

remnant of a dozen or so from other villages still meet in the church each Sabbath. Most of the people have removed and many of them are now in other churches. In this county the two groups near Kum Chung Kuri have united into one with a new church building; the Puk Chang and [ ] Kol groups have united at Puk Chang with good results, the Ham Pak Kol group has removed to Cha Reup where now some 30 or 40 are meeting awaiting a visit, and a small group has arisen at E. Toungi, where a teacher from Cha San has started a school.

In Yung You county: The Kal Ouen group for the second time has sent off a fine new colony. This is at Ha Sam where they have a small building and a good leader. Kal Ouen itself is now weak.

Tong Ho Ri is struggling against a debt on its building unwisely contracted without consultation. I held a class there in the winter which helped them greatly and strengthened them in their determination to hold on and work out of their present difficulties.

Teok So Ri is growing stronger and my refusal last year to baptize several who were lax on Sabbath observance and the suspension of the Leader has toned up the whole group. They have a good primary school.

Po Tel Kol is weak, having no strong leader and no advanced members. Embezzlement of funds on the part of a former catechumen whom they thought repentant left them with a debt which has proved an obstacle to progress.

Tong Myung Ri is a revived group. A small building with two baptized men was all that was here for three years. This year others have become interested and now they gather a dozen or more each Sabbath.

In Suk Chun county–The city church is the center of strength, two of the Helpers now residing there and the leaders being strong men. A good school lends activity to it and a good building made free of debt this year provides for school and sarang [visitor's room] and for a church which accommodates over 150. One of the Leaders of the church has

이곳은 하삼에 있으며 그곳에서 그들은 작은 건물과 훌륭한 영수를 가지고 있습니다. 갈원 자체는 지금 연약합니다.

통호리는 아무런 상의 없이 어리석게 건축한 건물 때문에 빚을 져서 어렵습니다. 저는 겨울에 그곳에서 사경회를 열었습니다. 사경회를 통해 그들은 큰 힘을 얻었고 현재의 어려움을 견디고 벗어나겠다는 강한 결심을 했습니다.

덕소리(德沼里)는 건실하게 발전하고 있습니다. 작년에 주일 성수에 소홀했던 여러 사람에게 세례를 주지 않고 영수를 정직시킨 것이 교회 전체 분위기를 쇄신했습니다. 그들은 좋은 초등학교를 가지고 있습니다.

버들골은 건실한 영수와 성숙한 신자가 없어서 연약합니다. 그들이 회개했다고 생각했던, 이전에 학습교인이었던 자가 자금을 횡령해 빚을 지고 그들을 떠난 일은 교회 발전에 장애가 되고 있습니다.

통명리(通明里)는 다시 일어난 그룹입니다. 세례를 받은 2명의 남자와 작은 건물이 3년 동안 이곳에 있던 전부였습니다. 올해 다른 사람들이 관심을 갖게 되었고 이제 그들은 매 주일에 12명 이상이 모입니다.

숙천군은 읍내교회가 활력의 중심입니다. 2명의 조사가 지금 그곳에서 거주하고 있고 영수들은 강건한 자들입니다. 좋은 학교가 활력을 불어넣고 있고 학교, 사랑방, 150명 이상을 수용하는 예배당으로 사용하는 신축 건물에 대한 빚도 올해 다 청산할 수 있습니다. 영수 중 한 명이 전도회 임원에 선출되어 첫 번째 전도인이 되었습니다. 사산과 보민동에 있는 다른 두 미조직교회는 대체로 관심과 지도력의 부족으로 인해 발전이 거의 없었습니다. 저는 새 조사인 김찬성(金燦星)의 지도하에 이곳과 안주군에서 진전이 있기를 기대합니다.

안주군은 단지 시간이 없어서 관심을 거의 주지 못했던 큰 지역입니다. 네 개의 작은 미조직교회가 있는데, 도시에서 5리 떨어진 곳에 새로운 미조직교회가 생겼고, 숙천교회의 입교인이 시작한 산악 지역에 한 그룹이 있습니다. 이 그룹은 이웃 사람들이 비가 오지 않는 가뭄을 기독교인들에게 책임

been selected by the Board of Missions to become its first missionary. The other two groups at Sa San and Po Min Tong have made little progress, largely owing to lack of attention and leadership. Under the new Helper, Kim Chan Sung, I look for a forward movement in this and An Ju counties.

In An Ju county there is a large field which has received almost no attention simply from lack of time. There are 4 small groups–a new one 5 li from the city and one in the mountains started by a member enrolled at Suk Chun. This group has been called upon to endure persecution because of the drought, the neighbors holding the Christians responsible for the lack of rain. The church doors and windows were broken. In An Ju city the constant visiting and seed-sowing of ten years have enlightened a great many and raised up many inquirers but as yet only one man has showed sufficient conviction of sin and desire to follow Christ to be received as a catechumen.

In Kai Chun County–another small group in the mountains was started last fall. The leader of the Ryong Hyen group has done faithful work in spreading the news all over the county but little has been done to follow up his work.

The other ten counties with a small strip of Pyeng Yang county in which is the one group of Sa Hoi Kol constitute the northeastern circuit which I hope to turn over to Mr. Bernheisel's care just as soon as the Mission will relieve me of it. It is a most promising section, calling loudly for more attention and one which will yield a rich harvest. There are Christians in every county with the possible exception of Maing San. When with Mr. Ross and Mr. Bruen I went up as far as Tek Chun last October, we were surprised to find how widely the gospel had been proclaimed where no missionary had ever been. It was our privilege to establish 5 new groups in this region and to find isolated believers here and there in little nooks way up in the mountains. As one man after

을 돌리는 바람에 박해를 견뎌야 했습니다. 교회의 문과 창문이 부서졌습니다. 안주시에서는 10년간 계속 순회 여행을 하며 씨를 뿌린 결과 많은 사람이 각성했고 많은 구도자가 나왔지만, 아직까지 단 한 사람만 죄에 대해 충분히 회개하고 학습교인으로 등록해서 그리스도를 따르겠다는 희망을 보였습니다.

개천군에서는 지난가을에 산악 지역에서 또 다른 소규모의 그룹이 시작되었습니다. 용현(龍峴)에 있는 미조직교회의 영수[이치수]는 군 전체에 열심히 복음을 전했지만 그의 사역을 잇는 후속 사역은 거의 이루어지지 않았습니다.

다른 10개의 군(郡)은 사회골 그룹이 있는 평양군의 좁고 긴 지역과 함께 북동 시찰(北東 視察)을 구성합니다. 선교회가 그곳에 대한 제 책임을 덜어준다면 저는 곧바로 번하이젤 목사에게 그 관리를 이양할 수 있기를 희망합니다. 그곳은 더 많은 관심을 강렬하게 요청하는 가장 전망이 좋은 지역으로 풍성한 수확이 기대되는 곳입니다. 아마도 맹산을 제외하고 모든 군에 기독교인들이 있습니다. 로스 목사 및 브루엔 목사와 함께 지난 10월에 덕천까지 올라갔을 때, 우리는 어떤 선교사도 가본 적이 없는 곳에서 복음이 얼마나 폭넓게 전파되었는지를 발견하고 놀랐습니다. 이 지역에 다섯 개의 새로운 미조직교회를 세우고, 깊은 산골짜기 이곳저곳에 고립된 신자들을 발견한 일은 우리의 특권이었습니다. 밭에서 또는 외딴 초가집에서 혹은 작은 계곡에서 사람들이 잇따라 우리를 불러 세우고 자신을 기독교인이라고 밝힐 때 로스 목사는 "이렇게 높은 곳에서 모든 나무와 관목 위에서 기독교인들이 자라는 것처럼 보이는 이유는 왜일까"라고 외쳤습니다.

덕천에서 우리는 두 개의 미조직교회를 발견했는데 각각 교회 건물이 있었습니다.[6] 선교사들이 방문하지 않았던 이곳에서 한 그룹이 성장해서 좀 더 큰 새 건물을 짓고 있었습니다. 계곡을 내려가던 어느 날 아침 일찍, 우리

6 덕천읍교회와 덕천풍전교회다.

another coming from the field, or from a lonely cabin, or some little valley called to us to stop and then announced himself as a Christian, Mr. Ross broke out with "Why, up this way the Christians seem to grow on every tree and bush."

In Tuk Chun we found two groups, each with a church building—and here where no missionary had ever been one group had grown so that it was putting up a new and larger building. Early one morning as we came down the valley we gathered in this new building under roof but not yet completed and dedicated it with prayer and singing. The whole valley was made to ring with the doxology as we rejoiced over this evidence of the Spirit's work in far off Tek Chun.

In Soon Chun County—the church has moved from a village to the city and has grown from a group of a dozen to one of some 40 people. From this group has come the teacher for the new city school in Pyeng Yang, a man who gives promise of great usefulness.

In Eun San County there is but one small group but from it the word has gone forth to the large county of Syeng Chun where there are now 4 small groups. None of these have yet been visited by a missionary though they urgently beg for a visit.

In Yang Tok County a group has sprung up and there are believers in several places. As this county is nearer our Canadian brethren in Gensan [Wonsan] this group has come into touch with them. The question arises as to whether we should not transfer a part of our province to their care.

In Sam Teng County the Pyo Chon group has about disappeared by removal to other churches but the city group now presents a nucleus of good faithful believers awaiting a visit to be received as catechumens.

In Kang Tong County the two groups have both been strengthened. The Yol Pai group has a new church, an earnest leader and is steadily growing.

In this northeastern section the Cha San County work is the oldest

는 아직 완성되지 않았지만 이 새로운 건물 지붕 아래 모여 예배와 찬양으로 교회를 헌당했습니다. 우리가 멀리 떨어진 덕천(德川)에서 이런 성령의 역사에 대한 증거를 기뻐할 때 계곡에는 찬송이 울려 퍼졌습니다.

순천군(順川郡)에서는 교회가 작은 마을에서 읍으로 옮겨갔는데 12명에서 대략 40명의 미조직교회로 성장했습니다.[7] 이 그룹에서 평양에 세운 새 시내 학교의 교사가 나왔는데, 대단히 유능할 것으로 전망되는 사람입니다.

은산군(殷山郡)에는 작은 미조직교회가 하나밖에 없지만[8] 그것으로부터 성천(成川)이라는 큰 군으로 복음이 뻗어나가 성천에는 네 개의 작은 미조직교회가 있습니다. 그들이 긴급하게 순회 여행을 요청하고 있지만 아직 어떤 곳도 선교사의 심방을 받지 못했습니다.

양덕군(陽德郡)에는 미조직교회가 자라나 여러 곳에 신자들이 있습니다. 이 군은 원산에 있는 우리 캐나다 형제들에게 더 가깝기 때문에, 이 미조직교회는 그들과 접촉했습니다. 우리가 우리 관할 지역의 일부를 그들이 관리하도록 이전해야 하는지에 대한 문제가 발생하고 있습니다.

삼등군(三登郡)의 표천 미조직교회는 다른 교회로 이동해 다니느라 거의 사라졌지만, 읍내 그룹은 이제 학습교인으로 등록하기 위해 순회 여행을 기다리는 핵심적인 건실한 신자들을 배출하고 있습니다.

강동군(江東郡)에는 두 개의 미조직교회가 모두 건실합니다. 열파(閱波) 그룹은 새 예배당과 신실한 영수가 있으며 꾸준하게 성장하고 있습니다.[9]

강동군 북쪽에 있는 자산군(慈山郡)의 사역이 가장 오래되고 건실했습니다. 그곳에는 네 개의 미조직교회가 있는데, 우리가 작년 가을에 방문했을 때 봉천에는 거의 200명의 회중이 있는 미조직교회가 있었습니다. 이곳에서 사람들은 마침내 예배당 건축에 성공했고 적극적인 사역을 하기 위한 틀을 잡

7 순천읍교회는 사촌교회에서 발전했다. 김찬성의 전도로 신자들이 덕천풍전교회에 다니다가 순천읍교회를 설립했다.

8 순천군 은산리교회는 급성장 후 거의 사라졌다가 미미하게 재기했다.

9 강동군 고천면 도덕리(열파)교회다. 송인서의 전도로 김교호, 황석홍 등이 믿으면서 김견신 부인의 집에서 예배를 드렸다.

and strongest, there now being 4 groups, the one at Pong Tyen having a congregation of nearly 200 people when we visited it last October. Here the people have at last succeeded in building their church and are settling themselves for aggressive work. They established a primary school this year and have contributed liberally towards the Helper's salary.

C. Primary Schools

Under my care are 2 primary schools connected with the Pyeng Yang city church and 10 schools connected with my country churches. In the city there are 54 boys in attendance and in the country 97 boys, the enrollment however being larger than that. The city teachers have had the advantage of attendance upon Mr. Baird's class for teachers and as a result the schools have greatly improved in efficiency. The second school was started in April, a result of the overcrowding of the older school. The first one had attained self-support, but when the division was made it necessitated also a division of the funds. Both schools are now providing more than half support and will doubtless move forward along this line. All but one of the country schools has been entirely self-supporting, the Suk Chun school being helped to the amount of 50 nyang (8.^{00} yen). Four are good schools, those at So Ou Moul, Nam San Mo Roo, Suk Chun city and Yung You Teuk So Ri. The others are only preliminary attempts, mostly with poor teachers, few scholars and insufficient support. I believe we should make an effort to endow our country schools as the best Korean schools have been endowed. Four of the teachers attended the Normal Class in June.

D. Training Classes

I have had part in seven Training Classes this year and have in addition been able to secure for my country circuits three classes for women conducted by Miss Best, and 11 classes for men conducted by Korean

아가고 있습니다. 그들은 올해 초등학교를 설립했으며 조사의 봉급을 위해 아낌없이 헌금하고 있습니다.

다. 초등학교

제가 관리하는 곳은 평양 시내 교회(장대현교회)와 연관된 두 개의 초등학교와 시골 교회들과 연관된 10개의 학교가 있습니다. 시내 학교에는 54명의 소년이 출석 중이고 시골에는 97명의 소년이 출석 중인데, 등록한 학생은 그보다 더 많습니다. 시내 학교의 교사들은 교사를 위한 베어드 목사의 사경회에 참석하는 이점이 있으며, 그 결과 학교는 효율성이 크게 개선되었습니다. 두 번째 학교는 이전 학교가 학생들로 넘쳐났기 때문에 4월에 개교했습니다. 첫 번째 학교는 자립하게 되었지만, 분할될 때 자금도 분할되었습니다. 두 학교 모두 지금 반 이상의 자금을 자급하고 있으며 의심할 여지 없이 자립의 방향으로 나아갈 것입니다. 시골 학교 중 한 곳을 제외한 모든 곳이 완전히 자립했는데 숙천 학교는 50냥(8엔)을 지원받고 있습니다. 네 곳은 건실한 학교로 소우물, 남산모루, 숙천읍, 영유 덕소리에 있습니다. 나머지 학교들은 모두 예비적인 시도 단계로서 대부분 실력이 없는 교사들이 있고 학생들이 거의 없으며 지원을 충분히 받지 못하고 있습니다. 저는 큰 학교들이 기부를 받듯이, 시골의 학교에도 기부하는 노력을 해야 한다고 믿습니다. 4명의 교사가 6월에 교사 사경회에 참석했습니다.

라. 사경회

저는 올해 7개의 사경회에 참여했고, 여기에 추가로 베스트 양이 인도한 여성 사경회 3개 반과, 한국인 조사와 교사가 인도한 남성을 위한 11개의 사경회를 제가 맡은 지방의 시찰을 위해 확보할 수 있었습니다. 베스트 양의 사경회는 자산, 한천, 숙천에서 열렸습니다. 한국인이 인도한 11개의 수업은 평양군에 있는 한천, 갈대골, 남산모루, 동대원, 순안 북창, 숙천, 덕천, 강동, 자산군에 있는 평천, 은하리, 문수골 등에서 열렸습니다. 저는 순안, 숙천, 영

Helpers and Teachers. Miss Best's classes were at Cha San, Han Chun and Suk Chun. The eleven classes by Koreans were at Han Chun, Kal Tai Kol, Nam San Mo Roo, and Tong Tai Won in Pyeng Yang county; at Soon An Puk Chang, Suk Chun, Tek Chun, Kang Tong; and in Cha San county at Poung Tyen, Oun Ha Ri and Moun Soo Kol. The country classes I conducted were at Soon An, Suk Chun, Yung You Tong Ho Ri.

These classes are the main stay of the work and tell immeasurably in reviving and strengthening the churches. I wish it were possible to give more time to such work. I hope the Station will take into consideration the great need for more country classes for the women and ask the Mission and the Board to send us more ladies not for city or pioneer work but for such work as Miss Best is now doing among the Christian women in their Training Classes. My country section alone can fully occupy all the time of one lady.

In the city classes I taught 2nd Thessalonians to the advanced section in the Woman's fall class, Biblical Theology to the advanced section and New Testament character studies to the lower section of the Men's Winter Class; General History to the Normal class, and conducted conferences in the Summer Class for Helpers. We tried to secure help from Seoul for the Summer Class but failed. I believe there should be an exchange of help for such work so as more fully to make our work a unit.

A trip to Seoul on Bible and Seoul Hospital Committee work, service on Examination Committee, Academy Committee, Examining Committee of the Tract Society, the Committee for Preparation of Course of Theological Study and Ecclesiastical Terms, and other committees, with a class in the Academy in *Pilgrim's Progress* when possible, occupied quite a little time.

In closing my report I make mention of three personal requests which I wish to present to the Annual Meeting. Mrs. Moffett and I desire

유 통호리에서 사경회를 인도했습니다.

이 사경회는 사역의 주요 버팀목이며, 교회를 부흥시키고 강화하는 데 무한한 영향을 줍니다. 저는 그런 사역에 좀 더 많은 시간을 할애할 수 있으면 좋겠습니다. 저는 선교지부가 여성을 위해 좀 더 많은 지방 수업을 할 수 있도록 큰 필요를 고려해주시길 희망합니다. 또한 선교회와 선교부가 도시나 개척 사역을 위해서가 아니라 베스트 양이 지금 사경회에서 기독교인 여성들에게 하는 것처럼 할 수 있게 더 많은 독신 여성 선교사를 우리에게 파송해주기를 요청합니다. 제 지방 시찰만으로도 한 여성 사역자의 모든 시간을 완전히 차지할 수 있습니다.

시내 사경회에서 저는 여성 가을 사경회의 상급반에서 데살로니가후서, 남성 겨울 사경회의 상급반에서 성서신학과 하급반에서 신약 인물 연구를 가르쳤고, 교사 사경회에서 일반 역사를 가르쳤으며, 조사를 위한 여름 사경회에서 토론회를 진행했습니다. 우리는 여름 사경회를 위해 서울의 지원을 확보하려고 노력했지만 실패했습니다. 저는 우리의 사역이 좀 더 완전히 일치되려면 그런 사역에 대해 서로 도움을 교환해야 한다고 믿습니다.

성서위원회와 서울병원위원회 일로 서울로 출장을 갔으며, 언어심사위원회 사역, 학교위원회, 예수교서회의 심사위원회, 신학교 수업 과정과 교회 용어 준비위원회, 그리고 시간이 날 때 중학교에서 『천로역정』의 수업 등에 꽤 많은 시간을 보냈습니다.

보고서를 마치면서 저는 연례 회의에 제출하고 싶은 세 건의 개인적인 요청을 언급하고자 합니다. 아내와 저는 내년 여름 평소보다 긴 휴가를 선교회와 선교부가 승인해주기를 바랍니다. 우리가 자비로 미국의 고향에서 두 달을 보내면 휴가 기간이 4-5개월이 됩니다. 저는 언어심사위원회와 특별성서위원회의 사역에서 물러나고 싶습니다. 심사위원회에 대해 말하자면, 다른 일과 늘어난 업무로 인해 저는 새로 온 선교사들의 공부를 도와주는 일에 시간을 할애할 수 없습니다. 또한 저는 다른 사람들이 그 일을 맡으면 할 수 있으리라고 믿습니다. 성서위원회에 대해 말하자면, 저는 그 사역에서 제가

the sanction of the Mission and the Board for a longer vacation than usual next summer, that we may, at our own expense, spend two months at our homes in America, the furlough to be but for 4 or 5 months. I desire to be relieved from service on the Examination Committee and the Special Bible Committee—from the former because increased work along other lines prevents me from giving the time to helping the new missionaries in their study which I believe others will give if appointed to it; from the Bible Committee because I believe I have served the Mission all that I can in that work and that for the amount of good to be accomplished thereby, the time given to this committee can be better spent in other work.

할 수 있는 최선을 다해 선교회를 섬겼다고 믿습니다. 또한 그것으로 성취할 수 있는 좋은 성과를 위해서 이 위원회에 주어진 시간은 다른 사역에서 더 잘 활용될 수 있을 것입니다.

PHS, microfilm Reel #285, Vol. 244

Alice Fish Moffett

Seoul, Korea

September, 1901

Personal Report for Annual Meeting, 1901

Of the regular weekly classes under my care during the past year, the work in the catechumen class for women has been the study of such subjects as Sin, Repentance, Faith, Salvation, etc., preparing the women for the Bible study of the regular Wednesday classes. The attendance at the beginning of the year was thirty, the number increasing almost every week from among those entering the catechumenate, and through house to house visiting by my Bible woman and myself. Of the 42 women baptized in the city church this year, a majority passed through this class. One of the faithful attendants last winter was a young woman who comes from about two miles south of the city, and who since she became a Christian has stood alone among her relatives witnessing for Christ. Her first efforts to attend service and her refusals to do extra work on the Sabbath brought persecution from her mother-in-law, and the denial of all food to her on every seventh day so long as she should insist on going to church. During four months, Sabbath was a fast day for this faithful little woman except on a few occasions when after service she was invited to a Christian home. Her husband's death sent her back to her parents' home where, though not persecuted, she was scoffed at and ridiculed in every way. One Wednesday in the middle of winter on her way to the afternoon meeting, she slipped and seriously injured her arm, rendering it painful and useless for nearly two months. To those in her home, of course, it was Christianity which had brought this misfortune upon her, but Yang-si herself was rejoicing over it. "I think the Lord knew," she said, "how I wanted to study more. Now I can come to all

앨리스 피시 마페트
한국, 서울
1901년 9월

1901년 연례 회의에 제출한 개인 보고서

지난 1년간 제가 관리한 매 주일 정규 공부반 가운데, 여성 학습교인반에서는 죄, 회개, 믿음, 구원 등의 주제를 공부했으며, 이를 통해 여성들이 정규 수요 성경공부반에 참석할 수 있도록 준비시켰습니다. 연초에 참석자는 30명이었으나 거의 매주 증가했는데, 이는 학습교인으로 등록하는 자가 늘어나고 전도부인과 제가 집집마다 방문한 결과입니다. 올해 시내 교회에서 세례를 받은 42명의 여성 대부분이 이 공부반을 거쳤습니다. 작년 겨울 신실하게 출석한 한 젊은 여성은 시내에서 남쪽으로 약 3.2킬로미터 떨어진 곳에서 왔는데, 기독교인이 된 이후 친척 가운데 홀로 교인으로 지내면서 그리스도를 전했습니다. 처음 예배에 참석하기 위해 주일에 일하기를 거절하자 시어머니가 핍박했고, 교회에 계속 나갈 경우 7일 중 하루는 음식을 주지 않겠다고 했습니다. 한 교인이 자기 집에 초대한 두세 번의 경우를 제외하면, 4개월 동안 이 신실한 어린 여성에게 주일은 금식일이었습니다. 남편이 죽자 그녀는 친정으로 보내졌고, 그곳에서 핍박은 받지 않았으나 온갖 조롱과 놀림을 받았습니다. 그녀는 한겨울 어느 수요일 오후에 교회 모임에 가다가 미끄러져서 팔을 심하게 다쳤고, 거의 두 달간 통증을 느끼는 것과 함께 팔을 쓰지 못했습니다. 물론 집안사람들은 이런 불운을 가져온 것이 바로 기독교라고 보았으나, 양(梁) 씨 본인은 다친 것을 기뻐했습니다. 그녀는 "주님께서는 제가 얼마나 더 많이 공부하기를 원하는지 아실 거예요. 저는 이제 모든 모임에 올 수 있습니다"라고 말했고 모든 모임에 왔습니다. 곧 집에서 일을 할 수 없는 동안 일주일에 4-5회 참석했습니다. 지금 그녀는 바느질을 해서 생계를 유지하며 정기적으로 시내 교회의 주일 예배와 수요 예배에 참석하고, 목요

the meetings." And so she did,–coming in four and five times a week while unable to work at home. She now makes her living by sewing, attends regularly the Sabbath and Wednesday services in the city, and on Thursdays helps to gather the women of her neighborhood for a service at the new chapel which was completed there in May.

The other regular classes are the Sabbath morning Bible class, an hour a week in singing with the little girls of Mrs. Wells' day school, a class in Scripture Geography with the 2nd year Academy students and an evening class with a few chosen women. The Academy class has done excellent work in the study of the geography of the Old Testament and in map drawing. The evening class was begun last January for the purpose of giving special instruction to six women, three of whom were then teaching, the others desiring to become teachers. Others came requesting the privilege of this study until now there are sixteen, ten of whom have been able to attend regularly. To me the study with this class has been the most delightful of all. Each woman has her little book in which the outline of each new lesson is written that she may first study it alone, then tell its meaning in the class, and after making it her own, use it in teaching and preaching.

The special class work of the year has been teaching in the fall training class for women,–ten lessons being given to portions of Philippians, and ten classes during Miss Best's special class for women in the winter.

Six days of last October were spent in visiting the three churches–So Ou Moul, Mi Rim and Nam San Mo Roo, all within 30 li of Pyeng Yang, holding morning, afternoon and evening classes with the women. Three young girls have come to the house twice a week for organ lessons of half an hour each and two of the pupils have made excellent progress. One of our brightest little girls of fourteen, to whom was given the hope of going in the fall to the school in Seoul, has come every afternoon for

일에는 5월에 완성된 새 예배 처소에서 열리는 예배에 주변 이웃 여성들을 모아오는 일을 돕습니다.

다른 정규 학급은 주일 아침 성경공부반, 웰즈 부인의 매일 초등학교의 어린 소녀들과 일주일에 1시간 노래 부르기, [숭실] 중학교 2학년의 성서 지리 수업, 그리고 선발한 소수의 여성을 위한 저녁 성경공부반 등입니다. 중학교에서 가르친 구약 지리 과목에서 학생들은 지도를 그려가면서 탁월한 수업을 했습니다. 저녁 성경공부반은 6명의 여성에게 특별한 교육을 목적으로 지난 1월에 시작했습니다. 당시 3명은 가르치고 있었고, 다른 3명은 교사가 되기를 원했습니다. 다른 여성들도 이 공부의 특권을 요청했고, 지금은 16명이 참석하는데 10명이 정기적으로 출석할 수 있었습니다. 저로서는 모든 수업 중 이 학급과 공부하는 것이 가장 즐거웠습니다. 여성마다 자신의 작은 책을 가지고 있는데 그 안에 매주 공과 개요가 적혀 있으므로 개인적으로 미리 혼자 공부를 할 수 있고, 수업 시간에 그 의미를 발표하고 자신의 것으로 소화한 후 그 내용을 가르치거나 전도할 때 사용합니다.

지난해 특별 성경공부 사역은 가을에 열린 여성 사경회에서 빌립보서 일부를 10회에 나누어 가르친 것과 겨울에 베스트 양의 여성을 위한 특별 사경회에서 10회를 가르친 것입니다.

10월 말 6일간 소우물, 미림, 남산모루 등 세 교회를 방문하며 보냈습니다. 모두 평양에서 30리 안에 있는 교회들인데 여성들을 모아 오전, 오후, 저녁 사경회를 했습니다. 어린 소녀 3명이 일주일에 두 번 집에 와서 30분간 오르간을 배웠으며 2명이 탁월하게 진보했습니다. 가장 똑똑한 14세 소녀는 가을에 서울에 있는 학교에 갈 예정인데, 4개월간 매일 오후에 우리 집에 와서 학비를 벌기 위해 바느질 등 허드렛일을 했습니다.

진료소에서 저는 356명의 여성과 어린이를 치료했습니다. 특별한 경우 6번 왕진을 갔으며, 수술실에서 12회 수술을 행하거나 보조했습니다.

nearly four months to earn, by sewing, as much as she can toward her expenses.

In the dispensary I have treated 356 women and children. Six visits have been made to the homes in special cases, and twelve operations have been performed or assistance given at the operation.

Dispensary financial report:

Expended from the Board for medicines	100 yen
〃 〃 〃 〃 for assistant (Bible Woman)	60 yen
Received from women	20 yen

진료소 재정 보고:

선교부가 지원한 약품비	100엔
선교부가 지원한 전도부인 봉급	60엔
진료비 수입	20엔

PHS, microfilm Reel #285, Vol. 244 (part of 1902 Annual Meeting reports[1]

Samuel A. Moffett

Seoul, Korea

September, 1902

Report of Special Bible Committee

We are glad to be able to report that the Permanent Executive Bible Committee has finally reached unanimous action on the adoption of a constitution—a copy of which is presented with this report. It is now before the Mission for ratification. You will see from Article II, Section 2 that the Bible Societies have granted the principle for which our Mission has been contending. This they were willing to do as soon as, by a somewhat lengthened correspondence, the position of the Mission was made clear to them. There now seems to be nothing to prevent the harmonious cooperation of the Missions and the Bible Societies.

In adopting this constitution the P.E.B.C. also adopted the following resolutions—viz.

1st: "Resolved that we express to the American, the British & Foreign and the Scotch Bible Societies our conviction that this constitution adequately meets the needs of Bible work in Korea, and that we most earnestly request their sanction of the same and their cooperation in the work under its provisions."

2nd:—"In view of the size of the field and the provisions of the constitution for one agent (a common agent), we express our conviction that the interests of Bible work in Korea and the principles of comity make the appointment of a second agent unadvisable and an action to be deprecated unless there is a material change in the present conditions."

In regard to translation work we can report that progress has been

1 1902년 연례 보고서는 1903년도 잡지 기사에 연재되어 있다.

마포삼열
한국, 서울
1902년 9월[1]

특별 성서위원회 보고

상임성서실행위원회가 마침내 만장일치로 정관을 채택하기로 결정한 것을 보고할 수 있어서 기쁩니다. 정관 사본을 이 보고서와 함께 제출하오니, 선교회가 비준해주시기 바랍니다. 2조 2항을 보면 성서공회들이 우리 선교회가 주장해온 원리를 수용했음을 볼 수 있습니다. 약간 긴 서신 교환을 통해 선교회의 입장을 분명히 알게 되자 즉시 그들은 이것을 시행했습니다. 이제 선교회와 성서공회의 협력을 가로막는 장애물은 전혀 없습니다.

이 정관을 채택하면서 상임성서실행위원회는 또한 다음 결의 사항을 채택했습니다.

첫째, "우리는 미국 성서공회, 영국 성서공회, 그리고 스코틀랜드 성서공회에 본 정관이 한국 성서 사역의 필요를 적절히 충족하고 있다는 우리의 확신을 표하며 그들에게 정관 승인과 그 규정하에서 사역에 협력해줄 것을 진심으로 요청한다."

둘째, "선교지의 규모와 한 명의 총무(공동 총무)를 위한 정관 규정을 고려해볼 때, 우리는 한국에서 성서 사업의 이해와 교계 예양의 원리에 따라 두 번째 총무의 임명을 권장할 수 없으며 현 상황에 어떤 주목할 만한 변화가 없다면 그런 조치는 비난받을 것이라는 우리의 확신을 표한다."

번역 작업에 대해 우리는 신약 개정에서 진전이 이루어진 반면 구약에서는 여러 책을 번역자회의 위원들이 개인적으로 번역하여 전체 번역자회의

---

1 마포삼열 부부는 9월 연례 회의 전에 미국에서 서울로 돌아왔으며, 연례 회의를 마치고 10월 6일 평양으로 돌아갔다.

made in the revision of the New Testament while in the Old Testament several books have been translated by individual members of the Board and are ready for the consideration of the whole Board.

Great changes have been made in the Board of Translators–Dr. Scranton's resignation from the Methodist mission made vacant his place on the Board while the greatly lamented death of Mr. Appenzeller removed one of the most faithful and industrious members. At the February meeting of the Committee, Mr. [George Heber] Jones of the M. E. Mission (North) and Mr. Moffett of our Mission were elected members of the Board and at the June meeting Dr. Hardie of the M. E. Mission (South) was elected. Mr. Jones accepted the appointment with the approval of his Mission and is now one of the translators. Mr. Moffett has not accepted the appointment and Dr. Hardie's acceptance is still in doubt. There are therefore now but three working members on the field although Dr. Underwood is expected back very soon. The P.E.B.C. has therefore taken steps towards the election of others at its next session.

We would here also make note of the presence during the year of Rev. H. O. T. Buckwall as the acting agent of the Bible Society. His presence and influence in the Bible work has been a source of great satisfaction and benefit.

Samuel A. Moffett
F. S. Miller

검토를 기다리고 있습니다.

번역자회 구성에 큰 변화가 있었습니다. 스크랜턴 의사가 감리회 선교회에서 사임함으로써 번역자회에 공석이 생겼습니다. 한편 아펜젤러 목사의 가슴 아픈 죽음으로 가장 신실하고 근면한 번역자 한 명을 잃었습니다. 위원회의 2월 회의에서 북감리회의 존스 목사와 우리 선교회의 마포삼열 목사가 번역자회 위원으로 선출되었으며, 6월 회의에서 남감리회의 하디 의사가 선출되었습니다. 존스 목사는 선교회의 승인을 받아 임명을 수용했으며 현재 번역자 중 한 명입니다. 마포삼열 목사는 임명을 수용하지 않았으며 하디 의사의 수용도 여전히 의심스럽습니다. 비록 언더우드 박사가 곧 돌아올 것으로 예상되지만 현재 현장에서 번역 중인 위원은 3명뿐입니다. 따라서 상임성서실행위원회는 차기 회의 때 추가 번역위원을 선출하기 위한 조치를 취할 것입니다.

이 자리를 빌려 지난해 버크윌 목사가 영국 성서공회의 임시 총무로 수고했음을 언급하고자 합니다. 그가 와서 일함으로써 성서 사업에 큰 만족과 유익의 원천이 되었습니다.

마포삼열

F. S. 밀러 올림

PHS, microfilm reel #285, Vol. 244

Alice Fish Moffett
Pyeng Yang, Korea
September, 1903

Personal Report of Mrs. Samuel A. Moffett at Annual Meeting

Returning to Pyeng Yang October 6th, 1902, the first work I resumed was the class for catechumen women, which is held each Wednesday afternoon in the central [Chang Dae Hyun] church. Both the attendance and the interest of this class have steadily increased during the nine months. In the spring the attendance reached as high as eighty, including the little girls from the day schools who are catechumens—and for several weeks in succession did not fall below 65. To Pak-si, who has faithfully visited in the homes of the women, is largely due this increased attendance. The women receive mimeograph outlines of the lessons and nearly all of them recite the memory verse each week. One woman who cannot read never fails to have her verse memorized, learning it from hearing her daughter read it aloud. Twenty four of the regular attendants upon this class received baptism this year and passed into other Bible classes.

Medical work among the women and children has been, as formerly, largely in the families of Christians. A few cases of sickness in the missionary community, also, came to my care, all together numbering 662, the receipts from Koreans for drugs amounting to Yen 40. Yun-si, a dear old lady of the church, seventy-five years of age, after operation for cataract was told she could be fitted with glasses which would enable her to read the New Testament. Her family are none of them Christians, and though well able to pay for the glasses, they ridiculed Yun-si for wanting to spend money merely upon the word of a foreigner. The first pair of glasses received from Japan proved to be imperfect, and those of

앨리스 피시 마페트
한국, 평양
1903년 9월

연례 회의에 제출한 마포삼열 부인의 개인 보고서

1902년 10월 6일 평양에 돌아온 이후 제가 처음 재개한 일은 여성 학습교인반으로, 장대현교회에서 매주 수요일 오후에 열렸습니다. 지난 9개월 동안 이 학급의 참석자와 이에 대한 관심이 꾸준히 증가했습니다. 봄에 참석자 수가 학습교인인 초등학교 소녀들을 포함하여 최고 80명에 달했으며, 여러 주간 계속 65명 이하로 떨어지지는 않았습니다. 참석자가 증가한 것은 여성들의 집을 신실하게 심방해온 박씨 부인의 공이 큽니다. 참석자들은 매주 공과 개요 등사지를 받으며 거의 전부가 암송 요절을 외웁니다. 글을 읽지 못하는 한 여성은 암송 구절을 외우는 일에 절대 실패가 없는데, 딸이 크게 읽어주면 그것을 듣고 배워서 암송합니다. 정기 참석자 중 24명이 올해 세례를 받고 다른 성경공부반으로 갔습니다.

여성과 어린이 의료 사역은 이전처럼 대부분 기독교인 가족을 대상으로 했습니다. 선교사들 중 발생한 두세 명의 환자도 제가 치료하게 되어, 전체 662명을 치료했습니다. 한국인들이 약값으로 지불한 총액은 40엔입니다. 75세의 연로한 교인인 윤 씨는 백내장 수술 후에 안경을 쓸 수 있게 되어 신약전서를 읽을 수 있다고 들었습니다. 그녀가 부자라 안경 값을 지불할 수 있었고 또한 가족 중에 성경을 읽어줄 만한 기독교인이 없었음에도, 다른 사람들은 그녀가 서양인의 글을 보기 위해 돈을 쓴다고 조롱했습니다. 일본에서 받은 첫 안경이 불완전하여 눈에 맞지 않자 가족은 "안경도 쓸 데 없잖아요. 서양인들이 돈만 써먹었어요"라고 말했습니다. 하지만 새 안경이 도착했고, 윤 씨가 그 안경을 쓰고 멋진 저고리를 만들어 안경이 쓸모 있다는 것을 증명했지만, 그들은 아무것도 묻지 않았고 아무 말도 하지 않았습니다. 수술

the household said, "you see now that the glasses are useless and that the foreigner only wanted to use your money." When however, another pair came, they asked not a question nor said a word, though Yun-si proved the usefulness of the glasses by neatly making a jacket for herself. Before the operation she had to be led along the road. She is living a bright, happy Christian life though ridiculed by all her household; is slowly learning to read and laboriously committing to memory John 3:16.

Kim-si, a woman who came from Han Chun to attend the spring training class, has been for nearly two months studying nursing and has nursed several serious cases in the homes of the patients. Kim-si is a widow of _____ who needs the position for support; finds in it an opportunity for work for Christ and is earnestly trying to do good service.

In the Spring, when unable for a time to do regular work, I took the opportunity of teaching [Mr.] An Kye Kwang of Han Chun, the point system for the blind which Dr. Rosetta S. Hall has adapted to the Korean. Mr. An learned very rapidly and after three weeks of daily instruction began teaching both reading and writing to two others from the country who spent a month here in faithful study. This experiment in work for the blind was undertaken in response to the generous offer of Mrs. Webb to bear the financial expense incurred. It opened a new world to the two men who can now read and write anything given to them (the third pupil, a boy of 17, has not yet mastered the system) and the interest taken by some of the Korean Christians in what these men accomplished, leads me to hope that the time may not be far off when the Korean church shall, with assistance, establish and conduct a school for the blind, there being possibly some 40 such among the groups of the station.

Three young girls have been taking organ lessons twice a week and have made good progress.

It was a pleasure to me to prepare this Spring, a brief outline of ten

전에 그녀는 길에서 손을 잡고 다녀야 했습니다. 비록 집안 모두가 그녀를 조롱했지만 그녀는 밝고 행복한 그리스도인의 삶을 살고 있습니다. 그녀는 천천히 읽는 것을 배우면서 열심히 요한복음 3:16을 외우고 있습니다.

김 씨는 한천에서 봄 사경회에 참석하기 위해 온 여성인데, 거의 두 달 동안 간호를 배우고 있으며, 환자 집에서 여러 명의 중환자를 간호했습니다. 김 씨는 과부로서 생계를 위한 자리가 필요한데, 간호 일에서 그리스도를 위한 사역의 기회를 찾고 좋은 봉사를 하려고 열심히 노력하고 있습니다.

잠시 정규 사역을 할 수 없었던 봄에 저는 한천의 안계광에게 홀 의사 부인이 한글에 적용해서 만든 점자(點字)를 가르치는 기회가 있었습니다. 안 씨는 빨리 배웠고 3주간 매일 교육받은 후에, 시골에서 와서 한 달 동안 이곳에서 충실하게 공부하며 보낸 다른 두 남자에게 읽고 쓰는 법을 가르치기 시작했습니다. 시각장애인을 위한 이 실험적 사역은 필요한 경비를 부담한 웹 부인의 후한 연보에 대한 응답으로 착수된 것입니다. 두 남자에게는 새로운 세상이 열렸고, 그들은 이제 그들에게 주어지는 어떤 것도 읽고 쓸 수 있습니다(17세인 세 번째 학생은 아직 점자를 완전히 익히지 못했습니다). 이 남자들이 이룬 성취에 일부 한국인 기독교인들이 관심을 가지게 되었고, 그 결과 한국 교회가 지원을 받고 선교지부의 교회들에서 약 40명을 받게 되어 저는 맹인 학교를 개학할 때가 멀지 않았다는 희망을 가지게 되었습니다.

3명의 어린 소녀들이 일주일에 두 번 오르간 수업을 받고 있는데 훌륭한 진보를 이루었습니다.

올봄에 조사와 영수의 가정 공부 과정을 위해 10개의 성경공부에 대한 간단한 개요를 준비한 것은 제게 기쁨이었습니다.

마포삼열 목사와 4일간에 걸쳐 소우물과 미림에 있는 두 교회로 짧은 시골 순회 여행을 하면서 여성을 위한 두세 번의 별도 예배를 드렸고, 여성과 어린이들에게 약을 처방했습니다.

정중하게 제출합니다.

앨리스 피시 마페트

Bible studies for the home study course of the Helpers and Leaders.

One brief country trip of four days was made in company with Mr. Moffett to the two churches, So Ou Moul and Mi Rim, holding a few separate services with the women and dispensing medicines to the women and children.

Respectfully submitted,
Alice Fish Moffett

서경조 장로, 1901년 [OAK]

Elder Sŏ kyŏng-jo, 1901

김종섭 장로, 1902년 [MOF]

Elder Kim Chong-sŏp, 1902

기사 ARTICLES

Samuel A. Moffett, "Notes From Pyeng Yang,"
***Korea Field* (February, 1901): 26.**
Pyeng Yang, Korea
January 29, 1901

Notes from Pyeng Yang

Our work goes on as usual. The Winter Training Class was the largest ever held, their being about 500 in attendance. The quarterly reports just made to the Committee of Council show no diminution in the work, there being for the quarter 247 adult baptisms reported, with 650 catechumens enrolled.

We are employing the class work more and more and have arranged for nearly a hundred country classes the next two months. Most of these will be taught by Korean helpers, teachers and leaders, but we will be able to conduct a number of them. We look upon this as one of the most important features of our work, and one which profoundly affects the development of the church.

The Mission Committee has just arranged to send out three missionaries into the unevangelized portions of our field, one of them to go also to the Koreans in the Chinese valleys. I am just beginning the examinations for baptisms in the city church, and have about 160 to examine. Our congregations this winter have been very large, the large building being overcrowded during the class with as many as 1500 and 1600. Since the class the building is comfortably filled with about 1200 people.

마포삼열, "평양소식",

「코리아 필드」(1901년 2월): 26쪽.

한국, 평양

1901년 1월 29일

평양 소식

우리의 사역은 평상시처럼 진행되고 있습니다. 겨울 사경회는 이제까지 열린 사경회 중에서 가장 큰 규모로 약 500명이 참석했습니다. 조금 전에 만든 공의회위원회에 올리는 분기 보고서를 보면 사역은 전혀 감소되지 않았으며, 지난 분기에 성인 세례 247명과 학습교인 650명의 등록이 있었습니다.

우리는 점점 더 많은 사경회 사역을 채택하고 있으며, 다음 두 달 동안 거의 100개의 지방 사경회를 계획하고 있습니다. 대부분의 사경회에서 한국인 조사와 교사와 영수가 가르치게 하면 우리는 많은 사경회를 인도할 수 있을 것입니다. 우리는 이것을 우리의 사역에서 가장 중요한 특징으로, 그리고 교회의 발전에 심대한 영향을 주는 것으로 간주합니다.

선교회위원회는 방금 우리 선교지 중 아직 복음화되지 않은 지역에서 일하도록 선교사 3명을 보내기로 결정했습니다. 그중 한 명은 중국 마을에 사는 한국인들에게도 갈 것입니다. 저는 이제 막 시내 교회의 세례 문답을 시작했는데, 약 160명을 심사해야 합니다. 올겨울에 회중이 너무 많아서 사경회 기간 중에는 최대 1,500-1,600명이 참석하여 큰 예배당에 차고 넘쳤습니다. 사경회 후에는 1,200명 정도가 참석하여 예배당이 편안한 느낌입니다.

Alice Fish Moffett, "Faithful under Persecution,"
***Korea Field* (November, 1901): 2.**
Pyeng Yang, Korea
October, 1901

Faithful under Persecution

Of the regular weekly classes under my care during the past year, the work in the catechumen class for women has been the study of such subjects as sin, repentance, faith, salvation, etc., preparing the women for the Bible study of the regular Wednesday classes.

The attendance at the beginning of the year was thirty, the number increasing almost every week from among those entering the catechumenate and through house to house visiting by my Bible woman and myself. Of the 42 women baptized in the city church this year a majority have passed through this class.

One of the faithful attendants last winter was a young woman who comes from about two miles south of the city, and who, since she became a Christian, has stood alone among her relatives witnessing for Christ. Her first efforts to attend service and her refusals to do extra work on the Sabbath brought persecution from her mother-in-law, and the denial to her of all food on every seventh day so long as she insisted on going to church. During four months Sabbath was a fast day for this faithful little woman, except on a few occasions when after service she was invited to a Christian home. Her husband's death sent her back to her parents' home, where, though not persecuted, she was scoffed at and ridiculed in every way. One Wednesday in the middle of winter, on her way to the afternoon meeting, she slipped and seriously injured her arm, rendering it painful and useless for nearly two months. To those in her

앨리스 피시 마페트, "박해하에서 신실한 교인",
「코리아 필드」(1901년 11월): 2쪽.
한국, 평양
1901년 10월

박해하에서 신실한 교인

지난 1년간 제가 관리한 매 주일 정규 공부반 중 여성 학습교인반에서는 죄, 회개, 믿음, 구원 등의 주제를 공부했으며, 이를 통해 여성들이 정규 수요 성경공부반에 참석할 수 있도록 준비시켰습니다.

연초에 참석자는 30명이었으나 거의 매주 증가했는데, 이는 학습교인으로 등록하는 자가 늘어나고 전도부인과 제가 집집마다 방문한 결과입니다. 올해 시내 교회에서 세례를 받은 42명의 여성 대부분이 이 공부반을 거쳤습니다.

지난겨울 신실하게 출석한 한 젊은 여성은 시내에서 남쪽으로 약 3.2킬로미터 떨어진 곳에서 왔는데, 기독교인이 된 이후 친척 가운데 홀로 교인으로 지내면서 그리스도를 전했습니다. 처음 예배에 참석하기 위해 주일에 일하기를 거절하자 시어머니가 핍박했고 교회에 계속 나갈 경우 7일 중 하루는 음식을 주지 않겠다고 했습니다. 4개월 동안 이 신실한 작은 여성에게 주일은 금식일이었는데, 한 교인이 자기 집에 초대한 두세 번만 예외였습니다. 남편이 죽자 그녀는 친정으로 보내졌고, 그곳에서 핍박은 받지 않았으나 온갖 조롱과 놀림을 받았습니다. 그녀는 한겨울 어느 수요일 오후에 교회 모임에 가다가 미끄러져서 팔을 심하게 다쳤고, 거의 두 달간 통증을 느끼면서 팔을 쓰지 못했습니다. 물론 집안사람들은 이런 불운을 가져온 원인이 바로 기독교라고 보았으나, 양(梁) 씨 본인은 다친 것을 기뻐했습니다. "주님께서는 제가 얼마나 더 많이 공부하기를 원하는지 아실 거예요. 나는 이제 모든 모임에 올 수 있습니다"라고 말했고 모든 모임에 왔습니다. 곧 집에서 일을

home, of course, it was Christianity which had brought this misfortune upon her, but Yang Si herself was rejoicing over it. "I think the Lord knew", she said, "how I wanted to study more. Now I can come to all the meetings." And so she did–coming in four and five times a week while unable to work at home. She now makes her living by sewing, attends regularly the Sabbath and Wednesday services in the city, and on Thursdays helps to gather the women of her neighborhood for a service at the new chapel.

할 수 없는 동안 일주일에 4-5회 참석했습니다. 지금 그녀는 바느질을 해서 생계를 유지하고, 정기적으로 시내 교회의 주일 예배와 수요 예배에 참석하며, 목요일에는 5월에 완성된 새 예배 처소에서 열리는 예배에 주변 이웃 여성들을 모으는 일을 돕습니다.

Samuel A. Moffett, "Christians Increasing like Leaves," *Korea Field* (November, 1901): 2-3.
Pyeng Yang, Korea
October, 1901

Christians Increasing Like Leaves

Ten other counties, constituting the northeastern circuit, I hope to turn over to Mr. Bernheisel's care just as soon as the mission will relieve me of it. It is a promising section, calling loudly for more attention, and will yield a rich harvest. There are Christians in every county, with the possible exception of Maing San. When, with Mr. Ross and Mr. Bruen, I went up as far as Tek Chun last October we were surprised to find how widely the gospel had been proclaimed where no missionary had ever been. It was our privilege to establish 5 new groups in this region and to find isolated believers here and there in little nooks way up in the mountains. As one man after another, coming from the field or from a lonely cabin or some little valley, called out to us to stop and then announced himself as a Christian, Mr. Ross broke out with "Why! up this way the Christians seem to grow on every tree and bush."

마포삼열, "나뭇잎처럼 늘어나는 기독교인들",
「코리아 필드」(1901년 11월): 2-3쪽.
한국, 평양
1901년 10월

나뭇잎처럼 늘어나는 기독교인들

다른 10개의 군(郡)은 사회골 그룹이 있는 평양군의 좁고 긴 지역과 함께 북동 시찰(北東 視察)을 구성하는데, 선교회가 그곳에 대한 제 책임을 덜어준다면 저는 곧바로 번하이젤 목사에게 그 관리를 이양할 수 있기를 희망합니다. 그곳은 더 많은 관심을 강렬하게 요청하는 가장 전망이 좋은 지역으로 풍성한 수확이 기대되는 곳입니다. 아마도 맹산을 제외하고는 모든 군에 기독교인들이 있습니다. 제가 로스 목사와 브루엔 목사와 함께 지난 10월에 덕천까지 올라갔을 때, 우리는 어떤 선교사도 가본 적이 없는 곳에서 복음이 얼마나 폭넓게 전파되었는지를 발견하고 놀랐습니다. 이 지역에 다섯 개의 새로운 미조직교회를 세우고, 깊은 산골짜기 이곳저곳에 고립된 신자들을 발견한 것은 우리의 특권이었습니다. 밭에서 또는 외딴 초가집에서 혹은 작은 계곡에서 사람들이 잇따라 우리를 불러 세우고 자신이 기독교인이라고 밝힐 때 로스 목사는 "이렇게 모든 나무와 관목 위에서 기독교인들이 자라는 것처럼 보이는 이유는 왜일까"라고 외쳤습니다.

Samuel A. Moffett, "Single Ladies Needed,"
***Korea Field* (November, 1901): 5-6.**
Pyeng Yang, Korea
October, 1901

Single Ladies Needed

I have had part in seven training classes and have in addition been able to secure for my country circuit three classes for women conducted by Miss Best and 11 classes for men conducted by Korean helpers and teachers.

These classes are the mainstay of the work and tell immeasurably in reviving and strengthening the churches. I wish it were possible to give more time to such work. I hope the station will take into consideration the great need for more country classes for the women and ask the mission and Board to send us more ladies, not for city or pioneer work, but for such work as Miss Best is now doing among the country women in these training classes. My country section alone can fully occupy all the time of one lady.

마포삼열, "독신 여성 선교사의 필요성",
「코리아 필드」(1901년 11월): 5-6쪽.
한국, 평양
1901년 10월

독신 여성 선교사의 필요성

저는 올해 7개의 사경회에 참여했고, 여기에 추가로 베스트 양이 인도한 여성 사경회 3개 반과, 한국인 조사와 교사가 인도한 남성을 위한 11개의 사경회를 제가 맡은 지방의 시찰을 위해 확보할 수 있었습니다.

이 사경회는 사역의 주요 버팀목이며, 교회를 부흥시키고 강화하는 데 무한한 영향을 줍니다. 저는 그런 사역에 좀 더 많은 시간을 할애할 수 있으면 좋겠습니다. 저는 선교지부가 여성을 위해 좀 더 많은 지방 수업을 할 수 있도록 큰 필요를 고려해주시길 희망합니다. 또한 선교회와 선교부가 도시나 개척 사역을 위해서가 아니라 베스트 양이 지금 사경회에서 기독교인 여성들에게 하는 것처럼 할 수 있는 그런 사역을 위해 더 많은 독신 여성 선교사를 우리에게 파송해주기를 희망합니다. 제 지방 시찰만으로도 한 여성 사역자의 모든 시간을 완전히 차지할 수 있습니다.

Samuel A. Moffett, "Clippings from October Reports,"
***Korea Field* (November, 1901): 13-14.**
Pyeng Yang, Korea
October, 1901

Clippings From October Reports

Yi Si has had her heart full this year, as after eight years of praying and hoping, her husband, who had stood out so defiantly against the truth, and who had compelled his son to tend shop on Sabbath, was on the Sabbath before Christmas received as a catechumen, and ever since has kept his store closed and regularly attended church. The son, then but 17 years of age, was one of the first group of inquirers gathered before the war [Sino-Japanese War of 1894-'95]. Through him the whole family has now been brought into the church. His grandfather, tho' not baptized, died a Christian this year, and his wife and child were baptized.

* * *

In Suk Chun county the city church is the center of strength, two of the helpers now residing there and the leaders being strong men. A good school lends activity to the group and a good building, made free of debt this year, provides for school and sarang [room for receiving guests] and a church with accommodation for 150. One of the leaders of this church has been selected by the Board of Missions to become its first missionary.

* * *

In the ten trips of 86 days, all the time which I was able to spare from the city work, so much of the time was necessarily taken up with the urgent and important work of examination of candidates for baptism that too little time was left for instruction and for more thorough

마포삼열, "10월 보고서에서 발췌",
「코리아 필드」(1901년 11월): 13-14쪽.
한국, 평양
1901년 10월

10월 보고서에서 발췌

이 씨는 8년 동안 기도하고 바란 끝에 그녀의 남편이 개종한 것을 보았기 때문에 올해 아주 기쁩니다. 그는 교만하게 진리를 거부했고, 아들로 하여금 강제로 주일에 가게를 보도록 시켰습니다. 그러나 성탄절 전 주일에 그는 학습교인이 되었고 그 후 주일이면 가게 문을 닫고 교회에 정기적으로 참석하고 있습니다. 그의 아들은 청일전쟁 전 17세였을 때 우리에게 왔던 첫 번째 구도자들 중 한 명으로, 그를 통해서 이 가족 전체가 이제 교회로 인도되었습니다. 그의 할아버지는 비록 세례를 받지 않았지만 올해 기독교인으로 영면했고, 그의 아내와 아이는 올봄에 세례를 받았습니다.

* * *

숙천군에서는 읍내 교회가 활력의 중심입니다. 2명의 조사가 지금 그곳에서 거주하고 있고 영수들은 강건한 자들입니다. 좋은 학교가 활력을 불어넣고 있고 학교, 사랑방, 150명 이상을 수용하는 예배당으로 사용하는 신축 건물에 대한 빚도 올해 다 청산할 수 있습니다. 이 교회의 영수 중 한 명이 전도회 임원으로 선출되어 그곳의 첫 번째 전도인이 되었습니다.

* * *

저는 86일 동안 10회에 걸친 순회 여행을 하면서 도시 사역에서 벗어날 수 있었고, 세례지원자를 문답하는 긴급하고 중요한 일에 많은 시간을 할애함으로써 교육이나 좀 더 철저한 조직을 위해서는 거의 시간을 내지 못했습니다. 제가 맡은 넓은 관할 지역을 분할하여 제가 북부 시찰만을 보다 효율적으로 관리할 수 있기를 기대합니다. 저는 그 교회들 중 겨우 6곳에서

organization. I am eagerly looking forward to the division of my large territory, that I may more efficiently care for the northern circuit only. I have been able to provide for the administration of the Lord's Supper in but six of the churches this year, a fact which I very deeply regret, as I find that the Communion service is always a means of grace greatly deepening spiritual convictions and strengthening faith.

* * *

It was a great pleasure to me to receive An, the blind man as a catechumen. Three years ago he was excommunicated because of fall into grievous sin. He has had a hard struggle with himself, but now gives evidence of sincere repentance. I hope to restore him on my next visit.

* * *

The Cha Chak church, once so strong, has been almost obliterated by enforced removals, the gold miners practically driving the people from the neighborhood by confiscation of their fields for mining and of their homes for dwellings, no compensation being given. A small remnant of a dozen or so from other villages still meet in the church on Sabbath. Most of the people however have removed and many of them are now in other churches.

* * *

In Yung You county the Kol Ouen group for the second time has set off a fine new colony established at Ha Sam with a small building and a good leader. Kol Ouen itself is now weak, but its colonies are growing.

성찬식을 집례할 수 있었습니다. 성찬식이 항상 영적 확신을 깊게 하고 신앙을 강하게 하는 은총의 수단임을 알기 때문에 저는 이 사실에 대해 유감스럽게 생각합니다.

* * *

맹인 안 씨를 학습교인으로 받게 된 것은 기쁜 일입니다. 3년 전에 그는 중대한 죄에 빠졌기 때문에 출교되었지만 자신과 힘겨운 싸움을 했고 이제 신실한 회개의 증거를 보여주고 있습니다. 제가 다음에 순회할 때 그를 회복시키고 싶습니다.

* * *

한때 상당히 건실했던 자작교회는 강제 이주로 거의 없어졌습니다. 금광업주들이 채굴할 광산과 거주할 집을 몰수하면서 실질적으로 사람들을 그 지역에서 몰아냈지만 어떤 보상금도 지급하지 않았습니다. 다른 마을에 사는 12명 정도 되는 남은 소수의 사람들이 여전히 매 주일마다 교회에 모이고 있습니다. 대부분의 사람들은 떠났고 많은 사람이 이제는 다른 교회에 있습니다.

* * *

영유군에서 갈원(葛院) 그룹이 두 번째로 좋은 지역에 새로 개척했습니다. 이곳은 하삼에 있는데, 그들은 작은 건물과 훌륭한 영수를 가지고 있습니다. 갈원 자체는 지금 연약하지만 그곳의 개척지는 성장하고 있습니다.

Samuel A. Moffett, "From Annual Report of Dr. Samuel A. Moffett: Northern Circuit, South Pyeng An Province,"
***Korea Field* (February, 1903): 90-91.**
Seoul, Korea
September, 1902

From Annual Report of Dr. Samuel A. Moffett: Northern Circuit, South Pyeng An Province

Outstations, 33; Members, 590; Catechumens, 850; Baptized this year, 129; Catechumens received this year, 300.

This work is now organized into four smaller circuits, each under the care of a helper having in his charge from four to twelve outstations with their tributary groups of believers in many villages. I have not been able to visit all the outstations, seven of them not having received even one visit during the year, while there are a number of places in which interested inquirers are only waiting for a visit from the missionary to form them into a group of worshipers with regular meetings for Bible study. It has seemed more important to conserve the work already established and to provide more thorough instruction, discipline, and organization for the established churches, and so these new opportunities have been largely neglected. Could the time now be given to establishing and developing new groups, as it was given three and four years ago, I doubt not that in another three or four years the large work accomplished in these few years could be duplicated. Efficient as the helpers are in their sphere of service, they have not the missionary's power of organization of new work. Another man could soon organize another twenty or thirty churches.

The work is stronger and better organized than last year. The new

마포삼열, "마포삼열 박사의 연례 보고서에서: 평안남도 북부 시찰", 「코리아 필드」(1903년 2월): 90-91쪽.
한국, 서울
1902년 9월

마포삼열 박사의 연례 보고서에서: 평안남도 북부 시찰

선교지회 33개, 입교인 590명, 학습교인 850명, 금년도 세례교인 129명, 금년도 학습교인 등록 300명.

이 사역은 이제 좀 더 작은 4개의 순회 구역으로 조직되었습니다. 각 구역은 한 조사의 관리하에 있는데, 그는 많은 마을에 있는 교인들로 구성된 미조직교회들을 거느린 4-12개의 선교지회를 담당하고 있습니다. 저는 모든 지회를 방문할 수는 없었는데, 그중 일곱 개 지회는 지난 한 해 동안 한 번도 방문하지 못했습니다. 관심을 가진 구도자들이 선교사가 와서 예배를 드리고 정규 성경공부를 하는 미조직교회를 조직시켜주기를 기다리는 많은 곳이 있습니다. 이미 설립된 기존 사역을 유지하고, 기존 교회에 좀 더 철저한 지도와 교육과 조직을 제공하는 일이 더 중요해 보였기에 이 새로운 기회들은 대체로 무시되었습니다. 삼사 년 전에 그랬던 것처럼 새로운 미조직교회를 설립하고 발전시킬 시간이 지금 주어진다면, 저는 지난 몇 년 동안 성취했던 이 큰 사역을 다시 삼사 년 후에 반복할 수 있으리라는 점을 의심하지 않습니다. 조사들은 자신의 분야에서는 효율적으로 봉사하지만, 선교사처럼 새로운 사역을 조직하는 능력은 가지고 있지 않습니다. 한 명의 선교사가 새로 오면 20개에서 30개의 새로운 교회를 곧 조직할 수 있습니다.

사역은 작년보다 더 굳건하게 잘 조직되었습니다. 조사의 봉급을 인상하기 위한 새로운 계획은 성공적입니다. 이곳과 북동 시찰을 합해 2명의 신규 조사의 고용을 보증할 정도로 충분한 연보가 모금되었습니다. 이 계획은

plan for raising helper's salaries has proved a success, and in this and the north-eastern circuit combined sufficient was raised to warrant the employment of two new helpers. This plan was, to request from each group a minimum sum as its proportion of the amount to be raised for four helpers. The amount was estimated by me, in consultation with the helpers then at work. With the exception of four out of our fifty churches, three of these in the famine district, all raised their proportion, while some of them sent in larger sums. Most of them raised their contribution by one subscription in the fall and spring, while several have made it up by monthly subscriptions. The plan has proven very satisfactory to churches, helpers, and missionary, and will be continued. In but two churches was objection raised, but when the plan was fully explained, both cheerfully acceded and one of these raised more than had been requested of it.

There has been progress also in the matter of church building. Thirty-one groups are now provided with buildings, five of these having been built this year. Several larger buildings to replace those which were first provided for smaller congregations are either planned or are now under way.

The schools on this circuit number 13, with an enrollment of 142 pupils. More and more the desire for the establishment of better schools is growing, while the starting of the first school for girls marks quite an advance in sentiment. In Suk Chun the wife of helper Han has opened a school for girls under fourteen, giving instruction three hours each morning. They also come for study in the afternoons. She does this without financial remuneration.

The increase in the number of helpers, enabling each one to give more time upon smaller circuits, has had marked effect. Helper Kang is developing his work much more thoroughly, his success in the training classes on his circuit west and north-west being very noticeable.

조사 4명의 봉급을 인상하기 위한 금액의 할당액을 각 미조직교회에 최소한도로 요청하는 것이었습니다. 그 금액은 당시 사역하고 있던 조사들과 협의하여 제가 산정했습니다. 50개의 교회 중 가뭄 지역에 있던 3개 교회를 포함한 4개 교회를 제외하고, 모두 각자 할당액을 연보했는데, 일부는 더 많은 금액을 보내왔습니다. 교회 대부분은 가을과 봄에 한 번의 헌금으로 그들의 기부액을 마련했고, 다른 여러 교회는 월정 헌금으로 마련했습니다. 이 계획은 교회, 조사, 선교사 모두에게 만족스러웠으므로 계속 진행할 것입니다. 두 교회에서만 반대가 있었는데, 그 계획을 충분히 설명하자 두 교회 모두 기꺼이 동의했고, 둘 중 한 교회는 요청한 것보다 더 많은 금액을 연보했습니다.

교회 건축 문제에서도 진전이 있었습니다. 31개의 미조직교회가 이제 예배당 건물을 제공했으며, 그중 다섯 개는 올해 건축했습니다. 소규모 회중이 사용하던 예배당을 대체하는 여러 개의 좀 더 큰 건물이 계획 중이거나 현재 건축 중입니다.

13번 순회 구역에 있는 학교들에 142명의 등록 학생이 있습니다. 더 좋은 학교를 설립하려는 소망이 점차 증가하고 있으며, 소녀들을 위한 첫 학교를 설립하자는 공감이 확산되고 있습니다. 숙천에서 조사 한 씨의 아내가 14세 이하의 소녀들을 위한 여학교를 개교해서 매일 아침마다 3시간씩 수업하고 있습니다. 학생들은 오후에도 공부하기 위해 등교합니다. 그녀는 무보수로 가르치고 있습니다.

조사의 수적 증가는 각 조사가 좀 더 작은 순회 구역에 시간을 좀 더 많이 들일 수 있어서 두드러진 효과를 나타냈습니다. 강유문 조사는 그의 사역을 훨씬 더 철저하게 발전시키고 있는데, 서부와 북서부 구역에 있는 사경회에서 거둔 그의 성공은 매우 주목할 만합니다.

다섯 개의 부속 예배 처소와 한 개의 학교가 있는 순안읍교회는 지난 2년간 혹독한 시련 속에서 악전고투 끝에 승리했습니다. 그들과 함께 지낸 주일에 많은 학습교인을 받아들였는데 200명의 회중이 모였습니다. 교인들은 우리가 제안하는 모든 계획에 항상 기꺼이 연보하며, 장날 전도와 다른

The Soon An city church, with its five associated chapels and one school, has won the victory in the struggles incident to its severe trials of the last two years. The Sabbath spent with them found a congregation of 200, with a considerable number to be received as catechumens. They are always ready to contribute to every cause we recommend and their market-day preaching and zeal in carrying the Gospel to other villages is developing some strong churches. The Han Chun church has been most active in evangelistic effort, resulting in good prospect of seeing two new groups between them and the city. Their plan for a new church, in which they have been so deeply interested, has culminated in action. They bought a building two miles away with a view to using the material. With their leader, a man of some means and social position setting the example, about one hundred of them gave three days to the work of tearing down and carrying tiles, timber and stones to the site for the new building. While they were engaged in this, I received a letter from them, saying that their backs were tired and their hands and feet were blistered, but that their hearts were full of joy. The plan of a central church with associated chapels has been enthusiastically adopted by them also.

The Cha Chak church also has revived. Once so promising, it was almost annihilated by the Korean gold miners who seized fields, houses, and trees without compensation, stole the mats from the church and then so demoralized the community and interrupted the services that for two years this church was nearly extinguished. Of those on the roll, 37 moved away, 7 died, and about 20 were so led into sin that they were suspended or dropped from the roll of catechumens. This left some 25 sincere faithful ones and about 20 more who have not given up all faith. Many of these met in another village, while a few of the bravest clung to the church building each Sabbath day. A visit, the first in over a year, has greatly cheered and revived these, and since then, with new life and

마을에 복음을 전하려는 열정으로 몇 개의 견고한 교회가 발전되고 있습니다. 한천교회는 가장 열심히 전도하는데, 그 결과 그들과 도시 사이에 두 개의 새로운 미조직교회가 생길 가능성이 높습니다. 그들이 깊은 관심을 가졌던 새 예배당에 대한 계획은 행동으로 절정을 이루었습니다. 그들은 자재로 사용하기 위해 3.2킬로미터 떨어진 곳에 있는 한 건물을 구입했습니다. 영수와 함께 약간의 재력과 사회적 지위를 지닌 한 남자가 솔선수범했습니다. 약 100명의 성도들이 3일간 시간을 들여서 건물을 해체하고 기와와 목재와 석재를 새로운 교회 부지로 옮겼습니다. 그들은 이 일을 하는 동안 등이 피곤하고 손발에 물집이 잡혔지만 그들의 가슴은 기쁨으로 가득 차 있다는 서신을 제게 보냈습니다. 또한 그들은 부속 예배 처소들을 가진 중앙 교회를 세울 계획을 열성적으로 채택했습니다.

자작교회 역시 부흥했습니다. 한때 꽤 전망이 밝았지만 그 교회는, 아무런 보상 없이 전답과 주택과 나무를 점유하고 교회에서 매트를 훔친 금광 광부들에 의해 거의 전멸되었습니다. 광부들은 그 마을 공동체를 대단히 문란하게 만들고 거의 2년 동안 예배를 방해해서 교회는 거의 소멸되었습니다. 교적에 있는 사람들 중 37명이 떠났고 7명은 사망했으며 거의 20명이 죄에 빠져 학습교인 명단에서 유예되거나 제명되었습니다. 그 결과 약 25명의 신실한 성도와 신앙을 완전히 포기하지 않은 20명 정도가 남았습니다. 많은 사람이 다른 마을로 가서 모였고, 일부 용기 있는 교인들은 주일마다 교회에 와서 건물을 떠나지 않았습니다. 1년여가 지난 후 처음으로 제가 방문한 것이 이들에게 큰 힘을 주었고 부흥케 했으며, 그 이후 새로운 활력과 용기를 가지고 이전의 힘을 회복할 전망 속에 많은 사람이 모이고 있습니다.

제가 10년 동안 한 무리의 성도를 확보하려고 노력했던 안주(安州)시에 있는 교회를 보고하게 되어 기쁩니다. 그 교회는 작지만 올바른 원칙 위에 세워져 있고 열정이 있습니다. 몇 해 동안 송사와 정치적 문제에서 도움을 원했던 많은 사람이 건물을 사서 교회를 세워달라고 제게 요청했습니다. 그러나 거절이 반복되자 복음에 대한 그들의 거짓 관심은 사라졌습니다. 지금

courage, they have been meeting in larger numbers with good prospects of regaining former strength.

I am glad to report a church in An Ju city, where for ten years I have been trying to secure a group of believers. The group is small, but established on right principles and has zeal. For several years numbers who wanted help in law cases or political matters asked me to buy a building and form a church there; but after repeated refusals their pretended interest in the Gospel ceased. The group now formed is of a different class, and upon my last visit I found they had raised enough to purchase a small building for a church and had developed the spirit of self-help and of zeal for propagation of the Gospel. For years I have felt that we should have a sub-station in An Ju, with headquarters in which a foreigner can remain a month or more at a time. It is a strategic point half way between our two stations, Pyeng Yang and Syen Chyen. The county is a large one, thickly populated on the west, and with a large country tributary to it—a region in which we have done ten years of seed-sowing. Much to my regret, the Methodists have opened work in An Ju. I think we had the right to pre-occupy that region midway between our stations, where for ten years our people have sowed the seed broadcast. I have waited for years for the carrying out of my plan for this city and region, believing that we should first have a church established there with its building provided by the Koreans. If we are to care for our own work, I believe we should now have a small building there as subsidiary headquarters for a missionary and I wish that a new missionary might be associated with me in the care of this and the two adjoining counties of Suk Chun and Kai Chun. With class work in An Ju and itinerating in the villages, we could together care for this until the new man was ready to assume entire charge.

형성된 미조직교회는 다른 계층으로 구성되어 있는데, 저는 지난번 방문 때 그들이 교회를 위한 작은 건물을 구입하기에 충분한 자금을 모금했고, 자조의 정신과 복음 전파에 대한 강한 열정이 있음을 보았습니다. 지난 몇 년 동안 저는 안주읍에 외국인이 한 달 이상 체류할 수 있는 소규모 본부가 있어야 한다고 느꼈습니다. 그곳은 우리 평양과 선천 선교지부의 중간에 위치한 전략적 요충지입니다. 안주군의 서부에는 많은 인구가 밀집되어 있으며 세금을 내는 큰 군이 부속되어 있는 넓은 지역인데, 우리가 10년 동안 씨앗을 뿌렸던 지역입니다. 하지만 안타깝게도 감리교인들이 안주에서 사역을 시작했습니다. 저는 우리 사역자들이 10년 동안 씨앗을 뿌린, 우리의 두 선교지부 사이에 있는 그 지역을 선점할 권리가 있다고 생각합니다. 저는 우리가 먼저 한국인들이 제공한 건물로 그곳에 교회를 설립해야 한다고 믿으면서 이 도시와 지역에 대한 제 계획이 실행될 때를 위해 10년을 기다렸습니다. 우리의 사역을 관리하려면, 저는 우리가 선교사를 위한 부속 본부로서 그곳에 작은 건물을 가지고 있어야 한다고 믿습니다. 저는 이곳과 인접한 두 군인 숙천과 개천을 관리하는 일에 신임 선교사와 제가 연계될 수 있기를 희망합니다. 안주에서 사경회를 하고 주변 마을들을 순회 여행하면서, 신임 선교사가 전체 사역을 담당할 준비가 될 때까지 우리 두 사람이 함께 이 지역을 돌볼 수 있습니다.

Samuel A. Moffett, "From Annual Report of Dr. Samuel A. Moffett: The Pyeng Yang City Church,"

Korea Field (February, 1903): 74-75.

Seoul, Korea

September, 1902

From Annual Report of Dr. Samuel A. Moffett: The Pyeng Yang City Church

Membership, 670: Catechumens, 447; Number baptized this year, 137; Catechumens received this year, 172. Pastor's assistants, Elders Kim Chong-sŏp and Kil Sŏn-ju.

This has been the year of largest numerical growth in the history of the church and has also witnessed a great deepening of its spiritual life. There has been an apparent falling off in the financial report, but this is explained by the fact that the completion of the building operations on the church have been suspended during Mr. Lee's absence, and the receipts for that purpose have been much less. For all other purposes larger sums have been contributed. We have long since passed the time when mere growth in numbers is the most characteristic feature of the work. The internal development of the church with the training of evangelists, helpers, and individual Christians, who are our most effective evangelistic agencies, and the more thorough doctrinal instruction of the great body of believers already in the church, has become so preeminently important that my time this year has been given almost entirely to this work in the city and country churches and in the training classes.

The growth throughout the year has been constant and steady, the church at times having been packed to its utmost capacity while there have been few Sabbaths when the attendance has not been large enough

마포삼열, "마포삼열 박사의 연례 보고서에서: 평양 시내 교회",
「코리아 필드」(1903년 2월): 74-75쪽.
한국, 서울
1902년 9월

마포삼열 박사의 연례 보고서에서: 평양 시내 교회

입교인 670명, 학습교인 447명, 금년도 세례교인 137명, 금년도 학습교인 등록 172명. 목사의 조력자 김종섭 장로와 길선주 장로.

올해는 교회 역사상 가장 큰 양적 성장을 거둔 해였고, 영적 삶이 매우 깊어지는 것을 목격한 한 해였습니다. 재정 보고에서 분명한 감소가 있었지만, 이는 리 목사가 자리를 비운 동안 교회 건축 공사의 완공이 연기되었고 그 용도를 위한 수령액이 훨씬 적었다는 사실로 설명됩니다. 모든 다른 비용에 대해서는 많은 금액이 연보되었습니다. 오랫동안 우리는 단순한 수적 성장이 사역의 가장 뚜렷한 특징이었던 시간을 보냈습니다. 우리의 가장 효과적인 전도 매체인 전도인, 조사, 개별 기독교인의 훈련과 함께하는 교회의 내적 성장과, 교회 안에 있는 많은 기존 성도에 대한 보다 철저한 교리 교육이 현저하게 중요해졌습니다. 따라서 시내 교회와 시골 교회와 사경회에서 올해 제 시간은 거의 전적으로 이 사역에 사용되었습니다.

한 해 동안 꾸준히 성장하면서 예배당은 때때로 최대 수용 인원까지 찼고, 건물을 가득 채우기에 충분하지 않을 만큼 출석자가 적었던 주일이 거의 없었습니다. 출석자 수는 1,000명에서 1,600명 사이이며, 기도회 출석자가 겨울 사경회 기간 중에는 1,000명 이상까지 달했습니다. 수요 기도회의 가장 적은 출석자 수는 매섭고 찬 눈보라가 치던 겨울밤에 온 400명이었습니다.

저는 목회 감독 사역에 상당한 시간을 보냈습니다. 저는 가장 강한 유혹에 직면한 사람들을 절제시키는 그리스도의 사랑이 지닌 힘을 보여주는 몇

to fill the building. The attendance has ranged from 1,000 to 1,600, the prayer meeting attendance reaching to over 1,000 during the sessions of the winter training class. The smallest attendance at prayer meeting was 400 on one very cold stormy winter night.

Considerable time has been spent in pastoral oversight and I have seen some most marked cases of the power of the love of Christ to constrain the people in the face of the strongest kind of temptation. A particularly gratifying case was that of the reconciliation of two men who for a long time had been enemies owing to a debt contracted by their grandfathers years ago. The case had been in suspense for years and was a cause of trouble to both families and of great concern to officers and others in the church since the time that the two men had become Christians, one a member, the other a catechumen. Admonition and exhortation prevented one from going to law before a heathen magistrate, and grace finally led the other to pay a large sum in settlement, although in justice according to law he was not compelled to pay anything. The whole church rejoiced over the signal illustration of the power of the Gospel.

Another case was the reconciliation of a believing husband to an unbelieving wife whom he had discarded under peculiarly trying circumstances. After days of severe struggle and a whole night spent in prayer he gained the spiritual victory to my intense relief and great joy. The complex and most trying marriage relations are the most frequent cause of temptation and are the hardest of all to adjust.

A great deal in the way of private admonition and exhortation has kept many from sin and reclaimed many who had fallen. The power of the Gospel is as signally manifested in the genuine repentance of Christians who have fallen into sin as in the conversion of the heathen. Public discipline has been administered whenever the purity of the church or the welfare of the individual has seemed to require it. There

번의 현저한 경우를 목격했습니다. 특히 흐뭇했던 경우는 여러 해 전에 그들의 할아버지들이 계약한 빚 때문에 오랫동안 원수로 지냈던 두 사람이 화해한 일이었습니다. 이 일은 여러 해 동안 해결되지 않아서 두 가족 간의 분쟁의 원인이 되었습니다. 또한 한 사람은 입교인, 다른 사람은 학습교인으로 두 사람이 기독교인이 된 이후, 이들의 문제는 교회 직원들과 교회의 다른 사람들에게 큰 관심사였습니다. 훈계와 권고를 통해 한 사람이 불신자인 관찰사 앞에서 소송하는 것을 막았습니다. 그리고 하나님의 은혜로 마침내 다른 한 사람이, 공평하게 말하자면 법적으로 지불 의무가 전혀 없었지만, 상당한 금액을 지불하고 합의했습니다. 복음의 권능을 뚜렷하게 보여준 이 사례에 대해 교회 전체가 기뻐했습니다.

또 다른 경우는 신자인 남편이 상당히 고통스러웠던 상황에서 자신을 버리고 떠났던 불신자 아내와 화해한 일입니다. 며칠간 심각한 고민과 기도로 깊은 밤과 같은 시간을 보내고 난 후, 다행히 그는 기쁘게도 영적 승리를 얻었습니다. 고통스럽고 복잡한 결혼 관계는 죄의 유혹에 빠지게 하는 가장 흔한 원인이며, 모든 일 중 가장 해결하기 어려운 문제입니다.

개인적인 훈계와 권고의 방식을 통해 많은 사람이 죄로부터 벗어났고 타락했던 많은 사람이 회심했습니다. 복음의 권능은 불신자의 개종에서와 마찬가지로 죄에 빠졌던 기독교인의 진정한 회개에서도 분명하게 드러납니다. 공적 치리는 교회의 순결이나 개인의 복지가 그것을 요구하는 것으로 보일 때마다 시행되었습니다. 두 번의 출교가 있었는데, 한 번은 횡령으로, 또 다른 한 번은 위조로 인한 출교였으며, 세 번의 교인 자격 정지 사례 중 두 번은 자살 미수 건에 대해 처음으로 부과한 책벌이었습니다.

한 달에 두 번 회의를 하는 제직회는 이제 13회째로 좀 더 많은 사람을 잘 훈련하고 교회를 더 큰 일로 인도하는 기회를 제공했습니다. 우리는 현재 목사의 추가 조력자[길선주]의 봉급 절반을 지원하고 있고, 여전도회는 2명의 전도부인의 봉급을 제공하는데, 그들은 시내 사역에 시간의 절반을, 시골 교회에 나머지 절반을 사용하고 있습니다. 우리는 적어도 목사의 조력자 3

have been two excommunications, one for embezzlement, one for counterfeiting and three suspensions, two of these for the first time being for attempted suicide.

Semi-monthly meetings with the Board of Officers, now numbering thirteen, have afforded opportunity for the better training of a larger number of men and for leading the church into larger things. We are now providing half the salary of an additional assistant to the Pastor and assisting the Women's Missionary Society to provide the salary of two women who spend half their time in city work and half in the country churches. We plan to take a special subscription in the fall in the hope of raising sufficient for the salaries of at least three assistant pastors, the need of more help along this line being increasingly felt. We have expended 700 nyang in the purchase of a cemetery, and a committee of the officers having it in charge has drawn up rules for its regulation.

The question of accommodation for the various gatherings is still a problem. The Sabbath night attendance in the Residence Sarang became so great that a separate service for the women was begun in Marquis Chapel. The Sabbath morning Bible classes are filling the various chapels to their full capacity and provision for more meeting places must be made. About half the time, the congregation at the preaching service in the large church taxes its capacity and we are again facing the same old problem of how best to provide for all who wish to attend. The completion of the building with its galleries will give us accommodation for perhaps 1,800 people when crowded as close as possible, but not more than 1,500 can be comfortably seated. If pews or seats are introduced, probably not more than 1,200 can be provided for in the present building, which cannot be further enlarged.

If the present rate of increase continues, and the suburban chapels still continue to be associated with the city church, a plan advantageous to them and tending greatly to the harmonious development of the whole

명의 봉급에 충분한 기금을 모금할 수 있기를 희망하면서 가을에 특별 헌금 기간을 잡을 계획인데, 이와 관련해 더 많은 도움이 필요하다고 점점 더 느끼고 있습니다. 우리는 공동묘지 구입에 700냥을 소비했고 그것을 책임지는 제직위원회가 그 규정과 규칙을 마련했습니다.

다양한 모임을 위한 시설 문제는 여전히 어렵습니다. 사택 사랑에서 모이는 주일 저녁 참석자가 너무 늘어서 여성을 위한 별도 예배가 마르키스 채플에서 시작되었습니다. 주일 오전 성경공부반은 여러 예배당을 그 수용 한도까지 가득 채우고 있어서 더 많은 모임 장소가 공급되어야 합니다. 큰 교회의 주일 설교 예배에 참석하는 회중은 그 수용 한도를 자주 넘어서고 있으므로, 우리는 참석을 원하는 모든 이를 수용하는 최선의 방법에 관한 오래된 문제에 다시 직면하고 있습니다. 2층 강당이 완공되면 최대한 좁게 앉을 경우 아마도 1,800명을 수용할 수 있겠지만, 1,500명이 넘으면 편안히 앉을 수는 없습니다. 만일 교인용 긴 의자가 들어가면 최대한 1,200명이 현 건물에 수용될 수 있을 것이며, 이 건물은 더 이상 확장될 수 없습니다.

만일 현 증가세가 계속되어 교외 예배당들이 시내 교회와 계속 연계되려면, 또 그들에게 이득이 되는 계획을 지속하고 전체 사역의 조화로운 발전을 크게 도모하려면, 또 다른 교회를 공급하는 문제가 즉시 고려되어야 합니다. 우리는 남문 근처에 예배당을 개설할 계획인데, 그곳에는 여자 초등학교와 남자 초등학교가 하나씩 필요하며, 여성 사역을 위한 다른 시설이 필요합니다. 많은 생각 끝에 저는 그곳에 예배당을 세우는 계획은 향후 그 지역에 또 다른 교회를 신설하는 계획을 포함해야 한다고 믿게 되었습니다. 저는 가장 효율적인 조직과 선교사와 조사의 시간을 가장 경제적으로 활용하도록 보장해주는 한 가지 특징적인 사역, 곧 시내 교회와 교외 교회들을 하나의 제직회의 통제 아래 연계하여 운영하는 일을 계속하되, 적어도 우리가 노회의 관할하에 독립적인 구역을 담당하는 한국인 목사를 안수할 준비가 될 때까지 그런 식으로 계속 일해야 한다고 믿습니다.

집사회는 교회의 자선 사역을 관리하는 데 매우 효율적입니다. 가뭄으로

work, then the problem of providing another church must be considered at once. We are planning for another chapel near the South Gate in connection with which a primary school for girls and one for boys is needed, and also another centre for woman's work. After a great deal of thought I am inclined to believe that the plan for a chapel there should include a plan for another church in that section. I trust we may continue one feature of the work as promising the most efficient organization and the most economical use of time of missionaries and helpers, viz the association of the city and suburban churches under the government of one board of officers, until such time at least as we are ready to ordain native pastors with independent sessions under the control of Presbytery.

The Board of Deacons has proven very efficient in looking after the benevolent work of the church. To meet the calls incident to the famine a fund of 1,000 nyang was raised from some of the more well-to-do members. This fund was used for gifts or loans to tide over the time between the sowing of the grain and the reaping of the early barley harvest. Quite a number have been helped, but great care was taken to pauperize no one, full returns being required whenever possible.

The Sabbath following Christmas Day infant baptism was administered to 11 children of believing parents, giving a present enrollment of 64 on the Covenant Roll.

In April it was my privilege to baptize and receive to church membership 140 persons, 82 women and 58 men. This was the only baptismal service in the city church, and was the culmination of the year's work of the whole station. The labor involved in the examination of all of these and of over 30 others who were postponed was a heavy task, taking all the time I could spare from even more urgent duties for a period of three months. It was nevertheless a great privilege to hear the testimonies given and to witness the great joy and peace of this people. Among them were a number of children from 10 to 15 years of

인한 요청에 응하기 위해 부유한 신도들이 1,000냥의 연보를 모금했습니다. 이 연보는 파종 때와 이른 보리 추수 사이의 보릿고개 때를 넘기기 위한 선물이나 대부금으로 사용되었습니다. 상당히 많은 사람이 도움을 받았지만, 어느 누구도 구호에 의존하는 이재민으로 만들지 않기 위해 많은 주의를 기울였고, 가능하면 언제든 모든 금액을 갚도록 요구했습니다.

성탄절 다음 주일에는 교인 부모의 아이들 11명에게 유아세례를 주었는데, 그 결과 현재 언약의 명단에는 64명이 등록되어 있습니다.

4월에 여성 82명과 남성 58명, 합계 140명에게 세례를 주고 입교시킨 일은 제 특권이었습니다. 이것은 시내 교회에서 있었던 유일한 세례식이었고 전체 선교지부의 한 해 사역의 절정이었습니다. 이 모든 신청자와 그동안 연기되었던 30명 이상에게 문답하는 것은 힘든 일이었는데, 제가 3개월 동안 긴급한 일을 하고 나서 낼 수 있는 모든 시간이 소요되었습니다. 그럼에도 불구하고 이 사람들의 간증을 듣고 그들의 커다란 기쁨과 평화를 목격하는 것은 대단한 특권이었습니다. 그들 중에는 10살에서 15살 사이의 많은 자녀가 있었는데, 이들은 교인 자녀로 가정에서 아직 세례를 받지 않은 유일한 자들이었습니다. 더 어린아이들은 부모의 신앙으로 유아세례를 받았습니다. 또한 70세가 넘은 사람도 상당히 많았습니다. 그중 두 사람이 85세의 할머니였는데, 둘 중 한 명은 혼자 살면서 비가 오나 눈이 오나 덥거나 춥거나 1.6킬로미터 이상을 걸어서 교회까지 한 번을 제외하고 매 주일에 정기적으로 왔습니다. 많은 여성이 올해 스누크 양이 효율적으로 관리한 학습교인반에서 성장하여 세례를 받았습니다.

age, the children of Christians and the only ones in their families not yet baptized, the younger children having been baptized on the faith of their parents. There were also quite a number over 70 years of age, two of them old women of 85, one of whom, living all alone, has come regularly every Sabbath but one through rain and snow, heat and cold, walking over a mile to church. Many of the women came from the catechumen class which this year has grown under Miss Snook's very efficient care.

Cameron Johnson, "Dr. Moffett's Work in Korea," *Missionary* (1903): 485-486.

Kobe, Japan

October, 1902

Dr. Moffett's Work in Korea

The other day my old time friend, Rev. Samuel Moffett, D.D., passed through Kobe on a short vacation home of four months. He is one of the most wonderful missionary workers in this part of the great Far East. Much of the great revival work in the north of Korea is directly traceable to his quiet and persistent efforts a few years back. There are few men who have been on the mission field only twelve years who have been so greatly used of God as he has been. Having such a quietness and sweetness of disposition and evenness and simplicity of character and a burning love for souls, it is not to be wondered at that the Koreans love and trust him implicitly and flock to him like "a father in the gospel" as he truly is. He was telling me that just a few Sabbaths before he came away from Korea they had their annual sacramental Sabbath, when he baptized one hundred and forty Korean probationers and examined thirty more who were not yet prepared for baptism. This was, of course, the gist of the year's work, but how many pastors at home can report such an ingathering as this in the same length of time? I asked him about the annual winter class for Bible study and was amazed when he told me that for the space of two weeks they had had five hundred native helpers in from the various surrounding country districts and that their expenses had been entirely defrayed by themselves with the exception of about forty who had received some assistance from the missionary body in Pyeng-yang. Also that the large native church in Pyeng-yang, which was

카메론 존슨, "한국에서 마포삼열 목사의 사역", 「미셔너리」(1903년): 485-486쪽.
일본, 고베
1902년 10월

한국에서 마포삼열 목사의 사역

얼마 전 내 오랜 친구인 목사 마포삼열 박사가 4개월간 모국에서 짧은 휴가를 보내러 가는 길에 고베를 지나갔다. 그는 이 광대한 극동 지역에서 가장 훌륭한 선교 사역자 중 한 사람이다. 한국 북부에서의 위대한 부흥의 역사는 몇 년 전 그의 조용하고 끈기 있는 노력에 직접적으로 기인한다. 그는 선교지에 단지 12년 동안 있었는데 하나님께서 그처럼 크게 사용한 사람은 거의 없다. 조용하고 상냥한 기질과 공평하고 꾸밈없는 성격, 그리고 영혼에 대한 불타는 사랑을 생각하면, 한국인들이 그를 절대적으로 사랑하고 신뢰하며, 그가 실제로 그런 존재이지만 마치 그가 "복음의 아버지"인 듯이 그에게 몰려드는 것은 놀랄 일이 아니다. 그가 전해준 말에 의하면, 한국에서 떠나기 몇 주 전 주일에 그들은 연례 성찬 주일을 지켰는데, 그는 140명의 학습교인에게 세례를 주었고 추가로 세례 받을 준비가 아직 되지 않은 30명을 더 문답했다고 한다. 이것은 물론 그 해 사역의 요약일 뿐이다. 얼마나 많은 본국의 목사들이 같은 기간에 이와 같은 수확을 보고할 수 있겠는가? 나는 그에게 성경공부를 위한 연례 겨울 사경회에 대해 물었는데 그 대답을 듣고 깜짝 놀랐다. 2주일 동안 도시 주변의 다양한 시골 구역으로부터 500명의 조사(助事)들이 왔는데, 평양에 있는 선교사들로부터 약간의 도움을 받는 약 40명을 제외하면 모두 전적으로 자비로 참석했다고 한다. 또한 내가 작년에 평양에 갔을 때 아직 완성되지 않았던 대규모 한국인 예배당은 이제 완성되었는데 한국인들이 5,000-6,000엔에 해당하는 전체 비용의 2/3를 제공했다고 한다. 나는 그에게 교인 중 가장 부유한 자가 얼마나 부자인가를 물었다. 그는

not quite completed when I was there last year, is now finished and that the Koreans had themselves furnished two-thirds of the entire amount, the whole being between five and six thousand yen. I asked him how wealthy was the richest man in the congregation and after thinking a bit, he said that the richest man would not have more than $1,200 counting everything that he possessed. He also stated that that man had given $150 towards the work of the church in its various departments. And just a few years ago this man was a raw heathen and one of the vilest men in the city, who opposed the incoming of the missionaries and for a time was their worst enemy. His name is Mr. Chay Cho See and I met him last summer in Pyeng Yang. I know of no better comparison by which to represent to my readers the personality of Mr. Moffett than by saying that he is like the "Sky Pilot," and the Parson, in those delightful books of "Ralph Connor." He is doing just the same godlike, self-forgetting work, only in a different field and among a different people.

잠깐 생각하더니 가장 부자인 사람의 전 재산을 계산해보면 1,200달러 이상이 되지 않는다고 말했다. 그리고 그 사람은 교회의 다양한 사역을 위해 150달러를 헌금했다고 말했다. 불과 몇 년 전만 해도 이 사람은 노골적인 이교도로 그 도시에서 가장 비도덕적인 사람 중 하나였고 선교사들이 들어오는 것을 반대하면서 얼마 동안 최악의 원수로 있던 자였다. 그의 이름은 최[치량] 초시인데, 나는 지난여름 그를 평양에서 만났다. 나는 마포삼열 목사가 "랄프 코너"의 유쾌한 책에 나오는 "황무지의 목회자"와 파슨 부부와 같다고 말하는 것보다 독자들에게 그의 인품을 더 잘 보여줄 수 있는 비유가 없다고 생각한다.[1] 그는 선교지가 다르고 민족이 다를 뿐 다른 선교사들과 마찬가지로 경건하고 헌신적으로 일하고 있다.

1 랄프 코너의 본명은 찰스 고든(Charles William Gordon, 1860-1937)으로 소설가인 동시에 캐나다 장로교회 지도자였다. 그는 1890년 목사 안수를 받고 선교사가 되어 캐나다의 로키 산맥에 있는 광산이나 벌채하기 위해 사람들이 모인 곳으로 갔다. 그곳에서의 경험과 글렌개리에서 보낸 어린 시절은 그의 소설의 중요한 배경이 되었다. 두 번째 소설 *The Sky Pilot in No Man's Land* (1899)가 100만 부 이상 팔리는 베스트셀러가 되면서 그는 일약 유명인이 되었다. 이 책은 서부 개척지에서 강한 도덕심과 정의감을 지니고 살아간 선교사의 모험을 그렸다.

Samuel A. Moffett (?),
***Korea Field* (November, 1903): 130-131.**
Pyeng Yang, Korea
June, 1903

Pyeng Yang City Church

The growth of the [city, or Chang Dae Hyun] Church has been attended with the difficulty of providing accommodation for the ever increasing congregation. Notwithstanding the fact that five suburban or village chapels have been set off as separate groups no longer enrolled in this Church and notwithstanding the addition of the gallery providing room for 200 more people, the church is comfortably filled every Sabbath and at times is so packed that many would-be worshipers cannot gain admittance. The side for the women also is frequently filled and the total attendance varies from 1,200 to 1,700.

The attendance at prayer-meeting has steadily increased, rarely falling below 1,000, while fully 1,200 are often present.

Sabbath Bible Class attendance still increases. More such classes are needed under direction of the missionaries. Meetings have been begun in another section of the city and in two villages north. These are systematically visited by city members. Although these classes and meetings are numerous there are opportunities for many more. The congestion of the city church also must be relieved by the establishment of another church, the present one having reached its limit of expansion. The energies and zeal of the Christians are sufficient to gather in more people and the plan formed for house to house visitation will soon bring still larger numbers for whom there is no accommodation.

Although 70 members and over 100 catechumens, many of them

마포삼열,
「코리아 필드」(1903년 11월): 130-131쪽.
한국, 평양
1903년 6월

평양 시내 교회

시내 교회[장대현교회]의 성장으로 인해 계속 늘어나는 회중을 수용할 수 있는 시설을 제공하는 데 어려움이 있습니다. 다섯 개의 교회 예배당이 이 교회에 더 이상 속하지 않는 미조직교회로 독립해서 분리되었고, 200명 이상을 수용하는 2층 강당을 덧붙였음에도 불구하고, 교회는 주일마다 겨우 앉을 수 있는 정도로 사람들이 가득 찼고, 때때로 너무 많이 와서 많은 사람이 예배를 드리러 왔다가 들어오지 못했습니다. 여자석도 자주 넘쳤으며, 전체 출석교인 수는 1,200명에서 1,700명 사이를 오갑니다.

기도회 출석자가 꾸준히 증가하고 있습니다. 1,000명 이하로는 거의 떨어지지 않으며 자주 1,200명까지 출석합니다.

주일 성경공부반의 출석자 수도 여전히 증가하고 있습니다. 많은 성경공부반이 그들을 지도할 선교사를 필요로 하고 있습니다. 도시의 다른 구역과 북쪽의 두 개 마을에서 성경공부 모임이 시작되었습니다. 이곳은 시내 교회 교인들이 체계적으로 방문하고 있습니다. 비록 이 공부반과 모임이 많이 있지만, 더 많은 모임을 가질 수 있는 기회가 있습니다. 시내 교회가 붐비는 문제는 다른 교회를 설립하면 분명히 해결할 수 있는데, 지금 교회는 더 이상 확장할 수 없는 단계에 이르렀습니다. 기독교인들의 에너지와 열정은 더 많은 사람을 모으기에 충분합니다. 집집마다 방문하는 전도 계획은 곧 더욱더 많은 사람을 모을 것이나 그들을 위한 시설이 없습니다.

70명의 입교인과 세례 받을 준비가 된 100명이 넘는 학습교인을 교외에 별도의 미조직교회를 설립하기 위해 내보냈음에도 불구하고 출석자는 작년

ready for baptism, were dismissed to form separate suburban groups, the roll is larger than last year and there were baptized 113 adults and 36 infants, making 94 on the Covenant Roll of baptized children. At the April communion service there were 580 who partook of the sacrament of the Lord's Supper.

Provision was made for the oversight and instruction of those on the Covenant Roll over 8 years of age. Under the direction of their parents they memorize one question of the Shorter Catechism each Sabbath except the fourth of each month, when they recite these to the Session after the church service. Their interest in it and the eagerness with which they come for the recital have been a source of peculiar gratification, while the sessional oversight is greatly appreciated by the parents. They will complete the Catechism in three years and in doing so will have come into personal contact and sympathetic relationship with the elders.

The Church is more efficiently organized. The "leader of tens" system has been extended to the catechumenate: another deacon added to the Board of Officers, and preparations made for the election of two more elders. Some eleven committees of the Board of Officers have the oversight of the various phases of work and to them and the assistant pastors must be given well merited praise for the amount of work accomplished and the fidelity and efficiency of their service.;

Entire support of another assistant has been assumed and the salaries increased to 100 nyang a month. The three women workers, also supported by the Church, have been faithful and efficient in helping to care for the large constituency of women.

Mr. Hunt has had charge of the teachers' meeting, and for the merchants of the city a class was provided at the time of their New Year holidays, taught by Mr. Baird and Mr. Blair.

The cemetery provided has been appreciated and has relieved the minds of many, while at the same time it has more completely eradicated

보다 더 많으며, 113명의 성인이 세례를 받았고, 36명의 유아가 세례를 받아서 유아세례자 명단인 언약의 명부에는 94명이 올라가 있습니다. 4월에 거행한 성찬식에는 580명이 참여했습니다.

언약의 명부에 있는 사람 중 8세 이상 어린이에 대한 감독과 교육을 위한 계획이 마련되었습니다. 부모의 지도하에 그들은 매월 넷째 주일을 제외한 매 주일마다 『소요리문답』에서 한 가지 질문을 암기하는데, 교회 예배 후 당회 앞에서 이것을 암송합니다. 학생들의 관심과 암송할 때 보여준 열성은 특별히 감사할 제목입니다. 한편 부모들은 당회의 감독에 대해 크게 감사하고 있습니다. 그들은 3년 후 요리문답을 마칠 것인데, 그렇게 하는 과정에서 장로들과 개인적인 접촉을 하고 서로 공감하는 관계를 가질 것입니다.

교회는 훨씬 더 효과적으로 조직되었습니다. "권찰" 제도는 학습교인들에게까지 확대되었습니다. 집사 한 명이 제직회에 추가되었고[1] 장로 2명을 추가로 선출하기 위한 준비가 이루어졌습니다. 제직회에 있는 약 11개의 위원회는 다양한 사역을 감독했습니다. 성취된 많은 사역은 위원회와 목사의 조력자들이 봉사한 충성과 효율성의 결과이므로 그들에게 당연한 칭찬이 돌아가야 합니다.

조력자 한 명에 대한 전적인 지원이 이루어졌고 월급은 100냥으로 늘었습니다. 또한 교회에서 지원받는 3명의 여성 사역자들은 여성 대교구를 돌보는 일을 충실하고 효율적으로 도왔습니다.

헌트 목사는 교사 모임을 맡고 있으며, 도시 상인들을 위한 사경회는 구정 연휴에 열렸는데, 베어드 목사와 블레어 목사가 가르쳤습니다.

교인들은 구입한 공동묘지에 대해 감사했으며 많은 사람이 안심했습니다. 동시에 그것은 죽은 자와 장례 규범과 관련된 많은 이교적인 미신을 완전히 근절시켰습니다. 특기할 사항은 죽은 어린이를 적절하게 공적으로 매장하는 문제와 관련하여 올바른 정서의 성장이 있었다는 것입니다. 묘지위

1 이때의 집사란 서리집사가 아닌 오늘날의 안수집사를 말한다. 교인의 투표로 선출되었다.

many heathen superstitions relating to the dead and to burial customs. Worthy of note is the growth of a right sentiment with reference to the proper and formal burial of children, the Cemetery Committee fostering this by providing a small bier for use at children's funerals. The heathen method is to simply carry off the bodies [of children] and cover them with a little dirt in any vacant spot with no ceremony, and unaccompanied.

The Church is an earnest evangelistic missionary agency and this year has raised for missions 2,750 nyang, of which the Women's Missionary Society reports a total of 809 nyang, which will probably enable them to support another missionary.

For the Committee of Missions over 1,700 nyang was raised, most of it under a special appeal to enable the Committee to send men to Whang Hai province where the Roman Catholic outrages had made an open door for the presentation of the true Gospel. Two men were sent and in addition one member of the Church spent a month at his own expense in the same work. The opportuneness of the move is shown by the readiness with which some of the Romanists who had already begun to doubt the character of the priests and their crimes and acts of gross injustice, have listened to the pure Gospel, become enlightened and given up the errors of Romanism.

원회는 어린이 장례에 사용할 작은 상여를 제공함으로써 이를 촉진시켰습니다. 이교적 방식은 단순히 아이의 시체를 옮겨서 의례도 치르지 않고 아무 데나 파서 넣고 약간의 흙을 덮는 것이 전부였습니다.

교회는 진지하게 전도하는 선교 기관이며, 올해는 선교를 위해 2,750냥이 모금되었습니다. 그중 [국내] 여전도회는 총 809냥을 보고했고, 이것으로 그들은 또 한 명의 전도인을 지원할 수 있을 것입니다.

선교회위원회를 위해서는 1,700냥 이상이 연보되었는데, 그 대부분은 로마 가톨릭의 횡포로 인해 진정한 복음이 전파되는 문이 열린 황해도에 위원회가 남성 전도인들을 보내자는 특별한 호소로 모금되었습니다. 2명이 파송되었고, 추가로 교회의 한 신도가 같은 사역을 위해 자비로 한 달을 보냈습니다. 사제들의 성격과 범죄와 역겨운 부정행위에 대해 이미 의심하기 시작했던 가톨릭 신자 일부가 순수한 복음을 듣고 깨달아 가톨릭의 오류를 버리는 단호함에서 전도 운동에 기회가 열려 있음을 볼 수 있습니다.

Samuel A. Moffett,
***Korea Field* (November, 1903): 140-141.**
Pyeng Yang, Korea
June, 1903

The Theological Class

The Council having given us permission to take under our care four more men as candidates for the Ministry, our Theological Class of six students was formally begun and instruction has now been given practically covering the course of study outlined for the first of the five years' course.

Three sessions were held in January, April and July. These together with the attendance upon the regular Winter and Summer Training Classes have given the men about three months of instruction, the rest of their time being spent in active service in connection with which their studies are carried on. All of them are supported by the Korean Church and are engaged in evangelistic work.

Four of the six men are ordained Elders. All have previously filled the position of Teacher, Leader or Assistant; have been closely associated with the Missionary for from six to ten years, and all have had a Korean education, giving them a fair knowledge of Chinese literature. They have attended our Training Classes for from seven to eleven years.

The work for the first year has included a brief course of instruction as follows:–

Theology proper and the Shorter Catechism by	Dr. Moffett
Lectures on Soteriology by	Dr. Baird
Jewish History by	Mr. Swallen

마포삼열,
「코리아 필드」(1903년 11월): 140-141쪽.
한국, 평양
1903년 6월

신학반

공의회가 4명의 목사 후보생을 추가로 우리 관리하에 두도록 허가해준 후에, 6명의 학생으로 구성된 우리 신학반이 공식적으로 시작되었고, 이제 5년 과정의 첫 해에 계획된 수업이 실제로 이루어지고 있습니다.

1월, 4월, 7월에 세 학기가 개강되었습니다. 이는 여름과 겨울 정기 사경회에 출석하는 일과 함께 학생들에게 약 3개월간 강의가 제공됩니다. 학생들은 나머지 시간에 스스로 공부하고 실제 현장에서 봉사하면서 보냅니다. 그들 모두 한국 교회의 지원을 받고, 전도 사역에 참여하고 있습니다.

6명 중 4명은 안수받은 장로입니다.[1] 모두 이전에 교사, 조사, 또는 조력자의 직분을 감당했고 6년에서 10년 동안 선교사와 밀접한 관계 속에 있었습니다. 모두 한문 문헌에 대한 상당한 지식을 갖도록 해주는 한국 교육을 받았습니다. 그들은 7년에서 11년 동안 우리 사경회에 참석했습니다.

첫 해 교과는 다음과 같은 간략한 강의 과정으로 이루어졌습니다.

조직신학과 소요리문답	마포삼열 박사
구원론	베어드 박사
유대 역사	스왈른 목사
설교학	리 목사

---

1 아직 서경조 장로는 신학생으로 받아들여지지 않았다. 아마도 황해도 소래에서 평양까지 수업하러 오는 것이 쉽지 않았을 것이다.

Homiletics by	Mr. Lee
The Gospel of Matthew and Ancient History by	Mr. Hunt
Studies in the Pentateuch by	Dr. Baird and Mr. Swallen
Lessons in Arithmetic by	Mr. Bernheisel

They will enter upon the second year's course when they assemble in December for the Winter Training Class.

As these men will probably be our first ordained ministers a brief account of them is presented.

The oldest in point of Christian experience is Elder Yang Chun-Paik, aged 33, who was baptized in 1893. For three years associated with Dr. Moffett and for six years with Mr. Whittemore in the Northern work, he has been the chief Helper in the work now constituting the Syen Chyen Station.

Elder Kim Chong-sŏp, aged 41, was baptized in 1895; served as Teacher and Hospital Evangelist with Dr. Wells for two years, and for eight years has been Church Leader or Assistant to Dr. Moffett and Mr. Lee in the Pyeng Yang City Church, where his marked spiritual influence led to his ordination in 1900 as the first Elder in our work.

The oldest in point of years is Elder Pang Ki-ch'ang, now 41, who, when a leader of the Tong Haks in 1894 and fleeing for his life, met the missionary in Whang Hai Province and followed him to Pyeng Yang. He was baptized in 1895. After service as teacher & helper with Mr. Lee for three years he has been for five years associated with Mr. Baird and Mr. Hunt as helper in the prosperous work of the Western Circuit, in which work he has been their main reliance.

Helper Song Nin Syei, aged 34, decided to declare himself a Christian after a beating received at prayer-meeting during the persecutions of 1894. He was baptized in 1895. He was leader of a country group, then teacher and for four years has been associated with

마태복음과 고대사	**헌트 목사**
모세오경 연구	**베어드 박사와 스왈른 목사**
산수 수업	**번하이젤 목사**

그들은 겨울 사경회로 12월에 모일 때 2년 과정으로 들어갈 것입니다.

이들은 안수받을 첫 번째 목회자가 될 것이므로 간단한 설명을 하겠습니다.

기독교 경험의 관점에서 가장 오래된 자는 양전백 장로입니다. 그는 33세로 1893년에 세례를 받았습니다. 북쪽 지역 사역에서 마포삼열 박사와 3년, 위트모어 목사와 6년 동안 함께 일한 그는 현재 선천 선교지부의 사역을 구성하는 일에 있어 수석 조사로 있습니다.

김종섭 장로는 41세로 1895년에 세례를 받았습니다. 그는 2년 동안 웰즈 의사와 함께 교사와 병원 전도사로 봉사했습니다. 8년 동안 평양 시내 교회에서 조사 혹은 리 목사와 마포삼열 박사의 조력자였는데, 그곳에서 그의 주목할 만한 영적 영향력으로 인해 1900년에 우리 사역에서 첫 번째 장로로 안수를 받았습니다.

나이 면에서 가장 연장자는 방기창 장로로 현재 41세입니다. 그는 1894년 동학의 지도자로서 목숨을 구하기 위해 달아났을 때 황해도에서 선교사를 만났고 그를 따라 평양까지 갔습니다. 그는 1895년에 세례를 받았습니다. 그는 3년 동안 리 목사와 함께 교사와 조사로 봉사한 후에, 번성하는 서부 순회 구역의 사역에서 조사로서 베어드 목사 및 헌트 목사와 함께 5년 동안 일했는데, 그곳 사역에서 그는 두 목사의 든든한 버팀목이었습니다.

송인서 조사는 34세로 1894년 박해 때 기도회에서 구타를 당한 후 기독교인이라고 선언하기로 결심했습니다. 그는 1895년에 세례를 받았습니다. 그는 시골의 한 미조직교회의 영수로, 교사였고 4년 동안 황해도 중심 지역의 발전에 주된 견인차 역할을 하며 헌트 목사와 함께 일했습니다.

이기풍 조사는 35세로 1891년 평양 거리에서 선교사들에게 돌을 던졌

Mr. Hunt as a chief factor in the development of the work in Central Whang Hai province.

Helper Yi Ki Poung, aged 35, was one of those who stoned the missionaries on the streets of Pyeng Yang in 1891. He was converted after removal to Wonsan where he was baptized in 1896. Associated there with Mr. Swallen as colporteur he returned to Pyeng Yang when Mr. Swallen was transferred here in 1899 and since then has been his main helper on the Anak Circuit.

Elder Kil Sŏn-ju, aged 34, was baptized in 1897 and for five years has been a leader or assistant in the Pyeng Yang City church. Although almost blind he is an able preacher, a deep thinker and a man of rare good judgment and spiritual perception.

These men are already evangelists of great power, of considerable experience and of ripe Christian character, upon whose labors the Spirit of God has placed His seal. They are zealous and consecrated and willing to endure hardness, making sacrifices and working with enthusiasm from love of the Master, even though the salaries received have not been sufficient to support their families. They are men who give evidence of having been called of God to the Ministry.

던 사람들 중 한 명이었습니다. 그는 원산으로 이사를 간 후에 개종했는데 그곳에서 1896년에 세례를 받았습니다. 그는 권서로서 스왈른 목사와 함께 사역하다가 스왈른 목사가 1899년에 이곳으로 전임해왔을 때 평양으로 돌아왔고, 그 이후로 안악 순회 구역에서 스왈른 목사의 주요 조사로 일해왔습니다.

길선주 장로는 34세로 1897년에 세례를 받았습니다. 그는 5년 동안 평양 시내 교회의 영수이자 조력자로 일했습니다. 그는 거의 맹인이었지만 뛰어난 설교자요 심오한 사상가이며, 보기 드문 뛰어난 판단력과 영적인 감각을 갖춘 인물입니다.

이 사람들은 이미 위대한 능력을 갖추고 있고, 상당한 경험이 있으며, 성숙한 기독교인의 특성을 갖춘 전도자들입니다. 그들의 사역 위에 성령께서 인을 치셨습니다. 그들은 열성적이고 신앙심이 깊으며 어려움을 기꺼이 감내합니다. 그들은 받는 급여가 가족을 부양하기에 충분하지 않음에도 불구하고, 주님에 대한 사랑에서 나오는 열정으로 희생적으로 사역하고 있습니다. 그들은 하나님께서 목회로 부르셨음을 증거하는 자들입니다.

가계도 Family Trees

MOFFETT FAMILY TREE

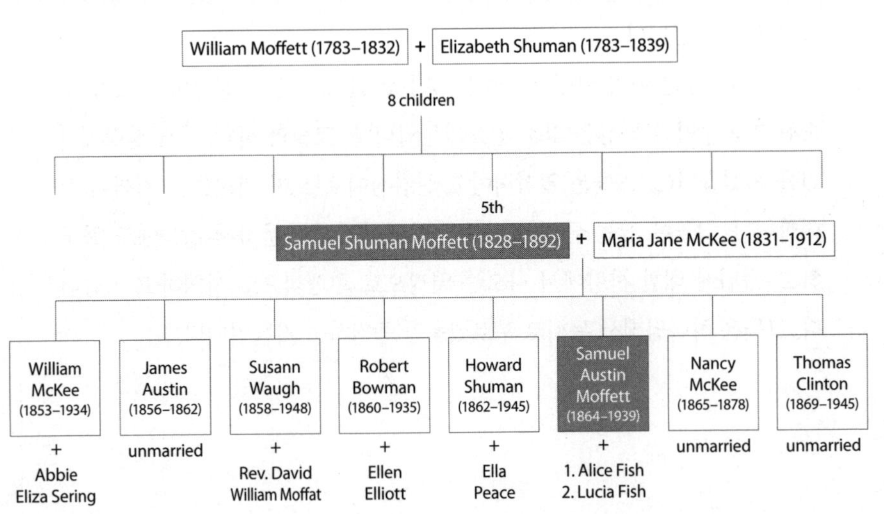

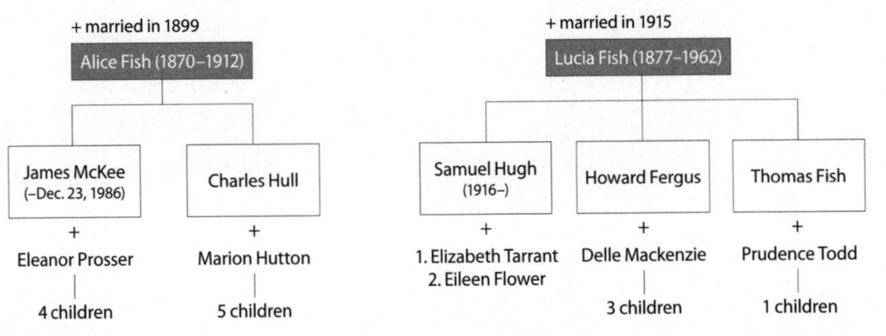

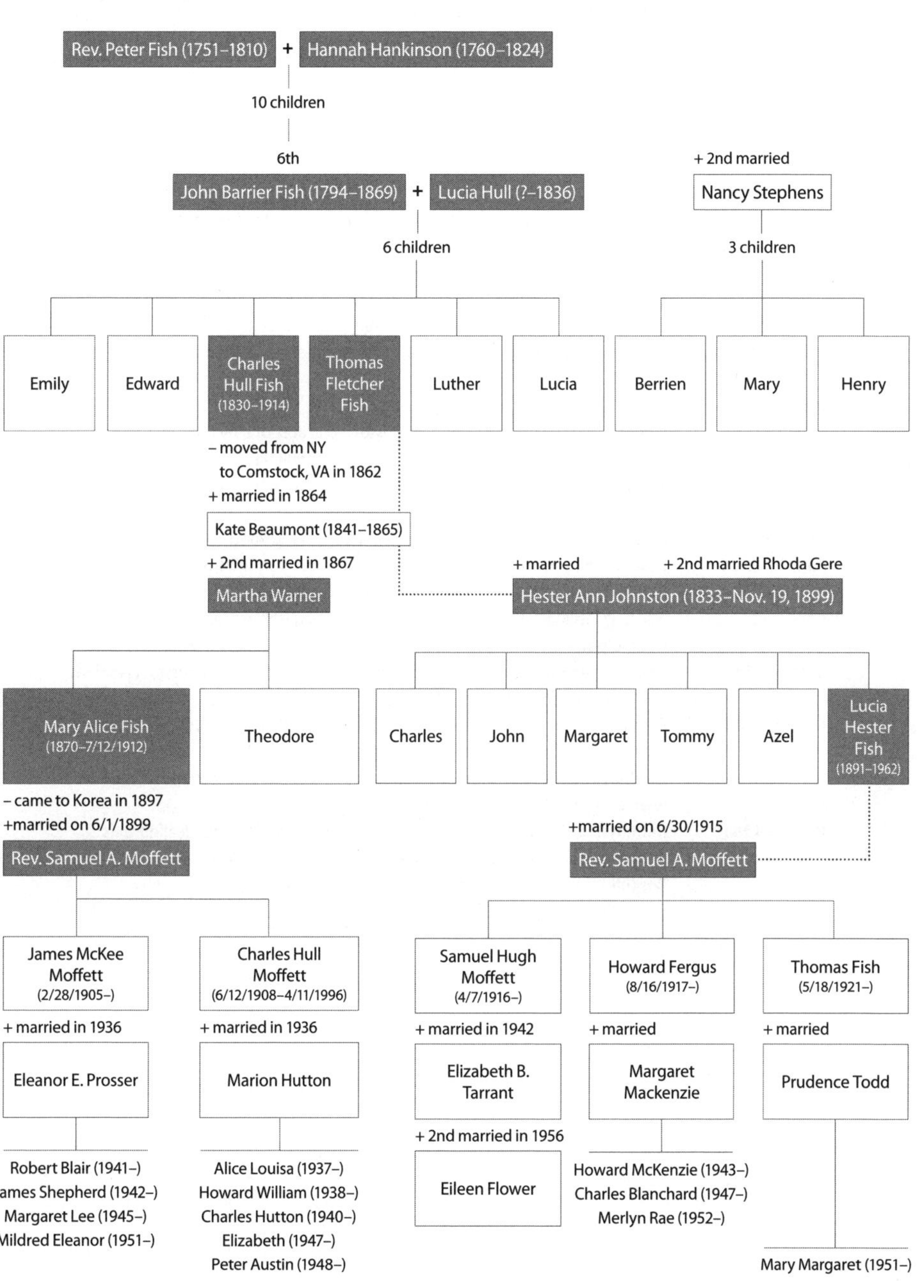
Rev. Peter Fish (1751–1810) + Hannah Hankinson (1760–1824)
10 children
6th
John Barrier Fish (1794–1869) + Lucia Hull (?–1836)
+ 2nd married
Nancy Stephens
6 children
3 children
Emily
Edward
Charles Hull Fish (1830–1914)
Thomas Fletcher Fish
Luther
Lucia
Berrien
Mary
Henry
– moved from NY to Comstock, VA in 1862
+ married in 1864
Kate Beaumont (1841–1865)
+ 2nd married in 1867
Martha Warner
+ married
+ 2nd married Rhoda Gere
Hester Ann Johnston (1833–Nov. 19, 1899)
Mary Alice Fish (1870–7/12/1912)
Theodore
Charles
John
Margaret
Tommy
Azel
Lucia Hester Fish (1891–1962)
– came to Korea in 1897
+married on 6/1/1899
Rev. Samuel A. Moffett
+married on 6/30/1915
Rev. Samuel A. Moffett
James McKee Moffett (2/28/1905–)
Charles Hull Moffett (6/12/1908–4/11/1996)
Samuel Hugh Moffett (4/7/1916–)
Howard Fergus (8/16/1917–)
Thomas Fish (5/18/1921–)
+ married in 1936
+ married in 1936
+ married in 1942
+ married
+ married
Eleanor E. Prosser
Marion Hutton
Elizabeth B. Tarrant
Margaret Mackenzie
Prudence Todd
+ 2nd married in 1956
Eileen Flower
Robert Blair (1941–)
James Shepherd (1942–)
Margaret Lee (1945–)
Mildred Eleanor (1951–)
Alice Louisa (1937–)
Howard William (1938–)
Charles Hutton (1940–)
Elizabeth (1947–)
Peter Austin (1948–)
Howard McKenzie (1943–)
Charles Blanchard (1947–)
Merlyn Rae (1952–)
Mary Margaret (1951–)

연대표 Chronology • 1901-1903

Feb. 6, 1901	Examines two men, Kim Chong-sŏp and Pang Ki-ch'ang, two of the four ruling elders in the Korean Church, as candidates for training as ordained ministers. Begins a course of theological study with them in his home. Seminary records describe this as the founding of the first Protestant Theological Seminary in Korea. Moffett is president of this seminary from 1902-1924
April 20, 1901	Wedding of his oldest brother, William McKee Moffett, in Madison, Indiana to Abbie Eliza Sering
May, 1901	Dr. & Mrs. A. J. Brown visit Korea
June, 1901	Honorary *Doctor of Divinity* degree bestowed in absentia by the Faculty and Board of Trustees of Hanover College, Hanover, Indiana
Nov. 23, 1901	Moffett takes his wife to Japan where she leaves for her home in California for medical treatment.
1902-1924	President, Presbyterian Theological Seminary, Pyeng Yang.
April 19, 1902	Leaves P'yŏngyang to join his wife in America for a few months.
Aug. 9, 1902	Dr. and Mrs. Moffett return to Korea; first on the steamer Coptic from S. F. to Nagasaki, then leave Nagasaki Sept. 5th from Nagasaki on *Nippon Yusen Koisha* to Chemulpo.
Sept. 8, 1903	Charter granted for Presbyterian Seminary, Moffett as founder and first resident. He served as president until 1924.
October, 1903	Fredrik Franson, later influential in founding the TEAM Mission, stays for three weeks in the Moffett home joining and learning of the Presbyterian missionaries' carefully-regulated evangelistic outreach and studying the way these issionaries were applying the *Nevius Principle*.
Oct. 31, 1903	Moffett legal founder of Advanced School for Girls and Women (called Girls Academy & later Sung'ŭi). First principal, Miss Velma Snook, although Margaret Best had first charge of it until she went home on furlough.

1901년 2월 6일	김종섭 장로와 방기창 장로를 신학생으로 받아들임
	신학반 수업을 시작(마포삼열은 1902-1924년 신학교 교장)
1901년 4월 20일	큰 형 윌리엄이 애비 세링과 매디슨에서 결혼
1901년 5월 11일	브라운 총무 부부 평양 방문(15일까지)
1901년 6월 13일	인디애나 하노버 대학 마포삼열에게 명예 신학박사 학위 수여
1901년 8월	앨리스 피시의 미국 가족과 사촌의 기부로 숭실학당에 인쇄기를 설치
1901년 10월	북장로회 한국선교회 연례 회의에서 부산 선교지부 철수검토위원회 위원장으로 임명됨
	부산 선교지부의 어빈 의사의 전횡 비판
	세브란스병원에 의사 2명 배치(대형화와 기구화) 반대함
	한국성서위원회 번역자회 위원으로 선출되었으나 거절함
1901년 11월 23일	결혼 3주년 때 아내 앨리스의 질병으로 캘리포니아에서 치료하기 위해 일본 나가사키까지 함께 가서 전송함
	이후 5개월간(1902년 4월 중순까지) 거의 매일 편지함
1902년 4월 19일	미국에 가기 위해 평양을 떠남(1902년 10월에 돌아옴)
1902년 8월 9일	샌프란시스코에서 아내와 함께 콥틱호를 타고 출발함
1902년 9월 5일	일본우편기선으로 나가사키를 출발함
	부산, 제물포를 거쳐 서울에 옴
	선교회 연례 회의가 콜레라로 평양 대신 서울에서 열려 참석함
1903년 9월 8일	평양 장로회신학교(설립자 겸 교장 마포삼열) 승인이 남
1903년 10월	시카고의 스칸디나비아연맹선교회 대표 대부흥사 프란손(Fredrick Franson) 목사 마포삼열 집에서 3주일간 네비우스 방법 연구함
1903년 10월 31일	평양 숭의여학교를 설립하다. 스누크 양과 베스트 양이 가르침

색인 Index

한글 색인

ㄱ

가뭄 287, 303, 853, 901, 911
가정생활 285, 841
간증 295, 403, 411, 437, 913
간호 583, 877
강계 225, 553n.1, 775n.1, 797n.1, 799
강동 859
강유문 365, 411, 447, 901
개천 533, 541, 905
개항장 91n.2, 93n.3, 127, 723
건물위원회 111, 121n.1
게럿 777
게일 57, 75n.1, 77, 105, 107, 121, 125, 141, 202, 343n.4, 379, 615, 637, 813
결혼 17, 27, 73, 125n.5, 137, 157, 183, 205, 225n.2, 281, 341n.1, 411, 553n.1, 601, 617, 627n.1, 909, 915
경상남도 165, 173
경희궁 141n.4
고든 57, 773, 919n.1
고명우 675n.1
고베 117, 187, 917
고종 45, 51, 55, 121, 141n.5, 143n.5, 479n.3
공동묘지 583, 911, 923
공의회위원회 325, 363, 587, 885
공의회 평양위원회 95
관찰사 71, 273, 583, 585, 681, 683, 719, 721, 723, 725, 909
교사 사경회 333n.1, 859, 861
교육 사업 55, 59n.12, 115, 117, 171, 173, 175, 321, 343n.4, 369, 743
교인 명부 373, 377, 409
교회 용어 861
교회 종 587, 589
구원론 927
국내 여전도회 389, 841, 843, 925
국내 전도회 477, 843
권씨 부인 237, 255, 261, 271, 283, 295, 377
권두 어머니 337, 339
권서 183n.1, 205, 325, 333, 353, 389n.1, 413, 425, 495, 593, 595, 931
권찰 839, 923
귀신 143, 415n.1, 453, 491n.2, 695
규칙과 부칙위원회 813
「그리스도신문」 75, 77, 135n.1, 175n.1, 219n.1, 241n.1, 271n.1, 279nn.1,2, 325nn.1,2, 343n.3, 355n.2, 405n.1, 415n.2, 417n.2
그리스어 603
그리피스 213, 215
금광 225n.1, 264, 521, 523, 851, 897, 903
금식일 865, 887
기도 주간 275, 285, 287, 307, 841
기도회 75, 131, 219, 241, 269, 287, 295, 297, 305, 345, 351, 373, 385, 405, 409, 423, 473, 525, 551, 569, 579, 591, 593, 605, 825, 841, 907, 921, 929
기독교인의 의무 583
기퍼드 57, 191n.4, 379
기퍼드 부인 57, 191n.4, 379
길례 207
길선주 7, 21, 45, 124, 131n.1, 279n.1, 839n.4, 841, 843, 851, 907, 909, 931
김씨 부인 215, 281
김규식 343n.4
김두영 489
김윤오 721
김익두 365

김정식 343n.4
김종섭 7, 45, 95, 124, 355n.2, 839n.4, 841, 843, 851, 881, 907, 929
김찬성 853, 857n.7
김필수 343n.4
깁슨 555, 621

ㄴ

남장로회 95, 191n.1, 625, 707, 797, 817
남침례교회 183
남한산성 141
널다리교회 87n.1, 389n.2
노블 207, 215, 279, 479, 559, 595, 683
「노스 차이나 헤럴드」 83
놋 촛대 389
누가복음 403, 423, 505n.1
누스 91, 107
눌 부인 793

ㄷ

다렌 799
담배 75, 415, 417n.2
당회 43, 343n.3, 923
대구 9, 21, 57, 71n.1, 91, 93, 173, 341, 385, 413n.1, 741, 749, 751, 767, 773, 775, 781n.1, 793, 797
덕천 269, 353, 425, 427, 433, 437, 855, 857, 859, 891
데살로니가전후서 403
덴마크 81, 83, 85
도깨비 489
도티 57, 105, 107, 121, 123, 191, 397, 409, 479, 615, 617
독감 195, 199, 347, 405, 407, 415, 479
독립문 141
독서실 747
동학 551, 631n.1, 929
등사지 875

ㄹ

라이언 343
라일락 577
라틴어 45, 66, 603, 779
랜킨 625
러셀 183
러시아 629n.1, 675, 731, 755, 797, 821
레드랜즈 575
레위기 403
레이크포트 213, 215
렉 93, 133, 135, 145, 225, 227, 231, 235, 243, 247, 249, 255, 269, 277, 299, 301, 305n.3, 309, 311, 323, 345, 389, 439, 441, 453, 461, 473, 479, 489, 547, 557, 561, 565, 569, 575, 589, 599, 609, 691, 773
로마서 367, 403
로마주의자 763
로스 51, 53, 57, 107, 191, 202, 301, 325n.2, 551, 553n.1, 593n.1, 619, 647, 649, 673, 787, 855, 891
루미스 99, 183n.1, 485
류머티즘 223, 271
르각 719
리 목사 141, 215, 227, 255, 279, 309, 311, 359, 365, 409, 421, 441, 449, 473, 535n.1, 541, 623, 627, 641, 649, 681, 699, 785, 787, 801, 827, 837, 843, 907, 927, 929

ㅁ

마르키스 채플 569, 573
마산포 675, 677
마케도니아 767n.1
마페트, 로버트 보우먼 581
만경대 613, 615
만주 45, 66, 83, 325, 553n.1, 797, 799
매디슨 29, 469, 477, 557, 579, 581, 595, 596, 597, 635, 641, 651, 655
맥길 207, 255, 279
맥래 202, 379, 705, 707, 815
맹산 855, 891
맹인 학교 877
멘지스 191, 551
모리스 215, 241, 369, 377
모범적인 남편 313

모세 오경 929
목사 안수 225n.2, 309, 621n.3, 787, 789, 811, 813, 817n.2, 919n.1
목사 후보생 927
몽고메리워드사 215
몽트클레어교회 695
묘지위원회 923
무당 143, 543
무어 57, 105, 107, 123, 141, 171, 179, 187, 191, 199, 279, 311, 551
무어 감독 631
문명 31, 53, 559, 635n.1
뮈텔 685, 719
미국광산회사 799
미국남장로교회선교회위원회 815
미국북장로교회선교회 817
미국 성서공회 99, 161, 183n.1, 485, 705, 711, 871
「미셔너리」 625, 917
미조직교회 43, 89, 91, 93, 133, 173, 205, 301, 303, 305, 307, 405, 411, 413, 457, 473, 477, 511, 529, 533, 535, 543, 553, 699, 743, 757, 759, 765, 843, 847, 849, 851, 853, 855, 857, 891, 899, 901, 903, 905, 921, 929
미첼 805, 807
밀러 57, 165, 167, 171, 202, 207, 231, 323, 437, 449, 475, 479, 485, 487, 499, 501n.2, 503, 553, 585, 589, 591, 593, 595, 615, 629, 797, 801, 813, 873
밀러 양 479, 589

ㅂ

바이올린 335
박천 799
박천교회 71
박해 143n.6, 687, 701, 729, 739, 747, 763, 785, 837, 849, 855, 887, 929
방기창 45, 95, 124, 131, 593n1, 631n.1, 839n.4, 841, 929
방화중 593
백내장 733, 875
밴쿠버 315
버들골 519, 535, 537, 853
번역자회 525, 871, 873
번하이젤 199, 205, 231, 233, 243, 279, 303, 333, 403, 425, 433, 437, 549, 583, 645, 699, 801, 855, 891, 929
베스트 45, 79, 105, 107, 133, 135, 195, 199, 205, 229, 235, 301, 305, 333, 373, 377, 385, 397, 409, 421, 425, 441, 459, 479, 529, 585, 591, 599, 617, 699, 785, 793, 795, 801, 859, 861, 867, 893
베어드 61n.17, 79, 89, 95, 105, 153, 195, 202, 319, 321, 335, 341n.1, 348, 403, 475, 479, 583, 627, 629n.2, 633, 637, 673, 813, 839, 923, 927, 929
베어드 부인 73, 105, 333, 349, 387, 587, 699
보스윅 479
보통강 231
보험증서 277
봉산 325, 593
부산 47, 57, 95, 165, 171, 173, 183, 185, 191, 281, 347, 385, 457, 471, 551, 553n.1, 607, 609, 637, 647, 673, 675nn.1,2, 695, 715, 741, 749, 751, 765, 767, 771, 773, 797n.1
부산 문제 169, 185, 457, 471, 609, 637, 765, 771
부산위원회 171
부인 사경회 301, 305, 333
북경로 141
북동 시찰 847, 855, 899
북청 479
불상 555
브라운 45, 57, 59, 61, 97, 115, 117, 121, 123, 124, 129, 131, 143, 385, 641, 671, 703, 743n.1, 781, 783, 785, 793, 805, 809, 811, 817n.2, 821, 823, 829, 841
브라질 693, 765
브로크만 343n.4
브루엔 107, 202, 773, 793, 855, 891
블라디보스토크 799
블레어 189, 199, 202, 211, 217, 219, 227, 231, 233, 241, 275, 297, 301, 305, 309, 313, 333, 335, 337, 339, 373, 387, 397, 403, 405, 409, 415, 463, 469, 479, 489, 495, 511, 515, 523, 533, 535, 537, 549, 551, 579, 601, 613, 699,

743, 923
비밀 칙령 95
빈턴 105, 107, 113, 151, 591, 829, 831
빌립보서 229n.2, 423, 445, 867

ㅅ

사경회 71, 93, 133, 169, 191, 205, 235, 257, 279, 301, 327, 333, 369, 385, 421, 437, 445, 493, 511, 515, 697, 699, 759, 795, 805, 851, 885
사도행전 241n.3, 495, 759
사랑방 261, 277, 355, 549, 565, 801, 853, 895
사범(師範) 사경회 789
사이드보텀 107, 165, 167, 191, 202, 347, 501, 503, 607, 637
사중창 235, 333
사진 141, 143, 145, 213, 215, 219, 227, 231, 261, 295, 367, 375, 393, 397, 405, 409, 443, 465, 773, 781, 803
사천 493, 851
사핵사 721, 723, 725
삭주 135n.1, 261
산수책 555, 627
산타클로스 241
삼등 857
상복 143
상인들을 위한 사경회 923
상임성서실행위원회 475, 705, 871
샌디에이고 581
샌라파엘 41, 47, 137, 153, 179, 265, 353, 443, 465, 575, 579, 623, 825
생명보험 547
생일 83, 357, 361, 587, 589, 591, 651
샤록스 77, 79, 93, 105, 107, 113, 127, 131, 135, 227, 243, 277, 281, 407, 479, 547, 549, 569, 579, 585, 589, 591, 595, 601, 609, 767, 769, 775
샤프 202, 355n.1, 553, 585, 595, 599, 607, 699
서상륜 475
서양식 벽돌 교회 559
서울병원 291, 861
서점 277, 409, 449, 605, 747
석탄 89, 215, 295
선교지회 123, 151, 153, 475, 529, 715, 899
선교회위원회 855, 925
선교회의 정책 161, 635, 637, 659
선천 45, 61, 85, 93, 127, 131, 135, 173, 191n.2, 217, 225, 227, 247, 251, 257, 269, 271, 277, 281, 299, 301, 305, 309, 323, 333, 389, 397, 407, 461, 547, 553n.1, 569, 575, 579, 583, 585, 589, 591, 609, 617n.2, 743, 751, 773, 775, 789, 797, 799, 905, 929
선천 사경회 333, 397
설교 43, 95, 131, 155, 191, 225n.2, 229, 233, 241, 255, 279, 303, 333, 389, 423, 435, 495, 565, 573n.1, 575, 621, 647, 653, 697, 805, 837, 841, 911
설교학 927
성경 암송 75, 241
성령의 물결 691
성서 지리 867
성서공회 99, 101, 103, 121, 161, 163, 183n.1, 261, 325, 327n.3, 475, 479n.2, 485, 487, 705, 707, 711, 843, 845, 871, 873
성서위원회 101, 103, 161, 485, 525, 707, 711, 861, 871
성찬 기구 365
성찬식 319, 333, 399, 425, 435, 517, 539, 777, 847, 851, 897, 923
성탄절 179, 217, 225, 227, 229, 231, 233, 235, 239, 243, 245, 247, 253, 281, 303, 331, 399, 459, 691, 697, 837, 843, 845, 895, 913
세금 223n.1, 583, 699
세례 문답 305, 307, 353, 359, 363, 369, 373, 387, 391, 393, 397, 403, 409, 415, 423, 425, 431, 433, 437, 493, 495, 505, 537, 547, 549, 579, 605, 885
세례식 565, 693, 837, 913
세브란스 49, 53, 57, 61, 63, 111n.1, 639, 657, 773
세브란스병원 47, 49, 53, 57, 59, 61, 117n.1, 121n.1, 169, 191n.2, 617n.2, 631n.2, 635n.1, 749n.2
소우물교회 335n.3, 847, 849
소요리문답 23, 923, 927
송별연 609

송인서 45, 857n.9, 929
수요 기도회 219, 269, 305n.3, 385, 525, 551, 569, 841, 907
숙천교회 519, 853
순안교회 235, 423
순천 515n.1, 857
순회 구역 899, 901, 929, 931
숭실학당 61n.17, 89, 303n.1
쉴즈 57, 105, 107, 191, 589n.1, 615, 617
스누크 57, 173, 195, 199, 229, 235, 243, 255, 261, 277, 281, 285, 301, 305, 309, 335, 397, 449, 509, 535, 537, 553, 563, 613, 615, 617, 699, 743, 795, 913
스바냐 403
스왈른 199, 202, 205, 207, 219, 241, 271, 325, 333, 337, 365, 369, 397, 403, 409, 453, 459, 461, 473, 479, 489, 587, 611, 697, 699, 785, 789, 927, 929, 931
스왈른 부인 105, 207, 303, 333, 337, 387, 555, 605
스웨러 705, 707
스케이트 231
스코틀랜드 성서공회 475, 705, 871
스튜어드호텔 613
스트롱 57, 91, 105, 107
스펄전 573
스페인 275n.1, 739
스피어, 로버트 E. 625
시카고 49, 225n.2, 471n.1, 663, 733, 807, 823
시편 403, 553n.2
식중독 283
신반석 389, 841, 843
신부 47, 81, 143n.6, 533, 685, 687, 719, 712, 723, 737, 739, 747, 785
신시내티 567n.1, 596, 631
신앙고백 319, 321
신천군 785
신학박사 146n.1, 147, 165, 655, 663, 703n.1, 711
신학반 787, 789, 927
신환포교안 721n.1

ㅇ

아이스크림 591
아펜젤러 343n.4, 389n.1, 471n.1, 475, 613n.1, 873
안경 875
안계광 877
안식년 51, 141n.1, 179n.1, 617n.2, 633, 743, 747, 765, 801
안악 교동교회 325
안주교회 519, 539
안준 364, 365
안중근 721nn.1,2
안태건 721
알렉산더 691
알렌 45, 55, 71, 93, 126n.1, 127, 479n.3, 569, 675, 677, 681, 685, 687n.2, 689, 703, 719, 721n.1, 725n.3, 737, 763
암송 요절 875
암호 725
압록강 261, 297, 325n.2, 797, 799
애덤스 57, 107, 111, 202, 341, 347, 349, 433, 637, 673, 767, 773, 775
애클즈 281
앨범 141, 145, 213, 231, 375, 393
양유식 675n.1
양전백 299, 301, 929
어린이 319, 321, 867, 875, 877, 923, 925
어빈 107, 171, 637, 647, 649, 657, 673, 675, 677, 679, 693, 695, 715, 751, 771
어을빈의원 675n.1
언더우드 45, 47, 57, 59, 61, 75, 77, 79, 105, 107, 123, 201, 279, 343n.4, 355n.1, 553n.1, 635n.1, 637n.2, 647, 649, 657, 663, 667, 669, 671, 673, 675, 719, 721n.1, 725, 727, 737, 763, 771, 781n.1, 817n.2, 873
언문 453
언약의 명부 837, 839, 923
에비슨 45, 49, 51, 53, 57, 59, 61, 105, 107, 111, 113, 123, 125, 169, 171, 499, 503, 589n.1, 615, 635n.1, 637n.2
에스티 479, 613
엘린우드 53, 57, 75, 87, 89, 111, 117, 125, 126n.1,

157, 165, 169, 211, 281, 287, 295, 299, 319, 327, 345, 641, 647, 649, 655, 673, 679, 691, 695, 697, 715, 717, 743n.1, 747, 763, 767, 771, 775, 781n.1, 785, 805
엠마 73, 153
엥겔 171, 185, 191, 202, 813, 815
여름휴가 151n.2, 153, 331
여병현 343n.4
여성 사역 센터 87, 105
「여성 가정 잡지」 393
여전도회 389, 841, 843, 909, 925
여학생 중등 교육 715
역대상하 403
연례 회의 41, 53, 61, 75, 77, 95, 97, 115, 125, 141, 157, 159, 161, 169, 173, 185, 281, 347, 369, 387, 467, 499, 589n.1, 595, 631, 649, 657, 661, 697, 707, 765, 789, 799, 829, 837, 843, 861, 865, 871n.1, 875, 935
영국 성서공회 121, 161, 163, 327n.3, 475, 479n.2, 485, 705, 871, 873
영수 43, 131, 275, 295, 309, 333, 413, 435, 493, 787, 839, 847, 849, 851, 853, 855, 857, 877, 885, 895, 897, 903, 929, 931
영어 예배 333
영유 463, 519, 533, 535, 537, 539, 543, 859
예방주사 297
예배당 43, 87, 121, 205, 241, 275, 277, 279n.1, 305, 325n.2, 333, 335n.2, 363, 419, 421, 423, 437, 449, 471, 477, 529, 543, 599, 785, 841, 845, 849, 851, 853, 857, 885, 895, 901, 903, 907, 911, 917, 921
예수교서회 241n.2, 861
오길비 195, 199, 215, 261, 281, 567
오닐 733
오르간 255, 305n.3, 335, 759, 867, 877
오사카상선회사 599
오웬 91, 191, 195, 219
오클리 부인 247, 277
외국인 기도회 287, 593
외국인 예배 255, 279
외성 203-205, 214, 215, 234, 235, 336, 337, 339, 362, 363, 841, 845
요리사 331, 651
요한복음 3장 16절 877
용어 문제 665
우리 다시 만나 볼 동안 613
우울증 471
운동회 343n.4
워너메이커 성경학교 839
원씨 부인 199, 281, 359, 453
원두 어머니 377, 453, 509, 535, 537, 553, 559, 561
원산 49, 57, 207, 217, 271, 279n.2, 333, 355, 535, 695, 799, 857, 911
원산 사경회 333
웜볼드 57, 91, 105, 107, 549, 765
웰번 615
웰즈 53, 57, 77, 105, 117, 215, 225, 255, 257, 269, 271, 283, 291, 315, 337, 355, 407, 411, 415, 535, 547, 549, 555, 563, 569, 579, 583, 585, 589, 591, 593, 609, 651, 733, 743, 747, 759, 765, 769, 775, 781, 793, 795, 867
웰즈 부인 547, 589, 793, 795, 867
웹 부인 141, 535, 557, 699
위노나 레이크 645
위트모어 71, 79, 93, 97, 105, 107, 125, 127, 131, 135, 202, 227, 247, 249, 255, 257, 261, 269, 271, 277, 291, 323, 345, 355n.1, 407, 549, 637, 769, 787, 929
유아세례 255, 605, 837, 839, 913, 923
육정수 343n.4
윤씨 부인 421, 457
윤치호 343n.4
은산 857
은율 121
의료 선교 51, 57, 59, 61, 91, 115, 117
의주 83, 135, 225, 279n.2
의화단 83n.3, 325, 729
이교승 343n.4
이기풍 45, 929
이둔리 851
이사야 85n.4, 403
이석관 593
이신행 389, 845

이응익 719, 721, 725n.3
이익을 바라지 않는 사랑 807
이치수 855
이학선 681
이혼증서 449
인쇄기 153
일광욕실 467
일본 영사 545, 675n.2
일본우편회사 623
일본인 51, 61, 87, 91n.2, 185, 187, 545, 583, 599n.1, 613n.1, 677, 731

ㅈ

자급 23, 53, 61, 99, 101n.1, 183, 781n.1, 859
자산 205, 421, 423, 427, 429, 431, 433, 435, 441, 443, 514-515, 519, 851, 857, 859
자성 799
자작교회 519, 521n.1, 851, 897, 903
자전거 400, 605
작정 헌금 419, 421, 437, 457, 539, 543, 843
장대현교회 6-7, 9, 45, 87n.2, 124, 203, 264, 279n.1, 297, 305n.4, 335n.2, 365n.2, 373n.1, 419n.2, 699, 785, 839n.3, 859, 875, 921
장례 467, 841, 923, 925
장로 7, 43, 45, 95, 124, 131, 241, 271, 279n.1, 295, 325, 333, 355, 409, 535, 593n.1, 631n.1, 731, 787, 789, 811, 817, 839, 841, 851, 880-881, 907, 919, 923, 927, 929, 931, 935
장로회공의회 45, 165, 202, 475, 811
장옷 405
장티푸스 547, 567n.1, 627n.1, 633
재림교도 629
저탄소 675n.2
전씨 부인 411
전군보 839n.5, 851
전능수 423, 425
전도부인 155, 183, 841, 843, 865, 869, 887, 909
전도서 403
전도지 235
전보 부호 327
전신소 799
전주 797
전킨 202, 695, 815
전킨병원 675n.1
점자 877
정동 자산 291, 615
정수기 555
정원 399, 473, 547, 551, 559, 563, 575
제사 141, 415, 845
제직회 839, 841, 909, 911, 923
조사 43, 47, 93, 95, 121, 131, 173, 175, 205, 235, 275, 279, 299, 301,303, 305, 309, 325, 333, 335, 337, 365, 369, 411, 413n.1, 425n.1, 447, 477, 489n.1, 501n.2, 595, 675n.1, 757, 787, 841, 847, 851, 853, 859, 877, 899, 901, 911, 927, 929, 931
조사 기금 477
조사 연구 과정 787
조사와 영수의 가정 공부 과정 877
조사의 봉급 859, 899
조왕리 554, 841
존스 191, 207, 475, 685, 873
존슨 107, 753, 759, 775, 917
종교재판 739
종탑 777, 785
주일 성수 91n.2, 363, 853
주일학교 공과 841
중국 23, 45, 66, 81, 83, 93, 141, 297, 301, 343, 385, 621nn.1,2, 631n.3, 655, 677, 729, 763, 781n.1, 885
중학교 6-7, 45, 89, 175, 199, 217, 271, 303, 321, 343, 345, 355, 363, 369, 411, 477, 699, 785, 789, 845, 861, 867
중화 421, 453
지도 405, 427, 441, 461
지리발비 225, 264
직원회의 355
진남포 191, 195, 323, 615, 627
진남포교회 627
질레트 343n.4
집사 43, 435, 551, 591, 605, 839, 843, 845, 923
집사의 자선기금 843
집사회 911

ㅊ

『차머스 전기』 367, 393
찬송가 305, 475, 501, 503, 541, 665, 669, 671
『천로역정』 861
천연두 187, 225, 235, 261, 271, 277, 297, 323, 753, 759
첩 202
청천강 267
체스 187
체이스 양 171, 173, 195, 199, 227, 235, 243, 245, 281, 305, 609, 673, 765
초산 301, 363
최영화 207
최재학 343n.4
최치량 569n.1
출교 489n.1, 493, 839, 849, 851, 897, 909
치리 335n.2, 489n.1, 523, 839, 909
칠골 841, 845
칭의 511

ㅋ

캐나다해외선교위원회 815
캔톤 691
커크우드 793
커피 135
컬럼비아 대학교 사범대학 603
켄뮤어 119, 121
켄터키 신학교 819
『코리아 리뷰』 287, 291
코코아 195
콜레라 697, 935
콜리어 207
쿤즈 775

ㅌ

타코마 315
털리 325
테이트 202, 813
통조림 283
T자형 교회 423

ㅍ

파슨스 697
파크 대학 551n.1
파크데이비스사 223
패독 569
펜윅 695
펠프스 279, 281n.3
평양 감사 405
평양 병원 117, 717
포도 주스 227, 231, 337
포도나무 563, 575, 577
포도대장 207
포틀랜드 747n.1, 775, 781
폴웰 의사 113, 223, 247, 255, 257, 261, 373, 375, 585, 601, 633
표준신조위원회 815
푸트 202, 217, 613n.1, 813, 815
풀무골 205, 389
풍금 255, 275
프라이스 83
프랑스 47, 138, 721n.2, 725n.3, 737, 747, 755, 763
피셔 147
피셔 부인 141, 365, 375, 569
피시 17, 73, 131, 137, 141, 153, 155, 187, 413n.3, 728, 825, 865, 877
피시, 루시아 H. 603, 779
피터즈 125n.5, 181, 183, 185, 389, 471, 551, 627, 629n.2
필드 의사 111, 125, 169, 171, 589, 591, 615, 793
필리핀 183n.1, 471n.1, 627, 629, 693, 765, 765

ㅎ

하나님의 주권 691
하노버 대학 33, 49, 147, 596, 631, 703n.1, 935
하디 49, 475, 873
하먼드 613
하얼빈 799
하웰 227, 233, 273, 333, 447, 459, 479, 561, 599, 601, 607, 617, 699
하인 191n.5, 199, 425n.1, 441, 463, 551, 681

「하퍼즈 위클리」 557
학교와 학생 321
학습교인 173, 205, 277, 301, 303, 305, 305, 319, 321, 325, 363, 365, 385, 387, 421, 425, 435, 449, 453, 489, 515, 523, 529, 533, 539, 543, 587, 605, 741, 751, 765, 785, 789, 837, 839, 845, 847, 849, 853, 855, 857, 865, 875, 885, 887, 897, 899, 901, 903, 907, 909, 917, 921, 923
학습교인반 325, 385, 449, 865, 887, 913
한경직 521n.1
한국 정부 127, 583, 683, 687, 703, 737, 739, 755, 763
한덕영 365
한석진 269, 329, 335, 337
한인촌 297, 325
한천교회 903
한치순 721
함박골 851
함흥 45, 799
해리스 113, 567, 613, 633
해서교안 47, 685n.1, 721n.2, 729n.2
해외복음전파회 81
핸드 151, 547, 607
헬시 647, 649, 657, 673, 695
헌트 53, 61, 79, 105, 199, 202, 229, 233, 241, 255, 261, 291, 303, 325, 329, 333, 337, 355n.1, 359, 373, 377, 387, 389, 397, 403, 405, 409, 453, 459, 461, 473, 479, 489, 559, 563, 583, 593, 595, 637, 681, 683, 687, 719, 721n.1, 723, 737, 755, 789, 923, 929
헌트 부인 301, 303, 333, 379, 387
헤이븐 99, 161, 711
헨리 107, 173, 199, 231, 277, 285, 305, 309, 335, 359, 377, 437, 553, 565, 593, 595, 699
현흥택 343n.4
호놀룰루 179, 201, 219, 223, 227, 231, 257, 265, 269, 277, 313, 327, 331, 355, 367, 373, 387, 399
호랑이 515
호주 선교회 171, 675n.1, 695
혼인 359, 841
홀 281, 773, 775, 877
홍문수골교회 341, 471, 535
홍콩 상하이 은행 185
화이팅 91, 191n.1
화적단 223, 257
환구단 141
환등회 343n.4
황씨 부인 213, 223, 359, 415
황주 553
황해도 45, 66, 71, 201, 205, 271, 279, 287n.1, 355, 631n.1, 685, 721n.2, 731, 741, 755, 757, 797, 925, 927n.1, 929
후창 799
흉년 629
히브리서 403

영문 색인

A

Academy 6, 14, 44, 62n.16, 88, 174, 198, 216, 225n.2, 270, 302, 320, 342, 354, 362, 368, 410, 452, 476, 698, 784, 788, 842, 844, 860, 866
Ackles 278, 308
Acts 9, 494, 550, 686, 700, 736, 746, 758, 812, 924
Adams 9, 56, 106, 108, 110, 341n.1, 340, 344, 348, 349, 432, 636, 672, 766, 774
Advanced education of girls 714
Album 140, 144, 212, 230, 374
Alexander 183n.1, 389n.1, 690
Allen 44, 56, 70, 92, 126, 225n.2, 568, 674, 680, 684, 686, 702, 718, 725n.3, 736, 762
American Bible Society 98, 102, 160, 484, 704, 710
American Mining Company 798
An Joon 364

An Kye Kwang 876
An Tai Kun 720
Ancestral worship 844
Annual Meeting 40, 52, 60, 94, 96, 114, 122, 140, 156, 158, 160, 172, 182, 280, 344, 368, 386, 466, 498, 594, 630, 658, 660, 696, 706, 788, 790, 798, 828, 836, 842, 860, 864, 874
Appenzeller 474, 872
Arithmetic 554, 626, 928
Australian Mission 46, 170, 694, 772
Avison 44, 48, 50, 52, 53n.3, 56, 58, 59n.13, 60, 62, 104, 106, 110, 112, 122, 170, 498, 500, 614

B

Baird, Mr. 34, 78, 88, 94, 106, 152, 318, 320, 332, 348, 408, 478, 582, 626, 672, 814, 858, 922, 928
Baird, Mrs. 72, 104, 332, 348, 386, 474, 586, 698
Bands of robbers 22
Baptismal service 564, 836, 912
Belfry 776
Bell 586, 588, 776, 784
Bernheisel 198, 204, 228, 232, 242, 278, 302, 332, 336, 352, 402, 424, 432, 436, 548, 582, 644, 698, 800, 854, 890, 928
Best 44, 78, 88, 104, 106, 130, 134, 194, 198, 204, 228, 234, 300, 302, 332, 376, 382, 396, 408, 420, 424, 458, 478, 528, 552, 584, 590, 598, 784, 792, 800, 858, 860, 892
Bible Committee 98, 160, 474, 484, 524, 626, 704, 862, 870
Bible Society 98, 100, 102, 120, 160, 162, 260, 484, 704, 710, 844, 872
Bible woman(women) 154, 182, 864, 868, 886
Bicycle 398, 604
Birthday 30, 82, 356, 360, 586, 588, 590, 650
Blair 186, 210, 218, 228, 230, 240, 278, 296, 302, 312, 332, 334, 336, 358, 372, 388, 396, 404, 460, 462, 466, 476, 488, 494, 514, 522, 532, 534, 536, 548, 550, 600, 612, 698, 742, 922
Board of Deacons 912
Board of Officers 840, 910, 912, 922
Board of Translators 474, 484, 524, 872
Book store 408, 448, 604, 746
Bostwick 240, 479n.3
Boxer 44, 324, 728, 754
Brass candle sticks 388
Brazil 692, 764
Brick foreign church 558
British Bible Society 120, 160, 162, 704
Brown 44, 58, 59n.12, 60, 62, 96, 114, 116, 120, 122, 124, 128, 130, 142, 384, 642, 670, 702, 743n.1, 780, 781n.1, 784, 792, 800, 804, 808, 810, 820, 822, 828, 840
Bruen 106, 774, 792, 854, 890
Buddha 478, 554
Burial 466, 840, 924, 924

C

Cable Code 326
Canadian Foreign Missions Committee 814
Candidates for the ministry 94, 816, 840, 926
Canned mutton 282
Canton 692
Cataract 730, 874
Catechism 22, 922, 926
Catechumen 172, 204, 276, 300, 302, 306, 318, 320, 324, 362, 364, 386, 420, 422, 434, 448, 452, 488, 514, 528, 532, 538, 542, 586, 604, 742, 750, 764, 784, 788, 836, 838, 846, 848, 852, 854, 856, 864, 874, 884, 886, 894, 896, 898, 902, 906, 914, 920, 922
Catechumen class 276, 324, 448, 864, 886, 914
Cemetery 582, 910, 922
Cemetery Committee 924
Center for women's work 86
Cha Chak church 850, 896, 902
Cha San 204, 418, 420, 422, 428, 430, 432, 434, 440, 442, 514, 852, 856, 860
Chang Dae Hyun 874, 920

Changot 404
Chase, Miss 170, 172, 194, 198, 224, 234, 242, 244, 280, 304, 608, 672, 764
Chess 186
Chicago 48, 662, 730, 806, 822
Chil Kol 840, 844
Children 82, 132, 140, 214, 240, 318, 320, 434, 436, 452, 652, 728, 738, 786, 800, 824, 836, 868, 874, 878, 912, 914, 922, 924
China 22, 44, 82, 296, 300, 340, 342, 398, 584, 620, 624, 654, 762
Chinnampo 190, 194, 322, 626
Chitabalbie 224
Cho San 300, 362, 798
Cho Wangni 552
Choi 206, 544, 564, 582, 584
Choi Ryong Hoa 206
Cholera 40, 696
Christian News 74, 76
Christmas 178, 216, 224, 228, 230, 232, 234, 238, 242, 252, 300, 330, 398, 458, 473n.2, 696, 836, 842, 844, 894, 912
Chronicles 402
Chun Ju 796
Chun si 410
Chung Chyen River 532
Chung Dong Property 290
Chung Hwa 420
Church roll 372, 376
Cigarettes 414
Circuit 90, 94, 334, 784, 786, 836, 846, 854, 858, 890 892, 896, 898, 900, 928, 930
Civilization 52, 56, 558
Class for women 130, 324, 332, 758, 864, 866, 886
Coal 88, 214, 294
Cocoa 194
Code 327n.3, 326, 724
Coffee 134
Collyer 206
Colporteur 204, 324, 332, 352, 410 422, 472, 494, 592, 594, 930
Columbia University 602
Committee(Com.) of Council 94, 884
Communion service 398, 538, 846, 896, 922
Communion set 364
Concubine 402
Cook 330, 650
Course of Study for Helpers 786
Covenant Roll 836, 838, 912, 922

D

Deacon 434, 590, 604, 838, 842, 844, 912, 922
Deacon's Benevolent Fund 842
Denmark 80, 82
Discipline 30, 810, 838, 898, 908
Disinterested love 806, 807n.1
Doctorate of Divinity 146
Doty 58, 104, 106, 120, 122, 190, 396, 408, 478, 614
Drought 854
Duty of the Christians 582

E

E. Toungi 852
Ecclesiastes 402
Ecclesiastical Terms 860
Educational work 54, 90, 114, 116, 170, 174, 368, 742, 790
Elder 42, 44, 94, 124, 130, 240, 270, 324, 332, 354, 730, 810, 816, 838, 840, 850, 880, 881, 906, 922, 926, 928, 930
Ellinwood 52, 53nn.4-7, 54nn.4-7, 56, 57nn.9-10, 58nn.9-10, 59nn.11,13, 60nn.12-13, 61nn.14-17, 62nn.15-16, 74, 86, 88, 110, 116, 122, 156, 164, 168, 210, 280, 286, 294, 298, 318, 324, 344, 640, 646, 648, 654, 676, 690, 694, 696, 714, 716, 736, 743n.1, 746, 762, 766, 770, 774, 784, 804, 828
Emma 72, 152
Engel 170, 184, 190, 812, 814
Enmun 452
Estey 358, 478, 612
Eui Ju 134, 224

Eulyul 120
Eun San 856
Examination for baptism 302, 306
Excommunication 838, 910

F

Failure of crops 628
Farewell dinner 608, 612
Fast day 864, 886
Fenwick 694
Field, Dr. 122, 168, 170, 588, 590, 614, 792
Filter 554, 555n.1
Fischer, Mrs. 140, 364, 374, 568
Fish, Lucia H. 602, 778
Folwell, Dr. 112, 222, 246, 254, 260
Foote 216, 812, 814
Foreign prayer meeting 592
Foreign service 254, 286
Forgery 564
France 225n.2, 551n.1, 762
Furlough 40, 50, 52, 156, 158, 210, 298, 308, 630, 698, 742, 746, 764, 768, 800, 842, 862
Fusan 92, 164, 168, 170, 172, 182, 184, 190, 382, 456, 470, 606, 608, 646, 672, 694, 740, 748, 750, 764, 766, 770, 772, 774
Fusan Committee 170
Fusan question 168, 456, 608, 764

G

Gale 58, 76, 104, 106, 120, 122, 140, 378, 614, 636, 814
Garden 398, 470, 546, 550, 558, 562, 574, 628, 756
Garratt 776
Gensan(Wonsan) 206, 270, 332, 354, 534, 694, 856
Gibson 554, 620
Gifford 58, 190, 378
Glasses 20, 874, 876
Gold mine 520, 522, 850, 896, 902
Gordon 56, 772, 919n.1
Governor 46, 70, 270, 404, 680, 682, 718, 720, 722
Grape juice 224, 230, 336
Grape vines 562, 564, 574
Greek 602
Griffis 212, 214
Grippe 194, 198, 404

H

Hall 278, 772, 774, 876
Halsey 646, 648, 656, 672, 694
Ham Heung 798
Ham Pak Kol 852
Hammond, Miss 612
Han Chai Soon 720
Han Chun church 902
Han Dōk-Yōng 364
Han Kyung Chik 522
Hand 150, 546, 606
Hanover College 146
Harbin 796
Hardie, Dr. 474, 872
Harper's Weekly 554
Harris 112, 566, 567n.1, 612, 630
Haven 98, 160, 710
Hebrews 402
Helper 172, 298, 300, 302, 306, 492, 848, 850, 854, 900, 928, 930
Helper fund 476
Helper's salaries 900
Henry 106, 172, 198, 228, 302, 334, 358, 376, 436, 552, 564, 592, 594
Hoang-si 358
Home life 840
Home Study Course of the Helpers and Leaders 878
Homiletics 928
Hong Kong Shanghai Bank 184
Hong Moon Su Kol Church 340
Honolulu 178, 196, 200, 218, 222, 224, 230, 244, 248, 256, 268, 276, 312, 324, 330, 352, 354, 366, 372, 386, 398
Hospital at Pyeng Yang 116, 716, 746, 774

Howell, Miss 232, 270, 332, 458, 478, 560, 598, 600, 606, 614
Hu Chang 798
Hunt, Mr. 52, 78, 104, 106, 228, 240, 254, 260, 290, 300, 302, 324, 328, 332, 336, 388, 404, 408, 452, 458, 460, 472, 476, 478, 488, 558, 562, 592, 680, 682, 684, 686, 718, 736, 754, 788, 922, 928, 930,
Hunt, Mrs. 240, 300, 332, 358, 376, 386, 592
Hymn book 474, 664, 668, 670

I

Ice cream 590
Independence Arch 140
Inquisition 738
Inspector 720, 722, 736, 754
Insurance policy 276
Irvin 106, 170, 636, 646, 648, 656, 672, 674, 676, 692, 694, 714, 750, 770
Isaiah 402

J

Jap Consul 544
Japanese 86, 182, 184, 186, 312, 500, 564, 582, 620, 674, 724, 725n.3, 730, 894
John 3:16 876
Johnson 106, 108, 752, 758, 774
Jones 206, 474, 684, 872
Junkin 694, 814
Justification 510

K

Kai Chun 532, 538, 854, 904
Kang 364, 410, 446, 900
Kang Kyei 224
Kang Tong 856, 860
Kenmure 120
Kentucky Theological Seminary 818
Kil Sŏn-Ju 840, 906
Kil-lai 206
Kim Chan Sung 854
Kim Chong-sŏp 44, 94, 840, 842, 881, 906, 928, 935
Kim Too Yung 488
Kim Youn Oh 720
Kirkwood 792
Kobe 116, 186, 916
Korea Review 225n.1, 286, 287n.1, 290, 599n.1, 703n.1, 725n.3
Korean Government 126, 686, 702, 736, 738, 754, 762
Korean valleys 324

L

Ladies Home Journal 392
Lakeport 212, 214
Latin 602, 778
Le Gac 718
Leader 332, 434, 492, 628, 720, 850, 852, 854, 856, 896, 902, 926, 928, 930
Leader of tens 922
Leck 92, 144, 224, 225n.2, 230, 232, 234, 246, 248, 254, 276, 298, 300, 322, 342, 546, 554, 722
Lee 104, 106, 140, 170, 278, 308, 364, 402, 408, 418, 440, 472, 622, 626, 636, 642, 648, 680, 784, 786, 800, 826, 836, 842, 928
Leviticus 402
Life insurance 546
Life of Chalmers 364, 392
Lilac 574
Loomis 98, 484,
Lord's Supper 318, 320, 332, 424, 434, 776, 846, 850, 896, 922
Luke 402, 422
Lumber 680
Lyon 340, 343n.4

M

Macedonia 766
Madison 72, 466, 469n.2, 476, 554, 578, 580, 594, 725n.3
Maing San 854, 890

Man Kyung Tai 612
Manchuria 82, 324, 796, 798
Map 404, 866
Marquis Chapel 568, 572, 910
Marriage 72, 156, 204, 358, 840, 908
Masanpo 674
McGill 206, 254, 278
McRae 378, 704, 814
Medical work 90, 112, 114, 116, 128, 170, 498, 674, 748, 760, 874
Menzies 190, 550
Military officer 206
Miller, Miss 478, 479n.2, 588
Miller, Mr. 164, 170, 206, 230, 436, 474, 479n.2, 484, 486, 498, 501n.2, 502, 522, 584, 590, 592, 594, 796, 812, 872,
Miller, Mrs. 322, 479n.2, 500, 614, 698
Mimeograph 874
Mining 116, 225n.1, 798, 850, 896
Mission Committee 444, 884
Mitchell 804, 806
Model husband 312
Moffett, Robert Bowman 580
Montclair Church 694
Montgomery Ward 214
Moore 104, 122, 140, 170, 178, 186, 278, 308, 630
Morris 214, 240, 368, 376,
Mourner's dress 140

N

National Bible Society of Scotland 704
Nippon Yusen Kaisha 182
Noble 206, 214, 278, 466, 478, 504, 558, 594, 682
Normal class 332, 788, 838, 860
North China Herald 82
North-Eastern circuit 846, 900
Nourse 90, 106, 108
Null 792
Nursing 582, 876

O

Oakley, Mrs. 246, 276
Officers meeting 354, 476
Ogilvy 214, 566
Oneal 730, 732
One-Too's mother 376
Ordination 94, 306, 324, 788, 790, 810, 812, 816, 840, 928
Organ 74, 76, 254, 274, 334, 758, 866, 876
Osaka Shosen Kaisha boats 598
Owen 90, 190, 191n.1, 194, 218

P

Paddock 568
Pak Chun 798
Pak Chun Church 70
Pang Hoa Choung 590
Pang Ki-ch'ang 94, 840, 928
Parke Davis & Co 196, 222
Parsons 384, 538, 541n.3, 550, 612, 614, 630, 696
Peking Pass 140
Pentateuch 928
Permanent Executive Bible Committee 474, 626, 704, 870
Persecution 686, 700, 728, 738, 836, 848, 854, 864, 886
Phelps 278
Philippians 422, 444, 866
Philippines 626, 628, 692, 764
Photo 140, 218, 226, 260, 374
Pieters 182, 183n.1, 388, 389n.1, 470, 550, 626
Pilgrim's Progress 860
Po Tel Kol 534, 536, 852
Po Tong river 228
Point system 876
Pong San 324, 592
Port Arthur 80, 82
Portland 774, 780
Poul Moi Kol 204, 388
Prayer meeting 74, 218, 240, 268, 286, 294,

296, 304, 350, 372, 384, 404, 408, 472, 524, 550, 578, 590, 592, 604, 824, 840, 908, 920, 928
Preach 130, 228, 412, 494, 652
Presbyterian Council 156, 474, 706, 810
Press 110, 152, 680, 682, 724n.3, 784, 798
Price, Mrs. 80
Priest 532, 684, 686, 718, 720, 784
Psalms 402
Ptomaines 282
Puk Chang 852, 860
Pyeng Yang Committee of Council 94

Q

Quartette 232, 332
Quen-si 234, 254, 260, 270, 282, 294, 376
Quen-Too's mother 242, 336

R

Rankin 624
Reading room 746
Recitation 240, 368
Redlands 574
Rheumatism 270
Roll 836, 838, 912, 922
Romanist 730, 736, 738, 746
Romans 366, 402
Rose 122, 294, 562, 582
Ross 106, 170, 190, 298, 550, 551n.1, 606, 618, 646, 648, 672, 786, 854, 856, 890
Russell 182
Russia 754, 820

S

Sa Chon 492, 850
Sabbath observance 852
Sabbath school lessons 74
Sak Ju 260
San Diego 580
San Rafael 136, 152, 178, 352, 442, 464, 574, 578, 622, 824
Santa Claus 240
Sarang 260, 270, 276, 354, 470, 514, 548, 852, 894, 910
School for the blind 876
Schools & Scholars 320
Secret false edict 92
Self support 98, 182, 858
Seoul Hospital 280, 290, 656, 658, 860
Servant 358, 456
Session 70, 156, 302, 304, 396, 568, 614, 630, 788, 872, 922
Severance 111n.1, 638, 656, 772
Sharp 552, 584, 594, 598, 606, 698
Sharrocks 76, 78, 92, 104, 106, 112, 126, 130, 224, 242, 276, 280, 404, 476, 546, 568, 578, 584, 588, 590, 594, 600, 608, 766, 774
Sheet tract 234
Shields 104, 106, 190, 614, 616
Sidebotham 106, 164, 166, 170, 344, 500, 502, 606, 672, 764
Sin Chun county 784
Sin-si (Mrs. Sin) 388, 414
Skating 228
Smallpox 186, 232, 322, 752
Snook 172, 194, 198, 228, 234, 242, 254, 260, 276, 278, 281n.3, 282, 300, 302, 308, 334, 448, 498, 508, 534, 536, 552, 558, 562, 612, 614, 698, 744, 794
So Ou Moul church 848
Solarium 464
Song Nin Syei 928
Soon An church 204, 234, 422
Soon Chun 856
Sorceress 142
Soteriology 926
South Kyung Sang 164
Southern Baptist 182
Southern Fortress 140
Southern Presbyterians 92
Spanish 738
Speer, Robert E. 624
Spirit 74, 94, 148, 154, 234, 246, 298, 392,

488, 514, 638, 648, 672, 690, 692, 694, 716, 730, 770, 780, 792, 808, 826, 848, 904, 930
Spurgeon 572, 573n.1
Station 74, 76, 86, 88, 90, 92, 104, 112, 116, 122, 130, 132, 150, 152, 168, 172, 200, 248, 268, 298, 300, 308, 332, 354, 372, 396, 404, 500, 584, 586, 612, 614, 626, 648, 664, 696, 598, 716, 740, 766, 774, 784, 788, 792, 794, 796, 798, 800, 804, 822, 836, 860, 876, 892, 912
Steward's 612, 613n.1
Straeffer 190
Strong 112, 274, 300, 306, 318, 340, 422, 474, 488, 490, 502, 504, 628, 636, 658, 666, 676, 694, 764, 766, 794, 820, 822, 836, 848, 850, 852, 894, 896, 902
Subscription 436, 900, 910
Sermon 22, 228, 232, 254, 332, 494, 564, 620, 652, 840
Swallen, Mr. 198, 204, 218, 240, 270, 290, 300, 324, 332, 386, 388, 396, 402, 408, 452, 458, 460, 472, 478, 488, 554, 586, 696, 788, 926, 928, 930
Swearer 704
Syen Chyen 130, 134, 172, 216, 224, 246, 248, 256, 268, 270, 276, 278, 298, 300, 304, 308, 322, 332, 396, 404, 458, 546, 568, 574, 578, 582, 584, 590, 608, 742, 750 772, 774, 788, 796, 798, 904, 928

T

Tacoma 314
Taegu 9, 20, 56
Tate, L. B. 812
Tax 582
Tek Chun 268, 424, 432, 436, 854, 856, 860, 890
Telegraph office 798
Temple of Heaven 140
Term question 664
Testimony 436
Theological class 786, 788, 926
Thessalonians 402, 860
Tiger 514
Tok gabi 488
Tong Hak 550, 552, 928
Tract Society 860
Training class 92, 168, 184, 216, 300, 302, 304, 306, 320, 396, 696, 758, 786, 788, 794, 804, 836, 840, 858, 860, 866, 876, 884, 892, 900, 906, 908, 926, 928
Treaty port 126, 722
Turley 324
Tyen Neung Syu 422
Typhoid 546

U

Underwood 74, 76, 104, 106, 120, 200, 278, 646, 648, 656, 662, 666, 668, 670, 672, 674, 718, 724, 725n.3, 736, 754, 762, 770, 872
Until We Meet Again 612

V

Vaccination 254, 260, 270, 296
Vancouver 314
Village outside the wall 336
Vinton 104, 106, 112, 150, 590, 614, 828
Violin 334
Vladivostok 796

W

Wambold 90, 104, 106, 546, 764
Wave of God's spirit 690
Webb, Mrs. 140, 224, 534, 554, 698, 826, 876
Wednesday class 864, 886
Week of prayer 274, 284, 286, 304, 840
Welbon 614
Wells, Dr. 76, 104, 106, 116, 225n.1, 254, 256, 268, 270, 282, 290, 312, 336, 354, 404, 410, 414, 534, 546, 548, 568, 582, 608, 730, 742, 746, 764, 768, 774, 780, 928,
Whang Hai province 730, 742, 754, 796, 924, 928, 930

Wells, Mrs. 290, 546, 588, 742, 792, 794, 866
Whang Ju 552
Whiting 90
Whittemore 70, 78, 90, 92, 96, 104, 106, 122, 126, 130, 134, 224, 246, 248, 254, 256, 260, 268, 270, 276, 290, 322, 342, 344, 404, 548, 636, 696, 768, 786, 928
Winona Lake 644
Woman's Home Missionary Society 840
Won-si 234, 280
Writing of divorcement 448

Y

Yalu 260, 296, 796, 798
Yang Chun-Paik 928
Yi Eung-Ik 718, 720
Yi Ki Poung 930
Yi Syek Koan 590
Yi-si 204, 388, 392
Youn-si 396
Yung You 460, 532, 534, 536, 538, 542, 852, 858, 860, 896

Z

Zephaniah 402

마포삼열 자료집 3, 4

출간에 도움을 준 분들

가야교회2청년부 · 강신표 · 고광민 · 곽은이 · 권성웅 · 권영준 · 권종렬 · 김경진 · 김관범 · 김규환

김대영 · 김명수 · 김미경 · 김민석 · 김범수 · 김보경 · 김선배 · 김선희 · 김승원 · 김영범

김윤덕 · 김의종 · 김인주 · 김일환 · 김재신 · 김정근 · 김정은 · 김준환 · 김지희 · 김찬성 · 김찬호

김총은 · 김평화 · 김한식 · 김현정 · 김혜경 · 나경조 · 나성한 · 나은주 · 나필성 · 남명호

노상완 · 노제현 · 라철수 · 류정열 · 문기용 · 박광혁 · 박금호 · 박다니엘 · 박대영 · 박상갑

박용태 · 박원택 · 박종태 · 박종흔 · 박준우 · 박중민 · 박혜영 · 박환규 · 박회규 · 방영민 · 봉만형

새문안교회사료관 · 서영민 · 서원택 · 서자선 · 서정선 · 석찬권 · 손진영 · 송윤주 · 신기욱

신범용 · 신희영 · 안성권 · 안식 · 안주관 · 안한영 · 안희성 · 양기만 · 양재출

영세교회교육부 · 오명재 · 오주섭 · 오창효 · 우영호 · 유영성 · 유진호 · 윤미향 · 윤병국 · 윤상원

윤성근 · 이건 · 이경우 · 이금이 · 이대영 · 이동민 · 이민성 · 이병헌 · 이봉재 · 이상호 · 이성철

이수빈 · 이영숙 · 이영월 · 이우윤 · 이원혁 · 이장호 · 이재근 · 이정민 · 이종실 · 이준호 · 이철규

이태환 · 이한나 · 이현래 · 이현식 · 이현우 · 이현희 · 이혜천 · 이화정 · 임교신 · 임명신 · 임봉수

임성빈(장로회신학대학교 총장) · 임성희 · 임종표 · 임홍일 · 장동학 · 장종택 · 장현주

장혜영 · 전성은 · 전영호 · 정성자 · 정요한 · 정현욱 · 정현자 · 정현진 · 제은형 · 조영균

조영수 · 조예은 · 조정희 · 조하은 · 진소영 · 진정주 · 진지영 · 차정호 · 최광일 · 최영호 · 최은주

한국누가회 · 한성구 · 한호수 · 허성식 · 허임복 · 홍만화 · 황혜경 · Jinsoo Kim · Namsook Han

마포삼열 자료집 제3권

1쇄발행_ 2017년 7월 26일

책임편역_ 옥성득
펴낸이_ 김요한
펴낸곳_ 새물결플러스
편　집_ 왕희광·정인철·최율리·박규준·노재현·한바울·유진·신준호
　　　　정혜인·김태윤
디자인_ 송미현·이지훈·이재희·김민영
마케팅_ 임성배·박성민
총　무_ 김명화·이성순
영　상_ 최정호·조용석·곽상원

아카데미_ 유영성·최경환·이윤범

홈페이지 www.hwpbooks.com
이메일 hwpbooks@hwpbooks.com
출판등록 2008년 8월 21일 제2008-24호
주소 (우) 07214 서울특별시 영등포구 양평로11, 4층(당산동5가)
전화 02) 2652-3161
팩스 02) 2652-3191

ISBN 979-11-6129-022-5　94230 (제3권)
ISBN 979-11-86409-93-0　94230 (세트)

책값은 뒤표지에 있습니다.

이 도서의 국립중앙도서관 출판시도서목록(CIP)은 서지정보유통지원시스템 홈페이지(http://seoji.nl.go.kr)와 국가자료공동목록시스템(http://www.nl.go.kr/kolisnet)에서 이용하실 수 있습니다(CIP제어번호: CIP2017015813).